“十二五”国家重点图书出版规划
国家出版基金资助项目

中国审判案例要览

(2010年民事审判案例卷)

国家法官学院
中国人民大学法学院 编

编审委员会主任 王胜俊
编审委员会副主任 王利明 万鄂湘

中国人民大学出版社
·北京·

再版前言

为了反映我国审判工作概貌，指导审判实践，促进法学研究，向海内外介绍我国法制建设的成就和执法水平；同时，也为中国司法工作者、立法工作者和教学、研究人员提供有价值的参考资料，1991年，最高人民法院中国高级法官培训中心[①]与中国人民大学法学院决定共同编纂《中国审判案例要览》，逐年从全国各级人民法院审结的各类案件中选编部分案例分四卷出版，即刑事审判案例卷、民事审判案例卷、商事审判案例卷[②]、行政审判案例卷。由于知识产权审判案例、交通运输审判案例数量较少，不足以独立成卷，故按案例性质分别编入商事卷或刑事卷等分卷。

在本书编写过程中，对案件事实、审判过程、裁判理由、处理结果等，都完全尊重办案实际，具有客观性、真实性。为了便于读者了解具体的审判过程，收入了各审级的审判组织、诉讼参与人、审结时间、诉辩双方的主张、认定的案件事实、采信的证据和适用的法律条文。为了使读者易于理解适用法律的理由和涉及的法学理论观点，由编纂者写了解说，并对裁判的不足之处加以评点。

该书从1992年6月编纂出版第一本以来，到目前为止已连续编纂出版了12年，并出版了英文版，向世界各国发行。该书最初由中国人民公安大学出版社出版，从1996年起由中国人民大学出版社出版，从2003年起由中国人民大学出版社与人民法院出版社共同出版。该书的编纂出版，在国内外引起了强烈反响，得到法学界、法律界的高度评价。该书曾获得国家新闻出版署颁发的全国优秀法学著作一等奖第一名和北京市第三届哲学社会科学优秀成果特等奖。

我们奉献给读者的《中国审判案例要览》，希望能够对读者有所帮助，能够对我国的法制建设发展进程有所裨益。我们在编写过程中，得到了全国各级人民法院的领导及有关工作人员、中国人民大学法学院师生和海内外人士的关心和帮助，得到了香港中华法律网有限公司总裁梁美芬博士的大力支持，在此谨致谢意。

《中国审判案例要览》编审委员会

2004年6月

---

① 现为国家法官学院。

② 2000年以前为经济卷。

前　言

十多年来，随着中国改革开放的深入发展，社会主义民主和法制建设有了长足的进步，与此同时，人民法院的审判工作也有很大的进展。除了刑事审判和民事审判外，又逐步开展了经济审判、行政审判、交通运输审判。全国法院每年审结各类一审案件已达300万件左右。审判程序日趋完善，审判工作质量不断提高。我们认为，有必要系统地选编法院审判案例，向海内外介绍中国审判实践的情况，展示中国法制建设的成就；同时，也为中国司法工作者、立法工作者和教学、科研人员提供一些有价值的参考资料。为此，中国高级法官培训中心①和中国人民大学法学院共同合作，从1992年起逐年选编一部审判案例综合本，分别收入前一年审结的案例。每部分为刑事审判案例卷、民事审判案例卷、经济审判案例卷、行政审判案例卷，共四卷。由于交通运输审判案例数量少，不足以独立成卷，故按案例性质分别编入经济和刑事卷。书名定为《中国审判案例要览》。

在本书编写过程中，对案件事实、审判过程、裁判理由、处理结果等，都完全尊重办案实际，具有客观性、真实性。为了便于读者了解具体的审判过程，收入了各审级的审判组织、诉讼参与人、审结时间、诉辩双方的主张、认定的案件事实、采信的证据和适用的法律条文。为了使读者易于理解适用法律的理由和涉及的法学理论观点，由编者写了解说，并对裁判的不足之处，加以评点，有的版本还以附录形式加了少量的必要的法律名词解释。

我们奉献给读者的这部案例要览，希望能够对读者有所帮助，得到读者的喜爱。这是我们的初次尝试，疏漏不足之处在所难免，诚恳地欢迎各界人士提供宝贵的意见，帮助我们改进编写工作，以使今后出版的案例要览日臻完善。

我们在编写工作中，得到了各级人民法院的领导与工作人员、中国人民大学法学院师生和有关方面的关心和帮助，美国福特基金会及其驻中国办事处也给予了很大的支持。在此谨致谢意。

《中国审判案例要览》编审委员会

1992年12月

① 现为国家法官学院。

《中国审判案例要览》编审委员会

《中国审判案例要览》编辑部

《中国审判案例要览》各卷正副主编、主编助理

（一）刑事审判案例卷

	中国人民大学法学院		最高人民法院	
主　　编	黄京平	中国人民大学法学院教授、博士生导师、中国刑法学研究会副会长	高憬宏	国家法官学院党委书记、院长
副主编	陈卫东	中国人民大学法学院教授、博士生导师、中国诉讼法学研究会常务副会长	杨万明	中华人民共和国最高人民法院刑事审判第四庭庭长
			高贵君	中华人民共和国最高人民法院刑事审判第五庭庭长
主编助理	时延安	中国人民大学法学院副教授	孙本鹏	国家法官学院教务部主任、教授
			刘　流	国家法官学院教授
编　　辑	刘计划、胡　霞、王　烁、岳蓓玲、汪东升、张学永、徐俊驰		唐世银	

（二）民事审判案例卷

	中国人民大学法学院		最高人民法院	
主　　编	王利明	中国人民大学党委副书记兼副校长、教授、博士生导师、中国法学会副会长、中国民法学研究会会长	杜万华	中华人民共和国最高人民法院民事审判第一庭庭长

副 主 编	龙翼飞	中国人民大学法学院副院长、教授、博士生导师、中国婚姻法学研究会常务副会长	纪　敏	中华人民共和国最高人民法院原民事审判第一庭庭长
	姚　辉	中国人民大学法学院教授、博士生导师	梁书文	中华人民共和国最高人民法院原民事审判第一庭庭长、国家法官学院兼职教授
主编助理	姚欢庆	中国人民大学法学院副教授	杨永清	中华人民共和国最高人民法院立案二庭副庭长
			樊　军	国家法官学院科研部副主任、副编审
编　　辑	黎建飞、孙若军、王　雷、郑小敏		苏　烽	

（三）商事审判案例卷

	中国人民大学法学院		最高人民法院	
主　　编	史际春	中国人民大学法学院教授、博士生导师、中国经济法学研究会副会长	宋晓明	中华人民共和国最高人民法院民事审判第二庭庭长
副 主 编	徐孟洲	中国人民大学法学院教授、博士生导师	曹守晔	中华人民共和国最高人民法院中国应用法学研究所副所长
	吴宏伟	中国人民大学法学院教授、博士生导师	曹士兵	国家法官学院副院长
主编助理	李艳芳	中国人民大学法学院教授、博士生导师	王　立	国家法官学院教授
编　　辑	宋　彪、孟雁北			

（四）行政审判案例卷

	中国人民大学法学院		最高人民法院	
主　　编	韩大元	中国人民大学法学院院长、教授、博士生导师、中国宪法学研究会会长	赵大光	中华人民共和国最高人民法院行政审判庭庭长
副主编	胡锦光	中国人民大学法学院副院长、教授、博士生导师、中国宪法学研究会副会长	李广宇	中华人民共和国最高人民法院行政审判庭副庭长
			金俊银	国家法官学院民商事审判教研部主任、教授
主编助理	李元起	中国人民大学法学院副教授	蔡小雪	中华人民共和国最高人民法院行政审判庭审判长
			赵建华	国家法官学院副教授
编　　辑	王贵松、王雁雄、杜思雨			

《中国审判案例要览》通讯编辑

范跃如	北京市高级人民法院
刘晓虹	北京市高级人民法院
刘艳芳	天津市高级人民法院
麻胜利	河北省高级人民法院
马云跃	山西省高级人民法院
奇牡丹	内蒙古自治区高级人民法院
兆　晖	辽宁省高级人民法院
石　金	吉林省高级人民法院
赵良宇	黑龙江省高级人民法院
朱　妙	上海市高级人民法院
张本勇	上海市高级人民法院
戚庚生	江苏省高级人民法院
程　浩	江苏省高级人民法院
周毓敏	江苏省南京市中级人民法院
沈　杨	江苏省南通市中级人民法院
周耀明	江苏省无锡市中级人民法院
江　勇	浙江省高级人民法院
李令新	安徽省高级人民法院
庞　梅	安徽省高级人民法院
李相如	福建省高级人民法院
李春敏	福建省高级人民法院
胡　媛	江西省高级人民法院
赵　峰	山东省高级人民法院
王　磊	山东省高级人民法院
马　磊	河南省高级人民法院
李治国	湖北省高级人民法院
汪家乾	湖北省宜昌市中级人民法院
黄金波	湖北省宜昌市中级人民法院
唐　竞	湖南省高级人民法院

梁展欣	广东省高级人民法院
贺利研	广西壮族自治区高级人民法院
林书斌	海南省高级人民法院
陈飞霞	重庆市高级人民法院
蒋　敏	四川省高级人民法院
施辉法	贵州省贵阳市中级人民法院
自　宁	云南省高级人民法院
冯丽萍	云南省昆明市中级人民法院
张　勇	陕西省高级人民法院
官　却	青海省高级人民法院
石　燕	新疆维吾尔自治区高级人民法院

目 录

一、物权纠纷案例…………………………………………………………………………………… (1)
1. 何绍灿诉程云夫物权纠纷案（物权登记错误） ………………………………… (1)
2. 原告喻世勇与被告李浩、被告郑先平、第三人田阳房屋买卖合同纠纷及二被告反诉、第三人单独起诉案（善意第三人、恶意串通） ………………………… (5)
3. 赵有利诉朱力南借名买房案（房屋所有权确权）…………………………………… (13)
4. 卢丹妮诉周澜华、丁宇博所有权纠纷案（不动产公示）…………………………… (18)
5. 国营桂林××公司诉周××、梁××汽车买卖协议纠纷案（国有资产定性） ……… (23)
6. 郝锦元等人诉上海恒太置业发展有限公司等财产损害赔偿案（相邻关系）……… (26)
7. 张柳云诉卢光林等财产权属纠纷案（建筑物区分所有权）………………………… (33)
8. 宋隆霖诉王乐义建筑物区分所有权纠纷案（建筑物区分所有权） ……………… (38)
9. 马文新诉洪文胜、李琼业主共有权纠纷案（建筑物区分所有权）………………… (41)
10. 王亚蕾诉东营海通物业服务有限责任公司物业服务合同纠纷案（物业服务合同）…………………………………………………………………………… (50)
11. 江选友等39人诉阳西县织贡镇苏村村委会丹霄村经济合作社侵犯集体经济组织成员权益案（集体经济组织成员权益） ………………………………………… (58)
12. 吕露妹等诉厦门市同安区西柯镇吕厝社区居民委员会集体成员征地补偿款分配案（征地补款） ………………………………………………………………… (65)
13. 万玲婷、张文树、万雅鑫、张万钦诉泉州市丰泽区城东街道浔美社区居民委员会财产权属案（征地补偿） ……………………………………………………… (70)
14. 厦门鑫油造漆工业有限公司诉厦门福邦典当有限责任公司抵押权案（抵押权善意取得）………………………………………………………………………… (76)
15. 郑巍诉陈剑平等抵押房屋买卖合同案（被抵押房屋买卖合同） ……………… (82)
16. 原告严以芬诉被告周德井抵押权注销登记纠纷案（抵押权注销登记） ……… (89)
二、人身权纠纷案例 ………………………………………………………………………… (95)
17. 干菲诉张乐奕侵犯其名誉权、隐私权案（名誉权、隐私权） ………………… (95)
18. 金德管业集团有限公司诉北京百度网讯科技有限公司名誉权案（名誉权）…… (107)
19. 王家凤诉王家山侵害人格权案（其他人格权益）………………………………… (113)
20. 南通双林生物制品有限公司等诉《新世纪周刊》社等名誉权案（名誉权） ………………………………………………………………………………… (119)
21. 张艺谋诉华夏出版社、黄晓阳名誉侵权案（名誉权）…………………………… (123)
22. 王海挺诉中国银行股份有限公司上海市分行名誉权案（信用侵害的责任承担） ……………………………………………………………… (131)

23. 傅梅诉美国国际纤维素公司、中原信达知识产权代理有限责任公司等侵犯姓名权和名誉权案（侵犯姓名权、名誉权的认定以及电子证据的证明力） …………（137）
24. 赵江诉刘联合、赵芳姓名权案（姓名权） …………（140）
25. 陆永兴诉薛仲良肖像权纠纷案（肖像权） …………（146）
26. 廖萍诉曾军隐私权案（隐私权） …………（150）
三、合同纠纷案例…………（155）
27. 刘永平诉冯仁全悬赏广告案（悬赏广告） …………（155）
28. 安新华诉北京市大食客饮食有限公司服务合同案（餐饮服务合同） …………（159）
29. 董淑萍诉陈紫薇等房屋买卖合同案（无效合同） …………（162）
30. 张云龙与百汇公司外汇买卖委托合同纠纷案（无效合同） …………（169）
31. 杭州市萧山区第二人民医院诉天安保险股份有限公司绍兴县支公司、徐利光代位权案（债权代位权） …………（172）
32. 陆飞诉浙江五洲建设投资集团有限公司、王亚萍商品房买卖合同案（商品房买卖合同） …………（178）
33. 于静诉孙江泰合同纠纷案（虚拟财产买卖合同） …………（186）
34. 楼高荣诉宁波华泰股份有限公司车位买卖案（人防车位买卖合同） …………（190）
35. 何荣、何建荣诉周剑锋、陈文艳、周长生彩票案（彩票买卖合同） …………（194）
36. 李桂允诉惠亚军等三人民间借贷案（民间借款合同） …………（199）
37. 王忠欢诉许光大其他人身损害赔偿案（帮工与承揽的区分） …………（204）
38. 杨拜祥诉南通瑞帆机电设备安装有限公司等雇员受害赔偿纠纷案（雇佣关系和加工承揽关系） …………（208）
39. 张容境诉上海东方航空股份有限公司等航空旅客运输合同案（航空旅客运输合同） …………（212）
40. 程钢诉上海市永怡律师事务所法律服务合同案（法律服务合同） …………（221）
41. 上海我爱我家房屋租赁置换有限公司诉王龙根居间合同案（显失公平） …………（227）
42. 上海中原物业顾问有限公司诉陶德华居间合同案（居间合同） …………（231）
43. 刘常清诉江西省遂川农村合作银行于田支行储蓄合同纠纷案（储蓄合同） …………（236）
44. 刘灿华诉中国工商银行股份有限公司清远连江支行储蓄合同案（储蓄合同） …………（240）
45. 毛跃清诉中国工商银行股份有限公司大理分行储蓄合同案（储蓄合同） …………（247）
四、侵权纠纷案例…………（253）
46. 复旦大学附属华山医院诉孙佩蓉财产损害赔偿案（财产损害赔偿） …………（253）
47. 沈源林诉厦门翔鹭化纤股份有限公司财产损害赔偿案（证书的价值赔偿） …………（260）
48. 陈国军等诉北京金丹隆种子有限公司等产品质量损害赔偿案（假种子致损的责任认定） …………（265）
49. 杨维雨、刘华军诉科麦奇中国石油有限公司损害赔偿案（海上污染损害赔偿） …………（272）
50. 王卫生诉海安县李堡中心卫生院、南通大学附属医院医疗损害赔偿纠纷案（医疗损害赔偿） …………（279）

51. 黄祥生诉北京北方圣医堂健康科技开发有限公司服务合同案（欺诈）…………（286）
52. 朱连亚等诉杭州路达公路工程总公司损害赔偿案（地面、公共场所施工损害赔偿）…………（292）
53. 钟有兰诉华安财产保险股份有限公司贵港中心支公司等道路交通事故人身损害赔偿案（无证驾驶致害的交强险责任）…………（299）
54. 沙志存等诉王可军等道路交通事故人身损害赔偿纠纷案（多人伤亡下的交强险分配原则）…………（305）
55. 陈朝英等诉北京陆峰达客运有限公司等道路交通事故人身损害赔偿案（刑事案件中的精神损害赔偿）…………（310）
56. 厦门市医疗急救中心诉詹明亮、厦门联亿汽车运输有限公司财产损害赔偿案（享有道路优先通行权的特种车辆在交通事故中的责任认定）…………（315）
57. 顾卫珍等诉施伟交通肇事案（车辆被挂靠人责任认定）…………（319）
58. 黄德全诉程光明等道路交通事故人身损害赔偿案（道路交通事故人身损害赔偿行政调解）…………（323）
59. 薛英等诉陆颖颖其他特殊侵权案（其他特殊侵权、善良风俗）…………（328）
60. 曹桂华等诉闫志华损害赔偿案（见义勇为者的受害补偿）…………（333）
五、婚姻家庭、继承纠纷案例…………（338）
61. 赵宝中、马淑丽诉龚嘉旭、龚其贤、汪跃英配偶权纠纷案（配偶权）…………（338）
62. 张玉香与祁万钧离婚案（离婚财产分割）…………（341）
63. 王柏明诉方美兰离婚案（离婚财产分割）…………（346）
64. 杨辉武诉杨×宇及第三人刘志红赠与合同纠纷案（离婚赠与合同）…………（351）
65. 赖瑞楷、郑少香诉赖玉峰、赖吉荣、赖秀珍抚养案（抚养权）…………（355）
66. 屈艳诉刘振庆变更抚养关系纠纷案（抚养关系变更）…………（359）
67. 张冰诉薛×桐抚养费纠纷案（抚养费）…………（363）
68. 程天×诉程德×抚养费案（抚养费）…………（367）
69. 许瑞清等诉许国清确权、继承纠纷案（析产继承）…………（371）
70. 宋海燕诉宋春华继承案（财产继承）…………（377）
71. 王阿芬、王云定、王菊芬、王爱芬诉王云德法定继承纠纷案（法定继承）……（381）
72. 朱月娥三姐妹诉兄弟朱玉斌夫妇遗嘱继承纠纷案（遗嘱继承）…………（384）
73. 车秀英诉万龙昌等返还原物案（遗嘱变更）…………（388）
74. 王家珍诉罗玉英继承案（继承）…………（392）
六、劳动争议纠纷案例…………（396）
75. 孙百权诉正兴集团本溪车轮有限公司工伤保险待遇案（工伤保险）…………（396）
76. 郭懿诉江苏益丰大药房连锁有限公司确认劳动关系案（确认劳动关系）…………（402）
77. 庄俊杰诉厦门金鹏人造花有限公司劳动争议案（经济补偿金的支付对象）……（407）
78. 饶钦福诉广西南宁新原有限责任公司劳务合同案（退休职工返聘）…………（413）
79. 林伟明与北京物美商业集团股份有限公司劳动合同案（解除劳动合同）…………（419）
80. 威旭电子（上海）有限公司诉吴东林经济性裁员案（解除劳动合同）…………（425）
81. 罗娟诉南宁市晓雯音乐培训学校劳动争议案（“就业协议”性质的认定和

用工时间的确定) ………………………………………………………………………… (435)
82. 赵宪君诉哈尔滨市社会科学院案(人事争议) ………………………………… (440)
83. 李克俊诉天津甫发食品有限公司劳动争议案(劳动争议) ……………………… (445)
七、其他 ………………………………………………………………………………… (451)
84. 北京儒鼎时代法律咨询服务有限公司诉程爱华法律服务合同案
(滥用撤诉权) ……………………………………………………………………… (451)
85. 傅校英诉弗兰克·阿尔弗雷德·汗民间借贷纠纷案
(法院已决事件的推定效力) ……………………………………………………… (456)
86. 陈志英、吕炳华、吕瑞琼、吕瑞芬申请撤销监护人资格案
(申请撤销监护人资格) …………………………………………………………… (460)
87. 颜忠良诉中国人民财产保险股份有限公司宁波镇海支公司道路交通事故
人身损害赔偿纠纷案(诉讼当事人) ……………………………………………… (464)

一、物权纠纷案例

1. 何绍灿诉程云夫物权纠纷案
（物权登记错误）

（一）首部

1. 判决书字号

一审判决书：浙江省诸暨市人民法院（2009）绍诸民初字第453号。

二审判决书：浙江省绍兴市中级人民法院（2009）浙绍民终字第1231号。

2. 案由：物权纠纷。

3. 诉讼双方

原告（上诉人）：何绍灿，男，汉族，住诸暨市阮市镇何家山头村。

委托代理人（特别授权）：周刘英。

被告（被上诉人）：程云夫，男，汉族，住诸暨市阮市镇何家山头村。

委托代理人（特别授权）：潘璟炬。

4. 审级：二审。

5. 审判机关和审判组织

一审法院：浙江省诸暨市人民法院。

合议庭组成人员：审判长：周钢杰；审判员：刘介龙；代理审判员：徐雷勇。

二审法院：浙江省绍兴市中级人民法院。

合议庭组成人员：审判长：魏晓法；审判员：吕景山、傅海鑫。

6. 审结时间

一审审结时间：2009年10月10日。

二审审结时间：2009年11月22日。

（二）一审诉辩主张

1. 原告何绍灿诉称

2003年原告向同村村民何全章购买楼房一幢，面积30.39平方米，并已经法定程序转入原告户下，但被告长期侵占该房屋。现起诉要求被告立即腾退房产，并赔偿损失

5 000元。庭审中，原告变更诉讼请求为，撤销原、被告间的换房协议，要求被告腾退上述房产的上下楼的前半部分，并赔偿损失 5 000 元。

2. 被告程云夫辩称

本案讼争的房屋系原、被告各半所有，有换房协议书为证，请求驳回原告诉讼请求。

（三）一审事实和证据

浙江省诸暨市人民法院经公开审理查明：本案讼争房屋即诸暨市阮市镇何家山头村新中 41 号的集体土地使用权登记人为何全章的二层房屋。该房屋曾由何全章与其兄弟何全夫共有。1978 年 10 月 8 日，何全章与何全夫就该房屋立具分家单一份，约定楼上归何全夫所有，楼下归何全章所有。本案被告程云夫系何全夫女婿，何全夫死后由其对该房屋楼上一层予以使用。2003 年 4 月 15 日，原告何绍灿向何全章购买该房屋的第一层，双方立具买卖房屋契约（手写）一份，载明：何全章将该屋楼下（第一层）出售给原告居住。该契约书面约定房屋买卖价款为 500 元，但实际支付金额为 3 000 元。2006 年 1 月，原告对该房屋第一层办理相关完税手续。2006 年 1 月 5 日，原、被告就本案讼争房屋达成对调协议，即原告何绍灿将原何全章所属楼下前半间与被告程云夫楼上后半间对调。现整幢房屋前后从中间隔开，前半幢由被告程云夫使用。

2008 年，原告何绍灿与何全章补签买卖房屋契约（打印）一份，该契约将 2003 年 4 月 15 日双方签订的契约中关于何全章将楼下出售给原告何绍灿的内容修改为，何全章将该屋出售给原告居住，而落款时间仍为 2003 年 4 月 15 日。原告于 2008 年 1 月至 2009 年 1 月间办理完该屋第二层买卖的相关契证及完税手续。

上述事实有下列证据证明：

1. 原告提供的土地登记审批表一份。

2. 原告提供的手写及打印的买卖房屋契约各 1 份。

3. 原告提供的诸暨市房屋买卖契证（2006 年 1 月 20 日）、诸暨市财政局纳税凭证复印件（2006 年 1 月 18 日）、诸暨市房地产交易所出具的非税收入统一票据（2006 年 1 月 19 日）各 1 份，契税完税凭证两份（2006 年 1 月 18 日）。

4. 原告提供的评估费发票（2008 年 12 月 26 日）、交易手续费发票（2008 年 12 月 26 日）、契税完税证（2009 年 1 月 7 日）、个人所得税完税证（2008 年 12 月 31 日）、销售不动产统一发票（2009 年 1 月 7 日）、诸暨市房屋买卖契证（2008 年 1 月 7 日）各 1 份。

5. 被告提供的何全夫与何全章的分家单原件（1978 年 10 月 8 日）1 份。

6. 被告提供的换房协议书 1 份。

7. 原告提供的证人何月仲的证言。

8. 本院对何全章的调查笔录。

（四）一审判案理由

浙江省诸暨市人民法院经审理认为：本案讼争房屋土地使用权虽登记于何全章名下，但楼上一层实为何全夫所有，楼下一层为何全章所有。何全夫死后，楼上一层由何全夫女婿即被告程云夫一家使用。2003 年 4 月，原告何绍灿向何全章购买该房屋第一层，并办理相关手续。2006 年 1 月，原告何绍灿将原何全章所属楼下前半间与被告程云夫楼上后半间对调，由此形成现在原告使用该房后半幢、被告使用该房前半幢的现状。2008 年，原告何绍灿与何全章补签买卖房屋契约（打印）一份，将原契约的内容修改为何全章将该屋出售给原告居住，落款时间与 2003 年购买第一层的时间为同一日期。原告并于此后办理该屋第二层买卖的相关契证及完税手续。根据上述查明事实，本案讼争房屋第二层本非何全章所有。原告何绍灿于 2003 年 4 月向何全章购买的是第一层。2008 年何绍灿与何全章虽补签契约一份，并载明何全章将该屋出售给原告居住，但从原告何绍灿的陈述及本院对何全章的调查笔录分析，该契约没有改变原手写契约的实质内容，何绍灿与何全章并未发生第二层的买卖关系。原告凭补签契约办理的房屋第二层买卖的相关契证及完税手续存在瑕疵，并不能证明原告已取得第二层的所有权。综上，原告至今未取得讼争房屋第二层前半间的所有权，故要求被告腾退此房无事实和法律依据。关于第一层前半间，从证据反映，此房是原告自愿与被告调换后被告所得，故原告要求被告腾退亦无事实和法律依据。另，原告要求被告赔偿损失 5 000 元，证据不足，本院不予支持。庭审中，原告增加诉讼请求，请求撤销原、被告间的调房协议。本院认为，该诉讼请求未在本案举证期限届满前提出，本案中不予审理。

（五）一审定案结论

浙江省诸暨市人民法院依照《最高人民法院关于民事诉讼证据的若干规定》第二条之规定，作出如下判决：

驳回原告何绍灿要求被告程云夫腾退房产，并赔偿损失 5 000 元的诉讼请求。

案件受理费 50 元，由原告何绍灿负担。

（六）二审情况

1. 二审诉辩主张

（1）上诉人何绍灿诉称

一审程序违法；一审认定事实错误，一审法院主观臆断认定讼争房屋第二层本非何全章所有。上诉人认为何全章作为该房屋所在土地使用权登记人，理应是房屋的所有人，享有处分该房屋上、下层的权利，而原告通过向何全章买卖取得该幢房屋的上、下层，并且已经向房管所缴纳相关的契税，且上诉人对该房屋的受让属于善意取得。《物权法》规定：不动产物权的设立、变更、转让和消失，经依法登记，发生效力。现有证据足够证实上诉人购买的房屋共二层，合法、有效。一审法院对上诉人提出的撤销换房协议请求不予审理，违反民事诉讼法。请求二审法院撤销一审判决，发回重审或改判。

（2）被上诉人程云夫辩称

第一次进法院不懂程序问题；何全章在一审法院笔录中明确第二层属于被上诉人程云夫家；调房协议系双方真实意思，应属有效。一审法院认定事实清楚，证据确定、充分，程序合法，请求二审法院维持原判。

2. 二审事实和证据

浙江省绍兴市中级人民法院经审理，确认一审法院认定的事实和证据。

3. 二审判案理由

浙江省绍兴市中级人民法院经审理认为：换房协议系双方真实意思表示且已实际履行，未违反法律强制性规定，并无可撤销或无效的情形，故上诉人要求撤销该协议缺乏事实与法律依据，不能支持。关于上诉人何绍灿是否取得本案讼争房屋所有权的争议，法院认为讼争房屋目前虽登记在上诉人何绍灿名下，但从权属变动的实际过程看，有充分依据证明被上诉人程云夫拥有该房屋一二层前半部分所有权；从法律层面分析，物权登记明确之财产权属发生争议时，人民法院有权进行司法审查及处理，当不动产登记物权与实际的不动产物权不相符，实际不动产物权人有足够证据时，可以请求法院作出司法认定，以对不动产的登记作出相应的变动。综上所述，被上诉人程云夫经过换房，对现所居住房屋拥有财产所有权之事实清楚，上诉人何绍灿请求撤销换房协议、要求程云夫腾退房屋及赔偿损失的诉讼请求有悖客观事实。原审法院审理程序合法，所作判决认定事实清楚，适用法律正确，判决得当，应予维持。

4. 二审定案结论

浙江省绍兴市中级人民法院依照《中华人民共和国民事诉讼法》第一百五十二条第一款、第一百五十三条第一款第（一）项之规定，作出如下判决：

驳回上述，维持原判。

二审案件受理费 50 元，由上诉人何绍灿负担。

（七）解说

通过以上内容的简述，本案实质是物权登记错误引发的诉讼争议。原告何绍灿通过编写两份房屋买卖合同并办理两次房产契税等以形式的合法取得了讼争房屋的所有权，并据此要求被告程云夫腾退房屋。但通过法院审理查明该讼争房屋第二层所有权实质上不属于何绍灿，法院也据此驳回了何绍灿的诉讼请求，并区分确定了讼争房屋各部分所有权。

原告何绍灿向法院诉请的法律依据是《物权法》第九条：不动产物权的设立、变更、转让和消灭，经依法登记，发生效力。根据该条规定，经合法登记的不动产物权的权利人在法律上推定为真正的权利人。何绍灿既已完成缴纳契税等房产过户手续即相当于已经完成合法的登记手续，在法律上应推定为房屋的所有人，亦有权要求无权占有该房屋的他人腾退房屋。但被告程云夫对此提出异议，认为原告并非该房屋全部的所有人，并提供了相关证据。其虽未阐明具体支持其主张的法律依据，但实际应是依据《物权法》第十九条：权利人、利害关系人认为不动产登记簿记载的事项错误的，可以申请更正登记。不动产登记簿记载的权利人书面同意更正或者有证据证明登记确有错误的，登记机构应当予以更正。不动产登记簿记载的权利人不同意更正的，利害关系人可以申请异议登记。登记机构予以异议登记的，申请人在异议登记之日起 15 日内不起诉，异议登记失效。异议登记不当，造成权利人损害的，权利人可以向申请人请求损害赔偿。根据该条规定，被告程云夫认为登记错误的，可以请求法院确认其为真正的权利人。

《物权法》第九条是对不动产登记效力的规定，明确了登记的法律效力即推定登记的权利人为法律上真正的权利人，即使事实上存在偏差，仍具有物权公示制度的法律效果。该制度用于保护信赖登记的交易人的利益，保障交易的安全和效率，同时，在诉讼过程中也简化了当事人举证的责任，即主张所有权人只需提供登记即完成了初步的举证责任。但是，该法律规定不是绝对的，法律上推定的权利人并不一定是事实上的权利人，法律亦规定了推翻该推定效力的条文即《物权法》第十九条。《物权法》第十九条规定，利害关系人认为登记错误的，可以与登记权利人协商变更登记，协商不成的，可以通过诉讼途径要求变更。当然前提是有足够推翻先前登记的证据。该条系对第九条的补充，以解决实际登记过程中出现权利人不真的情况；同时该条文在赋予利害关系人诉权的同时赋予了法院确认真正权利人的裁判权。利害关系人诉至法院后，法院在审理后认为登记权利人并非事实上权利人或者不是事实上唯一的权利人的，可以依法作出确认真正权利人的裁判文书，利害关系人可以凭此法律文书要求登记机构变更登记。

在本案中登记权利人凭借登记的效力要求利害关系人腾退房屋，而利害关系人向法院提供足以推翻该登记的证据，法院亦据此确认了房屋的真正所有权人，该利害关系人可以凭此判决要求相关行政机构作出变更或撤销之前的错误行政行为。

本案二审中何绍灿上诉提出了善意取得的问题，并意图以此维护之前登记的正当性，及证实上诉人实际享有该房屋的所有权。诚然，《物权法》第九条规定了登记制度，意即在于保护善意取得人的利益，同时《物权法》第一百零六条规定：无权处分人将不动产转让给受让人的，如果受让人取得该不动产时是善意的，并以合理价格转让的，并且已经办理了不动产登记，则受让人取得该不动产的所有权，权利人亦不能追回其不动产物权。但是本案的双方系同村村民，且实际系邻居，对程云夫已长久使用诉争房屋上层应系知情，故何绍灿取得该房屋的行为不能构成善意取得，对此，在此加以说明。

（浙江省诸暨市人民法院　徐雷勇）

2. 原告喻世勇与被告李浩、被告郑先平、第三人田阳房屋买卖合同纠纷及二被告反诉、第三人单独起诉案（善意第三人、恶意串通）

（一）首部

1. 判决书字号：广东省深圳市南山区人民法院（2007）深南法民三初字第997号。

2. 案由：房屋买卖合同纠纷。

3. 诉讼双方

原告（反诉被告，以下统称原告）：喻世勇，男，汉族，住四川省绵阳市涪城区。

委托代理人：王作辉，广东金唐律师事务所律师。

委托代理人：陈莹，广东金唐律师事务所律师助理。

被告（反诉原告，以下统称被告）：李浩，男，汉族，住广东省深圳市南山区。

被告（反诉原告，以下统称被告）：郑先平，女，汉族，住址同上。

二被告共同委托代理人：张晓宇，男，汉族，住深圳市南山区。

第三人（有独立请求权）：田阳，女，汉族，住广东省深圳市中。

委托代理人：苏坚，广东深明德律师事务所律师。

4. 审级：一审。

5. 审判机关和审判组织

审判机关：广东省深圳市南山区人民法院。

合议庭组成人员：审判长：谭素青；人民陪审员：刘廷东、林竞华。

6. 审结时间：2009 年 4 月 9 日。

（二）诉辩主张

1. 原告喻世勇诉称

二被告系夫妻关系，为前海花园三期 36 栋 12E 房屋（以下简称涉案房屋）的产权人。2004 年 5 月 22 日，原告与被告李浩签订房地产买卖协议，约定：（1）二被告将涉案房屋（建筑面积为 84.84 平方米）以单价每平方米人民币 4 000 元（注：本文金钱币种均为人民币，以下金额前略去人民币）的价格转让给原告；（2）付款方式为自签约之日起 10 日内，原告向二被告首付 239 360 元，其余款项向建设银行办理抵押贷款手续并由原告按规定的期限付款，但其中 2 万元在过户手续办理完毕之后 10 日内支付；（3）在一切客观条件成熟的情况下，二被告协助原告办理有关绿本转红本及过户的有关手续。上述协议签订后，原告及其妻子林清梅依约先后向被告郑先平支付了购房款 210 360 元，并于 2004 年 11 月至 2007 年 6 月间代二被告偿还了涉案房屋的银行按揭贷款 112 733.48 元。二被告则于 2004 年 5 月将涉案房屋交付给原告。原告于 2004 年 5 月对涉案房屋进行装修，并迁入居住至今。2007 年 9 月，二被告在涉案房屋已具备办理过户手续的全部条件之时，与第三人恶意串通，以 198 344 元的明显不合理低价，将上述房屋过户至第三人名下。原告认为，二被告与第三人恶意串通的行为已严重侵害了原告的合法权益，二被告的行为亦严重违约。现原告依法向人民法院提起诉讼，请求判令：（1）确认二被告与第三人签订的前海花园三期 36 栋 12E 房屋买卖合同无效；（2）二被告继续履行 2004 年 5 月 22 日与原告签订的“房地产买卖协议”，协助原告办理好前海花园三期 36 栋 12E 房屋产权的过户手续，将该房屋产权过户至原告名下；（3）二被告承担本案全部诉讼费用。

2. 被告李浩、郑先平答辩并反诉称

2004 年 5 月 22 日被告李浩应原告的要求就买卖涉案房屋签订了“房地产买卖协议”，签订合同前被告李浩告知了原告涉案房屋是安居房且尚未取得房地产证，签订合同时被告李浩没有与被告郑先平商量。签订协议后，原告依约支付了房款，被告李浩亦依约将涉案房屋交付给原告使用。二被告认为，签订买卖协议时，涉案房屋尚未取得房地产证，违反

《中华人民共和国城市房地产管理法》（1994年）第三十七条第（六）项，因而无效。涉案房屋的属性是政策性安居房，依据深圳市政府对安居房管理的规定《深圳经济特区房地产转让条例》第八条第六款及第二十二条，该买卖协议无效。依据《深圳经济特区房地产转让条例》第十九条“房地产买卖合同应当采用主管机关统一制作的文本”，而原、被告签订买卖协议没签订深圳市国土局统一制定的文本，故无效。原告在签订买卖协议的过程中是知道涉案房屋未取得房地产证的，且知道二被告是夫妻关系，涉案房屋系夫妻共同财产。因此，原告在签订房地产买卖协议的过程中有过错，其应对其过错的行为承担相应的法律责任。二被告反诉请求法院判令：（1）二被告与原告于2004年5月22日签署的“房地产买卖协议”无效（合同标的金额为339 360元）；（2）责令原告在本案判决生效之日起两个月内搬出前海花园36栋12E；（3）本案的诉讼费用由原告承担。

3. 原告针对二被告的反诉辩称

二被告提出的焦点问题是双方签订的买卖协议的效力问题。涉案房屋的性质是深圳市政府出售给国家机关事业单位职工的安居房，若遵循深圳市政府的相关规定，即是合法的。根据深圳市政府的《深圳市国家机关事业单位住房制度改革若干规定》，国家机关事业单位的职工在购买安居房后，只要按照规定办理相关的手续，即可取得房屋的所有权，可变为市场商品房，进行自由交易。原告在签订协议时知道涉案房屋系安居房，暂时不能取得产权，但在履行规定的手续后，是可以取得产权并进行转让的，原告、二被告对该情况是非常清楚的。因此双方在协议中就房屋的转让进行了明确约定。若双方遵循诚实信用，则合同是可以履行的。被告提出涉案房屋在签订协议时，未取得合法的产权证书。事实上并不是无法取得产权证书，而是暂时未达到市政府的相关要求，不能因此影响买卖协议的效力。涉案房屋在银行设置抵押，从双方签订合同至本案争议发生之前，原告都以二被告的名义代二被告履行了向银行的还款义务，至2007年6月、7月期间已全部履行了该义务。二被告将涉案房屋出售给原告，也未损害抵押权人银行的利益。因此，双方签订的转让协议是合法、有效的，应继续履行，否则助长二被告违反诚实信用原则的行为。

4. 第三人田阳述称

2007年8月第三人在一次朋友聚会上表示自己住房困难并感叹房价，二被告表示自己在前海花园有一套安居房（即涉案房屋），可以便宜一些卖给第三人，并出示了该房产的产权批复给第三人看。于是双方达成协议并办理了过户手续。第三人准备搬进涉案房屋时，发现原告占用着该房屋且拒不搬离。第三人认为其对原告、二被告之间的交易并不知情，其与二被告签订的买卖协议是真实、有效的，遵循了民法中的平等互利、等价有偿原则。原告在知道第三人是房屋的合法产权人的情况下，继续占有该房屋系侵权行为，应将涉案房屋返还给第三人并赔偿第三人的损失。第三人请求法院判令：（1）原告在本案判决生效之日起搬出前海花园36栋12E，并将该房屋交还第三人；（2）原告支付第三人从2007年9月5日至返还房屋之日止的租金（租金暂计至2007年12月30日为11 500元）；（3）本案的诉讼费用由原告承担。

5. 针对第三人的诉求原告辩称

原告认为第三人取得涉案房屋的产权是基于第三人与二被告恶意串通、签订无效合同，所以第三人的产权是无效的，第三人据此要求原告搬出并返还涉案房屋并支付租金的请求是不能成立的。

6. 被告对第三人的请求无异议。

（三）事实和证据

广东省深圳市南山区人民法院经公开审理查明：二被告系夫妻关系。前海花园三期36栋12E房屋（即涉案房屋）原系二被告购买的全成本微利价安居房，二被告各占50%的产权，原房地产证号为深房地字第40003302××号，房价为186 479元。2007年8月8日深圳市人民政府住房制度改革办公室批复同意二被告取得住房全部产权。深圳市房地产权登记中心的登记资料显示，涉案房屋性质从安居房变更为市场商品房的时间是2007年8月29日，房地产证号为40003359××号。

2004年5月22日，原告与被告李浩签订“房地产买卖协议”，约定：被告李浩（卖方）将前海花园三期36栋12E房屋（即涉案房屋）转让给原告（买方），建筑面积为84.84平方米，转让价格为每平方米4 000元，总金额为339 360元；自签约之日起10日内买方首付239 360元给卖方，但在房产未办理过户手续前，买方以其中未支付的2万元作为押金，在过户手续办理之后10日内付清此款给卖方，剩余款项向建设银行办理抵押贷款手续并由买方按规定的期限付款；在一切客观条件成熟的情况下，卖方协助买方办理有关绿本转红本及过户的有关手续，但由此产生的一切费用由买方完全承担（第9条第3项）；过户的房产金额按原房产证上的总房价申报。

原告、二被告均确认，协议第9条第3项中“绿本”的含义是指安居房或非市场商品房，“红本”的含义是指市场商品房。

2004年4月24日被告郑先平收到原告交付的购房订金1 000元并出具订金收条。

原告及原告的妻子林清梅分别于2004年5月19日向被告郑先平汇款3万元、于2004年5月24日向被告郑先平汇款75 000元、于2004年6月1日向被告郑先平汇款114 360元，共计219 360元。原告解释，之所以支付219 360元而非约定的首付239 360元，是因为合同第4条约定在涉案房屋未办理过户手续前，首付款239 360元中有20 000元作为押金，于办理过户后10日内再支付，因此原告在过户前须支付的首付款实为219 360元。二被告对此予以确认。

2004年11月至2007年6月，原告按合同约定代二被告每月偿还房屋按揭款共计11万余元。

2004年5月，二被告向原告交付了涉案房屋，原告对涉案房屋进行了装修，于2004年10月入住至今。

2007年8月31日，二被告与第三人签订“深圳市二手房买卖合同”，二被告将涉案房屋以198 343.79元的价格转让给第三人田阳并于2007年9月5日办理了产权过户登记，田阳取得的房地产证号为40003364××，登记价为198 344元。在交易过程中第三人支付了税款。

关于二被告与第三人签订买卖合同的过程，二被告及第三人陈述，二被告没有将其就涉案房屋已与原告签订买卖合同的情况告知第三人，第三人仅在签订合同前一个星期左右去涉案房屋看过一次，且只是在涉案房屋外面看了一下，二被告告知第三人涉案房屋暂借给朋友居住。

第三人主张其以现金方式在二被告家里向被告郑先平交付房款 198 343.79 元，并提交了二被告的收条 4 张作为证据，内容为被告郑先平分别于 2007 年 8 月 31 日、2007 年 9 月 5 日、2007 年 9 月 7 日、2007 年 9 月 9 日收到第三人房款 2 万元、8 万元、8 万元、18 343.79元，以证明第三人依约向二被告支付了购房款。二被告对此予以确认。原告对其真实性有异议，认为从 4 张收条载明的时间看，相隔有十几天，但从纸张、笔迹的形成看，却呈现高度的一致性。原告要求对 4 张收条进行鉴定，以判断收条形成时间的真实性。原告认为若鉴定结果显示 4 张收条形成的时间并非收条上载明的时间，则进一步证明二被告与第三人之间存在恶意串通行为。依原告申请，本院委托西南政法大学司法鉴定中心进行鉴定，但因鉴定机构要求原告提供的材料原告未能提供，鉴定机构不予受理。

关于第三人与二被告买卖涉案房屋的款项来源、去向及相应证据，第三人陈述，其与案外人彭民系夫妻关系，购房款中的 3 万元现金系其来深圳工作几年的积蓄，以现金形式存放在家里，5 万元为其向朋友借款而来，12 万元为其丈夫彭民筹集得来。第三人提供了深圳莱加宝配餐有限公司的收入证明，证明 2004 年 11 月至 2008 年 9 月其在该公司任会计，年收入 68 000 元。深圳市凯越电器设备有限公司出具证明，证明经营管理人为彭民。深圳市凯越电器设备有限公司还出具证明，证明其派第三人田阳于 2008 年 12 月 16 日至 12 月 31 日出差。第三人提供的社会保险清单显示，2008 年 1 月至 2008 年 12 月由深圳市凯越电器设备有限公司为第三人田阳交纳社会保险金。二被告对第三人的陈述无异议。二被告陈述其收到款项后将现金放在家中的保险柜里。第三人对二被告的陈述无异议。但原告认为，第三人提供的收入证明表明第三人田阳于 2004 年 11 月到 2008 年 9 月在深圳莱加宝配餐有限公司任职，但从第三人田阳的社会保险清单看，至少在 2008 年 1 月第三人田阳就是深圳市凯越电器设备有限公司员工，上述两份证据存在矛盾，无法确认田阳究竟在哪个公司任职。原告对第三人提交的资金来源的说明也不予认可，理由是该情况说明仅是第三人单方面陈述，没有其他证据印证。

原告提供 2007 年 9 月 22 日的地产广告，拟证明涉案房屋当时同地段、同类型的房屋市场价已超过每平方米 1 万元。原告提供其委托深圳市世鹏房地产土地评估有限公司作出的“房地产评估报告”，该报告结论为涉案房屋在 2007 年 9 月 7 日的评估总值是 933 240 元。二被告对上述两份证据的真实性无异议，但认为广告内容及原告单方委托的评估不能证明原告拟证明的内容。依原告申请，本院委托深圳市国咨土地房地产评估有限公司对涉案房屋进行评估，该公司出具的报告书结论为涉案房屋在 2007 年 8 月 31 日的评估市值为 975 660 元。二被告对该报告的结论有异议，但其异议不符合法律规定，本院不予采纳。本院认可报告书的结论。

上述事实有下列证据证明：

1. 房地产买卖协议。

2. 订金收条。

3. 银行进账单、银行转账回单及存款凭条、银行存折、个人贷款对账单。

4. 装修协议书、房屋装修申报表、物管委托银行代收款协议、有线电视收费单、电信收费单、燃气收费单、物管收费单。

5. 产权资料查询表、地产广告、评估报告书、房地产证、批复、发票、深圳市二手房买卖合同、结婚证、报告书、情况说明、营业执照、社会保险清单。

6. 当事人陈述及庭审笔录等证据。

(四)判案理由

广东省深圳市南山区人民法院经审理认为：本案争议的焦点在于原告、二被告签订的“房地产买卖协议”的效力，以及二被告与第三人签订的“深圳市二手房买卖合同”的效力。

二被告主张涉案房屋在签订协议时未取得商品房产证，故合同无效。根据庭审查明的事实，原告、二被告在签订合同时确认涉案房屋的商品房地产证未办理，该合同实质是约定以国土局办理出卖方一手商品房房产证作为条件、在条件成就后二被告再行转让涉案房屋与原告。《中华人民共和国城市房地产管理法》(1994年)第三十七条第(六)项规定未依法登记领取权属证书的房地产不得转让，应当理解为依法登记领取权属证书是房地产变动的结果条件，而不是原因条件；不符合该条件的，房地产不得进行转让登记，不能发生物权变动的结果，但买卖合同的效力不受影响，买卖合同仍然有效。《中华人民共和国物权法》第十五条规定，当事人之间订立有关设立、变更、转让和消灭不动产物权的合同，除法律另有规定或者合同另有约定外，自合同成立时生效；未办理物权登记的，不影响合同效力。故原告与二被告的约定并未违反《中华人民共和国城市房地产管理法》第三十七条第(六)项的规定及其他法律、行政法规的强制性规定；虽然涉案房屋未办理商品房房地产证，该合同转让产权的目的只有在办理商品房房产证这一条件成就后方能实现，但条件是否实际成就并不影响合同本身的效力。且在2007年8月涉案房屋的性质已变更为市场商品房，具备产权过户条件，故本院对二被告关于合同无效的主张不予支持。

二被告认为涉案房屋系二被告夫妻共同财产，房地产买卖合同只是被告李浩签订的，签订合同时被告李浩没有与被告郑先平商量、取得其同意，合同应为无效。根据庭审查明的事实，原告支付订金及首付款均是向被告郑先平支付的，足以表明被告郑先平对此是知情且同意的，故二被告以房屋的共有权人郑先平不知情、不同意为由主张合同无效不能成立。

关于原告与二被告在合同中约定“过户的房产金额按原房产证上的总房价申报”。《中华人民共和国城市房地产管理法》(2007年修正)第三十五条规定，国家实行房地产成交价格申报制度。房地产权利人转让房地产，应当向县级以上地方人民政府规定的部门如实申报成交价，不得瞒报或者作不实的申报。建设部《城市房地产转让管理规定》第十四条规定：国家实行房地产成交价格申报制度。房地产权利人转让房地产，应当如实申报成交价格，不得瞒报或者作不实的申报。房地产转让应当以申报的房地产成交价格作为缴纳税费的依据。成交价格明显低于正常市场价格的，以评估价格作为缴纳税费的依据。故原告与二被告在合同中关于“过户的房产金额按原房产证上的总房价申报”的约定，违反了法律的强制性规定，应为无效。但合同内容部分无效，并不当然导致整个“房地产买卖协议”无效。原告与二被告之间的房屋买卖合同的其他约定是当事人的真实意思表示，不具有合同无效的情形，合同成立并有效，双方均应严格履行。

合同签订后，原告依约履行合同义务，支付了除押金以外的首付款及以代替二被告归还银行贷款的方式支付了其余款项。在2007年8月涉案房屋取得商品房地产证时，二被告应依合同约定将涉案房屋的产权过户给原告，但二被告却将涉案房屋出卖给第三人且将产权过户给第三人，二被告“一房二卖”的行为已构成违约。

关于二被告与第三人于2007年8月31日签订的“深圳市二手房买卖合同”的效力，争议的焦点在于二被告与第三人的房屋交易是否存在恶意串通，从而损害原告合法权益的情形。对此本院分析如下：恶意串通表现为表意人与相对人以恶意通谋实施某种行为，损害国家、集体或第三人利益并从中受益。根据《中华人民共和国合同法》第五十二条第（二）项的规定，恶意串通，损害国家、集体或者第三人利益的合同无效。在二被告与第三人的交易过程中，存在诸多不合理之处。首先，二被告与第三人以198 343.79元的价格转让涉案房屋，而法院委托的有相应资质的评估公司评估的结论是涉案房屋在2007年8月31日的评估市值为975 660元，二被告与第三人的交易价格明显不合理低于市场价。其次，购买房屋对于一般人而言是一个较为重大的决定，而第三人在签订买卖合同前仅到涉案房屋外看过一次，甚至没有进入房屋内部进行实地考察或详细了解，这种未探究房屋真实情况而作出决定的行为，显然不符合一般人购买房屋的常情常理；再次，二被告与第三人之间近二十万元的资金往来，全部为现金支付，第三人筹集款项、其丈夫筹集款项、二被告收到款项后的资金流向，仅有当事人陈述而没有其他证据与之印证，诸多款项往来均没有相应银行交易记录，在日常经济生活中实属罕见，二被告及第三人的解释亦较为牵强。综上，上述现象和证据已形成证据链，可以达到证明第三人不是善意第三人的高度盖然性标准。经综合分析原告、二被告、第三人提交的证据、庭审查明的事实，以及运用日常生活经验法则，本院认定二被告与第三人之间的房屋交易行为属于恶意串通，损害了原告的合法权益，依法确认二被告与第三人签订的“深圳市二手房买卖合同”无效，第三人不能取得涉案房屋合法的产权。本院对二被告及第三人要求原告搬离涉案房屋的请求不予支持，对第三人要求原告支付租金的请求亦不予支持。

在确认二被告违约及二被告与第三人的买卖合同无效的情况下，原告要求二被告继续履行“房地产买卖协议”，符合合同约定及法律规定，本院予以支持。

（五）定案结论

广东省深圳市南山区人民法院依照《中华人民共和国合同法》第六条、第五十二条第（二）项、第五十六条、第六十条、第一百零七条，《中华人民共和国物权法》第十五条，《中华人民共和国城市房地产管理法》第三十五条、第三十七条第（六）项，《中华人民共和国民事诉讼法》第六十四条第一款之规定，作出如下判决：

1. 确认被告李浩、被告郑先平与第三人田阳于2007年8月31日签订的关于前海花园三期36栋12E房屋的“深圳市二手房买卖合同”无效。

2. 被告李浩、被告郑先平应继续履行于2004年5月22日与原告签订的“房地产买卖协议”，于本判决生效之日起10日内协助原告办理将前海花园三期36栋12E房屋产权过户至原告名下的手续。

3. 驳回被告李浩、被告郑先平的全部反诉请求。

4. 驳回有独立请求权第三人田阳的全部诉讼请求。

原告起诉的案件受理费人民币6 390元、财产保全费2 217元及评估费，均由二被告承担；上述款项原告已预交，二被告应于本判决生效之日起10日内将应负担之款项径付原告。

二被告反诉的案件受理费6 390元，由二被告承担；该款项二被告已预交，本院不退。第三人提出独立诉讼请求的案件受理费88元，由第三人承担；该款项第三人已预交，本院不退。

一审宣判后，二被告上诉，但未在指定期限内交纳上诉费，一审判决已经发生法律效力。

（六）解说

二手房交易市场的违约情况与房地产价格的走势密切相关。当房地产价格快速上涨时，卖方违约率就会上升；当房地产价格快速下滑时，买方违约的情况就会增加。本案的特点在于，卖方出售的是其所有的绿本房产证的房屋，与买方签订房屋买卖合同后已交付买方使用，但因政策原因没有立即过户。在房地产价格暴涨的情况下，卖方不愿意继续履行合同，并将房屋以更高价格转卖给第三人，且已办理了产权过户手续。此时，涉案房屋究竟应归属于哪一方、买方的权利应如何保护、各方当事人的权利义务关系如何，就成为本案的焦点。

1. 本案中，房屋的买方与卖方签订房屋买卖合同，但签订合同之时该房屋只有绿本房产证、未取得红本房地产证，合同是否有效？

原、被告各方在签订合同时确认涉案房屋的商品房房地产证（红本房地产证）未办理，故二被告主张涉案房屋在签订“房地产买卖合同”时为非商品房，合同无效。“房地产买卖合同”中原告与被告之间的房屋买卖关系应为预约性质，其目的在于将来签订正式的房屋买卖合同，并办理产权过户手续，其实质是约定以国土局办出卖方的商品房房产证作为条件、在条件成就后被告再行转让涉案房屋与原告。《中华人民共和国城市房地产管理法》（1994年）第三十七条第（六）项规定未依法登记领取权属证书的房地产不得转让，应当理解为依法登记领取权属证书是房地产变动的结果条件，而不是原因条件；不符合该条件的，房地产不得进行转让登记，不能发生物权变动的结果，但买卖合同的效力不受影响，买卖合同仍然有效。故原、被告各方的约定并未违反《中华人民共和国城市房地产管理法》（1994年）第三十七条第（六）项的规定及其他法律、行政法规的强制性规定；虽然涉案房屋未办理房产证，该合同目的只有在办理出房产证这一条件成就后方能实现，但条件是否实际成就并不影响合同本身的效力。因此该合同是有效合同，且在2007年8月涉案房屋的性质已变更为市场商品房，具备产权过户条件，二被告关于合同无效的主张不能得到支持。

2. 合同签订后，买方依约履行合同义务，支付了除押金以外的首付款及以代替二被告归还银行贷款的方式支付了其余款项，但卖方却将涉案房屋转让与第三人，且涉案房屋已转移登记至第三人名下。对于卖方与第三人的买卖合同的效力，该如何认定？

原告与二被告的房屋买卖合同成立在先，原告已依约履行支付价款的义务，并占有、使用涉案房屋，涉案房屋却被转移登记到了第三人名下。此时，第三人是善意第三人，还是恶意第三人，是认定第三人与二被告的买卖合同效力的关键所在。

物权法上有善意取得制度，即受让人以财产所有权转移为目的的善意，对价受让占有该财产，即使出让人无转移所有权的权利，受让人仍取得其所有权。而该案中二被告与第三人转让房产的价格、第三人支付对价的情况等均无法证明第三人是善意的。经综合分析原告、二被告、第三人提交的证据、庭审查明的事实，以及运用日常生活经验法则，法院认定二被告与第三人之间的房屋交易行为属于恶意串通，损害了原告的合法权益，从而确认二被告与第三人签订的“深圳市二手房买卖合同”无效，第三人不能取得涉案房屋合法的产权。

（广东省深圳市南山区人民法院　谭素青　刘丽梅）

3. 赵有利诉朱力南借名买房案（房屋所有权确权）

（一）首部

1. 判决书字号

一审判决书：北京市海淀区人民法院（2008）海民初字第 18924 号。

二审判决书：北京市第一中级人民法院（2009）一中民终字 14975 号。

2. 案由：所有权纠纷。

3. 诉讼双方

原告（上诉人）：赵有利，男，汉族，住北京市朝阳区。

委托代理人：卫毅，广东圣天平律师事务所北京分所律师。

被告（被上诉人）：朱力南，男，汉族，住北京市海淀区。

委托代理人：周晓莉，住址同上，系朱力南之母。

委托代理人：郝琳，女，住北京市海淀区。

4. 审级：二审。

5. 审判机关和审判组织

一审法院：北京市海淀区人民法院。

合议庭组成人员：审判长：王卫东；代理审判员：张鹤、郑红艳。

二审法院：北京市第一中级人民法院。

合议庭组成人员：审判长：王爱红；代理审判员：万丽丽、李晓龙。

6. 审结时间

一审审结时间：2009 年 6 月 17 日。

二审审结时间：2009 年 12 月 3 日。

（二）一审诉辩主张

1. 原告赵有利诉称

2001 年年初，我欲购两套房屋作为公司办公用房，为顺利取得银行按揭贷款的审批，经我要求，被告父亲及被告同意，我借用被告的名义办理其中一套房屋的购房手续，该房款及相关费用全部由我支付，该房屋所有权归我所有。2001 年 4 月，我向北京魏公元鼎房地产开发有限公司购买了魏公村街韦伯豪家园 6 号楼 3A01 号和 3A02 号两套房屋，其中 3A02 号房层是以被告名义签约和办理银行按揭抵押贷款手续的。我支付了该房屋首期购房款 202 439 元，并签署了相关购房文件。2002 年 3 月，我对该房屋进行了装修，于 2002 年 4 月进驻并使用至今，并且我按期偿付了该房屋的银行贷款、物业管理费，供暖费以及契税、维修基金等相关费用，共计 544 952 元。2007 年，我因公司资金困难，欲将 3A02 号房屋卖出，为此，多次与被告协商，被告却以家庭矛盾为由推诿协助我办理卖房手续，至 2008 年竟然拒绝。无奈，为保护自己的合法权益不受损害，故向法庭提起诉讼，请求判决确认北京市海淀区魏公村街 1 号楼韦伯豪家园 6 号楼 3A02 号房屋所有权归我所有，诉讼费由被告负担。

2. 被告朱力南辩称

该房屋是我的父母为我购买的，并说有一公司要租房，可以交纳首付，其他由公司交纳。如果以后我自己使用房屋，就由我自己交纳费用。购房手续是我自己办理的，首付款也是我父母交纳的。该房屋虽不是我出资购买，但是我父母出资给我买的。故不同意原告的诉讼请求。

（三）一审事实和证据

北京市海淀区人民法院经公开审理查明：2001 年 4 月 24 日，被告朱力南与北京魏公元鼎房地产开发有限公司（以下简称魏公元鼎公司）签订商品房买卖合同，合同约定，被告购买魏公元鼎公司开发的韦伯豪家园 6 号楼 1 单元 3A02 号房屋一套，建筑面积为 119.35 平方米，单价为 8 034.01 元，总金额为 962 439 元；付款方式：银行按揭付款，签约当日支付购房定金 3 万元，2001 年 5 月 8 日应付首付款 172 439 元，其余房款 76 万元以银行按揭方式支付；交房期限：2001 年 12 月 31 日。合同还对其他条款进行了约定。2002 年 1 月 1 日，双方又签订补充协议，协议约定，被告所购房屋实际建筑面积为 119.15 平方米，最终结算售价为 960 827 元。上述协议签订后，被告所购买的该套房屋至今由原告的公司使用。该房屋于 2004 年 6 月 15 日办理了房屋所有权证书，该房屋所有权人为被告。

另查，2001 年 6 月 15 日，被告与广东发展银行北京分行中关村支行（以下简称广发行中关村支行）签订房屋按揭贷款合同，贷款 76 万元，贷款期限为 240 个月。同日，双方签订了房屋按揭贷款抵押合同，被告同意将其所购买的韦伯豪家园 6 号楼 1 单元 3A02 号房屋一套抵押给广发行中关村支行，抵押期限至 2021 年 6 月 26 日。

2002 年 1 月 1 日，被告与北京国豪物业管理有限公司签订物业管理委托合同书。被告将其所购买的上述房屋的物业委托北京国豪物业管理有限公司管理，委托期限至2003年12月31日。

庭审中，原告向法庭提供了2001年1月17日原告与被告之父朱俊云签订备忘录及被告之父朱俊云出具的证明。备忘录的内容是：第一，赵有利公司因拟贷款购买两套房屋，请朱俊云协助办理其中一套的按揭手续；第二，朱俊云同意向赵有利出借其儿子朱力南的身份证用于办理其中一套的购房手续；第三，以朱力南名义所购房子的全部费用均由赵有利负担，该房屋的所有权归赵有利所有。证明的内容是：朱俊云证明了其与原告签署了上述备忘录，并称备忘录签署后，将此事告知了被告，且被告同意并协助原告办理了有关房屋购买和贷款手续，且购房款全由原告支付，所购房屋应归原告所有。并且朱俊云出庭作证，承认备忘录及证明系其本人所签，并认可其内容。被告的质证意见是：不清楚该证据的朱俊云的签字是否其本人所签，且朱俊云与原告系朋友关系，现仍欠原告10万元借款未还，与原告有利害关系，故不认可朱俊云的证言。

另查，朱俊云现已与被告之母周晓莉经法院判决离婚。

庭审中，双方对本案诉争房屋所已交纳的款项的付款方各持己见。

2008年10月15日，被告以其原有房屋所有权证丢失为由，另行向北京市海淀区建设委员会申请补办房屋所有权证，北京市海淀区建设委员会为被告补发了房屋所有权证书。

庭审中，原告向法庭提交的所交纳的购房款契税票据中均记载交款人为被告，原告向法庭提交的所交纳物业费、供暖费票据中记载交款人为原告所在公司即北京优达思创多媒体技术有限公司，其中包括原告购买的在本案诉争房屋同一栋楼的3A01号房屋的物业费、供暖费。

上述事实有下列证据证明：

1. 原告向法庭提供的房屋买卖合同、房屋所有权证、按揭贷款合同、抵押合同、物业管理合同、供暖协议、购房票据、物业费、供暖费发票、备忘录和证明、朱俊云证人证言。

2. 被告提供的补办的房屋所有权证。

3. 本院开庭笔录。

（四）一审判案理由

北京市海淀区人民法院经审理认为：不动产权属证书是权利人享有该不动产物权的证明。本案系房屋所有权纠纷，庭审中，原告虽向法庭提供了其与被告之父所签备忘录、证明，均记载了原告以被告的名义办理购房、按揭贷款等购房手续，但原告向法庭提供的购房等手续均系被告与开发商、银行等机构签订，且双方向法庭提供的该房屋所有权证均记载所有权人为被告，故法院依法认定本案诉争的房屋所有权人为被告。因此，原告要求确认本案诉争房屋的所有权缺乏事实及法律依据，法院不予支持。关于本案诉争房屋的购房款，如原告能够提供充分证据证明该款系原告交纳，其可另行提起诉讼，要求被告予以返还。

（五）一审定案结论

北京市海淀区人民法院依照《中华人民共和国民事诉讼法》第六十四条第一款之规定，作出如下判决：

驳回原告赵有利的诉讼请求。

（六）二审情况

1. 二审诉辩主张

（1）上诉人赵有利诉称

请求撤销原审法院判决，发回重审或改判支持赵有利的诉讼请求。理由是：1）原审法院判决重要事实不清。赵有利提交了赵有利之妻杨桂敏与朱力南的电话录音，该录音证实朱力南承认借名购房的事实，承认该房全部费用系赵有利支付。原审法院判决对此关键证据只字不提，刻意回避，显属适用证据错误，事实不清。2）原审法院判决适用法律错误。《物权法》第三十三条明文规定，因物权归属、内容发生争议的，利害关系人可以请求确认权利。原审法院判决以办理购房手续和房屋所有权证登记皆为朱力南为由，驳回赵有利的起诉请求，违反法律规定。

（2）被上诉人朱力南辩称

同意原审法院判决，不同意赵有利的上诉请求和理由。

2. 二审事实和证据

北京市第一中级人民法院经公开审理查明：原审法院查明的事实属实，二审法院予以确认。二审法院另查明，赵有利在原审法院审理期间曾提交了一份电话录音证据，打电话双方为赵有利的妻子杨桂敏与朱力南。

该录音内容为："……杨桂敏：假如要是让你把这个房本补下来的话，那我后面的麻烦就太多了。朱力南：我知道，这样吧，杨阿姨，我也跟您明说，我呢，这个房子就是为了用来去举报朱俊云，没有别的用处……朱力南：这东西也不是我的，没关系，它名字是写的我的名字啊。杨桂敏：对呀，是写的你的名字，我只是当时用了你的身份证啊，但是前期的款都是我付的啊。朱力南：对，对呀。杨桂敏：而且现在房子也都是我在使用。朱力南：您去跟别人说去，这跟我说没意义，我只是告诉您，我要拿这套房子去干什么……"

朱力南认为该录音光盘中有多处删改，故申请对该录音是否是原始载体、是否是经过删改进行鉴定。原审法院委托北京华夏物证鉴定中心对该录音进行鉴定。2009 年 1 月 5 日北京华夏物证鉴定中心出具司法鉴定检验报告书，检验结果为：无法确定提交鉴定的录音机是否为原始载体；两段音频文件中未发现剪辑、删改。赵有利、朱力南对该检验结果均无异议。

以上事实有当事人的陈述、司法鉴定检验报告书等证据在案佐证。

3. 二审判案理由

北京市第一中级人民法院经审理认为：当事人对自己提出的诉讼请求所依据的事实或

者反驳对方诉讼请求所依据的事实有责任提供证据加以证明。没有证据或者证据不足以证明当事人的事实主张的，由负有举证责任的当事人承担不利后果。赵有利所提交的录音证据虽无法确定所提交鉴定的录音机是否为原始载体，但检验结果明确载明音频文件中未发现剪辑、删改。故本院对该录音证据的真实性予以确认。

民事活动应当遵循自愿、公平、等价有偿、诚实信用的原则。3A02 号房屋购房等手续虽系朱力南与开发商、银行等机构签订，房屋所有权证记载所有权人亦为朱力南，但赵有利提供的 2001 年 1 月 17 日赵有利与朱力南之父朱俊云签订的备忘录、朱俊云证人证言均证明了赵有利系借朱力南的身份证，以朱力南的名义办理的 3A02 号房屋购买、按揭贷款等购房手续，所购房屋的费用均由赵有利负担，该房屋的所有权归赵有利的事实，且朱力南亦曾在电话中对借用身份证、购房前期费用均由赵有利支付的事实予以认可。朱力南现所持房屋是父母为其购买、首付款亦是其父母交纳的辩解，与前述证据相悖，故本院对朱力南的抗辩理由不予采信。综上所述，赵有利要求确认 3A02 号房屋归其所有的诉讼请求，于法有据，本院予以支持。

4. 二审定案结论

北京市第一中级人民法院依照《中华人民共和国民事诉讼法》第一百五十三条第一款第（三）项、《中华人民共和国物权法》第三十三条、《中华人民共和国民法通则》第四条之规定，作出如下判决：

（1）撤销北京市海淀区人民法院（2008）海民初字第 18924 号民事判决。

（2）北京市海淀区魏公村街 1 号韦伯豪家园 6 号楼 1 单元 3A02 号房屋所有权归赵有利所有。

（七）解说

本案一审与二审的判决结果截然相反。一审法院认为：不动产权属证书是权利人享有该不动产物权的证明。本案系房屋所有权纠纷，庭审中，原告虽向法庭提供了其与被告之父所签备忘录、证明，均记载了原告以被告的名义办理购房、按揭贷款等购房手续，但原告向法庭提供的购房等手续均系被告与开发商、银行等机构签订，且双方向法庭提供的该房屋所有权证均记载所有权人为被告。一审法院充分坚持了物权登记公示的推定效力，认为原告所提供的证据尚不足以推翻物权登记，既然物权登记在被告名下，即推定房屋权属为被告所有，在诉讼攻防中，应由原告充分举证去推翻该物权登记，而被告只需消极防御。关键点在于原告如何举证可达到使法官确信该物权登记所公示的权利人是错误的。一审法官显然没有正确地把握该案的举证尺度，既然原告主张的是“借名买房”，则购房等手续系被告与开发商、银行等机构签订，房屋所有权证均记载所有权人为被告当在情理之中，不能就此再要求原告举证。二审法院查明事实后认为，房屋购房等手续虽系朱力南与开发商、银行等机构签订，房屋所有权证亦记载所有权人为朱力南，但赵有利提供的 2001 年 1 月 17 日赵有利与朱力南之父朱俊云签订的备忘录、朱俊云证人证言均证明了赵有利系借朱力南的身份证，以朱力南的名义办理的 3A02 号房屋购房、按揭贷款等购房手续，所购房屋的费用均由赵有利负担，该房屋的所有权归赵有利的事实，且朱力南曾在电话中对借用身份证、购房前期费用均由赵有利支付的事实予以认可。朱力南现所持房屋是父母为其购买、首付款亦是其父母交纳的辩解，与前述证据相悖。所有的间接证据，都指向房屋系原告购买、登记在被告名下。二审法院在此基础上对本案进行了改判。

在现实中当事人或出于各种目的“借名买房”，在一些情况下有可能违反行政法规，除非其违反的是行政法规中的效力禁止性规定，侵犯了国家、集体或者他人的利益，在真正的买房人主张权利时应当审慎地对证据进行查明和认定，并对其权利进行确认和保护。在该类案件中，真正的购买人往往不能举出直接证据证明自己系房屋的真正权利人，但是在真正购买人所举出的间接证据能够形成完整的证据链条，证明其系真实购房人的情况下，即应当确认其系真正的房屋产权人。

（北京市第一中级人民法院　宋少源）

4. 卢丹妮诉周澜华、丁宇博所有权纠纷案（不动产公示）

（一）首部

1. 判决书字号

一审判决书：北京市朝阳区人民法院（2009）朝民初字第10934号。

二审判决书：北京市第二中级人民法院（2009）二中民终字第19627号。

2. 案由：所有权纠纷。

3. 诉讼双方

原告（上诉人）：卢丹妮，女，汉族，住北京市朝阳区。

委托代理人：张峻耀，北京大正国都律师事务所律师。

委托代理人：吴明，男，住北京市东城区。

被告（被上诉人）：丁宇博，男，汉族，住北京市海淀区。

被告（被上诉人）：周澜华，女，汉族，住址同上。

委托代理人：刘万勇，北京市中通策成律师事务所律师。

委托代理人：林丽，北京市中通策成律师事务所律师。

4. 审级：二审。

5. 审判机关和审判组织

一审法院：北京市朝阳区人民法院。

合议庭组成人员：审判长：高嵩；审判员：戚俊杰、凌辉。

二审法院：北京市第二中级人民法院。

合议庭组成人员：审判长：肖蓉蓉；审判员：张振越；代理审判员：付辉。

6. 审结时间

一审审结时间：2009 年 7 月 16 日。

二审审结时间：2009 年 12 月 18 日。

（二）一审诉辩主张

1. 原告卢丹妮诉称

我在 2003 年 10 月选中凤凰城二期商品房一套。11 月时，由于我当时在长春工作无法来京办理购房事宜，销售人员表示可由他人代为办理，但是商品房买卖合同需要用代理人姓名，待办理房屋按揭手续时再变更为我的姓名。在销售人员反复确认此事后，我即委托丁宇博代理办理交纳房款和购房事宜，并给付首付款 16 万元。丁宇博于是在 2003 年 11 月 26 日向开发商交付 16 万元并以其名义签订了商品房买卖合同，购买了凤凰城二期 E 座 603 号房屋，即现北京市朝阳区曙光西里甲 5 号院 E 座 603 号房屋（以下简称 603 号房屋）。2004 年 8 月，在办理购房按揭手续时，北京市规定按揭人必须与购房人一致，不允许更名。我只好以丁宇博的名义办理按揭手续和领取房产证，并支付每期按揭贷款。丁宇博也同意随时与我办理房屋更名手续。之后由于丁宇博的原因，我一直没有办理房屋过户手续。因 603 号房屋实际是我购买，相关款项也是我支付，因此请求确认该房屋归我所有。

2. 被告丁宇博辩称

我和卢丹妮在 2002 年相识。2003 年时卢丹妮想要购买房屋，请我帮忙以我的名义办理购房手续，我同意了，就以我的名义签订了商品房买卖合同。在办理银行按揭贷款手续时，又按照开发商的要求以我的名义贷款。房屋的首付款等各项费用，都是卢丹妮支付的。按揭贷款也是卢丹妮先将钱汇到我的账户中，再由我去还款。这些事我和我妻子周澜华说过，她全知道。卢丹妮的主张与事实相符，我没有意见。

3. 被告周澜华辩称

由于卢丹妮和丁宇博的不正当男女关系，我和丁宇博的夫妻感情破裂，现正在离婚过程中。丁宇博企图通过第三人起诉的方式转移财产，侵犯了我的权益。在我国不动产物权的产生、变更都是以登记为准，同时物权效力也高于债权效力，因此不论卢丹妮提供任何证据都不能推翻 603 号房屋是我们夫妻共同财产的事实。在丁宇博和我的离婚案件中，丁宇博承认与卢丹妮之间存在大额经济往来，因此，卢丹妮不能证明按揭贷款是由其支付。603 号房屋是我与丁宇博的夫妻共同财产，与卢丹妮无关，不同意其诉讼请求。

（三）一审事实和证据

北京市朝阳区人民法院经公开审理查明：丁宇博与周澜华系夫妻关系。2003 年 11 月 26 日，丁宇博与北京华润曙光房地产开发有限公司签订“商品房买卖合同”，约定丁宇博购买该公司开发的 603 号房屋一处，建筑面积为 77.34 平方米，房价款共计 681 984 元，其中 80%以申请银行按揭贷款方式支付。2004 年 8 月 16 日，周澜华出具委托书，内容为其与丈夫丁宇博共同购买603号房屋，委托丁宇博全权代理其办理银行按揭贷款手续、入住手续及申领房产证。该委托书经北京市海淀区第二公证处公证。2004年12月15日，丁宇博向中国民生银行北京阜成门支行申请了603号房屋的个人住房按揭贷款54万元，按照月等额本金还款法偿付贷款，合同中标明周澜华为该房屋的共有权人。2006年，丁宇博取得603号房屋的房产证。该房屋一直由卢丹妮居住，丁宇博和周澜华未在此居住过。

现卢丹妮提出603号房屋是其以丁宇博的名义购买，所有款项均是其支付，因此要求确认该房屋归其所有。对此，卢丹妮提供了20张向丁宇博的银行卡汇款的凭证，时间自2004年8月17日至2008年9月19日，每张金额不等，最少的为5 000元，最多的为5万元，证明购房款及按揭款均是自己支付；提供了支付603号房屋水、电、气等费用的相关票据，证明自己长期使用该房屋；提供了杜晓丽出庭作证，证实代卢丹妮偿还过银行贷款。丁宇博对卢丹妮所述均表认可，并提出其与周澜华已有其他住房，且收入有限，根本无力购买603号房屋。周澜华认为卢丹妮和丁宇博串通，该房屋为其与丁宇博的共同财产。

另周澜华已就与丁宇博离婚一案诉至北京市海淀区人民法院，并以603号房屋为夫妻共同财产为由要求分割该房屋，该案件现已中止审理。

以上事实有“商品房买卖合同”，委托书及当事人的陈述等证据在案佐证。

（四）一审判案理由

北京市朝阳区人民法院经审理认为：根据相关法律规定，不动产物权实行统一登记制度。不动产权属证书是记载权利人享有该不动产物权的证明。603号房屋登记在丁宇博名下，依照公示、公信的原则，应推定其为产权人。现卢丹妮对603号房屋的权属提出异议，应当提供证据加以证明。虽然庭审中丁宇博对卢丹妮的主张及陈述均表认可，但是由于丁宇博与周澜华正在离婚诉讼中，周澜华并主张该房屋为夫妻共同财产，丁宇博这种自认的效力在没有其他证据佐证的情况下法院无法确认。

卢丹妮提供了部分给丁宇博付款的票据，可证实双方间确实存在钱款往来。但由于双方间长期存在经济往来，法院无法认定这些付款即为由丁宇博代卢丹妮支付房款和贷款。且，从卢丹妮提供的票据来看，各笔付款的金额差额巨大，与每期偿付银行贷款的金额并不相符，也无法印证卢丹妮所称这些款项系用于支付房款和贷款。杜晓丽的证言证明力过低，亦无法采信。卢丹妮虽然实际使用603号房屋，但也不能以此推断其为该房屋的实际所有人。因此，卢丹妮提供的各项证据均不足以证明其为603号房屋的实际所有人，其诉讼请求不予支持。

（五）一审定案结论

北京市朝阳区人民法院依照《中华人民共和国物权法》第十条、第十七条之规定，作出如下判决：

驳回原告卢丹妮的全部诉讼请求。

（六）二审情况

1. 二审诉辩主张

（1）上诉人卢丹妮诉称

请求撤销原审判决，确认其为603号房屋的所有权人。理由是：卢丹妮委托丁宇博购房，双方为委托代理关系。丁宇博与周澜华的收入不具备同时购买两套房屋的能力，卢丹妮才是603号房屋全部款项的实际承担者、房屋的合法使用人。

（2）丁宇博不同意原审判决。

（3）周澜华同意原审判决。

2. 二审事实和证据

北京市第二中级人民法院经审理，确认一审法院认定的事实和证据。

3. 二审判案理由

北京市第二中级人民法院经审理认为：根据相关法律规定，不动产物权实行统一登记制度。不动产权属证书是记载权利人享有该不动产物权的证明。603号房屋系由丁宇博署名购买，周澜华出具了授权委托书，委托丁宇博办理银行贷款等事项，后丁宇博取得银行贷款，并最终取得房屋产权证书。因603号房屋产权登记在丁宇博名下，依照物权的公示、公信原则，丁宇博应为603号房屋的产权人。现卢丹妮以603号房屋是其委托丁宇博购买，其为实际出资人并使用房屋至今为由，对603号房屋的权属提出异议，请求确认其对该房屋享有所有权。为此，卢丹妮提供了付款凭证等证据加以证明。根据现有证据，虽然卢丹妮向丁宇博名下的资金账户注入了部分款项，但卢丹妮并不能据此证明其与丁宇博之间属于委托代理购房关系及其向丁宇博的付款就是购买603号房屋的付款，因而卢丹妮不能据此请求确认其对诉争房屋的所有权。卢丹妮提供的交纳供暖、物业等费用及其他相关单据只能证明卢丹妮居住、使用了603号房屋，但并不能证明603号房屋由其所有。审理中，虽然丁宇博对卢丹妮的主张及陈述均表认可，但是由于丁宇博与周澜华正在进行离婚诉讼，而周澜华主张该房屋为夫妻共同财产，则丁宇博的陈述，本院无法采信。卢丹妮的上诉请求，依据不足，本院不予支持。

4. 二审定案结论

北京市第二中级人民法院依照《中华人民共和国民事诉讼法》第一百五十三条第一款第（一）项之规定，作出如下判决：

驳回上诉，维持原判。

（七）解说

本案的核心是物权的公示公信原则。

《物权法》第六条规定："不动产物权的设立、变更、转让和消灭，应当依照法律规定登记。动产物权的设立和转让，应当依照法律规定交付。"这是物权法中对物权公示原则的明确规定。物权公示原则，是指物权的设立或者变动必须依据法定的公示方法公之于世。物权公示意味着，物权设立和变动的事实需要通过法定的方式公开，表现为：不动产需要进行登记，动产则需要交付。公示原则具有以下几个方面的功能：第一，明确物权的功能。登记实际上是通过将物权设定和移转的事实对外公开来明确物权的归属，以定纷止争。第二，维护交易安全的功能。物权具有排他性和优先性效力，对第三人有较大的影响，所以必须符合法定的公示要件。公示既节约了交易成本，又有效地防止了欺诈。第三，提高物权的利用效率。利用物权的方式越多，就越需要通过相应的公示来明确和界定。

公信原则就是指对于通过法定的公示方法所公示出来的权利状态，相对人有合理的理由相信其为真实的权利状态，并与登记权利人进行了交易的，对这种信赖法律应当予以保护。公信原则表现在两个方面：第一，登记记载的权利人在法律上被推定为真正的权利人。《物权法》第十六条规定，“不动产登记簿是物权归属和内容的根据”。此条规定就是确立了登记的权利推定效力。不动产登记簿是不动产归属的依据。第二，凡是信赖登记所公示的权利而与权利人进行交易的，法律应当给予充分的保护。

记载于登记簿的权利人，法律上就被推定为权利人，表现在：首先，登记记载的权利人在法律上被推定为真正的权利人。其次，如果当事人想通过合同设定某种依法需要办理登记的物权，但尚未进行登记，也没有完成公示的要求，人们便有理由相信此种物权没有产生。最后，依法需要办理登记的物权，即便已经发生了变动，但没有通过登记予以表彰，那么人们也没有理由相信此种物权已经发生变动。

本案中，卢丹妮主张自己为房屋的实际权利人，理由主要有两点：第一，其是委托丁宇博购房，双方为委托代理关系。为此其提供了相应的公证证书，证明其与丁宇博之间的委托关系。第二，卢丹妮才是603号房屋全部款项的实际承担者、房屋的合法使用人。为此其提供了以其名义所缴纳的物业费、电费、水费以及取暖费等票据作为证据。

从物权的公示、公信效力角度来看，房屋产权证书上记载的权利人为丁宇博，那么丁宇博首先就应当被推定为603号房屋的实际权利人。根据《物权法》第十六条第一款的规定，不动产登记簿是物权归属和内容的根据。登记簿记载的不动产权利人不承担产权归属的举证责任，产权归属的举证责任应该由提出异议的当事人承担，在本案中即卢丹妮。首先，卢丹妮虽然提供了其付款的凭证及付款记录，但是还贷款项并不是直接打入603号房屋的还贷账户，而是先打入丁宇博的账户，然后再由丁宇博替其付款。而且，每次打入丁宇博账户的款项并未与还贷所需数额构成严格的对应关系。此外，卢丹妮与丁宇博之间还存在其他的经济往来，没有证据表明其所汇款项能够特定化为其还贷款项。因此，卢丹妮未能充分证明其是房屋的实际还款人。其次，卢丹妮并没有充分的证据证明，其在长达6年的时间里曾就房屋的产权要求进行变更登记。即使卢丹妮一直在603号房屋内居住，作为真正的权利人，那么也存在怠于行使权利的情形，而民法作为一个权利之法鼓励权利人积极行使自己的权利，以维护经济秩序和市场交易的稳定。再次，房屋买卖合同是在丁宇博与周澜华在婚姻关系存续期间签订，房屋产权证也是在其婚姻关系存续期间取得，诉争房屋构成夫妻共有财产。本案发生在丁宇博与周澜华的离婚诉讼期间，丁宇博对卢丹妮诉称内容的承认并不具有充分的证明力，因为作为利害关系人，其陈述的效力必然大打折扣。综上，我们有充分的理由认为，卢丹妮的举证并不能推翻房屋产权证上所记载的内容，物权的公示、公信效力要求在此种情形下，应当以物权登记簿上记载的事项为准。至于卢丹妮所支付的款项，可以通过向丁宇博主张获得救济。

综上，一、二审的判决结果均是正确的。

（北京市第二中级人民法院　朱伟）

5. 国营桂林××公司诉周××、梁××汽车买卖协议纠纷案（国有资产定性）

（一）首部

1. 判决书字号：广西壮族自治区桂林市象山区人民法院（2009）象民二初字第220号。

2. 案由：汽车买卖协议纠纷。

3. 诉讼双方

原告：国营桂林××公司，住所地：广西壮族自治区桂林市象山区。

法定代表人：袁××，国营桂林××公司负责人。

委托代理人：张××，国营桂林××公司员工。

被告：周××，女，19××年生，汉族，住桂林市七星区。

委托代理人：黄××，××律师事务所律师。

被告：梁××，女，19××年生，汉族，住桂林市××路。

委托代理人：李×，××律师事务所律师。

4. 审级：一审。

5. 审判机关和审判组织

审判机关：广西壮族自治区桂林市象山区人民法院。

合议庭组成人员：审判长：彭广霞；审判员：粟卫红、李钦毅。

6. 审结时间：2009年12月26日。

（二）诉辩主张

1. 原告国营桂林××公司诉称

200×年×月×日，被告周××将原告所有的旧日产佳美汽车一部以20 000元转让给被告梁××。原告得知这一情况后便告知该车属于国有资产，未经国资委批准不得擅自转让。为此被告周××与被告梁××协商退还车辆事宜，但被告梁××坚决不退。故诉至法院，请求确认两被告之间的汽车买卖协议无效，并将原告所有的汽车退还原告，本案诉讼费两被告承担。

2. 被告周××辩称

原告所述是事实，被告得知车辆不能转让后，次日就与被告梁××协商退车事宜，但梁××不愿意退还，只能提起诉讼。

3. 被告梁××辩称

原告已经成立了清算组，因此原告不具有诉讼主体资格，即使起诉也应以清算组名义。双方的汽车转让协议没有违反法律强制性规定，该协议合法、有效。国营企业只有在转让重大国有资产才需要国资委批准，本案涉案标的是一辆汽车，标的不大，不需要经过国资委同意。被告梁××取得该车辆是善意的，被告周××具有原告的代理权。请法院查明事实，驳回原告起诉。

（三）事实和证据

广西壮族自治区桂林市象山区人民法院经公开审理查明：200×年×月×日，原告国营桂林××公司、被告周××与被告梁××签订协议书一份，乙方（梁××）购买甲方（国营桂林××公司）日产佳美车一辆（车牌号：桂C00228），价格为人民币20 000元；甲方保证此车手续齐全、完整；如今后乙方需甲方协助办理此车的有关手续，甲方提供方便。同时双方约定2009年1月1日之前该车发生的一切责任事项由甲方负责，之后的一切责任事项由乙方负责。协议签订后，原告国营桂林××公司加盖公章，被告周××、梁××签字认可。当日，被告梁××将购车款20 000元交与被告周××，周××也出具自己签名的收条交被告梁××收执，并将车辆的行驶证、车辆购置附加费缴费凭证、保险单、保修卡、养路费发票等车辆材料及车辆钥匙交与被告梁××。此后，原告国营桂林××公司以该车为国有资产、不能任意转让为由，请求被告梁××返还车辆，并愿返还购车款。被告梁××予以拒绝。原告故诉至法院，提出前之诉请。

另查明，原告国营桂林××公司于1989年2月1日成立，经济性质为全民所有制，主管部门为桂林旅游物资进出口公司。该公司因多年未进行年检，已于1999年11月9日被工商部门吊销。2001年5月6日，桂林经济贸易实业公司下发成立国营桂林××公司清算小组的通知，并任命了清算组成员。本案诉争的桂C00228号车辆所有人系原告国营桂林××公司；年检至2009年4月，保险至2009年10月8日，被保险人、保险付款人均为被告周××。

上述事实有下列证据证明：

1. 汽车转让协议。

2. 桂林经济贸易实业公司通知。

3. 收条。

4. 车辆行驶证、保险单、保费发票、车辆定编证、车辆购置附加费缴费凭证、养路费发票、保修卡。

5. 工商行政管理局证明、工商电脑咨询单。

6. 庭审笔录。

（四）判案理由

广西壮族自治区桂林市象山区人民法院经审理认为：本案原告国营桂林××公司因多年未进行年检，违反了企业登记的相关规定，导致被工商行政管理机关吊销营业执照。但原告营业执照被吊销，并不等于原告企业法人资格立即消灭，根据相关法律规定，企业法人被吊销营业执照后，应当由企业的主管部门、开办单位或者企业自行组织清算，只有在清算程序结束并办理注销登记后，企业法人才归于消灭。本案中，原告虽成立了清算组，但公司并未注销；在注销之前，其仍可以自己的名义或以清算组的名义进行相应诉讼活动。现原告以自己的名义对被告提起诉讼，主体资格适格，本院予以确认。本案中诉争车辆，其所有权属原告所有，现原告主张该车为国有资产，不经特别程序不能随意转让，故要求确认双方买卖行为因违反国家强制性规定而无效。本院认为，《国有资产产权界定和产权纠纷处理暂行办法》第八条规定“全民所有制企业中的产权界定依下列办法处理：1. 有权代表国家投资的部门和机构以货币、实物和所有权属于国家的土地使用权、知识产权等向企业投资，形成的国家资本金，界定为国有资产……”现原告庭审时所提交的证据并不能证实诉争车辆属于以上财产，应承担举证不能的责任。故对原告主张，本院不予支持。在此次汽车转让过程中，被告周××作为原告公司职工，虽在转让协议中作为卖方签字并收取了购车款，但购车款已上交公司，转让协议中也加盖了原告公章，因此被告周××是该车辆转让行为中的实际经手人，该次转让的法律后果仍应由原告承担。现原、被告之间的汽车转让行为，是双方意思的真实表示，并未违反国家法律强制性规定，且双方已经实际履行，应依法确认该买卖行为的效力。

（五）定案结论

广西壮族自治区桂林市象山区人民法院依照《中华人民共和国民事诉讼法》第六十四条，《中华人民共和国合同法》第五十二条、第六十条、第一百零七条之规定，作出如下判决：

1. 驳回原告国营桂林××公司诉讼请求。
2. 本案案件受理费 300 元（原告已预交），由原告国营桂林××公司承担。

（六）解说

本案是典型的民事案件中关于国有资产定性的案例。本案的关键问题在于：究竟该如何界定国有资产的范围？是不是国有企业中的所有资产都属于国有资产而不能随意转让？本案中，原告国营桂林××公司认为自己是国有企业，因此而主张诉争车辆为国有资产，不经特别程序不能随意转让，故要求确认双方买卖行为因违反国家强制性规定而无效。而国家国有资产管理局下发的《国有资产产权界定和产权纠纷处理暂行办法》第八条的规定“全民所有制企业中的产权界定依下列办法处理：1. 有权代表国家投资的部门和机构以货币、实物和所有权属于国家的土地使用权、知识产权等向企业投资，形成的国家资本金，界定为国有资产……”这一规定对国有资产的范围作出了明确的规定。现原告庭审时所提交的证据并不能证实诉争车辆属于以上财产，原告应承担举证不能的责任，诉争车辆并不能被认定为国有资产。

既然诉争车辆并不能被认定为国有资产，那么在该车转让过程中，被告周××作为原告公司职工，代表公司将车转让给了被告梁××，在转让协议中周××作为卖方签字并收取了购车款，但购车款已上交公司，转让协议中也加盖了原告的公章，因此被告周××在该车辆转让过程中的行为应认定为职务行为，该次转让的法律后果仍应由原告承担。现原、被告之间的汽车转让行为，是双方意思的真实表示，也并未违反国家法律强制性规定，且双方已经实际履行，应依法确认该买卖行为的效力。

（广西壮族自治区桂林市象山区人民法院　李钦毅）

6. 郝锦元等人诉上海恒太置业发展有限公司等财产损害赔偿案（相邻关系）

（一）首部

1. 判决书字号

一审判决书：上海市闸北区人民法院（2007）闸民三（民）初字第777号。

二审判决书：上海市第二中级人民法院（2009）沪二中民二（民）终字第198号。

2. 案由：财产损害赔偿纠纷。

3. 诉讼双方

原告（被上诉人）：刘增礼，男，汉族，住上海市闸北区。

原告（被上诉人）：钱水生，男，汉族，住址同上。

原告（被上诉人）：钱南彭，男，汉族，住址同上。

原告（被上诉人）：孙敏立，男，汉族，住址同上。

原告（被上诉人）：丁国娟，女，汉族，住址同上。

原告（被上诉人）：孙继宗，男，汉族，住址同上。

原告（被上诉人）：王崖晨，男，汉族，住址同上。

原告（被上诉人）：郝锦元，男，汉族，住址同上。

原告（被上诉人）：郝倩萍，女，汉族，住址同上。

原告（被上诉人）：王吉群，女，汉族，住址同上。

原告（被上诉人）：申屠婉珍，女，汉族，住址同上。

原告（被上诉人）：苏振宇，男，汉族，住址同上。

原告（被上诉人）：苏依顺，男，汉族，住址同上。

原告（被上诉人）：汪从彬，男，汉族，住上海市闸北区。

原告（被上诉人郝锦元户）共同委托代理人：耿战军，上海名江律师事务所律师。

被告（上诉人）：上海恒太置业发展有限公司（以下简称恒太公司），住所地：上海市闸北区老沪太路。

法定代表人：黄继昌，公司董事长。

委托代理人（一审）：许剑菁，上海市六角城律师事务所律师。

委托代理人：郑建平，上海市沪中律师事务所律师。

第三人：上海堡华建筑工程有限公司（以下简称堡华公司），住所地：上海市普陀区常德路。

法定代表人：张小根，公司董事长。

委托代理人：杨振裕，上海市诚建成律师事务所律师。

委托代理人（一审）：叶朝汉，上海岩土工程勘测设计院工作人员。

第三人：上海强劲基础工程有限公司（以下简称强劲公司），住所地：上海市徐汇区。

法定代表人：宋伟民，公司董事长。

委托代理人：周吉高，上海市海华永泰律师事务所律师。

委托代理人：王利，上海市海华永泰律师事务所律师。

4. 审级：二审。

5. 审判机关和审判组织

一审法院：上海市闸北区人民法院。

合议庭组成人员：审判长：朱海燕；代理审判员：赵淳；人民陪审员：金松。

二审法院：上海市第二中级人民法院。

合议庭组成人员：审判长：卢薇薇；代理审判员：李媛、彭辰。

6. 审结时间

一审审结时间：2008 年 11 月 21 日。

二审审结时间：2009 年 2 月 4 日。

（二）一审诉辩主张

1. 原告刘增礼等诉称

被告为建造新弘国际公寓，在紧邻原告楼房的地基上连续压桩，导致原告楼房抖动，整幢楼房在相同位置都出现了 0.5 米到 1 米的裂缝，对原告房屋的地基和结构安全可能已产生影响，发展下去还会产生雨水渗漏。另外，突兀而起的大楼使原告陷入阴暗、潮湿、压抑的生活环境之中，被告的高层建筑侵犯了原告住房的采光权、日照权、通风权、隐私权、眺望权，并使得原告心情烦闷，健康受到影响，房屋亦因此贬值。故请求判令被告对原告房屋受损部分进行修复。原告郝锦元户还请求判令被告赔偿房屋贬值损失 55 000 元。（注：其余原告保留另行索赔的权利。）

2. 被告恒太公司辩称

新弘国际公寓项目经政府有关部门批准设立，周边建筑物的日照情况完全符合国家的相关规定，因此，被告对于原告因日照等引起的房屋贬值是没有过错的。评估单位采用问卷调查法和市场比较法得出的结论是没有依据的、错误的，问卷调查法不属于《房地产估价规范》规定的鉴定方法，评估单位也没有出示相关问卷调查的材料，受损房屋的价值贬损额应为经修复后达到完好房屋或基本完好房屋的修复费用，修复以后的房屋不会产生价值贬损。被告同意修复房屋，但不同意原告郝锦元户要求赔偿的诉讼请求。

3. 第三人堡华公司述称

光照影响与施工单位无关。其余同意被告的主张。

(三) 一审事实和证据

上海市闸北区人民法院经公开审理查明：郝锦元等 14 位原告（共 9 户）系上海市闸北区延长中路 500 弄的业主，原告所有的房屋是 6 层砖混结构住宅，一梯 4 户，于 1987 年竣工，位于被告在上海市闸北区老沪太路 201 号开发建设的新弘国际公寓 5 号楼和一区地下车库的北侧，距离地下车库约 10 米，距离 5 号楼约 35 米。堡华公司和强劲公司分别是该项目总包单位和分包单位。2006 年新弘国际公寓项目开工不久，原告陆续发现房屋出现不同程度的裂缝，且日照等受到影响，原告认为房屋价值因此贬损，遂涉讼。

上述事实有下列证据证明：

1. 原告提供的“房屋质量检测报告”。
2. 原告提供的“房地产估价报告”。
3. 小产证。
4. 被告提供的“建设项目日照分析报告”。
5. 被告提供的房地产权证、车库设计规程、验收合格证明。
6. 第三人堡华公司提供的总承包工程合同及文件、桩基工程施工组织设计、周边住房受损统计、技术质量交底记录、周边环境检测点位布置示意图。

(四) 一审判案理由

上海市闸北区人民法院经审理认为：根据鉴定结论，原告的房屋受损与被告的不当施工行为存在因果关系，被告应当承担相应的民事责任。现双方均同意由被告对受损房屋进行修复，可以同意。根据评估报告，原告的房屋经修复以后仍然会遭受一定程度的价值贬损，故被告还应当对此承担赔偿责任。被告和第三人对评估报告所提出的异议理由不足，不予采纳。关于被告是否因建造新弘国际公寓对原告房屋的日照、采光和通风等造成影响而应当承担赔偿责任的问题，本院认为，妨碍日照、采光和通风的判断标准是受害人能否主张排除妨碍和损害赔偿的必要条件。事实上，基于相邻关系制度的固有功能，相邻建筑物的所有人或利用人之间必须负有一定的容忍义务。只有在日照、采光和通风妨碍超出必要的容忍限度，受害人主张排除妨碍和损害赔偿才能够得到支持。如果妨碍日照、采光和通风的行为超出一般人的容忍限度，则构成妨碍行为；如果行为没有超出社会一般人的容忍限度，则不构成妨碍行为。我国建筑物相邻关系制度中，有关日照、采光和通风的妨碍行为的判断，是以国家有关工程建设标准的内容为基本判断标准。建造建筑物违反国家有关工程建设标准的，应当视为超出了社会一般人的容忍限度，受害人可以主张排除妨碍和损害赔偿；反之，符合国家建设标准的，即使对相邻建筑的日照、采光和通风造成一定程度的妨碍，也并视为未超出容忍限度，相邻建筑物的所有人或利用人负有容忍义务。根据现有证据，原告房屋的日照情况符合有关部门制定的标准，新弘国际公寓的规划、设计并不违反有关部门的相关规定，应当视为未超出社会一般人的容忍限度。因此，尽管新弘国际公寓的建造确实对原告造成一定程度的影响，但并没有违反有关规定，故其行为不具有违法性，而构成侵权行为必须具备的四个条件是损害事实、违法行为、因果关系、主观过错，因此，在法院已经判令被告对原告作出相应赔偿的情况下，原告郝锦元户再坚持要求被告赔偿因日照等原因造成的损失，理由不足，难以支持。

（五）一审定案结论

上海市闸北区人民法院依照《中华人民共和国物权法》第四条、第三十六条、第三十七条、第八十九条、第九十一条之规定，作出如下判决：

1. 被告恒太公司应于本判决生效之日起半年内，按照房屋质量检测报告中的处理意见，对郝锦元等 14 位原告的房屋受损部分予以修复。

2. 被告恒太公司应于本判决生效之日起 10 日内给付原告郝锦元户房屋价值贬损赔偿金 35 500 元。

3. 原告郝锦元户其余诉讼请求不予支持。

案件受理费 1 225 元、房屋检测费 54 000 元、房屋评估费 4 925 元，由原告郝锦元户负担 2 487.50 元，被告恒太公司负担 57 662.50 元。

（六）二审情况

1. 二审诉辩主张

（1）上诉人恒太公司诉称

原审判决关于系争房屋经修复后仍会造成价值贬损的认定，与检测结论不符，没有事实和法律依据。估价机构未将“估价技术报告”提交法庭质证，原审质证的“房地产估价报告”不完整，原审对上诉人及第三人提出质证“估价技术报告”的要求不予理睬是错误的，违背证据规则。“房地产估价报告”的估价目的与国家规范不符，估价思路和方法错误，结论与《房地产估价规范》抵触，原审采纳的“房地产估价报告”是一严重违法的报告。郝锦元等人房屋受损是否是上诉人的不当施工造成的事实在原审时未涉及，原审法院对此所作认定缺乏事实和法律依据。另，对房屋检测费和评估费的负担存在异议。据此，请求撤销原审判决主文第二项，并变更检测费和评估费负担。

（2）被上诉人郝锦元户辩称

“房地产估价报告”已经庭审质证，事实清楚。“估价技术报告”按有关规范和行业惯例可不提供给委托人，估价人员当庭已作说明。评估是针对房屋市场价值的贬损，而不是修复费用。原审法院委托评估整个程序是合法的，评估结论依据充分。上诉人对评估报告的责难，理由不能成立。据此，请求驳回上诉，维持原判。

(3) 被上诉人申屠婉珍、钱水生辩称

上诉人认为房屋修复好了即为完好，但目前房屋倾斜并有下沉，房屋沉降已超警戒线，上诉人对此是无法进行修复的，亦影响了房屋的市场价值。同意原审判决，希望法院保护被上诉人的合法权益。

(4) 其余被上诉人未作答辩。

(5) 原审第三人述称

同意上诉人意见。

2. 二审事实和证据

上海市第二中级人民法院经审理，确认一审法院认定的事实和证据。

3. 二审判案理由

上海市第二中级人民法院经审理认为，根据检测报告的意见，经过整修处理的被检测房屋可以认为是基本完好房。基本完好房是否等同于完好房、存不存在价值上的贬损，各方当事人对此各执一词。原审法院根据被上诉人申请，对涉案房屋经修复后是否存在贬值进行评估，以解决基本完好房与完好房之间的价值差异问题，并无不当。评估机构提交的“房地产估价报告”符合证据规则规定的要件，鉴定人员亦到庭接受质询。虽上诉人与第三人在本案审理中针对“房地产估价报告”提出诸多异议，但均不足以否定该评估结论。因此，可以认定该“房地产估价报告”具有证明力，原审法院据此所作认定，亦无不当。上诉人对此节的上诉意见，依据不足，难以采纳。另，根据检测报告意见第二、三项，可以认定上诉人在建造新弘国际公寓过程中的施工行为与郝锦元等人的房屋受损存在因果关系，原审法院对此节的认定是正确的。上诉人对于此节的上诉意见，与案件事实不符，不予采信。原审法院根据案件事实确定当事人应承担的法律责任，并据此合理确定检测、评估费用的负担，二审法院予以维持。对于上诉人的上诉请求，不予支持。

4. 二审定案结论

上海市第二中级人民法院依照《中华人民共和国民事诉讼法》第一百五十三条第一款第（一）项之规定，作出如下判决：

驳回上诉，维持原判。

二审案件受理费 687.50 元，由上诉人恒太公司负担。

（七）解说

本案是一起基于不动产相邻关系产生的财产损害赔偿纠纷，原告以被告在房产开发过程中对原告房屋造成损害，影响日照、采光、通风为由，要求被告进行修复并赔偿房屋贬值损失，具有一定的代表性和社会影响力。随着物权法的出台，近年来房地产纠纷中业主就建筑物的通风、采光和日照等相邻权提起的诉讼也日益增多，且此类诉讼涉诉群体较多，具有一定的社会影响力和示范效应。

本案的争议焦点在于：

1. 受损房屋经修复后是否仍然存在价值贬损。

通常人们认为，受损房屋经修复后不会存在价值贬损，甚至可能增值，被告和第三人也正是基于这种认知而对评估结论倍加质疑。但是，如果我们换一个问题，假设标的物是一件西服而不是房屋，我们的结论还会是同样的吗？商场里挂着两件同样的西服，其中一件西服的袖子内侧不慎被钩坏过，经过织补，肉眼已很难察觉，作为顾客，我们会选哪一件呢？我们肯定还是选没有织补过的那件，除非另一件可以打折。在此情况下，商家可以有两种选择：一是把西服送到厂里，将袖子拆了，换块面料重做，然后按原价出售，但商家会因此增加成本；二是打折处理，但商家会因此减少利润。如果商家选择打折处理，那么，尽管两件西服的面料、做工和使用功能是一样的，甚至也不影响其美观，在没有打折的情况下，为什么我们还是会选择没有织补过的那件呢？因为我们心理上难以把它视为原来同等的质量，也就是说，那件有瑕疵的西服已经贬值了。对于这个结论，恐怕绝大多数人都能认同。但同样性质的问题，因为标的物不同，人们为什么会得出不同的结论呢？原因就在于衣服价值小，人们经常会碰到打折的情况，几十元、几百元甚至几千元的折扣会令人们觉得公平、合理，可以接受。比如一件价值1万元的西服，打8折的话，价值贬损2 000元，顾客会因为享受了折扣而忽略西服本身的瑕疵，商家虽然减少了利润，但也可以接受。而房屋价值大，虽然3万余元的贬损价值只占房屋总价的3%左右，但仍远远大于我们在日常生活中所熟悉的折扣数额，所以会觉得很难认同，从而会得出相反的结论。其实，“房屋质量检测报告”中列出的修复意见并非完全新建，而属于在原有基础上的修缮，与在西服上进行织补的性质是一样的，虽然修复后的房屋使用功能可以恢复，但因修复方案的局限性和人们对于房屋可能存在的隐患的担忧，仍然会导致房屋市场价值的贬值。所以说，上文所说的受损房屋经修复后不会存在价值贬损的结论，只不过是人们习惯性思维的结果，并非一定是正确的。当然，究竟是否贬值，也不能简单地一概而论，最终还是要根据房屋受损程度和修复方案来评估确定，就如同上面提到的，将西服送到工厂重新加工的话，就不存在贬值的问题了。

根据“房屋质量检测报告”，法院委托评估单位对受损房屋经修复后是否还存在价值贬损进行评估。评估单位出具的评估报告是以估价对象的合法使用、合法交易、合法处分以及最高、最佳使用为前提，依据同一市场上具有相近效用的房地产其价格也应相近的一般原理进行估价。估价人员深入细致地分析了估价对象的实际情况、特点和掌握的有关资料，并进行了实地查勘。在市场调查的过程中，估价人员发现，具有同类结构和标准的正常房屋（假设没有受到房屋质量损害、日照时间减少等情况的影响）产权交易较活跃。估价人员考虑到本案是房屋价值贬损的特殊项目评估，在现有的主要评估方法中没有一种方法可以适用，为使评估结果更具有科学性、准确性、客观性，且更接近市场，最终选用市场比较法评估估价对象的正常房地产市场价格，并以此为基础，向房地产估价专业人员进行问卷调查，然后进行分析处理，计算得出影响估价对象的因素参数，最终确定估价对象的房地产贬损价值。

市场比较法是将估价对象房地产与近期已经发生了交易的类似房地产加以比较、对照，从已经发生了交易的类似房地产的已知价格，修正得出估价对象房地产市场价格的一种估价方法。

问卷调查法是根据估价人员的现场查勘情况、“房屋质量检测报告”，以估价对象于估价时点正常的房地产市场价格为基础，向房地产估价专业人员进行问卷调查，并进行分析处理，计算得出影响估价对象的因素参数，最终确定估价对象于估价时点的贬损价值。

估价人员遵循科学、客观、公正的原则，按照房地产估价规范，采用市场比较法和问卷调查法相结合的方法，在对估价对象进行详细勘察、了解估价对象周边的房地产市场现状，并在认真分析现有资料的基础上，经过周密、细致的测算，并结合估价师的专业经验，以2007年12月14日为估价时点，在估价报告中说明的假设和限制条件下，评估求得估价对象房地产贬损价值为35 500元。评估单位提交的“房地产估价报告”符合证据规则规定的要件，评估人员亦到庭接受质询，评估单位虽然未向法院提供包括测算过程、理由等内容的技术报告，但此举符合《房地产估价规范》的规定和行业惯例，不应苛求。虽然被告和第三人针对“房地产估价报告”提出诸多异议，但均不足以否定该评估结论。因此，可以认定“房地产估价报告”具有证明力，法院据此要求被告根据其过错程度对原告作出相应赔偿，并无不当。

2. 被告建房是否影响原告房屋的日照、采光、通风及是否应该承担相应的赔偿责任。

笔者认为，妨碍日照、采光和通风的判断标准是受害人能否主张排除妨碍和损害赔偿的必要条件。事实上，基于相邻关系制度的固有功能，相邻建筑物的所有人或利用人之间必须负有一定程度的容忍义务。只有在日照、采光和通风妨碍超出必要的容忍限度，受害人主张排除妨碍和损害赔偿才能够得到支持。如果妨碍日照、采光和通风的行为超出一般人的容忍限度，则构成妨碍行为；如果行为没有超出社会一般人的容忍限度，则不构成妨碍行为。随着城市建设步伐的不断加快，新建楼宇如雨后春笋般不断崛起，难免会对先期建成的建筑物原有的采光、日照、通风、隐私、眺望等造成一定妨碍，甚至对于相距较远的建筑物所有人或利用人的视野范围亦会造成一定妨碍，比如，一户居民原来推窗可以远眺东方明珠电视塔，几公里之外新建的一幢大厦正好挡住其视野，使得其难以再见此美景；又比如，一户居民原来小区周边环境十分安静，后来窗户外建造了高架道路，噪音较大。对于诸如此类的妨碍，建设方是否都应该承担侵权责任呢？显然不是，只要新建项目符合相关规定，经过有关部门审核、批准，就不需要承担侵权责任，否则，将严重束缚城市建设的步伐。可见，在项目建设者和受妨碍者两者之间需要寻找一个权利保护的平衡点，需要设置一个判断标准，双方都需要为对方的权利行使承担一定程度的容忍义务。那么，如何确定这一标准呢？我国建筑物相邻关系制度中，有关日照、采光和通风的妨碍行为的判断，是以国家有关工程建设标准的内容为基本判断标准。建造建筑物违反国家有关工程建设标准的，应当视为超出了社会一般人的容忍限度，受害人可以主张排除妨碍和损害赔偿；反之，符合国家建设标准的，即使对相邻建筑物的日照、采光和通风造成一定程度的妨碍，也应当视为未超出容忍限度，相邻建筑物的所有人或利用人负有容忍义务。根据现有证据，原告房屋的日照情况符合有关部门制定的标准，新弘国际公寓的规划、设计通过了有关部门的审批，不违反国家建设标准，应当视为未超出社会一般人的容忍限度。因此，尽管新弘国际公寓的建造确实对原告的房屋造成一定程度的影响，但因其没有违反国家建设标准，故其行为不具有违法性。而构成侵权行为必须具备的四个条件是损害事实、违法行为、因果关系、主观过错，由于被告建造新弘国际公寓的行为不具有违法性，因此，不能被认定为侵权行为，原告主张赔偿也就没有法律依据。本案中，法院判令被告对于原告房屋修复后的价值贬损作出全额赔偿，其实已经考虑到案件的具体情况，兼顾了双方当事人的利益平衡。原告郝锦元户再坚持要求被告赔偿因日照等原因造成的损失，理由不足，难以支持。

（上海市闸北区人民法院　朱海燕）

7. 张柳云诉卢光林等财产权属纠纷案（建筑物区分所有权）

（一）首部

1. 判决书字号

一审判决书：江西省德兴市人民法院（2008）德民一初字第242号。

二审判决书：江西省上饶市中级人民法院（2008）饶中民一终字第281号。

2. 案由：财产权属纠纷。

3. 诉讼双方

原告（上诉人）：张柳云，女，汉族，住江西省德兴市。

委托代理人（特别授权）：黄鹤，江西盛义律师事务所律师。

被告（被上诉人）：卢光林，男，汉族，现住江西省德兴市。

被告（被上诉人）：程香玉，女，汉族，住址同上，系卢光林之妻。

委托代理人：席新波，江西立凭律师事务所律师。

4. 审级：二审。

5. 审判机关和审判组织

一审法院：江西省德兴市人民法院。

独任审判人员：审判员：汪有昌。

二审法院：江西省上饶市中级人民法院。

合议庭组成人员：审判长：李雅莉；审判员：聂晓红、付惠云。

6. 审结时间

一审审结时间：2008年4月18日。

二审审结时间：2009年3月18日。

（二）一审诉辩主张

1. 原告张柳云诉称

2004年12月，原告向德兴市木器厂购买了该厂的办公大楼，即坐落于德兴市银城中路28号的6层、共558.03平方米的房产，用于开办“钰蓝宾馆”。与该办公大楼相邻的二楼房产系郑宝仙所有。两处房产之间的楼梯通道，自竣工并投入使用之日起一直由双方共同使用。2007年4月，被告向郑宝仙购买了该二楼的房产。同年11月30日，被告卢光林向原告送达了一份通知，称其对该楼梯通道享有全部的所有权，要求原告停止使用该楼梯通道。同时，被告未经原告同意，擅自将原告楼梯通道口的“钰蓝宾馆”招牌拆除，企图换上自己“香缘玉舍美体美容中心”的招牌，独自占用该共用楼梯通道。被告的行为侵害了原告对该楼梯通道所享有的合法权利，故诉请法院依法判决：（1）确认原告对银城中路28号楼梯通道享有占有、使用、收益、处分的权利；（2）判令被告恢复原告的招牌；（3）本案诉讼费由被告承担。举证期限内，原告申请将第一项诉讼请求变更为“依法确认原告对银城中路28号房产的楼梯通道有共有、使用或通行的权利”。

2. 被告卢光林、程香玉辩称

原告诉请不能成立，依法应驳回。本案诉争的楼梯通道系被告所有，原告使用该楼梯通道未经被告书面同意；原告房产有独立设计的楼梯通道，并非必须经过、使用被告的楼梯通道，原告的请求不具有排他性；原、被告相邻的不动产不是合法建筑，故不能产生合法的相邻权。原告对争议楼道不享有产权，被告拆除招牌并无不当，诉请驳回原告诉讼请求。

（三）一审事实和证据

江西省德兴市人民法院经公开审理查明：德兴市银城中路28号两栋房产（坐北朝南及临街作西朝二栋，均是6层）原系德兴市木器厂于1999年出资建设。2001年，何建勇、郑宝仙从原德兴市木工厂处购得临街房产第二层，办理了产权登记，建筑面积为263.08平方米（含上下楼梯）。2004年度，原告从德兴市木器厂处购得（坐北朝南的1至6层）房产，办理了产权登记，一层建筑面积为83.62平方米，2至6层建筑面积为474.36平方米，原告购房后一直经营“钰蓝宾馆”至今。2005年何建勇将临街房产2层租赁给被告经营“香缘玉舍美体美容中心”。2007年，郑宝仙又在德兴市人人中介公司挂牌出售该房产，被告作为房产承租人，主张优先受让权，于2007年4月22日与何建勇、郑宝仙签订了房屋转让协议购得房产，在卖房前，何建勇、郑宝仙及中介公司均口头告知被告，买房后仍应同意原告共用楼梯通道，但未签订书面协议。被告购房后办理了产权登记，建筑面积为287.23平方米（含1至2层内梯）。

在最初建设过程中，上述两栋房产均设计有楼梯，但在建设过程中，德兴市木器厂为有效利用店面，原告所有的房产1至2层的楼梯并未建造（改造成店面），而是通过两房产相邻的朱灿慧的店面顶层从被告1至2层楼梯通行，同时，德兴市木器厂还在朱灿慧店面上加建了两层。房屋建成后，两房产一直共用楼梯通道。为此，原告于2005年3月16日与何建勇、郑宝仙签订协议，何建勇、郑宝仙同意原告共用楼梯通道；2007年，在与被告协商买卖房产时，何建勇、郑宝仙及中介公司均口头告知被告，买房后仍应同意原告共用楼梯通道，但未签订书面协议。楼梯通道共用至2007年11月30日，被告书面通知原告，被告将收回共用的1至2层楼梯通道进行装修，限原告在2008年1月1日前自行解决楼梯通道问题，并停止原告对楼梯通道的使用。此后，被告将原告悬挂在楼梯口的“钰蓝宾馆”招牌拆除。原、被告因此发生争议。

另查明，原告的房产除通过被告房产的楼梯通道通行外，还可以从另一端通行（但该通道现已拆除)。

上述事实有下列证据证明:

1. 德兴市房产管理局德房发办字第1000000966号、1000000991号房产证各一份。
2. 2007年4月22日,被告与何建勇、郑宝仙签订的"房屋转让协议"一份。
3. 德兴市房产管理局德房发办字第12802号房产证一份。
4. 郑宝仙转让给被告房产的分户图。
5. 证人何娆当庭证词。
6. 证人毛尧财当庭证词。
7. 被告送给原告的通知。
8. 德兴市房产管理局德房发办字第710000450号房产证一份。
9. 原告所有的德兴市银城中路28号楼房产登记档案。

(四)一审判案理由

江西省德兴市人民法院经审理认为:民事活动应当按照国家的法律、法规及相关的规定进行,当事人的合法权益必须依法受到保护。本案中,原、被告所争执的楼梯,已由被告依法进行了登记,属被告的个人财产。因此,被告对该楼梯享有所有权。诉讼过程中,原告将诉讼请求变更为对争执的楼梯享有共有、使用或通行的权利。诚然如原告所言,原业主一直和原告共用该楼梯,并且为此还签订了一份协议,协议中明确原业主拥有楼梯所有权,原告只有使用权。原业主的房产易主后,新业主即本案的被告和原告之间对争执楼梯的使用,非但没有书面约定,反而形成纠纷。从本案查明的事实来说,并未出现《中华人民共和国物权法》第八十七条中所规定的情形,即争执的楼梯,原告必须使用,否则,原告的建筑物与外界将无法通行。实际上,相关的证据证明了原、被告所拥有的房产属于两个独立的建筑物,不存在共同使用同一楼梯的问题,只是因为原告房产的原业主在未经准许的情况下,擅自在两个独立的建筑物之间建造一座建筑物,才使原、被告的房产形成了相邻关系,形成了被告房产的原业主同意原告与其共用争执楼梯的事实。另外,房产设计的方案中已为原告的房产设计了一条楼梯,只是因故未建,并且还有另一条楼梯供原告通行。综上所述,被告已将争执的楼梯登记为自己的内梯,拥有所有权,因此,在不妨碍原告正当行使权利的前提下,有权不让原告使用争执楼梯。另外,被告拆除悬挂在自己拥有所有权的建筑物上的原告的招牌,行为并无不当,因此,无恢复之必要。

(五)一审定案结论

江西省德兴市人民法院依照《中华人民共和国物权法》第九条、第十四条、第十六条、第三十九条的规定,作出如下判决:

驳回原告张柳云的诉讼请求,案件受理费50元由原告承担。

（六）二审情况

1. 二审诉辩主张

（1）上诉人张柳云诉称：

1）双方共用争执楼梯的现状，是从两栋大楼建造时起即历史上形成的，并非被上诉人购买后形成的，且是上诉人的唯一通道。2）被上诉人的房产证及房产分户图中，虽标明争执楼梯为1—2层内梯，但被上诉人只享有1/2的权利。3）被上诉人向何建勇、郑宝仙购买房屋，是认可了与上诉人共用楼梯的附加条件的。4）一审判决认定“原告房产的原业主在未经准许的情况下，擅自在两个独立的建筑物之间建造一座建筑物，才使原、被告的房产形成了相邻相关，形成了被告房产的原业主同意原告与其共用争执楼梯的事实”，明显偏袒被上诉人。5）上诉人并未在朱灿慧店面二楼以上建造建筑物，而是在原德兴市木器厂搭建的雨篷两侧安装了挡雨的窗户。这与上诉人、被上诉人争执的共用楼梯没有必然的因果关系。

（2）被上诉人卢光林、程香玉辩称

1）物权的确定是以登记为准的。从双方产权登记情况来讲，上诉人不可能对被上诉人所有的楼梯通道拥有共有权。2）上诉人曾经共同使用过该楼梯通道不能成为上诉人主张该楼梯通道共有权的理由。3）被上诉人并没有书面许可或以其他形式同意上诉人共同使用被上诉人所有的楼梯通道。4）上诉人还有其他通道，如果她放弃了其他通道的通行权，责任在她自己，不能因此主张被上诉人的楼梯通道共有或以被上诉人的通道为唯一通道。况且上诉人自己的楼房有独立设计的楼梯通道，她完全可以恢复其独立的楼梯通道。5）没有证据表明让上诉人共有楼梯通道，是被上诉人向原房屋产权人购买该房屋的附加条件。事实上被上诉人房屋买卖时明确约定楼梯通道在房屋产权范围内，许不许可上诉人使用完全是被上诉人的权利。

2. 二审事实和证据

江西省上饶市中级人民法院另查明：卢光林、程香玉的房屋面积为267.21平方米，其中套内面积223.86平方米，分摊面积43.35平方米（含一至二层专用楼梯27.44平方米）。

江西省上饶市中级人民法院经审理，确认一审法院认定的事实和证据。

3. 二审判案理由

江西省上饶市中级人民法院经审理认为：经鉴定，争执楼道系被上诉人卢光林、程香玉个人独有，上诉人张柳云没有提供证据证实其对诉争楼梯享有所有权，其对争执楼梯享有共同占有、使用、收益、处分权利的诉讼请求于法无据，本院不予支持。根据《物权法》的规定，业主对其建筑物专有部分享有占有、使用和处分的权利。故被上诉人卢光林、程香玉有权要求上诉人张柳云停止使用诉争楼梯通道。

4. 二审定案结论

江西省上饶市中级人民法院依照《中华人民共和国民事诉讼法》第一百五十三条第一款第（一）项之规定，作出如下判决：

（1）驳回上诉，维持原判。

（2）二审案件受理费合计 100 元，由上诉人张柳云承担。

（3）本判决为终审判决。

（七）解说

本案的争议焦点是张柳云是否对历史上曾经一直使用的争执楼梯享有共有权。对此，存在两种意见：一种意见认为，张柳云的房产与卢光林、程香玉的房产共用一个楼梯通道，是从两栋大楼建造时起即历史上就形成的，该楼梯事实上应当属于业主共有，房产登记为卢光林、程香玉一方所有存在错误，因此，张柳云对该楼梯通道享有通行权。另一种意见认为：卢光林、程香玉已依法对争执的楼梯进行了产权登记，享有专有权，即享有占有、使用、收益和处分的权利。张柳云不能以曾经共同使用争执楼梯而主张共有权，其在可以另开通道的情形下，不能对该楼梯通道主张通行权。笔者同意第二种意见，理由如下：

1. 争执楼梯具有独立性，为卢光林、程香玉专有。

本案中，争执的楼梯为连接卢光林、程香玉所拥有房产一、二层的内梯，与张柳云的房产是相互独立的。张柳云的房产在建设过程中，一至二层的楼梯并未建造（改造成店面），只能通过卢光林、程香玉房产的一至二层楼梯通行，在历史上形成了争执楼梯通道共用的情形。根据已查明的事实，争执的楼梯不仅在构造上具有独立性，能够与张柳云的房产明确区分；在利用上也具有独立性，可以排他使用，因此，其在实际上可以成为专有物。同时，卢光林、程香玉对争执楼梯在房产部门进行了登记，在法律上已经明确了对争执楼梯的所有权。

2. 张柳云虽然对争执楼梯曾经共同使用，但不能由此主张共有权。

张柳云在历史上曾经对争执楼梯进行了共同使用，但都是以协议方式进行的，即其与卢光林、程香玉房产的原业主达成使用争执楼梯的协议而使用楼梯，并在协议中明确了原业主拥有楼梯所有权，其只有使用权。同时，在两栋楼的建筑规划文件中，卢光林、程香玉房产的一、二层内梯这部分建筑是可以供特定人使用的，在规划中又把它分给了房产业主，并没有表明张柳云的房产与卢光林、程香玉的房产在设计时一定要共用争执楼梯，争执楼梯的权属当然归卢光林、程香玉，张柳云不能以对争执楼梯曾经共同使用为由而主张共有权。

3. 张柳云对争执楼梯没有共有权，也没有通行权。

争执楼梯属于卢光林、程香玉专有，根据物权的排他性，张柳云如果没有就争执楼梯与卢光林、程香玉达成新的使用协议，自然没有继续使用的权利。那么，根据相邻关系理论，张柳云是否对争执楼梯享有通行权呢？相邻关系是指相邻各方在对各自所有或使用的不动产行使所有权或使用权时，因相互间依法应当给予方便或接受限制而发生的权利义务关系。根据《物权法》第八十四条的规定，不动产的相邻权利人应当按照有利生产、方便生活、团结互助、公平合理的原则，正确处理相邻关系。这是处理相邻关系的总的原则。根据已查明的事实，张柳云的房产与卢光林、程香玉的房产已经形成了事实上的相邻关系。但是，张柳云的房产原本设计有一条楼梯，只是因故未建，并且还有另一条通道供其通行（该通道现已拆除，但仍可恢复），因此，本案并未出现《中华人民共和国物权法》第八十七条中所规定的情形，即争执的楼梯，张柳云必须使用，否则，张柳云的建筑物与外界将无法通行。卢光林、程香玉在不妨碍张柳云正当行使权利的前提下，有权不让张柳云使用争执楼梯。据此，张柳云对争执楼梯不享有通行权，其可以另行开辟通道方便自己的通行。

（江西省上饶市中级人民法院　郑彬　付惠云）

8. 宋隆霖诉王乐义建筑物区分所有权纠纷案（建筑物区分所有权）

（一）首部

1. 判决书字号

一审判决书：安徽省滁州市琅琊区人民法院（2009）琅民一初字第150号。

二审判决书：安徽省滁州市中级人民法院（2009）滁民一终字第648号。

2. 案由：建筑物区分所有权纠纷。

3. 诉讼双方

原告（被上诉人）：宋隆霖，男，汉族，住安徽省滁州市。

委托代理人（一审）：张培娜，女，汉族，住址同上，系宋隆霖之妻。

被告（上诉人）：王乐义，男，汉族，住安徽省滁州市。

委托代理人（一、二审）：梁付淳，男，汉族，住安徽省滁州市。

4. 审级：二审。

5. 审判机关和审判组织

一审法院：安徽省滁州市琅琊区人民法院。

合议庭组成人员：审判长：於虹；人民陪审员：王维娜、单标霞。

二审法院：安徽省滁州市中级人民法院。

合议庭组成人员：审判长：贺建国；审判员：杨达；代理审判员：夏根。

6. 审结时间

一审审结时间：2009年5月13日。

二审审结时间：2009年9月10日。

（二）一审诉辩主张

1. 原告宋隆霖诉称

原、被告分别系裕坤丽景城25幢504室、503室的业主，原、被告的房屋东西相邻。

2008年夏由于天气炎热，被告需要安装一台空调，于是被告找到原告协商将空调室外机安装在原告家卧室（儿童房）的窗户下方。当时原告小孩与原告父母居住，儿童房当时无须安装空调，出于邻里之间友好互助、和睦相处的原则，原告同意被告暂时将室外机安装于此。现因原告父母将要带小孩与原告同住，原告打算给儿童房安装一台空调，原告找被告协商将空调室外机移走，被告不同意。原告多次反映至小区物业，经物业多次协调，被告不同意将室外机移走。现起诉要求被告立即将安装在原告住宅卧室窗户下方的空调室外机拆除。

2. 被告王乐义辩称

其不应为被告，原告应起诉开发商。开发商预留了被告家安装空调的位置，被告是按照开发商的要求安装的空调。被告并没有对原告造成侵权，请求驳回原告的诉讼请求。

（三）一审事实和证据

安徽省滁州市琅琊区人民法院经公开审理查明：原、被告分别系滁州市裕坤丽景城25幢504室、503室的业主，原、被告的房屋东西相邻，原告家小卧室的窗户下开发商安装了两台空调室外机的空调架，并将原告家客厅、小卧室及被告家客厅空调室外机安装的位置预留在此空调架上。现该空调架上原、被告家均放置了一台空调室外机，后原告家小卧室想安装一台空调，无处放置室外机，原告要求被告家将空调室外机移走，双方协商未果。

上述事实有下列证据证明：

1. 物业出具的空调室外机协商未成的证明。
2. 空调室外机的现场照片。
3. 商品房买卖合同及附件。
4. 业主手册。

（四）一审判案理由

安徽省滁州市琅琊区人民法院经审理认为：不动产的相邻各方，应当按照有利生产、方便生活、团结互助、公平合理的精神，正确处理相邻关系，给相邻方造成妨碍的，应当停止侵害、排除妨碍。被告王乐义虽按照开发商和业主手册的要求安装空调，但空调室外机的位置在原告宋隆霖家小卧室的窗户下，不仅造成原告家小卧室的空调无处安装，而且空调室外机的噪音将会对原告家正常的生活造成影响，给原告的家庭生活带来不便，故对原告要求被告将安装在原告住宅小卧室窗户下方的空调室外机拆除的诉讼请求予以支持。

（五）一审定案结论

安徽省滁州市琅琊区人民法院依照《中华人民共和国民法通则》第七十一条、第八十三条之规定，作出如下判决：

被告王乐义于判决生效后10日内将安装在原告宋隆霖住宅卧室窗户下方的空调室外机拆除。

一审案件受理费100元，由被告王乐义承担。

（六）二审情况

1. 二审诉辩主张

（1）上诉人王乐义诉称

1）开发商已经在被上诉人家阳台东边增加一个空调架，不存在无处放置室外机问题；2）空调室外机安装在窗台下是正常现象，排气风扇是向外排气的，不可能对被上诉人家造成影响。请求驳回被上诉人的诉讼请求。

（2）被上诉人宋隆霖辩称

开发商在设计的时候存在瑕疵，少了一个空调架，即使能放下三台空调室外机的话，上诉人的空调室外机也不能安放在被上诉人住宅卧室的窗户下，被上诉人也有权要求上诉人将空调室外机移走。请求驳回上诉，维持原判。

2. 二审事实和证据

安徽省滁州市中级人民法院经审理，确认一审法院认定的事实和证据。

3. 二审定案结论

经安徽省滁州市中级人民法院调解，在开发商作出承诺，负责帮助上诉人移走在被上诉人家窗户下的空调室外机，费用由开发商自行承担的情况下，上诉人与被上诉人达成如下协议：

（1）上诉人王乐义同意将双方争议的上诉人在客厅的空调（即在被上诉人宋隆霖窗户下的空调）以及室外机于调解协议签字生效后15日内移走。

（2）一审案件受理费100元，由被上诉人宋隆霖自愿承担；二审案件受理费100元，减半收取50元，由上诉人王乐义负担。

（七）解说

本案例虽是一台空调室外机安放位置引发的争议，但涉及《中华人民共和国物权法》有关建筑物区分所有权的问题，具有一定的代表性和典型性。

1. 本案的“案由”问题。

自2007年10月1日起施行的《中华人民共和国物权法》首次确立“业主的建筑物区分所有权”，最高人民法院根据新的法律也作出新的《民事案件案由规定》，自2008年4月1日起施行。民事案件案由的确定不仅涉及民事诉讼案件的名称，而且反映案件所涉及的民事法律关系的性质。本案双方当事人系居住多层建筑的业主，根据《民事案件案由规定》，一审按相邻关系确定案由不当，也不能正确反映本案争议法律关系的性质，故本案的案由应确定为“建筑物区分所有权纠纷”。

2. 本案对空调室外机安放位置争议的性质。

一般多层或高层建筑中，室外空调机安放位置，一般在室外的外墙上。根据《最高人民法院关于审理建筑物区分所有权纠纷案件具体应用法律若干问题的解释》第三条第（一）项，建筑物的基础、承重结构、外墙、屋顶等基本结构部分，通道、楼梯、大堂等公共通行部分，消防、公共照明等附属设施、设备，避难层、设备层或者设备间等结构部分，应当认定为《物权法》第六章（业主的建筑物区分所有权）所称的共有部分。因此，本案争议的室外空调机安放位置，其性质属于建筑物区分所有权业主的共有部分，对该共有部分，业主能否使用以及如何使用，《最高人民法院关于审理建筑物区分所有权纠纷案件具体应用法律若干问题的解释》第四条作出了明确规定，即业主基于对住宅、经营性用房等专有部分特定使用功能的合理需要，无偿利用屋顶以及与其专有部分相对应的外墙面等共有部分的，不应认定为侵权；但违反法律、法规、管理规约，损害他人合法权益的除外。该条司法解释明确了业主可以合理使用共有部分，利用共有部分是业主专有权行使的合理延伸。本案中双方对空调室外机安放位置的争议，其实质是建筑物区分所有权的业主之间对合理利用共有部分的纠纷。本案中争议空调室外机安放的位置在原告卧室的窗户下，即在原告专有部分相对应的外墙面范围之内。因此，本案原告对争议空调室外机安放的位置，享有合理利用的权利。而本案被告因争议的空调室外机安放位置，并不在其专有部分相对应的外墙面的范围之内，故对该争议的共有部分不享有合理利用的权利。

3. 本案纠纷的解决。

本案纠纷的产生，并非是两当事人自身原因造成的，而是开发商在空调室外机预留位置上存在设计缺陷，少了一台空调室外机预留位。另外，开发商将被告的空调室外机预留位置安放在原告的一间卧室窗户下，给原告生活也造成一定的影响。二审法院主动和开发商协调，并主持达成调解：被告同意将争议的空调室外机移走，由开发商帮助被告免费移走争议的空调室外机，并重新安装在被告专有部分相对应的外墙面范围之内。至此双方的矛盾圆满解决，也促进了双方和谐相处。

（安徽省滁州市中级人民法院　杨达）

9. 马文新诉洪文胜、李琼业主共有权纠纷案（建筑物区分所有权）

（一）首部

1. 判决书字号

一审判决书：广东省佛山市禅城区人民法院（2009）佛禅法民三初字第107号。

二审判决书：广东省佛山市中级人民法院（2009）佛中法民五终字第430号。

2. 案由：业主共有权纠纷。

3. 诉讼双方

原告（被上诉人）：马文新，男，汉族，住广东省佛山市禅城区。
被告（上诉人）：洪文胜，男，汉族，住广东省佛山市禅城区。
被告（上诉人）：李琼，女，汉族，住址同上。
两被告共同委托代理人（一审）：郭汝婵，女，汉族，住广东省罗定市。
两被告共同委托代理人（二审）：荀晟，广东华法律师事务所律师。
4. 审级：二审。
5. 审判机关和审判组织
一审法院：广东省佛山市禅城区人民法院。
合议庭组成人员：审判长：李咏梅；审判员：彭晓鸣、郭伟康。
二审法院：广东省佛山市中级人民法院。
合议庭组成人员：审判长：郑振康；代理审判员：张雪洁、王志恒。
6. 审结时间
一审审结时间：2009年6月29日。
二审审结时间：2009年10月30日。

（二）一审诉辩主张

1. 原告马文新诉称

原、被告均是佛山市禅城区环湖花园小区的业主，原、被告的房产系同一栋楼，被告的房产在原告的房产左上方，与原告的房产上下相邻。原告的房产屋顶正左面除了被告房屋外，尚存在一个公共露台，大约有120平方米。由于露台正位于被告房屋正门左侧前方，故被告未经其他共同业主的一致同意就将通往公共露台的通道占用，改为自己的大门，从自己房屋侧边开了一个进出客厅的正门，将进出客厅的原走道门口砌砖封闭，进而把公共露台占为己有。而且更令其他业主们不满的是，露台通道被堵塞后，被告将整个露台种满花草，引致许多飞虫、蚂蚁，每当刮风下雨时露台上的枯枝败叶、飞虫、蚂蚁随风吹进原告家里，苦不堪言。被告中午及晚上对露台花草进行浇水时，马达的轰鸣声使楼下业主无法入睡。为此，包括原告在内的其他业主曾多次上门找被告协商解决，但均遭被告拒绝。原告认为，本案标的露台属于业主共有，被告无权占为己有；另外，被告已持续堵塞公共通道严重侵害了包括原告在内的其他业主们的合法权益。请求法院判令：（1）被告立即停止侵权，包括停止持续封闭、独自霸占业主共有的佛山市禅城区环湖花园湖晖楼26楼A顶楼露天天台及公共通道，停止在该露台种养树木和竹子及拆除水泥假山；（2）被告将业主共有的佛山市禅城区环湖花园湖晖楼26楼A顶楼露天天台恢复原状正常使用及恢复佛山市禅城区环湖花园湖晖楼27楼B建筑结构；（3）被告承担本案全部诉讼费用。

2. 被告洪文胜、李琼辩称

（1）被告对环湖花园湖晖楼26楼A顶楼露天天台有合法的使用权。2000年6月30日，被告与佛山市新时代房地产有限公司（以下简称新时代公司）签订一份“商品房购销合同”，约定由被告向新时代公司支付相应的价款，新时代房产公司将佛山市环湖花园湖晖楼 27B 号房的所有权以及 27 楼 B 单位专用平台（即原告诉称的 26 楼 A 顶楼露天天台）的使用权转让给被告。新时代公司为佛山市环湖花园湖光楼所有房产的所有权人，其将环湖花园湖晖楼 26 楼 A 顶楼露天天台给 27B 单位专用，是对其所有权及使用权的处分，不违反法律的强制性规定，合法、有效。被告与新时代公司签订“商品房购销合同”时明确约定，被告对 27B 天台有专有使用权，也在合同附件上明确 26 楼 A 顶楼露天天台为 27B 的专用平台。被告也向新时代公司支付了比其他购买湖晖楼 B 单位更高的价钱，因为被告支付的费用包含了购买 27B 单位的房款及 27B 专用平台的使用费。

（2）27B 专用平台（即 26 楼 A 顶楼露天天台）并非业主共有。根据新时代公司“公共部位与公用房屋公摊建筑面积构成说明”，公用建筑面积由以下两部分组成：电梯、楼梯间、变电室、设备间、公共门厅和过道、值班警卫室以及其他功能上的为整栋建筑服务的公共用房和管理用房建筑面积；套（单元）与公用建筑空间之间的分隔墙以及外墙（包括山墙）墙体水平投影面积的一半。因此，新时代公司转让给被告的 27B 专用平台并没有列入公共分摊面积，也并非公共通道，被告取得 27B 专用平台的使用权也没有侵犯原告的合法权益，原告无权向被告主张业主共有权。

（3）被告合理使用 27B 的专用平台，原告无权干涉。被告取得 27B 平台的专用权，有权排除他人干涉及使用。被告在该平台上种养花草、修筑鱼池属合理使用该平台，所种的花草也未超出 27B 专用平台的范围，没有对原告的单位造成影响，因此被告对该平台的使用权应依法受保护。原告的诉讼请求毫无事实和法律依据，请法院予以驳回。

（三）一审事实和证据

广东省佛山市禅城区人民法院经公开审理查明：原告系佛山市禅城区环湖花园湖晖楼 26 楼 A 房权属人，系 2006 年 11 月、2008 年 2 月通过二手房交易购买所得，建筑面积为 119.66 平方米，其中含公共分摊面积 18.03 平方米。两被告系佛山市禅城区环湖花园湖晖楼 27 楼 B 房权属人，系 2000 年 7 月向新时代公司购买所得，建筑面积 118.75 平方米，其中套内建筑面积 97.13 平方米、阳台建筑面积 4.38 平方米、公用分摊建筑面积 17.24 平方米。

湖晖楼内部结构为：2 部电梯、2 个人行楼梯，每层有 A、B、C、D、E、F6 个单元。其中 A、F 单元为 26 层，其他单元为 32 层。A、B 单元左右相邻。原告所有的 26 楼 A 房系顶楼，上为屋顶天台（以下简称诉争天台）。两被告所有的 27 楼 B 房外有一走廊与诉争天台相通。两被告的“房地产权证”中房屋平面图上载明，该走廊为公用走道。

2000 年 6 月 30 日两被告与新时代公司签订“商品房购销合同”一份，约定两被告向新时代公司购买湖晖楼 27 楼 B 房，建筑面积共 114.37 平方米；按实得建筑面积计算，该商品房总金额为 360 000 元等。新时代公司在合同附件 27 楼 B 房平面图上的 26 楼 A 房上的诉争天台处注明“27B 单位专用平台”，并注明两被告对该天台有使用权，两被告有责任维护、保养天台。合同签订当日，两被告向新时代公司支付 360 000 元购房款。

两被告收楼后，将原设的自有房屋大门封闭，将门口向北移至与诉争天台门口相接处，将走廊与诉争天台间原设门口向走廊内斜向移动至两被告新设自有房屋大门口外，并安装防盗门，将部分走廊面积及诉争天台封闭，独自占有、使用。同时，两被告在诉争天台与走廊及27楼B房相连接处自建房屋一间，并进行了装修装饰；在诉争天台其余部位中央设有一水泥构架，周围种植花草、树木；在原告卧室上方建鱼池一个，内设假山，并安装有水泵、供氧机。原告认为，两被告每日使用水泵及鱼池内假山跌宕流水声产生噪音，对原告睡眠有一定影响；树木花草招引飞虫蚂蚁，刮风下雨时天台上的枯枝败叶偶有随风飘入原告家中现象，对原告生活亦造成一定影响。

2009年2月23日佛山市禅城区城市管理行政执法局以禅执石处字（2009）37号行政处罚决定书认定：当事人（即两被告）在未取得“建设工程规划许可证”的情况下，于2001年至2007年间在佛山市禅城区环湖花园湖晖楼27B房东侧公共平台上擅自实施建设行为。截至2008年12月3日经我局勘验确认，该工程为搭建一铁架简易结构棚屋，建筑面积18.85平方米，工程已完工……当事人的上述行为违反《中华人民共和国城乡规划法》第四十条第一款的规定，属于违法建设的行为……依据《中华人民共和国城乡规划法》第六十四条的规定，决定如下：限当事人在行政处罚决定书送达之日起25日内无条件自行拆除上述违法搭建的棚屋。因两被告拒收，佛山市禅城区城市管理行政执法局于2009年2月20日留置送达该行政处罚决定书于两被告住处。

诉讼中，本院致函佛山市禅城区房地产交易所，调查原告所有的26楼A房产权证中的公用分摊建筑面积中是否包含诉争天台的分摊面积。2009年3月30日佛山市禅城区房地产交易所复函本院：该单元的共有建筑面积是由住户大堂、电梯、楼梯、走廊、管道井、电梯机房、楼梯屋、电表房和值班室等组成；根据《房产测量规范》的有关规定，天台不计算建筑面积。

诉讼中，两被告确认，其将走廊与诉争天台间原设门口向走廊内斜向移动至其新设自有房屋大门口外，并安装防盗门占用了部分走廊，但当时的物业管理公司已进行了罚款处理。

上述事实有下列证据证明：

原告提供的证据：

1. 原告身份证。

2. 广东宏德科技物业有限公司佛山禅城分公司企业机读档案登记资料。

3. 广东宏德科技物业有限公司佛山禅城分公司环湖花园管理中心出具的关于禅城区环湖花园湖晖楼26楼A业主投诉湖晖楼27楼B业主占用天台的情况说明。

4. 佛山市禅城区环湖花园湖晖楼26楼A土地使用权证、房地产权证。

5. 照片10张。

被告提供的证据：

1. “商品房购销合同”、发票。

2. “公共部位与公用房屋公摊建筑面积构成说明”。

3. 照片1张。

4. 照片4张。

5. 房地产权证。

本院依职权调取的证据：

1. 禅执石预字［2009］25号禅城区城市管理行政执法局行政处罚预先告知书、禅执石处字［2009］37号禅城区城市管理行政执法局行政处罚决定书、佛山市禅城区城市管理行政执法局送达回证。

2. 佛山市禅城区房地产交易所关于环湖花园湖晖楼 26 楼 A 单元面积问题的复函。

（四）一审判案理由

广东省佛山市禅城区人民法院经审理认为：本案的争议焦点主要是：两被告对诉争天台专有使用及占有 27 楼 B 房前走廊部分面积是否侵犯了原告的共有权？原告要求停止侵害、恢复原状应否支持？

关于诉争天台及 27 楼 B 房前走廊性质问题。《中华人民共和国物权法》第七十条规定：业主对建筑物内的住宅、经营性用房等专有部分享有所有权，对专有部分以外的共有部分享有共有和共同管理的权利。专有部分其意是指构造上能够明确区分，具有排他性且可独立使用的作为区分所有权之标的的建筑物部分。其所具备的三个要件：一是构造上的独立性；二是使用上的独立性；三是通过登记予以公示并表现出法律上的独立性。两被告的产权证面积内不包含诉争天台；其在购买 27 楼 B 房时虽开发商将该诉争天台约定给两被告专有使用，但诉讼中两被告亦未能举证证明该屋顶平台规划上即专属于 27 楼 B 房或两被告专有使用已经过全体共有权人同意；且屋顶平台从其物理属性上属于建筑物的基本结构，功能用途上具有公共性、非排他使用性。因此诉争天台属于建筑物共用部分。两被告与开发商间关于两被告专有使用诉争天台的约定违法，该抗辩本院不予采纳。27 楼 B 房前走廊在两被告产权证上明确载明为公用走廊，故其亦属于建筑物共用部分。《物权法》第九十五条规定：共同共有人对共有的不动产或者动产共同享有所有权。即共同共有人对共有财产平等地、不分份额地享有占有、使用、收益和处分权。任何一个共有人对共有财产都不享有超过其他共有人的权利。据此，原告作为湖晖楼业主之一，对该共用部分享有共有权利，两被告将诉争天台封闭、独占使用及占用部分公用走廊面积侵害了原告在内的众共有人的共有权，原告要求停止侵害、拆除水泥构架及鱼池和铲除花草树木、恢复公用走廊及诉争天台原状，本院予以支持。但因行政管理部门对被告在诉争天台违章搭建建筑物已作出处理，故该部分本院不再处理。除此之外，两被告应恢复诉争天台其他部位原状。

（五）一审定案结论

广东省佛山市禅城区人民法院依照相关法律规定，作出如下判决：

被告洪文胜、李琼于本判决发生法律效力之日起 10 日内，停上占用佛山市禅城区环湖花园湖晖楼 26 楼 A 房屋顶天台及 27 楼 B 房前公用走廊行为；被告洪文胜、李琼于本判决发生法律效力之日起 10 日内恢复佛山市禅城区环湖花园湖晖楼 27 楼 B 房前公用走廊原状；被告洪文胜、李琼于本判决发生法律效力之日起 10 日内恢复佛山市禅城区环湖花园湖晖楼 26 楼 A 房屋顶天台除搭建的 18.85 平方米棚屋之外的部位的天台原状。

（六）二审情况

1. 二审诉辩主张

（1）上诉人洪文胜、李琼诉称

1）原审法院将所有权及使用权混为一谈，以洪文胜、李琼没有所有权来认定其无使用权，以致原审法院认定事实及判决结果均错误。原审法院审查本案时，重点审查洪文胜、李琼对于诉争的天台及走廊有无所有权，并依《中华人民共和国物权法》第七十条之规定，认定诉争天台属于共用部分，从而得出结论洪文胜、李琼对于诉争天台及走廊无使用权；但事实上，当事人无所有权时，同时可以通过其他方式取得使用权。原审法院以洪文胜、李琼无所有权来判定其无使用权，逻辑错误，故其判决结果必然错误。

2）原审法院判决第一项要求洪文胜、李琼停止占用诉争的天台及走廊，此项判决错误，且非法剥夺洪文胜、李琼对物业的使用权。第一，占用包含两种含义：占有及使用。洪文胜、李琼对于诉争的天台及走廊有使用权。本案中如诉争的天台及走廊属于洪文胜、李琼专属部分，那理所当然，洪文胜、李琼对此部分享有使用权，且享有排他的专属使用权及其他权利。即便此诉争天台及走廊属于公用部分，作为业主之一的洪文胜、李琼对此公用部分仍有使用权，洪文胜、李琼仍有使用、利用诉争天台及走廊的权利，任何人无权剥夺。故无论诉争的天台及走廊是专属部分还是共用部分，洪文胜、李琼对此均有使用权。原审法院判决第一项要求洪文胜、李琼停止占用诉争的天台及走廊的判决明显错误，非法地剥夺了洪文胜、李琼作为业主对物业的使用权。第二，洪文胜、李琼对诉争天台及走廊具有使用权，且具有专有使用权。洪文胜、李琼与开发商签订的“商品房购销合同”中以附件形式明确约定：“乙方（即洪文胜、李琼）对于27B（诉争天台）有使用权，乙方有责任维护，保养天台”；同时在合同的附图中注明：诉争天台为“27楼B单位专用平台”。此合同签订后，洪文胜、李琼及时支付了含取得天台使用权对价在内的购房款。从此法律事实来看，即便此诉争天台属于公用部分，那洪文胜、李琼与开发商签署的关于诉争天台使用权的约定应为租赁协议，即洪文胜、李琼以租赁形式，通过一次性支付价款取得诉争天台的专有使用权，故双方关于诉争天台使用权的约定应有效，而不能简单地以诉争天台及走廊属公共部分而否定洪文胜、李琼与开发商对于此部分使用权的约定。

3）原审法院判决第二、三项要求洪文胜、李琼恢复诉争的天台原状，此判决错误，且没有事实依据。第一，本案中，洪文胜、李琼无论如何都系诉争天台及走廊的共有人之一，绝对享有使用权。现要求享有合法使用权的洪文胜、李琼恢复天台及走廊的原状，此判决侵害了洪文胜、李琼的合法权益，限制或剥夺了洪文胜、李琼行使使用权的合法权益。如此项判决正确或成立，那结果为：任何业主使用此诉争天台，只要有任何改变原状的任何使用均是违法的，其他方均可主张恢复原状。本案中，如洪文胜、李琼在使用天台时对马文新造成影响或损害，应是判决洪文胜、李琼停止侵害，如有损失，则赔偿其相应损失；而不应判决洪文胜、李琼恢复诉争天台的原状。第二，从马文新提供的证据来看，洪文胜、李琼行使使用权时，并未侵害马文新的权益。本案中，马文新在原审中诉称其权益被侵害有二：其一，洪文胜、李琼在诉争天台摆放花草，以致枯叶、飞虫、蚂蚁掉落马文新的家中；其二，浇水时的马达声影响其休息。原审法院仅凭马文新提供的10张自己拍摄的相片即认定前述侵害成立，显然证据不足：首先，照片是马文新自行拍摄，且拍摄的图片可以编辑、剪接修改，此照片不具有真实性。其次，照片系局部照片，此照片拍摄地点是否是马文新家中？照片中的枯叶、飞虫、蚂蚁是否系诉争天台掉落等问题并不能依此照片而认定，故此照片不具关联性。再次，浇水时的马达声是否影响其休息？证明噪音的问题是无法用照片来证明的，也证明不了。故原审法院认定洪文胜、李琼使用天台，侵害了马文新的合法权益没有充分的证据，也没有事实依据。最后，洪文胜、李琼于天台处摆放花草是合法使用。既然对天台有使用权，故洪文胜、李琼于天台处摆放些许花草、鱼缸等物品，在不影响或侵害他人权益的情形下并无不当，也是合法的使用。第三，马文新在原审中起诉洪文胜、李琼的原告主体不适格。佛山市禅城区房地产交易所出具的复函可证明，马文新所购买的商品房中未包含诉争天台及走廊的面积，也即马文新没有对诉争天台及走廊的所有权。即便诉争天台及走廊系公共部分，那此公共部分的所有权及处置权归全体业主，马文新也无权代表所有其他业主起诉洪文胜、李琼停止占用诉争天台及走廊。

综上请求：1）撤销原审判决第一、二、三项，驳回马文新的全部诉讼请求；2）判令马文新承担本案全部诉讼费用。

（2）被上诉人马文新辩称

1）原审法院对诉争天台及走廊的性质的认定及判决结果符合法律精神，并无不当。

第一，原审法院重点审查的是洪文胜对于诉争天台及走廊是否侵犯了马文新的共有权，而并非是洪文胜所称的“所有权”。原审案件审理过程中，合议庭依法对诉争天台及走廊做出定性。《中华人民共和国物权法》第二编第六章的标题是“业主的建筑物区分所有权”，所谓业主的建筑物区分所有权，是随着高层建筑物的出现和小区的形成而产生的新的所有权形式，指各业主对住宅等专有部分享有所有权，对电梯等公共设施、绿地等公共场所共有部分享有共有权以及共同管理的权利。《中华人民共和国物权法》第七十条明确规定：“业主对建筑物内的住宅、经营性用房等专有部分享有所有权，对专有部分以外的共有部分享有共有和共同管理的权利。”原审合议庭根据上述法条认为洪文胜只对湖晖楼27楼B号房屋享有专有权利，而诉争天台及走廊是所有业主共同共有的这一认定完全符合法律规定，并未混淆所有权与使用权的概念。且在原审过程中，洪文胜虽然声称诉争天台是其在购买27楼B房时与开发商约定好由其专有使用，但诉讼中作为被告方的洪文胜并未能就这一事实举证证明诉争天台在规划中专属于洪文胜或者洪文胜的专有使用已经过全体共有权人的同意，因此诉争天台属于建筑物的共有部分，洪文胜与开发商关于诉争天台的约定是违法且无效的；而27楼B房的走廊在洪文胜的房屋产权证中已明确载明为公用走廊，亦属于建筑物的公用部分，洪文胜也就没有专有使用的权利。洪文胜自身对法律、法规的理解不足，却认为是原审法院犯了逻辑错误，简直是无稽之谈。

第二，原审法院要求洪文胜停止占用诉争天台及走廊，并恢复诉争天台原状的判决结果无错误。如上所述，开发商与洪文胜之间关于诉争天台的约定已明显违法，因此洪文胜对诉争天台的专有使用及占有也就不能成立。诉争天台及走廊均属于建筑物的公用部分，即本楼中所有业主都有使用权，马文新并不否认洪文胜作为业主之一对诉争天台及走廊所享有的使用权，但是洪文胜并不能因为自身使用的需要而影响其他共有人的使用权。洪文胜将诉争走廊堵塞，并在诉争天台种满花草、修建鱼池，引致许多飞虫、蚂蚁掉落马文新家中，且浇花时的马达声导致其他业主无法正常休息，严重破坏了天台天面的公共使用结构，产生了难以估计的安全隐患，如楼体的承重能力和雨水渗漏墙体及消防逃生避难场地问题。如果每位业主都像洪文胜一样在建筑物的共有部分根据自身需要而占用并改变共有部分的现状，必然产生许多不必要的烦恼，同时也影响了其他业主对共有部分的正常使用。因此原审法院要求洪文胜停止占用诉争天台及走廊，并将天台恢复原状的判决结果是完全正确的。

2）马文新主体适格。《中华人民共和国物权法》第八十三条规定："……业主对侵害自己合法权益的行为，可以依法向人民法院提起诉讼。"马文新经合法途径购买了位于湖晖楼26楼A座的商品房，持有房产证，是该房产的合法所有人，也即是《中华人民共和国物权法》所称之"业主"。本案中，洪文胜违法占用诉争天台及走廊，对马文新的生活产生危害及影响，侵犯了马文新的合法权益，因此，根据上述规定，马文新有权利以个人名义向人民法院提起诉讼，即马文新主体适格。且洪文胜在原审案件审理过程中，已经当庭确认马文新作为原告的诉讼主体身份，直至原审程序结束都从未提出过异议，却在此时提出这种主张，是对原审合议庭的藐视与不尊重，是极其恶劣的行为。

综上所述，洪文胜与开发商的约定本身违法，诉争天台及走廊均属于业主共同所有，并不能为洪文胜专有使用及占有。如洪文胜有对诉争部分的专有使用权及对马文新的诉讼主体资格有异议，应当向法庭承担举证的责任，否则，就应承担举证不能的法律后果。据此，原审判决认定事实清楚，适用法律正确，请求维持原审判决，依法驳回洪文胜、李琼的全部上诉请求。

2. 二审事实和证据

广东省佛山市中级人民法院经审理，确认一审法院认定的事实和证据。

3. 二审判案理由

广东省佛山市中级人民法院经审理认为：《中华人民共和国物权法》第八十三条规定："……业主对侵害自己合法权益的行为，可以依法向人民法院提起诉讼。"该条文对业主在合法权益受侵害时享有的诉权进行了规定。本案中，马文新认为洪文胜、李琼违法占用诉争天台和走廊，侵害其合法权益，故根据上述规定，马文新有权向法院提起诉讼。洪文胜、李琼认为马文新主体不适格的主张依据不足，不予支持。

本案的主要争议在于洪文胜、李琼应否停止占用诉争天台及走廊并对相关部分恢复原状的问题。《中华人民共和国物权法》第七十条规定："业主对建筑物内的住宅、经营性用房等专有部分享有所有权，对专有部分以外的共有部分享有共有和共同管理的权利。"其中，专有部分是指构造上能够明确区分，具有排他性且可独立使用的作为区分所有权之标的的建筑物部分。共有部分一般包括建筑物的基本构造部分、建筑物的共有部分及附属物、仅为部分区分所有人所共有的共有部分等。本案中，洪文胜、李琼共有的湖晖楼27B房地产权证上明确载明诉争走廊为公用分摊建筑面积组成部分，故诉争走廊应属于建筑物公用部分。至于诉争天台，湖晖楼27B产权证面积内不包含诉争天台，且天台属于建筑物的基本构造部分，具有公共性及非排他性，并不具备专有部分的构成要件，因此，诉争天台应属于建筑物的共用部分。虽然洪文胜、李琼主张其与开发商签订合同时已明确约定诉争天台为27楼B单位的专用平台，但其未能提供充分证据证明诉争天台在规划上专属于27楼B房或经法定数量的共有权人同意其专有使用，故基于诉争天台为建筑物共用部分的性质，洪文胜、李琼以上述约定不能对抗依照法律规定其他业主在诉争天台所享有的合法权益。本案中，虽然洪文胜、李琼作为业主对诉争天台及走廊亦享有使用权，但该使用权的行使并不具排他性，应是指一般情况的正常使用，不能因自身的使用而排除、妨碍其他业主的正常使用，否则构成侵权并承担相应责任。现洪文胜、李琼对诉争天台独占使用及占有部分公用走廊面积，明显侵犯了包括马文新在内的其他业主的共有权，损害了他人的合法权益，故原审判令洪文胜、李琼停止占有诉争天台及走廊并对相关部分恢复原状，以达到消除妨碍其他业主正常使用的效果，并无不当，本院予以维持。洪文胜、李琼在该方面的主张依据不足，本院不予支持。

4. 二审定案结论

广东省佛山市中级人民法院依照《中华人民共和国民事诉讼法》第一百五十三条第一款第（一）项之规定，作出如下判决：

驳回上诉，维持原判。

（七）解说

近年来，随着经济的发展，人们对居住要求的提高，房地产交易日益频繁。实践中，房地产开发商出售房屋时，有时会出现诸如“赠送露台、花园”等销售承诺，购买者往往只关注专有部分的权益，对共有部分或缺乏约定，或者忽略其存在，对所谓的赠送部分是否列入房屋产权面积缺乏足够的注意。因此，造成了共有部分和专有部分模糊，被开发商任意处置，致使造成大量纠纷。

本案中，争议的焦点问题事实上就是物权中的建筑物区分所有权。《中华人民共和国物权法》实施后，对建筑物区分所有权进行了规定，对于业主的专有部分和共有部分也进行了明确界定，其中第七十条规定：“业主对建筑物内的住宅、经营性用房等专有部分享有所有权，对专有部分以外的共有部分享有共有和共同管理的权利。”第七十三条规定：“建筑区划内的道路，属于业主共有，但属于城镇公共道路的除外。建筑区划内的绿地，属于业主共有，但属于城镇公共绿地或者明示属于个人的除外。建筑区划内的其他公共场所、公用设施和物业服务用房，属于业主共有。”上述规定虽未对共有部分进行详细的列举说明，但根据其立法精神，本案中的天台和走廊应为业主的共有部分，具有公共性及非排他性，任何业主均不能独占使用。

洪文胜、李琼作为该小区的业主之一有权对上述天台和走廊进行合理使用，但应是一般情况的正常使用，不能因自身的使用而排除、妨碍其他业主的正常使用，其对天台进行封闭，设置为“私家花园”，从而独占使用及占有部分共用走廊的行为，明显侵犯了包括马文新在内的其他业主的共有权，损害了他人的合法权益。为了恢复天台和走廊具备的公共消防等功能，一、二审法院判令洪文胜、李琼停止占有诉争天台及走廊并对相关部分恢复原状的处理结果无疑是正确的。

天台、走廊设计的主要功能是作为整幢楼宇的消防使用，这种特殊功能决定了它是整幢楼宇的全体业主共同共有、共同使用，除非在房屋规划时经有关部门审批，或者是经全体业主同意，由部分业主专有。因此，购买商品房的业主需要注意，购房虽然是一种平等、自愿的交易行为，但仍需严格遵守法律规定。对于买顶楼送露台、买底层送花园这种“天上掉下来的大馅饼”的好事，需要尽到足够的审查义务，查清楚商品房规划时是否明确将露台的所有权和使用权附随，商品房划归部分业主专有使用，以及在房屋买卖合同中是否注明露台的产权问题，开发商没有取得露台作为专有部分的规划批准，却在卖房时私自将露台送给业主专有使用的行为因违反法律的强制性规定而无效。消费者在购买房屋时应注意识别开发商名目繁多的销售承诺，审慎地进行交易行为，切实保护好自己的合法权益。

（广东省佛山市禅城区人民法院　郭伟康）

10. 王亚蕾诉东营海通物业服务有限责任公司物业服务合同纠纷案（物业服务合同）

（一）首部

1. 判决书字号

一审判决书：山东省东营市东营区人民法院（2007）东民初字第3070号。

二审判决书：山东省东营市中级人民法院（2009）东民四终字第31号。

2. 案由：物业服务合同纠纷。

3. 诉讼双方

原告（被上诉人）：王亚蕾，汉族，住山东省东营市。

委托代理人（一审）：徐波，山东鲁北律师事务所律师。

委托代理人（一、二审）：卜祥亭，山东鲁北律师事务所律师。

被告（上诉人）：东营海通物业服务有限责任公司，住所地：山东省东营市。

法定代表人：刘志刚，公司总经理。

委托代理人（一审）：孙瑞玺，山东达洋律师事务所律师。

委托代理人（一、二审）：钟友勇，山东达洋律师事务所律师。

4. 审级：二审。

5. 审判机关和审判组织

一审法院：山东省东营市东营区人民法院。

合议庭组成人员：审判长：王寿军；审判员；张俊峰、齐教元。

二审法院：山东省东营市中级人民法院。

合议庭组成人员：审判长：李万海；审判员：晋军、周爱辉。

6. 审结时间

一审审结时间：2008年10月19日。

二审审结时间：2009年9月30日。

（二）一审诉辩主张

1. 原告王亚蕾诉称

原告为东营市明月豪庭住宅小区的业主，被告系该小区的物业服务公司。2007 年 7 月 21 日晚 11 时 40 分左右，原告发现自己室内的一个电脑包被盗，包内装有鲁 EAE797 奥迪车钥匙一把、价值约 6 980 元的酷派手机一部、价值 900 元的小灵通一部、现金人民币 18 000 元以及各类重要文件、合同等。为防止车辆被盗，原告立即通知被告原告的奥迪车钥匙被盗，要求被告工作人员禁止奥迪车驶出该小区。被告当即承诺不会让该车辆离开小区。但是被告却忘记通知其门卫，致使原告的奥迪车于 22 日 2 时 40 分左右被开出小区，车内现金 6 612.5 元同时被盗。该车至今下落不明。被告依法负有保护业主人身、财产安全不受损害的义务，且在原告明确要求被告履行保护原告财产安全、被告承诺保护的情况下，原、被告已形成车辆保管合同关系，因被告重大过失，致使原告遭受重大财产损失，被告应当赔偿原告的全部经济损失。因原告的车辆投保了车辆全车盗抢险，故除去保险公司赔偿的原告的部分损失外，原告尚有 179 282.5 元的损失，请求判令被告赔偿原告车款 468 000 元、车辆购置税 40 000 元，除去保险赔偿款 373 670 元，室内被盗现金18 000 元、车上被盗现金 6 612.5 元、手机款 6 980 元、小灵通款 900 元、车辆装饰款 12 460元等，共计 179 282.5 元。

2. 被告东营海通物业服务有限责任公司辩称

原告主体不适格。原告不存在电脑包、车辆被盗的事实。原告提供的证据证明是一个叫阎峰的人报案称其电脑包、车辆被盗。原告提供的证据说明被盗车辆登记车主是原告，实际车主是阎峰，车是在阎峰占有、使用期间被盗的；原告不是电脑包、车辆的被盗人，与本案无直接利害关系，原告主体不适格，应驳回原告的起诉。阎峰所称其电脑包、车辆被盗的事实未得到落实。本案相关人员已向保险公司提出索赔申请，公安机关已将此作为刑事案件立案侦查，且索赔的程序接近完成，本案应中止诉讼，待保险公司对原告实际赔付后，再驳回其诉讼请求。原告在诉状中所称的“被告依法负有保护原告人身、财产安全不受损害的义务”于法无据，被告对此不仅没有法定义务，而且没有约定义务。原告称原、被告已形成车辆保管合同关系的主张不能成立。假使原告车辆真的丢失，也是刑事犯罪和原告自身过错造成的，被告没有过错。保险公司赔偿原告 373 670 元是对原告车辆被盗损失的全部赔偿。保险赔付与购置车辆之间费用的差价是原告自己选择了放弃。原告对自己已放弃的权利无权再行向被告主张，不应得到支持。原告的车辆应有价值贬损，保险公司赔偿原告 373 670 元，是对被盗车辆损失的全部赔偿，原告的权益通过保险公司理赔得以实现，无权再向被告提出主张。综上，本案原告所诉无事实和法律依据，请求依法裁定中止本案诉讼，或驳回原告起诉，或判决驳回原告的诉讼请求。

（三）一审事实和证据

山东省东营市东营区人民法院经公开审理查明：原告王亚蕾购买山东海通地产开发有限责任公司销售的明月豪庭住宅小区 68 号楼房一套。2004 年 12 月 31 日，山东海通地产开发有限责任公司与被告签订前期物业服务合同，合同约定：山东海通地产开发有限责任公司聘用被告对明月豪庭别墅小区物业实施前期物业管理，委托管理期限自本合同生效之日起至业主大会所聘用物业管理公司签订物业管理服务合同生效时止。2005 年 2 月 22 日，王亚蕾签署该住宅小区业主临时公约。被告向原告发放业主使用手册，手册载明了物业管理、物业管理服务费、安全护卫管理规定及智能系统管理、车辆管理等事项。其中“车辆管理”载明：本小区车辆进出实行登记管理，有车辆的业主、住户请到物业管理中心办理车辆进出证（卡），物业公司只负责小区内的车辆管理，不负责车辆的保管、保险责任。提请业主保管好自己的车辆并加入车辆保险。为了维护小区秩序，服务中心印制了车辆管理规定，欢迎住户查询，请业主、住户提醒诸亲友自觉遵守，共同维护小区秩序。原告入住明月豪庭 68 号楼房后按约交纳了物业费。

2007 年 7 月 21 日晚 11 时 40 分许原告称发现其居住的 68 号楼室内被盗电脑包一个，包内装有鲁 EAE797 奥迪车钥匙一把、酷派手机一部、小灵通一部，现金人民币 18 000 元以及各类重要文件、合同等。在原告处居住的人员遂拨打“110”报警并通知被告，被告方张宝亮及保安人员到场。22 日 0 时 30 分许，警方人员进入原告住处，此时，鲁 EAE797 奥迪车尚停在原告楼下后院。被告遂安排保安人员巡逻排查。被告监控录像显示：22 日 2 时 19 分左右，有一辆机动车外出。被告东门保安当班记录载明：2 时 19 分有一辆银白色奥迪车外出，车号鲁 EAE797，经查有出入证，按规定放行。7 月 22 日上午，原告及在原告家中居住的阎士全、周铭伟等人发现鲁 EAE797 车被盗。10 时 10 分阎士全遂向东营市公安局东城分局报警，称家中被盗。公安局侦查人员及被告方人员遂赶到现场。

另查明，鲁 EAE797 车为原告王亚蕾于 2006 年 10 月 9 日购买，型号为奥迪 FV7241CVT，价税合计款 468 000 元，登记车主为王亚蕾。2006 年 10 月 19 日，原告车辆在中国人民财产保险股份有限公司东营市分公司投保，险种包括机动车损失保险、盗抢险等。原告的车辆被盗后，因公安机关未侦破此案，原告向中国人民财产保险股份有限公司东营市分公司索赔，按照保险合同的约定，中国人民财产保险股份有限公司东营市分公司向原告支付赔款人民币 373 670 元。

另查明，被告为原告发放车辆出入证，小区业主车辆见证放行。原告证人周铭伟在庭审中陈述“当时停车的时候车的出入证在车的前挡风玻璃右下角”。原告在第二次庭审时主张车辆出入证在车辆被盗前已丢失。

在本案审理过程中，原告申请对鲁 EAE797 车及装饰费用在 2007 年 7 月 22 日的价值进行鉴定评估，本院鉴定中心委托东营德正会计师事务所有限责任公司进行了鉴定，经鉴定：该车的合理价值为 467 600 元，装饰费用的合理价值为 10 200 元。原告对鉴定报告无异议，被告对鉴定报告的真实性有异议，认为鉴定报告认定的重置价格高于购买时的价格，与事实不符；鉴定报告中的装饰费用不真实，装饰的事实不存在。对合法性有异议，认为该鉴定机构不是经有权的司法行政管理机关认定并向社会公布的鉴定机构。对关联性有异议，认为被告不应承担车辆丢失的责任，该鉴定报告与本案无关联性。

上述事实有下列证据证明：

1. 东营市公安局东城刑警大队出具的证明复印件 1 份。
2. 视听资料录音 1 份。
3. 原告所购鲁 EAE797 车辆购车发票 1 份、车辆购置税缴税凭证复印件 1 份。
4. 保险单 1 份、保险公司的赔偿数额计算表 1 份。

5. 鲁 EAE797 车辆装饰发票联、记账联、腾达汽车美容装饰材料明细表、东营区东城腾达汽车美容中心出具的证明各 1 份。

6. 深圳增值税发票 1 份、小灵通收款收据 1 份。

7. 证人周铭伟的证言。

8. 证人阎士全的证言。

9. 录像资料 1 份。

10. 2008 年 1 月 2 日的视听资料一份。

11. 证人巴波亭的证言。

12. 原告向被告交款的单据 3 份。

13. 业主使用手册 1 份。

14. 明月豪庭小区业主临时公约 1 份。

15. 保险机动车辆被盗案件证明书 1 份。

16. 保险公司出具的证明及收据各 1 份。

17. 江西省崇义县红星助学中心出具的证明 1 份。

18. 机动车登记证书 1 份。

19. 2007 年 7 月 31 日东营分局刑警大队出具的证明 1 份。

20. 企业法人营业执照 2 份及企业变更情况证明 1 份。

21. 前期物业服务合同 1 份。

22. 文件资料发放确认表 1 份。

23. "车辆管理规定" 1 份。

24. 房屋所有权证复印件及实物照片。

25. 车辆出入证 1 份和明月豪庭车辆登记表 1 份。

26. 申请法院调查的保险公司的现场勘查记录、报案记录各 1 份。

27. 奥迪车的说明书 1 份、智能设施使用说明书 1 份。

28. 智能安保型楼宇对讲可视分机安装使用说明书 1 份。

29. 2007 年 7 月份车辆人员进出登记表 2 本。

30. 2007 年 7 月份门卫当班记录 3 本。

31. 监控室保安当班记录 1 本。

32. 2007 年 7 月份小区一、二、三、四、五区巡逻记录 4 本。

33. 东营区人民法院东营德正会计师事务所有限责任公司鉴定书 1 份。

(四) 一审判案理由

山东省东营区人民法院经审理认为：关于鲁 EAE797 的车主问题、原告的主体问题，原告提供的购车发票及机动车辆登记证书登记车主均为王亚蕾，被告虽主张本案实际车主为阎峰（又名阎士全），阎峰不予认可，被告对此未提供证据证实，故对被告的主张，本院不予采信；根据原告提供的证据足以认定鲁 EAE797 的车主为王亚蕾。关于鲁 EAE797 车辆是否丢失的问题，根据原告的陈述及原告提供的证据 1、证据 4、证据 15、证据 16，在公安机关尚未侦破此案的情况下，应认定盖然性高的事实。故原告主张鲁 EAE797 车辆在2007年7月21日晚丢失的事实予以认定。

关于原、被告之间法律关系的问题，本院认为，原告王亚蕾作为业主已向被告交纳物业管理费，被告作为物业管理公司应按规定提供相应的物业管理服务，原、被告形成物业管理服务合同关系。原告提供的业主使用手册明确载明物业公司只负责小区内的车辆管理，不负责车辆的保管、保险责任，故原告主张其交纳的物业费包含安防费用，原、被告形成保管关系，理由不当，本院不予采信。原告主张其车钥匙丢失后，被告承诺不让车辆离开小区，其提供的录音资料不能证明被告承诺为其保管车辆。

关于被告是否对原告车辆丢失承担责任的问题，本院认为，原告在发现鲁EAE797奥迪车钥匙丢失后，即报警并通知被告，被告方人员亦到场，而此时原告的车辆尚未丢失，此时原告应预见到丢失车钥匙即可能造成车辆丢失的后果，原告应对自己的车辆采取合理的保护措施，而原告并未采取合理保护措施，且原告在车辆停放后将车辆的出入证置于车内，从而加大了丢失车辆的安全隐患。而被告作为物业管理公司对业主的车辆负有管理义务，在一般情况下，应尽到善良管理者的普通注意义务；在本案中，被告虽配有值班人员、巡逻人员，采取了一定的安保措施，但其在知晓原告车钥匙丢失后，应对原告的车辆出入采取比一般车辆更加谨慎的注意义务，被告对原告车辆丢失未尽应负的注意义务。综上，原、被告对造成原告车辆的丢失应负同等责任，被告对原告的损失应承担50%的赔偿责任。

关于原告车辆丢失时的价值问题，本院鉴定中心委托东营德正会计师事务所有限责任公司所作的鉴定，被告虽提出异议，但未提供相应证据予以证实，对其主张，本院不予采信；对该鉴定报告，本院予以采信。至于原告主张的车辆装饰费用，原告提供的证据显示车辆装饰时间在车辆丢失后，根据现有证据无法确定涉案车辆是否装饰，对原告主张的车辆装饰费用本院不予支持。根据鉴定报告可以认定原告车辆丢失时车辆的合理价值为467 600元，因原告的车辆已在保险公司获赔373 670元，原告的车辆尚有损失93 930元，对该损失原告自行负担50%，被告负担50%的赔偿责任，对原告主张的车辆损失46 965元，本院予以支持。原告主张的其余物品包括室内被盗现金18 000元、车上被盗现金6 612.5、手机款6 980元、小灵通款900元在案件未侦破前，根据现有证据无法认定，对原告的该主张，本院不予支持。被告主张应中止本案诉讼，理由不当，本院不予采信。

（五）一审定案结论

山东省东营市东营区人民法院依照《中华人民共和国合同法》第六十条、第一百零七条之规定，作出如下判决：

1. 被告东营海通物业服务有限责任公司于本判决生效之日起10日内赔偿原告王亚蕾车辆损失46 965元。

2. 驳回原告王亚蕾的其他诉讼请求。

案件受理费3 886元，原告负担2 912元，被告负担974元；鉴定费12 000元，原告负担6 000元，被告负担6 000元。

如果未按本判决指定的期间履行给付金钱义务，应当依照《中华人民共和国民事诉讼法》第二百二十九条之规定，加倍支付迟延履行期间的债务利息。

如不服本判决，可在判决书送达之日起15日内，向本院递交上诉状，并按对方当事人的人数提出副本，上诉于山东省东营市中级人民法院。

（六）二审情况

1. 二审诉辩主张

（1）上诉人东营海通物业服务有限责任公司诉称

1）一审判决认定事实错误。第一，一审判决认定被上诉人王亚蕾为鲁 EAE797 号车主错误。被上诉人提供的购车发票及机动车辆登记证书登记的车主虽均为王亚蕾，但涉案车辆的实际车主为阎士全。第二，一审判决对上诉人主张的鲁 EAE797 号车辆在 2007 年 7 月 21 日晚丢失的事实予以认定是错误的。第三，一审判决认定上诉人对涉案车辆丢失“未尽应负的注意义务”，并进而认定上诉人与被上诉人对“车辆丢失应负同等的责任”，上诉人对被上诉人的损失“应承担 50%的赔偿责任”是错误的。根据上诉人与被上诉人签订的“前期物业服务合同”的约定，上诉人只负责小区内的车辆秩序管理，不承担车辆的保险责任。本案被上诉人系按物业服务合同纠纷起诉，上诉人也是按物业服务合同纠纷答辩，原审法院也是按物业服务合同审理，但原审判决却是按侵权处理，是错误的。第四，一审判决认定“被上诉人”尚有损失 93 930 元，并依此判决上诉人赔偿其 50%，即 46 965 元，是错误的。涉案鉴定报告不能作为本案的有效证据使用，理由在于：一是鉴定报告不 具有真实性，二是鉴定报告不具有合法性。本案所涉车辆的购车价格与保险公司赔付之差，是被上诉人没有投不计免赔项目和被上诉人手续缺项造成的，不是被上诉人的损失，被上诉人应自行承担。2）一审判决未考虑不真正连带对本案的影响是错误的。第一，本案存在不真正连带。第二，本案存在刑民交叉，应中止诉讼。第三，涉案车辆已获保险赔偿，应驳回被上诉人的诉讼请求。3）一审判决适用法律不当。综上所述，一审判决存在认定事实、适用法律及程序方面的错误，请求：撤销一审判决、发回重审，或在查清事实的基础上依法改判驳回被上诉人对上诉人的起诉或诉讼请求。

（2）被上诉人王亚蕾辩称

1）原判决认定事实清楚、证据确凿，依法应予维持。第一，我方提供的证据足以证明被上诉人是涉案车辆的车主。第二，原判决适用“高度盖然性”规则，对被上诉人是涉案车辆鲁 EAE797 的车主、车辆在 2007 年 7 月 21 日晚丢失的事实予以认定，事实清楚、证据充分，依法应予维持。第三，原判决认定上诉人对被上诉人车辆丢失的损失承担 50%的赔偿责任是正确的，依法应予维持。第四，涉案车辆被盗对被上诉人造成的损失是存在的，被上诉人主张上诉人赔偿是正确的，原判决支持被上诉人的部分诉讼请求是正确的，依法应予维持。2）原判决适用法律正确，依法应予维持。3）本案不适用不真正连带责任，原判决对上诉人的该主张不予支持是正确的，应予维持。第一，本案不适用不真正连带责任。第二，本案不存在刑民交叉，不应中止诉讼，上诉人的此项主张属于无的放矢。综上，原审程序合法，适用法律得当，判决结果正确，依法应予维持。

2. 二审事实和证据

山东省东营市中级人民法院经审理，确认一审法院认定的事实和证据。

3. 二审判案理由

山东省东营市中级人民法院经审理认为：被上诉人王亚蕾在一审提供的购车发票及机动车

辆登记足以证实，涉案车辆鲁 EAE797 的车主系王亚蕾，上诉人东营海通物业服务有限责任公司虽主张涉案车辆的车主为阎士全，但阎士全对此不予认可，在上诉人未提交其他证据证实的情况下，对上诉人的此项主张，本院不予支持。被上诉人提交的公安机关和保险公司的相关材料能够证明涉案车辆鲁 EAE797 已经丢失和保险公司对涉案车辆因丢失理赔的事实。上诉人虽对涉案车辆是否在 2007 年 7 月 21 日晚丢失不予认可，但未提交相关证据予以证实，对其此项主张，本院不予支持。在涉案车辆钥匙丢失后，被上诉人及时报警并通知了上诉人，上诉人在知情的情况下，对被上诉人的车辆的出入应尽到比对一般车辆更加谨慎的注意义务，上诉人对被上诉人车辆的丢失未尽到应负的注意义务，对此，上诉人对被上诉人的车辆丢失所造成的损失应当承担相应的责任。被上诉人在其车钥匙丢失后，未积极采取相应的保护措施，对车辆丢失所造成的损失亦存有过错，对此亦应当承担相应的责任，原审法院据此判决上诉人与被上诉人对涉案车辆丢失所造成的损失各担 50%的赔偿责任并不无当。对于涉案车辆因丢失所造成的损失，原审法院已委托评估机构对此进行了评估，上诉人虽对评估报告持有异议，但未申请重新鉴定，亦未提交相应的证据予以证实，对其此项主张，本院不予支持。综上，上诉人东营海通物业服务有限责任公司的上诉请求及理由均不能成立，本院不予支持。原审判决认定事实清楚，适用法律正确，判决结果合理，应予维持。

4. 二审定案结论

山东省东营市中级人民法院依照《中华人民共和国民事诉讼法》第一百五十二条、第一百五十三条第一款第（一）项、第一百五十八条之规定，作出如下判决：

驳回上诉，维持原判。

二审案件受理费 3 886 元，由上诉人东营海通物业服务有限责任公司负担。

本判决为终审判决。

（七）解说

近年来，像本案这样因小区内停放的车辆被盗而引发的索赔纠纷时有发生，已经成为物业管理纠纷中的一大热点、难点问题。司法实践中，如何界定这类纠纷的性质，是正确处理这类纠纷的首要法律问题。

车辆被盗的纠纷尽管具体情况有所不同，但其共同的事实有：当事人之间即业主与物业公司之间存在合同关系，常被称为物业服务合同或者前期物业服务合同，而且一方提供服务，另一方支付报酬，因而是双务、有偿的合同；车辆被盗后业主如果要求物业公司承担责任，即使约定不清，也一定是合同约定的责任，即违约赔偿责任，而不可能是法律规定的责任；丢车的业主与物业公司之间都是特定的，具有相对性，被损害的权利也具有相对性；从损害后果来看，无疑都是财产性质的。所以物业公司与丢车的业主之间的纠纷无论定性、审理和判决，都应当按照合同法的原则和规定进行。因此，因车辆被盗而引发的业主与物业公司之间的纠纷，是合同之债而非侵权之债。

在明确合同责任的基础上，还要具体区分合同的性质或类型。实践中，业主和物业公司之间通常不会就车辆停放与管理问题成立专门的合同，而只会按照《物业管理条例》第二十一条成立前期物业服务合同或根据《物业管理条例》第三十五条第一款订立物业服务合同。这两种物业服务合同，通常具有一定的特殊性，即为一种集体合同及附合合同，表现为格式条款，单个的业主一般没有自主选择的余地，而且车辆保安的内容通常会作为物业服务合同的一项附加条款。在这种情况下，如何界定物业服务合同的性质便显得尤为重要。对于物业服务合同的性质，目前审判实务中主要存在着“保管合同说”和“服务合同说”两种观点。“保管合同说”认为：业主与物业公司之间成立特约服务性质的车辆保管合同法律关系。在物业管理区域内存放的车辆，应当属于车辆保管合同中的保管物；物业公司作为保管人对保管物负有特殊注意义务，即特定关系中所产生的善良管理人的注意义务，对于一切因自己过失而给保管物造成的损害，保管人都应承担赔偿责任，这种损害既包括车辆的被盗，也包括车辆的毁损，哪怕是划伤。“服务合同说”认为：业主与物业公司之间成立公共服务性质的物业服务合同法律关系，物业公司负有法定的一般注意义务。《物业管理条例》第四十七条将这一注意义务表述为“物业管理企业应当协助做好物业管理区域内的安全防范工作”。除非业主与物业公司另行订立保管合同，否则，物业公司只承担因未能履行物业服务合同约定的安全防范义务而引起的车辆损失的相应法律责任。“相应”是指过错在造成损失的原因力中所占的比例份额。可见，这两种观点的区别直接导致了赔偿责任的大小与赔偿金额的多少。如果业主与物业公司之间成立保管合同，那么，根据保管合同的规定，物业公司就要承担车辆被盗的大部分甚至是全部损失；如果业主与物业公司只是成立服务合同，则物业公司承担管理不到位的责任，即使赔偿，也只占实际被盗车辆损失的很小金额。笔者赞同“服务合同说”，主要原因如下：

第一，保管合同的实质构成要件，要求托管人实际转移保管物的占有，并且在领取保管物之前事先通知保管人。从物业服务合同的形式来看，业主通过向物业公司每月缴纳一定数额的管理费用，将车停在小区的指定位置。表面上看起来，物业公司好像已经实际管理车辆，但事实上，车辆管理权还是由车主本人掌握，并没有实际转移车辆的占有，车主还可以随时使用车辆，并不需要事先通知物业公司。上述特征与保管合同的构成要件大相径庭。

第二，从物业公司设立的目的来看，小区全体业主为了能够获得一个良好的居住环境，委托物业公司对其小区进行管理，提供服务。物业公司履行职能是基于小区全体业主的委托，履行职能的目的也就是维护好全体业主（或大多数业主）的共同利益，如小区环境卫生、安全等。维护好小区居民的财产安全也是物业公司的一项重要职责。但是物业公司是否就负有绝对的安全和保管义务呢？这无疑是不现实的，事实上物业公司也不可能做到。正如世界上不可能有一劳永逸的安全手段一样，物业公司也不能承担起小区的所有安全任务。物业公司对小区只能尽到基本的安全义务，如安排保安对小区进行连续巡逻，安置必要的小区周边监视装置，实行门卫登记制度等。除此之外，除非物业合同中有特别规定或者物业公司有重大过失和故意，否则，物业公司不再承担责任。

第三，从权利、义务相一致的原则分析，等价有偿是民事活动的一般准则。物业公司作为营利性的机构，自身要追求一定的经济利益。此时，经济利益的获取，表现为物业公司通过提供优质、良好的物业服务，来赢得大多数业主的认可，从而获取一定数额的物业管理费用。反过来。一定数额的物业管理费用也就在很大程度上决定了物业公司的服务手段和服务质量。现实中，从小区停车费缴费的数额来看，通常是车主每月缴纳数十元到数百元不等的费用，该费用相对于车辆的价值而言，自然微不足道。在物业公司已经尽到管理义务的情况下，再就车辆的价值进行赔偿，显然有失公平。另外，就停车费的性质而言，小区的资源归全体业主所有，车辆地面固定停放位置属小区全体业主所有，除对停车费有特别约定以外，停车费须纳入物业维修基金，归全体业主所有以用于公共设施的维修、更新，也就是说，业主的停车费仍然是归业主所有，停车费并非保管费。物业公司作为小区业主的代理人，小区车位的划定与使用实际上是为了全体业主的利益，保障小区内空间的合理使用。

需要指出的是，上文所谈到的物业公司对于小区车辆的被盗不承担保管责任，并非是说物业公司不承担任何责任。因为物业公司的管理职责本身就意味着其应当担负起维护小区安全的责任。若物业公司对被盗事件存在过错，那么物业公司必须承担责任。物业公司对小区车辆被盗减轻责任的前提是，自身已经尽到了应尽的管理义务，如确保专人巡逻，对进出小区的车辆都进行必要的登记和询问，等等，否则，物业公司就必须承担因管理不善而导致车辆失窃的赔偿责任。

当然，如果业主与物业公司事先有签订保管合同的明确约定，双方当事人在自愿的情况下达成车辆保管的协议，此时，物业公司就当然地被赋予了保管车辆的义务，其对于车辆被盗就理所当然地承担保管责任。

就本案而言，原告与其居住小区的开发商于 2004 年 12 月 31 日签订了前期物业服务合同，合同约定：该房地产开发公司聘用被告对该小区物业实施前期物业管理。2005 年 2 月 22 日，原告签署了小区业主临时公约。被告向原告发放业主使用手册，手册载明了物业管理、物业管理服务费、安全护卫管理规定及智能系统管理、车辆管理等事项，其中“车辆管理”载明：本小区车辆进出实行登记管理，有车辆的业主、住户请到物业管理中心办理车辆进出证（卡），物业公司只负责小区内的车辆管理，不负责车辆的保管、保险责任。提请业主保管好自己的车辆并加入车辆保险。可见，原告与物业公司之间并没有成立保管合同关系，原告不能以被告保管不善为由，要求物业公司对此承担责任。但是，基于双方的物业服务合同的关系，被告负有对小区公共秩序和小区业主财产的安全防范义务。特别是被告在知晓原告车钥匙丢失后，应对原告的车辆出入采取比对一般车辆更加谨慎的注意义务，因此物业公司对业主车辆丢失未尽到应负的注意义务，应承担部分赔偿责任。同时，原告在丢失车钥匙后，对自己的车辆应采取合理的保护措施却未采取，且原告在车辆停放后将车辆的出入证置于车内，从而加大了丢失车辆的安全隐患，也应承担部分责任。

（山东省东营市东营区人民法院　杨美香　张俊峰　任爱娟）

11. 江选友等 39 人诉阳西县织贡镇苏村村委会丹霄村经济合作社侵犯集体经济组织成员权益案（集体经济组织成员权益）

（一）首部

1. 判决书字号

一审判决书：广东省阳西县人民法院（2009）西民初字第 211 号。

二审判决书：广东省阳江市中级人民法院（2009）阳中法民一终字第183号。
2. 案由：侵犯集体经济组织成员权益纠纷。
3. 诉讼双方
原告（被上诉人）：江选友，女，汉族，住广东省阳江市阳西县。
原告（被上诉人）：陈琳琳，女，汉族，住址同上。
法定代理人：江选友，系陈琳琳的母亲。
原告（被上诉人）：陈志炫，男，汉族，住址同江选友的住址。
法定代理人：江选友，系陈志炫的母亲。
原告（被上诉人）：江丽娟，女，汉族，住广东省阳江市阳西县。
原告（被上诉人）：江拉起，女，汉族，住址同上。
原告（被上诉人）：邓志聪，男，汉族，住址同上。
法定代理人：江拉起，系邓志聪的母亲。
原告（被上诉人）：江选杏，女，汉族，住广东省阳江市阳西县。
原告（被上诉人）：关天炽，男，汉族，住址同上。
法定代理人：江选杏，系关天炽的母亲。
原告（被上诉人）：关天普，男，汉族，住址同江选杏的住址。
法定代理人：江选杏，系关天普的母亲。
原告（被上诉人）：江选冰，女，汉族，住广东省阳江市阳西县。
原告（被上诉人）：林志华，男，汉族，住址同上。
法定代理人：江选冰，系林志华的母亲。
原告（被上诉人）：江选麦，女，汉族，住广东省阳江市阳西县。
原告（被上诉人）：江选格，女，汉族，住址同上。
原告（被上诉人）：江选燕，女，汉族，住址同上。
原告（被上诉人）：关开校，男，汉族，住址同上。
法定代理人：江选燕，系关开校的母亲。
原告（被上诉人）：关金华，女，汉族，住址同江选燕的住址。
法定代理人：江选燕，系关金华的母亲。
原告（被上诉人）：江选桃，女，汉族，住广东省阳江市阳西县。
原告（被上诉人）：钟广机，男，汉族，住址同上。
法定代理人：江选桃，系钟广机的母亲。
原告（被上诉人）：钟丽水，女，汉族，住址同江选桃的住址。
法定代理人：江选桃，系钟丽水的母亲。
原告（被上诉人）：江桂兰，女，汉族，住广东省阳江市阳西县。
原告（被上诉人）：江影兰，女，汉族，住广东省阳江市阳西县。
原告（被上诉人）：冯德立，男，汉族，住址同上。
法定代理人：江影兰，系冯德立的母亲。
原告（被上诉人）：江选英，女，汉族，住广东省阳江市阳西县。
原告（被上诉人）：陈水行，男，汉族，住址同上。
法定代理人：江选英，系陈水行的母亲。

原告（被上诉人）：陈秀兴，女，汉族，住址同江选英的住址。
法定代理人：江选英，系陈秀兴的母亲。
原告（被上诉人）：江选彩，女，汉族，住广东省阳江市阳西县。
原告（被上诉人）：罗系妹，女，汉族，住址同上。
原告（被上诉人）：陈嘉婕，女，汉族，住址同上。
法定代理人：罗系妹，系陈嘉婕的母亲。
原告（被上诉人）：陈俊合，男，汉族，住址同罗系妹的住址。
法定代理人：罗系妹，系陈俊合的母亲。
原告（被上诉人）：罗爱娜，女，汉族，住广东省阳江市阳西县。
原告（被上诉人）：阮丽珊，女，汉族，住址同上。
法定代理人：罗爱娜，系阮丽珊的母亲。
原告（被上诉人）：江选琏，女，汉族，住广东省阳江市阳西县。
原告（被上诉人）：陈盛创，男，汉族，住址同上。
法定代理人：江选琏，系陈盛创的母亲。
原告（被上诉人）：陈小丹，女，汉族，住址同江选琏的住址。
法定代理人：江选琏，系陈小丹的母亲。
原告（被上诉人）：江选七，女，汉族，住广东省阳江市阳西县。
原告（被上诉人）：黄钰铃，女，汉族，住址同上。
法定代理人：江选七，系黄钰铃的母亲。
原告（被上诉人）：江选翠，女，汉族，住广东省阳江市阳西县。
原告（被上诉人）：唐碧婵，女，汉族，住址同上。
法定代理人：江选翠，系唐碧婵的母亲。
原告（被上诉人）：唐达伟，男，汉族，住址同江选翠的住址。
法定代理人：江选翠，系唐达伟的母亲。
上述当事人的诉讼代表人：江影兰、江选友、江选琏，均是本案原告。
被告（上诉人）：广东省阳江市阳西县织贡镇苏村村委会丹霄村经济合作社。
法定代表人：江选业，男，丹霄村村长。
4. 审级：二审。
5. 审判机关和审判组织
一审法院：广东省阳西县人民法院。
合议庭组成人员：审判长：曾纪雄；审判员：孙光南、李慧英。
二审法院：广东省阳江市中级人民法院。
合议庭组成人员：审判长：罗志华；审判员：钟艳云、黄光汉。
6. 审结时间
一审审结时间：2009 年 6 月 8 日。
二审审结时间：2009 年 10 月 23 日。

（二）一审情况

1. 一审诉辩主张

（1）原告江选友等39人诉称

原告江选友等人原属被告丹霄村村民，现已外嫁，但户口还在丹霄村，各自的儿子和女儿也还是丹霄村户口。丹霄村的土地已被国家征用，现在已决定分配土地征用款及留用地、后基地，但分配方案没有原告份额。因此，请求法院判令原告与同村村民享有同等待遇，并分配土地征用补偿款约35万元及留用地、后基地约15亩。

（2）被告丹霄村辩称

江选友等原告是我村的外嫁女和他们的儿女是事实，但原告要求补偿15亩地是不可能的，因为我村的土地已全部征收，留用地及后基地还有多少我不清楚，根据规定大概还有50亩左右的土地，具体数目不清楚，该土地是不能分配的，所以不存在分配问题，原告的起诉没有依据；对于土地补偿费，经本村村民会议决定，大部分村民不同意将征地补偿款分配给原告。因此，请法院驳回原告的诉讼请求。

2. 一审事实和证据

广东省阳西县人民法院经公开审理查明：原告江选友、江丽娟、江拉起、江选杏、江选冰、江选麦、江选格、江选燕、江选桃、江桂兰、江影兰、江选英、江选彩、罗系妹、罗爱娜、江选琏、江选七、江选翠原是阳西县织贡镇苏村村委会丹霄村的村民，其中江选桃、江选琏、江选英、江选杏、江选翠、江选麦、江桂兰、江选彩、江选冰、江选七、江选格是丹霄村一队的村民，江选友、江丽娟、江拉起、江选燕、江影兰、罗系妹、罗爱娜是丹霄村二队的村民。上述原告均出生在丹霄村，并分得相应的责任田，但现已结婚，婚后除原告江影兰随夫在阳西县城六区居住外，其他原告均在其父母的自留地、责任田上建房居住或随夫在农村居住，且至今尚未将户口迁出丹霄村，部分原告婚后所生育的子女也都入户在丹霄村。随夫在农村居住的江选彩、罗爱娜、江丽娟、罗系妹、江选冰、江桂兰、江选七等人婚后在新的居住地没有取得承包地。2007年12月至2008年3月间，因开发建设需要，被告丹霄村的土地被再次征收，并根据征收土地补偿标准取得了征地补偿款。对于该征地补偿款，丹霄村经村民民主议定，按丹霄村集体总人数（不包括外嫁女及其子女）进行分配：其中丹霄村一队每人分配14 000元，二队每人分配13 000元。另查，被告丹霄村的大部分土地已被征收，尚有留用地约55亩，但并未经村民民主议定程序对该留用地作出分配的决定。

上述事实有下列证据证明：

（1）常住人口登记卡；

（2）统筹费收据；

（3）织塘公路集资款收据；

（4）相片及分配表决记录；

（5）证明；

（6）庭审记录。

3. 一审判案理由

广东省阳西县人民法院经审理认为：被告丹霄村依法所得的土地补偿款属村里的集体经济收益，为全体村民共同共有，只要是具有该集体经济组织成员资格的人，都应当享有均等分配土地补偿款的权利。本案中，原告江选友等外嫁女自出生后户口一直登记在丹霄村，并已分得相应的责任田，其出嫁后没有迁出户口和均在农村居住，且在新的居住地也没有取得承包地。因此，原告江选友等人仍应属于该村集体经济组织成员，依法应享有与其他村民同等的权利。被告丹霄村以江选友等人已经出嫁为由不同意分配征地补偿款给原告的行为违反有关法律、法规的规定，同时侵犯了原告的合法权益。原告请求与村民享有同等权利分配征地补偿款，于法有据，应予支持。根据丹霄村民主议定的分配方案，原告江选友等 39 人应得的征地补偿款为 23 人×14 000 元/人+16 人×13 000 元/人=530 000 元，但原告只请求被告丹霄村分配 350 000 元（即每人应分得的征地补偿款为 350 000 元÷39 人=8 974.35 元），是原告自行处分民事权利的行为，依法应予准许。原告请求分配留用地，因被告丹霄村尚未经村民民主议定程序对该留用地作出分配的决定，因此，原告请求分配留用地没有法律根据，本院不予支持。

4. 一审定案结论

广东省阳西县人民法院依照《中华人民共和国妇女权益保障法》第三十二条、第三十三条第一款，《中华人民共和国农村土地承包法》第三十条和《最高人民法院〈关于审理涉及农村土地承包纠纷案件适用法律问题的解释〉》第二十四条的规定，作出如下判决：

（1）被告阳西县织贡镇苏村村委会丹霄村经济合作社应在本判决生效后 10 日内分别支付土地补偿款 8 974.35 元给原告江选友、陈琳琳、陈志炫、江丽娟、江拉起、邓志聪、江选杏、关天炽、关天普、江选冰、林志华、江选麦、江选格、江选燕、关天校、关金华、江选桃、钟广机、钟丽水、江桂兰、江影兰、冯德立、江选英、陈水行、陈秀兴、江选彩、罗系妹、陈嘉婕、陈俊合、罗爱娜、阮丽珊、江选琏、陈盛创、陈小丹、江选七、黄玉铃、江选翠、唐碧婵、唐达伟；

（2）驳回原告江选友等 39 人的其他诉讼请求。

（三）二审诉辩主张

1. 上诉人丹霄村诉称

（1）原审法院认定事实不清，证据不足。1）原审判决认定江选友等 39 人属于该村集体组织成员，依法享有与其他的村民同等的权利是错误的。《中华人民共和国妇女权益保障法》中也规定，集体经济组织成员中的妇女，婚后户口仍在原农村集体经济组织所在地，并履行集体经济组织章程义务和在本村生产生活和居住。但被上诉人江选友等 39 人只不过是户口挂在其父亲家庭处，只是应付其子女在县城读书的借读费问题。他们根本没有履行村经济组织章程义务，村中一切活动、捐资、表决有关村中大事或要事，他们都没有参加。他们根本没有在村中居住和生产生活。2）外嫁女结婚到夫家后，他们的责任田仍然在其父母处耕种，土地征收时，她们的征地款也在其父母处，村集体没有占其征地款。现在集体的征地款是一些荒岭、河沟等的，不是村中的水田、旱地的。3）实行村民自治之后，各自然村也有自己的村规民约，自从1997年阳西县政府在我们村征地以来，村中的一些荒岭、河沟等的征收款，一直都是按一定的规律分配。在分配前，凡是结婚到本村的和出生的子女都纳入分配。而外嫁女（包括其子女），不管户口迁出与否，都不纳入分配。

（2）原审法院没有了解阳西县征收土地的实情，没有到村民中去了解情况。这些外嫁女的户口为什么没有迁出，这些外嫁女在其丈夫村中的分配如何等，都没有去弄清楚，武断地下结论，是不当的。请求二审法院撤销原审判决，依法驳回江选友等39人在原审提出的诉讼请求或发回原审法院重审。

2. 被上诉人江选格等39人辩称

（1）江选格等39人是丹霄村集体经济组织成员，应依法享有与本村集体经济组织其他成员平等的权益。江选格等外嫁女自出生后户口一直登记在丹霄村，并已分得相应的责任田，其出嫁后没有迁出户口，她们生育的子女也都入户丹霄村。她们大部分人在丹霄村原有的自留地、责任田上建房居住、生活，小部分人出嫁后随夫在农村居住、生活，她们出嫁后在夫家所在地都没有取得承包地。至于江选格等人是否履行集体经济组织章程义务问题，江选格等人都依法履行了集体经济组织章程确定的义务，如交公路集资款、交统筹费及其他集体经济组织要求成员履行的义务。上诉人在上诉状中称“被上诉人没有履行村经济组织章程义务，村中大事或要事都没有参加”是没有事实依据的，上诉人也没有提供任何证据予以证明。依照有关的法律规定，江选格等人的户口在丹霄村，且履行了村集体经济组织章程的义务，因此江选格等人具有丹霄村集体经济组织成员资格，依法应享有与本农村集体经济组织其他成员平等的权益。

（2）江选格等人是丹霄村集体经济组织的成员，那他们就应依法享有同等权利分配征地款。上诉人认为荒岭、河沟不同于村中的水田、旱地，其征收款不应分配给江选格等人是没有理由的。

（3）被上诉人江选格等人认为村民自治之后，自然村可以有村规民约，但村规民约必须要遵守法律的规定，不得与法律相抵触，否则是无效的。请求二审法院维持原审判决。

（四）二审事实和证据

广东省阳江市人民法院经审理，确认一审法院认定的事实和证据。

（五）二审判案理由

广东省阳江市中级人民法院经审理认为：《中华人民共和国农村土地承包法》第三十条规定，承包期内，妇女结婚，在新居住地未取得承包地的，发包方不得收回其原承包地；妇女离婚或丧偶，仍在原居住地生活或者不在原居住地生活但在新居住地未取得承包地的，发包方不得收回其原承包地。《最高人民法院关于审理涉及农村土地承包纠纷案件适用法律问题的解释》第二十四条规定，“农村集体经济组织或者村民委员会、村民小组，可以依照法律规定的民主议定程序，决定在本集体经济组织内部分配已经收到的土地补偿费。征地补偿安置方案确定时已经具有本集体经济组织成员资格的人，请求支付相应份额的，应予支持。但已报全国人大常委会、国务院备案的地方性法规、自治条例和单行条例、地方政府规章对土地补偿费在农村集体经济组织内部的分配办法另有规定的除外”。《中华人民共和国妇女权益保障法》第三十二条规定，妇女在农村土地承包经营、集体经济收益分配、土地征收或者征用补偿费使用以及宅基地使用等方面，享有与男子平等的权利。第三十三条规定：任何组织和个人不得以妇女未婚、结婚、离婚、丧偶等为由，侵害妇女在农村集体经济组织中的各项权益。因结婚男方到女方住所落户的，男方和子女享有与所在地农村集体经济组织成员平等的权益。在本案中，被上诉人的户口在丹霄村，履行了村集体经济组织章程的义务，因此被上诉人具有丹霄村集体经济组织成员资格，丹霄村上诉认为被上诉人不具有丹霄村集体经济组织成员资格的依据不足，本院不予支持。妇女在农村土地承包经营、集体经济组织收益分配、土地征收或者征用补偿费使用以及宅基地使用等方面，享有与男子平等的权利，因此，不论妇女是否结婚，依法享有与本村集体经济组织其他成员平等的权益。丹霄村上诉认为政府征收村集体的荒岭、河沟等土地，外嫁女不享有分配征地补偿费的权利于法无据，本院不予采纳。综上所述，原审判决认定事实清楚，适用法律正确，应予维持。丹霄村的上诉依据不足，予以驳回。

（六）二审定案结论

广东省阳江市中级人民法院依照《中华人民共和国民事诉讼法》第一百五十三条第一款第（一）项之规定，作出如下判决：

驳回上诉，维持原判。

二审案件受理费 6 550 元，由阳西县织贡镇苏村村委会丹霄村经济合作社负担。

本判决为终审判决。

（七）解说

本案的核心问题是如何确定原告江选友等 39 人的农村集体经济组织成员资格。从法律层面分析，外嫁女问题涉及我国的宪政问题，目前的法律、法规对如何确定农村经济集体组织成员的资格问题尚未作出明确的规定。最高人民法院于 2005 年出台《关于审理涉及农村土地承包纠纷案件适用法律问题的解释》时认为，农村集体经济组织成员资格问题事关广大农民的基本民事权利，属于《立法法》第四十二条第（一）项规定的情形，其法律解释权在全国人大常委会，因而没有在该司法解释中对此重大事项作出规定，并已就此问题建议全国人大常委会作出立法解释或者相关规定。

此类案件中有关资格认定目前在法律上没有明确的依据，而且有关问题又涉及当地村委会和全体村民的切身利益，从现实情况来看，如单纯以户口作为界定农村集体经济组织成员资格的依据，在农村集体经济组织收益较多的情况下，必然引发更多的矛盾。《广东省农村集体经济组织管理规定》第十五条第一款规定：“原人民公社、生产大队、生产队的成员，户口保留在农村集体经济组织所在地，履行法律法规和组织规章规定的义务，属于农村集体经济组织的社员”。2007 年 5 月 31 日修订通过的《广东省实施〈中华人民共和国妇女权益保障法〉办法》第二十四条确立了以“户口所在地＋履行义务”作为确定妇女的集体经济组织成员资格的依据。但上述两个地方性法规同样存在一个问题，那就是都没有对所应履行义务的具体内容进行明确，以致在具体的个案中参照适用时往往难以界定，因此，“是否履行了相关的法律法规和组织规章规定的义务”也成为纠纷双方争议的焦点，也是本案审理中的争议焦点之一。本案中原告主张其履行了交公路集资款、交统筹费等义务，一、二审法院都对此予以认可，并同是持“户口所在地＋履行义务”的观点对江选友等人的村集体经济组织成员资格予以确认的，同时结合《中华人民共和国农村土地承包法》第三十条的规定，强调了外嫁女在新的居住地没有取得承包地的事实，并据此判决原告可享有村集体经济组织的收益分配。

（广东省阳江市阳西县人民法院　程美然）

12. 吕露妹等诉厦门市同安区西柯镇吕厝社区居民委员会集体成员征地补偿款分配案（征地补款）

（一）首部

1. 判决书字号

一审判决书：福建省厦门市同安区人民法院（2009）同民初字第 1658 号。

二审判决书：福建省厦门市中级人民法院（2009）厦民终字第 2764 号。

2. 案由：集体成员征地补偿款分配纠纷。

3. 诉讼双方

原告（上诉人）：吕露妹（又名吕璐媚），女，汉族，住厦门市同安区。

原告（上诉人）：吕露杉（又名吕璐珊），女，汉族，住址同上。

原告（上诉人）：吕国镇，男，汉族，住址同上。

原告（上诉人）：吕露婷，女，汉族，住址同上。

原告（上诉人）吕国镇、吕露婷之法定代表人：吕亚全，男，汉族，住址同上。

上列四原告共同委托代理人：庄旭东，福建厦门银声律师事务所律师。

被告（被上诉人）：厦门市同安区西柯镇吕厝社区居民委员会（以下简称吕厝居委会），住所地：厦门市同安区西柯镇吕厝社区。

法定代表人：吕再添，该居委会主任。

委托代理人：陶京铭，福建厦门合贤律师事务所律师。

4. 审级：二审。

5. 审判机关和审判组织

一审法院：福建省厦门市同安区人民法院。

独任审判人员：审判员：陈为山。

二审法院：福建省厦门市中级人民法院。

合议庭组成人员：审判长：郑光辉；审判员：周锋；代理审判员：许莹。

6. 审结时间

一审审结时间：2009 年 6 月 15 日。

二审审结时间：2009 年 11 月 9 日。

(二) 一审情况

1. 一审诉辩主张

(1) 原告吕露妹等诉称

四原告的父亲吕亚全系被告的村民，于 1985 年与晋江市张秀秀结婚，并于 1988 年、1990 年、1992 年、1994 年分别生育原告吕露妹、吕露杉、吕国镇、吕露婷。因违反计划生育，四原告直到 2008 年才办理了户口登记。2007 年 1 月，被告按照人口发放村民每人 3 万元的土地补偿款，却以四原告尚未上户口为由没有发放给四原告，并要求办理四原告的户口登记后才给予补偿款。原告起诉讼，请求：1）判令被告支付四原告 2007 年的土地补偿款共计 12 万元；2）判令被告承担本案诉讼费。

(2) 被告吕厝居委会辩称

四原告直至 2008 年才落户被告处，被告在 2006 年就已经进行了土地补偿款的分配，原告的户籍确定在土地补偿款分配之后，依法不应当享受土地补偿款的分配。即便原告享有该权利，原告 2009 年 4 月 13 日才提起诉讼，已经超过诉讼时效，原告依法不能享有该权利。

2. 一审事实和证据

福建省厦门市同安区人民法院经公开审理查明：吕亚全是被告吕厝居委会村民，户籍登记于被告处。吕亚全与张秀秀系夫妻，办理结婚登记手续的时间为 2007 年 7 月 9 日。原告吕露妹、吕露杉、吕国镇、吕露婷均为吕亚全与张秀秀的子女，出生地均为福建省晋江市，落户于被告处的时间均为 2008 年 7 月 21 日。被告吕厝居委会于 2008 年 9 月 9 日出具的证明一份，证明被告于 2006 年年底发放征地补偿款，发放对象为截至 2006 年 12 月 15 日户口在被告处的人员。2007 年 1 月，被告按照每位村民 3 万元的标准发放征地补偿款，但没有发放给四原告。庭审中，原告主张：四原告之所以到 2008 年才落户于被告处，是因为吕亚全夫妻违反了计划生育政策，导致无法办理户口。吕亚全一直是被告的村民，也领取了 3 万元的征地补偿款。根据法律规定，婚生子与非婚生子享有同等的权利。吕亚全是被告的村民，其所生育的子女户口也落户在被告处，因此四原告也是被告的村民，理应享有土地补偿款分配权。关于诉讼时效的问题，征地补偿款虽然是 2007 年 1 月发放的，但原告从那时起就积极办理户口，直到 2008 年 7 月才办妥。如果要计算诉讼时效，应从 2008 年 7 月开始算起。

上述事实有下列证据证明：

（1）吕亚全、吕国镇、吕露妹、吕露杉、吕露婷的户籍证明。

（2）吕亚全与张秀秀于2007年办理的结婚证。

（3）西柯镇派出所出具的证明1份。

（4）晋江市英林镇陈山村民委员会出具的证明1份。

（5）女性节育术证明书。

（6）吕厝社区居委会2008年9月9日出具的证明1份。

（7）厦门市中心血液站正道司法鉴定所司法鉴定意见书。

（8）（2008）同名初字第2593号民事判决书。

3. 一审判案理由

福建省厦门市同安区人民法院经审理认为：征地补偿是对失地农民的永久性补偿，其目的在于维系失地农民原有的生活水平。原告能否参与吕厝居委会的征地补偿款分配，关键在于原告是否为该集体经济组织成员。判断是否具有村集体经济组织成员资格，应以是否形成较为固定的生产、生活为基本条件并结合户籍关系作出认定。本案原告吕露妹、吕露杉、吕国镇、吕露婷均为吕亚全与张秀秀的子女，落户于被告处的时间为2008年7月21日。原告父亲为被告集体经济组织成员，且户籍登记于被告处。应认定原告自出生之日起取得被告集体经济组织成员资格。四原告系因其父母违反了计划生育政策，直到2008年才落户于被告处。由于违反计划生育政策产生的户籍登记延迟问题，应由相关行政机关予以处理，不宜通过民事诉讼途径解决。况且，四原告落户于被告处的时间为2008年7月21日，而被告发放征地款的时间为2007年1月。四原告落户于被告处之时，尚在两年的诉讼时效期间之内，四原告理应及时向被告主张其权利。但四原告直到2009年4月13日才提起诉讼，已经超过诉讼时效，其诉讼请求应予以驳回。

4. 一审定案结论

福建省厦门市同安区人民法院依照《中华人民共和国民事诉讼法》第六十四条第一款，《中华人民共和国民法通则》第一百三十五条、第一百三十七条之规定，作出如下判决：

驳回原告吕露妹、吕露杉、吕国镇、吕露婷的诉讼请求。

（三）二审诉辩主张

1. 上诉人吕露妹、吕露杉、吕国镇、吕露婷诉称

（1）计划生育问题是行政管理的问题，计划生育部门可以通过行政手段来处理，而本案是吕露妹、吕露杉、吕国镇、吕露婷四人与村集体的财产分配纠纷，属于民事纠纷，应通过民事诉讼途径解决。原审既然认定吕露妹、吕露杉、吕国镇、吕露婷四人具有集体组织成员资格，就应当判决吕厝居委会支付征地补偿款。（2）吕厝居委会的分配方案是要有户口才可以领取，由于吕露妹、吕露杉、吕国镇、吕露婷四人属于违反计划生育出生的，在2008年之前均无法办理户口登记，直到2008年公安机关在全市放宽户口登记政策，吕露妹、吕露杉、吕国镇、吕露婷四人才申报落户，也才有依据证明是吕亚全的子女并向吕厝居委会主张征地补偿款的分配，因此本案的诉讼时效应当从吕露妹、吕露杉、吕国镇、吕露婷四人户口登记之日起算，不能从分配土地款的时间计算。且

2007 年 1 月吕厝居委会分配征地款时吕亚全也有提出吕露妹、吕露杉、吕国镇、吕露婷四人的分配款问题，吕厝居委会要求先办理户口再处理，而户口办理后吕亚全又向吕厝居委会提出分配征地款，吕厝居委会说不好办，才开具证明让吕露妹、吕露杉、吕国镇、吕露婷四人起诉，故原审以诉讼时效超过为由判决驳回诉讼请求是错误的，请求撤销原判。

2. 被上诉人吕厝居委会辩称

吕露妹、吕露杉、吕国镇、吕露婷四人取得集体经济组织成员资格应以是否生活在集体经济组织来认定，其四人的父母在晋江结婚，长期生活在晋江，并未在吕厝居委会生活。且吕厝居委会的分配方案是截至 2006 年，吕露妹、吕露杉、吕国镇、吕露婷四人是 2008 年落户的，至 2009 年才起诉，显然已超过诉讼时效保护期间，原审认定其诉求超过诉讼时效是正确的。吕露妹、吕露杉、吕国镇、吕露婷四人取得吕厝居委会集体组织成员资格是在征地款分配之后，且诉求超过诉讼时效，原审判决驳回其诉求应予维持。

（四）二审事实和证据

福建省厦门市中级人民法院经审理，确认一审法院认定的事实和证据。

（五）二审判案理由

福建省厦门市中级人民法院经审理认为：吕厝居委会系于 2007 年 1 月发放征地补偿款，虽然吕露妹、吕露杉、吕国镇、吕露婷四人因户口尚未申报而无法领取，但该情形系其父母违反计划生育政策所致，不可归责于他人，故吕露妹、吕露杉、吕国镇、吕露婷四人主张权利的诉讼时效仍应自吕厝居委会实际发放征地补偿款之日起算。吕露妹、吕露杉、吕国镇、吕露婷四人在申报户口后至 2009 年 4 月才提起诉讼，且无证据证明其或其代理人有向吕厝居委会主张过权利，故原审认定吕露妹、吕露杉、吕国镇、吕露婷四人的请求已超过诉讼时效保护期间正确，判决结果应予维持。吕露妹、吕露杉、吕国镇、吕露婷四人的上诉理由不能成立，上诉请求应予驳回。

（六）二审定案结论

福建省厦门市中级人民法院依照《中华人民共和国民事诉讼法》第一百五十三条第一款第（一）项之规定，作出如下判决：

驳回上诉人吕露妹、吕露杉、吕国镇、吕露婷的上诉，维持原判。

（七）解说

本案的争议焦点有两个：一是原告能否参与吕厝居委会的征地补偿款分配？二是原告起诉是否超过诉讼时效？

1. 原告能否参与吕厝居委会的征地补偿款分配？

农村土地被征收之后的土地补偿款，在性质上是对集体土地所有权的补偿，因此土地补偿款只能在集体经济组织成员内部进行分配，不具有集体经济组织成员资格的人不能参与土地补偿款的分配。因此，原告能否参与吕厝居委会征地补偿款的分配，关键在于确定原告是否为该集体经济组织成员。农村集体经济组织成员资格的取得，应当以该"成员"是否在集体经济组织所在地生产、生活并依法登记为常住户口为基本判断依据。

农村集体经济组织成员资格的取得包括原始取得和加入取得。原始取得是指通过人口的自然繁衍，祖祖辈辈生活在特定农村集体经济组织所在地，而自然取得集体经济组织成员资格，最典型的表现形式就是出生。对基于出生取得成员资格的，在该成员出生时，必须其父母双方或一方具有本集体经济组织成员资格。原告的父亲吕亚全是被告吕厝居委会村民，因此，原告自出生之日起原始取得被告集体经济组织的成员资格，能够参与吕厝居委会征地补偿款的分配。

有一种意见认为，原告系超生人口，不能参与吕厝居委会土地补偿款的分配。笔者认为该种观点不能成立。自然人的民事权利能力是其作为民事主体的基本资格，始于出生。因父母违反计划生育政策而剥夺超生人口的集体经济组织成员资格，于法无据，违反计划生育政策的法律后果是行政处罚，并不影响自然人的基本民事权利。

2. 原告起诉是否超过诉讼时效？

诉讼时效是指权利人在法定期间内不行使权利即丧失请求人民法院依法保护其民事权利的法律制度。民事权利当事人有权向债务人主张自己的民事权利，但是若将主张权利的时间设定过于长久，则司法机关必须就已经发生很久的法律事实予以确认，将耗费更多的法律资源，也颠覆了已经趋于稳定的社会关系。在诉讼时效制度的影响下，若当事人不及时请求司法机关保护其权利，可以视为其以行为放弃了法定权利，这意味着免除了债务人的强制义务。关于诉讼时效的起算，我国《民法通则》规定，自权利人知道或应当知道其权利受侵害之日起算。具体到本案，早在 2007 年 1 月，被告吕厝村委会按照每位村民 3 万元的标准发放土地补偿款，此时具有集体经济组织成员资格的原告就已经知道自身权利受侵害，应以此为本案诉讼时效的起算点。原告认为其因户口尚未申报而无法领取土地补偿款，故应以原告落户时间为诉讼时效的起算点，这显然违背了诉讼时效制度促使当事人积极行使权利、维护社会关系相对稳定的立法本意，并且原告户口未能申报系其父母违反计划生育政策所致，不可归责于他人，故诉讼时效仍应从吕厝居委会发放土地补偿款之日起算。原告于 2008 年 7 月 21 日落户于被告处，却直到 2009 年 4 月 13 日才提起诉讼，已经超过 2 年的诉讼时效，而且原告也未能提供证据证明其或其代理人曾向被告主张权利，故本案驳回原告的诉讼请求是正确的。

（福建省厦门市同安区人民法院　陈为山　洪佩兰）

13. 万玲婷、张文树、万雅鑫、张万钦诉泉州市丰泽区城东街道浔美社区居民委员会财产权属案（征地补偿）

（一）首部

1. 判决书字号

一审判决书：福建省泉州市丰泽区人民法院（2009）丰民初字第835号。

二审判决书：福建省泉州市中级人民法院（2009）泉民终字第2277号。

2. 案由：财产权属纠纷。

3. 诉讼双方

原告（上诉人）：万玲婷，女，汉族，住福建省泉州市丰泽区。

原告（上诉人）：张文树，男，汉族，住址同上。

原告（上诉人）：万雅鑫，女，汉族，住址同上。

法定代理人：张文树、万玲婷，系万雅鑫的父母。

原告（上诉人）：张万钦，男，汉族，住福建省泉州市丰泽区浔江路。

法定代理人：张文树、万玲婷，系张万钦的父母。

被告（被上诉人）：泉州市丰泽区城东街道浔美社区居民委员会（以下简称浔美社区居委会），住所地：福建省泉州市丰泽区城东街道浔美社区。

负责人：万忠德，该居委会主任。

4. 审级：二审。

5. 审判机关和审判组织

一审法院：福建省泉州市丰泽区人民法院。

合议庭组成人员：审判长：庄亚飚；审判员：林伟健、陈子平。

二审法院：福建省泉州市中级人民法院。

合议庭组成人员：审判长：黄蕴真；审判员：傅家顶、庄丽娜。

6. 审结时间

一审审结时间：2009年6月29日。

二审审结时间：2009年11月20日。

（二）一审情况

1. 一审诉辩主张

（1）原告万玲婷等诉称

原告均系被告所在社区的居民，随着泉州大城市的不断东扩，浔美社区土地被征用后所得土地款并没有分配到个人，而是由社区统一建厂房用于出租或由社区自办实业，所得收入作为社区集体资产福利分红，分发给社区居民。自 2005 年起浔美社区每年给每位社区居民发放集体资产福利分红款 1 000 元，并为浔美社区居民办理集体资产福利分红“领取证”，截至原告起诉之日，已累计发放 4 期，共计每人 4 000 元。原告作为泉州市丰泽区城东街道浔美社区居民，履行了社区居民义务，具备享有集体资产福利分红的条件，被告依法应为原告办理集体资产福利分红“领取证”并支付福利分红款。被告拒绝为原告办理集体资产福利分红“领取证”并支付集体资产福利分红款。原告万雅鑫、张万钦未能享有就读社区幼儿园 650 元/年报销的福利。为此，原告多次与被告交涉，但被告至今均未予理会。被告的上述行为违反了法律规定并已经侵犯了原告的合法权益。请求：1）判令原告依法享有浔美社区集体资产福利分红权利，并判令被告立即为原告办理浔美社区集体资产福利分红“领取证”。2）判令被告立即支付原告万玲婷、张文树、万雅鑫自 2005 年起至 2008 年止每人每年 1 000 元的集体资产福利分红款共计 12 000 元；3）判令被告支付原告张万钦 2008 年度集体资产福利分红款 1 000 元。

（2）被告浔美社区居委会辩称

1）本案的财产属于集体财产性质，不属于民法上的财产权，不属于法院民事案件受理范围，依法应予驳回。2）即便本案诉讼属于法院管辖，但是原告将被告列为诉讼主体不适格，浔美社区的具体财产管理机构不是被告，关系到居民重大权利和其他重大事项都是由全体居民会议或居民代表会议表决通过，和被告的职权无关。3）“浔美社区集体资产管理分配暂行规定”以及“浔美社区计划生育居民公约”是经过城东街道浔美社区代表大会表决通过，并报相关部门备案的，浔美社区的居民均应遵守，根据该规定及公约，原告万玲婷、张文树、万雅鑫、张万钦不能享有相关的集体资产福利分红权利。4）原告所提供的资料显示，张万钦于 2008 年 3 月 2 日才出生，而张文树并不是原浔美村村民，而是于 2003 年 12 月 29 日才从安溪县迁往泉州市丰泽区的。根据“浔美社区集体资产管理分配暂行规定”，张文树、张万钦显然不能享有集体资产福利分红权利。5）被告提供的万建忠家的户籍证明显示，万建忠有一子、两女。而万建忠夫妇、其子万添吉、其女万里婷等家庭成员均享有集体资产福利分红权利。根据“浔美社区集体资产管理分配暂行规定”，原告万玲婷及其子女是不能享受相关权利的。6）原告万玲婷与张文树生育一女一子，其行为已经违反了计生法规，并且根据“浔美社区计划生育居民公约”的规定，也是不能享有相关的分红权利的。综上，原告不能享有相关的集体资产福利分红权利，其起诉于理无据，并且已超过诉讼时效，应予以驳回。

2. 一审事实和证据

福建省泉州市丰泽区人民法院经公开审理查明：原告万玲婷系被告浔美社区的居民。原告张文树与万玲婷于 2003 年 10 月 22 日登记结婚，原告张文树于 2003 年 12 月 23 日将其户籍关系迁入被告浔美社区落户。原告万玲婷与张文树婚后于 2004 年 5 月 1 日生育婚生女万雅鑫，于 2008 年 3 月 2 日生育婚生子张万钦。被告浔美社区居委会的浔美社区土地被征用后，将土地补偿款和土地安置费由社区统一管理，修建厂房用于出租，也自办实业，所得收入作为社区集体资产，作为福利分红分发给浔美社区居民。浔美社区居委会经社区居民代表大会讨论通过，于 2004 年 12 月 31 日制定、公布“浔美社区村集体资产管理分配暂行规定”，并为符合该规定范围内的浔美社区居民办理集体资产福利分红“领取证”，自2005年起被告每年给每位社区居民发放集体资产福利分红款1 000元，至2008年年底已发放4期，共计每人4 000元。浔美社区居委会从2009年起为符合集体资产福利分红条件的幼儿，享有每年度报销650元就读幼儿园费用的福利待遇。由于浔美社区居委会认为万玲婷等不属于享有集体资产福利分红的人员，故未给万玲婷等办理集体资产福利分红“领取证”，也未发放万玲婷等集体资产福利分红款，为此，万玲婷等提起诉讼。

3. 一审判案理由

福建省泉州市丰泽区人民法院经审理认为：《中华人民共和国城市居民委员会组织法》第二条第1款规定：居民委员会是居民自我管理、自我教育、自我服务的基层群众性自治组织。原告请求被告立即为原告办理浔美社区集体资产福利分红“领取证”和立即支付原告万玲婷、张文树、万雅鑫自2005年起至2008年止每人每年1 000元的集体资产福利分红款共计12 000元及判令被告支付原告张万钦2008年度集体资产福利分红款1 000元。因本案原告据以提起诉讼的是对集体资产管理权利所发生的纠纷，根据《中华人民共和国城市居民委员会组织法》第四条第2款的规定：居民委员会管理本居民委员会的财产，任何部门和单位不得侵犯居民委员会的财产所有权。因此，对集体财产的分配，应由居民委员会提请居民代表大会讨论决定。故原告的起诉，不属于法院受理民事案件的范围，应予以驳回。

（三）二审诉辩主张

1. 上诉人万玲婷等诉称

本案属土地征地补偿费用的分配纠纷，即土地征地补偿费纠纷，原审将本案定性为财产权属纠纷错误；本案应属人民法院受理民事案件的范围。（1）根据《物权法》第六十三条第2款的规定，集体经济组织、村民委员会或者其负责人作出的决定侵害集体成员合法权益的，受侵害的集体成员可以请人民法院予以撤销。（2）根据中共中央办公厅、国务院办公厅《关于切实维护农村妇女土地承包权的通知》的精神，对于农民与集体经济组织、村委会之间关于集体经济收益分配而产生的争议，人民法院有权受理。（3）法研（2001）51号《最高人民法院研究室关于人民法院对农村集体经济所得收益分配纠纷是否受理问题的答复》中提到：“农村集体经济组织与其成员之间因收益分配产生的纠纷，属平等民事主体之间的纠纷。当事人就该纠纷起诉到人民法院，只要符合《中华人民共和国民事诉讼法》第一百零八条的规定，人民法院应当受理。”该答复明确指出集体经济组织与其成员之间的关系和纠纷的性质是属于民事调整范围。（4）《最高人民法院关于审理涉及农村土地承包纠纷案件适用法律问题的解释》第1条第1款规定：“下列涉及农村土地承包民事纠纷，人民法院应当依法受理：（一）承包合同纠纷；（二）承包经营权侵权纠纷；（三）承包经营权流转纠纷；（四）承包地征收补偿费用分配纠纷；（五）承包经营权继承纠纷。”而本案属于第四种情形，即属于承包地征收补偿费用分配纠纷，人民法院应当依法受理。请求撤销原审裁定，将本案发回重审或改判支持上诉人在一审的全部诉讼请求。

2. 被上诉人浔美社区居委会辩称

（1）民事案件案由是民事诉讼案件的名称，反映了案件所涉及的民事法律关系的性质，是人民法院对诉讼争议所包含的法律关系进行的概括。一审法院正是依据本案所涉及的民事法律关系的性质，对诉讼争议的法律关系高度概括后认定本案是属于财产权属纠纷的。（2）根据法律规定，居民代表大会可以依照法律规定的民主议定程序，决定在本集体经济组织内部分配已经收到的土地补偿费。本案中，浔美社区居民代表大会正是按照民主议定的原则，通过了“浔美社区（村）集体资产管理分配暂行规定”以及“浔美社区计划生育居民公约”，并报相关部门备案，这些居民公约制定的程序合法，并且公约的内容没有违反法律强制性规定，浔美社区的居民均应遵守。而上诉人等人正是因违反国家的计生政策，违反了这些村规民约。（3）本案系属于对集体资产管理权利所发生的纠纷，而对集体财产的分配，应由居民委员会提请居民代表大会讨论决定。鉴于此，本案不属于法院民事诉讼调整范围。（4）从被上诉人提供的“土地承包经营权证”等证据可以看出，原浔美社区的土地所有权单位或发包方是泉州市丰泽区城东镇浔美村经济联合社，原浔美村集体资产权利和领取福利及利润分红的凭证即“领取证”的发证单位也是泉州市丰泽区城东镇浔美村经济联合社，因此，浔美社区集体财产的管理机构并不是被上诉人，被上诉人不是本案适格的主体。（5）向人民法院请求保护民事权利的诉讼时效期间为2年，而上诉人很早就得知其社区有福利分红的事实，却直到2009年才要求被上诉人支付2005年、2006年的福利分红款，已超过了诉讼时效。原审裁定正确，请求维持。

（四）二审事实和证据

福建省泉州市中级人民法院经审理，确认一审法院认定的事实和证据。

（五）二审判案理由

福建省泉州市中级人民法院经审理认为：法研（2001）51号《最高人民法院研究室关于人民法院对农村集体经济所得收益分配纠纷是否受理问题的答复》指出：“农村集体经济组织与其成员之间因收益分配产生的纠纷，属平等民事主体之间的纠纷……只要符合《中华人民共和国民事诉讼法》第一百零八条的规定，人民法院应当受理。”本案中上诉人提供的户籍证明体现出上诉人系泉州市丰泽区城东街道浔美社区居民，具有居民身份，其与被上诉人因收益分配产生的纠纷，属于平等民事主体之间的纠纷。因此，属于人民法院民事调整范围，人民法院应当受理。

（六）二审定案结论

福建省泉州市中级人民法院依照《中华人民共和国民事诉讼法》第一百五十四条之规定，作出如下裁定：

1. 撤销福建省泉州市丰泽区法院（2009）丰民初字第835号民事裁定。
2. 指令福建省泉州市丰泽区人民法院审理。

本裁定为终审裁定。

（七）解说

随着我国农村城镇化、城市化进程的加快，农村集体土地大量被征收、征用，伴随征地补偿费所产生的农村集体收益分配纠纷问题由此产生，问题的背后更是村民自治和现代法治文明的激烈碰撞。而现行法律对有关农村集体收益分配问题鲜有具体的体现，致使一些在农村集体收益分配中受到侵权的村民如“外嫁女”等来回奔波于行政机关和法院之间，而问题却始终得不到解决。另外，在审判实践中，对此类纠纷是否属人民法院民事案件受理范围、当事人的主体资格如何确定，以及人民法院对经村民大会或村民代表会议通过。制定的分配方案是否有司法审查权等问题，认识上还难以达成共识，各地的做法也不尽一致。为正确审理此类案件，笔者认为对于审判实践中的一些问题需要厘清。

1. 农村集体经济组织收益分配纠纷的性质及受理依据

本案原告请求被告支付集体资产福利分红款，该纠纷实质系“村改居”前的集体土地征地补偿费用的分配纠纷。土地收益分配纠纷案件是属于民事案件还是行政案件，在理论和实务界存在分歧。一种观点认为是民事案件。理由是：2001 年 12 月 31 日，《最高人民法院研究室关于村民因土地补偿费、安置补助费问题与村民委员会发生纠纷人民法院应否受理问题的答复》（即法研［2001］116 号答复）指出：农村村民因土地补偿费、安置补助费与村民委员会发生纠纷，人民法院的受理问题参照法研［2001］51 号《关于人民法院对农村集体经济所得收益分配纠纷是否受理问题的答复》办理。该答复认为人民法院应当依法受理农村集体经济所得收益分配纠纷，同时认为村民与村委会之间的该类纠纷属平等主体之间的民事纠纷。基于以上两个答复，可以推知最高人民法院研究室认为农村村民因征地补偿费、安置补助费与村民委员会发生的纠纷（即土地补偿分配案件）属于农村集体经济所得收益分配纠纷，其案件性质属于民事案件。另一种观点认为是行政案件。理由是：判断一类案件是属于民事案件还是属于行政案件，首先要看在诉争的事项上原、被告是否处于平等的地位。民事案件原、被告之间是平等的民事主体关系，而在行政案件中原、被告在所诉争的事项上的地位是不平等的，行政主体起着决定性的作用。其次还要看诉争的事项是否属于公共事务即公务，如果诉争的事项属于国家公务，则原、被告双方肯定处于不平等地位，案件肯定属于行政案件。土地补偿款分配所以应当定性为行政案件。笔者赞同第一种观点，因为村民委员会是村民自治组织，村集体经济组织是经济管理的组织，两者均不是一级政府机构，其进行的管理、教育等活动不具有行政性，虽然村民与村民委员会、集体经济组织有纵向的管理与被管理关系，但进行民事活动时，双方的地位、权利与义务是平等的，不能以其主体不平等来否定其民事属性。一审法院以“居民委员会管理本居民委员会的财产，任何部门和单位不得侵犯居民委员会的财产所有权。因此，对集体财产的分配，应由居民委员会提请居民代表大会讨论决定”为理由，认为原告的起诉不属于法院受理民事案件的范围不妥。

2. 农村集体经济组织收益分配纠纷的诉讼主体

农村集体收益分配纠纷涉及农村集体经济组织这一概念，出现于 20 世纪 80 年代。我国现有法律中出现集体经济组织这一概念的有《中华人民共和国土地管理法》和《中华人民共和国农村土地承包法》,《土地管理法》第十条规定:“农民集体所有的土地依法属于村农民集体所有的,由村集体经济组织或者村民委员会经营、管理;已经分别属于村内两个以上农村集体经济组织的农民集体所有的,由村内各该农村集体经济组织或者村民小组经营、管理;已经属于乡(镇)农民集体所有的,由乡(镇)农村集体经济组织经营、管理。”使得集体经济组织与村民委员会是两个并列的概念,两者不是同一个组织,也不是相互交叉的组织。至今法律上没有对农村集体经济组织的性质、地位、作用作出规定。根据字面的解释,集体经济组织是村民集体管理集体经济而设立的组织,从现实看,其主要形式是农村经济合作社、农村农工商公司。它与村民委员会有很大区别,村民委员会是村民自治组织,由《中华人民共和国村民委员会组织法》调整。村内集体收入应当由村集体经济组织进行分配,但在实践中,很多地方没有村集体经济组织,其收入分配由村民委员会代为行使权利。因而,因土地收益分配纠纷发生诉讼时,村民一般将村民委员会作为被告。另外,在土地征用中,征用方将村民小组作为被征方的,出现纠纷时,村民将村民小组与村民委员会作为共同被告。对于农村集体收益分配的被告主体问题,审判中多列、漏列被告问题非常普遍。如何解决这一问题?法律应当对集体经济组织、村民小组的性质、作用进行立法,加以规定。笔者就目前的现状予以考量,认为农村集体收益分配纠纷的被告应当为村集体经济组织,在没有设立集体经济组织的地方,应为村民委员会。

3. 农村集体经济组织收益分配方案的司法审查范畴

本案系被告认为原告违反国家的计生政策及计划生育居民公约的规定,不予分配原告相应的补偿份额而引起的纠纷,这就涉及对于集体经济组织的收益分配方案,法院进行司法审查的幅度问题。

对此问题有两种不同意见。第一种意见认为:应尊重村民大会或村民代表会议依据《中华人民共和国村民委员会组织法》行使自治权,人民法院不应在民事审判中对村民决议确认其效力,若该决议有违法情形,可不予适用,而不对决议本身进行评判。另一种意见认为:对涉及以上财产收益分配内容的村民决议纠纷既然受理,人民法院就有权对其进行审查并确认其效力,因为具有以上内容的村民决议等实际上是行使集体所有权权能的行为,亦即行使私法权利的行为。对于其合法性及效力,人民法院当然有权予以审查。我国现行法律制度仅就村民自治作了较为原则的规定,对于行使自治权过程的监督及在此过程中侵犯公民合法权益时的救济均无具体规定。本着“有权利就应有救济”的原则,司法权作为维护社会正义的最后一道屏障,对此义不容辞。笔者倾向于第一种意见。在目前法律、法规未明确作出规定的情况下,应当尊重集体经济组织自治权的行使,是否分给、分给多少由村民按民主议定的原则决定。

当然,村民自治和其他基层民主一样,是一个漫长的过程。司法机关在介入农村集体收益分配纠纷要避免方法简单、粗暴,要坚持原则性与灵活性相结合、法律效果与社会效果相统一的指导思想,通过一些典型案例进行法律宣传、教育,化解矛盾、纠纷,促进农村安定团结和经济发展。

本案中,还涉及超生子女的收益分配权纠纷。在实践中,一种意见认为,村民违反国家计划生育的基本国策,对此类纠纷人民法院不应受理,由计生管理等行政部门处理为宜。另一种意见认为,超生子女本身并无过错,且其父母违反计生规定,行政部门已经对其进行了处罚，故对其收益分配权利不应有所限制。笔者倾向于第二种意见。

（福建省泉州市丰泽区人民法院　付莉萍）

14. 厦门鑫油造漆工业有限公司诉厦门福邦典当有限责任公司抵押权案（抵押权善意取得）

（一）首部

1. 判决书字号

一审判决书：福建省厦门市湖里区人民法院（2009）湖民初字第1331号。

二审判决书：福建省厦门市中级人民法院（2009）厦民终字第3164号。

2. 案由：抵押权纠纷。

3. 诉讼双方

原告（被上诉人）：厦门鑫油造漆工业有限公司，住所地：福建省厦门市海沧区。

法定代表人：蔡英杰，公司董事长。

委托代理人：王文晋，福建天衡联合律师事务所律师。

委托代理人：潘智平，公司员工。

被告（上诉人）：厦门福邦典当有限责任公司，住所地：福建省厦门市思明区。

法定代表人：李秀荣，公司总经理。

委托代理人：叶佳昌，福建厦门联合信实律师事务所律师。

委托代理人：罗胜，福建厦门联合信实律师事务所律师。

4. 审级：二审。

5. 审判机关和审判组织

一审法院：福建省厦门市湖里区人民法院。

合议庭组成人员：审判长：欧海；审判员：李剑锋、陈辉峰。

二审法院：福建省厦门市中级人民法院。

合议庭组成人员：审判长：赖民勇；审判员：黄培芳、许向毅。

6. 审结时间

一审审结时间：2009年8月24日。

二审审结时间：2009年12月19日。

（二）一审诉辩主张

1. 原告厦门鑫油造漆工业有限公司诉称

湖里区和悦里91号6D及93号2A房屋（即案涉房产）是厦门金威爱新型水性漆有

限公司（以下简称金威爱公司）向开发商厦门源益房地产发展有限公司购买取得。金威爱公司在2002年清算时将上述两套房屋及债权、债务一并转让给原告（原名称厦门鑫威爱新型墙漆技术有限公司）。2003年7月，金威爱公司依法注销。2005年，原告委托开发商厦门源益房地产发展有限公司办理上述两套房产的产权登记手续。2008年1月，原告接到厦门市湖里区公安分局刑侦大队一中队的通知，才得知开发商厦门源益房地产发展有限公司的工作人员陈培森伪造文书，与被告签订编号分别为（2007）FB0216、（2007）FB12211号的两份“厦门市房地产典当合同”（以下简称讼争典当合同），将案涉房产抵押给被告。陈培森因犯合同诈骗罪已被判刑，并被厦门市中级人民法院判处退赔被告110万元。原告认为：第一，金威爱公司已于2003年7月依法注销，故虽然案涉房产仍然登记在金威爱公司名下，但实际权利人为原告。陈培森伪造金威爱公司材料，将案涉两套房产抵押给被告，侵害了原告的权利，因此，原告与本案有直接利害关系，其起诉符合民事诉讼法规定的条件，依法享有诉权。第二，讼争典当合同是陈培森假借金威爱公司的名义与被告签订的，金威爱公司注销后丧失民事权利能力和民事行为能力，故讼争典当合同违反了《合同法》中有关当事人签订合同必须具备民事权利能力和民事行为能力的强制性规定，金威爱公司不具备签约主体资格，讼争典当合同无效。第三，本案不适用善意取得。适用善意取得的前提条件是金威爱公司有权以其公司名义处分案涉房产，基于被偷、被抢或者其他非法原因而来的物则不适用善意取得。第四，被告存在严重过失是导致本案发生的重要原因，被告应当立即申请撤销抵押登记，停止对原告权利的侵害。原告基于上述事实和理由，请求法院判令：（1）编号为（2007）FB0216、（2007）PB12211的两份“厦门市房地产典当合同”无效及相应的抵押登记无效；（2）被告立即向厦门市国土资源与房产管理局申请撤销厦门市湖里区和悦里91号6D及93号2A房产的抵押登记。

2. 被告厦门福邦典当有限责任公司辩称

（1）原告并非案涉房产的所有权人，案涉房产的所有权人为金威爱公司，因此，在原告未取得物权归属原告的证据之前，原告无权请求物权保护。（2）原告与金威爱公司签订的“协议书”明显违反《物权法》的规定，未将属于“涉外产”的案涉房产的转让行为依法办理公证证明和转让登记，依法无权对抗善意第三人，原告依据无法对抗善意第三人的债权文书主张案涉房产的物权权利，没有依据。（3）被告对案涉房产具有抵押权，应受法律保护。本案中，案外人陈培森的欺诈行为在民法意义上属于无权处分，但由于案涉房产已办理抵押登记手续，被告已取得案涉房产的他项权证，从善意取得的角度，案涉房产的抵押行为应认定为有效。（4）案涉房产的所有权归属及抵押权成立等方面，应当优先以国家机关依职权颁布的“土地房屋权证”、“土地房屋他项权证”为准，即使原告认为抵押登记无效，也应先行向有关职能部门提起撤销该具体行政行为的行政诉讼或行政复议。原告无权要求被告申请撤销抵押登记。综上，请求法院驳回原告的诉讼请求。

（三）一审事实和证据

福建省厦门市湖里区人民法院经公开审理查明：金威爱公司分别于1996年4月8日和1998年11月17日向案涉房产的开发商厦门源益房地产发展有限公司购买案涉房产。2006年12月，金威爱公司委托陈培森代为办理案涉房产的权属登记等事宜。2006年12

月 15 日，厦门市国土资源与房产管理局颁发产权证给金威爱公司，案涉房产登记的所有权人为金威爱公司，房屋所有权性质为涉外产。

2002 年 4 月 15 日，金威爱公司与原告签订一份协议书，约定，金威爱公司中止后的所有债权、债务由原告承担，其中金威爱公司所拥有的案涉房产等由原告继承。2002 年 4 月 19 日，金威爱公司和原告在《厦门商报》上发布公告，公告金威爱公司的全部债权、债务由原告承担，请债权人于公告之日起 60 日内向清算小组申报债权。2003 年 7 月 11 日，金威爱公司被批准注销。

2006 年 12 月，案外人陈培森利用金威爱公司委托其办理案涉房产权属登记的机会，伪造授权委托书、公证书等资料，将案涉房产抵押给被告，向被告借款 110 万元。陈培森并分别于 2006 年 12 月 21 日和 2007 年 2 月 16 日以金威爱公司的名义与被告签订了 2 份编号为（2007）FB0216、（2007）FB12211 号的“厦门市房地产典当合同”，并分别于 2006 年 12 月 29 日和 2007 年 3 月 6 日在厦门市国土资源与房产管理局办理了案涉房产的抵押登记手续。

2008 年 12 月 2 日，厦门市中级人民法院作出（2008）厦刑初字第 100 号刑事判决书，认定陈培森虚构房屋所有权人金威爱公司处理房产的事实，与被告签订抵押合同，骗取被告钱财 110 万元，判决陈培森犯合同诈骗罪，退赔被告 110 万元。

上述事实有下列证据证明：

1. 厦门金威爱新型水性漆有限公司与原告签订的协议书 1 份。

2.《厦门商报》1 份。

3. 厦门金威爱新型水性漆有限公司工商登记资料 1 份。

4. 厦门源益房地产发展有限公司与原告签订的协议书 1 份。

5. 厦地房证第 00498355 号土地房屋权证及厦地房证第 00468354 号土地房屋权证。

6. 编号（2007）FB0216“厦门市房地产典当合同”、编号（2007）FB12211“厦门市房地产典当合同”。

7. 厦门市土地房屋他项权证 2 份。

8.（2008）厦刑初字第 100 号刑事判决书 1 份。

（四）一审判案理由

福建省厦门市湖里区人民法院经审理认为：

（1）原告起诉是否符合民事诉讼法规定的条件问题。金威爱公司在注销前，已将其名下的案涉房产转由原告继承，金威爱公司终止经营后的所有债权、债务亦由原告承担。金威爱公司已于 2003 年 7 月依法注销。虽然，案涉房产仍然登记在金威爱公司名下，但实际权利人为原告。陈培森伪造金威爱公司文件，将案涉房产抵押给被告骗取借款 110 万元的行为侵害了原告的权利，故原告与本案有利害关系，原告的起诉符合民事诉讼法规定的条件，依法享有诉权。

（2）讼争典当合同效力问题。讼争典当合同是陈培森假借金威爱公司的名义于 2006 年 12 月及 2007 年 3 月与被告签订的，而金威爱公司于 2003 年 7 月即依法注销，金威爱公司注销后丧失民事权利能力和民事行为能力，故讼争典当合同违反了《合同法》中有关当事人签订合同必须具备民事权利能力和民事行为能力的强制性规定，故讼争典当合同无效。原告要求确认编号为（2007）FB0216、（2007）FB12211 的两份“厦门市房地产典当合同”无效的诉讼请求，本院予以支持。

（3）被告是否构成善意取得案涉房产的抵押权问题。本案不具备善意取得制度的适用条件，理由为：金威爱公司早已于 2003 年 7 月丧失主体资格，其后任何以其名义进行的行为均不属于民事法律行为；而且，陈培森乃是基于非法占有他人财物的诈骗故意，以金威爱公司的名义与被告签订合同，对案涉房产的处分系违反刑法的强制性规定，而不仅仅是无权处分行为，并且（2008）厦刑初字第 100 号刑事判决书已判决陈培森将骗取的 110 万元归还给被告。综上，讼争典当合同无效，被告不能善意取得案涉房产的抵押权，原告要求确认案涉房产的抵押登记无效的诉讼请求，本院予以支持。但是，原告要求被告向厦门市国土资源与房产管理局申请撤销厦门市湖里区和悦里 91 号 6D 及 93 号 2A 房产的抵押登记的诉讼请求，不属于人民法院审理范围，本院不予支持。

（五）一审定案结论

福建省厦门市湖里区人民法院依照《中华人民共和国民法通则》第五十五条，《中华人民共和国合同法》第九条第一款、第五十二条的规定，作出如下判决：

1. 确认陈培森以厦门金威爱新型水性漆有限公司名义与被告厦门福邦典当有限责任公司签订的编号为（2007）FB0216、（2007）FB12211 的两份“厦门市房地产典当合同”无效；确认厦门市湖里区和悦里 91 号 6D 及 93 号 2A 房产的抵押登记无效。

2. 驳回原告厦门鑫油造漆工业有限公司的其他诉讼请求。

本案案件受理费 100 元，由被告厦门福邦典当有限责任公司负担。

（六）二审情况

1. 二审诉辩主张

（1）上诉人厦门福邦典当有限责任公司诉称

第一，原审查明事实存在错误和自相矛盾之处，应予改判或发回重审。原审查明“2006 年 12 月，金威爱公司委托陈培森代为办理案涉房产的权属登记等事宜”与事实不符。此外，2002 年 4 月 15 日金威爱公司与原审原告签订“协议书”，上诉人无法确认该证据真实性，但原审法院仍确认该证据的效力，即使原审原告确实与金威爱公司签订了上述协议书，但因为违反《物权法》关于涉外产转让须依法办理公证证明和转让登记的规定，依法无权对抗善意第三人。第二，原审认定原审原告起诉符合民事诉讼法的规定存在错误。根据“土地房屋权证”登记情况，案涉房产仍应当为金威爱公司所有，原审原告现提起诉讼是以所有人身份提起的物权保护之诉，在原审原告尚未得到物权归属的确权认定的情况下，原审法院不应支持其诉讼请求。第三，原审法院对于诉争典当合同效力、案涉房产抵押权善意取得等问题的认定存在错误，应予改判。陈培森以金威爱公司的名义与上诉人签订的讼争典当合同是基于房管部门确认的抵押登记而签订的，讼争典当合同对金威爱公司有效。无权处分并不必然导致合同无效，并且上诉人在给付合理的对价后，善意取得了案涉房产的抵押权，其合法权益应受保护。对于（2008）厦刑初字第 100 号刑事判决书，法院没有履行告知上诉人的法定义务，该判决书的裁判有违民事法有关无权处分及善意取得的规定。第四，原审法院直接确认厦门市湖里区和悦里91号6D及93号2A房产的抵押登记无效，存在程序错误。

（2）被上诉人厦门鑫油造漆工业有限公司辩称

第一，原审法院查明事实清楚，适用法律正确。原审查明“金威爱公司委托陈培森代位办理案涉房产的权属登记等事宜”，和证据中委托人为“鑫威爱公司”不符，系笔误，不影响判决结果。2002年4月15日金威爱公司与被上诉人签订的协议书是就金威爱公司财产及债权、债务的承接协议，与报纸公告内容吻合，上诉人没有任何证据加以反驳。金威爱公司是在中国注册登记的中国企业法人，其名下房产不属于涉外房产。由于金威爱公司在注销时案涉房产尚未办理产权证，不可能办理权属转移登记，被上诉人的行为发生在《物权法》颁布之前，法律不应溯及既往。第二，被上诉人是否具有诉权已经经法院审理并以生效的法律文书确认。第三，上诉人并非善意第三人，未尽到谨慎审查的义务，对其被骗有不可推卸的责任。第四，（2008）厦刑初字第100号刑事判决书已经判决陈培森退还上诉人110万元，上诉人没有理由再对被上诉人提出要求。第五，本案中签订讼争典当合同时，金威爱公司已经被注销，一切以其名义实施的民事法律行为都是无效的。

2. 二审事实和证据

福建省厦门市中级人民法院经审理查明，确认一审法院查明的事实和证据。

3. 二审判案理由

福建省厦门市中级人民法院经审理认为：金威爱公司在注销前已经将有关债权、债务转让给了被上诉人，并刊登了清算公告，被上诉人依约取得了案涉房屋的有关权益。被上诉人后向开发商补足了差价，并约定由开发商代办产权手续，被上诉人与案涉房屋存在利害关系，其作为原审原告的主体适格。陈培森伪造有关文件，将案涉房屋抵押给上诉人并骗取110万元，属于无权处分，其以金威爱公司名义签订的讼争典当合同无效。至于上诉人是否属于善意第三人的问题，讼争典当合同系陈培森以金威爱公司的名义与上诉人签订的，缔约时金威爱公司早已注销，民事主体资格已经丧失。被上诉人作为金威爱公司权利、义务的承继者，对陈培森的犯罪行为并不知情，也未实施让上诉人有理由相信陈培森有代理权的任何民事行为，况且陈培森的代理权系基于其伪造委托书、公证书等文件取得的，属于非法取得，不能适用善意取得制度。即使上诉人有理由相信陈培森有代理权，但讼争典当合同缔约一方当事人为金威爱公司，上诉人却将款项交给陈培森个人，被上诉人未尽到合理、必要的注意义务。已生效的（2008）厦刑初字第100号刑事判决书已经判决陈培森退还上诉人110万元，因此上诉人主张被上诉人主体不适格、上诉人确系善意取得案涉房屋抵押权等上诉理由缺乏事实和法律依据，本院不予采纳。

4. 二审定案结论

福建省厦门市中级人民法院依照《中华人民共和国民事诉讼法》第一百五十三条第一款第（一）项的规定，作出如下判决：

驳回厦门福邦典当有限责任公司的上诉，维持原判。

二审案件受理费100元，由厦门福邦典当有限责任公司负担。

（七）解说

本案争议的焦点有两个：一是讼争的典当合同的效力问题，二是厦门福邦典当有限责任公司是否系善意取得案涉房产的抵押权。

1. 本案讼争典当合同实质上是对债权人向债务人提供资金、债务人以其自有财产作为抵押物的约定，具有抵押合同的性质。抵押合同是抵押人与抵押权人就抵押权达成的合意。作为抵押合同当事人之一的抵押人必须具备两个条件：一是必须有完全民事行为能力，二是须对抵押财产有处分权。此外，抵押合同作为担保合同的一种，还应符合以下几个条件：当事人的意思表示真实、内容合法、形式符合法律要求、代订担保合同的须为有效代理。从本案来看，讼争典当合同是以“厦门金威爱新型水性漆有限公司”为抵押人，而该公司已经于2003年7月11日经工商行政管理机关批准注销，该公司自注销时起已经不是适格的民事主体，更谈不上具有民事行为能力，虽然案涉的两处房产仍登记在该公司名下，但因为金威爱公司丧失民事主体资格，从法律上不可能对其名下财产进行处分，本案讼争典当合同因为订约一方并不具备相应的民事行为能力而无效。

2. 至于厦门福邦典当有限责任公司是否能善意取得案涉房产的抵押权的问题，《物权法》第一百零六条规定：“无处分权人将不动产或者动产转让给受让人的，所有权人有权追回；除法律另有规定外，符合下列情形的，受让人取得该不动产或者动产的所有权：（一）受让人受让该不动产或者动产时是善意的；（二）以合理的价格转让；（三）转让的不动产或者动产依照法律规定应当登记的已经登记，不需要登记的已经交付给受让人。受让人依照前款规定取得不动产或者动产的所有权的，原所有权人有权向无处分权人请求赔偿损失。当事人善意取得其他物权的，参照前两款规定。”抵押权是一种担保物权，在符合条件的情况下可以参照《物权法》第一百零六条的规定适用善意取得。本案中厦门福邦典当有限责任公司支付了110万元作为取得抵押权的对价，并办理了抵押权登记、备案手续，故本案的关键是判断厦门福邦典当有限责任公司在订立抵押合同时是否是善意的。善意与否涉及订立合同时当事人的心理状况，这很难为局外人所知，因此在司法审判中，只能基于外部的客观证据及法官的生活经验来推断受让人是善意还是恶意。本案案涉房产登记在金威爱公司名下，而陈培森提供了金威爱公司的授权委托书，与厦门福邦典当有限责任公司协商并签订合同，同时在合同上加盖了一枚“厦门金威爱新型水性漆有限公司”印章，厦门福邦典当有限责任公司据此主张其在订立抵押合同时有理由相信金威爱公司对案涉房产有处分权，陈培森有权代表金威爱公司处分其名下的财产。其这一主张不无道理，但厦门福邦典当有限责任公司作为一家专业从事典当业务的企业，在订立合同时应负有更多的注意义务，该公司可以经由工商行政管理机关查询金威爱公司的真实信息却没有这么做，并且其将价款110万元直接支付给陈培森，而不是支付至金威爱公司的账户，也没有核实公证文件的真实性，所以厦门福邦典当有限责任公司并没有尽到必要的审慎义务，在订立合同时失于草率。基于上述考虑，两审法院均认为厦门福邦典当有限责任公司不符合善意取得的条件。这一案例提醒我们，对于当事人是否具有“善意”的主观心态的判断，应辩证分析，不应只是单纯考察在取得财产或权利时知不知道出让人无权处分、是否支付了合理的对价，还应根据受让人自身的状况及交易经验判定其应尽到哪种程度的注意义务，而且是否尽到了该注意义务。

（福建省厦门市湖里区人民法院　欧海　陈婧怡）

15. 郑巍诉陈剑平等抵押房屋买卖合同案（被抵押房屋买卖合同）

（一）首部

1. 判决书字号

一审判决书：上海市闵行区人民法院（2009）闵民三（民）初字第222号。

二审判决书：上海市第一中级人民法院（2009）沪一中民二（民）终字第1680号。

2. 案由：房屋买卖合同纠纷。

3. 诉讼双方

原告（被上诉人）：郑巍，男，汉族，住上海市闵行区。

委托代理人（一、二审）：靳琳，上海金钻律师事务所律师。

委托代理人（一、二审）：罗新宇，上海金钻律师事务所律师。

被告（上诉人）：陈剑平，男，汉族，住上海市虹口区。

委托代理人（一审）：李×，男，住上海市斜土路。

委托代理人（二审）：吴钟俊，上海市李国机律师事务所律师。

被告（上诉人）：余慧芝，女，汉族，住上海市。

委托代理人（一、二审）：吴钟俊，上海市李国机律师事务所律师。

4. 审级：二审。

5. 审判机关和审判组织

一审法院：上海市闵行区人民法院。

合议庭组成人员：审判长：马爱军；代理审判员：龚立琼；人民陪审员：邓红霞。

二审法院：上海市第一中级人民法院。

合议庭组成人员：审判长：侯卫清；代理审判员：毛焱、翟从海。

6. 审结时间

一审审结时间：2009年4月15日。

二审审结时间：2009年9月4日。

（二）一审诉辩主张

1. 原告郑巍诉称

原告与被告余慧芝于2005年9月27日签订借款合同，约定借款40万元，借款期限为两个月。原告将其合法拥有的房产抵押给被告余慧芝。原告因急于筹措资金，在两被告的要求下，到公证处签订委托公证书，两被告要求原告授权委托被告余慧芝将抵押房产出售的权利。两月后原告未能还款，在被告余慧芝的一手操纵下，2006年1月25日原告只能又与被告余慧芝签订抵押借款合同，依据未还款金额的高额逾期罚息计算，约定原告向被告余慧芝借款15万元，两次总计借款55万元，抵押物仍为原告合法拥有的房产。后由于原告未能还款，2006年12月2日，被告余慧芝作为抵押权人利用委托书授予的权利，在原告毫无知情的情况下和被告陈剑平签订了“房地产买卖合同”，并将房款直接折抵借款。原告认为，原告与被告余慧芝之间存在借款关系是事实，但被告余慧芝利用贷款人的优势，迫使原告签订委托书，并在借款到期时，故意隐瞒出售设定抵押权房产的事实，既不向原告告知买房对象，也不告知出售金额和付款方式，和被告陈剑平恶意串通，订立“房地产买卖合同”，并私自办理过户变更产权手续。两被告的行为已经违反了《担保法》的规定。两被告恶意串通，违反法律规定，以合法形式掩盖非法目的，两被告上述房产买卖的行为，是无效的，所签订的买卖合同也无效。现原告为维护自身合法权益，起诉要求：判令被告余慧芝作为原告的代理人与被告陈剑平之间于2006年12月2日签订的“上海市房地产买卖合同”无效，案件受理费由两被告负担。

2. 被告陈剑平辩称

不同意原告的诉讼请求。原告所述不实。原告先向被告余慧芝借款，将房屋抵押，还不出。因原告与被告余慧芝之间有约定，被告余慧芝将房屋折现，出售房屋。被告陈剑平通过合法的手续将房屋买下。

3. 被告余慧芝辩称

原告所述不实。原告向被告余慧芝借款，将房屋抵押，约定到时候还不出钱就可以将房屋出售，请求驳回原告的诉讼请求。

（三）一审事实和证据

上海市闵行区人民法院经公开审理查明：原告系上海市闵行区虹梅路999弄3号301室（以下简称“301室”）房屋原登记产权人。

2005年9月27日，原告与被告余慧芝签订“房产抵押借款合同”一份，约定：原告向被告余慧芝借款40万元，借款利息为1.7%每月；借款期限2个月；原告以“301室”房产向被告余慧芝提供担保，并于本合同签订后，到闵行区房地产交易中心办理抵押登记手续；被告余慧芝已知晓该房产已向顾云康抵押借款30万元，贷款期限为2005年7月7日至2005年9月6日，本次抵押为余额抵押，双方约定房产权利价值80万元；合同对其他事项也作了相应约定。合同签订后，双方至房地产交易中心办理了抵押登记。

上述合同签订当日，原告及其妻子蔡瑜共同至上海市虹口区公证处办理公证委托，向被告余慧芝出具委托书一份，委托被告余慧芝办理出售“301室”房产的包括代为签订转让合同、收取房屋价款等手续。

次日，原告向被告余慧芝出具收条一张，载明：今收到余慧芝借款40万元。

2005年12月21日，原告向被告余慧芝出具承诺书一份，承诺在2006年1月5日前付清40万元欠款3个月利息，到时本人有多余资金，将作为本金归还。如到期不能付息，该抵押房由余慧芝依约出售，所得款项用于归还借款本金和利息。

2006年1月25日，原告与被告余慧芝又签订“房产抵押借款合同”一份，原告向被告余慧芝借款15万元，借期2个月，利息也是1.7%每月，同样以“301室”房屋产权作抵押。合同签订当日，办理了15万元借款的房产抵押登记。原告向被告余慧芝同样出具了收条一份，载明：今收到余慧芝借款15万元。当日，原告还向被告余慧芝出具承诺书一份，载明：本人郑巍于2006年1月25日用本人合法拥有的“301室”产权房作为抵押物，向您借款15万元。如借款到期后，本人郑巍未归还借款，该抵押由您依约出售，所得房款用于归还借款本金及利息，本人郑巍及家属将无条件搬出该抵押房产并迁出户籍，由您依约处置出售借款抵押的房产。

嗣后，原告未依约向被告余慧芝归还借款。

2006年12月2日，被告余慧芝以原告名义与被告陈剑平签订“上海市房地产买卖合同”一份，载明：出卖人（甲方）为郑巍，买受人（乙方）为陈剑平，转让房屋为“301室”房屋，建筑面积96.77平方米，转让价75万元，于2006年12月2日支付3万元作为定金，2006年12月22日支付房款40万元，2007年1月15日支付32万元，抵押情况无。

2006年12月21日，被告余慧芝将设定在“301室”房产上的他项权利予以注销。次日，被告余慧芝以原告代理人的身份与被告陈剑平共同申请办理了“301室”房屋产权的过户手续，将“301室”房屋产权登记至被告陈剑平名下。

2008年12月29日，陈剑平以“301室”房屋产权人的名义向本院起诉，要求郑巍及其家人从“301室”房产中迁出。郑巍遂以诉称理由诉至本院。

上述事实有房产抵押借款合同、收条、承诺书、房地产权证、房地产登记册、房地产登记申请书、房地产买卖合同、委托书公证书、起诉状副本及双方当事人的陈述等与本案有关联的证据证明。

（四）一审判案理由

上海市闵行区人民法院经审理认为：债务履行期满后，抵押权人未受清偿时，抵押权人和抵押人可以协议折价取得抵押物。但是，当事人在抵押合同中约定，债务履行期届满抵押权人未受清偿时，抵押物的所有权转移为抵押权人所有的内容无效。本案中郑巍与余慧芝在签订房产抵押借款合同时，虽未明确约定郑巍届期不能清偿借款时，抵押房产便归余慧芝所有，但余慧芝将钱款借给郑巍的条件是郑巍须签订委托书，要授予余慧芝包括签订房地产买卖合同、收取房款、办理产权过户手续等权利，也就是余慧芝必须具有处分抵押房产的权利，而所有权最为关键的核心就是处分权。余慧芝取得该委托书后实际上已具有该房产的处分权利，可以取代郑巍处分该房屋，而无须与郑巍协商。因此，双方上述关于郑巍不能按约还款时，余慧芝随时有权转让抵押房产的约定属于流质契约，为法律所禁止，依法应为无效。郑巍虽于事后出具了相应的承诺书，承诺余慧芝有权处理抵押房产用以归还借款本息，但上述承诺只是郑巍关于遵守前述约定的承诺，因前述约定无效而自始无效，故无遵守和履行的必要，故郑巍所作承诺没有意义。抵押权的行使，必须依照法定程序，或者通过与抵押人协议，或者通过法院诉讼，抵押权人无权擅自处分抵押物。本案中，余慧芝在行使抵押权出让房屋时，未与郑巍协商房屋价格，双方也未达成相关协议。余慧芝自行将抵押房产过户给陈剑平，此系通过私力实现，未经法定程序，依法应为无效。综上，余慧芝虽是抵押房产的抵押权人，但其无权私自处分抵押房产。

余慧芝系通过陈剑平介绍与郑巍相识，并借钱给郑巍，所以陈剑平从一开始便参与到了郑巍与余慧芝的借款、抵押等活动中，故陈剑平并不具备法定善意第三人的条件；而且陈剑平所述关于合同签订、付款方式等相关内容的陈述又存在前后矛盾。综观全案，余慧芝、陈剑平事前经过协商，向郑巍放贷，事后相互协作，共同配合，在未与郑巍协商的情况下，凭借郑巍事先出具的委托书，完成了将郑巍用作担保还款的抵押房产直接进行过户，上述行为系余慧芝、陈剑平恶意串通的行为，一定程度上损害了郑巍的合法权益。余慧芝、陈剑平为此签订的“房地产买卖合同”系以合法形式掩盖非法目的的合同，依法应为无效。合同被确认无效后，陈剑平应当将“301 室”房屋产权恢复登记至郑巍名下，并恢复设定在该房屋上的余慧芝的抵押权。至于余慧芝与郑巍之间的房产抵押借款合同纠纷，不属于本案处理范围，双方或可以通过协商，或另行通过诉讼解决。余慧芝与陈剑平之间的法律关系，与本案不属于同一法律关系，也应由余慧芝与陈剑平自行协商解决，协商不成时也可另行起诉，故本案中不作处理。

（五）一审定案结论

上海市闵行区人民法院依照《中华人民共和国担保法》第四十条、第五十三条，《中华人民共和国合同法》第五十二条第（二）项、第（三）项，第五十八条之规定，作出如下判决：

1. 被告余慧芝以原告郑巍的名义与被告陈剑平签订的“上海市房地产买卖合同”无效。

2. 被告陈剑平于本判决生效之日起 30 日内协助原告郑巍将上海市闵行区虹梅路 999 弄 3 号 301 室房屋产权恢复登记至原告郑巍名下。

3. 原告郑巍于本判决生效之日起 30 日内协助被告余慧芝恢复抵押登记，在上海市闵行区虹梅路 999 弄 3 号 301 室房屋上设定以被告余慧芝为抵押权人、债权金额为 55 万元的他项权利。

案件受理费 11 300 元，由被告陈剑平、余慧芝负担。

（六）二审情况

1. 二审诉辩主张

（1）上诉人陈剑平诉称

1）两上诉人与张建国均系熟人与朋友，但两上诉人之前根本不认识，仅在购房前经张建国牵线两上诉人才结识。上诉人陈剑平为购买“301室”房屋曾主动联系郑巍，双方约在某浴场见面，中介人张建国也在场。上诉人陈剑平劝郑巍尽早还钱，但郑巍称其无钱，且已办理了房屋委托买卖手续，余慧芝可自行卖房抵债。购房前上诉人陈剑平多次来“301室”看房，但均无人在家，在找不到郑巍且向交易中心了解了房屋的基本情况后，上诉人陈剑平购买了该房屋。因此，两上诉人之间根本不存在恶意串通。2)“301室”房屋所有权开始是郑巍的，之后是陈剑平的，从未属于债权人余慧芝，一审法院适用《担保法》关于流质契约的规定，认定房屋买卖合同无效，属适用法律错误。综上，要求撤销原审判决，改判驳回郑巍在原审中的诉请。

(2) 上诉人余慧芝诉称

1) 上诉人余慧芝与陈剑平系投资公司张建国的熟人和朋友，在本案事实发生之前根本不认识。因郑巍不还钱，在张建国的牵线下上诉人余慧芝才认识陈剑平，并向其寻求帮助。陈剑平念在上诉人余慧芝确急需要钱，同时两人又均为张建国朋友，且当初购房未成，手上正好有钱，故在得到郑巍当面承认委托手续有效的肯定后，买下了“301室”。因此，两上诉人不存在恶意串通。2) 原审判决认定整个经过公证的房屋买卖过程属于“流质契约”，是对法律的错误认识。“301室”房屋系转让给陈剑平所有，而非债权人余慧芝；而且房屋买卖是经过郑巍同意的，不然也不会办理公证手续。综上，要求撤销原审判决，改判驳回郑巍在原审中的诉请。

(3) 被上诉人郑巍辩称

被上诉人是在报纸上看到广告而找到案外人顾云康借款30万元，之后再未借过。因在还款期内无力还款，该笔借款被直接加上10万元利息而转到余慧芝名下。2006年1月又因无力还款，被上诉人被迫出具15万元的收条作为利息。而余慧芝和陈剑平恶意串通，利用虚假交易的手段在被上诉人完全不知情的情况下，直接将被上诉人所有的“301室”房屋交易、过户至陈剑平名下。该非法交易不应受到法律保护。因此，要求驳回上诉，维持原判。

2. 二审事实和证据

上海市第一中级人民法院经审理，确认一审法院认定的事实和证据。

3. 二审判案理由

上海市第一中级人民法院经审理认为：本案争议焦点在于上诉人余慧芝以被上诉人郑巍名义与上诉人陈剑平就“301室”房屋所签订的房地产买卖合同的效力。根据本案所查明的事实，2005年9月至2006年1月期间，郑巍向余慧芝先后两次借款共计55万元，为此郑巍以其所有的“301室”房屋作为抵押向余慧芝提供借款担保并办理了抵押登记手续。同时，郑巍及其妻子还向余慧芝出具委托书，委托余慧芝办理出售“301室”房屋包括签订转让合同、收取房屋价款等手续。2006年12月，因郑巍未依约向余慧芝归还上述借款，余慧芝遂以郑巍代理人的身份与陈剑平就“301室”房屋签订房地产买卖合同，将该房屋产权过户登记至陈剑平名下。因此，审查上述买卖合同的效力首先要分析余慧芝能否以郑巍的名义出售“301室”房屋。

“301室”房屋系郑巍作为上述55万元借款的抵押物，而根据我国《担保法》的相关规定，在债务履行期限届满后余慧芝作为抵押权人未受清偿的，可以与抵押人郑巍协议以抵押物折价或者以拍卖、变卖该抵押物所得的价款受偿；若协议不成，则余慧芝可就此提起诉讼。因此，余慧芝作为抵押权人在未受清偿时直接以抵押人郑巍的名义将“301室”房屋予以出售，无法律依据。

虽然在办理抵押登记的同时，郑巍还向余慧芝出具了出售“301室”房屋的授权委托书，但郑巍在出具委托书时实非具有委托出售“301室”房屋的真实意思表示，故该委托书名为委托、实际仍系郑巍为上述55万元借款向余慧芝提供的一种担保。因此，余慧芝即便持有上述授权委托书，作为抵押权人其直接以抵押人的名义将抵押物出售给他人，亦依据不足。

综上，余慧芝以郑巍的名义出售“301室”房屋系无权处分，而陈剑平作为“301室”房屋的购买人在签订房地产买卖合同前不仅未对房屋的实际占有、使用情况作具体了解，亦未通过正常协商的方式确定房屋售价。虽然余慧芝认可已收到陈剑平支付的全部房款，但在郑巍对此提出异议的情况下，陈剑平又未能提供其付款的具体支付凭证，因此陈剑平不具备善意第三人的条件。

根据我国《合同法》关于无权处分的相关规定，余慧芝在无权以郑巍名义出售“301室”房屋的情况下，不仅在签订买卖合同后未获得郑巍的追认，在郑巍明确表示不愿意出售房屋的情况下仍以郑巍的名义与陈剑平就“301室”房屋签订房地产买卖合同，侵犯了郑巍合法的财产权，故该买卖合同应属无效。合同被确认无效后，陈剑平应当将“301室”房屋产权恢复登记至郑巍名下，并恢复原设定在该房屋上的余慧芝的抵押权。原审判决查明事实清楚，处理结果正确，二审法院依法予以维持。但原审判决理由不当，二审法院依法予以纠正。

4. 二审定案结论

上海市第一中级人民法院依照《中华人民共和国民事诉讼法》第一百五十三条第一款第（一）项、《中华人民共和国合同法》第五十一条之规定，作出如下判决：

驳回上诉，维持原判。

上诉案件受理费人民币11 300元，由上诉人陈剑平、余慧芝负担。

（七）解说

本案房屋买卖合同的效力应作无效处理，但究其法理，有以下几个值得探析的问题。

1. 对系争房屋双方约定的性质认定。

双方关于郑巍不能按约还款时余慧芝有权转让抵押物的约定并非“流质契约”。所谓流质契约，又称流质条款或流质约款，是指在担保合同中，担保人与担保权人约定，在债务人不能到期清偿债务时，将担保物所有权归属于担保权人所有。广义的流质约款包括在抵押合同中的流押条款和在质押合同中的流质条款。从我国的相关法律规定来看，在抵押和质押合同中对流质约款均采取严格的禁止主义，如我国《担保法》第四十条规定，订立抵押合同时，抵押权人和抵押人在合同中不得约定在债务履行期限届满抵押权人未受清偿时，抵押物的所有权转移为债权人所有。在之后的《物权法》第一百八十六条中对此也作了相同的规定。从上述规定可知，流质约款在我国有三大特征：第一，须在担保合同设立之时或者债务履行期届满之前成立；第二，应局限于抵押关系或质押关系中，对其他物权关系甚至他类担保关系并不适用；第三，其针对的对象为担保物的所有权归属，在债务人到期未清偿债务时，担保物的所有权归属于债权人即担保权人。

通说认为，所有权对其客体享有占有、使用、收益、处分四项权能，然而所有权并非此四项权能的简单叠加，权利人仅拥有其中一项甚至数项权能并不能反证其为所有权人，所有权是概括上述各项支配权能的浑然整体之权利，学理上称之为所有权的单一性。他物权的设立只是将所有权中的某一内容予以具体化，让他物权人享有而已。一言以蔽之，所有权不等于处分权。

在本案中，郑巍虽然出具委托书，授权余慧芝代为办理出售“301室”房屋的相关手续，且办理了公证，但依据物权公示原则，不动产物权的确定方式以登记为准，故此时该房屋的所有权人仍然为郑巍，余慧芝虽然因授权委托而享有对涉案房屋一定范围的处分权利，但该项权利究其性质为一种债权，并非他物权，更非为所有权，即使转让房屋，余慧芝也无法取得对涉案房屋产权的期待权。所以说，双方上述关于郑巍不能按约还款时余慧芝随时有权转让抵押房产的约定因未针对担保物所有权的归属进行处分，故该约定并非流质契约。究其性质，双方关于“301室”房屋的约定乃是一种债务的担保，然而其实现方式与抵押权的法定实现方式产生了冲突，从而导致了买卖合同的无效。

2. 买卖合同的效力认定应依据法律规定及当事人的真实意思表示。

本案中，余慧芝以郑巍的名义出售“301室”房屋实际上是一种担保余慧芝的债权得以实现的行为，然而该行为不符合《担保法》及《物权法》关于抵押权实现的规定，也与当事人的真实意思表示相悖。

第一，“301室”房屋系郑巍作为55万元借款的抵押物，而根据我国《担保法》的相关规定，在债务履行期限满后余慧芝作为抵押权人未受清偿的，可以与抵押人郑巍协议以抵押物折价或者以拍卖、变卖该抵押物所得的价款受偿；若协议不成，则余慧芝可就此提起诉讼。法律之所以对抵押权的实现方式加以限制，其目的在于平衡债权人及债务人之间的利益，保护债务人的财产不至于被贱卖，从而避免债权人有乘人之危、随意处分、有失公允之机。因此，余慧芝作为抵押权人在未受清偿时直接以抵押人郑巍的名义将“301室”房屋予以出售，并未经过法定抵押权实现的程序，乃是一种脱法行为，应为无效。

第二，从当事人内心真意的角度来观察，虽然在办理抵押登记的同时，郑巍向余慧芝出具了出售“301室”房屋的授权委托书，但该委托书名为委托、实际系郑巍为上述55万元借款向余慧芝提供的一种担保。换言之，郑巍能够得到余慧芝借款的唯一途径就是出具委托书，授予余慧芝包括签订房地产买卖合同、收取房款、办理产权过户手续等权利，故郑巍在出具委托书时实非具有委托出售“301室”房屋的真实意思表示。

第三，当余慧芝出售“301室”房屋时，也并未通知郑巍或与郑巍协商相关出售价格等事宜，故即使从委托—代理的法律关系层面去考虑，余慧芝的行为也损害了被代理人郑巍的利益，应为无效。

有鉴于上述三点，笔者认为，余慧芝即便持有上述授权委托书，作为抵押权人其直接以抵押人的名义将抵押物出售给他人的行为系无权处分。

3. 本案中买卖合同的买受人并非善意之第三人。

首先，对善意第三人的认定应从其与当事人间之关系及合同履行过程等方面进行综合分析。如前所述，本案中余慧芝以郑巍的名义与陈剑平签订房屋买卖合同的行为系无权处分，而陈剑平是否可以依据善意取得制度取得“301 室”房屋的所有权则要回到案情中综合判断。通过审理查明，余慧芝是通过陈剑平介绍与郑巍相识的，并借钱给郑巍，陈剑平自始至终参与了案件的全过程，对当事人之间的借款、抵押、委托、出售等一系列行为均属于知晓的状态。故陈剑平在明知该出售房屋的授权委托存在瑕疵的情况下，未主动联系涉案房屋的产权人而径自与余慧芝签订房屋买卖合同缺乏“善意”的基础。

其次，从整个买卖合同的履行过程来看，陈剑平作为“301 室”房屋的买受人，在签订房地产买卖合同前不仅未对房屋的实际占有、使用情况作具体了解，亦未通过正常协商的方式确定房屋售价，对于购房款的支付事实陈剑平也未能提供具体的付款凭证。故综合本案事实，应认定陈剑平对签约购买本案系争房屋不具有“善意”，不具备法定善意第三人的条件。

综上，根据物权法定原则及相关法律规定，本案买卖合同并非因郑巍与余慧芝之间关于“301 室”房屋的约定为流质约款而无效，而是由于余慧芝作为抵押权人在未受清偿时直接以抵押人的名义就抵押物与他人签订买卖合同的行为违背了相关法律规定。同时，余慧芝以郑巍的名义出售“301 室”房屋之脱法行为亦因损害了被代理人的利益而无效，且在签订买卖合同后郑巍并未对此予以追认，并且，陈剑平也因非善意第三人而无法适用善意取得制度取得涉案房屋之产权。当然，该买卖合同被认定无效并不意味着余慧芝对于郑巍的债权无法实现，在法院判令郑巍协助余慧芝恢复抵押权登记后，余慧芝仍然可以通过行使在“301 室”房屋上的抵押权，依照法定程序获得清偿。至于陈剑平与余慧芝之间因买卖合同无效所致后果，则非本案受理范围，应另行处理。

（上海市第一中级人民法院　杨斯空）

16. 原告严以芬诉被告周德井抵押权注销登记纠纷案（抵押权注销登记）

（一）首部

1. 裁定书字号

一审裁定书：江苏省盐城市建湖县人民法院（2008）建民一初字第 0996－1 号。

二审裁定书：江苏省盐城市中级人民法院（2009）盐民一终字第 1047 号。

2. 案由：抵押权纠纷。

3. 诉讼双方

原告：严以芬，女，汉族，住江苏省盐城市建湖县。

委托代理人（一审）：黄有为，男，汉族，住址同上，系严以芬之夫。

委托代理人（一审）：朱福江，建湖县新区法律服务所法律工作者。

被告：周德井，男，汉族，住江苏省盐城市建湖县。

委托代理人（一、二审）：高登军，江苏一枝笔律师事务所律师。

4. 审级：二审。

5. 审判机关和审判组织

一审法院：江苏省建湖县人民法院。

合议庭组成人员：审判长：吉民宏；审判员：顾步山、徐一峰。

二审法院：江苏省盐城市中级人民法院。

合议庭组成人员：审判长：李留霞；审判员：时云；代理审判员：张永峰。

6. 审结时间

一审审结时间：2009 年 3 月 26 日。

二审审结时间：2009 年 6 月 22 日。

（二）一审情况

1. 一审诉辩主张

（1）原告严以芬诉称

2006 年 3 月 20 日被告周德井和姜宗湖签订了一份借款协议，借款数额为 47.2 万元，借款期限为 2006 年 3 月 20 日至 2006 年 9 月 20 日。应被告的要求，原告以其自己所有的位于建湖县近湖镇老城区 26 幢 116 号、房权证为建湖字第 8375 号住房作为借款抵押担保，担保金额为 40 万元。该借款协议经建湖县公证处进行了公证，并于 2006 年 3 月 20 日分别作出（2006）建证经内字第 00500 号公证书、抵押登记证书。该借款届满后，在法定担保期内被告未要求原告承担担保抵押责任，在该借款协议中原告作为一般保证的保证人，保证期限应为主债务履行期满之日起 6 个月，被告的债权于 2006 年 9 月 20 日到期，被告应在 2007 年 3 月 20 日之前向原告主张担保责任，而被告却于 2007 年 5 月 17 日才向法院申请执行，要求原告和姜宗湖还款 526 188 元，执行费用 7 661 元。建湖县人民法院以建湖县公证处出具的执行证书内容记载有误，并同意被告撤回执行申请，于 2007 年 6 月 28 日作出（2007）建执字第 593 号民事裁定书，对建湖县公证处制发的（2006）建证经内字第 00500 号公证债权文书、（2007）建证民内字第 234 号执行证书终结执行。原告在此借款过程中的担保抵押责任在法律上已被免除，被告拒不履行返还原告所有的他项权证书，也拒不履行解除抵押登记手续、协助原告领回房屋产权证书，为了维护原告的合法权益，请求人民法院判令被告返还原告所有的房屋他项权证书，并协助原告至建湖县房屋管理部门领回原告所有的建湖字第 8375 号房权证书；本案诉讼费用由被告承担。

（2）被告周德井未作答辩。

2. 一审事实和证据

江苏省盐城市建湖县人民法院经公开审理查明：2006 年 3 月 20 日，姜宗湖、周德井和严以芬、黄有为三方签订借款协议，约定姜宗湖向周德井借款 47.2 万元，借款期限为 2006 年 3 月 20 日至同年 9 月 20 日，利息按月息 2 分计，严以芬和黄有为以其一套房屋为该笔借款提供抵押担保，抵押价值为 40 万元。三方约定至公证处办理公证及抵押手续，并赋予该公证文书强制执行效力，如姜宗湖到期不能履行还款义务，姜宗湖、严以芬、黄有为自愿接受人民法院的强制执行。同日，建湖县公证处作出（2006）建证经内字第00500号公证书，公证上述当事人订立借款协议时，具有民事权利能力和民事行为能力，意思表示真实，协议内容具体、明确、合法，当事人在协议上的签字或按手印属实；本公证书具有强制执行效力。

建湖县人民法院于2007年6月28日作出（2007）建执字第593号民事裁定。该裁定书载明：2007年5月17日，申请执行人周德井依据建湖县公证处（2006）建证经内字第00500号公证书和（2007）建证民内字第234号执行证书向本院申请执行。在执行过程中，被执行人提出建湖县公证处出具的执行书内容记载有误，申请执行人周德井向本院申请撤回执行申请。本院依法裁定终结对建湖县公证处（2006）建证经内字第00500号公证书和（2007）建证民内字第234号执行证书的执行。

3. 一审判案理由

江苏省盐城市建湖县人民法院经审理认为：周德井与姜宗湖及黄有为、严以芬之间的借贷及担保关系明确，姜宗湖、黄有为、严以芬在签订协议时均承诺，如姜宗湖到期不履行义务，自愿接受人民法院强制执行，并办理了具有强制执行效力的公证债权文书。根据法律规定，具有强制执行效力的公证债权文书和人民法院的判决书、仲裁裁决书具有同等法律效力，公证债权文书未经人民法院审查确认确有错误并裁定不予执行的，不允许当事人、公证事项的利害关系人就争议内容向人民法院提起民事诉讼。

4. 一审定案结论

江苏省盐城市建湖县人民法院依照《中华人民共和国民事诉讼法》第二百一十四条、第一百零八条和《最高人民法院关于适用〈中华人民共和国民事诉讼法〉若干问题的意见》第一百三十九条、《最高人民法院关于当事人对具有强制执行效力的公证债权文书的内容有争议提起诉讼人民法院是否受理问题的批复》的规定，作出如下裁定：

驳回原告严以芬的起诉。

原告严以芬预交的案件受理费80元，由本院退回。

（三）二审诉辩主张

1. 上诉人严以芬诉称

上诉人的担保责任在法律上已经免除，被上诉人应依法将他项权证书返还给上诉人，并协助上诉人从房屋管理部门领回原先办理抵押登记的房屋产权证书。请求依法撤销一审裁定，予以改判。

2. 被上诉人周德井辩称

严以芬的上诉理由不成立，原审裁定适用法律正确，并请求维持原裁定。

（四）二审事实和证据

江苏省盐城市中级人民法院经公开审理查明：建湖县公证处于2006年3月20日作出（2006）建证经内字第00500号公证书。该书载明：姜宗湖、周德井及严以芬、黄有为于公证当日订立协议一份，约定姜宗湖向周德井借款，严以芬、黄有为提供担保并以其一房产抵押。三方共同向建湖县公证处办理抵押登记、向房管部门领取他项权证。姜宗湖到期不能履行还款义务时，姜宗湖、严以芬、黄有为自愿接受人民法院的强制执行。当事人订立协议时，具有民事权利能力和民事行为能力，意思表示真实；协议内容具体、明确、合法，当事人在协议上的签字或按手印属实。

又查明：建湖县人民法院于2007年6月28日作出（2007）建执字第593号民事裁定。该裁定书载明：2007年5月17日，申请执行人周德井依据建湖县公证处（2006）建证经内字第00500号公证书和（2007）建证民内字第234号执行证书向本院申请执行。在执行过程中，被执行人提出建湖县公证处出具的执行证书内容记载有误，申请执行人周德井向本院申请撤回执行申请。本院依法裁定终结对建湖县公证处（2006）建证经内字第00500号公证书和（2007）建证民内字第234号执行证书的执行。

还查明：严以芬于2008年4月15日向建湖县人民法院对被告周德井提起民事诉讼。其请求为：（1）判令被告周德井返还原告所有的房屋他项权证书，并协助原告从建湖县房屋管理部门领回原告所有的建湖字第8375号房权证书。（2）本案诉讼费用由被告承担。其理由为：我的担保责任从法律上已经免除，被告周德井未在法定的期限内要求我承担担保责任。

（五）二审判案理由

江苏省盐城市中级人民法院经审理认为：在借贷等民事活动中，以房产设立抵押权的，房产抵押权自登记时设立。当债务人不履行到期债务或发生当事人约定的情形时，债权人可以行使抵押权。同时，如果出现法定的抵押权消灭的情形，债权人负有协助抵押人办理抵押权注销登记的义务，债权人不予协助的，抵押人可以向人民法院提起民事诉讼。具有强制执行效力的公证债权文书一经作出，即具有法律效力，未经人民法院确认确有错误并裁定不予执行，当事人就公证债权文书的内容直接向人民法院提起民事诉讼的，人民法院不予受理。但如果当事人之间的争议虽与公证债权文书有关，但并不属于公证债权文书内容的范畴，只要符合民事诉讼法规定的起诉条件，人民法院应当受理。人民法院对当事人的诉讼应进行必要的释明，引导当事人准确、规范地表述其真实意思。本案中，如果债务人姜宗湖未能偿还到期债务，抵押人严以芬、黄有为应当依法承担相应的法律责任；如果出现法定的抵押权消灭的情形，抵押权人周德井负有协助办理抵押权注销登记的义务，此义务是一种后合同义务，建湖县公证处（2006）建证经内字第00500号公证书并未涉及；严以芬向原审法院所提的诉讼请求不规范，但实质上是请求判令周德井履行协助办理抵押权注销登记的义务，原审法院应当受理，同时对诉讼请求作必要释明，并针对周德井的抵押权是否消灭这一核心问题进行审理，根据查明的事实，依法作出是否支持严以芬诉讼请求的裁判。

综上所述，原审法院裁定驳回严以芬的起诉，适用法律错误，应予纠正；上诉人严以芬的上诉理由成立，对其撤销原审裁定的上诉请求，应予支持。

（六）二审定案结论

江苏省盐城市中级人民法院依据《中华人民共和国民事诉讼法》第一百四十条第一款第（十一）项之规定，作出如下裁定：

1. 撤销建湖县人民法院（2008）建民一初字第0996－1号民事裁定。

2. 指定建湖县人民法院对严以芬诉周德井抵押权纠纷案进行审理。

二审案件受理费80元，由本院退回上诉人严以芬。

（七）解说

处理本案的关键是对《最高人民法院关于当事人对具有强制执行效力的公证债权文书的内容有争议提起诉讼人民法院是否受理问题的批复》（法释［2008］17号）如何理解和执行的问题。该批复规定：根据《中华人民共和国民事诉讼法》第二百一十四条和《中华人民共和国公证法》第三十七条的规定，经公证的以给付为内容并载明债务人愿意接受强制执行承诺的债权文书依法具有强制执行效力。债权人或者债务人对该债权文书的内容有争议直接向人民法院提起民事诉讼的，人民法院不予受理。但公证债权文书确有错误，人民法院裁定不予执行的，当事人、公证事项的利害关系人可以就争议内容向人民法院提起民事诉讼。

该批复的意义在于赋予具有执行效力的公证文书以确定力和强制力，增强法律文书的稳定性。我国《公证法》第三十七条第一款规定，对经公证的以给付为内容并载明债务人愿意接受强制执行承诺的债权文书，债务人不履行或者履行不适当的，债权人可以依法向有管辖权的人民法院申请执行。因而，该类公证债权文书具有与人民法院生效判决、裁定相同的法律效力，一经生效即产生法律上的确定性和强制性，当事人之间的权利、义务即告确立，形成类似既判力的效力，非经法定程序不得撤销，当事人也不得就同一争议再行起诉。法律这样规定的目的，一方面是使当事人之间的争议稳定下来并得到法律强制力的保障，促使当事人搁置争议，尽快恢复正常的生产、生活秩序，保持社会秩序的稳定；另一方面是避免当事人就同一争议重复启动纠纷解决程序，减轻当事人的讼累，节约纠纷解决的经济成本。

应当说，该批复的作用是保护公证债权文书核心内容——当事人之间债权债务关系的确定性，而并非是对所有与公证有关的事项予以确认。当事人对公证债权文书的内容有争议的，不得向人民法院起诉；但若当事人对公证债权文书内容之外的事项有争议而提起诉讼的，人民法院应当受理。就本案而言，即符合后一种情形，人民法院不应拒绝受理。

首先，本案争议的事项不属于公证债权文书确定的事项，当事人可以提起诉讼。建湖县公证处作出的（2006）建证经内字第00500号公证书，核心内容是对当事人之间的借款关系及抵押担保关系进行公证，即确认姜宗湖向周德井借款47.2万元，严以芬和黄有为用房屋为该笔借款提供抵押担保；同时确认该公证文书具有强制执行效力，如姜宗湖到期不能履行还款义务，姜宗湖、严以芬、黄有为自愿接受人民法院的强制执行。实际上，该公证文书的关键是要公证姜宗湖与周德井之间成立借款合同关系，严以芬、黄有为与周德井之间成立抵押担保合同关系。因当事人赋予该公证文书强制执行力，如果当事人仅就他们之间的借款法律关系和抵押担保法律关系——姜宗湖与周德井之间是否存在借款关系、借款金额是多少，以及严以芬、黄有为与周德井之间是否存在抵押担保关系、承担什么样的责任——产生争议而向人民法院起诉，人民法院得受具有强制执行力的公证债权文书的约束，不得受理，因为这些内容已由公证文书确定。而本案的争议事项是周德井是否负有协助严以芬办理抵押注销登记的义务，该争议虽然貌似抵押担保争议，但实质上并不涉及抵押权属是否成立这一核心问题，因而也就不属于公证债权文书内容的范畴，不受公证债权文书的约束，当事人仍可向人民法院起诉。

其次，退一步讲，即使本案争议内容属于公证债权文书的内容，也因本案公证债权文书的内容已终结执行，当事人可以重新提起诉讼。司法解释规定对此类公证债权文书的内容不得提起诉讼的原因是，公证文书已具有执行效力，再行起诉将形成冲突，而且双方当事人的权利、义务已经确定，无须再通过诉讼程序重复审查。而本案争议的（2006）建证经内字第00500号公证书在执行过程中，已被人民法院裁定终结执行，因而该公证债权文书已不再具有执行效力，双方的权利义务关系已恢复到公证债权文书之前，在法律上重新处于不确定的状态，仍有诉讼解决争议的必要。最高人民法院的上述批复规定，公证债权文书确有错误，人民法院裁定不予执行的，当事人、公证事项的利害关系人可以就争议内容向人民法院提起民事诉讼。而终结执行和不予执行具有相同的法律效力，即公证文书不再具有执行效力，故公证债权文书终结执行的，可以参照不予执行的规定执行，当事人可以就争议事项向人民法院提起诉讼。这实质上是对当事人权利救济所采取的特殊保护措施，避免当事人的权利无从救济。所以，本案中即使认为原告严以芬的诉讼请求属于公证债权文书的内容，也不影响人民法院对案件的受理。

再次，本案原告严以芬的诉讼请求实际上属于后合同义务的请求，符合起诉的条件。《合同法》第九十二条规定："合同的权利义务终止后，当事人应当遵循诚实信用原则，根据交易习惯履行通知、协助、保密等义务。"根据该条的规定，在合同双方权利、义务尚未履行完毕但合同已被确认终止后，当事人根据诚实信用原则应承担一些附随义务。因为在这种情况下，尽管当事人剩余的合同义务无须再履行，但双方当事人都已为履行合同义务作出一些准备，合同终止后必须做好这些准备工作的善后事宜，尽量使双方的权利、义务恢复到合同前的状态。一方当事人如有合理请求和需要，另一方当事人应配合协助。这就是所谓的后合同义务，它是诚实信用这一"帝王条款"的延伸，法律规定后合同义务是为了更好地保护合同当事人的权利、维护交易秩序。本案中，（2006）建证经内字第00500号公证书在执行过程中被人民法院裁定终结执行，意味着原告严以芬与被告周德井之间的抵押担保合同已经终止，双方的合同权利、义务即告终结。但原告严以芬之前为了履行抵押担保义务已做了积极的准备，即办理了房屋抵押登记手续和他项权证，在抵押担保合同终止后，被告周德井应当履行协助办理注销抵押登记手续的后合同义务，否则，原告严以芬将无法独自办理注销抵押登记手续，其合法的房屋产权将得不到保护，这对原告严以芬来说是不公平的，而被告周德井履行这一后合同义务并不会影响其实际权益。所以，原告严以芬的诉讼请求于法有据，同时也符合起诉的规定，人民法院应当受理并进入实体审查。

综上所述，本案原告严以芬要求被告周德井履行协助注销抵押登记手续的诉讼请求，人民法院应当受理。

（江苏省盐城市中级人民法院　周永军　张永峰）

二、人身权纠纷案例

17. 王菲诉张乐奕侵犯其名誉权、隐私权案（名誉权、隐私权）

（一）首部

1. 判决书字号

一审判决书：北京市朝阳区人民法院（2008）朝民初字第 10930 号。

二审判决书：北京市第二中级人民法院（2009）二中民终字第 5603 号。

2. 案由：名誉权、隐私权纠纷。

3. 诉讼双方

原告（被上诉人）：王菲，男，汉族，住北京市朝阳区。

委托代理人（一、二审）：张雁峰，北京市京都律师事务所律师。

委托代理人（一、二审）：董宇琼，北京市京都律师事务所律师。

被告（上诉人）：张乐奕，男，汉族，住北京市朝阳区。

委托代理人（一、二审）：李春谊，北京市中咨律师事务所律师。

4. 审级：二审。

5. 审判机关和审判组织

一审法院：北京市朝阳区人民法院。

合议庭组成人员：审判长：徐娟；审判员：戚俊杰；代理审判员：夏莉。

二审法院：北京市第二中级人民法院。

合议庭组成人员：审判长：刘海东；审判员：赵国惠；代理审判员：陈柳芬。

6. 审结时间

一审审结时间：2008 年 12 月 16 日。

二审审结时间：2009 年 12 月 23 日。

（二）一审诉辩主张

1. 原告王菲诉称

我与姜岩于 2006 年 2 月 22 日结婚，由于双方性格差异等原因，婚后感情不和，尤其是 2007 年 6 月我生病后双方感情进一步恶化，2007 年 10 月双方闹起离婚，2007 年 12 月 29 日姜岩跳楼自尽。

自 2008 年 1 月 10 日开始，张乐奕在其注册的网站“北飞的候鸟”上刊登了《哀莫大于心死》、《静静的》、《心上的月光》、《青春透明如醇酒，可饮可尽可别离》等文章。这些文章中有对我及家人进行侮辱、诽谤的内容，如“王菲承认他全家都见过东方，且东方还住在他父母家，他父母还叫东方是可爱的小天使”，“这时她收到王菲父亲的一个短信，忽然情绪激动起来……”“王菲的爸爸也不停打电话过来……后来他们之间有了三四次通话，他父亲一直在推脱，姜岩表现得很狂躁”，“我曾经设想过无数次再见到他的场景，我想，无论怎样，我都一定会先狠狠抽他几记响亮的耳光……只会在父母的羽翼下苟且的可怜虫而已”，“因为王家的态度，你迟迟不能下葬”，等等。同时，张乐奕还将我的姓名、照片、住址、工作单位等身份信息全部在网上非法披露。

张乐奕在其网站上刊登的这些文章严重失实，给我及家人的生活、工作、名誉造成极为恶劣而严重的影响：被网友骚扰，被工作单位辞退，其他单位也因之不敢聘用；父母住宅多次被人骚扰，门口两侧贴满诬陷、恐吓标语；报刊、电视等多家媒体在报道姜岩死亡事件时作出了对我极不公正的报道……

因此请求法院判令张乐奕立即停止侵害，删除“北飞的候鸟”网站上有关侵权信息，并在“北飞的候鸟”网站上为我恢复名誉，消除影响，赔礼道歉；赔偿我的工资损失 3.5 万元，精神损害抚慰金 2 万元，支付 2 050 元公证费用的 1/3。

2. 被告张乐奕辩称

王菲在与姜岩婚姻关系存续期间，与案外女发生不正当关系，并与姜岩分居。2007 年 12 月 27 日，姜岩因不堪王菲背叛及冷漠的伤害，曾服用药物自杀，后被及时发现，送至医院抢救。但在 29 日晚，姜岩与王菲之父通话后，因绝望跳楼自杀死亡。

姜岩生前通过其个人博客“北飞的候鸟”，以日记形式记录了因丈夫有第三者而受到极大伤害以致绝望的事实，对丈夫的不忠及冷漠进行了控诉，并对此类社会现象表达了无奈。

我是姜岩的大学同学。2008 年 1 月 8 日，我接到姜岩亲属的电话，得知姜岩的噩耗。和姜岩其他的朋友一样，我对姜岩的死亡感到非常悲伤及同情。为对姜岩进行缅怀，姜岩的亲属、朋友自发设立了“北飞的候鸟”网站，由我出面申请注册了域名，并负责对网站进行管理。姜岩的亲属、朋友通过该网站发表纪念文章，并对姜岩生前的博客文章进行了收集整理。

“北飞的候鸟”网站发表的相关文章对事件经过的陈述符合事实，对相关事件及人物的评价符合公序良俗，因此王菲诉我侵害其名誉权、隐私权的主张不成立。另外，王菲原工作单位于 2008 年 1 月 11 日发布的声明显示，是王菲主动向单位辞职，且其辞职时间为 2008 年 1 月 11 日之前，而“北飞的候鸟”网站申请注册时间为 2008 年 1 月 11 日。王菲所主张的工资损失不成立，且与“北飞的候鸟”网站创立无因果关系。

综上，王菲因为对婚姻不忠导致妻子姜岩自杀，对上述事件进行陈述以及评价，是法律赋予公民的权利，我的网站不构成对王菲名誉权的侵犯。我对网站的管理行为符合国家法律、法规。王菲所获社会评价与其对婚姻不忠诚的不道德行为相适应，损害后果证据不足，且与网站中刊登的文章无因果关系。基于以上事实及理由，请求法院判决驳回王菲的全部诉讼请求。

（三）一审事实和证据

北京市朝阳区人民法院公开审理查明：王菲与死者姜岩系夫妻关系，双方于2006年2月22日登记结婚。2007年12月29日晚，姜岩从自己居住楼房的24层跳楼自杀死亡。

姜岩生前在网络上注册了名为“北飞的候鸟”的个人博客，并进行写作。在自杀前2个月，姜岩关闭了自己的博客，但一直没有中断博客的写作。姜岩在博客中以日记形式记载了自杀前两个月的心路历程，将王菲与案外女性东某的合影照片贴在博客中，认为二人有不正当两性关系，自己的婚姻很失败。姜岩的日记中显示出了丈夫王菲的姓名、工作单位地址等信息。姜岩在2007年12月27日第一次试图自杀前，将自己博客的密码告诉一名网友，并委托该网友在12小时后打开博客。2007年12月29日姜岩跳楼自杀死亡后，姜岩的网友将博客密码告诉了姜岩的姐姐姜红，姜红将姜岩的博客打开。

张乐奕系姜岩的大学同学。得知姜岩死亡后，张乐奕于2008年1月11日注册了非经营性网站，名称与姜岩博客名称相同，即“北飞的候鸟”（网址：http://orionchris.cn/）。在该网站首页，张乐奕介绍该网站是“祭奠姜岩和为姜岩讨回公道的地方”。张乐奕、姜岩的亲属及朋友先后在该网站上发表纪念姜岩的文章。张乐奕还将该网站与天涯网、新浪网进行了链接。

姜岩的博客日记被一名网民阅读后转发在天涯网的社区论坛中，后又不断被其他网民转发至不同网站上，姜岩的死亡原因、王菲的“婚外情”行为等情节引发众多网民的长时间、持续性关注和评论。许多网民认为王菲的“婚外情”行为是促使姜岩自杀的原因之一；一些网民在参与评论的同时，在天涯网等网站上发起对王菲的“人肉搜索”，使王菲的姓名、工作单位、家庭住址等详细个人信息逐渐被披露；一些网民在网络上对王菲进行指名道姓的谩骂；更有部分网民到王菲和其父母住处进行骚扰，在王家门口墙壁上刷写、张贴“无良王家”、“逼死贤妻”、“血债血偿”等标语。直至本案审理期间，许多互联网网站上仍有大量网民的评论文章。

王菲认为“北飞的候鸟”网站上刊登的部分文章中披露了其“婚外情”以及姓名、工作单位、住址等信息，并包含有侮辱和诽谤的内容，侵犯了其隐私权和名誉权，分别是：

(1)《哀莫大于心死》一文。该文于2008年1月11日由张乐奕根据姜红口述整理而成，文章按照时间排序的方式向读者介绍了姜岩自杀事件发展的过程。在文章前部，张乐奕写道，“这里的留言是开放的，不会像天涯那里被封帖”；介绍事件的人物时写道“姜岩：因为婚姻出现第三者而且无法承受丈夫及丈夫一家的屡次打击，在2007年12月29日23:00选择自杀的女孩儿；王菲：姜岩的丈夫……”张乐奕将姜岩博客中王菲与东某的合影照片在该文中再次进行粘贴，将王菲与姜岩的住址、王菲的工作单位名称及地址进行了披露，描述了姜岩的姐姐姜红亲历的姜岩两次自杀行为及死亡的全部细节和过程，表达了对王菲及其家人极度不满的态度。王菲主张“北飞的候鸟”网站在刊登该文时使用了王菲的真实姓名，粘贴了王菲与东某的照片，构成侵犯隐私权。

(2)《静静的》一文。该文中有“我曾经设想过无数次再见到他的场景，我想，无论怎样，我都一定会先狠狠抽他几记响亮的耳光……只会在父母的羽翼下苟且的可怜虫而已”一段文字，并使用了王菲的真实姓名。王菲主张“北飞的候鸟”网站将带有这种侮辱性文字的文章予以刊登构成侵犯名誉权，披露王菲的姓名构成侵犯隐私权。

(3)《心上的月光》一文。王菲主张“北飞的候鸟”网站在刊登该文时披露了王菲的真实姓名，构成侵犯隐私权。

另外，张乐奕在“北飞的候鸟”网站上撰写了《青春透明如醇酒，可饮可尽可别离》一文，回忆了其与姜岩的交往过程。王菲认为该文可以证明张乐奕与姜岩藕断丝连，是影响王菲与姜岩夫妻感情的因素之一。

另查：张乐奕在管理网站过程中，曾经删除了部分网友的留言，并在网站上留言，倡导网友“不要在这里报复性地贴任何人的通信方式、家庭住址，网络上有太多的地方可以搜索到，不要再让他们出现在这里”。

2008 年 3 月 11 日，王菲委托北京市方圆公证处对从互联网中下载的“北飞的候鸟”网站、大旗网和天涯网三个网站中与本案相关的网页进行了证据保全，花费公证费 2 050 元。

王菲为了证实由于此事被工作单位盛世长城国际广告有限公司辞退而产生工资损失，向本院提供了工资清单及盛世长城国际广告有限公司在《大家好，我是姜岩的姐姐》一帖中回复的帖子，内容为：“……在得知此事原委之后，公司即决定让王菲、东＊两名员工暂时停止工作，以妥善处理此事。其后不久，他们二人即向公司提请辞职，公司已予批准。”王菲的工资清单显示其 2007 年 12 月的月工资收入为 19 300 元。

本案审理中，王菲承认与东某确实曾有“婚外情”。

2008 年 1 月 19 日，王菲作为乙方与姜岩的父母作为甲方签订关于姜岩后事处理的“协议书”。该协议第三部分第 1 条内容为“对于婚后乙方的不忠行为及以后发生的不幸事件，乙方向甲方表示诚挚的歉意”。

上述事实有双方当事人当庭陈述、相关网站网页、证人证言等证据证明。

(四) 一审判案理由

北京市朝阳区人民法院经审理认为：我国婚姻法规定，夫妻应当相互忠实。王菲的当庭的自认及王菲与姜岩父母的协议内容，可以证实王菲与案外人东某确有不正当男女关系，王菲的行为违背了我国的法律规定。姜岩的日记显示，姜岩因此遭受了巨大伤害，承受了巨大精神痛苦。王菲的这一行为不仅违背了法律规定，也背离了社会道德标准，本院予以批评。

公民享有名誉权，禁止用侮辱、诽谤、泄露他人隐私等方式损害公民的名誉。我国《互联网信息服务管理办法》及《互联网电子公告服务管理规定》中规定：互联网信息服务提供者应当向上网用户提供良好的服务，并保证所提供的信息内容合法。任何人不得在电子公告服务系统中发布含有侮辱或者诽谤他人、侵害他人合法权益的信息。电子公告服务提供者发现其电子公告服务系统中出现明显属于上述信息内容的，应当立即删除，保存有关记录，并向国家有关机关报告。

张乐奕作为姜岩的大学同学，在得知姜岩自杀身亡后，为了祭奠姜岩，抨击王菲的不忠行为，注册了“北飞的候鸟”网站。张乐奕在注册网站后，应当依法管理网站，对该网站中发布的帖子内容负责。

本案中双方争议的焦点在于，张乐奕将王菲的真实姓名、工作单位、家庭住址、与其他女性有“婚外情”的信息在“北飞的候鸟”网站中进行披露，是否侵犯了王菲的隐私权和名誉权。

1. 张乐奕的行为侵害了王菲的隐私权和名誉权。

隐私一般是指仅与特定人的利益或者人身发生联系，且权利人不愿为他人所知晓的私人生活、私人信息、私人空间及个人生活安宁。隐私权一般指自然人享有的对自己的个人秘密和个人私生活进行支配并排除他人干涉的一种人格权。采取披露、宣扬等方式，侵入他人隐私领域，侵害私人活动的行为，就是侵害隐私权的行为。

公民的个人感情生活，包括婚外男女关系问题，均属个人隐私范畴。在正常的社会生活中，此类情况一般仅为范围较小的相对特定人所知晓，正常情况下，当事人一般不愿，也不会向不特定的社会公众广为散布。本案中，张乐奕基于与姜岩的同学关系，知晓了王菲存在“婚外情”的事实，在姜岩死亡后，不仅将此事实在“北飞的候鸟”网站上进行披露，还将该网站与其他网站相链接，扩大了该事实在互联网上的传播范围，使不特定的社会公众得以知晓。张乐奕的行为构成对王菲隐私权的侵害。

此外，在社会生活中，公民为了交往的需要，常常主动将姓名、工作单位、家庭住址等个人信息告知他人，这些个人信息有时也会被他人通过一定途径知晓和利用。这些个人信息的披露、使用等行为是否构成侵犯隐私权，应当视行为人对这些信息的取得方式、披露方式、披露范围、披露目的及披露后果等因素综合认定。

本案中，张乐奕对王菲的婚姻不忠行为持否定、批判的态度，其在网站上主动披露此事实和王菲的个人信息之前，明知披露对象已超出了相对特定人的范围，而且应当能够预知这种披露行为在网络中可能产生的后果。因此，张乐奕在网络中披露王菲“婚外情”和个人信息的行为，应属预知后果的有意为之。王菲的“婚外情”、姓名、工作单位等信息被披露，成为网民知晓其真实身份的依据之一，引发了众多网民的批评性言论及不满情绪，乃至形成了爆发和蔓延之势。因此，张乐奕在披露王菲婚姻不忠行为的同时，披露王菲的姓名、工作单位名称、家庭住址等个人信息，亦构成了对王菲隐私权的侵害。

名誉是指社会对特定民事主体的品德、才能以及其他素质客观、综合的评价。名誉权是指民事主体就自身属性和价值所获得的社会评价与自我评价享有的保有和维护的人格权。

张乐奕披露王菲的上述隐私内容后，在造成众多网民在不同网站上持续发布大量批评和谴责性言论的同时，引发众多网民使用“人肉搜索”的网络搜索模式，搜寻与王菲及其家人有关的任何信息，并逐步演变成对王菲进行密集的、长时间的、指名道姓的谩骂，甚至发生了网民到王菲及其父母住所张贴、刷写侮辱性标语等极端行为。张乐奕的披露行为对王菲的影响已经从网络发展到现实生活中，不仅严重干扰了王菲的正常生活，而且使王菲的社会评价明显降低。（其实张乐奕侵犯名誉权应当仅仅局限于其本人对王菲的侮辱，而其他网友的侮辱，如果出现在网站上，更多的是张乐奕作为成立网站的个人承担的网络运营商的责任!）这种侵害结果的发生与张乐奕的披露行为之间存在直接的因果关系，因此，应当认定张乐奕以披露王菲隐私的方式造成了对王菲名誉权的侵害。

关于王菲所称的“北飞的候鸟”网站上刊登的部分文章捏造事实，构成诽谤、侮辱的诉讼主张，本院进行了对相关事实的审查。庭审中，就上述问题王菲未提供证据证明真实情况，本院无法认定是否属于捏造事实，即无法认定张乐奕对王菲构成诽谤。

另，王菲认为“北飞的候鸟”网站登载的《静静的》一文中的一段文字对其构成了侮辱。本院认为，该文章系姜岩的亲属在姜岩不堪王菲的婚姻不忠行为而自杀后，发表的谴责王菲、宣泄个人感情的文章，该文章的文字并无异常过激之处。张乐奕在“北飞的候鸟”网站上登载该篇文章的行为不构成对王菲的侮辱。

2. 关于张乐奕的侵权赔偿责任的承担。

张乐奕作为“北飞的候鸟”网站的注册管理者，在自己管理的网站上撰写文章、登载网民的文章，享有言论自由的权利。但张乐奕的这些行为均应建立在遵守法律、法规的基础之上，并以不侵害他人的合法权益为前提。本案中，张乐奕刊载的文章内容侵犯了王菲的隐私权和名誉权，在产生了严重后果以后及王菲起诉后，张乐奕作为网站的管理者还不予以妥善处理，则张乐奕应当承担相应的侵权民事责任，具体方式包括停止侵害，将网站中的侵权信息（包括侵权文章及侵权图片）删除，赔礼道歉及赔偿相应损失。

张乐奕在“北飞的候鸟”网站上刊登《哀莫大于心死》、《静静的》、《心上的月光》三篇文章的行为均构成侵权，应予删除。因王菲未主张《青春透明如醇酒，可饮可尽可别离》一文侵犯其隐私权、名誉权，故对于该文章本院不要求张乐奕删除。

关于王菲要求的误工费损失，王菲提供的其原工作单位在网络上所发帖子的内容显示是王菲主动离职，而不是单位将其辞退，故此项诉讼请求证据不足，本院不予支持。

关于王菲要求的公证费用，因网络中的内容始终处于不断更新的状态，王菲为搜集证据而对相关网页采用公证的形式予以固定，因此而支出的费用属于取证的合理支出，王菲要求张乐奕承担部分公证费的诉讼请求合理，本院予以认可。

关于王菲要求的精神损害抚慰金，王菲因为此事件遭受到舆论压力，承受了较大精神痛苦，张乐奕应赔偿其精神损害抚慰金。但是，考虑到以下事实的存在，张乐奕的赔偿责任应予适当减轻：（1）在张乐奕披露相关情况之前，姜岩的博客已经打开，并为公众知晓，张乐奕的行为是事件影响进一步扩大的其中一个因素，并非唯一因素；（2）张乐奕在网站管理过程中，有主动删除部分侵权信息的行为；（3）在张乐奕的披露行为之外，同时还存在其他途径的披露行为，如姜岩的博客、其他网站上网民的“人肉搜索”等；（4）王菲的婚姻不忠行为属实，且为社会道德规范所否定。因此，王菲精神损害抚慰金的具体数额，由本院综合上述因素酌情确定。

（五）一审定案结论

北京市朝阳区人民法院依据《中华人民共和国民法通则》第一百零一条、第一百三十四条第一款第（一）、（七）项，《最高人民法院关于确定民事侵权精神损害赔偿责任若干问题的解释》第一条第二款之规定，作出如下判决：

1. 被告张乐奕于本判决生效后7日内停止对原告王菲的侵害行为，删除刊登在“北飞的候鸟”网站（http://orionchris.cn/）上的《哀莫大于心死》、《静静的》、《心上的月光》三篇文章及原告王菲与案外人东某的合影照片。

2. 被告张乐奕于本判决生效后7日内在“北飞的候鸟”网站（http://orion-

chris. cn/）首页上刊登向原告王菲的道歉函，刊登天数不得少于 10 天，道歉函的内容由本院核定；否则本院将本案判决书主要内容刊登于其他媒体上，费用由被告张乐奕承担。

3. 被告张乐奕于本判决生效后 7 日内赔偿原告王菲精神损害抚慰金 5 000 元。

4. 被告张乐奕于本判决生效后 7 日内赔偿原告王菲公证费用 640 元。

5. 驳回原告王菲其他诉讼请求。

如未按本判决指定的期间履行给付金钱义务，应当依照《中华人民共和国民事诉讼法（2007 年修正）》第二百二十九条之规定，加倍支付迟延履行期间的债务利息。

案件受理费 150 元，由被告张乐奕负担（原告王菲已预交，被告张乐奕于本判决生效后 7 日内给付原告王菲）。

如不服本判决，可于本判决书送达之日起 15 日内向本院递交上诉状，并按对方当事人的人数提出副本，交纳上诉案件受理费，上诉于北京市第二中级人民法院。如在上诉期满后 7 日内未交纳上诉案件受理费，按自动撤回上诉处理。

（六）二审情况

1. 二审诉辩主张

（1）上诉人张乐奕诉称

第一，王菲就其违背道德的行为不享有隐私权，对姜岩自杀这一公众事件的披露符合公众利益，王菲的个人信息在"北飞的候鸟"网站开办前已被他人披露，该已为社会公众知情的信息不再构成隐私。第二，网友对王菲的谴责是由其不法行为引起，"人肉搜索"以及部分极端的行为与"北飞的候鸟"网站缺乏因果关系，王菲的社会名誉与其言行相当，不存在被损害的情况。第三，原审法院认定姜岩的博客是姜红打开、未查清天涯网及其他网站关于"北飞的候鸟"网站披露事件经过的事实属认定事实不清。第四，原审判决删除全部三篇文章不合理，判决张乐奕承担高额精神损害抚慰金不合理。请求二审法院查清事实，正确适用法律，依法改判驳回王菲的全部诉讼请求。

（2）被上诉人王菲辩称

同意原判。

2. 二审事实和证据

北京市第二中级人民法院经审理，确认一审法院认定的事实和证据。

3. 二审判案理由

北京市第二中级人民法院经审理认为：公民依法享有名誉权，公民的人格尊严受法律保护。根据查明的事实可以确认，王菲在与姜岩婚姻关系存续期间与他人有不正当男女关系，其行为违反了我国法律规定、违背了社会的公序良俗和道德标准，使姜岩遭受巨大的精神痛苦，是造成姜岩自杀这一不幸事件的因素之一。王菲的上述行为应当受到批评和谴责。但应当指出，对王菲的批评和谴责应在法律允许的范围内进行，不应披露、宣扬其隐私，否则构成侵权。张乐奕作为姜岩的大学同学，在姜岩自杀后以祭奠姜岩、抨击王菲不忠行为为目的设立"北飞的候鸟"网站，将王菲的姓名、工作单位、家庭住址、照片及与他人有"婚外情"等王菲不愿让不特定的社会公众知晓的私人信息在网站中向社会公众披露，并通过该网站与其他网站的链接，扩大了王菲私人信息向不特定社会公众传播的范围，对部分网民向王菲发起“人肉搜索”、谩骂王菲、骚扰王菲及其父母正常生活的不当行为有相当的推动和促进作用，严重干扰了王菲的正常生活，造成了王菲社会评价的明显降低。张乐奕作为“北飞的候鸟”网站的管理者未尽到应尽的管理责任，泄露王菲个人隐私的行为已构成对王菲的名誉权的侵害，张乐奕应当对此承担相应的民事责任。张乐奕以王菲就其违背道德的行为不享有隐私权、其对姜岩自杀这一公众事件的披露符合公众利益为由认为其不构成名誉权侵权，缺乏法律依据，本院不予采信。另，相关证据虽能证明在张乐奕 2008 年 1 月 11 日开办“北飞的候鸟”网站前，部分网民已在其他网站披露了姜岩自杀事件的经过，其间对王菲的个人情况已有披露，但应当指出，他人对王菲个人信息的披露并不意味着张乐奕可以继续对此予以披露、传播，他人此前对王菲个人信息的披露不影响张乐奕侵犯王菲名誉权的事实成立，故张乐奕以其他网站先于“北飞的候鸟”网站披露事件经过、相关信息已不具备私密性为由不同意承担侵权责任，没有法律依据，本院亦不予采信。原审法院认定张乐奕侵犯了王菲的名誉权事实清楚、适用法律正确，本院予以维持。在此基础上，原审法院根据双方当事人的过错及相关具体情况，适当减轻了张乐奕的赔偿责任，判令张乐奕删除侵权的 3 篇文章及相关照片、判令张乐奕赔礼道歉并酌情判令张乐奕赔偿王菲相应的精神损害抚慰金及公证费并无不当，本院亦予以维持。综上，原审判决并无不当，本院予以维持。

4. 二审定案结论

北京市第二中级人民法院依照《中华人民共和国民事诉讼法》第一百五十三条第一款第（一）项之规定，作出如下判决：

驳回上诉，维持原判。

一审案件受理费 150 元，由张乐奕负担（于本判决生效后 7 日内交至原审法院）；二审案件受理费 150 元，由张乐奕负担（已交纳）。

（七）解说

本案是“人肉搜索第一案”的三个案件中唯一一个经过二审审理的案件，本案经过一、二审，历时近两年，以二审法院维持原判告终。这也宣告了本案的一审判决生效，其中确立的法律规则得到了认可。而本案判决中明确提出并界定了隐私权的概念，将隐私权和名誉权予以分别考量，前瞻性地契合了《侵权责任法》的规定，并通过法律保护网络时代的隐私权，这些等颇有创见的判决内容值得进一步解说和研究。

1. 隐私是一种什么权利

第一，隐私权是否有独立于名誉权的内涵？

作为一个常见的名词，“隐私”并不为国人所陌生，而《民事诉讼法》、《刑事诉讼法》、《未成年人保护法》等十多部我国的法律、司法解释也都提到了“隐私”，但是却没有任何一部法律提出“隐私的概念”，也没有一部法律明确提出“隐私权”（《侵权责任法》除外）。现代汉语将“隐私”解释为“不愿告人的或不愿公开的个人的事”[1]。本判决则提

① 《现代汉语词典》，1381 页，北京，商务出版社，1983。

出了隐私的概念，而且将其赋予法律上更加可操作的意味："隐私一般是指仅与特定人的利益或者人身发生联系，且权利人不愿为他人所知晓的私人生活、私人信息、私人空间及个人生活安宁。"

对于隐私权，我国只是最高人民法院的两部相关司法解释《关于执行〈中华人民共和国民法通则〉若干问题的若干意见（修改稿）》[①] 和《关于审理名誉权案件若干问题的解答》[②] 中将侵犯隐私的行为作为"侵害名誉权"处理。而本判决则将隐私权与名誉权分别予以叙述和说理，并认为"张乐奕的行为侵害了王菲的隐私权和名誉权"。那么，隐私权到底是什么，是否从属于名誉权，隐私权是否有其独立的价值和内涵呢？

隐私权与名誉权二者都是与精神利益有关但不体现直接财产内容的人身权利，属于人格权，存在一定的内在联系，侵害他人的隐私权有时会导致名誉权受损害的结果，而侵害他人名誉权的行为可能包含了侵犯隐私权，但并非所有侵犯隐私权的行为都构成对他人名誉权的侵犯，隐私权的存在有其独立价值。一方面，隐私权主要是指权利主体的个人信息不被非法获取和公开，私人生活不受非法干扰，个人私事的决定不受非法干涉的权利。侵犯隐私权的行为不一定会影响名誉。例如，偷看他人信件或者日记是典型的侵害隐私权的行为，但如果侵权人并没有利用这些信息造谣、诽谤，则并没有造成对名誉权的损害。另一方面，侵权人采取无中生有、侮辱、诽谤等方式贬损他人的人格，从而使被侮辱人的名誉受到损害，但未必会侵害其隐私权。例如，贾某因对单位领导李某不满，到处宣扬其与单位女青年有不正当男女关系，经核查，纯属捏造。贾某散布谣言的行为造成李某社会评价的降低，明显侵犯了其名誉权，但由于贾某散布的是虚假情节，并非李某不愿他人知晓的私生活，因此与隐私权无关。而正是由于隐私权与名誉权在性质、侵权方式、侵权结果、处置权（隐私权具有相对性，权利人可以放弃部分隐私权）、责任方式乃至主体（名誉权的主体可能是法人或者自然人，而隐私权的主体只能是自然人）上种种的差异，两者不能混同，更不能互换，因此，本判决能在名誉权之外，明确提出和确认隐私权，体现了我国对个人民事权利保护的一个进步。

第二，隐私权的保护范围是否涵盖个人信息。

本判决在突破隐私权从属于名誉权的传统观念的同时，又比较清晰和完整地阐述了隐私权的范围："隐私权一般指自然人享有的对自己的个人秘密和个人私生活进行支配并排除他人干涉的一种人格权。"并且明确地将"公民的个人感情生活"和特定情况下的"个人信息"纳入了隐私权保护的范围。由于现行法律和司法解释对隐私权没有进行界定，那么本判决对隐私权的界定是否具有合理性呢？

隐私权的客体通常包括通信秘密和个人生活秘密。个人生活秘密与保护公民个人的私生活、日记、财产状况、生活习惯、往事以及不愿他人知悉的有关事实。[③] 对于公民的个人感情生活属于公民个人的隐私这点，学界不存在争议，唯独对于特定情况下的"个人信

---

① 《关于贯彻执行〈中华人民共和国民法通则〉若干问题的意见（修改稿）》第 140 条规定："以书面、口头等形式宣扬他人的隐私，或者捏造事实公然丑化他人人格，以及用侮辱、诽谤等方式损害他人名誉，造成一定影响的，应当认定为侵害公民名誉权的行为。"

② 《关于审理名誉权案件若干问题的解答》规定："对未经他人同意，擅自公布他人的隐私材料或以书面、口头形式宣扬他人隐私，致他人名誉受到损害的，按照侵害他人名誉权处理。"

③ 参见彭万林：《民法学》，215 页，北京，中国政法大学出版社，1999。

息”能否纳入隐私权的保护范围存在不同意见。有学者认为，“电话号码、家庭住址、工作单位等个人信息与人格尊严没有任何直接关系，完全是某主体特定时期与外界交往所不可或缺的信息，尽管它们也具有个人属性，但是，公布或知悉这些个人信息并不会对主体的人格尊严或精神利益造成任何直接损害”[①]，因而不属于隐私的范畴。笔者认为这种观点值得商榷，滥用个人信息的行为会构成侵犯个人隐私权：第一，“隐私权的价值在于个人自由和尊严的本质，体现于个人自主，不受他人的操纵及支配”[②]。正是隐私的存在使人具有内心的安宁，而基于隐私权的这一价值考量，公布个人信息打破了被披露者的内心安定，使其感到自己生活在随时会受人侵扰的赤裸之中，因此侵犯了隐私权。第二，住址、电话等信息虽然具有相互沟通、交流的功能，但这些信息都与公共利益无关，而从属于个人，具有隐私的性质。第三，网络时代侵权者的低成本，可能对受害者造成较大的影响，因此应当从严认定隐私权的范围，例如，于小姐一段时间以来，不停接到暧昧的电话骚扰，不堪其扰，后来发现是由于在网上购物时给了商家“差评”，商家为了报复于小姐，将其电话公布在某色情网站上。第四，隐私权人的披露不能否定这些信息的隐私性。人们出于沟通需要印制和发放名片，其发放对象仍然具有相对特定性，如其主动公布，也可以视为是对隐私权的放弃，但不能因此就认为，接到名片的人可以随意将这些信息公布。正如心理医生应当为患者保守秘密，而不能因为患者将隐私内容告知医生、具有传播的可能性而否认其隐私的属性。第五，禁止公布个人信息与“舆论监督”无关。有学者认为，“基于言论自由和舆论监督而对特定自然人的某些个人信息的使用是正当的和必须的。如果按照主流观点，势必会剥夺社会公众的言论自由和舆论监督权”[③]。然而，笔者认为，即使不公布个人的住址、电话、肖像等信息，舆论监督仍然可以对某种行为和某个个人实施监督、批评，监督不以公布某人的私人信息为要件。而如果这个个人为公众人物或者政府官员，那么这些信息是否属于隐私就另当别论了。因此，本判决认为，“这些个人信息的披露、使用等行为是否构成侵犯隐私权，应当视行为人对这些信息的取得方式、披露方式、披露范围、披露目的及披露后果等因素综合认定”是比较妥当和正确的。

2. 网络时代言论自由的特点及规制。

第一，“人肉搜索”是否侵权？

虽然这是作为“人肉搜索”第一案，但本案中张乐奕并不是因为参与“人肉搜索”而侵权和赔偿，本案中，张乐奕是因实施了公布王菲的隐私等行为而造成侵权。本判决并没有彻底否定“人肉搜索”，而是有意无意地回避了“人肉搜索”这一问题。从根本上说，“人肉搜索”是利用现代信息科技，变传统的网络信息搜索为人找人、人问人、人碰人、人挤人、人挨人的关系型网络社区活动，它只是一种信息搜寻方式，是自动搜索引擎的补充。广义的“人肉搜索”并不只是用来跟踪人，多数情况下可以用来互相学习、信息共享，目前的“谷歌（Google）”、“百度知道”、“QQ 问问”、“新浪爱问”、“雅虎知识人”等问答社区都可以说是广义上的“人肉搜索”，这种意义上的人肉搜索既包括针对某种事

---

① 刘德良：《“人肉搜索”：网络环境下的隐私权保护》，载http://www.chinacourt.org/html/article/200808/12/316681.shtml，访问时间：2010-03-29。

② 王泽鉴：《人格权的具体化及其保护范围·隐私权篇》，载《比较法研究》，2009（1）。

③ 刘德良：《“人肉搜索”：网络环境下的隐私权保护》，载http://www.chinacourt.org/html/article/200808/12/316681.shtml，访问时间：2010-03-29。

件、知识的搜索，也包括针对特定主体、特定人的信息搜索。① 因此，我们完全没有必要谈“人肉搜索”色变。但是从狭义上说，人肉搜索则仅指因对特定主体感兴趣而进行的搜索。② 而这因其往往涉及被搜索主体的隐私或者名誉，最易侵犯当事人的人格权利，极易演变为“网络暴力”。一般来说，被搜索人的信息，必然包括该人的姓名、工作单位、家庭住址、电话号码等一般个人信息，有的甚至还涉及私生活等与人格尊严有直接关系的个人信息。本案中，张乐奕正是将王菲的“婚外情”以及大量的个人信息公布于其“北飞的候鸟”网站上，从而侵犯了王菲的隐私权。因此，人肉搜索不一定侵犯隐私，但侵犯隐私权的确是“人肉搜索”所经常遇到的一个问题。不仅如此，由于人肉搜索所依赖的网络社区或论坛具有开放性和交互性特征，和本案一样，一旦参与评论者众多，尤其是涉及对他人的行为评价，还可能涉及侮辱、诽谤，即引发名誉侵权和肖像侵权问题。

第二，网络时代隐私权的保护。

“人肉搜索”不一定侵权，但在网络的背景下，一旦通过“人肉搜索”或者其他网络平台侵害了受害人的隐私，那么这种侵权造成的不良后果，或者说损害，在网络的放大作用下，会对受害人造成更加巨大的损害。在网络环境下，信息传播的速度和范围远远超过了线下传统媒介和信息流通渠道，点滴信息有可能聚合起来产生对当事人不利的印象和后果。更严重的是，这些信息都可以在网上搜索到，当事人也因电子档案将永远留在网上而漫长时间遭受不安、痛苦和折磨。③

具体说来，网络时代侵犯隐私权的行为具有以下特征：一是侵权产生的便宜性。一方面，中国互联网和个人电脑普及率的大幅提高，为侵犯网络隐私的行为创造了物质条件；另一方面，网络使得公民对其个人信息的控制力大大减弱，造成信息不对称，而更新的技术（包括一些高科技的软件、“病毒”）使他人能够借助于网络轻而易举地获取他人电脑中的个人信息及隐私资料。④ 二是网络隐私权被侵犯后果严重。由于网络环境具有高度开放性和易传播性，网络信息的发布已经成为信息传播最快、范围最广的途径之一。而网络的这一特征，对当事人隐私权可能造成最为严重和难以弥补的侵害。三是侵权主体众多，保护难度大。网络的虚拟性、开放性特征还使得网络隐私权的侵权主体众多，保护难度大。例如本案中，人肉搜索的发起者，人肉搜索的回答者，信息的整理、传播者以及网站本身都有可能成为侵权主体，侵权主体的众多和不特定的特性又给网络侵权的维权蒙上了阴影。四是侵权行为取证难。网络隐私权的纠纷一旦形成诉讼，又会面临取证难等问题，因为侵权信息的发布都在网页上，受害者一般无法第一时间获知侵权的事实，而当信息传播、不良影响造成后又会在瞬间被侵权者删除，受害人知道被侵权时，网站可能已经删除或者修改相关网页。故受害人难以进行证据保全，胜诉的难度很大。而至于隐私信息发布者，由于大多数网名都是采用昵称或者匿名上网，更加难获知侵权者的真实身份，更不用说举证证明其侵权行为了。本判决书的“审理查明部分”中就多次描述了“一些网民”、“部分网民”、“大量网民”的侵权行为，但是由于他们人数众多，而且隐藏在虚拟的网络

①② 参见《“人肉搜索”问题》，载 http://www.rsksw,net/article.aspx? News_ID=2140&SysCode=，访问时间：2010-03-31。

③ 参见胡凌：《评“人肉搜索”第一案的三个初审判决》，载《法律适用》，2009（7）。

④ 香港“艳照门”事件中，艳照就是通过陈冠希维修电脑时留下的信息，上传到网上，造成轩然大波。

背后，王菲没有将他们一一告上法庭。

法院正是基于网络时代隐私权保护巨大的难度，试图规制这种网络时代隐私保护与侵权者之间力量的失衡，对张乐奕这种在网络上公布他人隐私的行为予以限制。本案中，虽然王菲有“婚外情”的不道德行为在先，而且在张乐奕之前，一些网民已经在其他网站上发起对王菲的“人肉搜索”，使王菲的姓名、工作单位、家庭住址等详细个人信息逐渐被披露，而且张乐奕只是众多侵犯王菲隐私权网民中的一个，法院仍然认为：“他人对王菲个人信息的披露并不意味着张乐奕可以继续对此予以披露、传播，他人此前对王菲个人信息的披露不影响张乐奕侵犯王菲名誉权的事实成立。”个人信息的发布应以不损害隐私权人的意愿和利益为前提，不当的发布行为，不仅会侵犯处于“婚外情”旋涡中的王菲的隐私权和名誉权，更重要的是，它还会以同样的方式对每一个人的个人隐私和信息构成潜在的威胁和侵犯。基于这些理由法院认为应当制止和规制这种网络侵权行为。由此，法院认定张乐奕的行为构成对隐私权、名誉权的侵害，要求张乐奕停止侵害，正式道歉，并赔偿5 000元精神损害抚慰金也就顺理成章了。

3. 侵权责任法视角下的网络侵权。

2010年7月1日起《侵权责任法》开始实施，而该部法律中对本案的判决思路和结果多有应和。第一，该法第二条规定，“侵害民事权益，应当依照本法承担侵权责任。本法所称民事权益，包括生命权、健康权、姓名权、名誉权、荣誉权、肖像权、隐私权、婚姻自主权、监护权、所有权、用益物权、担保物权、著作权、专利权、商标专用权、发现权、股权、继承权等人身、财产权益”。这标志着我国从法律上正式确立了隐私权概念。也就是说，如果说法院在判决张乐奕侵犯了王菲的隐私权时，本身并没有既定法律规定的话，从2010年7月1日起，隐私权本身有了制定法的明确保护，并且法律明确将隐私权与名誉权并列，从根本上否定了原先两个司法解释将隐私权作为名誉权的一种进行保护的形式，赋予隐私权以独立的民事权益的地位。

第二，《侵权责任法》更加明确了网络用户与网络服务提供者的侵权责任。该法第三十六条规定：“网络用户、网络服务提供者利用网络侵害他人民事权益的，应当承担侵权责任。网络用户利用网络服务实施侵权行为的，被侵权人有权通知网络服务提供者采取删除、屏蔽、断开链接等必要措施。网络服务提供者接到通知后未及时采取必要措施的，对损害的扩大部分与该网络用户承担连带责任。网络服务提供者知道网络用户利用其网络服务侵害他人民事权益，未采取必要措施的，与该网络用户承担连带责任。”本法条清晰地界定了网络用户和网络服务提供者这两类网络侵权主体的法律义务和责任。根据《侵权责任法》，本案中张乐奕作为“北飞的候鸟”网站的注册者和经营者，其实扮演了两种侵权角色，一是网络用户，二是网络服务提供者。作为前者，他在《哀莫大于心死》、《静静的》以及《心上的月光》等文章中，不仅披露了王菲婚姻中的不忠行为，将姜岩博客中王菲与东某的合影照片再次进行粘贴，并且披露了王菲的真实姓名、住址、工作单位名称及地址，也通过披露王菲隐私的方式直接侵害了王菲的名誉权。而作为后者，其他网友在“北飞的候鸟”网站上披露王菲通信方式、家庭住址等隐私信息以及大量辱骂王菲的言论时，张乐奕明知这些行为具有侵害他人民事权益的违法性，而“未采取必要措施”，也应与这些侵权的网络用户承担连带责任。也就是说，虽然本案在一、二审判决时，《侵权责任法》尚未颁布，但是，法院判决张乐奕网络中的行为侵犯了王菲的隐私权，所以应当承担停止侵害、赔礼道歉、赔偿损失等民事责任，已经前瞻性地应和了《侵权责任法》的立法精神。

综上所述，本案法官无论在隐私权的界定和网络隐私权保护的尺度上，都体现了较高的法律技艺，本案的判决足可以成为我国网络侵权案件的一个经典案例。

（北京市朝阳区人民法院　徐娟　胡昌明）

18. 金德管业集团有限公司诉北京百度网讯科技有限公司名誉权案（名誉权）

（一）首部

1. 判决书字号

一审判决书：北京市海淀区人民法院（2008）海民初字第27913号。

二审判决书：北京市第一中级人民法院（2009）一中民终字第17680号。

2. 案由：名誉权纠纷。

3. 诉讼双方

原告（被上诉人）：金德管业集团有限公司（以下简称金德管业公司），住所地：辽宁省沈阳市于洪区。

法定代表人：张澎，公司董事长。

委托代理人：金湘，北京市百瑞律师事务所律师。

委托代理人：刘琦，男，公司职员，住公司宿舍。

被告（上诉人）：北京百度网讯科技有限公司（以下简称北京百度公司），住所地：北京市海淀区。

法定代表人：梁志祥，公司总经理。

委托代理人：王庭伟，北京市海铭律师事务所律师。

委托代理人：杨晓晋，北京市海铭律师事务所律师。

4. 审级：二审。

5. 审判机关和审判组织

一审法院：北京市海淀区人民法院。

合议庭组成人员：审判长：陈争争；人民陪审员：吴啸江、程保荣。

二审法院：北京市第一中级人民法院。

合议庭组成人员：审判长：陈伟；代理审判员：高海鹏、何锐。

6. 审结时间

一审审结时间：2009年7月10日。

二审审结时间：2009年12月17日。

（二）一审情况

1．一审诉辩主张

（1）原告金德管业公司诉称

我公司以生产优质、环保的“金德”牌塑料管材、管件著称，于2007年被中国建筑装饰材料协会评为中国节能设计施工、装饰、装修一体化指定绿色环保建材产品，并被中国质量监督局评为中国名牌产品，商标也被认定为驰名商标；同时金德集团更以金德足球俱乐部著称，并在管业领域有较高的声誉。但自2008年以来我公司在北京百度公司的搜索引擎中不断发现有损金德公司良好形象的词语，并且数量不断激增，特别是当网络用户在百度搜索框中输入金德、金德管、金德管业、金德招聘、金德管业招聘等词汇时，在百度搜索下方都会出现金德骗子、金德管业骗人、金德管业是骗子、金德招聘内幕、金德招聘黑幕、金德招聘骗人、金德管业招聘黑幕等严重影响金德集团公司良好形象的词汇，严重侵犯了我公司的名誉，使我公司的社会评价下降。为妥善解决此事，我公司多次派员前往北京百度公司进行协商，又委托律师向其发送律师函。该公司虽派相关人员听取了我公司的意见，也口头表示协助我公司解决问题，但却不采取任何实际措施。综上，北京百度公司的行为已侵犯了我公司的名誉权，现起诉请求法院判令北京百度公司停止侵权行为，断开有损我公司名誉的词汇链接，并在有关网络媒体上向我公司赔礼道歉；另请求法院判令北京百度公司向我公司支付1元钱，作为象征性经济赔偿。

（2）被告北京百度公司辩称

我公司为方便用户使用提供多功能的网络附带搜索功能，当用户在搜索栏输入一个关键词后，搜索引擎会搜索到有关联性的词，这些词汇不是我公司预先设置的，而是网络用户在搜索中实际使用过且使用率很高的词汇，而且这些词汇处在不断的变化中。本案中，“金德”一词与金德管业公司没有必然的关联性，该词可用于人名或其他机构组织的名称，即使是商号，也无法证明必然指金德管业公司，因为以该词作为商号的企业很多。另外，引起本案争议的词汇如骗子、黑幕都是单纯的词汇，在司法实践中也不能单独认定。综上，金德管业公司的诉讼请求无事实与法律依据，故请求法院驳回其诉讼请求。

2．一审事实和证据

北京市海淀区人民法院经公开审理查明：金德管业公司是以生产“金德”牌塑料管材、管件为主的公司，并于2007年被中国建筑装饰材料协会评为中国节能设计施工、装饰、装修一体化指定绿色环保建材产品；还被中国质量监督局评为中国名牌产品，且其“金德”商标也被认定为驰名商标。

从2008年开始，金德公司发现了在登录百度网站进入百度搜索引擎，输入如金德、金德管等词汇时，会搜索到金德骗子、金德管业骗人等词汇。该公司遂向北京市长安公证处申请证据保全，该机构将相关页面进行截屏保存，并于2008年9月1日出具公证书，写明：在百度搜索栏内输入“金德”字样时，下方相关搜索处显示有“金德骗子”字样；输入“金德管”时，下方显示“金德管业骗子”及“金德管业是骗子”的字样；输入“金德管业招聘”时，下方显示“金德管业招聘黑幕”及“金德管业骗子”的字样。金德管业公司曾委托律师向北京百度公司寄发律师函，要求其对上述问题尽快采取措施，从而减少金德公司在名誉上所受到的损失。北京百度公司在庭审中确认其收到过相关律师函。另查，在庭审后公证书中所提到的与“金德”、“金德管”、“金德管业招聘”的相关链接已经断开。

上述事实有双方当事人陈述、金德的品牌价值证书、金德名牌产品证书、公证书、律师函等证据证明。

3. 一审判案理由

北京市海淀区人民法院经审理认为：法人享有名誉权，禁止用侮辱、诽谤等方式损害法人的名誉。北京百度公司作为百度搜索引擎的管理者，对该搜索引擎上所出现的内容负有一定的审查义务。该义务的存在并不要求北京百度公司对数量庞大的信息在出现前进行逐一审查，但要求其对于已明知的存在明显侮辱、诽谤他人名誉、人格内容的信息，应主动予以删除或不予登载。本案中，在百度搜索引擎中输入与金德管业公司有关的词汇，便会搜索到“金德骗子”、“金德管业骗子”、“金德管业是骗子”、“金德管业招聘黑幕”等字样，上述文字的存在确系会对金德管业公司的名誉造成损害，金德管业公司已将这一情况以律师函的方式告知北京百度公司，但该公司对相关内容并未及时删除，直至金德管业公司提起诉讼。北京百度公司未尽到相应审核义务的行为在主观上存在过错，在客观上导致金德管业公司的社会评价降低，即其行为已构成对该公司名誉权的侵害，应该停止侵害、消除影响。在本院审理中，北京百度公司搜索引擎中与“金德”相关的贬损性词汇现已不存在，停止侵害的承担责任方式北京百度公司已经自觉履行，故本院不再处理。北京百度公司应该在网站上刊登致歉声明，内容经法院审核确定。金德管业公司虽仅要求1元钱的象征性赔偿，但对该1元钱确定的依据和实际支出并未提出相关证据，故对该项诉请本院不予支持。

4. 一审定案结论

北京市海淀区人民法院依照《中华人民共和国民法通则》第一百零一条、第一百二十条之规定，作出如下判决：

（1）北京百度网讯科技有限公司于本判决生效后7日内，在百度网站登载书面致歉函，登载时间为3日，致歉函的具体内容需经本院审核，如逾期未履行上述义务，将由本院选择在一家全国发行的报刊上登载本判决书主要内容，费用由北京百度网讯科技有限公司负担。

（2）驳回金德管业集团有限公司的其他诉讼请求。

案件受理费150元，由北京百度网讯科技有限公司负担，于本判决生效后7日内交纳。

（三）二审诉辩主张

1. 上诉人北京百度公司诉称

（1）诉争词汇存在于网络搜索引擎的“相关搜索”中，这是搜索引擎的一个智能化附带功能，其相关词组是过去一段时间内，广大网民曾经搜索过的，与用户输入关键词关联度高的词，是经程序自动统计生成的，其本身具有动态、中立、客观的特征。（2）出现在“相关搜索”中的词汇，没有特指性，不具有完整含义表达，是孤立存在的，网络用户也不会以此作为对事物本质性判断的依据，不会产生名誉侵害的后果。（3）“相关搜索”的词汇具有高度变化性，取决于用户搜索使用的关键词，包括我公司在内的任何第三方都无权干预网络用户选择何种关键词来搜索。(4) 一审判决没有对通过搜索得到的相关文章是否构成侵权进行核实。

2. 被上诉人金德管业公司辩称

服从一审法院判决。

(四) 二审事实和证据

北京市第一中级人民法院经公开审理查明：金德管业公司是以生产“金德”牌塑料管材、管件为主的公司，并于2007年被中国建筑装饰材料协会评为中国节能设计施工、装饰、装修一体化指定绿色环保建材产品；还被中国质量监督局评为中国名牌产品，且其“金德”商标也被认定为驰名商标。

2008年8月27日，金德管业公司委托律师向北京百度公司发函称：在百度搜索引擎中不断发现有损金德管业公司的词语，特别是当网络用户在搜索框中输入金德、金德管业、金德企业、金德管业招聘等词汇时，在下方都会出现金德骗子、金德管业骗人、金德管业骗子、金德管业集团骗人等严重影响金德管业公司良好形象的词汇，严重侵犯了金德管业公司的名誉权；希望北京百度公司及时采取措施和技术断开或屏蔽上述词汇。

2008年9月1日的公证书显示：在百度搜索栏内输入“金德”字样时，相关搜索处有“金德骗子”；输入“金德管”时，相关搜索处有“金德管业骗子”及“金德管业是骗子”；输入“金德管业招聘”时，相关搜索处有“金德管业招聘黑幕”及“金德管业骗子”。

2008年10月29日的公证书显示：在百度搜索栏内输入“金德”，相关搜索处没有负面词汇；输入“金德管”，相关搜索处有“金德管业骗子”；输入“金德管业”，相关搜索处有“金德管业骗人、骗子”；输入“金德管业招聘”，相关搜索处有“金德管业招聘内幕”；输入“金德管业骗子”，相关搜索处有“金德管业骗子”、“金德骗子”。在GOOGLE搜索栏内输入“金德管业”或“金德管业集团”，相关搜索处有“金德管业集团招聘黑幕”。在YAHOO搜索栏内输入“金德”或“金德管业”，相关搜索处有“金德管业骗子”。在SOGOU搜索栏内输入“金德管业”，无负面信息。在有道搜索栏内输入“金德”，相关搜索处有“金德骗子”。

以上公证书还显示：相关搜索处除负面词汇，同时也有“金德管业”、“金德管业集团”、“金德管业招聘”、“金德水管”、“长沙金德”、“金德管业集团简介”、“金德管业总部”等正常词汇。

资料显示：搜索引擎的“相关搜索”功能，是为当前搜索词提供相关搜索词，这些相关搜索词是根据过去其他用户的搜索习惯和与当前搜索词之间的关联度计算而产生。

上述事实有当事人陈述、证书、公证书、律师函等证据证明。

(五) 二审判案理由

北京市第一中级人民法院经审理认为：根据资料，并结合公证书中体现出的相关搜索词的多样性，足以印证北京百度公司所称之相关搜索词系由过去一定时期内使用频率较高且与当前搜索词相关联的词汇统计而自动生成，而并非由北京百度公司主动创造。同时，北京百度公司作为搜索引擎运营企业，应向广大网络用户客观、中立、准确地反映实际的相关搜索词汇使用状态，以方便用户检索查找相关信息。因此，就搜索引擎的相关搜索词本身而言，仅系动态反映过去特定期间内网络用户所使用的搜索词的客观情况，并为当前用户的信息检索提供参考指引，并无实质性的褒贬含义。所以，本案中金德管业公司主张侵权的相关搜索词，虽然单就其词义表面而言确实带有一定负面意义，但其本质仍属供网络信息检索使用之参考词汇，且系对广大网络用户类似检索内容的客观反映，既非被检索的网络信息本身，又非北京百度公司针对特定事件或特定主体而主观控制或创造的负面词汇；而且，在存在负面的相关搜索词之时，也同样存在正面的相关搜索词，两者共同组成特定时期广大网络用户对相关搜索词的实际使用状况，以供特定网络用户选用，这也正是搜索引擎全面、客观、中立地提供信息检索这一核心功能之实质体现。故此等相关搜索词本身，尚不足以构成对金德管业公司的名誉造成实质性的伤害；且北京百度公司对这些相关搜索词的形成既无主观过错，又无实质性的控制力。所以，本案中金德管业公司仅基于百度搜索引擎中的相关搜索词本身的负面含义，而主张北京百度公司侵犯其名誉权，显然不能成立。

（六）二审定案结论

北京市第一中级人民法院依照《中华人民共和国民事诉讼法》第一百五十三条第一款第（三）项、《中华人民共和国民法通则》第一百零六条之规定，作出如下判决：

1. 撤销北京市海淀区人民法院（2008）海民初字第 27913 号民事判决。
2. 驳回金德管业集团有限公司的诉讼请求。

一审案件受理费 150 元，由金德管业集团有限公司负担（已交纳）。

二审案件受理费 150 元，由金德管业集团有限公司负担（本判决生效后 7 日内交纳）。

（七）解说

2010 年 1 月 15 日中国互联网中心发布的第二十五次《中国互联网发展状况统计报告》显示，2010 年搜索引擎的使用率比 2009 年增长 5.3 个百分点，用户规模达 2.8 亿人，网民中的使用率达到 73.3%。可见，搜索引擎作为便于网络用户查找信息的工具越来越多地受到网民的青睐，与此同时，由于搜索引擎造成的各类侵权纠纷也越来越多。本案正是由搜索引擎而引发的一起名誉权纠纷，与一般案件不同，本案并非由搜索引擎的链接功能而引发，争议焦点集中在搜索引擎下的相关搜索词汇是否构成对名誉权的侵害。笔者以为可以从搜索引擎服务商应尽的义务以及侵犯名誉权行为的构成要件两个方面来进行讨论。

1. 搜索引擎服务商的基本义务。

搜索引擎是指根据一定的策略，运用特定的计算机程序搜集互联网上的信息，在对信息进行组织和处理后将信息显示给用户，是为用户提供检索服务的系统。简单来说，搜索引擎就是服务商通过技术手段筛选、整理信息并提供给网络用户的一个提供信息检索服务的系统，用户搜索的目标信息通常通过“链接”的方式体现出来。从搜索引擎的工作原理来看，搜索引擎服务商本身并非目标信息的制作者，也非信息的加工者，可见搜索引擎服务商不属于网络内容提供者，充其量只是一个网络服务中介。

笔者认为，从不妨碍互联网发展、便于为用户提供搜索帮助的角度来看，不应对搜索引擎服务商苛加过于严格的责任和义务。搜索引擎服务商作为提供网络检索服务的机构，应当承担起善良管理人的义务。这包含两方面的内容：一是积极义务，即应当客观、中立、准确地向广大网络用户提供搜索服务，便于广大用户检索查找相关信息。二是消极义务，即当检索信息含有违反国家利益、公序良俗的内容时，搜索引擎服务商经自主判断或接到权利人通知后及时采取必要的措施避免侵权后果扩大。网络信息浩如烟海，要求搜索引擎服务商自主判断、筛选所有信息显得强人所难，因此，对于这一部分笔者以为搜索引擎服务商只应当对那些明显含有淫秽、色情等违法、不良信息有权采取技术手段予以阻止，对于一般的可能侵权的信息，则应当按照《侵权责任法》第三十六条的规定处理，即"网络用户利用网络服务实施侵权行为的，被侵权人有权通知网络服务提供者采取删除、屏蔽、断开链接等必要措施。网络服务提供者接到通知后未及时采取必要措施的，对损害的扩大部分与该网络用户承担连带责任"。

具体到本案中，诉争焦点并未涉及断开第三方网站链接之内容，金德管业公司在诉讼请求中并未提及断开第三方网站链接的内容，只是要求百度公司屏蔽和删除相关搜索词汇。而相关搜索是为方便用户使用搜索引擎而设置的一项智能化附带功能，当用户在搜索栏键入关键词时，在搜索结果下方会出现与该关键词有高度关联性的词汇。而这些相关搜索词汇是程序根据一段时间内网络用户输入使用频率较高且与当前搜索关键词有密切关联性的词汇自动统计生成的。本案诉争的相关搜索词汇亦是由不特定主体的广大网民输入经系统统计产生，而使用何种词汇、使用哪一关键词进行搜索是网络用户的基本权利，任何个体或法人均无权干涉，北京百度公司无法控制该等词汇的产生或变化。

北京百度公司依据网民高频输入的词汇统计产生的相关搜索词不仅有金德管业公司认为的负面词汇，同时还有相当数量的正面词汇，可以充分说明北京百度公司履行了搜索引擎服务商应尽的积极义务，即客观、中立、准确地向广大网络用户提供搜索服务。在消极义务方面，本案明显不属于搜索引擎服务商应当主动采取技术手段阻止不良信息传播的情形，问题集中体现为北京百度公司是否应当在接到金德管业公司通知后屏蔽相关搜索词汇。鉴于相关搜索词汇是根据网络用户的使用而统计产生，具有客观性，并非特定人利用网络服务商实施侵权行为的表现方式，同时存在的正面、负面词汇不具备特指的褒贬含义，因此，北京百度公司未屏蔽相关搜索词汇的行为并不构成不履行消极义务的情形。

2. 侵犯名誉权行为的构成要件。

侵害名誉权的行为是行为人因故意或过失非法侵害他人受到法律保护的名誉权，造成他人社会评价降低等损害而应当承担相应民事责任的行为。根据《最高人民法院关于审理名誉权案件若干问题的解答》之规定，侵害名誉权的行为属于一般侵权行为，其责任构成包括行为人主观上有过错、客观上造成了名誉权被损害的事实、行为人实施了加害行为、违法行为与损害后果之间有因果关系四个方面。名誉权侵权作为一般侵权，采用过错责任原则，只有在加害人有故意或过失的情况下才可能构成侵权。就客观上的损害后果而言，一般包括外在的名誉利益受损、内在的精神损害和附带的财产损害三部分。而加害行为主要指侮辱、诽谤、公布或宣扬他人隐私等方式，具体到网络侵权，还可能涉及在接到权利人通知后不采取相应措施引发的不作为的侵权。

就本案而言，认定百度搜索引擎项下的相关搜索词汇是否构成侵权，主要认定标准在于北京百度公司作为搜索引擎服务商是否具有主观上的过错。首先，从相关搜索词汇的产生情况来看，诉争词汇是由不特定的搜索引擎使用者分别输入的，且只有在关联词汇输入频率达到一定程度时才会被系统自动统计生成，北京百度公司无权，也无法干涉网络用户使用何种关键词进行搜索，对诉争词汇的产生没有主观恶意。其次，从相关搜索词汇的变化过程来看，诉争词汇处于动态过程，根据网络用户使用频率的高低而变化，北京百度公司对该等词汇的变化过程没有实际控制能力，当然对这些词汇的传播、变化不具主观过错。

另外，从行为违法性的角度来看，北京百度公司在本案中并没有主动实施侮辱、诽谤、诋毁金德管业公司名誉的行为。就金德管业公司指出的侵犯其名誉权的相关搜索词汇的存在状态而言，一方面，该等词汇并非由北京百度公司主动创造；另一方面，百度搜索引擎中既包含负面词汇，也包含正面词汇，两种词汇共同构成了对特定时期网络用户对搜索引擎的使用情况的客观反映，并为当前使用搜索引擎的用户提供参考，是北京百度公司客观、准确履行搜索服务商义务的体现，并不具有违法性，不构成加害行为。

最后，从客观损害后果来看，如前文所述，诉争词汇处于客观反映网络用户搜索状态的词群中，起着客观、中立帮助用户查找信息的作用，不具有实质褒贬含义，不足以造成降低金德管业公司社会评价的后果，且金德管业公司亦没有提出证据证明其遭受到社会评价降低之名誉利益损害。关于财产损失一节，金德管业公司亦未提供相应证据予以支持。且金德管业公司作为法人主体，内在精神损害无从谈起。由此可见，诉争相关搜索词汇并未造成实质性损害后果。

综上，本案中北京百度公司作为搜索引擎服务商已经履行了相应义务，其在搜索引擎中提供的相关搜索服务也不符合侵犯名誉权行为的构成要件，并不构成侵犯名誉权。二审法院从名誉权侵权的构成角度出发对一审法院的判决进行改判，认定搜索引擎中的相关搜索词汇并不构成对名誉权的侵害，一定意义上来讲是对网络技术发展的价值引导。客观、中立的搜索关键词是为广大网络用户提供更加便捷、人性化的服务手段之一，代表了搜索引擎技术的发展方向，法院判决应当对此持鼓励态度，鼓励网络技术创新，避免给其施加过重的责任和负担。

（北京市第一中级人民法院　刘佳洁）

19. 王家凤诉王家山侵害人格权案（其他人格权益）

（一）首部

1. 判决书字号

一审判决书：北京市丰台区人民法院（2009）民字第7026号。

二审判决书：北京市第二中级人民法院（2009）二民终字第13951号。

2. 案由：人格权纠纷。

3. 诉讼双方

原告（上诉人）：王家凤，男，汉族，住北京市宣武区。

委托代理人（一审）：赵传军，北京市万律泽律师事务所律师。

被告（被上诉人）：王家山，男，汉族，住北京市丰台区。

4. 审级：二审。

5. 审判机关和审判组织

一审法院：北京市丰台区人民法院。

独任审判人员：代理审判员：孙磊。

二审法院：北京市第二中级人民法院。

合议庭组成人员：审判长：王宗魁；代理审判员：王轶稚、曾小华。

6. 审结时间

一审审结时间：2009年5月19日。

二审审结时间：2009年9月28日。

（二）一审情况

1. 一审诉辩主张

（1）原告王家凤诉称

2008年9月28日下午，我父亲王思九在老庄子敬老院去世，当晚8点多我接到妹妹的通知，我于晚上11点多我赶到协和医院东门，不见人影，也没见到父亲遗体。次日，妹妹王岩和二弟王家明告诉我，父亲的遗体已经被王家山捐献了，现放在协和医科大学遗体接收站，泡在药水里，谁也不能见了。我多次与王家山联系，但对方一直不与我主动联系，所以父亲的死亡原因、遗嘱内容、如何捐献的，我一直不知道。我委托律师调查后发现，王家山办理的遗体捐献手续与正常捐献的程序有出入。另外，王家山背着我筹备如何将父亲的一缕头发和指甲带去老家与母亲合葬，遭到老家亲属的反对。在本次诉讼的庭前调解中，王家山难以对案件事实作出合理解释，第二次调解时干脆不到场。父亲的丧事处理应由子女5人共同商议而定，而王家山擅自将父亲送到敬老院6年，在父亲病危、死亡、捐献遗体的重大事项上故意不对我履行告知义务，是对我人格的侮辱和歧视，侵犯了我父子之间的亲属权、对父亲生死情况的知情权、对父亲遗体的告别权、祭奠权，陷我背上一个对父亲生不养、死不葬的恶名，明显降低了社会公众（特别是父母亲属）对我人格的公正评价，给我造成极大精神痛苦。王家山的行为违反了民事活动应当尊重社会公德、不得损害社会公共利益的规定，也违背了善良风俗，更不应无视亲情，对残疾、弱势的我公然歧视，其做法于情、于理、于法不合。现起诉请求：1）王家山向我出示父亲王思九的死亡证明、生前遗嘱和志愿捐献遗体申请表原件；2）王家山赔偿我精神损失30 000元；3）诉讼费由王家山负担。

（2）被告王家山辩称

王家凤所述与事实不符。父亲王思九生前和我说过捐献遗体一事，也有文字。2008年9月28日，父亲去世，我联系了二哥王家明和姐姐王岩，之前我特意给了王家凤一部电话，我联系了王家凤但没联系到。当晚是我把遗体送过去的，是无偿捐献。我不同意王家凤的诉讼请求。

2. 一审事实和证据

北京市丰台区人民法院经公开审理查明：原、被告系兄弟关系，父亲王思九因脑出血于 2008 年 9 月 28 日在老庄子敬老院去世，当晚，王家山将王思九遗体送至中国协和医科大学遗体接收站进行了遗体的捐献，王岩、王家明（均是王思九子女）也在场，原告并未在场。

查明，王思九生前曾于 1999 年 5 月 18 日自中国协和医科大学北京市志愿捐献遗体登记接收站领取了“北京市公民志愿捐献遗体申请登记表”，并亲自填写了申请人的详细情况（包括姓名、性别、年龄、民族、籍贯、工作单位、住址等），该表申请人签章中的“王思久”及亲属代表签章的“顾红”为被告王家山在办理捐献手续时所签。

查明，王思九生前曾写有字条一张，内容为：“与接收站联系，由谁与八宝山殡仪馆联系是接收站还是执行人。应明确定下来。在公证处确定下。”

查明，中国协和医科大学遗体接收站已自王思九遗体中取出三节小指骨交与被告王家山。

另，原告王家凤表示父亲生前曾向他提过捐献遗体一事，王家凤表示反对。

上述事实有双方当事人陈述、北京市死亡医学证明书、“北京市公民志愿捐献遗体申请登记表”、王思九所写字条、本院调查笔录等证据证明。

3. 一审判案理由

北京市丰台区人民法院经审理认为：原、被告的父亲王思九生前亲自领取了“北京市公民志愿捐献遗体申请登记表”并填写了详细情况，再综合考虑到其后王思九所写的字条以及原告王家凤亦表示王思九曾提过捐献遗体的事情，可以推定捐献遗体是王思九的真实意思表示，至于登记表中有被告王家山代签的部分并不影响王思九捐献遗体意愿的真实性；在王思九去世后，被告王家山办理遗体捐献手续符合王思九的生前意愿；依据公序良俗，老人过世后应由其子女共同处理后事较为妥当，被告王家山在原告王家凤未到场的情况下，于老人去世当晚即处理遗体捐献一事确有欠妥之处，但考虑到遗体存放等实际问题，被告此举亦有合于情理之处，且现亦难以证明被告有侮辱、歧视原告的意思，故被告此举应属于在家庭内部的关系上的处理不当，尚不构成对原告人格权的侵害；无偿捐献遗体是有益于社会的善举，原、被告可对老家部分存有封建思想的亲属加以解释，祭奠并非只是单纯对遗体的祭奠，更应是对精神的祭奠，且现中国协和医科大学遗体接收站已自王思九遗体中取出三节小指骨交与被告王家山，可以办理合葬等事宜，日后对原、被告来说都能够对父亲进行祭奠，故原告认为被告侵犯了其祭奠等权利缺乏事实上的依据；原告要求被告出示父亲王思九的死亡证明、生前遗嘱和志愿捐献遗体申请表原件的诉讼请求属于案件审理中的举证质证部分，无须作为诉讼请求处理。综上，被告王家山在捐献父亲遗体的问题上虽有不妥，但尚未构成对原告合法权益的侵害。

4. 一审定案结论

北京市丰台区人民法院依照《中华人民共和国民法通则》第五条之规定，作出如下判决：

驳回原告王家凤的全部诉讼请求。

案件受理费 275 元，由原告王家凤负担（已交纳）。

（三）二审诉辩主张

1. 上诉人王家凤诉称

不服一审判决，坚持一审中诉称的事实及理由，请求撤销一审判决，支持其全部诉讼请求。

2. 被上诉人王家山辩称

同意一审判决，坚持一审意见。

（四）二审事实和证据

北京市第二中级人民法院经审理，确认一审法院认定的事实和证据。

（五）二审判案理由

北京市第二中级人民法院经审理认为：王家凤、王家山之父王思九生前领取了“北京市公民志愿捐献遗体申请登记表”，亲自填写了申请人的详细情况，并将捐献遗体的意愿告知王家凤等子女。根据王思九的上述行为，并结合王思九生前所写字条的内容，可以认定捐献遗体系王思九的真实意思表示。王思九去世后，王家山将王思九的遗体捐献给有关部门，该行为符合王思九的生前意愿，其在办理遗体捐献手续时在申请表上代填王思九姓名，并不影响王思九捐献遗体意愿的真实性。王家凤称王思九生前已放弃捐献遗体的意愿，缺乏事实根据，本院对此不予采信。王家山在王家凤未到场的情况下捐献王思九的遗体，虽有不妥之处，但属于处理家庭成员内部关系不当，尚不构成对王家凤人格权的侵害。王家凤称王家山此举是对其人格的侮辱和歧视，理由不足，本院不予认定。无偿捐献遗体系有益于社会公共利益的善举，亦无损社会公德和善良风俗，捐献者及其亲属都应当得到全社会的理解和支持。王家凤称王家山捐献王思九的遗体使其人格评价降低，属思想认识问题，且缺乏相关依据，本院不予采信。祭奠并非单纯对遗体的告别，更应是对死者精神的追悼，现中国协和医科大学遗体接收站已自王思九遗体中取出三节小指骨，王家凤、王家山及其他子女可以借此寄托对王思九的思念，对王思九进行祭奠，故王家凤认为王家山侵犯了其祭奠等权利缺乏事实依据，本院不予支持。王家凤要求王家山出示父亲王思九的死亡证明、生前遗嘱和志愿捐献遗体申请表原件的请求，属于案件审理中的举证质证部分，且王家凤认可在庭审中已看到上述内容，故其该项请求无须作为诉讼请求处理。综上所述，原审法院所作判决并无不当，应予维持。

（六）二审定案结论

北京市第二中级人民法院依照《中华人民共和国民事诉讼法》第一百五十三条第一款第（一）项之规定，作出如下判决：

驳回上诉，维持原判。

一审案件受理费275元，由王家凤负担（已交纳）；二审案件受理费550元，由王家凤负担（已交纳）。

本判决为终审判决。

（七）解说

不难看出，本案争议的焦点集中在遗体捐赠是不是原、被告之父王思九的真实意思，和被告办理遗体捐赠的行为是否侵犯了原告的人格权和祭奠权。以下就此展开分析。

1. 遗体捐献究竟是不是王思九的真实意思表示？

我国目前对遗体捐献尚缺乏统一和完备的法律规范，有些地方制定了自己的规定，如《上海市遗体捐献条例》、《山东省遗体捐献条例》、《武汉市遗体捐献条例》等，北京还没有这方面的法规，但北京红十字会等十余家有关单位共同制定了《北京市接受志愿捐献遗体暂行办法》。自愿、无偿应是遗体捐赠的基本原则。本案中王思九生前领取了“北京市公民志愿捐献遗体申请登记表”（以下简称申请表），并亲自填写了其中申请人的姓名、性别、年龄、民族、籍贯、工作单位、住址等详细情况，还将遗体捐赠的意愿告知了王家凤和王家山等子女（庭审中原、被告对此认可）。遗体捐献是指自然人生前自愿表示在死亡后，由其执行人将遗体的全部或部分捐献给医学科学事业的行为，以及生前未表示捐献意愿的捐献人在自然死亡后，由其近亲属将遗体的全部或部分捐献给医学事业的行为（近亲属是指父母、配偶、成年子女或者其他监护人）。显然，王思九属于前一种情形，捐赠是出自王思九自己的意愿。

那么，申请表的申请人签章处的“王思久”及亲属代表签章处的“顾红”是被告王家山在办理捐献手续时代签，是否会对王思九的真实意思表达造成影响呢？一般而言，申请表是申请人意思表示的载体，申请人的签名代表其对申请事项的确认。然本案中，遗体捐献是一项无偿的慈善行为，表现了申请人热忱社会公益、无私奉献的精神，加之，代签人是申请人的儿子，又是捐献的执行人，且申请内容于他没有单独的利己驱动，因此，被告王家山的代签一定程度上是能代表王思九的真实意愿的。进一步可以佐证的是王思九生前留有的一张字条，内容为：“与接收站联系。由谁和八宝山殡仪馆联系是接收站还是执行人。应明确定下来。在公证处确定下。”由此可见，王思九不仅了解捐赠办理的情况，而且还督促了办理过程。综合以上的情况，能够认定被告办理遗体捐赠没有违背王思九的意愿，捐赠遗体符合王思九的真实意思。原告王家凤虽然提出王思九后来放弃了遗体捐赠，但缺乏证据，无法证明。

2. 王家山处理其父相关事务的行为是否侵犯了王家山的人格权？

人格权是民事主体的人身所固有的权利，是公民、法人作为法律上的人所必须享有的基本的民事权利。民事主体如果不享有人格权，他就不成其为一个民事主体；民事主体的人格权受到侵害，就会对该民事主体造成严重的后果。因而人格权历来被认为是绝对权、对世权，任何人都负有维护他人人格权的义务，禁止非法侵害。人格权包括一般人格权和具体人格权，一般人格权具有高度的概括性，包括人格独立、人格自由、人格尊严三部分内容；而这种基本权利的具体化，就是具体的人格权，包括生命权、健康权、身体权、姓名权、名称权、肖像权、名誉权、隐私权、荣誉权等。本案中，原告王家风认为，被告王家山在父亲被送去敬老院和病危、死亡、捐献遗体的重大事项上故意对他不履行告知义务，是对他人格的侮辱和歧视，侵犯了他的人格权。显然，原告觉得人格权被侵犯实际上是指自己没有得到应有的尊重，使得人格尊严受到伤害。人格尊严包括主观认识即民事主体对自身价值的认识和社会态度即社会对民事主体作为“人”的最起码的尊重两部分。被告的一系列行为尤其是在原告未到场的情况下捐献父亲的遗体，确实有不妥之处，然这种影响是否构成对原告的人格尊严的侵害呢？首先，对主观认识的影响。原告的确因此产生了屈辱感，这是一种主观感受。众所周知，法律并不是无所不包、无所不管的，要想法律介入、干预，必须达到一定严重程度。而主观感受恰恰没有客观的衡量标准，并且它并不受他人直接支配，原告也未提供具体的证据佐证，对此只能依据普遍性的常识经验予以判断。从常识性的经验来看，这种属于家庭内部关系的不和谐，并未对原告自身价值的认识造成严重的影响，也就是说，被告不妥当的行为并未严重到侵害原告的人格权。其次，对社会态度的影响。原告明确提出被告捐献父亲遗体使其人格评价降低，但原告对此也没有实质证据，且捐献遗体是符合社会公共利益和善良风俗的善举，理应受到全社会的赞扬和支持，因此，原告所说的人格评价降低只是其思想认识问题，并不是实际的损害。

3. 王家山处理遗体捐献的方式是否侵犯王家凤的祭奠权等身份权？

祭奠权是本案原告提出的一项重要权利诉求，但它是一项法律没有明文规定的“权利”，分析之前必须先对它进行解释。虽然法无明文规定，但祭奠却是一项有着深厚传统的民间法则和道德规范，植根于礼法文化的精髓与核心当中。“慎终追远”，“行孝道，重死丧”，“礼有五经，莫重于祭”……这种民间法则和道德规范，在今天仍然是法律权利的重要的观念基础。作为一种重要的伦理习惯，祭奠权应被囊括在公民身份权的范畴之内，根据《婚姻法》第二十一条的规定，子女对父母有赡养、扶助的义务，赡养、扶助自然包括对父母生老病死等一切应尽的义务，因此，祭奠和悼念也包含其中，根据权利与义务的一致性原则，在这条法律义务的背后必然隐藏着这样一项法律权利。据此，祭奠权理应受到法律的保护。另外，司法实践中，对祭奠权纠纷案，法官通常依据《民法通则》第七条关于民事活动应当尊重社会公德的基本原则，发挥法律原则的补充功能，对公民的祭奠权给予法律救济。

就本案而言，被告在原告未在场情况下办理了遗体捐赠，致使原告没能跟父亲遗体告别，如前所言，被告行为确有不妥，影响了原告对父亲表达哀悼，但如果马上就据此认定原告的祭奠权被妨害，难免会有权利泛化之虞。必须明确的是，祭奠权是指公民基于身份关系，对死去亲属举行仪式进行纪念，寄托悼念和哀思的权利，因此祭奠并非单纯对遗体的告别，不仅是通过仪式和遗物寄托哀思，更应是对死者精神的追悼。本案中，被告并没有向原告隐瞒父亲逝世的消息，也没有妨害原告祭奠父亲的其他活动，因此，原告的祭奠权并没有受被告的行为的根本影响，对被告的行为至多在家庭伦理道德方面给予诘难。况且，后来中国协和医科大学遗体接收站已自王思九遗体中取出三节小指骨，原告、被告及其他子女可以借此寄托对父亲的思念，对他进行祭奠，故原告认为被告侵犯了其祭奠权缺乏事实依据。

（北京市丰台区人民法院　龚娉）

20. 南通双林生物制品有限公司等诉《新世纪周刊》社等名誉权案（名誉权）

（一）首部

1. 判决书字号：江苏省启东市人民法院（2009）启民一初字第0364号。
2. 案由：名誉权纠纷。
3. 诉讼双方

原告：南通双林生物制品有限公司（以下简称双林公司），住所地：江苏省启东市吕四港镇。

法定代表人：梁双林，公司董事长。

原告：梁双林，男，汉族，住江苏省启东市汇龙镇。

两原告委托代理人：黄利忠，启东市天平法律服务所法律工作者。

两原告委托代理人：赵海健，启东市天平法律服务所法律工作者。

被告：《新世纪周刊》社，住所地：北京市东城区东交民巷。

法定代表人：苗树彬，社长。

被告：张雄，男，汉族，《新世纪周刊》社记者，联系地址同上。

被告：王晔，女，汉族，《新世纪周刊》社记者，联系地址同上。

被告：欧阳海燕，女，汉族，《新世纪周刊》社记者，联系地址同上。

四被告的委托代理人：刘海英，北京市君阳律师事务所律师。

4. 审级：一审。
5. 审判机关和审判组织

审判机关：江苏省启东市人民法院。

合议庭组成人员：审判长：陈南松；审判员：王辉；人民陪审员：朱春菊。

6. 审结时间：2009年5月6日。

（二）诉辩主张

1. 原告双林公司、梁双林诉称

双林公司是省高新技术企业，其生产的"第6要素"聚糖胶囊，多次被评为江苏省名牌产品，产品具有一定的社会知名度；梁双林是高级工程师、省劳动模范、省"333工程"学科带头人、连续三届被评为南通市中青年技术拔尖人才，享有一定的社会知名度。然被告《新世纪周刊》社通过其刊物和新浪网等，发布了其他三被告撰写的多篇内容不实的文章，严重损坏两原告的名誉，导致了两原告社会评价的降低，并影响到原告双林公司的正常经营活动和原告梁双林家人的身心健康。请求判令4被告停止侵权，消除影响，在全国性媒体上发表向原告致歉的文章，内容须经法院审核。

2. 被告《新世纪周刊》社、张雄、王晔、欧阳海燕辩称

三名自然人被告不应被列为被告，他们是被告《新世纪周刊》社的员工，其发表作品均系履行职务的行为；四被告撰写、发表的文章中，仅有对两原告进行客观叙述的内容，并无侮辱、诽谤等进行名誉侵权的内容，即便构成损害，也无证据证明原告受到实际损害，四被告没有侵犯两原告的名誉权。请求法院驳回原告的诉讼请求。

（三）事实和证据

江苏省启东市人民法院经公开审理查明：原告双林公司是一家生产经营自产甲壳素、氨基葡萄糖、稀土甲壳素、非医用营养胶囊等产品的企业，持有国家进出口企业资格证书，获准生产以几丁聚糖为主要原料的胶囊型保健食品，其与南京大学共同拥有几丁糖铬及其设备方法和用途的发明专利。双林公司的第6要素几丁聚糖胶囊于2001年被批准为国家星火计划项目，同年被省科技厅认定为高新技术产品，2003年12月被评为江苏名牌产品。原告梁双林系双林公司的法定代表人、几丁铬及其生产方法的发明专利人、江苏省劳动模范，曾获国务院稀土领导小组，原国家计委、科委联合表彰，获南通市人民政府科教奖励基金奖励，连续三届被评为南通市专业技术拔尖人才。《人民日报》等诸多媒体曾先后宣传过两原告及双林公司的产品。通过一系列宣传和推介活动，两原告在社会上和业界享有一定的知名度。

被告《新世纪周刊》社是一家期刊出版机构，其期刊名称为“新世纪周刊”，其余三被告均为《新世纪周刊》社的记者。被告《新世纪周刊》社在2008年8月21日以“酸性体质——要命的伪概念”为总题，分别发表了由被告张雄署名的《不求甚解的酸碱生活》、《梁双林：酸性体质就是我提的》、被告王晔署名的《酸性体质论：要命的伪概念》、被告欧阳海燕署名的《识别健康的健康观》共4篇文章。上述文章，亦可在新浪网中浏览和下载。被告《新世纪周刊》社及其余各被告以原告在其网页、博客中公开发表的文字内容以及被告张雄采访原告双林公司员工的内容为依据，在文章中对两原告提出的人体酸碱平衡观点、第6要素产品的功能等进行质疑和批评。两原告认为各被告撰写的文章失实，并意图指称原告在制造伪科学，严重侵害两原告的名誉权，故而提出如上诉请。

上述事实有下列证据证明：

1. 启东市公证处（2008）通启证民内字第1875号公证书、《新世纪周刊》社发表文章的杂志。

2. 中央电视台健康时报、中央电视台《健康之路》有关内容的光碟、《中国中医药报》、《健康报》、《江苏法制报》等报刊中宣传原告的文章。

3. 营业执照、进出口企业资格证书、保健食品批准证书、卫生许可证等一组。

4. 原告双林公司公开在《健康之路》和公司网页上发表的文章若干篇、北京市中信公证处（2008）京中信内经证字10295号公证书。

（四）判案理由

江苏省启东市人民法院经审理认为：行为人故意捏造事实、不履行审查、补救义务或以侮辱、诽谤方式，导致他人社会评价度被降低的，构成名誉侵权。行为的传播性、内容的失实性、行为对象的特定性、损害结果的现实性，是判断名誉侵权的关键。本案中，四被告所撰写、刊载的文章，可以得到确认的目的是质疑与批评两原告，文章所引用的原告方的观点几乎都来源于两原告对外公开的网页与博客，因而，总体上不存在内容失实。四被告在阐述已方观点，对原告观点作出质疑、批评时，也没有采用侮辱、诽谤的方式。尽管四被告的文章影响到他人对两原告及相关产品的信任，但这是不同见解争鸣的结果而非四被告侵权的结果，因此，四被告的行为尚不构成对两原告的名誉侵权。并且本案中3名自然人被告属于因其作品发生名誉权纠纷，三名作者与新闻出版单位为隶属关系，作品系作者履行职务所形成的，所以只能列单位《新世纪周刊》社为被告。但是，四被告的行为确有不甚妥当之处：其一，根据现有证据，只能认定被告张雄采访了原告双林公司的员工，而被告张雄的文章却使受众误认为其中被批评的观点来源于被告张雄对原告梁双林的采访；其二，在尚无科学定论的情形下，个别标题，如“酸性体质：要命的伪概念”，使用的文字存在一定的夸大和误导因素；其三，在个别事实方面，被告方并无证据证明系原告提供，却将其陈述为来自于原告的信息。对此，各被告均有必要引起重视并在今后发表文章时力求避免。由于两原告通过其保健观点、产品影响到社会公众，并使自身也在特定范围内形成了一定的公众主体特征，而四被告的前述不妥之处尚不会致其文章的争鸣特征异化为侵权，故原告应以容忍的态度对待四被告文章中的些许不足，并认许四被告具有对公众的善意。原告起诉依据的事实和理由尚不充分，被告抗辩其不构成名誉侵权的主要理由能够成立。

（五）定案结论

江苏省启东市人民法院依照《中华人民共和国民法通则》第一百零一条、第一百二十条，《最高人民法院关于审理名誉权案件若干问题的解答》的规定，作出如下判决：

驳回原告南通双林生物制品有限公司、梁双林对被告《新世纪周刊》社、张雄、王晔、欧阳海燕的诉讼请求。

案件受理费300元（原告已预交），由原告南通双林生物制品有限公司、梁双林各负担150元。

（六）解说

本案主要的争议焦点是媒体报道侵犯名誉权中“内容失实”和“评论不当”如何认定。

庭审中，四被告辩称其撰写、发表的文章中，仅有对两原告进行客观叙述的内容，并无侮辱、诽谤等进行名誉侵权的内容，内容基本属实，评论并无不当，因此其没有侵犯两原告的名誉权。审理中有一种意见认为，四被告的报道捏造了事实，误导了公众，导致了原告社会评价的降低，对原告的正常经营活动造成了一定的影响，构成了名誉侵权。另一种意见认为四被告的数篇文章内容基本属实，属于正当的批评、质疑，并无侮辱、诽谤等内容，达不到名誉侵权的程度。对此我们认为：认定名誉是否侵权要根据名誉侵权的归责原则及法律适用原则，结合具体个案分析，关键看媒体报道内容是否失实、评论是否得当。

1. 关于媒体侵害名誉权的归责原则及法律适用。

媒体侵权属于一般侵权，一般侵权适用过错原则。在过错原则下，对一般侵权责任实行谁主张、谁举证。当前认定媒体侵害名誉权的主要法律依据是《民法通则》，最高人民法院发布的1993年的《关于审理名誉权案件若干问题的解答》（以下简称《解答》）和1998年的《关于审理名誉权案件若干问题的解释》（以下简称《解释》）两个司法解释。《解答》中规定："是否构成侵害名誉权的责任，应当根据受害人确有名誉被损害的事实、行为人行为违法、违法行为与损害后果之间有因果关系、行为人主观上有过错来认定。""因新闻报道严重失实，致他人名誉受到损害的，应按照侵害他人名誉权处理。"《解释》中规定："新闻单位对生产者、经营者、销售者的产品质量或者服务质量进行批评、评论，内容基本属实，没有侮辱内容的，不应当认定为侵害其名誉权；主要内容失实，损害其名誉的，应当认定为侵害名誉权。"侵害名誉权的主要违法行为表现为：（1）侮辱行为。包括口头、动作、文字侮辱和暴力侮辱。侮辱的事实可能是实际存在的。（2）诽谤行为。诽谤的事实必须是虚假的，否则不构成诽谤。（3）新闻报道的严重失实。（4）评论严重不当。依据一般侵权原则及上述司法解释，报道是否严重失实、评论是否得当自然成为审理此类案件的焦点。

2. 关于内容失实。

内容失实是指媒体报道偏离客观事实，对事件作出了不准确的、歪曲的甚至是虚假的描述，主要表现为对真人真事的采访、报道没有尊重客观事实、进行有损于他人名誉的虚假和夸张。名誉的核心是社会评价，名誉权就是指公民、法人或其他组织对自己所获得的社会评价享有的不可侵犯的权利。单纯的内容失实并不构成侵犯名誉权，只有该失实内容经传播后导致了被报道者社会评价的降低、名誉受损，才构成侵犯名誉权。只有媒体报道的内容与事实严重不符的时候，才可认定为内容失实。在学理上可以认为，严重失实不是量的概念（主要不是看篇幅、文字的比例），而是质的概念，是指媒体失实的内容足以使人对有关问题的性质产生不正确的贬损性的认识这样一类失实，那些与问题性质无关的失实，就不是严重失实，与侵权没有关系。因为媒体仅是舆论监督机构，缺乏相应的公共权力，在某些情况下无法广泛、深入地查清事实的真相，因而在个别细节上出现与事实不相符的情况是很难完全杜绝的。媒体真实并不代表客观真实，同样，法律真实也不代表客观真实。根据最高人民法院《解答》和《解释》的规定，撰写、发表批评文章及新闻单位对生产者、经营者、销售者的产品质量或服务质量进行批评、评论，内容基本属实，没有侮辱他人人格内容的，就不能认定为侵害名誉权的行为。同时规定，"因新闻报道严重失实，致他人名誉受到损害的，应按照侵害他人名誉权处理"，也就是说，传播内容的真实是我国名誉侵权的免责事由。本案中四被告所发表的文章是基于原告方的网页及其他宣传，内容并无严重失实之处，尚不足以构成名誉侵权。

3. 关于评论不当。

媒体报道的评论不当主要是指媒体报道中存在侮辱人格的言论或者其他不恰当的评价，是指对现实生活中的特定人物或存在的某种现象发表评论、批评时，没有以客观事实为基础或者将某种道听途说的未经核实的消息想当然地认定为事实，或虽然建立在客观基础上，但为了追求新闻效应或发泄私愤、表达义愤填膺的主观情绪而进行妄加评论。媒体报道的评论具有一定的主观性，评论不当主要表现为侮辱和诽谤行为。侮辱是指以言辞、文字、图画、动作或者暴力等方式，公然贬损、丑化他人，损害他人名誉的行为。诽谤是指为了毁坏他人名誉，无中生有、捏造事实并加以散布的行为。例如现实生活中媒体对所谓"坏人"的描述，出现频率最高的词汇大致有：恶棍、流氓、娼妓、骗子、疯子、奴才、无赖、色狼等等。类似的不当评论，已构成贬低他人人格的侮辱行为，侵害了他人的名誉权。正当的批评和评论是媒体实现社会舆论监督的重要手段，是媒体侵权民事责任的一项重要抗辩理由，但是这种批评与评论必须以事实为根据，符合社会公众利益，同时还必须是善意的、公正的。当然，媒体进行舆论监督，发表意见和评论，只要不具有恶意，即使是片面的、偏激的、轻率的、不严谨的，也不存在侵害名誉权的问题。无论是侮辱、诽谤还是其他行为，要构成对名誉权的侵害行为，必须具有特定的侵害对象。如果行为人的行为未指向特定的对象，仅泛指一般人或某方面的人，不能具体认定指向谁，则不能认定侵害名誉权。结合本案，被告发表的以"酸性体质——要命的伪概念"为总题的四篇文章，虽有一定的夸大成分，但仍属于对酸性体质这一概念的质疑和批评，是对事不对人，是一种正当的舆论监督和争鸣的方式，主观上不具有恶意，并未使用针对原告的侮辱、诽谤等言辞，并不必然导致原告社会评价的降低，所以被告的评论并无不当。

综上，我们认为，《新世纪周刊》社发表的以"酸性体质——要命的伪概念"为总题的四篇文章内容并无严重失实之处，其报道是对生产者、经营者、销售者的产品质量或者服务质量进行质疑、批评和评论，没有侮辱、诽谤等内容，评论并无不当，不符合一般侵权行为的构成要件，不应当认定为侵害名誉权，因此法院最后作出如上判决无疑是正确的。在媒体侵权越来越多的今天，如何认定内容失实和评论不当对于是否构成名誉侵权无疑至关重要。司法实践中我们要按照一般侵权行为理论，找到公民和法人的名誉权与正当舆论监督和言论自由权两种权利的平衡点。媒体报道是促进社会进步和文明的动力之一，太多的禁区和苛求不利于媒体和社会的健康发展，法律应当保护媒体的正当的、合法的学术争鸣和评论。

（江苏省启东市人民法院　朱红忠　孙贵斌）

21. 张艺谋诉华夏出版社、黄晓阳名誉侵权案（名誉权）

（一）首部

1. 判决书字号

一审判决书：北京市第一中级人民法院（2009）一中民初字第 1030 号。

二审判决书：北京市高级人民法院（2010）高民终字第 411 号。

2. 案由：姓名权、肖像权、名誉权纠纷。

3. 诉讼双方

原告：张艺谋，男，汉族，住广西壮族自治区南宁市西乡塘区。

委托代理人：佟洁，北京市大成律师事务所律师。

被告：华夏出版社，住所地：北京市东直门外香河园北里。

法定代表人：高文柱，社长。

委托代理人：吕娜，女，出版社总编室副主任，住该单位。

委托代理人：张锋，四川名川律师事务所律师。

被告：黄晓阳，男，汉族，住广东省广州市番禺区。

委托代理人：王莹，女，住北京市朝阳区。

委托代理人：陆刚，湖南金州律师事务所律师。

4. 审级：二审。

5. 审判机关和审判组织

一审法院：北京市第一中级人民法院。

合议庭组成人员：审判长：徐庆斌；代理审判员：陈立新；人民陪审员：高贵荣。

二审法院：北京市高级人民法院。

合议庭组成人员：审判长：杜莉红；代理审判员：王成、邹治。

6. 审结时间

一审审结时间：2009 年 12 月 8 日。

二审审结时间：2010 年 3 月 18 日。

（二）一审情况

1. 一审诉辩主张

（1）原告张艺谋诉称

2008 年 8 月 8 日，举世瞩目的北京奥运会开幕式隆重而成功举行，全世界都在为这一盛况空前的开幕式惊叹。就在此时，一本以奥运会开幕式总导演张艺谋个人生活为主要内容，由被告华夏出版社出版、被告黄晓阳所“著”的《印象中国：张艺谋传》在北京出版发行。由于奥运会开幕式的成功举办，作为总导演的张艺谋在国内、国际均享有很高的声望和影响力。被告华夏出版社和被告黄晓阳利用张艺谋所享有的这一声望，仅在奥运会开幕式 3 天后便推出了所谓的“张艺谋自传”，即侵权作品《印象中国：张艺谋传》一书，并于 2008 年 8 月 14 日亮相上海书展。该书以张艺谋的大幅肖像、醒目的签名构成封面的主要内容，以张艺谋个人生活作为书的主要内容，并将张艺谋的个人感情生活经历作为该书最大卖点。该书上市后，立即引发明显效应，全国数十家报刊、网站等媒体以“张艺谋首出传记曝恋情”、“张艺谋出新书自曝与某某恋情”等为标题，对该书进行了大量的文字报道、视频报道、转载以及连载，浏览新闻者、在线读书者、购书者甚众，网络点击量巨大。两被告以营利为目的，未经张艺谋授权许可使用其个人肖像、伪造其签名，书中大量内容系被告黄晓阳道听途说、肆意捏造，从未向张艺谋本人及其他当事人核实，并大肆对外公布张艺谋的隐私。被告华夏出版社作为国家级出版单位，为追求商业利益，不顾最基本的职业道德，没有尽到注意义务，给造假者提供合法平台，对该书的传播负有不可推卸的责任。两被告的行为欺骗了大众，使看到与该书相关新闻的读者陷入误区，误认为该书系张艺谋个人所出传记，或系确已得到张艺谋授权所出传记，严重侵犯了张艺谋的肖像权、姓名权，严重损害了张艺谋的名誉。综上，两被告的行为已经严重侵犯原告的肖像权、姓名权、名誉权，现起诉请求：1）要求两被告立即停止一切侵权行为，包括该书的再版印刷、发行和销售，封存所有已经出版但尚未发出的书册，收回已发出的书册，并对正在销售的予以下架、封存；2）要求两被告在全国性媒体上刊登道歉声明，声明内容需经原告审查；3）要求两被告赔偿原告经济损失100万元人民币；4）要求两被告赔偿原告精神损失50万元人民币。

（2）被告华夏出版社辩称

第一，原告所述的基本事实与该书的出版行为有出入，我方出版这本书并不构成对张艺谋名誉权、肖像权和姓名权的侵害，同时，原告也没有相应的证据和事实证明这一点，因此，我方请求依法驳回原告对我方的诉讼请求。第二，该书出版后原告张艺谋提出异议，并委托律师给我方发出律师函，我方已经封存了该书，并将该书下架，原告第一项的诉讼请求已经不存在，没有实际意义。第三，至于原告的其他诉讼请求，因同样没有相应的证据，其诉讼请求不应该予以支持。综上，请求法院驳回原告的诉讼请求。

（3）被告黄晓阳辩称

1）黄晓阳未实施侵犯原告张艺谋名誉权的侵权行为。黄晓阳所著《印象中国：张艺谋传》一书全文均有素材来源，黄晓阳未捏造事实，黄晓阳在该书中也未使用侮辱、诽谤的言论损害张艺谋的名誉，全书通篇都表达了黄晓阳对张艺谋的赞美、崇敬之情，张艺谋起诉根本没有事实依据。《最高人民法院关于审理名誉权案件若干问题的解答》第七条规定，“是否构成侵害名誉权的责任，应当根据受害人确有名誉被损害的事实、行为人行为违法、违法行为与损害后果之间有因果关系、行为人主观上有过错来认定”。具体到本案，黄晓阳认为，张艺谋在本案中根本没有提供相应的证据证明其名誉因该书的出版受到损害的事实，相反，张艺谋的社会评价还因其成功导演2008北京奥运会开幕式而有所提高，张艺谋于奥运会之后首次亮相的2008年11月7日，就在他的母校北京电影学院领取了美国波士顿大学颁发的人文艺术荣誉博士学位。不仅如此，张艺谋还因成功导演《印象·海南岛》获得了海口市荣誉市民的称号，最近张艺谋导演的歌剧《图兰朵》在国家体育场——鸟巢成功出演，也使张艺谋获得公众的一致好评。因此，张艺谋称其名誉受到损害根本就不是客观事实。

2）黄晓阳未侵犯张艺谋的肖像权和姓名权。黄晓阳认为，当事人仅对自己的行为所产生的后果承担相应的法律责任，自己所提交的证据已经明确地证实了自己在《印象中国：张艺谋传》中只提供了文字内容，不提供图片和签名，且自己提供的有关证据与被告华夏出版社的有关证据——北京市长安公证处（2009）京长安内经证字第15296号公证书相印证，足以证明上述事实。因此自己无须对张艺谋的肖像图片和签名承担法律责任，张艺谋要求自己承担侵犯姓名权和肖像权的法律责任，没有事实依据。综上，自己未侵犯张艺谋的名誉权、肖像权和姓名权，张艺谋的起诉没有事实依据，其诉讼请求中要求自己停止侵权、赔礼道歉及赔偿经济损失、精神损失不符合法律规定，请求人民法院依法驳回。

2. 一审事实和证据

北京市第一中级人民法院经公开审理查明：由被告黄晓阳所著《印象中国：张艺谋传》一书，于2008年8月经被告华夏出版社出版发行，该书封面为张艺谋肖像，肖像下方署有“张艺谋”字样的手写签名。该书内容涉及原告张艺谋婚姻家庭、个人情感、事业成就等诸多方面，其中书中第18页、19页，第75页第3段，第82页第3、5、7、8段，第83页第2、5、7段，第85页第1、3、7段，第86页第1、3、5段，第92页第4段，第147页第2段的内容，直接描述了原告张艺谋的婚姻生活及感情纠葛，且相关内容多以“他或张艺谋说”的描述方式出现。该书出版发行后，被网站进行了转载，同时在网络媒体上出现了关于“网友”在阅读该书后的相关评论，其中既有对原告张艺谋事业成就的褒扬，亦有对原告张艺谋个人情感生活的负面评价。在原告张艺谋就该书内容涉及侵权问题向被告华夏出版社提出书面函件后，被告华夏出版社于2008年12月9日向四川新华文轩连锁股份有限公司发出“关于立即停止销售、宣传《印象中国：张艺谋传》”的通知，并于当月16日向全国各地新华书店、各经销网点、各图书销售网站发出“关于立即停止宣传、销售《印象中国：张艺谋传》”的通知。

庭审中，二被告认可就该书封面上使用原告张艺谋的肖像及姓名未经原告张艺谋同意；二被告未就该书封面中使用的“张艺谋”字样的手写签名系原告张艺谋本人所签向法院提交证据。对于原告张艺谋指出的《印象中国：张艺谋传》一书中的部分内容，被告黄晓阳认可在该书出版发行前未就该部分内容向原告张艺谋本人核实是否为真实。就该书的出版发行情况，华夏出版社认可该书定价为38元，印刷册数为25 000册，已售出15 214册，尚有9 786册未售出。

3. 一审判案理由

北京市第一中级人民法院经审理认为：人格权是民事主体依法享有的、以人格利益为客体并为维护民事主体的独立人格所必备的权利。在现代文明社会，人格权是自然人生存与发展所必备的条件。自然人依据法律的确认对人格独立、自由、平等、尊严、生命、健康和名誉等方面享有人格利益，并在人格利益受到侵害之时，有权通过诉讼的方式寻求救济，以维护其独立人格。

在本案中，由于《印象中国：张艺谋传》一书的出版发行，原告张艺谋提出了关于肖像权、姓名权和名誉权的侵权之诉。是否构成侵犯相应的人格权以及相关的责任承担问题乃本案双方当事人争议之焦点，本院对此分别予以论证分析。

（1）关于肖像权侵权是否构成的问题

根据我国《民法通则》的相关规定，公民享有肖像权，未经本人同意，不得以营利为目的使用公民的肖像。肖像权，是公民以在自己的肖像上所体现的利益为内容的具体人格权。是否构成侵权，应以是否存在使用肖像的行为、是否经肖像权人同意为主要的构成要件。本案中，《印象中国：张艺谋传》一书封面上印有大幅张艺谋的肖像，对于该肖像的使用，被告华夏出版社及黄晓阳均认可未经原告张艺谋同意，由此可见上述两个要件均已具备，且该肖像被用作《印象中国：张艺谋传》一书的封面，对于该书的营销无疑起到了宣传作用，因此，本院认定被告华夏出版社、黄晓阳在《印象中国：张艺谋传》一书封面上使用原告张艺谋的肖像，已构成对原告张艺谋肖像权的侵犯。对于被告华夏出版社、黄晓阳提出的不构成对原告张艺谋肖像权侵权的抗辩意见，本院不予采信。

（2）关于姓名权侵权是否构成的问题

根据我国《民法通则》的相关规定，公民享有姓名权，有权决定、使用自己的姓名，禁止他人盗用、冒用。是否构成侵害姓名权，主要看行为人是否具有使用针对特定人姓名的行为，以及是否存在盗用、冒用的主观故意。本案中，在《印象中国：张艺谋传》一书封面印有的张艺谋肖像下方，署有“张艺谋”字样的手写签名。该签名作为封面的整体部分，按一般生活经验及社会常理判断，足以使阅览该书封面的读者产生该书封面签字即为张艺谋本人所签的认识；而对于该姓名的使用，被告华夏出版社及黄晓阳均认可未经原告张艺谋同意，且均未提供证据证实该手写的“张艺谋”签名系原告张艺谋本人所签，故本院认定二被告的上述行为已构成侵犯原告张艺谋的姓名权。被告华夏出版社、黄晓阳提出的不构成侵犯原告张艺谋姓名权的抗辩意见，本院不予采信。

（3）关于名誉权侵权是否构成的问题

根据我国《民法通则》的相关规定，侵害名誉权是指用侮辱或诽谤等方式损害公民的名誉，使公民的社会评价降低的行为。侵害名誉权的情形包含侮辱、诽谤这两种常见方式，但却并不限于这两种方式。是否构成侵犯名誉权，应当结合本案中是否具有构成侵权行为的要件事实等情形予以综合认定。就本案而言，从原告张艺谋所指出的相应部分内容来看，绝大部分来源于《往事悠悠》这本书，该书为与原告张艺谋有过婚姻关系的肖华所著，是否属于客观事实，由于原告张艺谋本人对该部分内容并不认同，本院无从核实。从该部分内容描述用语来看，没有出现刻意贬损或侮辱等一些贬义性感情色彩强烈的词句，与肖华所著的《往事悠悠》一书的相关内容相比，整体行文亦无过度渲染感情纠葛的倾向。但是，本院需要特别指出的是，对于私人领域的生活信息，自然人有权决定是否公之于众，以及以何种方式公之于众。在向公众透露私人生活信息的情况下，当事人本人应有权选择、决定以什么形象出现在社会公众面前，从而使其人格形象能够免受歪曲和丑化。虽然较之普通的社会公民而言，由于公众人物所承负着更多的社会责任与义务，其必然会受到社会舆论的关注、监督甚至是批评，其自身所享有的权利也会因此受到一定程度的影响，对此，公众人物应该负有一定程度的容忍义务。但是，尽管如此，仍应对公众人物的私人生活信息给予必要的保护，无论是社会媒体还是普通公民，在公开传播公众人物相关信息时仍应秉持谨慎、客观的态度，同时说明信息的合法来源，以免错误地描述了公众人物的人格形象，进而使社会公众产生误读。

从本案来看，《印象中国：张艺谋传》一书的封面设计采用了张艺谋的肖像并辅之以“张艺谋”签名的形式，这在客观上会使读者误以为该书是经过张艺谋授权或许可而出版，加之书中关于张艺谋情感部分的内容采用“他或张艺谋说”的形式进行行文和叙述，而并未标注其素材来源，亦未指明其合理的出处，这无疑又使读者加深了上述误解。原告张艺谋本人并无透露个人感情生活的意愿，亦无意针对私人生活中的某些细节进行澄清和回应，但二被告的上述行为却让人产生了相反的理解，所以，二被告的不当行为干涉了原告张艺谋对于自身感情生活表达的意志自由，侵害了原告张艺谋基于自身品行而希望拥有的良好社会评价之预期，不可避免地会使社会公众对其人格形象产生歪曲的理解，进而对原告张艺谋的人格作出否定性评价。故本院认为，二被告的上述行为侵犯了原告张艺谋的名誉权。对于被告华夏出版社和黄晓阳提出的《印象中国：张艺谋传》有相应的素材来源且内容属实，并不构成侵犯名誉权等抗辩意见，本院不予采信。

(4) 关于民事责任承担方式问题

《印象中国：张艺谋传》一书的出版侵害了原告张艺谋享有的姓名权、肖像权和名誉权，二被告对此具有共同过错，应该对由此而产生的损害承担连带赔偿责任。

被告华夏出版社发出了“关于立即停止宣传、销售《印象中国：张艺谋传》”的通知，采取了一定的措施防止因该书的销售而继续给原告造成损害，但为了避免今后此类行为的再次发生，二被告应该停止对该书的再版和发行，故本院对原告张艺谋主张的要求二被告停止侵害的诉讼请求中的合理部分即停止该书的再版印刷、发行之请求予以支持。

对于原告张艺谋提出的要求二被告在全国性媒体上刊登致歉声明之请求，考虑到《印象中国：张艺谋传》一书已在社会公开销售的事实，二被告的致歉范围应与所造成的损害影响范围相一致，因此，对于其提出的此项请求的合理部分，本院予以支持。

对于原告张艺谋提出的经济损失之请求，考虑其人格权利受到侵害之事实，本院结合该书的定价和发行数量等情况，酌情确定相应的赔偿数额。对原告张艺谋此项请求中的过高部分，本院不予支持。

关于原告张艺谋提出的精神损失之请求，本院根据二被告的过错程度、侵权行为的具体情节以及给原告张艺谋造成精神损害的后果等情况确定相应的赔偿数额。对原告张艺谋此项请求中的过高部分，本院不予支持。

4. 一审定案结论

北京市第一中级人民法院依照《中华人民共和国民法通则》第九十九条第一款、第一百条、第一百零一条，《最高人民法院关于确定民事侵权精神损害赔偿责任若干问题的解释》第一条、第十条之规定，作出如下判决：

(1) 自本判决生效之日，被告华夏出版社、黄晓阳立即停止侵害，停止《印象中国：张艺谋传》一书的再版印刷、发行。

(2) 本判决生效后30日内，被告华夏出版社、黄晓阳在全国发行的报纸上刊登向原告张艺谋的致歉声明，具体内容应经本院审核。逾期则本院将在全国发行的报纸上刊登本判决主要内容和相关情况，费用由被告华夏出版社、黄晓阳负担。

(3) 本判决生效后30日内，被告华夏出版社、黄晓阳共同赔偿原告张艺谋经济损失人民币40万元。

(4) 本判决生效后30日内，被告华夏出版社、黄晓阳共同赔偿原告张艺谋精神损害抚慰金人民币5万元。

(5) 驳回原告张艺谋的其他诉讼请求。

案件受理费7 800元，由原告张艺谋负担2 340元（已交纳），由被告华夏出版社、黄晓阳负担5 460元（于本判决生效后7日内交纳）。

（三）二审诉辩主张

1. 上诉人华夏出版社和黄晓阳诉称

原审法院判决认定事实不清、适用法律错误、程序违法，请求撤销原判、依法改判，驳回张艺谋的诉讼请求或发回重审。

2. 被上诉人张艺谋辩称

同意一审判决。

（四）二审事实和证据

北京市高级人民法院经审理，确认一审法院认定的事实和证据。

（五）二审判案理由

北京市高级人民法院经审理认为：人格权是民事主体依法享有的，以人格关系上所体现的与其自身不可分离的利益为内容的民事权利。公民人格权依法不受他人侵害。本案中，各方争议的焦点为《印象中国：张艺谋传》一书是否侵害了张艺谋的肖像权、姓名权、名誉权等人格性权利。本案中，张艺谋的大幅肖像在《印象中国：张艺谋传》封面上使用，对此，华夏出版社及黄晓阳均不能证明经张艺谋同意。因该书系以营利为目的的商业性出版物，该封面肖像的使用对书籍本身的营销无疑有宣传、促进作用，故本院认定华夏出版社及黄晓阳在《印象中国：张艺谋传》封面上使用张艺谋肖像的行为构成了对张艺谋肖像权的侵害。另，《印象中国：张艺谋传》封面中张艺谋肖像的下方，署有"张艺谋"签名的字样。该签名所处位置及书写方式而言，足以使一般公众产生该签名系张艺谋本人书写的认识。而华夏出版社及黄晓阳既不能证明该签名系张艺谋本人所书，亦不能证明该签名的使用经过了张艺谋的同意。故本院认定华夏出版社及黄晓阳使用上述签名的行为构成了对张艺谋姓名权的侵害。关于是否构成名誉权侵权一节，张艺谋指出了书中 8 处涉及侵权的内容。从这 8 处的行文内容和描述方式看，主要涉及张艺谋私人感情问题，其素材来源于张艺谋前妻肖华所著《往事悠悠》一书中肖华单方面对私人生活的披露。应指出，虽然张艺谋系公众人物，对于其私人生活的披露应负有一定程度容忍义务，但涉案内容涉及张艺谋私人感情问题，且张艺谋本人并未明确认同《往事悠悠》一书中的相关内容，故《印象中国：张艺谋传》在向公众引述相关内容时，出于谨慎与客观考虑，应当注明消息来源。现《印象中国：张艺谋传》一书中，对上述内容多以"他说或张艺谋说"形式进行表述，且未说明信息来源，足以使读者产生该内容为张艺谋本人表述或认可之错觉。该行为既干涉了张艺谋对于自身感情生活表达的意志自由，亦不可避免地会使社会公众对其人格形象产生误读，进而对张艺谋的人格作出错误评价。故本院认定华夏出版社及黄晓阳侵害了张艺谋的名誉权。原审法院对侵权事实与性质的认定均正确，本院予以确认。基于上述侵权事实，原审法院判决华夏出版社、黄晓阳连带承担停止该书的再版印刷、发行；在全国媒体上刊登致歉声明；确定华夏出版社、黄晓阳赔偿张艺谋基于上述侵权事实受到的经济损失与精神损失正确，本院不持异议。综上，华夏出版社、黄晓阳的上述请求，均缺乏事实及法律依据，本院均不予支持。

（六）二审定案结论

北京市高级人民法院依照《中华人民共和国民事诉讼法》第一百五十三条第一款第（一）项之规定，作出如下判决：

驳回上诉，维持原判。

（七）解说

从本案争议的焦点来看，侵犯张艺谋的姓名权和肖像权是毫无疑问的，因为华夏出版社和黄晓阳并不能证明对张艺谋姓名和肖像的使用经过了张艺谋本人的同意，所以，这点较为容易认定。

本案认定的难点在于华夏出版社和黄晓阳的行为是否侵犯了张艺谋的名誉权。名誉权是指公民和法人对其名誉所享有的不受他人侵害的权利。一般而言，侵害名誉权的方式主要为侮辱和诽谤：侮辱是指故意以暴力、语言、文字等方式贬低他人人格、毁损他人名誉。诽谤是指行为人因故意或过失而散布某种虚假的事实，损害他人名誉。从张艺谋指出的《印象中国：张艺谋传》的 8 处内容来看，主要是其前妻肖华对于二人感情生活的描述，很难认定言辞中有侮辱或诽谤的情形。那么，除了侮辱和诽谤之外，是否还有其他侵害名誉权的形式？一般来说，侵害名誉权的方式还有新闻报道严重失实、评论严重不当等行为。但是，显然本案的情形也不符合。

从张艺谋的诉称中可以看到，张艺谋认为书中的内容披露了其隐私，进而对其名誉权造成了伤害。所谓隐私，是一种与公共利益、群体利益无关的，当事人不愿他人知道或者他人不便知道的个人信息，当事人不愿他人干涉或他人不便干涉的个人私事和当事人不愿他人侵入或他人不便侵入的个人领域。最高人民法院发布的《关于审理名誉权案件若干问题的解答》中，将未经他人同意，擅自公布他人隐私的行为定性为侵害名誉权。但实际上隐私是一种事实，而不是一种主观评价，二者有本质的区别。长期以来，我国的民事法律中一直没有将隐私上升为权利的高度，而是将其作为侵害名誉权的一种情形予以保护。直至最高人民法院发布的 2008 年版的《民事案件案由规定》以及 2010 年 7 月 1 日起施行的《中华人民共和国侵权责任法》才将隐私作为一种权利加以规定。隐私权是指自然人享有的对其个人的、与社会公共利益无关的个人信息、私人活动和私有领域进行支配的一种人格权。隐私与名誉的主要区别在于前者是一种事实，后者是社会评价；侵害隐私权的形式是散布、公开他人的隐私内容，而侵害名誉权的形式是通过捏造和虚构形式进行侮辱和诽谤；侵害名誉权一般有主观恶意，而侵害隐私权可能是出于恶意，也可能是无意。从张艺谋的主张来看，张艺谋本人是不认可书中描写的 8 处内容的，该内容只是肖华单方面对其和张艺谋感情生活的一种披露而已，是否真实，法院无从核实，所以，张艺谋认为书中的内容披露其隐私，进而侵害了其名誉权，是很难成立的。

从张艺谋指出的 8 处内容来看，主要是采用“他说或张艺谋说”的形式进行行文和叙述，内容也主要引自《往事悠悠》这本书。《印象中国：张艺谋传》一书不是采用传记主人公口述、作者整理的形式编写，也不是严格意义上的通过发掘和整理历史资料而书写的人物传记，在行文表述上并不是十分严谨和规范。但是，不论该书的形式如何，都应该遵循最基本的引文注释规范，既然该书中的 8 处内容均引自《往事悠悠》，那么，就应该通过脚注或尾注的形式予以标明，否则，采用“他说或张艺谋说”的形式很容易让人误解为是张艺谋本人说的，加上书的封面和签名，更容易让人加深上述误解。作者行文的不当之处即在于此。尤其需要指出的是，虽然对公众人物的权利保护范围较之对普通公众有一定程度的限缩，但是，这并不意味着任何人均可随意对他人的私人生活领域的信息进行披露，谨慎和客观的态度是任何报道中均应秉持的理念，传记作品也是如此。基于以上的分析，一、二审法院认定，华夏出版社和黄晓阳的行为干涉了张艺谋对于自身感情生活表达的意志自由，亦不可避免地会使社会公众对其人格形象产生误读，进而对张艺谋的人格作出错误评价，构成对张艺谋名誉权的侵害。

从一、二审法院的论证来看，构成名誉侵权是确凿无疑的，也是得当的。那么，假如后退一步，如果从侵害名誉权的一般方式来看，不能认定名誉侵权，是否还可以通过认定侵害一般人格权来予以保护呢？一般人格权是相对于具体人格权而言的，它是民事主体对其人格独立、自由、平等和尊严等享有的一般人格利益。它是一种开放性的权利，类似于法律条文中的兜底条款。一般而言，对于民事主体较为重要的权益一般都会上升到权利的高度予以明文规定并加以保护，但是这种挂一漏万的方式也有可能导致对权利之外重要的利益缺乏保护，基于此，有必要通过赋予其一般人格权的地位而加以规制。2010 年 7 月 1 日起施行的《中华人民共和国侵权责任法》中并没有直接使用一般人格权这一概念，而是通过规定民事权益的方式进行表述，但是在之前最高人民法院发布的新版《民事案由规定》中已经将一般人格权作为一类案由而加以规定。笔者认为，虽然侵权责任法并没有直接使用这一概念，但是并不妨碍司法实践中对该概念的运用。从本案的案情来看，《印象中国：张艺谋传》一书中引用的部分已经涉及了张艺谋个人私人生活领域的信息，法院的判决也指出，这种信息的披露和使用应该由当事人本人决定，这样才能使其人格形象免受歪曲和丑化。所以，通过认定侵害一般人格权的形式对张艺谋的人格利益进行保护也未尝不可，在法律上仍然成立，且理由依然十分充足。所以，无论从侵害名誉权的角度还是从侵害一般人格权的角度，张艺谋的诉求均会得到支持。但是，需要指出的是，一般人格权毕竟只是一个兜底性的权利，在能够认定具体人格权侵权的情况下，一般仍应认定为侵害具体的人格权，以防止对一般人格权的过度保护而造成权利的滥用。

（北京市第一中级人民法院　于涛）

22. 王海挺诉中国银行股份有限公司上海市分行名誉权案（信用侵害的责任承担）

（一）首部

1. 判决书字号：安徽省宣城市宣州区人民法院（2009）宣民一初字第 1752 号。

2. 案由：名誉权纠纷。

3. 诉讼双方

原告：王海挺，男，汉族，宣城裕安申成房地产开发有限公司董事长，住安徽省宣城市宣州区。

委托代理人：许圣仁，男，汉族，宣城裕安申成房地产开发有限公司法律顾问，住安徽省宣城市区。

被告：中国银行股份有限公司上海市分行（以下简称中行上海分行），住所地：上海市中山东一路。

负责人：董唯俭，该分行行长。

委托代理人：朱嘉良，中国银行股份有限公司上海市分行法律与合规部工作人员。

委托代理人：许一枫，中国银行股份有限公司上海市分行银行卡部工作人员。

4. 审级：一审。

5. 审判机关和审判组织

审判机关：安徽省宣城市宣州区人民法院。

合议庭组成人员：审判长：毛庆明；审判员：骆玉生；人民陪审员：陈益民。

6. 审结时间：2009 年 10 月 12 日。

（二）诉辩主张

1. 原告王海挺诉称

2006 年 6 月，被告中行上海分行通过征信中心在全国银行系统网上发布原告不真实的信用卡透支信息。2007 年 6 月，原告以名誉权受到侵害为由，向人民法院提起诉讼。案经两审，宣城市中级人民法院终审判决：被告停止对原告名誉权的侵害，为原告消除影响、恢复名誉；被告赔偿原告精神损害抚慰金 80 000 元。后原告向人民法院申请执行，经执行被告履行了判决所确定的义务，2008 年 7 月 29 日案件执行完毕。2009 年 4 月被告再次通过征信中心将原告不真实的信用卡透支信息在全国银行系统网上发布。2009 年 5 月 11 日，原告函告被告，被告消除了原告不真实的信息。2009 年 6 月，原告向中国工商银行宣城龙首支行申请贷款时，查询其个人客户信用报告为“[禁入—165]”，PCRS 拒贷原因为“信用卡信用表现期为≥12，非正常还款月数占比≥50%”，原告不真实的信用卡信息再度出现。原告向中国人民银行查询，得知该信息是被告发布。被告在法院判决承担法律责任后，再次通过征信中心发布原告不真实的负面信息，故意侵害原告的名誉权，致使原告的商业信誉降低，经营活动不能正常进行，经济受到损失，精神受到损害。现请求判令：（1）被告停止侵害、消除影响、恢复原告名誉；（2）被告赔偿原告精神损害抚慰金 80 000 元。

2. 被告中行上海分行辩称

被告已依据（2008）宣中民一终字第 43 号民事判决履行了相关义务。2009 年 4 月和 6 月，征信中心显示的两次原告的负面信息，非被告所为。被告在接到原告的更正函后，及时与中国银行总行联系，要求更正并查找原因，据了解出现错误的原因系中国银行总行与中国人民银行征信系统程序出现了问题。被告自 2008 年 7 月 3 日向总行提交原告个人征信异议数据删除申请后，未再向中国银行总行及中国人民银行征信中心报送有关原告的任何负面信息。原告诉称的其向中国人民银行查询得知负面信息是被告所发布与事实不符。本案中被告不存在任何违法行为和主观过错，因此不具备侵害名誉权的法定要件。综上，应驳回原告的诉讼请求。

（三）事实和证据

安徽省宣城市宣州区人民法院经公开审理查明：原告系上海市人。2003年至今，原告在安徽省宣城市投资经营房地产业，担任宣城裕安申成房地产开发有限责任公司董事长。2006年2月17日和2月21日，被告先后两次向原告发出“清账通知书”称，原告的长城信用卡发生透支22 500元，原告若不补足欠款，有关原告的信用情况将作为负面信息由上海资信有限公司留存、共享，将对原告的资信状况产生不利影响。2006年4月19日，征信中心在网上发布的关于原告的个人信用报告中，个人身份信息栏有“王海挺，男性，身份证号码34250152082××××，出生日期1952.08.25，通讯地址中国上海南丹东路×号，住址电话021—6410××××，单位电话021—6408××××”信息；信用卡汇总信息栏有“透支余额（元）/已使用额度（元）39 150”信息；信用卡明细信息栏有“当前逾期总额39 149”信息。2006年7月份，原告数次向被告申明，原告从未在被告处申办过信用卡，也未丢失身份证，并向被告提供原告的真实信息供被告核查。同时，原告就本人涉嫌被冒用办卡向上海市公安局虹口区分局报案。2006年7月26日，征信中心在网上发布的关于原告的个人信用报告中，信用卡汇总信息栏及信用卡明细信息栏的内容仍反映原告持卡透支，但个人身份信息栏变动为“王海挺，男性，身份证号码34250152082××××，出生日期1952.08.25，通讯地址宣城，住址电话3022×××，手机号码1390563××××”。2007年6月28日、2007年7月9日，征信中心在网上发布的关于原告的个人信用报告中，信用卡汇总信息栏及信用卡明细信息栏的内容仍反映原告持卡透支，但异议标注栏有“信用卡明细信息1：此信用卡涉嫌冒用办卡，‘当前逾期总额’应为21 939.51元。”信息，该信息添加时间为2007年5月11日；查询记录栏反映银行因贷款审批、信用卡审批、贷后管理等原因36次查询了原告的该个人信用报告。上述原告的个人信用报告中信用卡的相关数据系被告报送，征信中心在网上发布。另外，申办本案涉诉信用卡的相关资料一组，与原告提交的本人身份证、购房发票均不一致。原告因上述个人信用报告有信用卡违约不良记录，多次向银行申请贷款未成。2007年6月27日，原告向本院提起诉讼，要求判令：（1）被告停止侵害、消除影响、恢复原告名誉；（2）被告赔偿原告精神损害抚慰金150 000元。本院于2007年11月1日以（2007）宣民一初字第1065号民事判决书判决：（1）被告中行上海分行停止报送原告王海挺持本案涉诉信用卡透支的负面信息，以停止对原告名誉的侵害；通过征信中心在全国银行系统网内更正原告王海挺持本案涉诉信用卡透支的负面信息，为原告消除影响、恢复名誉；于本案判决生效之日起3日内履行。（2）被告中行上海分行赔偿原告王海挺精神损害抚慰金130 000元，于本判决生效之日起5日内履行。（3）驳回原告王海挺的其他诉讼请求。宣判后被告不服，提起上诉。2008年4月3日安徽省宣城市中级人民法院以（2008）宣中民一终字第43号民事判决书判决：（1）维持宣城市宣州区人民法院（2007）宣民一初字第1065号民事判决第一、三项；（2）变更宣城市宣州区人民法院（2007）宣民一初字第1065号民事判决第二项即“被告中国银行股份有限公司上海市分行赔偿原告王海挺精神损害抚慰金130 000元，于本判决生效之日起5日内履行”为“上诉人中国银行股份有限公司上海市分行赔偿原告王海挺精神损害抚慰金80 000元，于本判决生效之日起5日内履行”。2008

年 6 月 19 日，王海挺向本院申请执行安徽省宣城市中级人民法院以（2008）宣中民一终字第 43 号民事判决书所确定的义务，中行上海分行履行了该判决确定的义务，于 2008 年 7 月 29 日执行完毕。2009 年 4 月 16 日，原告因向中国工商银行宣城分行申请贷款，该银行查询王海挺个人信用报告，征信中心在网上发布的关于原告的个人信用报告中，信用卡汇总信息栏及信用卡明细信息栏的内容仍反映原告持卡透支，“透支余额/已使用额度”为 61 648元。2009 年 4 月 17 日，原告向银行申请查询个人信用报告，征信中心在网上发布的关于原告的个人信用报告中显示的信息同前。2009 年 5 月，原告向被告发函，要求被告更正信用卡透支的负面信息。2009 年 6 月 1 日，原告查询个人信用报告，征信中心在网上发布的关于原告的个人信用报告中显示为正常。2009 年 6 月 17 日，因原告申请贷款，中国工商银行宣城市中心支行查询原告个人信用报告，征信中心在网上发布的关于原告的个人信用报告中，信用卡明细信息栏的内容仍反映原告持卡透支，“透支余额/已使用额度”为 63 480 元。2009 年 6 月 17 日，中国工商银行股份有限公司宣城龙首支行函告原告“王海挺先生：我行在个人客户信息查询系统查询了你的《个人信用报告》，属于【禁止】类，按照银行贷款制度，对你的个人贷款申请，我行不能受理，请予谅解。”2009 年 6 月 25 日，原告向本院提起诉讼，要求判令：（1）被告停止侵害原告名誉权、消除影响、恢复名誉；（2）被告赔偿原告精神损害抚慰金 80 000 元。诉讼中，被告停止报送了原告王海挺持本案涉诉信用卡透支的负面信息，征信中心在网上发布的关于原告的个人信用报告中已显示为正常。

上述事实有下列证据证明：

1. 原告提交的安徽省宣城市宣州区人民法院（2007）宣民一初字第 1065 号民事判决书 1 份、安徽省宣城市中级人民法院（2008）宣中民一终字第 43 号民事判决书 1 份、2008 年 7 月 11 日个人客户信用报告 1 份、安徽省宣城市宣州区人民法院结案说明 1 份。

2. 原告提交的 2009 年 4 月 16 日和 4 月 17 日个人客户信用报告各 1 份、2009 年 5 月 11 日原告向被告发送的“关于更正信用卡透支负面信息的函”以及特快专递存根和回执各 1 份、2009 年 6 月 1 日个人客户信用报告 1 份。

3. 原告提交的 2009 年 6 月 17 日个人客户信用报告 1 份、2009 年 6 月 17 日个人信用报告（个人查询版）1 份。

4. 原告提交的中国工商银行宣城龙首支行对原告不予贷款的函 1 份。

5. 原告提交的中国人民银行制定的《个人信用信息基础数据库管理暂行办法》1 份、《中国工商银行个人信用信息基础数据库应用管理办法》1 份、《中国建设银行个人消费额度贷款管理办法（修改稿）》1 份。

（四）判案理由

安徽省宣城市宣州区人民法院经审理认为：名誉权是民事法律规定的民事主体享有获得和维持对其名誉进行客观、公正的社会评价的一种人格权，除法律规定外，任何人不得因故意或者过失侮辱、诽谤他人名誉，或公布、宣扬他人隐私，损害他人名誉，否则，其行为构成了对他人的名誉侵害，应承担民事责任。征信中心在全国银行系统网上发布的关于原告的个人信用报告，是继广播、电视和报纸之后出现的新型传播媒介，属于公布他人信息的一种形式。被告中行上海分行在履行法院判决确定的“通过征信中心在全国银行系统网内更正原告王海挺持本案涉诉信用卡透支的负面信息，为原告消除影响、恢复名誉”

的义务后，又报送原告持该卡透支的数据，致使征信中心在网上发布的关于原告的个人信用报告有信用卡违约不良记录；在原告发函予以更正后，又继续报送原告持该卡透支的数据，致使征信中心在网上发布的关于原告的个人信用报告有信用卡违约不良记录，使原告的思想、品德、信用受到他人的非难而降低，造成原告向银行申请贷款未成。被告提供不真实的信息给征信中心在网上发布，属于最高人民法院有关司法解释规定的侵害名誉权的方式之一，被告的行为已构成对原告名誉权的侵害，依法应承担侵权的民事责任。原告要求被告消除影响、恢复名誉的诉讼请求合法，予以支持。诉讼中，被告已自行停止了对原告的侵害，原告要求停止的侵害已经消除，故无须再判决其承担停止侵害的民事责任。被告在原告发函予以更正后，又报送没有事实依据的原告个人信用负面信息，侵权行为是故意的；原告作为房地产企业的董事长，在宣城经营房地产开发业务，因被告的侵权行为造成其社会评价下降而向银行申请贷款未成，原告不仅业务因资金问题而受到影响，而且个人名誉也被降低，其精神受到损害是客观明显的。所以，原告要求被告赔偿精神损害抚慰金的请求合法，予以支持。但被告在诉讼中已停止侵害，使侵害时间减短，造成原告否定性评价后果程度降低，应给予适当精神抚慰，以 30 000 元较为合理。被告辩称的意见，因其未提交证据证实，不予采纳。

（五）定案结论

安徽省宣城市宣州区人民法院依照《中华人民共和国民法通则》第一百零一条、第一百二十条，《最高人民法院关于确定民事侵权精神损害赔偿责任若干问题的解释》第一条第一款第（二）项、第十条之规定，作出如下判决：

1. 被告中国银行股份有限公司上海市分行通过征信中心在全国银行系统网内更正原告王海挺持本案涉诉信用卡透支的负面信息，为原告消除影响、恢复名誉，于本案判决生效之日起 3 日内履行。

2. 被告中国银行股份有限公司上海市分行赔偿原告王海挺精神损害抚慰金 30 000 元，于本判决生效之日起 10 日内履行。

3. 驳回原告的其他诉讼请求。

案件受理费 800 元，由被告中国银行股份有限公司上海市分行负担。

（六）解说

银行征集的信息，本身只是一种客观记录，并不具有权利意义，但是因为涉及公民的名誉权，故对该信息的使用需要给予规范。中国人民银行 2005 年 8 月 18 日推出了《个人信用信息基础数据库管理暂行办法》（以下简称《办法》），结合本案审理情况来看，有关银行征信的规定在起到了肃清信贷市场不诚信风气和保障信贷安全的作用的同时，但似乎也正在暴露出对个人客户权利保护不够，甚至侵害个人客户权利的严重问题。对于因银行征信系统发布个人征信信息所引发的纠纷，在审判实践中亟待解决以下几个方面的问题：

1. 银行征信是行政行为还是民事行为？

如果以依据私法自治与合同自由原则，由当事人自愿协商决定来看，我国银行征信不是典型民事行为。因为能不能征信、由谁征信、如何征信都必须依据《办法》进行，这与民事行为通常所具有的平等、自愿、等价、有偿等基本特征是完全不一致的。当然，我国银行征信，也不是典型的行政行为，如行政处罚行为、行政许可行为等，它本身并不直接影响行政相对人的权利、义务。但是不是因为无明确的法律可以参照，在当事人权益受到侵害时就不应当获得救济呢？笔者认为，不应当一概而论，而应区别对待，银行征信确实可能需要服务诸多目的，但在这些目的之间，还是存在轻重、主次之分。银行征信的性质要根据其主要目的来判断。从《办法》的内容看，其主要目的无疑是为商业银行和个人之间的信贷行为提供信用信息查询，而非为行政管理之公法目的。银行征信涉及几个方面，其中，只有银行的征信管理属于行政行为，其他行为都是民事行为。所以，本案中原告以侵犯名誉权为由起诉至法院，要求被告承担民事责任而非行政责任也是有法律依据的。

2. 个人对银行信用信息享有何种权利？

银行征信所涉及的个人基本信息、信贷交易信息和其他信息，都属于私人信息，可以纳入个人名誉权和隐私权的保护范畴。作为一种受保护的对象，上述私人信息的使用必须依法进行。银行在采集和使用个人征信信息时应受到以下两个方面限制：一是真实性限制，即使用的信息本身必须客观、真实和完整。二是不得恶意使用。商业银行提供信息是遵守中国人民银行的要求，自不存在恶意问题，但需注意避免提供不真实、不完整的信息。从银行自身管理及倡导建立诚实信用的市场秩序来看，这种信息是对交易方过去行为的一种真实记载，且不用于商业目的，也不能擅自对外泄露，因而该信息系统的建立与运行并无不妥。当然，这一系统也存在较多问题，特别是在监管不到位时，缺乏对个人权利的充分保护，例如本案中王海挺的遭遇。但这些问题是制度不完善及实施中的问题，不能因这些问题而质疑制度本身。至于与信息相关的个人对于这样的信息有何种权利，毫无疑问，如果信息记载有错误，或者被用于商业目的，由此造成损害的，个人有权向加害人或有关执法机关主张权利，请求保护。

3. 银行征信有错误该不该承担责任？

银行的征信存在错误或者以其他方式侵害个人权利时，可以通过提起诉讼的方式解决，正如在第一点中提及的，应区别情况来对待。如果认为个人信用信息报告存在错误，要求修改而征信主体不予修改时，就可以以征信主体为被告提起行政诉讼。作为信息的被采集对象，个人对银行的征信管理行为表示异议，在用尽行政救济的情况下，司法救济成为了最后一道保障。如果征信主体的错误行为造成了他的损失，他也可以以征信主体为被告或商业银行为被告（视致害人是谁）提起民事诉讼。但是，在行政诉讼中，他只能要求赔偿直接经济损失，而不能要求赔偿人格方面的精神损害。因为在行政诉讼中提起的赔偿是国家赔偿，按照目前我国《国家赔偿法》的规定，国家赔偿只赔偿直接经济损失，不赔偿精神损害。当然，如果个人客户就自己所受到的损害提起民事诉讼，则可以请求间接经济损失赔偿和精神损害赔偿。

综上，本案是在充分考虑到银行在征信行为过程中的过失，以及由此给原告带来的物质精神损失，从有侵害必有救济的角度判决被告承担相应的民事责任。

（安徽省宣城市宣州区人民法院　陈真炎）

23. 傅梅诉美国国际纤维素公司、中原信达知识产权代理有限责任公司等侵犯姓名权和名誉权案（侵犯姓名权、名誉权的认定以及电子证据的证明力）

（一）首部

1. 判决书字号：北京市第一中级人民法院（2008）一中民初字第00782号。

2. 案由：姓名权与名誉权纠纷。

3. 诉讼双方

原告：傅梅，女，北京美华东方建材有限公司（以下简称美华公司）总经理，住北京市东城区。

委托代理人：刘晓飞，北京市国联律师事务所律师。

委托代理人：孙林林，北京市国联律师事务所律师。

被告：美国国际纤维素公司（以下简称纤维素公司），住所地：美国得克萨斯州休斯敦市罗宾大街12315号。

法定代表人：Steven A. Kempe，公司总裁。

委托代理人：陈桢，男，中科专利商标代理有限责任公司职员，住公司宿舍。

委托代理人：熊磊，男，中科专利商标代理有限责任公司职员，住公司宿舍。

被告：中原信达知识产权代理有限责任公司（以下简称中原信达公司），住所地：北京市海淀区西土城路31号院。

法定代表人：穆德俊，公司董事长。

委托代理人：韩旭，女，公司职员，住北京市崇文区。

委托代理人：邹海林，男，公司职员，住北京市海淀区。

4. 审级：一审。

5. 审判机关和审判组织

审判机关：北京市第一中级人民法院。

合议庭组成人员：审判长：张晓霞；代理审判员：冷玉、张岚岚。

6. 审结时间：2009年11月16日。

（二）诉辩主张

1. 原告傅梅诉称

我是美华公司的法定代表人及总经理、美华公司系第3622388号“K-13”注册商标的合法商标专用权人。2007年4月，国家工商行政管理总局商标局通知我所任职的美华公司并告知：中原信达公司代理纤维素公司向商标局提出转让美华公司第3622388号

"K-13"注册商标所有权的申请。我随后前往商标局核实，发现中原信达公司接受纤维素公司的委托向商标局提交的商标转让申请文件上载明的"傅梅"签字属伪造。二被告伪造我签名的行为侵犯了我的姓名权，给我造成巨大损失。为制止侵权行为，保护人格尊严，据此，要求：(1) 判令纤维素公司和中原信达公司共同向我公开赔礼道歉，消除影响；(2) 判令纤维素公司和中原信达公司共同向我赔偿经济损失人民币 45 000 元；(3) 判令纤维素公司和中原信达公司承担我因本次诉讼所支付的全部费用人民币 5 000 元。

2. 被告纤维素公司辩称

关于转让商标事宜是我公司和美华公司双方共同协商的，转让申请书也是由美华公司提供的，我公司并没有伪造傅梅的签名，也没有侵犯原告傅梅享有的姓名权和名誉权，更没有给原告傅梅造成任何损害，故请求驳回原告所提出的全部诉讼请求。

3. 被告中原信达公司辩称

我公司从事商标转让行为，没有冒用原告傅梅的签名，我公司不是本案适格的诉讼当事人。且我公司也不存在侵犯原告傅梅姓名权和名誉权的事实，请求驳回原告所提出的全部诉讼请求。

（三）事实和证据

北京市第一中级人民法院经公开审理查明：被告纤维素公司于 1967 年 4 月 25 日在美国专利商标局注册了"K-13"商标，序列号为 234048，注册号为 827753。美华公司是"K-13"注册商标在中国的专用权人，注册编号是 3622388 号，注册有效期限为 2005 年 4 月 21 日至 2015 年 4 月 20 日。

2007 年 4 月 6 日，纤维素公司向中国国家工商行政管理总局商标局提交了一份关于"K-13"商标的转让注册商标申请书，该申请书上盖有"北京美华东方建材有限公司"字样的印章印文，并有"傅梅"字样的签字。该商标转让的代理机构为中原信达公司。

被告纤维素公司就"K-13"商标的撤回和转让事宜曾与美华公司有过协商。

上述事实有下列证据证明：

1. 发送时间为 2005 年 1 月 30 日，发件人为傅梅、收件人为 Steven Kempe 的电子邮件一封。

2. 发送时间为 2006 年 10 月 16 日，发件人为 Mings John，收件人为 meihuadongfang@××.com 的电子邮件一封；发送时间为 2006 年 10 月 26 日，发件人为美华东方(邮件地址为 meihuadongfang@××.com)，收件人为 Mings John 的邮件对前述邮件进行了回复。

3. 2006 年 12 月 28 日，署名为小窦的人给 james chiang 发了两份传真。

2006 年 12 月 28 日，james chiang 给傅梅和小窦发了一份传真。

2006 年 12 月 29 日，原告按照 james chiang 的指示将改正后的转让申请书传真给了 james chiang，一共传真了两份。

4. 发送时间为 2006 年 12 月 28 日，发件人为 meihuadongfang@××.com，收件人为 james chiang 的邮件 1 封。

5. 2006年12月30日，小窦给james chiang发的传真1份。

6. 发送时间为2007年1月1日，发件人为meihuadongfang@××.com，收件人为james chiang的邮件。

7. 联邦快递（Fedex）国际空运单一份，寄出时间为2006年12月31日，寄件人为窦京美，收件人为james chiang，收件地址为james chiang所在的cim国际公司的地址。

8. james chiang的证人证言，其在法庭上陈述。

（四）判案理由

北京市第一中级人民法院经审理认为：姓名权是指自然人对自己为区别于他人而拥有的姓名进行支配的权利。根据本案双方当事人的诉辩，焦点问题在于被告纤维素公司使用傅梅的签名是否经过了其本人的许可。根据查明的事实，就“K-13”商标的撤回和转让问题，被告纤维素公司与美华公司之间多次通过电子邮件和传真的方式进行协商，美华公司的员工窦京美将签字与盖章位置均正确的申请书正本邮寄给了纤维素公司的代理商james chiang，后由纤维素公司通过中原信达公司提交给了商标局，所以，可以确认，被告提交给中国国家工商行政管理总局商标局的转让注册商标申请书为美华公司提供，也就是说原告所指控的被告用于申请商标转让的表格中使用的傅梅的签名来自于傅梅，被告使用傅梅签名的行为经过了原告的许可。对于原告提出的没有转让商标的意思表示对本案没有实质意义，针对电子证据涉及的问题，被告证人证言所进行的解释更为可信，符合实际情况。

正因已证实该申请书是由美华公司提供，傅梅为该公司的法定代表人，该签名无论是否真伪均与原告的指控之间没有关联，所以，对于原告申请对转让注册商标申请书上傅梅签名的真伪进行鉴定的问题，在程序上亦无鉴定的必要。

原告傅梅将有其签名的注册商标申请书提供给纤维素公司，属于对其姓名的自由支配、使用，可以认为纤维素公司是得到了原告的许可才使用傅梅的姓名，所以，不存在纤维素公司侵犯傅梅姓名权的事实。由于中原信达公司是接受纤维素公司的委托进行代理行为，故亦不存在中原信达公司侵犯傅梅姓名权的事实。据此，本院对原告针对二被告侵犯姓名权的指控不予支持。

关于原告傅梅提出的二被告侵犯其名誉权的指控，本院认为，侵犯自然人的名誉权，是指采用侮辱、诽谤等方式损害自然人的名誉，致使其社会评价降低。构成侵犯名誉权需满足一般侵权行为的四个构成要件，即具有过错、违法行为、损害后果、违法行为与损害后果之间具有因果关系，但是在本案中，原告傅梅并没有举证证明二被告有侵犯其名誉权的行为，亦没有证明傅梅社会评价降低这一损害后果的存在，故对于原告傅梅提出的二被告侵犯其名誉权的指控不能成立。

（五）定案结论

北京市第一中级人民法院依照《中华人民共和国民法通则》第九十九条第一款、第一百零一条，《最高人民法院关于民事诉讼证据的若干规定》第二条之规定，作出如下判决：

驳回原告傅梅的诉讼请求。

案件受理费300元，由原告傅梅负担（已交纳）。

（六）解说

姓名权与名誉权分别属于公民人格权的一种，公民有决定、使用或改变自己的姓名，并禁止他人干涉、盗用、冒用的权利；有享有名誉权并不受他人侵犯的权利。作为涉及人身的两项法定权利，相关侵权行为有可能出现在任何民事行为当中，如广告、电影电视、报纸杂志等。此外，随着网络的日益普及，涉及网络的姓名权与名誉权纠纷也越来越多。但是，作为一种“传统”的侵权行为，在审判实践中，对其进行分析、认定还应回归到“侵权四要件”这一基础，即行为违法性、客观损害行为、损害结果、损害行为与结果之间的因果关系。法官应善于透过现象看本质，从各种纷繁、复杂的新类型案件中剥离出侵权行为的本质进行裁判。

从本案来看，法院首先根据证据确认了转让申请书来自于美华公司，而傅梅又是美华公司的法定代表人，因此可以认定被告使用傅梅的签名经过了姓名权人的许可，因此不存在非法使用他人姓名的行为。而对于原告所主张的侵犯名誉权一节，法院则紧扣“四要件”，对于被告使用傅梅姓名的行为是否造成对傅梅本人社会客观评价的降低进行论证。一方面，被告使用傅梅姓名属于经权利人许可的行为，因此被告未实施违法行为；另一方面，此使用行为也未对原告的客观社会评价造成任何实质损害。据此，法院所作出的判决是恰当的。

本案另一值得探讨的问题则是“电子证据”在司法实践的效力认定。电子证据是随着网络的兴起与普及所出现的一类新型的证据，在现阶段法律未对其独立性进行承认的前提下，电子证据根据其客观属性可能被归为书证、视听资料或证人证言等。由于电子证据的易传播、易复制及易篡改等特性，在审判实践中，其证明效力一直受到质疑。然而，电子证据也有其天然优势，如其对于形成时间、形成主体及内容等能进行自动保存与记录，因此有利于形成证据链条并还原事实真相，本案就是一个非常好的例证。

（北京市第一中级人民法院　梁小立）

24. 赵江诉刘联合、赵芳姓名权案
（姓名权）

（一）首部

1. 判决书字号：天津市蓟县人民法院（2009）蓟民初字第1694号。
2. 案由：姓名权纠纷。

3. 诉讼双方

原告：赵江，男，汉族，天津市蓟县人，现在西班牙务工。

委托代理人：杨士彦，男，住河北省玉田县，系赵江岳父。

委托代理人：陈华，蓟县渔阳镇法律服务所法律工作者。

被告：赵江（曾用名刘联合），男，汉族，住天津市蓟县。

委托代理人：高长江，（蓟县）法都律师事务所律师。

被告：赵芳，男，汉族，住天津市蓟县。

4. 审级：一审。

5. 审判机关和审判组织

审判机关：天津市蓟县人民法院。

合议庭组成人员：审判长：赵德义；代理审判员：赵全胜、李爱冰。

6. 审结时间：2009 年 6 月 29 日。

（二）诉辩主张

1. 原告赵江诉称

与被告赵芳系同村人，赵芳在 1986 年担任本村村主任期间，与被告赵江（刘联合）串通，利用其职务之便和原告常年在外打工的机会，盗用原告姓名等身份信息参加本市高考，并在其后的工作、生活中沿用至今，致使原告无法使用自己的身份进行正常活动，延误自己与妻子办理结婚登记，增加结婚登记费用，导致其妻出国务工推迟 3 年。二被告的行为给原告造成了经济损失和精神上的痛苦，要求二被告：第一，立即停止侵害，撤销一切基于原告姓名权而进行的身份登记。第二，登报消除影响，赔礼道歉。第三，赔偿因结婚登记而重复回国两个月的误工损失 27 500 元、机票损失 9 350 元，在西班牙司法局、移民局、外交部、律师服务发生的费用 11 000 元，延误家庭团聚 3 年致其妻杨国莉 2 年误工损失 224 400 元，因延缓办理签证造成其妻杨国莉出国手续费上涨损失 66 000 元，国内办理结婚证费用 3 000 元（车费、饭费、住宿费），办理诉讼委托书费用 1 650 元，精神损失 60 000 元，减少取得的村内分地款 9 470 元。当庭增加诉讼请求，要求被告赔偿自 1989 年至 2008 年 11 月 30 日期间的国家各级政府对农民的各项专用补偿和土地经营损失 6 000 元。以上各项损失共计 418 370 元。

2. 被告赵江（刘联合）辩称

使用原告身份信息参加高考并沿用至今属实，但自己不清楚办理使用原告身份信息的事情，且从未对此恶意隐瞒，同意通过合法途径恢复原告的姓名信息。但原告的赔偿要求过高，且自己在使用原告姓名过程中未侵害其名誉权、受教育权，原告要求的误工损失、往返损失等于法无据。原告的请求已经超过诉讼时效，故不同意原告赔偿损失的诉讼请求。

3. 被告赵芳辩称

被告赵江（刘联合）使用原告身份信息的手续系其所办理，原告的赔偿要求于法无据，且超过诉讼时效，故不同意原告的诉讼请求。

（三）事实和证据

天津市蓟县人民法院经公开审理查明：原告赵江与被告赵芳均系蓟县五百户镇赵家铺村村民。1989年，被告赵芳利用自己担任村委会主任的便利和原告赵江常年在国外打工的机会，为被告赵江（刘联合）办理了使用原告赵江身份信息的手续。被告赵江（刘联合）使用原告身份信息参加本市高考，并在其后的工作、生活中沿用至今。2008年4月，被告赵江（刘联合）知道自己使用原告姓名等身份信息后，曾到原告岳父杨士彦家中登门道歉，并给付原告5 000元人民币，原告岳父予以接受。审理中，被告当庭承认错误，并再次向原告赔礼道歉。

（四）判案理由

本案中双方争议的焦点是：(1) 被告是否应当登报道歉；(2) 赔偿问题。

围绕争议的焦点问题，结合双方举证、质证，天津市蓟县人民法院查明、分析、认定如下：

1. 被告是否应当登报道歉

天津市蓟县人民法院认为，姓名权客体不但包括权利人的姓名，也包括由此衍生的身份信息，他人未经权利人许可不得以任何形式使用，否则，即为侵犯姓名权的行为。二被告当庭承认其行为侵犯了原告的姓名权，并口头赔礼道歉，予以确认。根据《中华人民共和国民法通则》第一百二十条的规定，权利人姓名权受到侵害的，可以要求侵权人赔礼道歉。赔礼道歉的具体形式应当与侵权人的过错程度、侵权行为的影响范围等相称。二被告明知原告的姓名、身份等信息属于原告固有的权利，却依然通过冒用方式使用至今，主观过错明显。被告赵江（刘联合）以自己不清楚办理使用原告身份信息的情况相抗辩，但客观上使用了原告的身份信息，其主观上不可能不知道这属于冒用他人姓名的行为，故其主观过错不能免除，对其抗辩事由依法不予采信。二被告当庭向原告承认错误、赔礼道歉，并表示愿意通过合法途径恢复原告姓名等身份信息。而且，被告赵江（刘联合）在本案成讼前曾登门，通过原告岳父向其道歉，并主动赔偿5 000元。以上均可说明被告已认识到自己的主观过错，虽对原告要求的赔偿数额持有异议，但并不影响二被告道歉的真诚度。

原告要求被告登报道歉，重点在于登报。赔礼道歉是我国《民法通则》规定的承担民事责任的方式之一，采用登报方式承担该项责任的主要功能在于，消除因侵权人的行为给权利人在不特定多数人范围内所造成的名誉上的不良影响。登报道歉应具备以下要件：第一，侵权行为对权利人的名誉造成贬损；第二，对权利人名誉的不良影响扩展到不特定多数人范围；第三，如不经登报，无法消除这种不良影响。被告赵江（刘联合）虽然使用原告姓名、身份信息至今，但并未对原告的姓名以污蔑、贬损的方式使用，未对原告的名誉造成诋毁，亦未对原告的受教育权、劳动权等造成实质性损害。而原告也未提出自己名誉因为二被告的侵权行为而遭受贬损的事实及证据。原告作为一名普通公民，已多年不在国内工作、生活，其在国内的社会影响力较小，二被告侵犯原告的姓名权而导致的消极影响并未扩及不特定多数人范围。故对原告要求二被告登报道歉的诉讼请求，依法不予支持。二被告当庭向原告道歉，并表示愿意通过合法方式恢复原告姓名、身份信息，符合我国民事法律规定的公序良俗原则，亦符合《民法通则》关于民事责任承担方式的规定，予以确认。

2. 赔偿问题

（1）关于诉讼时效问题

天津市蓟县人民法院认为，2002 年原告从西班牙回国办理结婚登记手续时虽已知姓名权遭受侵犯，但并不清楚具体侵权人，二被告的侵权行为及侵权结果处于持续状态。2008 年 4 月份，被告赵江（刘联合）还曾通过原告岳父向其道歉，并主动给付 5 000 元人民币。故原告的诉讼请求并未超过诉讼时效，对被告的抗辩意见法院依法不予采纳。

（2）赔偿数额问题

A. 延误原告结婚登记而发生的赔偿请求。

原告主张，2002 年从西班牙回国，欲与案外人杨国莉在天津市蓟县办理结婚登记手续，因其姓名、身份已被被告赵江（刘联合）结婚登记使用而未果。2004 年 11 月，再次回国，与案外人杨国莉在河北省民政厅办理登记结婚。基于上述事实，要求被告赔偿如下损失：a. 重复回国，产生误工损失 27 500 元；b. 机票损失 9 350 元；c. 在西班牙司法局、移民局、外交部、律师服务发生的相关费用 11 000 元；d. 延误家庭团聚 3 年，致其妻杨国莉误工损失以 2 年计算，共计 224 400 元；e. 迟延办理签证，致其妻杨国莉出国手续费上涨损失 66 000 元；f. 国内办理结婚登记费用 3 000 元（到河北省民政厅产生的车费、饭费、住宿费）。

原告提供如下证据：a. 2002 年 10 月 4 日、5 日五百户镇赵家铺村村委会为原告出具的结婚登记介绍信各 1 份，2002 年 10 月 4 日河北省玉田县唐自头镇杨元帅营村村委会为案外人杨国莉出具的婚姻状况证明一份（以下简称证据一）。b. 2008 年 9 月 5 日河北省民政厅出具的证明一份（以下简称证据二）。c. 西班牙律师事务所出具的发票外文原文复印件及中文译本 1 份（以下简称证据三）。d. 机票损失证明外文原文及译文复印件 1 份（以下简称证据四）。e. 境外有关部门为原告出具的误工损失证明 3 份（以下简称证据五）。f. 西班牙有关部门出具的办理诉讼委托书损失证明外文原文及译文复印件 1 份（以下简称证据六）。

天津市蓟县人民法院认为：原告因被告侵犯姓名权，为办理结婚登记手续而重复回国一次，由此产生的合理损失应当由被告赔偿，但原告提供的证据三、四、五、六均不具有证据效力，故对原告基于上述证据而提出的赔偿要求法院依法不予支持。对于原告主张的国内办理结婚登记费用 3 000 元（车费、饭费、住宿费等），原告亦未提供相关票据或其他可以证明该费用支出情况的证据。《最高人民法院关于民事诉讼证据的若干规定》第二条规定：“当事人对自己提出的诉讼请求所依据的事实或者反驳对方诉讼请求所依据的事实有责任提供证据加以证明。没有证据或者证据不足以证明当事人的事实主张的，由负有举证责任的当事人承担不利后果。”原告未能完成应负的举证责任，应承担相应责任，但鉴于其到河北省民政厅办理结婚登记客观上必然发生一定的交通、食宿等费用，依据公平原则，酌情认定 2 500 元。

B. 基于村民身份的各项收益损失赔偿请求

原告主张，因被告盗用自己的姓名等身份信息，致使未能领取村内分地款 9 470 元。原告当庭增加诉讼请求，要求被告赔偿因其侵权行为导致原告自 1989 年至 2008 年 11 月 30 日各级政府对农民的专项补偿和土地经营损失 6 000 元，包括国家发放的库区补助款 600 元/年，共 3 年；被告冒原告之名取得土地经营收入 200 元/年，自 1989 年至今共 4 000 元。原告为支持其主张提供赵家铺村村委会证明 1 份（以下简称证据七）。

天津市蓟县人民法院依法查阅蓟县五百户镇赵家铺村村委会在镇政府农经站的账目，载明原告 2003 年度以前应得的粮煤补偿款均已领取，2004 年至 2008 年度原告共应得 1 529.20 元未领取。

天津市蓟县人民法院认为：原、被告双方均认可证据七的真实性，予以确认。证据七记载的所谓“村内分地款”实际系指王朝征地补偿款，每个村民应分得数额为 3 115 元，对原告损失的该项收益，依法予以认定。原告主张的“村内分地款”其他部分，因其无法说明具体项目，亦无证据可以证明，故依法不予认定。法院调取的证据证实，原告 2004 年至 2008 年度原告共应得 1 529.20 元未领取，但原告对其主张的土地经营收入损失 200 元/年，自 1989 年至今共 4 000 元未提供相关证据，依法不予确认。综上，原告因被告的侵权行为造成损失为粮煤补偿款 1 529.20 元、征地补偿款 3 115 元，共计 4 644.20 元。

C. 精神损失赔偿请求

天津市蓟县人民法院认为：我国《婚姻法》规定，结婚必须依法办理婚姻登记，否则，婚姻关系不成立。结婚是人生大事之一，婚姻登记则是婚姻成立的要件和标志，不论婚姻当事人本人还是国家法律，都以特别审慎的态度对待。原告于 2002 年曾在本市申请办理结婚登记，但因被告赵江（刘联合）已使用原告姓名、身份办理了结婚登记未果，因此给原告造成的心理压力是显而易见的。原告不得不于 2004 年再度回国，在河北省民政厅办理了结婚登记。此事的波折会让任何一个正常的自然人在精神上产生痛苦，原告亦不例外，这是不言自明、符合常理的，故被告的侵权行为已经给原告精神造成损害。其损害结果虽未以物质形式表现，但鉴于结婚登记的特殊性及对自然人生活的特殊意义，原告精神上的损害结果是比较严重的。《最高人民法院关于确定民事侵权精神损害赔偿责任若干问题的解释》第八条第二款规定：“因侵权致人精神损害，造成严重后果的，人民法院除判令侵权人承担停止侵害、恢复名誉、消除影响、赔礼道歉等民事责任外，可以根据受害人一方的请求判令其赔偿相应的精神损害抚慰金。”原告要求被告赔偿精神损失费的请求，符合上述规定，予以支持。根据《最高人民法院关于确定民事侵权精神损害赔偿责任若干问题的解释》第十条之规定，综合考虑各种相关因素，确认被告赔偿原告精神抚慰金 5 000 元。

（五）定案结论

天津市蓟县人民法院依照《中华人民共和国民法通则》第一百零六条、第一百二十条、第一百三十条、第一百三十四条及《最高人民法院关于贯彻执行〈中华人民共和国民法通则〉若干问题的意见（试行）》第一百五十条、《最高人民法院关于确定民事侵权精神损害赔偿责任若干问题的解释》第八条第二款、第十条之规定，作出如下判决：

1. 被告赵江（刘联合）在判决生效后立即停止使用原告的姓名。

2. 二被告在合理期限内通过合法途径恢复原告姓名、身份等相关信息，期间双方均应予配合。

3. 二被告于判决生效后7日内，赔偿原告到河北省民政厅办理结婚登记手续的费用2 500元、原告基于其村民身份而损失的各项补偿4 644.20元、精神损害抚慰金5 000元，以上总计12 144.20元。二被告均担，并互负连带责任。

4. 驳回原告其他诉讼请求。

诉讼费2 192元，由二被告负担。原告已预交，被告直接给付原告。

（六）解说

1. 关于登报道歉的问题。

笔者认为，姓名权客体不但包括权利人的姓名，也包括由此衍生的身份信息，他人未经权利人许可不得以任何形式使用，否则即为侵犯姓名权的行为。二被告当庭承认其行为侵犯了原告的姓名权，并口头赔礼道歉，天津市蓟县人民法院予以确认。根据《中华人民共和国民法通则》第一百二十条的规定，权利人姓名权受到侵害的，可以要求侵权人赔礼道歉。赔礼道歉的具体形式应当与侵权人的过错程度、侵权行为的影响范围等相称。二被告明知原告姓名、身份等信息属于原告固有的权利，却依然通过冒用方式使用至今，主观过错明显。被告赵江（刘联合）以自己不清楚办理使用原告身份信息的情况相抗辩，但客观上使用了原告的身份信息，其主观上不可能不知道这属于冒用他人姓名的行为，故被告主观过错不能免除，对其抗辩事由天津市蓟县人民法院依法不予采信。二被告当庭向原告承认错误、赔礼道歉，并表示愿意通过合法途径恢复原告姓名等身份信息。而且，被告赵江（刘联合）在本案成讼前曾登门，通过原告岳父向其道歉，并主动赔偿5 000元。以上均可说明被告已认识到自己的主观过错，虽对原告要求的赔偿数额持有异议，但并不影响二被告道歉的真诚度。

原告要求被告登报道歉，重点在于登报。赔礼道歉是我国《民法通则》规定的承担民事责任的方式之一，采用登报方式承担该项责任，主要功能在于消除因侵权人的行为给权利人在不特定多数人范围内所造成的名誉上的不良影响。登报道歉应具备以下要件：第一，侵权行为对权利人的名誉造成贬损；第二，对权利人名誉的不良影响扩展到不特定多数人范围；第三，如不经登报，则无法消除这种不良影响。被告赵江（刘联合）虽然使用原告姓名身份信息至今，但并未对原告姓名以污蔑、贬损的方式使用，未对原告名誉造成诋毁，亦未对原告的受教育权、劳动权等造成实质性损害。而原告也未提出自己名誉因为二被告的侵权行为而遭受贬损的事实及证据。原告作为一名普通公民，已多年不在国内工作、生活，其在国内的社会影响力较小，二被告侵犯原告姓名权而导致的消极影响并未扩及不特定多数人范围。故对原告要求二被告登报道歉的诉讼请求，天津市蓟县人民法院依法不予支持。二被告当庭向原告道歉，并表示愿意通过合法方式恢复原告姓名身份信息，符合我国民事法律规定的公序良俗原则，亦符合《民法通则》关于民事责任承担方式的规定，应予以确认。

2. 本案不属于涉外民事案件，不适用涉外民事诉讼程序的特别规定。

《最高人民法院关于适用〈中华人民共和国民事诉讼法〉若干问题的意见》第304条规定："当事人一方或双方是外国人、无国籍人、外国企业或组织，或者当事人之间民事法律关系的设立、变更、终止的法律事实发生在外国，或者诉讼标的物在外国的民事案件，为涉外民事案件。"本案中原告虽现住西班牙，但原告只是以劳务输出的方式在西班牙务工，原告并未加入西班牙国籍，仍具有中国国籍；另外，本案的法律事实及姓名权侵权关系发生在国内，因而本案不属于涉外民事案件，属普通民事案件，故不适用涉外民事诉讼程序的特别规定。再根据我国《民事诉讼法》关于管辖权的规定，天津市蓟县人民法院对此案有管辖权。

3. 域外证据公证认证规则。

所谓域外证据是指域外形成的证据。我国对于域外证据的举证、采用的形式要求，采取了有别于国内证据的域外证据审查制度，即《最高人民法院关于民事诉讼证据的若干规定》第十一条之规定："当事人向人民法院提供的证据系在中华人民共和国领域外形成的，该证据应当经所在国公证机关予以证明，并经中华人民共和国驻该国使领馆予以认证，或者履行中华人民共和国与该所在国订立的有关条约中规定的证明手续"，可见，我国对域外证据采用公证认证规则。也就是说，作为法定要件，未经公证认证的域外证据不得采用。

本案中原告所提供的证明因延误登记结婚而发生的赔偿请求的证据大多来自西班牙，且未办理公证认证手续，违背了我国对域外证据的公证认证规则，故均未被采信。

（天津市蓟县人民法院　赵德义　吴玉娄）

25. 陆永兴诉薛仲良肖像权纠纷案
（肖像权）

（一）首部

1. 判决书字号

一审判决书：江苏省江阴市人民法院（2008）澄民一初字第2131号。

二审判决书：江苏省无锡市中级人民法院（2009）锡民终字第0168号。

2. 案由：肖像权纠纷。

3. 诉讼双方

原告（被上诉人）：陆永兴，男，汉族，住江苏省江阴市。

法定代理人：黄秀琴，女，汉族，住址同上，系陆永兴之妻。

委托代理人：陆旻飞，男，汉族，住址同上，系陆永兴之子。

委托代理人：张勇，江苏天奕律师事务所律师。

被告（上诉人）：薛仲良，男，汉族，住江苏省江阴市。

委托代理人：唐汉章，男，汉族，住址同上。

委托代理人：金曹鑫，江苏滨江律师事务所律师。

4. 审级：二审。

5. 审判机关和审判组织

一审法院：江苏省江阴市人民法院。

合议庭组成人员：审判长：计珉；人民陪审员：范宝清、费士川。

二审法院：江苏省无锡市中级人民法院。

合议庭组成人员：审判长：薛崴；审判员：陈涛；代理审判员：杜伟建。

6. 审结时间

一审审结时间：2008 年 11 月 21 日。

二审审结时间：2009 年 4 月 2 日。

（二）一审诉辩主张

1. 原告陆永兴诉称

薛仲良未经许可，擅自将陆永兴与冰心的合影照片中其头部剪去，另行将薛仲良的头部照片移接合成为薛仲良与冰心的合影。薛仲良以营利为目的将合成的照片刊登在其主编的《冰心与江阴》书中，以提高该书的知名度。薛仲良的行为严重侵害了陆永兴的肖像权，请求法院判令薛仲良立即停止侵害、消除不良影响、公开赔礼道歉并赔偿精神损害赔偿金 5 万元。

2. 被告薛仲良辩称

陆永兴主张的精神损害抚慰金过高。

（三）一审事实和证据

江苏省江阴市人民法院经公开审理查明：1999 年，江阴市暨阳名贤研究院为宣传需要，策划出版了《冰心与江阴》一书，该书由薛仲良主编。在该书插图第三页的下图印有冰心与薛仲良的合影照片，该照片系薛仲良利用陆永兴与冰心的合成照片，经电脑技术将合影照片上陆永兴躯体部分影像保留，头部影像更换成薛仲良的头部影像，形成了薛仲良与冰心的合影照片。

上述事实有《冰心与江阴》一书、照片、调查笔录、谈话笔录、说明、当事人陈述等证据证明。

（四）一审判案理由

江苏省江阴市人民法院经审理认为：肖像是公民的个人形象通过摄影、录像、塑像、绘画等造型技术在客观上形成的作品，具有人身特征的物化性、社会影响性和可利用性。

肖像主要的和基本的内容就是以面部容貌为中心的面部特征，反映的是肖像者的真实形象和特征，他人可以通过肖像将肖像权人与其他人进行辨别。肖像权是公民对自己的肖像享有利益并排斥他人侵害的权利，除权利人外，任何他人都负有不得侵害的义务。本案中，薛仲良在主编《冰心与江阴》一书时，利用电脑技术合成自己与冰心的合影照片，虽然只使用了陆永兴与冰心合影照片中陆永兴的躯干影像，但是肖像权的保护范围不宜只局限于五官，人的躯体也应在肖像权的保护范围之列。薛仲良使用陆永兴的躯干影像行为侵犯了陆永兴的肖像权，应当承担民事责任。根据侵权人的过错程度，侵权的手段、场合，行为方式等具体情节、侵权行为所造成的后果、侵权人的获利情况、侵权人承担责任的经济能力、受诉法院所在地平均生活水平等因素确定，综合上述情节，酌定精神损害抚慰金为2 000元。

（五）一审定案结论

江苏省江阴市人民法院依照《民法通则》第一百条的规定，作出如下判决：

1. 薛仲良停止使用其利用陆永兴与冰心合影照片通过电脑技术合成的其与冰心的合影照片。

2. 薛仲良在本判决发生法律效力之日起 10 日内在《江阴日报》上刊登致歉声明，向陆永兴赔礼道歉（具体内容由本院审定）。

3. 薛仲良于本判决发生法律效力之日起 10 日内赔偿陆永兴精神损害抚慰金2 000 元。

4. 驳回陆永兴的其他诉讼请求。

如果未按本判决指定的时间履行给付金钱义务，应当依照《中华人民共和国民事诉讼法》第二百二十九条之规定，加倍支付迟延履行期间的债务利息。

案件受理费 100 元，由薛仲良负担。

（六）二审情况

1. 二审诉辩主张

（1）上诉人薛仲良诉称

薛仲良只是利用冰心与陆永兴合影照片中陆永兴的部分躯干影像，该躯干影像具有普遍性，他人不能通过该躯干影像辨别出陆永兴的身体特征，因而陆永兴的躯干影像不能称为陆永兴的肖像，一审判决薛仲良侵犯陆永兴的肖像权缺乏事实依据。请求二审法院撤销原审判决，驳回陆永兴的诉讼请求。

（2）被上诉人陆永兴辩称

肖像权是自然人所享有的以自己的肖像上所体现的人格利益为内容的一种人格权，属于权利人可依个人意志决定而自由支配的权利，一切违背肖像权人的意志而利用其肖像的行为，均构成侵权。请求二审法院维持原审判决。

2. 二审事实和证据

江苏省无锡市中级人民法院经审理，确认一审法院认定的事实和证据。

3. 二审判案理由

江苏省无锡市中级人民法院经审理认为：公民的人格尊严不受侵犯。肖像是采用摄影或者造型艺术手段反映出来的自然人的形象，只有自然人自己才能决定对自己肖像的使用。所谓肖像权是指法律赋予自然人对自己形象再现（肖像）的排他性支配权。作为人格权，肖像权既是民事权利，更是公民基本权利。它的权能具有两种属性：一种是“积极作为”的“支配”属性，如肖像使用权，“未经本人同意，不得以营利为目的使用公民的肖像”；另一种是“消极防御”的不受侵犯属性，如维护肖像完整权，自然人对自己的肖像有维护完整性的权利，有权禁止他人非法毁损，维护自己的尊严，公民的人格尊严受法律保护。

在中华文化传统中，社会公众一般比较重视照片中自身影像的完整性，特别是将头部与躯干视为一个整体，不可分离，尤其忌讳将已成影像中的头部从躯干上人为地去除。且对于任何普通民众来说，能与中国知名作家冰心合影，都是具有纪念意义的事件，合影的照片亦具有珍藏价值。本案中，薛仲良未经肖像权人陆永兴的许可，擅自通过电脑技术将陆永兴视为具有特定价值的照片中的头部影像从其整体影像中分离，破坏了陆永兴肖像在该合影照片中的完整性，其行为侵害了陆永兴最基本的肖像完整展现的专有权益，已经构成侵权。

薛仲良上诉认为，其只有以营利为目的，擅自使用大众可认知是陆永兴肖像的照片，才构成肖像侵权的意见，是对法律的片面理解，不予采信。

4. 二审定案结论

江苏省无锡市中级人民法院依照《民法通则》第五条之规定，作出如下判决：

驳回上诉，维持原判决。

（七）解说

随着电脑合成技术的成熟与发展，我们身边经常出现将影像移花接木的现象，有的是出于自娱自乐，有的是出于商业目的，还有的纯属满足精神上的私欲。司法实践中，这种新技术带来的新问题给传统法律适用带来了新的挑战。

本案中，两级法院虽然都认定了薛仲良的行为构成肖像权侵权，但两者认定的角度大相径庭：一审法院认为薛仲良损害的是陆永兴肖像权的物质利益，二审法院认为薛仲良损害的是陆永兴肖像权的精神利益。

一审法院认为肖像不只局限于人的五官，还包括人的躯体。只要具备“未经本人同意”、“以营利为目的”两个要素，即使他人从剪接后的影像中无法辨别出肖像权人，也构成肖像侵权。本案中，薛仲良未经陆永兴的同意，以营利为目的使用带有陆永兴躯干的影像，即应承担肖像权侵权的民事责任。

二审法院纠正了一审法院的判决理由。所谓肖像是通过摄影、雕塑、录像、绘画、电子数字技术等手段，将自然人的五官特征、形体特征、肢体特征或其他可识别特征以物质载体或虚拟物质载体方式表现其全部或局部，并能够为人们主要是通过视觉方式感知的形象。肖像是肖像人外部形象的再现，并体现肖像人的人格利益。这是法律意义上肖像构成的首要要件，否则不能称为肖像。肖像最基本的功能是识别功能，一审法院将不具有识别特征的躯干作为肖像归类于法律保护的范畴，显然在语义上存在逻辑错误。

本案的关键点是薛仲良未经肖像权人陆永兴的许可，擅自剪接陆永兴的肖像，是否构成肖像权侵权。

《民法通则》第五条规定，公民合法的民事权益受法律保护，任何组织和个人不得侵犯。首先，肖像权作为一般人格权，具有人格权最基本的属性——精神利益，公民形象的完整性受法律保护，任何人不得非法损毁、恶意玷污，这是人之所以作为人存在的最基本权利。其次，肖像权作为一般人格权的具体权利形态，又具有其特有的属性——物质利益。虽然它没有直接的财产内容，但它与人的名誉和财产密切相关，人们可以利用肖像权进行营利。

肖像权的基本内容包括：(1) 肖像制作专有权，即通过造型艺术手段将人的外部形象表现出来；(2) 肖像使用专用权，即肖像权人对自己肖像有权以任何方式进行自我使用，以取得自己精神上的满足和财产上的受益；(3) 肖像利益维护权，即当自己的肖像权受到侵害时，肖像权人有权维护自己的肖像利益。

综上，在审理肖像权案件时不应拘泥于《民法通则》第一百条之规定，只要未经本人同意，无阻却违法事由而擅自使用他人肖像，无论营利与否，均可认定为肖像权侵权。

（江苏省无锡市中级人民法院　薛葳）

26. 廖萍诉曾军隐私权案
(隐私权)

(一) 首部

1. 判决书字号：北京市海淀区人民法院（2009）海民初字第11219号。
2. 案由：隐私权纠纷。
3. 诉讼双方

原告：廖萍，女，汉族，住北京市朝阳区。

委托代理人：王佳宁，北京市长安律师事务所律师。

委托代理人：高旭霞，北京市长安律师事务所实习律师。

被告：曾军，男，汉族，住北京市海淀区。

委托代理人：陈玲玲，无业。

4. 审级：一审。
5. 审判机关和审判组织

审判机关：北京市海淀区人民法院。

独任审判人员：审判员：马军。

6. 审结时间：2009 年 6 月 16 日。

（二）诉辩主张

1. 原告廖萍诉称

我丈夫宋佳城与曾军同为海湾控股有限公司的董事会成员。曾军为了提出议案罢免宋佳城董事会主席职务，通过非法手段获得了我招商银行卡中的资金往来保密信息，并于 2009 年 3 月 26 日在公司董事会上散布。根据我国法律的规定，国家机关或者金融机构等单位的工作人员，不得违反国家规定，将本单位在履行职责或者提供服务过程中获得的公民个人信息出售或者非法提供给他人，任何个人也不得使用窃取或者其他任何手段非法获取上述信息。除了我本人和具有司法调查权的机关以外，任何人无权获取这些信息。曾军非法获取了招商银行为我提供服务过程中保留在银行的保密信息记录并加以散布和使用。曾军的行为侵犯了我的隐私权，严重损害了我个人信息的安全，故诉至法院，请求判令曾军停止散布、使用我招商银行金葵花卡中资金往来信息的行为，并向我书面赔礼道歉；如果拒不执行，则要求其登报道歉。另外本案的诉讼费用由曾军承担。

2. 被告曾军辩称

我没有实施侵犯廖萍隐私权和泄露其银行账号交易信息的行为，即使法院认定我有在董事会上公开廖萍交易记录的事实，但因会议范围是有限的，我为了公司利益进行事实陈述，不构成对廖萍隐私权的侵犯，廖萍不安的原因是自己的行为违法。综上，不同意廖萍的全部诉讼请求。

（三）事实和证据

北京市海淀区人民法院经公开审理查明：廖萍向本院提交 2009 年 3 月 26 日海湾控股有限公司董事会会议录音及书面整理材料；海湾控股有限公司现任秘书在香港进行公证的 2009 年 3 月 26 日海湾控股有限公司董事会会议记录、出席人签名，涉及宋佳城、廖萍、罗大琼等关系及账户往来情况的图表；廖萍在招商银行金葵花信用卡内的交易记录和招商银行的声明。廖萍用以上证据证明曾军为了提出议案罢免宋佳城董事会主席职务，通过非法手段获得了廖萍招商银行卡中的资金往来保密信息，并于 2009 年 3 月 26 日在公司董事会上散布。曾军认可出席 2009 年 3 月 26 日海湾控股有限公司在香港召开的公司董事会，但否认在会上公开涉及廖萍银行交易记录的信息。曾军未向本院提供任何证据。

上述事实有下列证据证明：

1. 双方当事人陈述。

2. 海湾控股有限公司 2009 年 3 月 26 日董事会会议记录、会议录音及文字整理材料、公证书。

3. 廖萍金葵花信用卡复印件、招商银行出具的交易记录与声明。

（四）判案理由

北京市海淀区人民法院经审理认为：隐私权是自然人享有的对其私人领域、活动、信息进行支配，并依法受到保护，从而排除他人非法侵扰、知悉、收集、利用和公开的一种人格权。廖萍作为自然人依法享有隐私权，并有权在认为他人侵害其权利时主张司法救济。

本案的争议焦点有二：（1）事实认定问题，2009年3月26日海湾控股有限公司董事会会议上，曾军是否公开廖萍招商银行卡中的资金往来信息；（2）法律适用问题，曾军如存在上述行为，是否构成侵犯廖萍的隐私权。

综合本案公证书、会议记录、录音及文字整理材料、招商银行出具的交易记录、声明等证据，上述证据形成有效证据链，足以证明2009年3月26日曾军出席海湾控股有限公司董事会会议，并在会议上公开了廖萍招商银行卡中的资金往来信息，其所公开的信息与廖萍招商银行卡中的资金往来信息内容一致。因此，本院对廖萍所主张事实予以采信。

廖萍招商银行卡中的资金往来信息是其私人账户信息，除非国家相关权力机关依法调查，其他任何单位、个人均无权获知该信息，更不能将该信息公开。海湾控股有限公司董事会会议虽然参会成员有限，讨论内容涉及股东之间的利益，但上述人员范围和所涉及股东利益内容均不能成为公开他人私人信息、侵犯他人隐私权的免责事由。

有观点认为在为公共利益的情况下可以获取、知悉、公开他人的私人信息，曾军在答辩中也称范围小和为了公司利益而采取行为。本院认为，取得私人信息的单位、个人必须得到法律的许可，即有法律赋予的相应权力，而且获取手段、途径亦应符合法律规定，但曾军未举证其有上述符合法律规定之权力，以及其获取手段、途径合法。同时，在小范围人员参加的董事会上公开信息的行为亦难以认定为系为公共利益采取的行为。没有合法授权、合法手段与途径而取得私人信息，没有合法理由即将该私人信息予以公开的行为，侵犯了权利人的隐私权。综上所述，本院认定曾军2009年3月26日在海湾控股有限公司董事会会议上公开廖萍招商银行卡中资金往来信息的行为，侵犯了廖萍的隐私权。对廖萍要求曾军停止散布、使用其招商银行金葵花卡中资金往来信息的行为，并向其书面赔礼道歉的诉讼请求，本院予以支持。

（五）定案结论

北京市海淀区人民法院依照《中华人民共和国民法通则》第一百零六条第二款、第一百三十四条之规定，作出如下判决：

1. 曾军停止散布、使用廖萍招商银行金葵花卡中资金往来信息的行为。

2. 曾军于本判决生效后10日内以书面形式向廖萍赔礼道歉，致歉内容需经本院审查，如不履行上述内容，则由本院选择一家全国性发行的报刊，刊登判决书主要内容，刊登费用由曾军负担。

案件受理费150元（廖萍已预交），由曾军负担，于本判决生效后7日内交纳。

（六）解说

本案审理的难点在于认定曾军在董事会上公开披露非法获取的廖萍银行交易信息是否侵犯了廖萍的隐私权。

1. 对“隐私权”的解读与我国相关立法现状。

隐私权产生并成为法律保护的对象是对人权尤其是精神性权利崇尚与追求的结果，我国法学界对其的研究年限尚浅，对其内涵与外延也没有统一而明晰的界定。归纳各家之说可以认为，隐私权是自然人享有的对其个人的、与公共利益无关的个人信息、私人活动和私有领域进行支配的一种人格权。隐私权主要包括个人生活安宁权、个人信息保密权、个人通信秘密权以及个人隐私利用权四大方面。其中个人信息保密权主要指个人生活信息、财产状况、家庭社会关系等不被他人非法传播的权利。

隐私权保护范围的边界在于适当地受到公共利益的限制。当隐私权与公共利益发生冲突时，应当依公共利益的要求进行调整。如对“公众人物”隐私权保护的限制，近年来我国多省市推行的“官员财产申报制”就是要求特定人群将原本私密的个人经济收入情况如实申报的一项阳光制度，而申报人不得以经济收入属于个人隐私而拒绝申报。

我国在隐私权立法保护方面，一直采取间接的、分散式立法模式，即通常情况下将隐私利益放在名誉权中予以间接保护，而在精神损害赔偿司法解释等中也有所散见。笔者认为，虽然我国现有立法对“隐私”除出现名称式表述外尚未有更加详细的规定，但在立法趋势上对隐私利益的保护是肯定的，对其的保护力度也是逐渐加大的。如在 2010 年 7 月 1 日实施适用的《中华人民共和国侵权责任法》中就首次出现了“隐私权”的表述，这标志着我国首次将“隐私权”作为一种单独的人格权利予以规定，标志着对隐私利益的保护不再是包括在名誉权中的下级“菜单”。

2. 公开披露非法获取的他人银行交易信息是否属于侵犯他人隐私权的认定。

在欧美国家立法中引入了“金融隐私权”（financial privacy）的概念，金融隐私权是个人对于本人金融资料（financial information）所享有的隐私权利。金融隐私权是一种特殊的个人资料权，指的是个人控制收集、揭露和使用关于其本人金融交易或事务的权利。① 金融隐私权利的对象即为金融隐私，也即在金融交易过程中所产生的，与个人紧密相关的，反映消费者经济状况的各方面信息。我国目前虽尚未有金融隐私权的相关立法，但笔者认为，银行交易信息涉及银行账号开立人私人信息、账号交易信息、账号所有权人财产资金状况等具有私密性的信息。不当的公开对户主个人信息的保密性以及金融交易的有序性都将产生不良影响。故在裁判中一方面可以借鉴欧美国家对“金融隐私权”保护的立法原则，另一方面通过“隐私权”这个上位概念在我国现有立法体制中对银行交易信息的私人性和不被他人非法干涉性予以保护。

本案中，曾军获取了原本只有廖萍本人或有权国家机关能够依法查询、调取的廖萍招商银行账号的交易信息，并在董事会上进行披露。曾军的行为使得廖萍对其银行交易信息的保密性产生担忧，侵犯了廖萍个人信息保密权。

---

① 参见潘建珊：《欧美金融隐私保护法律制度比较》，载《法学论坛》，2007（5）。

3. 曾军为公司和股东利益披露廖萍银行交易信息能否适用“公共利益”免责事由的分析。

曾军主张披露廖萍银行交易信息是为了维护公司和股东的利益，其预借“公共利益”来免除自己的侵权责任。对此，笔者认为有必要在此厘清“公共利益”与曾军主张的抗辩事由之间的关系。

何为“公共利益”？学界众说纷纭，例如，韩大元提出了“公共利益”的“六性”：公益性、个体性、目标性、合理性、制约性、补偿性①；莫于川也提出了“六性”：合理性、受益性、补偿性、参与性、制约性、权责统一性。② 梁慧星教授进一步解释说，只有全体社会成员都能“直接”享受的利益，才属于社会公共利益。虽然社会公共利益的概念尚非常模糊，但是其核心的特性即“公益性”、“公众性”是确定的。在此层面海湾控股有限公司及股东的利益不应认定为公共利益；从举证责任分配的角度来分析，如果曾军要证明公司和股东的利益属于公共利益，则其负有相应举证责任。但是曾军并未提交相应证据表明公司利益与公共利益间的对等性。

综上，曾军主张为公司和股东利益披露廖萍银行交易信息不能成为免除其侵权责任的免责事由，曾军应依法承担停止侵害、赔礼道歉等侵权责任。

（北京市海淀区人民法院　马军　吴晶晶）

① 参见韩大元：《宪法文本中公共利益的规范分析》，载《法学论坛》，2005（5）。

② 参见莫于川：《公共利益是一个混乱且无法丢弃的筐——关于公共利益概念和实务问题的研究笔记》，载《现代物业》，2007（16）。

三、合同纠纷案例

27. 刘永平诉冯仁全悬赏广告案（悬赏广告）

（一）首部

1. 判决书字号

一审判决书：四川省成都市青羊区人民法院（2009）青羊民初字第2716号。

二审判决书：四川省成都市中级人民法院（2009）成民终字第4207号。

2. 案由：悬赏广告纠纷。

3. 诉讼双方

原告（上诉人）：刘永平，男，汉族，住四川省成都市金牛区。

被告（被上诉人）：冯仁全，男，汉族，暂住四川省成都市青羊区。

委托代理人（特别授权）：冉军，四川律治律师事务所律师。

委托代理人：杨丽萍，四川经川律师事务所律师。

4. 审级：二审。

5. 审判机关和审判组织

一审法院：四川省成都市青羊区人民法院。

独任审判人员：审判员：何顺斌。

二审法院：四川省成都市中级人民法院。

合议庭组成人员：审判长：苟文山；代理审判员：杨晓龙、黄寅。

6. 审结时间

一审审结时间：2009年9月2日。

二审审结时间：2009年11月19日。

（二）一审情况

1. 一审诉辩主张

（1）原告诉称

2008年8月初，本市青羊区苏坡乡辖区内张贴众多家长寻人启事和警方悬赏广告，引起原告的关注，后原告与被告冯仁全等被拐儿童家长见面，被告亲自把悬赏广告塞到原告手中，并嘱咐一旦有小孩的消息即跟其联系。同年 8 月 20 日，原告在双流县九江镇打听到丢失的 4 岁儿童李某某已返回家中，因其母不愿接受打探，原告遂于次日与《成都商报》记者一同去李某某家中了解有关情况，当得知拐骗李某某的人即是警方悬赏广告中的犯罪嫌疑人时，原告即将该情况向被告作了通报，并告知其联系其他家长带着被拐小孩照片从李某某处寻找突破口。8 月 25 日，原告再次带领记者和被告冯仁全等其他家长乘车前往李某某家中了解情况，被告当面又表示如通过该线索找回儿子一定兑现 5 万元酬金。后被告冯仁全通过警方成功解救回儿子，但拒绝履行悬赏合同，反而恶意串通其他家长说不认识原告。原告完成了知情并告知家长的合同义务，有权请求被告支付报酬，故诉请法院，要求判令被告支付悬赏广告中承诺的报酬 5 万元，并承担本案诉讼费用。

（2）被告辩称

被告的儿子冯某某于 2007 年 10 月被拐卖，后被告自行多方查找，并张贴广告“如有知情告知其家人，并重谢 50 000 元”。原告作为职业新闻报料人，向有关媒体提供了被拐儿童李某某有关情况，但原告并没有按照被告所张贴的悬赏广告要求提供小孩具体下落，没有完成悬赏广告的特定行为，小孩被成功解救完全是因警方积极侦破，以及有关人员的齐心协力。本案中的悬赏广告合同未成立，应当驳回原告的诉讼请求。

2. 一审事实和证据

四川省成都市青羊区人民法院经公开审理查明：2007 年 10 月 3 日，被告冯仁全之子冯某某（5 岁）在其暂住地（本市青羊区苏坡乡清波村）被拐卖，被告报警后又自行多方查找并公开悬赏“如有知情告知其家人，并重谢人民币 50 000 元”。2008 年 8 月初，原告刘永平得知该辖区内发生多名儿童被拐卖，遂予以关注并与被告进行过联系。同年 8 月 21 日，原告刘永平与某报社记者一同赶到双流县九江镇张洪英家中，了解其被拐 4 岁小孩李某某被犯罪嫌疑人送回的有关情况，并告知了被告冯仁全。同月 25 日，在原告刘永平的协助下，被告冯仁全等被拐儿童家长与张洪英见面。同月 30 日，在其中一名被拐儿童家长提议下，根据被拐儿童李某某回忆的犯罪嫌疑人活动情况，被告冯仁全组织被拐儿童家长与张洪英及其子李某某一起找到罪犯曾经留宿的窝点。后公安机关通过其他有关线索最终侦破案件并成功解救多名被拐儿童（包括被告冯仁全之子）。原告刘永平认为其提供了重要线索，要求被告冯仁全履行悬赏广告的义务支付 5 万元报酬，遭到拒绝遂起诉。

上述事实有下列证据证明：

（1）被告冯仁全发出的悬赏启事。

（2）公安机关就解救被拐儿童工作所出具的情况说明。

（3）证人张洪英的书面证词。

（4）证人赵义辉、代雪燕的当庭证言。

（5）有关新闻媒体采访被拐儿童案的宣传报道及录制光盘。

（6）双方当事人的当庭陈述。

3. 一审判案理由

四川省成都市青羊区人民法院经审理认为：原告刘永平得知本市苏坡乡附近发生多名儿童被拐卖事件，作为热心市民即打探有关情况，得知被拐儿童李某某已回家的信息，又向新闻媒体提供线索并告知被告冯仁全，后在其协助下，被告冯仁全等被拐儿童家长与李某某家人取得联系，公安机关随后根据其他有关线索进行侦破并成功解救包括被告冯仁全儿子在内的多名被拐儿童。从庭审查明的上述事实可以看出，原告刘永平作为普通群众关注被拐儿童案，其付出的努力应得到充分的肯定。

悬赏广告是以广告方式声明，对于完成一定行为的人给予约定报酬的行为。被告冯仁全在儿子被拐卖后作出悬赏，以公开方式声明“如有知情告知家人，并重谢人民币 50 000 元”。该悬赏广告中所要求的特定行为，应理解为知晓冯某某被拐卖的具体情形并告知被告冯仁全或公安机关。综观全案，原告刘永平并没有完成这一特定行为，且冯某某被解救回家系公安机关根据其他有关线索成功侦破，故本案悬赏广告未成立，原告刘永平要求被告冯仁全支付 5 万元悬赏报酬的诉讼请求，本院不予支持。被告冯仁全作为被拐儿童家长，在审理中对原告刘永平热心关注被拐儿童表示感谢并愿给予一定的补偿，对此，双方可另行协商解决。

4. 一审定案结论

四川省成都市青羊区人民法院依照《中华人民共和国民事诉讼法》第一百二十八条、《最高人民法院关于适用〈中华人民共和国合同法〉若干问题的解释（二）》第三条之规定，作出如下判决：

驳回原告刘永平的诉讼请求。

案件受理费 525 元，由原告刘永平承担。

（三）二审诉辩主张

1. 上诉人刘永平诉称

2008 年上诉人在青羊区苏坡乡一带看到有众多寻人悬赏启事和警方的悬赏通告，首先打电话到青羊区苏坡桥派出所报警了解情况，同时走访贴寻子广告的家庭及相关情况，并在 8 月 12 日与冯仁全等几名丢失孩子的家长见了面，冯仁全多次嘱咐如有孩子的消息一定跟他联系。此后，8 月 20 日上诉人在双流九江找到了一个走失了 8 天后被警方送回的 4 岁 7 个月的小孩李某某的家。上诉人带着媒体记者一起到张洪英家求证、采访了解情况。8 月 22 日，各大媒体如实报道了此事，上诉人打电话给冯仁全，告诉他调查结果，并要他联系苏坡乡其他被拐家属带好照片从李某某身上找到突破口。8 月 25 日下午，上诉人组织安排冯仁全会同《成都晚报》、《天府早报》、《成都商报》、《华西都市报》的记者约在武侯区永康森林公园门口见面，上诉人带领记者和冯仁全等多名被拐儿童家属同乘一车共赴月亮湾张洪英的工作处与其首次见面、相互了解情况。冯仁全及警方根据上诉人提供的最初线索破获了拐卖儿童案，先后从福建解救回了十多名被拐儿童，首批就有冯仁全之子冯某某。事后，冯仁全却不兑现承诺。

2. 被上诉人冯仁全辩称

警方从未认可上诉人对该案的破获提供过任何线索，从媒体的报道中，也从未看到上诉人对该案的破获提供了任何线索。《成都商报》明确记载是被上诉人在组织被拐卖儿童的家长进行解救，上诉人并未参与。上诉人并未完成悬赏广告的特定行为，其诉讼请求不应得到支持。原判认定事实清楚，适用法律正确，应予维持。

（四）二审事实和证据

四川省成都市中级人民法院经审理，确认一审法院认定的事实和证据。

（五）二审判案理由

四川省成都市中级人民法院经审理认为：悬赏人冯仁全以公开方式对完成特定行为的人支付报酬，这是悬赏人冯仁全向不特定人作出的要约，但悬赏广告合同并未成立。按照合同成立的原则，订立悬赏广告双方当事人之间必须有合意，相对人须完成悬赏广告的指定行为，即向悬赏人作出承诺，悬赏广告合同始成立，相对人才能向悬赏人请求支付报酬。因此，就本案而言，相对人刘永平是否可以按照悬赏广告而享有报酬请求权，关键在于其是否完成悬赏广告中的特定行为。冯仁全的悬赏广告明确“如有知情者告知其家人，并重谢人民币50 000元”，但对知情的“情”在悬赏广告中并不明确，探究悬赏人之本意，在悬赏人的儿子被拐卖，悬赏人报案且自行多方查找无果时，不得已施以重金悬赏，其悬赏的目的是找回孩子，对相对人的告知要求，必然是要能产生找回孩子的直接线索，换言之，悬赏人要求的线索也即“情”是要达到找回孩子的目的。

而上诉人刘永平得知被拐卖儿童李某某被送回的情况时，到被拐卖儿童家中了解情况，但无证据证明其将相关情况向冯仁全透露，以及协助被拐卖儿童家长和张洪英见面。证人张洪英出具证明证实刘永平协助被拐卖儿童家长与其见面，但证人因拟与刘永平共享5万元酬金，与本案的当事人具有利害关系，且未出庭作证，其证言不能单独作为本案的定案依据。虽然可能由于刘永平的报料使得公安机关以及冯仁全从中获取到寻找被拐卖儿童的线索，但并未达到被上诉人冯仁全的悬赏广告要求。相反，从刘永平陈述以及提供的证据表明，其作为职业报料人，了解被拐卖儿童的情况目的是向新闻媒体报料，从而得到一笔报料款，这是刘永平关注此类事件的出发点。情况说明系公安机关向人民法院出具，其证明力大于其他书证，应予采信。该情况说明内容载明，公安机关将被拐卖儿童被送回的情况告知冯仁全。后公安机关通过冯仁全等被拐卖儿童家长提供的罪犯曾经留宿的窝点的线索，最终侦破案件并成功解救多名被拐儿童包括被上诉人之子。在整个破案过程中，没有任何人向成都市公安局青羊分局刑警大队提供过任何线索。

综上所述，公安机关未认可上诉人刘永平对冯仁全之子被拐卖一案的破获提供过线索，被上诉人冯仁全亦未认可刘永平向其提供过线索，上诉人刘永平又无充分的证据证明其完成了悬赏广告中的特定行为，其向被上诉人冯仁全主张给付5万元报酬的诉讼请求没有事实根据，本院不予支持。综上所述，原判认定事实基本清楚，适用法律正确，处理结果得当，应予维持。

（六）二审定案结论

四川省成都市中级人民法院依照《中华人民共和国民事诉讼法》第一百二十条第一款、第一百五十三条第一款第（一）项之规定，作出如下判决：

驳回上诉，维持原判。

案件受理费 1 050 元，由上诉人刘永平负担；一审案件受理费的负担方式不变。

（七）解说

悬赏广告中所约定的金钱给付，悬赏方是否需要兑现承诺给付特定行为人一定的金钱？对于这个问题，首先我们需要明确的是悬赏广告的法律性质。目前，学理上对悬赏广告的性质主要有“单独行为说”和“契约说”两种观点。“契约说”认为，悬赏广告人对于特定人或者不特定人作出的悬赏意思表示是一个要约，相对人完成悬赏广告指定行为是一个承诺，行为完成时，契约成立。相对人在契约成立时，即有报酬之请求权。“单独行为说”认为，悬赏广告是广告人因自己一方的意思表示而负担债务，在相对方则无须承诺，仅以一定行为之完成为停止要件。换言之，悬赏广告人为意思表示并非要求相对方之承诺，其效力之发生仅依一定行为之完成。我国的司法解释采用了“契约说”这个观点。

悬赏广告是一个要约，要使该悬赏广告成立，须有要约与承诺，如果悬赏广告中所要求的特定行为受要约人没有完成，则悬赏广告不成立，受要约人不能根据悬赏广告获得约定的报酬。在本案中，悬赏广告中有适格的悬赏人即被告冯仁全，并且是以公开的方式发布的悬赏广告，广告称“如有知情告知其家人，并重谢 50 000 元”，因此关键在于行为人是否完成一定的行为。该悬赏广告中所要求的特定行为，应理解为知晓冯某某被拐卖的具体情形并告知被告冯仁全或公安机关。综观全案，原告刘永平并没有完成这一特定行为，且冯某某被解救回家系公安机关根据其他有关线索成功侦破，故本案中悬赏广告未成立。

（四川省成都市青羊区人民法院　何顺斌）

28. 安新华诉北京市大食客饮食有限公司服务合同案（餐饮服务合同）

（一）首部

1. 判决书字号：北京市朝阳区人民法院（2009）朝民初字第 18234 号。
2. 案由：服务合同纠纷。
3. 诉讼双方

原告：安新华，男，汉族，住北京市海淀区。

委托代理人：潘雪峰，男，汉族，北京市忠慧律师事务所员工，住北京市海淀区。

委托代理人：王克林，男，汉族，住四川省南充市。

被告：北京市大食客饮食有限公司，住所地：北京市朝阳区。

法定代表人：张艺，公司总经理。

委托代理人：高志敏，女，汉族，该公司会计，住北京市朝阳区。

4. 审级：一审。

5. 审判机关和审判组织

审判机关：北京市朝阳区人民法院。

独任审判人员：代理审判员：江诗伟。

6. 审结时间：2009 年 7 月 16 日。

（二）诉辩主张

1. 原告安新华诉称

2009 年 4 月 11 日我与朋友共 4 人到被告处就餐。结账后发现消费明细单上有餐位费 6 元，经了解被告知系消毒餐具费。被告就该消毒餐具收费问题未事先告知我，侵犯了我作为消费者的知情权。另根据相关法律规定，被告提供的餐具使用前必须进行消毒，故被告应依据规定免费提供洗净、消毒的餐具，该费用应由被告自行承担，无权向我收取。现我要求被告退还已收取的消毒餐具费 6 元，并赔偿我因交涉此事支出的通讯费 20 元、交通费 10 元。

2. 被告辩称

我公司收取原告 6 元消毒餐具费属实。我公司虽未主动向原告进行提示，但所提供的消毒餐具包装上已经注明有偿使用，每套 1.5 元，原告未向我公司提出询问即使用了该收费餐具，应认为其同意收费。故我公司并未侵犯原告的知情权。另我公司还有不收费的消毒餐具，其中收费的餐具是我公司外购的，因此需要收费，不收费的餐具是我公司自行消毒，原告可选择使用。争议发生是因为当时原告并没有找到我公司负责人进行协商，服务员无法解决问题。现我公司同意退还原告消毒餐具费 6 元及赔偿其通讯费 20 元、交通费 10 元。

（三）事实和证据

北京市朝阳区人民法院经公开审理查明：2009 年 4 月 11 日中午，原告及其朋友等 4 人至被告亚运村店就餐，消费金额共计 193 元，其中含餐位费 6 元。该餐位费系原告等人就餐使用的消毒餐具费用，单价为 1.5 元。庭审中，被告提交了其供原告使用的消毒餐具一套，该餐具为透明塑料膜包装，塑料膜包装正面印有“温馨提示：本消毒餐具有偿使用”字样，字体较细小，另印有“每套：1.5 元”字样，字体稍大。

上述事实有当事人当庭陈述、就餐发票、消费清单等证据证明。

（四）判案理由

北京市朝阳区人民法院经审理认为：原告至被告处就餐，双方建立餐饮服务合同关系。在合同履行过程中，被告提供清洁餐具供顾客使用系其应有义务，但被告提供消毒餐具尤其是外购消毒餐具供顾客使用时能否收取一定费用，现行法律、法规并无明确依据，亦无禁止性规定。故消毒餐具费的收取事宜应属于原、被告之间自行约定的范畴，在双方对于消毒餐具费收取与否及收取标准有明确认知并且达成合意时，被告作为服务提供者，有权向原告收取该项费用。

就本案而言，原告表示其在就餐之时对于所用餐具需收取费用并无认知，而被告表示其提供的餐具上印制相关信息表明原告对此知情，故本案的争议焦点在于原、被告在建立餐饮服务合同之时是否就收取消毒餐具费达成了合意。就此本院认为，被告作为餐饮服务的提供方，应当就其向顾客提供的各项服务内容及收费标准进行明示并征得顾客同意。本案中被告就收取消毒餐具费一节未向原告进行主动提示，而仅采取在餐具外包装上印制收费信息的被动方式进行提示，但相关信息的字体较小，此种方式不足以确保原告对该收费行为产生认知。故被告认为原告在未主动询问的情况下使用餐具即表明其认可收费的抗辩理由依据不足。现原告称其就餐时对于餐具收费并不知情，而被告未举证证明其已采取充分、有效之方式对原告进行了告知，故应认定本案原、被告双方未就收取消毒餐具费一节达成合意，被告收取原告费用无合同依据，应予返还。

原告另要求被告赔偿其因处理纠纷支出的通讯费及交通费，被告表示同意，本院不持异议。

（五）定案结论

北京市朝阳区人民法院依照《中华人民共和国合同法》第三条、第六条、第十二条，《中华人民共和国民事诉讼法》第十三条之规定，作出如下判决：

被告北京市大食客饮食有限公司于本判决生效后 7 日内向原告安新华退还消毒餐具费 6 元，支付通讯费补偿款 20 元、交通费补偿款 10 元。

如果未按本判决指定的期间履行给付金钱义务，应当依照《中华人民共和国民事诉讼法》第二百二十九条之规定，加倍支付迟延履行期间的债务利息。

案件受理费 25 元，由被告北京市大食客饮食有限公司负担（于本判决生效后 7 日内交纳）。

（六）解说

本案原告起诉标的额很小，但带有明显的公益性目的：此类案件在全国也不乏先例。被告或许是出于息事宁人的考虑，其虽然认为未侵犯原告的知情权且有权收取消毒餐具费，但仍表示同意退还向原告收取的消毒餐具费，并补偿其通讯费和交通费。而原告坚决不同意调解。在这种情况下，本可以一判了之，也能做到案结事了，但考虑到该案涉及标的虽小，但却关切民生。通过这一个案件的审理和宣传，有可能引起社会对消毒餐具费的收取合理性乃至整个消毒餐具产业的不良现状（曾有媒体报道消毒餐具制作简易、生产环境卫生状况差的现象）的关注，进而有进一步提高百姓生活水平和质量的可能。法院仍在判决中对餐饮企业是否有权收取消毒餐具费、顾客的知情权如何得到保障等问题从法律层面作出了有针对性的论述，并在此基础上结合本案案情依法判决被告应当退还原告消毒餐具费。

从法律层面而言，本案首先要认定的是餐饮企业是否有权收取消毒餐具费的问题，这既是双方当事人争议的焦点，同时也是本案作为个案审理的背景。被告作为餐饮企业，应当向顾客提供经消毒的、卫生的餐具，这一义务是有法律、法规依据的。但是餐饮企业在提供此类餐具尤其是外购消毒餐具时是否能够单独收费并没有明确的允许或禁止性规定。在此情况下，笔者认为消毒餐具费的收取事宜应属于餐饮企业与顾客自行合意的范畴，如双方对于消毒餐具费收取与否及收取标准有明确认知并且达成了合意，因该合意并不违反法律禁止性规定，作为餐饮服务合同的一项内容，其效力应当予以维护。餐饮企业作为服务提供者，有权依据合同向顾客收取该项费用。反之，双方事先如未能就此达成一致意见，则餐饮企业收取消毒餐具费既无法律依据，亦无合同依据，其应当将已收取的费用退还。

就本案而言，双方对于在建立餐饮服务合同之时是否就收取消毒餐具费达成合意发生争议。对此笔者认为，合同履行一方应当举证证明自己履行了合同义务。被告作为餐饮服务的提供方，应当举证证明其已就向顾客提供的各项服务内容及收费标准进行明示并征得顾客同意。从查明情况看，本案中被告仅采取在餐具外包装上印制收费信息的被动方式进行提示，相关信息的字体较小，除此以外未进行主动提示，故被告的行为并不足以确保原告对该收费行为产生认知，其认为原告在未主动询问的情况下使用餐具即表明其认可收费的抗辩理由依据不足。故应认定本案原、被告双方未就收取消毒餐具费一节达成合意，被告收取原告费用无合同依据，应予返还。

（北京市朝阳区人民法院　江诗伟）

29. 董淑萍诉陈紫薇等房屋买卖合同案（无效合同）

（一）首部

1. 判决书字号：北京市昌平区人民法院（2009）民字第2254号。
2. 案由：房屋买卖合同纠纷。
3. 诉讼双方

原告（反诉被告）：董淑萍，女，汉族，住北京市宣武区。

委托代理人：张辉，北京市润来律师事务所律师。

委托代理人：朱云飞，男，住北京市宣武区陶然亭路。

被告（反诉原告）：陈紫薇，女，汉族，住北京市昌平区。

委托代理人：郭嘉林，北京市中济律师事务所律师。

被告（反诉被告）：北京天鸿卓越房地产经纪有限公司（以下简称天鸿卓越公司），住所地：北京市崇文区。

法定代表人：王伟，公司董事长。

委托代理人：高启明，男，公司经理，住北京市昌平区回龙观镇龙跃苑。

4. 审级：一审。

5. 审判机关和审判组织

审判机关：北京市昌平区人民法院。

合议庭组成人员：审判长：魏胜利；人民陪审员：王玉林、李印德。

6. 审结时间：2009 年 10 月 23 日。

（二）诉辩主张

1. 原告董淑萍诉称

2008 年 1 月 9 日，原告与被告陈紫薇，在被告天鸿卓越公司的介绍下，就北京市昌平区龙跃苑东二区 15－4－601 号房屋（以下简称 15－4－601 号房），签订了“北京市存量房屋买卖合同”。双方约定该房屋的实际成交总价为 72.8 万元，其中购房款 323 138 元，装饰装修、设施设备等补偿款为 404 872 元。后原告依约收到了被告陈紫薇交来的房款共计 40 万元。15－4－601 号房为经济适用房，在原签订合同当日，买卖双方曾就经济适用房是否可以过户等政策咨询被告天鸿卓越公司，该公司承诺只要房产证办下来就能立即办理过户，并与买卖双方签订了“委托过户代理协议”。现原告早已取得该房的房产证，但被告天鸿卓越公司至今仍未履行过户义务。原告为维护合法权益，诉至法院，请求：(1) 判定原告与一被告签订的“北京市存量房买卖合同”无效；(2) 判令被告陈紫薇立即腾退 15－4－601 号房，并将房屋恢复原状；(3) 判令被告陈紫薇支付自 2008 年 9 月 17 日起至腾出房屋之日止的房屋占用费 32 500 元；(4) 判令被告陈紫薇立即返还 15－4－601 号房的原始购房资料；(5) 判令由二被告承担本案诉讼费。

2. 被告陈紫薇答辩并反诉称

原、被告双方签订的房屋买卖合同及补充协议违反了国家的有关规定，因而是无效的合同。房子没有必要完全恢复原状。原告并未因为被告居住这套房屋而遭受损失，而且被告认为房屋占用费的性质和房屋租赁费的性质是相同的，如果支持被告向原告支付占用费也就相当于原告可以利用经济适用房的租赁费，所以原告的要求是不合理、不合法的。

另外，被告陈紫薇由于急于准备结婚用的新房，经被告天鸿卓越公司推介，于 2008 年 1 月 9 日与原告就 15－4－601 号房签订“北京市存量房屋买卖合同”及补充协议一、二。同日陈紫薇与天鸿卓越公司签订了“房地产经纪服务合同”、“委托过户代理协议”。因该房屋系经济适用房，取得房屋所有权证未满 5 年，是不可以按市场价格出售的，因而陈紫薇与董淑萍签订的房屋买卖合同属无效合同。陈紫薇与天鸿卓越公司签订的经纪服务合同及委托过户代理协议也自然无效。因陈紫薇投入大量资金将该房装修完毕，合同无效给陈紫薇造成了极大的损失。另在买卖该房之前，陈紫薇曾看中另一套房子，签订了正式的购房合同并支付了定金，后因信任反诉被告董淑萍及天鸿卓越公司而选择了董淑萍的房子，为此造成陈紫薇支付的定金及此房的升值价款均遭到损失。为此，被告陈紫薇对董淑萍、天鸿卓越公司提出反诉，请求：（1）判令董淑萍按照同期银行贷款利率向陈紫薇支付购房款 40 万元自 2008 年 1 月 20 日起至实际付清房款之日止的利息 42 528 元；（2）判令天鸿卓越公司返还陈紫薇代理服务费 21 200 元；（3）判令董淑萍、天鸿卓越公司赔偿陈紫薇装修费 240 883 元；（4）判令董淑萍、天鸿卓越公司赔偿陈紫薇定金损失 3 万元；（5）判令董淑萍、天鸿卓越公司赔偿陈紫薇因未能购买昌平区回龙观龙腾苑五区 17 栋 1—401室房产造成的损失 5 万元；（6）判令董淑萍、天鸿卓越公司支付陈紫薇腾房费 3 000元，并给予陈紫薇 180 天的腾房时间；（7）诉讼费用由董淑萍、天鸿卓越公司承担。

3. 被告天鸿卓越公司辩称

我方不负责赔偿，我们提供的是居间服务，代理费可以退，房子没有过户的原因是 2008 年 4 月 8 日政策出来后不能过户，是不可抗力，不同意原告的诉讼请求。

4. 反诉被告董淑萍辩称

（1）双方不知道房屋不能过户之前，是在正常履行合同，本人对房款的占用不是无故的占用，不应承担利息。而且，2008 年 6 月本人在确知房屋不能完成交易后，曾多次找到陈紫薇要求解除合同、恢复原状，本人没有占用房款的故意，过错在陈紫薇。因此本人不应承担利息。（2）陈紫薇是未经本人同意的情况下进行装修的，本人不承担任何责任，且陈紫薇请求的数额与鉴定结论的数额有偏差。（3）本人认为选择哪套房屋是陈紫薇的主观愿望、决定，与本人无关，不同意赔偿陈紫薇的定金损失。（4）关于反诉请求第五项陈紫薇要求赔偿损失 5 万元，本人认为没有任何事实和法律依据，不同意赔偿。（5）本人没有主观过错造成陈紫薇腾房的事实，故不同意赔偿腾房费。（6）本人不同意承担本案的诉讼费用。总体上本人认为所有的反诉请求都不应由本人承担，被告天鸿卓越公司作为房地产中介公司对房屋的性质、买卖性质和流程是知道的，现在交易无法完成，被告天鸿卓越公司应承担相关责任。陈紫薇在本案交易过程中也应承担责任，因为在签订合同时其不具备购买经济适用房的资格。

（三）事实和证据

北京市昌平区人民法院经公开审理查明：2008 年 1 月 7 日，被告陈紫薇与被告天鸿卓越公司签订“认购协议”，协议约定，甲方陈紫薇自愿购买乙方天鸿卓越公司推荐的坐落于昌平区回龙观镇龙跃苑东二区 15 号楼 4 单元 601 号的房屋。2008 年 1月 9 日，原告董淑萍与被告陈紫薇签订“北京市存量房屋买卖合同”，合同约定出卖人董淑萍将其所有的位于昌平区回龙观镇龙跃苑东二区 15 号楼 4 单元 601 号的房屋出卖给买受人陈紫薇，房屋成交价款为 323 128 元，买受人同意在签订合同时支付定金 2 万元。出卖人同意在过户的三个工作日内将该房屋交付给买受人。补充协议中约定，该房屋成交价款为 323 128 元，装饰装修、设施设备等补偿款为 404 874 元。同日，董淑萍、陈紫薇与天鸿卓越公司签订“房地产经纪服务合同”及“委托过户代理合同”，合同约定，丙方天鸿卓越公司为甲方董淑萍、乙方陈紫薇撮合交易并签订房屋买卖合同，丙方收取代理服务费 18 200 元及3 000 元权证代办费。合同签订当日被告陈紫薇支付原告董淑萍购房定金 2 万元，支付天鸿卓越公司代理费 11 200 元。2008 年 1 月 10 日陈紫薇支付天鸿卓越公司代理费 1 万元。同年 1 月 20 日，被告陈紫薇支付原告董淑萍购房首付款 38 万元。

2008 年 1 月 20 日，原告董淑萍将诉争房屋交付被告陈紫薇，陈紫薇于 2008 年 3 月 25 日对该房屋进行了装修并入住至今。根据被告陈紫薇的申请，本院依法委托北京市价格认证中心对该房屋的装修现值进行了鉴定，鉴定结论为：该房屋装修现值为 22.4 万元。

另查，原告董淑萍与诉争房屋开发商于 2007 年 9 月 27 日签订房屋买卖合同，购房价格为 323 128 元，原告于 2007 年 12 月办理入住手续，办理入住手续后并未对房屋进行装修。原、被告签订房屋买卖合同时，原告尚未取得诉争房屋的产权证，该房屋为经济适用住房。

上述事实有下列证据证明：

1. “认购协议”、“房地产经纪服务合同”、“委托过户代理协议”。

2. “北京市存量房屋买卖合同”、“补充协议”。

3. 收条。

4. 鉴定结论。

5. 当事人在庭审上的陈述、房产证。

（四）判案理由

北京市昌平区人民法院经审理认为：经济适用住房，是指政府提供优惠政策，限定建设标准、供应对象和销售价格，向低收入住房困难家庭出售的具有保障性质的政策性住房。因其具有社会保障的性质，故国家对经济适用住房的购买对象、申请条件、上市交易等均有特殊的规定。根据国家相关政策，购买经济适用住房享有政府优惠，其购买对象具有特定性即城镇低收入家庭，其出售实行政府指导价，不得擅自提价出售。根据《北京市经济适用住房管理办法》相关规定，购买经济适用住房不满 5 年的，不得上市交易。本案诉争房屋属于经济适用住房，原告购买该房屋尚未满 5 年即将该房屋出售给被告陈紫薇，且以高于原购房价格的市场价格予以出售。原、被告签订的房屋买卖合同违反了相关法规的规定，且损害了社会公共利益，故双方签订的房屋买卖合同应属无效。作为双方房屋买卖合同从合同的“房地产经纪服务合同”及“委托过户代理合同”均属无效。合同无效的，因该合同取得的财产应当返还，故对原告要求被告陈紫薇腾退房屋、交付房屋的原始购房资料及被告陈紫薇要求原告返还购房款、天鸿卓越公司返还代理服务费的诉讼请求本院予以支持。因该房屋的装修构成房屋的一部分，故原告要求恢复原状的诉讼请求本院无法支持。房屋的装修构成对原财产的添附，实质上增加了原财产的价值，故原告应将增加的装修价值返还被告陈紫薇。虽原告对鉴定结论表示异议，但其并未提交相反证据加以证明，也未申请重新鉴定或补充鉴定，故对诉争房屋的装修现值，本院依据鉴定结论加以确定。原告要求被告陈紫薇支付房屋占用费的诉讼请求，无事实及法律依据，本院不予支持。被告陈紫薇要求原告支付购房款利息、腾房费及未购买另一处房产造成的定金损失和其他损失，均无事实及法律依据，本院不予支持。被告陈紫薇要求被告天鸿卓越公司赔偿其装修费、腾房费、未购买另一处房产的定金和其他损失，无法律依据，本院不予支持。

（五）定案结论

北京市昌平区人民法院依照《中华人民共和国合同法》第五十二条、第五十八条之规定，作出如下判决：

1. 原告董淑萍与被告陈紫薇签订的“北京市存量房屋买卖合同”无效。

2. 原告董淑萍返还被告陈紫薇购房款40万元。

3. 反诉被告董淑萍赔偿反诉原告陈紫薇装修费214 000元。

4. 反诉原告陈紫薇从北京市昌平区回龙观镇龙跃苑东二区15号楼4单元601号房屋内搬出。

5. 被告陈紫薇返还原告董淑萍位于北京市昌平区回龙观镇龙跃苑东二区15号楼4单元601号房屋的相关购房资料：前期物业管理协议、分户验收表、住户手册、装修手册、购房手续须知、产权代办收据、公共维修基金收据、歌华有线电视开通收据、准住证、住房使用说明书、住宅质量保证书、购房发票、结算通知单、购房合同、购电卡、燃气卡、燃气使用证、居民用电登记表、燃气表使用说明书、卡式电表使用说明书，以上资料均为原件各1份及房屋钥匙共计13把。

6. 被告北京天鸿卓越房地产经纪有限公司返还被告陈紫薇代理服务费21 200元。

以上第二、三、四、五、六项，均于本判决生效后10日内执行。

7. 驳回原告董淑萍及反诉原告陈紫薇的其他诉讼请求。

如果未按本判决指定的期间履行给付金钱义务，应当依照《中华人民共和国民事诉讼法》第二百二十九条之规定，加倍支付迟延履行期间的债务利息。

案件受理费613元，由原告董淑萍负担50元，已交纳；由被告陈紫薇负担50元，由被告北京天鸿卓越房地产经纪有限公司负担513元，均于本判决生效后7日内交纳。反诉费3 558元，由反诉原告陈紫薇负担558元，已交纳；由反诉被告董淑萍负担1 000元，由被告北京天鸿卓越房地产经纪有限公司负担2 000元，均于本判决生效后7日内交纳。鉴定费2 225元，由原告董淑萍负担，于本判决生效后7日内交纳。

（六）解说

近些年来房价一路飙升，长期居高不下，于是许多当事人便将目光投向了价格相对比较低廉的经济适用房，他们以规避法律及国家相关政策的方式，试图完成经济适用房交易，从而引发了大量纠纷。在司法审判实践中，最为多发的有两类案件：一类是“借名买房”纠纷，一类是本案所涉及的“黑白合同”纠纷。

所谓的“黑白合同”则是指，在对购买时间不满5年、不满足上市交易条件的经济适用房进行交易时，房屋买卖双方在合同中约定以经济适用房当时的购买原价进行交易，而在合同附件或另一份合同中将购房总价款分为两个部分，即购房款和装修装饰设备补偿款，前者是经济适用房当时的购买价，后者是现时商品房价格与经济适用房价格之差价。依据2007年《北京市经济适用住房管理办法》的相关规定，购买经济适用住房不满5年，不得直接上市交易，购房人因特殊原因确需转让经济适用住房的，由政府按照原价格并考虑折旧和物价水平等因素进行回购。“黑白合同”表面上是按照原价转让经济适用房，而实质上买卖双方又同时约定过高的装修装饰设备补偿款，确保卖方从中赚取差价。

由此可以得知，如果买卖双方签订了“黑白合同”，经济适用房就能够最终以商品房的价格卖出，因此在实践中经济适用房买卖存在着巨大的利益驱动，这也正是“黑白合同”存在的根本原因。另外，“黑白合同”是当事人为了规避法律和国家相关政策而设计出来的应对策略，在实际履行的过程中很容易发生纠纷，而且在纠纷发生后又很难及时获得法律上的保障和救济。卖家与买家签订了“黑白合同”后，如遇到房屋升值或者其他情形，合同的当事人往往容易毁约或者以主张合同无效的方式来造成合同不履行或者不能履行的事实，从而引发了大量的案件。

下面结合本案，就“黑白合同”的效力和履行情况，主要探讨两个方面的问题：

1. 关于“黑白合同”的效力问题。

目前法院对经济适用房“黑白合同”的效力问题主要存在两种观点：

一种观点认为该类合同应认定为无效。依据《合同法》第五十二条之规定，有下列情形之一的，合同无效：（1）一方以欺诈、胁迫的手段订立合同，损害国家利益；（2）当事人恶意串通，损害国家、集体或者第三人利益……（4）损害社会公共利益……经济适用住房，是政府向低收入住房困难家庭出售的具有保障性质的政策性住房。因其具有社会保障的性质，故国家对经济适用住房的购买对象、申请条件、上市交易等均有特殊的规定。“黑白合同”实质上违反了经济适用房上市交易条件的政策规定，侵害了国家利益和社会公共的利益，因此此类合同符合了合同无效的条件。

另一种观点则认为该类合同不应认定为无效。《合同法》第五十二条明确规定，只有违反国家法律、行政法规的强制性规定的合同才属无效合同，而关于经济适用房上市交易的相关规定（即目前适用的《北京市经济适用房管理办法》）不仅不属于法律，亦不属于法规，从维护市场交易秩序的角度出发，该类合同不应判归于无效，合同双方如果能够按照规定补缴税收，合同仍应属有效的范畴。

这两种观点均具有一定的合理性，因此导致法院在裁判此类案件时常常陷入困境。2010年，北京市第一中级人民法院曾主持所辖基层人民法院，就涉及经济适用房“借名买房”和“黑白合同”案件存在法律盲点的问题展开研讨，并确定了临时审理原则，即当事人违背《北京市经济适用房管理办法》、进行经济适用房交易的，原则上应认定为合同无效。但要从根本上解决上述问题，建议立法部门或国务院颁布经济适用房管理的相关法律或行政法规，将经济适用房的相关政策以法律、法规的形式加以体现。

2. 合同无效后的处理。

（1）我国关于合同无效处理的法律规定。

关于合同无效后的财产返还问题的处理主要规定在《民法通则》第六十一条与《合同法》第五十八条、第五十九条。《合同法》第五十八条规定：“合同无效或者被撤销后，因该合同取得的财产，应当予以返还；不能返还或者没有必要返还的，应当折价补偿。有过错的一方应当赔偿对方因此所受到的损失，双方都有过错的，应当各自承担相应的责任。”

（2）合同无效后的返还请求权的性质。

关于合同无效后返还请求权的性质，有基于债权的不当得利和基于物权的返还原物两种理论。二者的主要区别在于：1）二者的效力不同，物权请求权优于债权请求权。2）返还的范围不同。不当得利返还的范围依占有人占有时是否为善意有所区别：占有人为善意的，仅返还现存利益；占有人为恶意的，需返还原物和孳息。物权返还不用区分占有人的善意、恶意，均需返还原物和孳息。例如在本案中，董淑萍的第二项和第四项诉讼请求，要求陈紫薇将房屋恢复原状和返还购房资料，均属物权请求权的范畴，因而法院不需查明占有人的善意或恶意，均应予以支持，但考虑到陈紫薇已在该房屋上作了装饰装修，不易恢复原状，或者即便是能够恢复原状，但恢复的成本会大大减低其房屋价值，因而该房屋的装修已构成添附物。依据添附的相关理论，主物即房屋的所有人应取得添附物，但应就其原有物增加的价值对另一方当事人进行折价补偿。而董淑萍第三项关于房屋占用费的诉讼请求，陈紫薇第一项关于支付购房款和利息的诉讼请求、第三项关于返还装修费的诉讼请求均属于不当得利返还请求权的范畴，因此法院在确定董淑萍是否应支付利息时，必须正确区分占有人主观上的善意或恶意。在本案中，首先，董淑萍在签订合同之时，并不知道房屋不能买卖的事实，而且在事后多次要求解除合同、退还房款，因此董淑萍不具有非法占有房款的主观恶意，故董淑萍不需向陈紫薇支付利息。其次，关于董淑萍要求返还房屋占有费的主张，由于董淑萍未提出切实、充分的证据，证明董淑萍遭受了实际损失或陈紫薇因此获得了利益，故本院不予以认可；再次，关于陈紫薇主张的装修费，陈紫薇提出了鉴定结论用以证明其遭受的损失，董淑萍对此未提出异议，也并未提交其他相反证据或申请重新鉴定或补充鉴定，故对诉争房屋的装修现值，本院依据鉴定结论加以确定。

（3）合同无效后的责任赔偿。

在本案中，董淑萍、陈紫薇违反国家相关法律政策，进行经济适用房买卖，双方在主观上均存在过错。依据《合同法》第五十八条，买卖合同双方应根据各自的过错承担相应的责任。本案陈紫薇的第四项至第六项的反诉请求，是关于赔偿责任确定的问题。本院认为，陈紫薇所主张的请求范围，应属于陈紫薇依据自身过错需要自行承担的范畴，董淑萍不应承担赔偿责任。

（4）认定合同无效带来的现实问题。

如前所述，关于经济适用房“黑白合同”的效力存在两种观点。将此类合同归于无效合同，目的在于要保护低收入住房困难家庭的利益以及国家和社会的公共秩序。然而作为经济适用房买卖纠纷一方当事人，实际上大多数的出卖方并非是低收入困难家庭，而是房地产投资人。如遇到房价上涨或者其他有利可图的情形，出卖者为了追求更大的经济利益，会想尽一切办法来促成合同无法履行。相反，如遇房价下跌或者其他房屋贬值的情形，房屋的买受人也会采取同样的措施致使合同无法履行。其中主张合同无效就是当事人最常用的手段之一，因为一旦他们的主张获得法院的支持，他们就可以轻松实现其“零成本”的毁约目的，而不用支付高额违约费用。如此看来，在类似案件中如果法院一律确定此类合同无效，那就意味着间接承认了当事人恶意抗辩的合法性，即当事人可以公然承认自己违法、欺诈，从而主张合同无效。然而这样做显然违背了诚实信用原则。在英美法系有“禁止反言”的规定，依据该规则，当事人在订立、履行合同、起诉、应诉过程中，他所作的任何事实的陈诉，即使是不真实的，也不能通过这一点来推翻合同的效力。例如，在一个保险合同中，保险人明知投保人已停产且财产已被法院查封，仍签发保单，收取保费，则构成弃权和禁止反言，保险人不能主张合同无效。依此类推，在合同法领域也应规定禁止恶意抗辩原则，即在可以宣告无效，也可以宣告有效的情况下，对于那些否认原来的合作基础和事实，仅从事后的对自己有利的法律后果出发，主张合同无效的，法院应该不予以支持。

（北京市昌平区人民法院　魏胜利）

30. 张云龙与百汇公司外汇买卖委托合同纠纷案（无效合同）

（一）首部

1. 判决书字号

一审判决书：上海市第一中级人民法院（2009）沪一中民五（商）初字第175号。

二审判决书：上海市高级人民法院（2009）沪高民四（商）终字第34号。

2. 案由：外汇买卖委托合同纠纷。

3. 诉讼双方

原告（被上诉人）：张云龙，男，汉族，住上海市。

委托代理人：倪永明，上海市申光律师事务所律师。

被告（上诉人）：百汇公司（BACERA CORPORATION），住所地：100E. Huntington Drive，USA。

委托代理人：戴建方，上海市锦天城律师事务所律师。

委托代理人：席春明，上海市锦天城律师事务所律师。

4. 审级：二审。

5. 审判机关和审判组织

一审法院：上海市第一中级人民法院。

合议庭组成人员：审判长：单素华；代理审判员：胡震远、陆凤玉。

二审法院：上海市高级人民法院。

合议庭组成人员：审判长：徐川；审判员：孙辰旻、范倩。

6. 审结时间

一审审结时间：2009年3月17日。

二审审结时间：2009年6月4日。

（二）一审诉辩主张

1. 原告张云龙诉称

原告与被告上海代表处签订“外汇资金账户委托管理合同”，双方约定，原告将系争款项交由被告管理，被告保证原告年收益20%。2007年6月10日，原告至被告代表处后得知，原告委托被告管理的30 000美元仅剩6 929.66美元，原告遂要求被告返还27 000美元，但被告仅返还原告6 929.66美元，剩余款项迄今未还。因双方签订的委托合同违反我国相关外汇管理的禁止性规定，应依法认定无效，故诉请判令被告返还原告20 070.34美元。且被告实际并未将原告交付的资金委托金融机构入市交易，且未能举证证明其所主张的外汇交易损失数额，故其应全额返还原告资金。

2. 被告百汇公司辩称

（1）双方间的委托合同关系合法、有效，并未违反中国境内法律或法规的禁止性规定。（2）原、被告从未签订过“外汇资金账户委托管理合同”，亦未承诺过原告20%的保底收益，原告提交的该委托管理合同上加盖的被告上海代表处的印章是伪造的。双方系依据2006年10月25日签订的开户协议履行各自的权利、义务，被告仅为原告提供外汇买卖交易平台，并遵循美国外汇交易规则进行交易，交易风险应该由原告自行承担。（3）对原告诉称的其交付被告的资金总额及被告已返还资金的数额，被告均予以确认。

（三）一审事实和证据

上海市第一中级人民法院经公开审理查明：2006年10月25日，经百汇公司委托的中国境内公民叶汇陶的介绍及百汇公司上海代表处的参与和联系，张云龙与百汇公司签订协议一份，该协议载明：鉴于张云龙要求在百汇公司处开设一个或更多的账户，张云龙可不时决定以现行汇率销售或购买某些货币，且张云龙要求百汇公司为其维护一个或更多个账户，以便进行外汇交易，百汇公司同意不时应张云龙的要求及其自行决定，允许张云龙在百汇公司处开设一个或多个账户，接受和维护此等由姓名、数字或其他方式指定的账户，并将执行张云龙因外汇销售和购买而提供或授权的所有指令。张云龙承认外汇交易投资的波动性非常高，对于所有或任何合约，尽管张云龙可能已经或被视为已经得到百汇公司及其代理人或职员的建议，但张云龙应被视为已根据其自己的判断自行承担风险并进行交易。所有指令应由张云龙使用清晰、毫无含糊的语言向百汇公司提供，一旦提供，这些指令未经百汇公司的书面同意或确认不得解除或撤销。张云龙承认外汇投资现货价格在各个机构间会有所不同，且每分钟都会发生变化，因而可能无法保证某项特定的交易被成功执行，即使交易价格是当时公布的价格。因此，张云龙同意接受百汇公司不时向他提供的价格即系当时的最佳价格。百汇公司给张云龙指定一个可识别的特定密码和账号，客户保证严格保密密码，并对任何的密码泄露负完全责任。如果双方发生争议或分歧，张云龙接受且同意百汇公司的交易记录复印件在任何法院或仲裁法庭均可接纳，无须另外的交易记录证据。双方另就交易、结算分配、费用及违约等方面作出约定。

张云龙分别于2006年10月25日、11月9日共汇入百汇公司账户30 000美元。此后，百汇公司曾支付张云龙3 000美元。双方因故终止委托关系后，百汇公司仅返还张云龙6 929.66美元，其余20 070.34美元迄今未还。现双方均确认本案系争20 070.34美元系外汇买卖交易中实际产生的损失。

上述事实有下列证据证明：汇款凭证、协议书及双方当事人陈述等。

（四）一审判案理由

上海市第一中级人民法院经审理认为：本案系涉外委托合同纠纷，百汇公司作为受托人，其住所地在美国，根据最密切联系原则，本案应适用美国法律，但由于双方当事人间委托外汇交易的行为违反了我国外汇管理制度中的强制性规定，适用美国法律将损害我国国家利益，故本案纠纷的处理应直接适用中华人民共和国法律。

张云龙作为中国境内公民，其委托境外机构买卖外汇的行为违反了中国现行外汇管理制度，损害了我国国家利益，故张云龙与百汇公司于 2006 年 10 月 25 日签订的协议应依法认定无效。合同无效后，双方均有过错的，应根据过错大小各自承担相应的责任。本案中，张云龙、百汇公司违反中国外汇管理制度签订并履行了系争协议，双方对该协议无效所产生的法律后果均负有一定的过错责任：张云龙承担 20%的责任，即 4 014.068 美元。百汇公司承担 80%的责任，即 16 056.272 美元。

（五）一审定案结论

上海市第一中级人民法院依照《中华人民共和国合同法》第五十二条第四款、第五十八条之规定，作出如下判决：

1. 张云龙和百汇公司于 2006 年 10 月 25 日签订的协议无效。
2. 百汇公司于判决生效之日起 10 日内偿付张云龙 16 056.272 美元。

（六）二审情况

1. 二审诉辩主张

（1）上诉人百汇公司诉称

开户协议有效。即使协议无效，原判判令百汇公司承担 80%的责任与事实不符。据此，请求撤销原判，将本案发回重审或依法改判。

（2）被上诉人张云龙辩称

系争协议违反了我国强制性的法律规定。百汇公司的业务员怂恿张云龙投资，张云龙是基于百汇公司的怂恿才签订了协议。百汇公司的行为严重侵害了我国公民的合法权益，应由百汇公司全额返还收取的全部资金。据此，请求驳回上诉，维持原判。

2. 二审事实和证据

上海市高级人民法院经审理，确认一审法院认定的事实和证据。

3. 二审判案理由

上海市高级人民法院经审理认为：境内个人从事外汇买卖等交易，应当通过依法取得相应业务资格的境内金融机构办理。张云龙、百汇公司于 2006 年 10 月 25 日签订的协议扰乱了我国外汇管理制度，损害了我国国家利益，原判据此依法认定该协议无效并无不当。

现有证据证明，百汇公司作为境外机构，其委托中国境内公民叶汇陶介绍外汇交易客户的行为系引发本案纠纷的起因。而且，百汇公司上海代表处又违反中国现行外汇管理制度的禁止性规定，积极参与并促成了系争协议的签订及履行，故百汇公司对本案纠纷的产生应承担主要过错责任。原判据此判令百汇公司承担80%的责任并无不当。

4. 二审定案结论

上海市高级人民法院依照《中华人民共和国民事诉讼法》第一百五十三条第一款第（一）项、第一百五十八条之规定，作出如下判决：

驳回上诉，维持原判。

（七）解说

中国人民银行颁布的《个人外汇管理办法》第三十条规定，境内个人从事外汇买卖等交易，应当通过依法取得相应业务资格的境内金融机构办理。百汇公司为境外机构，张云龙作为中国境内公民，其委托境外机构买卖外汇的行为违反了中国现行外汇管理制度。因此，张云龙、百汇公司委托外汇买卖的交易行为严重扰乱了我国市场经济管理秩序，损害了我国国家利益。根据《中华人民共和国合同法》第五十二条第（四）项之规定，损害社会公共利益的合同应认定为无效。故张云龙、百汇公司于2006年10月25日签订的协议应依法认定无效。

根据《中华人民共和国合同法》第五十八条之规定，合同无效后，当事人因该合同取得的财产应当予以返还；有过错的一方应当赔偿对方因此所受到的损失；双方均有过错的，则应根据过错大小各自承担相应的责任。张云龙、百汇公司违反中国外汇管理制度签订并履行了系争协议，双方对该协议无效所产生的法律后果均负有一定的过错责任。关于过错责任的大小，则应根据已查明的事实予以认定。本案中，百汇公司作为境外机构，其委托中国境内公民叶汇陶介绍外汇交易客户的行为系引发本案纠纷的起因。而在诉争外汇交易委托业务中，百汇公司上海代表处又违反中国现行外汇管理制度的禁止性规定，积极参与并促使了系争协议的签订及履行，故百汇公司对本案纠纷的产生应承担主要过错责任。相对而言，张云龙承担次要过错责任。

（上海市高级人民法院　孙晨旻）

31. 杭州市萧山区第二人民医院诉天安保险股份有限公司绍兴县支公司、徐利光代位权案（债权代位权）

（一）首部

1. 判决书字号

一审判决书：浙江省绍兴县人民法院（2008）绍民一初字第4031号。

二审判决书：浙江省绍兴市中级人民法院（2009）浙绍民终字第293号。

2. 案由：代位权纠纷。

3. 诉讼双方

原告（被上诉人）：杭州市萧山区第二人民医院（以下简称萧山二院），住所地：浙江省杭州市萧山区瓜沥镇。

法定代表人：顾水均，医院院长。

委托代理人（特别授权）：吴学军，浙江法君律师事务所律师。

委托代理人（特别授权）：余建君，浙江法君律师事务所律师。

被告（上诉人）：天安保险股份有限公司绍兴县支公司（以下简称天安保险绍兴县支公司），住所地：浙江省绍兴市绍兴县柯桥东升路。

负责人：何艺兵，公司经理。

委托代理人（特别授权）：竺小洪，男，公司员工，住浙江省绍兴市越城区。

委托代理人（特别授权）：楼芝华，浙江震天律师事务所律师。

被告：徐利光，男，住浙江省绍兴市。

4. 审级：二审。

5. 审判机关和审判组织

一审法院：浙江省绍兴县人民法院。

独任审判人员：审判员：陈黎晓。

二审法院：浙江省绍兴市中级人民法院。

合议庭组成人员：审判长：高伯军；审判员：金湘华；代理审判员：丁林阳。

6. 审结时间

一审审结时间：2008年11月14日。

二审审结时间：2009年5月4日。

（二）一审情况

1. 一审诉辩主张

（1）原告萧山二院诉称

2006年1月17日，被告徐利光与无名氏在杭州市萧山区瓜沥镇永联村发生交通事故，造成无名氏因车祸受伤住本医院治疗，后经抢救无效于同年4月22日死亡。无名氏在住院期间，共花去医疗费78 677.48元，被告徐利光共支付了2万元，尚欠费58 677.48元。后经原告多次催讨，被告徐利光拒绝支付。经交警部门多方查找，均无法查明无名氏的真实身份，也无法查找无名氏的家属。另据查明，被告徐利光的肇事车辆在被告天安保险绍兴县支公司处投保了第三者责任险。原告认为无名氏尚欠原告医疗费，而被告徐利光对无名氏负有法定的赔偿责任，被告天安保险绍兴县支公司按保险合同对无名氏的相关损失包括医疗费也负有赔偿义务，当无名氏的继承人不能履行债权时，客观上造成二被告的财产消极增加，构成不当得利。原告作为被告不当得利的损失方，依法向法院请求判令被告徐利光支付医疗费及查档费合计58 777.48元，被告天安保险绍兴县支公司在保险责任范围内承担责任。

（2）被告徐利光辩称

对于交通事故发生的事实没有异议，但被告认为在道路交通事故赔偿具体的数额没有确定的情况下，原告以不当得利起诉不符合条件，请求驳回原告的诉讼请求；同时由于保险公司没有向被告对有关免责条款、非医保用药等免责事项作出明确、充分的说明，保险公司也没有提供相关的保险条款、投保单，故被告保险公司关于免责及部分药费不属于理赔范围的抗辩对徐利光不产生法律效力，被告徐利光也不清楚保险公司抗辩的事实。

（3）被告天安保险绍兴县支公司辩称

原告与保险公司没有任何法律关系，要求保险公司支付医疗费依法无据；保险公司没有取得不当利益，也没有造成原告的损失，原告以不当得利起诉，没有法律依据；退一步讲，即使成立不当得利，本案现已超过诉讼时效，且按照保险合同的约定应当扣除10%的免赔率及非医保用药。

2. 一审事实和证据

浙江省绍兴县人民法院经公开审理查明：2006年1月17日，被告徐利光驾驶浙D14525小型拖拉机与一中青年无名氏男子驾驶浙D01841二轮摩托车在杭州市萧山区瓜沥镇永联村发生交通事故。经杭州市公安局萧山区分局交警大队事故认定，徐利光与无名氏负事故同等责任。无名氏伤后，即被送至原告处，后经抢救无效，无名氏于2006年4月22日死亡，无名氏在原告处共花去医疗费78 677.48元。2006年1月17日与2006年1月23日，被告徐利光向原告预缴医疗费20 000元。无名氏真实身份无法查明，浙D01841二轮摩托车登记车主周祥球也无法查实。另查明，被告徐利光在被告天安保险绍兴县支公司处投保了第三者综合责任险50 000元，保险期间为2005年6月11日零时起至2006年6月10日24时止。

上述事实有下列证据证明：

（1）道路交通事故认定书。

（2）住院病历、住院收费收据。

（3）保险单。

（4）当事人在诉讼中的陈述。

3. 一审判案理由

浙江省绍兴县人民法院经审理认为：根据《民法通则》第九十二条的规定，没有合法根据，取得不当利益，造成他人损失的，应当将取得的不当利益返还受损失的人。本案被告徐利光因与无名氏发生交通事故而致无名氏受伤住院，造成原告支出医疗费用78 677.48元，而被告徐利光至今仅支付了20 000元，尚有余额58 677.48元，由于无名氏无法查实真实身份，也无法了解其继承人身份，故原告支付的医疗费用无法向病人及其家属追讨，事实上已造成了其损失。作为肇事一方的被告徐利光，因其过错损害他人生命，其理应依法承担相应的民事赔偿责任，包括赔偿无名氏的医疗费用、死亡赔偿金、丧葬费等，但至今徐利光仅支付了20 000元，客观上已使徐利光的财产消极增加，依法可认定被告徐利光已从中取得了不当利益，且其取得该不当利益与原告的损失之间存在因果关系，据此，原告诉请被告徐利光支付相应的不当利益，理由正当，予以支持。被告天安保险公司绍兴县支公司系被告徐利光肇事车辆的第三者责任险的保险单位，其应当按照保险合同约定就被保险车辆造成第三人人身损害承担赔偿责任，现被保险车辆已造成无名氏死亡，保险公司理应依法承担保险责任，包括医疗费、死亡赔偿金等，其至今未予理赔，事实上也使其财产消极增加，且根据保险法的规定，其也有义务向第三者赔偿，故其辩称不承担赔偿责任，于法无据，不予支持。至于其辩称的责任免除等问题，原告提出否认异议，徐利光提出保险没有对其尽到明确说明义务，现保险公司仅有抗辩而无相应证据佐证，且本院在举证期限届满后又允许其延期举证，但保险公司仍拒不提供，且在庭审中也表示不提供投保单、保险条款、非医保用药清单，根据保险法的规定，保险公司有义务举证证明保险合同的具体内容、责任免除的明确说明等，由于保险公司的怠于举证，既使本院无法查明保险合同的约定内容，同时也使其抗辩的事由不产生法律效力，其举证不利后果应由其自负。对于保险公司提出的时效抗辩，根据《最高人民法院关于审理民事案件适用诉讼时效制度若干问题的规定》第八条、第十二条之规定，因原告曾于2008年3月起诉二被告，故时效障碍已消失，其辩称不予采信。另原告诉请赔偿查档费，与二被告的不当利益无因果关系，不予支持。

4. 一审定案结论

浙江省绍兴县人民法院依照《中华人民共和国民法通则》第九十二条之规定，作出如下判决：

（1）被告天安保险股份有限公司绍兴县支公司应于本判决生效之日起10日内支付原告杭州市萧山区第二人民医院医疗费50 000元。

（2）被告徐利光应于本判决生效之日起10日内支付杭州市萧山区第二人民医院医疗费28 677.48元，扣除其已支付的20 000元，尚应支付8 677.48元。

（3）驳回原告杭州市萧山区第二人民医院的其他诉讼请求。

（三）二审诉辩主张

1. 上诉人天安保险绍兴县支公司诉称

原审法律关系认定错误。（1）本案不属于不当得利，原审法院认定错误。《民法通则》第九十二条规定：没有合法根据，取得不当利益，造成他人损失的，应当将取得的不当利益返还给受损失的人。从该条文理解，构成不当得利应当具备四个条件：1）因侵害他人权益而取得利益；2）使他人受到损失；3）取得利益与所受损失之间有因果关系；4）没有法律上的依据。本案中，上诉人没有侵犯被上诉人的权利，被上诉人的损失也非上诉人造成，上诉人至今未赔款，并不代表取得了利益。（2）原审法院混淆了法律关系，被上诉人起诉上诉人属主体资格不当。无名氏与被上诉人之间系医疗服务合同关系，无名氏因交通事故与原审被告之间系侵权行为关系，而上诉人与原审被告之间为保险合同关系，该三个法律关系属不同法律关系，不能合并审理。同时，《保险法》所规定的有义务向第三者赔偿中的第三者也仅指本案的受害人无名氏，而不是被上诉人。（3）即使上诉人应承担赔偿责任，原审法院判决上诉人支付5万元也缺乏事实和法律依据。根据交通事故责任认定书，原审被告与无名氏共同承担事故的同等责任，因此，原审被告在本次事故中只需承担50%的赔偿责任，同时，在原审庭审中，原审被告也承认没有投保不计免赔险。综上，请求二审法院撤销原判，驳回被上诉人的诉讼请求。

2. 被上诉人萧山二院辩称

上诉人认为本案不属于不当得利纠纷，系对《民法通则》第九十二条的理解错误。被上诉人与上诉人之间存在一方受损、一方得利的因果关系，无名氏现已死亡，身份情况无法核实，导致被上诉人利益受损，而上诉人作为肇事车辆所投保险的保险公司，事实上其财产已消极增加。原审判决上诉人支付被上诉人 5 万元的医疗费是正确的。综上，请求二审法院驳回上诉，维持原判。

3. 原审被告徐利光述称

由于其与无名氏在本次事故中是同等责任，请求二审法院在原判确定的数额基础上适当减免。

(四) 二审事实和证据

浙江省绍兴市中级人民法院经审理，确认一审法院认定的事实和证据。

(五) 二审判案理由

浙江省绍兴市中级人民法院经审理认为：本案争议的主要焦点问题是，被上诉人作为医院方，能否在患者死亡后就其所拖欠的医疗费用向交通事故中负有责任的另一方当事人即本案的上诉人、原审被告进行追偿。本案系债权人的代位权制度在医疗服务合同纠纷案件中适用的特例，是对传统债权人代位权理论有条件的突破。代位权制度起源于罗马法中的代为请求权制度，债权人对于债务人不行使自己的权利而将影响债权人权利实现时，债权人得以自己的名义代替债务人行使权利。设立这一制度的目的是通过有条件地舍弃保护债务人对债权的自由处分权，对债务人消极不主张的自由进行有条件地干预，保护债权人利益，从而稳定整个社会的商品流通秩序与交易安全。受此影响，随后的大陆法系各国在制定民法的时候均相继规定了这一制度，代位权正是法律为平衡债权人与债务人的利益、债务人的意思自治与交易安全而设立的制度。债权人拥有代位权是基于两项权利，即债权人对债务人的债权和债务人对次债务人的权利，债权人基于其对债务人的债权，同时又基于债务人对次债务人的债权且怠于行使而取得了直接向次债务人主张权利的资格。根据《最高人民法院关于适用〈中华人民共和国合同法〉若干问题的解释（一）》第十三条之规定，“怠于行使”指债务人不履行其对债权人的到期债务，又不以诉讼方式或仲裁方式向其债务人主张其享有的到期债权，致使债权人的到期债权未能实现。本案中，原审被告徐利光将受害人无名氏撞伤，双方之间形成人身损害赔偿债权债务关系，受害人无名氏享有要求原审被告赔偿包括医疗费、死亡赔偿金等在内的损失的请求权，但因其身亡，导致无法找到其继承人依法向侵权人主张权利，无名氏的法定权利客观存在但无法行使。被上诉人作为救死扶伤的机构，其自身亦是自负盈亏的经营实体，在无人支付医疗费用的情况下，对受害者及时进行抢救治疗，其行为应予肯定。被上诉人与无名氏之间形成医疗服务合同关系，医院当然有权向无名氏要求支付医疗费用，对无名氏享有债权。现无名氏死亡，继承人找不到，无法通过诉讼方式或仲裁方式向其债务人即原审被告来主张权利，客观上已经具备了“怠于行使”之要件，医院当然可以代位取得其债权请求权。当然，依据《最高人民法院关于适用〈中华人民共和国合同法〉若干问题的解释（一）》第十二条的规定，人身伤害赔偿请求权是“专属于债务人自身的债权”，此规定的目的是保障债务人的自主选择权，即是否行使以及如何行使该请求权由债务人自己决定。但现在的问题是受害人无名氏客观上无法行使此种权利，如若受困于法律救济途经的缺乏，医院不能直接向交通事故肇事责任方行使追偿权，形成的必然结果是医院垫付的医疗费用不能追回，而肇事的责任方及其投保的保险公司却不用承担赔偿责任，这种结果显然不符合公平原则，不利于救死扶伤人道主义精神的弘扬。在保护债务人意思自治与保护社会公平交易秩序存在价值冲突时，在法律价值的取舍上，应以后者为重，因此，债务人权利的性质不应影响对社会公平价值追求的保护，萧山二院有权依代位权起诉原审被告徐利光。由于原审被告徐利光肇事车辆向上诉人天安保险绍兴县支公司投保了第三者责任险，故可由保险公司在保险限额范围内直接承担赔付责任。至于上诉人提出的免赔率问题，因其未在原审中提交投保单、保险条款等证据，且无法举证证明上诉人已向投保人履行责任免除条款的明确说明义务，故对上诉人的该项抗辩意见，本院不予采纳。

（六）二审定案结论

浙江省绍兴市中级人民法院依照《中华人民共和国民事诉讼法》第一百五十三条第一款第（一）项之规定，作出如下判决：

驳回上诉，维持原判。

（七）解说

审理本案的要点在于医院能否在无名氏死亡之后就其支出的医疗费用向事故责任人以及保险公司进行追偿。

在合议庭讨论过程中出现三种意见：第一，本案应定性为不当得利纠纷。由于无名氏的死亡，事实上造成了医院的医疗费无法收回的损失，而作为肇事者的徐利光及其保险公司却因为没有受害者主张权利而无须支付赔偿，获得了利益，故应当判令由徐利光及保险公司返还该部分不当得利。第二，本案应定性为代位权纠纷。医院因医疗服务合同而对无名氏享有债权，无名氏对肇事者及保险公司亦享有债权，故对医院的代位求偿请求权应当予以支持。第三，本案应驳回原审原告的诉讼请求。本案并不属于不当得利，在理论上仍然存在无名氏的近亲属向医院支付医疗费，并向肇事者及保险公司主张权利的可能性。本案也不能适用代位求偿制度，《最高人民法院关于适用〈中华人民共和国合同法〉若干问题的解释（一）》第十二条规定，专属于债务人自身的，包括人身伤害赔偿请求权不适用代位权制度。

在上述三种观点中，笔者赞同第二种观点。

首先，从不当得利的角度分析，根据《民法通则》第九十二条之规定，没有合法根据，取得不当利益，造成他人损失的，应当将取得的不当利益返还受损失的人。肇事方及保险公司没有侵犯医院的权利，医院的医疗费损失也非肇事方及保险公司的原因造成的，因此取得利益与所受损失之间缺乏直接的因果关系。因此，本案并不属于不当得利。

其次，驳回医院诉讼请求的观点也不妥当。《道路交通安全法》（2007 年修正）第七十五条规定，医疗机构对交通事故中的受伤人员应当及时抢救，不得因抢救费用未及时支付而拖延救治。可见，现行法律对医疗机构赋予了较高的义务，而医疗机构在遵循这一规定对伤员进行了救治之后，花费了大量的医疗费用，如果因受害人客观原因或者因为现行法律没有相应规定而对医疗费用的请求权不予支持，对经营上自负盈亏的医疗机构显属不公，对弘扬救死扶伤人道主义精神也明显不利。

再次，以代位权制度来解决这一纠纷，较为妥当。本案系债权人的代位权制度在医疗服务合同纠纷案件中适用的特例，在无名氏死亡，没有近亲属继承权利，无法通过诉讼方式或仲裁方式向肇事方及其保险公司来主张权利的情况下，客观上已经具备了“怠于行使”之要件，医院可以有条件地代位取得其债权请求权。此举虽然对现行法律规定有所突破，但考虑到利益衡平的自然法理念及普通社会大众的主流价值观，优先保护医疗机构的合法权益并无不当，且由肇事方及其保险公司承担医疗费用也并不损害其利益。

（浙江省绍兴市中级人民法院　丁林阳）

32. 陆飞诉浙江五洲建设投资集团有限公司、王亚萍商品房买卖合同案（商品房买卖合同）

（一）首部

1. 判决书字号

一审判决书：浙江省上虞市人民法院（2008）虞民一初字第 271 号。

二审判决书：浙江省绍兴市中级人民法院（2009）浙绍民终字第 485 号。

2. 案由：商品房买卖合同纠纷。

3. 诉讼双方

原告（被上诉人）：陆飞，男，汉族，住浙江省上虞市。

委托代理人（特别授权）：陈洪奎，浙江曹娥江律师事务所律师。

被告（上诉人）：浙江五洲建设投资集团有限公司，住所地：浙江省上虞市百官街道劳动路。

法定代表人：陈樟桥，公司董事长。

委托代理人（特别授权）：朱辉，浙江五洋联合律师事务所律师。

第三人（被上诉人）：王亚萍，女，汉族，住浙江省上虞市。

委托代理人（特别授权）：何高峰，浙江秦国光律师事务所律师。

委托代理人（特别授权）：章炯，浙江秦国光律师事务所律师。

4. 审级：二审。

5. 审判机关和审判组织

一审法院：浙江省上虞市人民法院。

合议庭组成人员：审判长：谢国军；审判员：王军、孙建英。

二审法院：浙江省绍兴市中级人民法院。

合议庭组成人员：审判长：单卫东；审判员：楼晓东、王安洁。

6. 审结时间

一审审结时间：2009 年 2 月 3 日。

二审审结时间：2009 年 7 月 20 日。

（二）一审情况

1. 一审诉辩主张

（1）原告陆飞诉称

2003 年 7 月 19 日，原告与被告上虞市五洲房地产开发有限公司（被告公司变更前名称）签订商品房买卖合同一份，被告将其开发的上虞渡江花园 8 幢 303 号（现为 27 幢 303 室）商品房一套出卖给原告。合同约定房屋的价格为 22.70 万元（包括主房及附房），付款方式为分期按揭付款，房屋交付期限为 2004 年 4 月 30 日前。合同签订后，原告依约履行了付款义务。当原告要求被告办理房屋产权证时发现被告却将原告购买的商品房又出卖给了他人，致使原告无法取得房屋。原告与被告交涉未果。综上，原告认为原、被告签订的房屋买卖合同合法、有效，应受法律保护。被告无视法律的行为侵犯了原告的合法权益，已构成违约，欺骗了消费者。原告为依法维护自身合法权益，特向法院提起诉讼，请求依法解除商品房买卖合同；判令被告返还已付购房款 22.70 万元；判令被告承担违约金 6.60 万元；判令被告赔偿损失包括房屋差价损失 22 万元，已付按揭贷款利息损失 20 243.13元，同期贷款利息损失 65 376 元，合计损失 305 619.13 元；本案诉讼费用由被告承担。

（2）被告浙江五洲建设投资集团有限公司辩称

原告诉称与事实不符，被告只与第三人签订买卖合同，只收到过第三人的购房款；被告也不认识原告本人，只与第三人发生业务来往，希望依法驳回原告的诉讼请求。

（3）第三人王亚萍述称

同意被告的答辩意见。第三人与被告买卖合同成立，第三人已经支付了购房款，也领取了“三证”。被告也没有向原告支付过任何房款。故请求法院驳回原告的诉讼请求。

2. 一审事实和证据

浙江省上虞市人民法院经公开审理查明：第三人王亚萍与原告陆飞系继母与继子关系，原上虞市五建房屋开发公司已变更为被告浙江五洲建设投资集团有限公司。2003 年 7 月 19 日，第三人以原告陆飞的名义与原上虞市五洲房地产开发有限公司（被告公司变更前名称）签订“商品房买卖合同”一份，合同约定：原告购买被告上虞渡江花园第 8 幢 303 号（现为 27 幢 303 室）商品房一套，建筑面积为 111.16 平方米，附房无产权，主房价款 210 483 元，附房价款 6 054 元，被告代政府收取管道燃气建设开户费 3 000 元，出卖人应在 2004 年 4 月 30 日前将符合合同约定的商品房交付买受人使用，逾期交房，出卖人应自合同第 8 条规定的最后交付期限的第二天起至实际交付之日止，按日向买受人支付已交房款银行同期贷款的违约金，合同继续履行。合同买受人由王亚萍签“陆飞”二字，手印为王亚萍所按。合同约定房屋价格为 22.70 万元（包括主房及附房），付款方式为分期按揭付款。2003 年 8 月 19 日，原告向中国建设银行上虞支行借款 12 万元，个人住房借款合同由原告陆飞签字，借款由第三人妹妹王秋萍签字担保，贷款于同日获得核定，个人住房贷款于同日通过陆飞账户支付给被告，以陆飞名义办理的借款还贷存折均由第三人持有。2003 年 7 月 16 日，第三人王亚萍向被告支付首付款第一笔款项 7 万元；2004 年 1 月 10 日，第三人王亚萍向被告支付首付款余款 3.7 万元。被告分别于 2003 年 7 月 16 日、2004 年 1 月 10 日出具相应款项的收据，收据上交款单位“陆飞”二字为第三人所签。购房款首付后，第三人王亚萍陆续向自己持有的陆飞中国建设银行存折上存入资金，并以自己持有的陆飞的银行存折（号码为 145433998010010××××），以陆飞的名义支付中国建设银行的按揭贷款及利息，至 2007 年 3 月 28 日，贷款本金及利息扣缴结清，共支付贷款本金 12 万元、按揭贷款利息 20 243.13 元（10 911.65＋8 590.62＋740.86）。根据本案证据及当事人庭审陈述，可认定购房款 22.70 万元及按揭贷款利息 20 243.13 元均由第三人王亚萍代原告垫付。2007 年 5 月 9 日，被告向第三人开具销售不动产统一发票，交款人为王亚萍。2007 年 5 月 18 日，第三人与被告签订购房合同一份，买受人为第三人，未支付购房款。2007 年 5 月 23 日、5 月 28 日，第三人陆续办理了房屋的土地使用权证和房屋产权证，两证上登记的土地使用权人及房屋产权人均为第三人王亚萍。因原告申请，法院委托绍兴市平准资产评估有限公司对王亚萍名下曹娥街道渡江花园 27 幢 303 室房屋进行评估，评估价为 503 045 元，鉴定费为 1 509 元。

上述事实有下列证据证明：

（1）原告提供的商品房买卖合同一份及收款收据发票两份。

（2）原告提供的中国建设银行上虞市支行签订的个人住房借款合同及还款明细表各 1 份。

（3）被告提供的销售不动产统一发票 2 份及中国建设银行个人存折、个人贷款还款凭证 1 组。

（4）证人王雅琴、王秋萍的证言。

（5）第三人提供的户口本、结婚证、死亡证明及民事调解书各 1 份。

（6）第三人提供的商品房买卖合同、个人住房贷款申请书、贷款客户收入情况表、个人住房借款合同、保证合同、核定贷款指标通知、个人住房贷款支付凭证、居民委员会证明 1 组。

（7）第三人提供的首付款收款收据及取款凭证、余款收款收据及取款凭证各 1 组，中国建设银行存折 4 本，存款凭条、个人贷款还款凭证各 1 组。

（8）商品房买卖合同 2 份，销售不动产统一发票、房屋所有权证、土地使用证各 1 份。

3. 一审判案理由

浙江省上虞市人民法院经审理认为：本案的争议焦点是第三人王亚萍是借用原告名义为自己买房，还是作为原告的代理人代理原告买房。原告提供的购房合同复印件与第三人提供的2003年购房合同原件内容一致，当事人对该房按揭贷款申请书及个人借款合同皆予认可，上述合同及申请书都签名“陆飞”，而不是第三人王亚萍；同时，房款的首付上交款单位也签名“陆飞”，按揭贷款也是通过陆飞的银行存折扣缴，原告与第三人对此亦无异议。根据上述事实，第三人以原告名义向被告购房，此时第三人以陆飞名义与被告签订的购房合同系效力待定合同，陆飞在按揭合同上签名系其对第三人与被告于2003年7月19日所签房屋买卖合同的追认，应认定该合同系陆飞与被告所订立，第三人王亚萍系代理原告买房，即陆飞具有实际购房人的地位。原、被告于2003年7月19日所签订的购房合同系双方真实意思表示，未违反法律、行政法规禁止性规定，应认定为有效合同。合同订立后，对当事人均具有约束力，原、被告应按合同履行。原告在合同签订后已按约履行了付款义务，被告却于2007年5月23日、5月28日将讼争房屋出卖给了第三人，并已办理过户手续，故被告之行为已构成违约，应承担违约责任。原告要求被告解除商品房买卖合同、返还购房款及承担违约金、赔偿损失的请求，理由正当，予以支持。关于原告主张的违约金，酌定为3.90万元。关于原告主张的房屋差价损失，宜根据本案实际情况考虑结合房地产交易市场的交易现状，酌情确定房屋差价损失11万元。原告要求返还按揭贷款利息20 243.13元，虽该款由第三人代付，但该款系以原告名义支付，故应先由被告赔偿给原告，第三人与原告的关系可另行处理。原告要求被告赔偿利息损失65 376元的请求，由于在损失中已作了考虑，不予采纳。第三人辩称被告没有与原告签订购房合同，要求法院驳回原告请求之辩解理由，于法无据，不予采信。

4. 一审定案结论

浙江省上虞市人民法院依照《中华人民共和国合同法》第八条、第四十四条、第四十八条、第六十条、第九十四条、第一百零七条、第一百零八条、第一百一十三条、第一百一十四条，《最高人民法院关于审理商品房买卖合同纠纷案件适用法律若干问题的解释》第一条、第八条、第十七条，《中华人民共和国民事诉讼法》第六十四条第一款之规定，作出如下判决：

（1）解除原告陆飞与被告浙江五洲建设投资集团有限公司于2003年7月19日签订的商品房买卖合同。

（2）被告浙江五洲建设投资集团有限公司应返还原告陆飞购房款227 000元，支付违约金39 000元，赔偿房屋差价损失110 000元，支付按揭贷款利息20 243.13元，合计人民币396 243.13元，在本判决生效后15日内履行。

（3）驳回原告陆飞的其他诉讼请求。

（4）驳回第三人王亚萍的诉讼请求。

如果未按本判决确定的期间履行给付金钱义务，应当按照《中华人民共和国民事诉讼法》第二百二十九条之规定，加倍支付迟延履行期间的债务利息。

本案一审受理费9 786元，由原告负担4 000元，被告浙江五洲建设投资集团有限公司负担5 786元；鉴定费1 509元，由被告浙江五洲建设投资集团有限公司负担。

（三）二审诉辩主张

1. 上诉人浙江五洲建设投资集团有限公司诉称

（1）一审判决部分事实认定错误。1）一审判决认定被上诉人王亚萍所支付的购房款及按揭贷款利息是为被上诉人陆飞所垫付的系认定事实错误。付款只是整个购房过程中的一个行为，因此在认定该笔款项系为谁支付时，不能仅凭收据上的缴款单位而定，而应联系签订购房合同时到底系谁购房。王亚萍在付购房款给上诉人时及庭审中均明确表示上述款项是为自己购房所支付的。从情理上分析，在付款前，王亚萍和陆飞并无任何约定，且王亚萍经济能力一般，在此情况下王亚萍根本不可能凭空为陆飞垫付数目不小的房款。2）一审判决认定被上诉人王亚萍是作为被上诉人陆飞的代理人代理购房系认定事实错误。被上诉人王亚萍向上诉人购房时曾明确表示是为自己购房，但出于办理按揭贷款的需要，被上诉人王亚萍提出借用被上诉人陆飞的名义签订商品房买卖合同。上诉人与被上诉人王亚萍于 2003 年 7 月 19 日签订的商品房买卖合同系双方真实意思表示，未违反法律、行政法规的禁止性规定，应为有效合同。合同签订后，王亚萍以陆飞的名义依约支付了房款，全面履行了合同义务。一审判决把被上诉人陆飞在按揭贷款合同上签名的行为认定为对上述购房合同的追认，依据不足。陆飞的签名行为仅仅是王亚萍以陆飞名义签订购房合同后的必然结果，且陆飞在签订按揭贷款合同后，未履行偿还贷款的义务，说明此时陆飞并无购房的意思表示。一审法院亦查明购房的所有按揭贷款均由王亚萍偿还的事实。民事活动应遵循权利和义务一致的原则。综观整个购房过程，所有义务均由王亚萍承担和履行，王亚萍只是借用了陆飞的名义购房，王亚萍才是本案中的实际购房人。陆飞未履行任何义务，无权取得讼争房产。因此，上诉人将讼争房产出卖给王亚萍符合合同约定及法律规定。

（2）一审判决上诉人支付给被上诉人陆飞违约金 3.9 万元，并赔偿房屋差价损失 11 万元系法律适用错误。根据合同法相关规定，违约金和赔偿责任不能同时适用。同时购房合同中没有关于买受人要求解除合同情况下的违约金的约定。

综上，请求撤销（2008）虞民一初字第 271 号民事判决，依法改判，驳回被上诉人陆飞原审诉讼请求；本案诉讼费用由被上诉人承担。

2. 被上诉人陆飞辩称

上诉人与被上诉人陆飞签订的商品房买卖合同是双方真实意思表示，是合法、有效的。上诉人没有履行交付房屋的义务，应承担违约责任。一审判决上诉人赔偿房屋差价损失和违约金未严格依照法律判决，系酌情判决。被上诉人王亚萍未提起上诉，表明其服判。请求二审法院驳回上诉，维持原判。

3. 被上诉人王亚萍辩称

（1）一审法院认定事实错误。1）原判决认定购房款及按揭款系王亚萍为被上诉人陆飞垫付的，而本案王亚萍只是借用陆飞名义购房而已，款项均是王亚萍自己支付的。2）一审法院遗漏上诉人已将收款收据和购房合同自王亚萍处收回的事实。3）一审法院认为王亚萍系陆飞的代理人，其行为系代理行为，后被陆飞追认，与事实不符。本案系借用关系，后借用关系解除，上诉人与王亚萍办理了购房手续。

(2) 一审法院适用法律错误。根据一审法院查明的事实，商品房买卖合同是上诉人与王亚萍签订的，办理证件也系双方共同操作的，因银行贷款需有固定工作者才可办理，故王亚萍以继子陆飞名义办理，故王亚萍系借用陆飞名义购房，而非委托—代理关系，其与上诉人签订的购房合同系双方真实意思表示。本案不存在“一房两卖”的情况，只是解除了之前的借用关系，前后两个购房合同的真实买受人是一致的。

(3) 因王亚萍系原审第三人，无提起上诉的权利，王亚萍并未对原审判决服判，且上诉人已上诉，原审判决亦未生效。

(四) 二审事实和证据

上诉人浙江五洲建设投资集团有限公司在二审中提供证据如下：王亚萍出具的承诺书一份，要求证明王亚萍遗失原始购房合同和原始购房发票，承诺因此产生的法律责任由其本人承担的事实。被上诉人陆飞质证认为：对该证据真实性有异议。被上诉人王亚萍质证认为：对该证据真实性无异议。当时部分原始收据遗漏，故在上诉人公司要求下出具该承诺书。本院认证认为，对该证据真实性予以认定。

被上诉人陆飞、被上诉人王亚萍在二审中未提供新的证据。

浙江省绍兴市中级人民法院经二审审理查明，根据本案证据及当事人庭审陈述，购房款 22.70 万元及按揭贷款利息 20 243.13 元系被上诉人王亚萍本人自行支付。2006 年左右浙江五洲建设投资集团有限公司将房屋交付给王亚萍占有、使用至今。其余二审查明的事实与一审法院认定的事实基本一致。

(五) 二审判案理由

浙江省绍兴市中级人民法院经审理认为：本案的主要争议焦点是：(1) 被上诉人王亚萍支付的购房款及按揭贷款利息系自己出资支付的还是陆飞委托其支付的；(2) 被上诉人王亚萍系借用被上诉人陆飞的名义为自己购房，还是作为陆飞的代理人为陆飞代理购房；(3) 本案商品房买卖合同的性质是“一房两卖”还是借用他人名义买房。

针对焦点一，依照《最高人民法院关于民事诉讼证据的若干规定》第五条第三款的规定，对代理权发生争议的，由主张有代理权一方当事人承担举证责任。结合本案案情，被上诉人王亚萍向原审法院提交的首付款收款收据、最高额抵押贷款合同、取款凭证、余款收款收据、中国建设银行存折、存款凭条、个人贷款还款凭证等相关证据，形成了完整的证据锁链，证实购房过程中首付款支付、按揭贷款及利息偿还、余款支付均系由王亚萍本人承担和履行。被上诉人陆飞主张购房款项系其交付给王亚萍，委托王亚萍代为缴纳的，但王亚萍对此明确表示否认，认为双方之间不存在代理关系，且陆飞在原审庭审中对购房款项的来源和支付情况亦未说明清楚，显然不合常理。在此情况下被上诉人陆飞应承担举证责任，进一步证明双方之间存在委托—代理关系，但陆飞并未提供相关证据予以证明。故陆飞提出购房款项系其委托王亚萍代为缴纳的主张依据和理由并不充分，不予采纳。

针对焦点二，《中华人民共和国民法通则》第四条规定，民事活动应当遵循自愿、公平、等价有偿、诚实信用的原则。在民事活动中当事人的权利和义务应当一致。《中华人民共和国合同法》第一百三十条规定，买卖合同是出卖人转移标的物的所有权于买受人，买受人支付价款的合同。本案中，王亚萍购买房屋时，金融政策明确规定借款人必须具有稳定合法收入来源，有按期偿还借款本息的能力。且对于2003年7月19日王亚萍以陆飞的名义与上诉人签订购房合同一事，上诉人亦自认知悉实际购房人就是王亚萍。虽然个人住房借款是由陆飞本人签名，但是综观全案的事实，结合王秋萍证言、借款合同、居委会证明和王亚萍本人陈述，可以认定王亚萍借陆飞之名买房，实际是因王亚萍无固定工作，故借用了上班的陆飞之名义，以达到方便办理按揭贷款的目的。原审法院认为陆飞签名行为系对2003年7月19日所签合同的追认显属不当。综观整个购房过程，王亚萍在以陆飞名义订立购房合同后，积极依约履行了相关付款的合同义务，其支付房屋价款的目的系取得所购房屋的财产所有权。而陆飞在此过程中未履行任何合同义务，同时从合同签订、房屋交付到办理产权证明，陆飞均未向浙江五洲建设投资集团有限公司或王亚萍提出过异议或主张，故其并非真实合同主体。因此本案中虽存在2003年7月19日王亚萍借用陆飞名义与上诉人所签订的购房合同、2007年5月18日王亚萍与上诉人所签订的购房合同两份合同，但合同的真实主体一致，均为王亚萍。故依法据实认定被上诉人王亚萍系借用被上诉人陆飞的名义为自己购房。

针对焦点三，虽然购房手续存在先陆飞后王亚萍的形式表象，但在合同签订、支付房款、交付房屋直至办理产权证明的全过程中，均由王亚萍具体经手办理、承担义务、享受权利，相关凭证和手续也均由王亚萍持有。这一客观事实不容否定。鉴于王亚萍与陆飞的特殊关系，以及合同一直是由浙江五洲建设投资集团有限公司和王亚萍在履行，浙江五洲建设投资集团有限公司不存在“一房两卖”以获取两次房款的意图和行为。通过前述分析，本案商品房买卖合同的性质应认定为借用他人名义买房。至于借用他人名义买房合同的效力问题，因合同法奉行合同自由原则，在不违反社会公德和社会公共利益以及法律强行性规范的前提下，允许当事人自由订立合同，因此被上诉人王亚萍借用陆飞名义与上诉人订立的购房合同有效。王亚萍依约付清了购房款项，上诉人与其另行订立购房合同、向其交付房屋并为其办理土地使用权证、房屋所有权证符合双方合同约定。至于上诉人与王亚萍另行订立购房合同，无非是办理王亚萍名下产权证明所需。

综上，上诉人提出的被上诉人王亚萍系借用被上诉人陆飞名义为自己购房、购房款项系为自己购房支付的上诉意见依据和理由充分，应予采纳。陆飞之诉讼请求缺乏事实和法律依据，理由欠缺正当性，依法应予驳回。

原判决认定事实、适用法律错误，致使实体处理有误，依法予以纠正。

（六）二审定案结论

浙江省绍兴市中级人民法院依照《中华人民共和国民事诉讼法》第一百五十三条第一款第（二）项、第（三）项之规定，作出如下判决：

1. 撤销浙江省上虞市人民法院（2008）虞民一初字第271号民事判决。
2. 驳回被上诉人陆飞的诉讼请求。

一审诉讼费用9 786元、鉴定费1 509元，二审诉讼费用9 786元，均由被上诉人陆飞负担。

（七）解说

本案涉及的法律问题是如何区分“一房两卖”与借用他人名义买房。

“一房两卖”，指出卖人先后或同时以两个买卖合同，将同一特定的房屋出卖给两个不同的买受人，又称房屋的二重买卖。房屋买卖合同关系成立后，房屋出卖人全面、正确地履行合同，是合同效力最重要的表现，也是出卖人最主要的义务。但在“一房两卖”情况下，由于标的物的特定性，一般而言，不可能出现出卖人同时履行两个合同的情况。也就是说，出卖人在履行了一个合同后，对另一合同的履行必然产生违约问题。而借用他人名义买房，则房屋出卖人只需履行一个合同，至于借用名义是否成立，审查名义买房人与实际买房人之间履行合同权利、义务的相关证据即可。至于借用他人名义买房合同的效力问题，因合同法奉行合同自由原则，在不违反社会公德和社会公共利益以及法律强行性规范的前提下，允许当事人自由订立合同，故借用他人名义买房合同亦应认定为有效。

本案中，虽然浙江五洲建设投资集团有限公司在形式上与陆飞、王亚萍先后签订商品房买卖合同，形似“一房两卖”，但在履行合同过程中，自始至终都是王亚萍出面，具体经手办理，积极依约履行了相关付款的合同义务，相关凭证和手续也均由王亚萍持有。浙江五洲建设投资集团有限公司履行合同的相对方也始终都是王亚萍，其与陆飞之间根本不存在任何买卖关系，也就不可能向陆飞承担违约责任。因此，本案不宜以形式上的两份商品房买卖合同来认定为“一房两卖”，一审法院以浙江五洲建设投资集团有限公司违约判决其承担民事责任与事实不符，故应予以纠正。由上分析可以看出，本案中浙江五洲建设投资集团有限公司、王亚萍的最终胜诉，得益于其诉讼证据的充分性。

正如本案所揭示的借用他人名义购房风险的存在，笔者认为应尽量避免使用他人名义购买房产，以免因小失大。但各人情况毕竟不同，上述情况不可能完全避免。因此法院在审理该类案件时应着重注意审查以下两方面的法律问题：一方面，审查双方是否签订明确的协议，约定好借用他人名义购房的实质、房屋权属的归属及明确产权过户的时间；另一方面，审查付款的相关证据，包括首付款及归还贷款的银行按揭材料掌握在何方当事人处，是否有名义上的买房人出具收到实际买房人交付房款的收条等证明实际付款人的证据材料。通过上述两方面的审查，如双方当事人对同一事实分别举出相反的证据，则需再结合案件实际情况，判断一方提供证据的证明力是否明显大于另一方提供证据的证明力，并对证明力较大的证据予以确认。虽然本案中王亚萍与陆飞之间并无明确协议约定借用名义购房，但王亚萍持有付款及办理相关手续的充分、有效证据，也足以证明其系借用陆飞名义购房这一实质，因此法院亦根据证据的高度盖然性原则确认了这一事实。如上所述，类似情形中，即使最终房屋权属登记在名义买房人名下，实际买房人也可以根据充分、有效的证据向法院主张变更房屋的所有权，然后再凭生效的判决书到房屋管理部门办理变更登记。即便在房屋产权主张不成的情况下，也可最低限度地确保当事人的合法债权。

（浙江省绍兴市中级人民法院　王安洁）

33. 于静诉孙江泰合同纠纷案（虚拟财产买卖合同）

（一）首部

1. 判决书字号

一审判决书：北京市丰台区人民法院（2009）丰民初字第14223号。

二审判决书：北京市第二中级人民法院（2009）二中民终字第18570号。

2. 案由：买卖合同纠纷。

3. 诉讼双方

原告（被上诉人）：于静，女，汉族，住北京市丰台区。

被告（上诉人）：孙江泰，男，汉族，住北京市丰台区。

4. 审级：二审。

5. 审判机关和审判组织

一审法院：北京市丰台区人民法院。

独任审判人员：审判员：吴中华。

二审法院：北京市第二中级人民法院。

合议庭组成人员：审判长：胡新宁；代理审判员：刘建刚、任淳艺。

6. 审结时间

一审审结时间：2009年7月14日。

二审审结时间：2009年11月20日。

（二）一审情况

1. 一审诉辩主张

（1）原告于静诉称

孙江泰于2009年2月9日从我处购买游戏账号一个，价值9 000元，孙江泰承诺2009年4月1日前将钱付清，并写下欠条字据。但经我多次催要，孙江泰始终不给，故诉至法院，要求孙江泰给付欠款8 000元并承担案件诉讼费。

（2）被告孙江泰辩称

我买的是一个游戏ID，账号上已经没有这个角色了，这ID不能使用了，2009年4月底没有的这个角色。账号确实是由于我的原因被盗了，游戏里的好友是于静的好友，3月7日左右被盗，到5月份的时候，于静找我要钱，我当时告诉了于静角色消失的事。我也是受害者，所以不同意给付。

2. 一审事实和证据

北京市丰台区人民法院经公开审理查明：庭审中，于静出示双方于 2009 年 2 月 9 日签署的购买协议一份，上载："2009.2.6 起孙江泰从于静处购买游戏 ID 一个，价格 9 000 元人民币。包含：ID 内全部物品以及龙宫 ID 一个，于静将将军令等一切物品交与孙江泰处。孙江泰将于 2009.4.1 前将钱款付清。"购买协议签订后，孙江泰收到于静给付的上述买卖标的物。后该游戏 ID 由于孙江泰的原因被盗，孙江泰认为被盗与于静有关，但未提供相应证据。

上述事实有购买协议证明。

3. 一审判案理由

北京市丰台区人民法院经审理认为：买卖合同的出卖人转移标的物的所有权于买受人，买受人应按照合同的约定支付价款。本案中，双方签订的购买协议系双方真实意思表示且不违反相关法律、法规的规定，合法、有效，对双方当事人均具有拘束力。于静依法履行了给付买卖标的物的义务，孙江泰亦应按照双方约定支付相应货款。故对于静的诉讼请求，法院应予支持。

4. 一审定案结论

北京市丰台区人民法院依照《中华人民共和国合同法》第一百三十条之规定，作出如下判决：

孙江泰于本判决生效之日起 7 日内给付于静 8 000 元。

（三）二审诉辩主张

1. 上诉人孙江泰诉称

同一审答辩意见。

2. 被上诉于静辩称

同意原审法院判决。

（四）二审事实和证据

北京市第二中级人民法院经审理，确认一审法院认定的事实和证据。

（五）二审判案理由

北京市第二中级人民法院经审理认为：网络虚拟财产，是指由存储于网络服务器上的电磁记录所代表的，为某一特定网络用户所控制，由相关网络服务商代为保存的并存在于网络虚拟空间的虚拟财产。目前网络虚拟财产的类型主要包括游戏账号等级、虚拟货币、虚拟装备（武器、装甲、药剂等）、虚拟动植物、虚拟 ID 账号及游戏角色属性等。法理中对于虚拟财产的性质众说纷纭，大体有三种观点，即：知识产权论、债权论、物权论。在现有法律框架下，虽然法院不宜直接将虚拟财产的性质直接归入上述三种观点中之一，但虚拟财产具有以下特点：第一，有用性，即能满足人们的需要，主要体现在人们的精神愉悦；第二，稀缺性，即玩家无论是从运营商处获得还是从交易中获得，都要付出一定的代价，并非任意获取；第三，可控制性，即由玩家通过网络账号的形式排他性地支配。由此使得法院可以认定虚拟财产具有法学意义上的财产权性质，并在现实社会生活中在玩家与运营商之间或玩家与玩家之间等较为广泛地通过交易体现其货币价值。在我国相关法律未对其交易予以明确禁止的情况下，法院应对玩家与玩家之间出于自愿所进行交易行为的合法性予以确认。所以本案中，在于静按照协议将虚拟财产交付孙江泰后，孙江泰应按照其与于静签订的协议，向于静支付价款。对于孙江泰以游戏账户被盗为由不同意支付价款的抗辩意见，因原审时孙江泰已明确表示由于其自身原因被盗，虽其认为被盗与于静有关，但又不能提供相应证据，所以本院不予采信。基于此，原判所查事实清楚，所判结论正确，应予维持。

（六）二审定案结论

北京市第二中级人民法院依照《中华人民共和国民事诉讼法》第一百五十三条第一款第（一）项之规定，作出如下判决：

驳回上诉，维持原判。

（七）解说

本案的主要法律焦点是玩家与玩家之间的虚拟财产交易问题。围绕该焦点问题，笔者认为主要涉及三方面的具体法律问题：第一，虚拟财产的权利性质问题；第二，玩家之间的虚拟财产交易的效力问题；第三，虚拟财产交易的法律适用问题。

对于虚拟财产的权利性质问题，现在观点主要有物权说、债权说、知识产权说、新型财产权利说等。其中知识产权说认为，玩家获得虚拟财产的过程中耗费了大量的时间和精力，伴随着智力性劳动的投入，且由于玩家而产生的虚拟财产具有新颖性、创造性、可复制性以及需要载体，故应把其视为知识产权来保护。但该观点错误地将游戏玩家作为了权利主体，从而使虚拟物品与“期限”、“新颖性”等知识产权基本概念产生了矛盾，不足为取。至于新型财产权利说，由于我国民事立法继受了以物权和债权为财产权两大支柱的“二元体系”以及在此基础上形成的五编制民法体系，《民法通则》、《合同法》以及《物权法》亦是以“二元体系”为理论基础；同时由于物权、债权作为社会发展的产物，其自身也必然随着社会的发展可以吸纳新的财产权利，“二元体系”内部所提供的规则是自足的，可以满足对这些新的权利现象调整的需要。且如果颠覆现有体系，创设新的权利体系，必须考虑制度选择的成本（至少包括：规划设计的成本、组织实施新制度的预期成本、清除旧制度的费用、消除制度变革阻力的费用以及制度变革及其变迁可能造成的损失），是一个相当复杂和成本高昂的工程。所以现阶段，尽管虚拟财产有其自身的特殊性，为了维护现实存在的交易秩序，解决已经实际产生的纠纷，维持二元权利体系仍然十分必要。

在此基础上，由于虚拟财产只存在并依赖于某一特定的网络空间，任何玩家都不能简单把他的虚拟财产从某一网络服务系统中分离出来并在另一个在线系统中使用；且虚拟财产的权能都是通过个人电脑与服务器之间的信息交换实现的，其权利行使不能离开特定的服务器的支持，必须遵循网络技术的安排。所以虚拟财产的存在、权能行使所依赖技术规则使得虚拟财产权是请求权、相对权的说法大行其道。但是，技术规则毕竟不能等同于法律规则，技术规则和法律规则是相互联系又相互区别的。法律规则应当反映技术规则，但不能局限于技术规则。技术规则上升为法律规则，不仅需要“事实判断”，而且需要相应的“价值判断”。如果虚拟财产权仅仅被认定为对特定主体的“请求权”，那将导致网络世界的许多行为失范，许多争议的解决缺乏法理依据。这无论对于运营商还是对于游戏玩家，乃至于对于整个游戏业的正常发展，都是十分不利的。同时，虚拟财产权虽然存在于特定游戏环境，在特定系统中产生效力，但虚拟财产权的义务主体应是不特定的多数人，所以无法得出虚拟财产权是相对权的结论。

在区分物权、债权的诸要素中，支配权与请求权的区别是首要的，其次是基于支配权与请求权而产生的绝对权与相对权的区别。“支配”的概念内涵并非一成不变，且“法律上的支配”更主要地表现为法律支配和价值支配，而非事实支配和实物支配，即通过与“物”的权利联系、实现对物的最终控制权而实现的支配。进一步讲，物权法中的支配的本质内涵是，不管财产处于何种状态，物权人都与财产有权利、义务上的关联性，能够实施直接影响一定财产利益的地位和命运的力量，即支配力。这种支配力特点，更广泛体现于无体物或法律拟制物的支配关系中。

在在线活动中，玩家通过服务器的支持，以及账号、密码的使用，实现对信息的直接占有。在玩家离线后，该信息则存储于服务器中，即玩家将直接占有权转移给网络经营者，但玩家并不因此丧失虚拟财产权。当直接占有人受到占有侵害时，其便享有占有回复请求权、排除妨害请求权、停止侵害请求权。而且，同现实世界的有形物品一样，虚拟财产也可以持续存在，它们不会在每次使用后消失，而是以特定的信息状态被保留在服务器上，玩家可以在任何一台电脑上使用自己的账户，调出自己的游戏程序并使用所有游戏中的道具，以实现其对虚拟财产的直接占有。网络玩家实际拥有的虚拟财产虽然生成于特定运营商的服务器，且通常只能存储在该特定服务器上，但玩家对虚拟财产的支配意志不需要征得他人的同意，而直接达到所要支配的财产利益，也就是说，玩家对虚拟财产拥有决策力并最终控制虚拟财产的前途和命运，只不过该权利的行使是通过履行网络协议、取得其他网络主体的协作来实现的。所以笔者认为在现有法律框架下，虚拟财产的权利性质系物权。

对于玩家之间的虚拟财产交易的效力问题，许多运营商都在玩家协议中宣称虚拟财产归其所有，并禁止玩家与运营商之外的任何第三人进行虚拟财产交易，此时就会产生玩家之间的虚拟财产交易是否有效之问题，该问题的核心在于运营商的禁售条款是否合法、有效。笔者认为：首先，前文所述的虚拟财产物权说系玩家之间交易的基础法律理由。其次，玩家协议是运营商单方拟定的，玩家与运营商就协议条款无磋商的可能，此时玩家协议属于格式条款的范畴。依据《合同法》第四十条关于“提供格式条款一方免除其责任、加重对方责任、排除对方主要权利的，该条款无效”的规定，对于禁售条款，原则上应认定无效，除非玩家采用了作弊等程序。其主要理由为，该限定违反了公平原则，单方面限制了玩家主要权利。从网络游戏产业角度看，虚拟财产交易正是网络游戏业兴盛的原因之一。从市场经济的商品特性看，在市场经济中，任何试图通过限制单方的交易权利来阻挠该方行使财产的商品特性都是徒劳的；运营商在自己从事着虚拟财产交易的同时，又单方禁止玩家与第三方的虚拟财产交易，以此规避可能产生的风险和法律责任，这对玩家和第三方均是显失公平的。从现实交易状况和技术条件看，运营商通过禁售条款和现有技术，是无法控制大量真实存在的虚拟财产交易的。所以为了平衡双方利益、促进网络游戏业繁荣发展，禁售条款原则上应认定无效，玩家与玩家，甚至玩家与虚拟财产交易商的虚拟财产交易应为有效，受让方有权取得虚拟财产的权益。

至于虚拟财产交易的法律适用问题，虽然笔者认为虚拟财产系物权性质，但由于我国《物权法》第五条仍规定了物权法定主义的原则，我国现有法律尚未对虚拟财产的物权属性进行规定，所以在具体案件处理过程中进行法律适用时，尚无法直接适用《物权法》的规定。有人认为可以适用《民法通则》第七十五条关于其他合法财产的规定，但笔者认为，该规定处于民事权利中的“财产所有权和与财产所有权有关的财产权”一节，其前后的条文规定基本上均系针对财产所有权，所以直接适用该条有其欠妥之处。也有人认为可以适用《合同法》中关于买卖合同的规定，但笔者认为合同法中的买卖合同明确写明买卖系针对标的物的所有权，在尚无法律将虚拟财产定性为所有权，且虚拟财产与所有权又有着重要区别的情况下，直接适用有关买卖合同的有关规定亦有其欠妥之处。基于此，在玩家之间存在交易合同的情况下，可暂时考虑适用《合同法》第一章中有关一般规定的抽象性原则规定。

（北京市第二中级人民法院　刘建刚）

34. 楼高荣诉宁波华泰股份有限公司车位买卖案（人防车位买卖合同）

（一）首部

1. 判决书字号：浙江省宁波市鄞州区人民法院（2008）甬鄞民一初字第3959号。
2. 案由：车位买卖纠纷。
3. 诉讼双方

原告：楼高荣，男，汉族，住浙江省宁波市鄞州区。

被告：宁波华泰股份有限公司，住所地：浙江省宁波市江东区百丈东路。

法定代表人：全能柔，公司董事长。

委托代理人：葛湖海，浙江甬泰律师事务所律师。

委托代理人：陈维云，浙江甬泰律师事务所律师助理。

4. 审级：一审。
5. 审判机关和审判组织

审判机关：浙江省宁波市鄞州区人民法院。

合议庭组成人员：审判长：王剑纳；审判员：周文君；代理审判员：王凯。

6. 审结时间：2009 年 7 月 3 日。

（二）诉辩主张

1. 原告楼高荣诉称

2004 年 5 月 28 日，原告向被告购买位于华泰剑桥二期地下 K1 库、编号为 123 的车位一只，车位的价款为 98 000 元。被告在出卖时从没提到过该车位属于人防工程，原告直至 2008 年才偶然得知这一情况。人防工程属国家所有，被告不应该随意买卖。甬人防办通（2004）29 号《关于规范“结建”防空地下室管理的通知》第一条规定：人防工程是国防战备设施，“结建”防空地下室是人防工程的重要组成部分，任何单位或个人不得出售产权或使用权，在目前产权界定尚不明晰的情况下，“结建”防空地下室只允许临时出租，但租期每次最长不得超过 3 年。因此，作为人防工程的设施是不得买卖的，原、被告签订的买卖合同是无效合同。请求法院判令：确认原、被告车位买卖协议无效；被告返还原告购车位款 98 000 元，赔偿利息损失 34 041 元。

2. 被告宁波华泰股份有限公司辩称

双方约定的买卖标的为地下车位的使用权，现行法律并未禁止作为人防工程的车位的使用权的买卖，而是本着谁投资、谁受益的原则，鼓励平时由投资者进行管理，收益归投资者所有。因此被告认为双方签订的合同有效，故请求法院判令驳回原告的诉讼请求。

（三）事实和证据

浙江省宁波市鄞州区人民法院经公开审理查明：2004 年 5 月 28 日，原、被告签订“华泰剑桥二期地下车位买卖合同”1 份，合同约定：双方就买卖地下车位使用权达成协议；原告向被告购买位于华泰剑桥二期地下 K1 库、编号为 123 的车位一只；车位的价款为 98 000 元；原告应于 2004 年 5 月 28 日前支付价款；被告应于 2005 年 2 月 28 日前将车位交付给原告。原、被告均按约履行了付款及交付车位的义务。该车位所在地下空间属于人民防空工程。

上述事实有下列证据证明：

1. 原告与被告签订的“华泰剑桥二期地下车位买卖合同”1 份。

2. 被告的收款收据。

（四）判案理由

浙江省宁波市鄞州区人民法院经审理认为：原、被告双方争议的主要问题是法律是否禁止属于人民防空工程的地下车位使用权的买卖。《最高人民法院关于适用〈中华人民共和国合同法〉若干问题的解释（一）》第四条规定：“合同法实施以后，人民法院确认合同无效，应当以全国人大及其常委会制定的法律和国务院制定的行政法规为依据，不得以地方性法规、行政规章为依据。”因此，原告依据甬人防办通（2004）29 号《关于规范“结建”防空地下室管理的通知》的规定而主张合同无效的请求，本院不予支持。《中华人民共和国人民防空法》未明确规定人防工程设施的使用权禁止买卖。《浙江省实施〈中华人民共和国人民防空法〉办法》第十九条规定：人民防空工程除重要的指挥、通信等工程外，在不影响其防空效能的条件下，鼓励平时予以开发利用。可见，亦未规定作为人民防空工程的车位使用权禁止买卖。综上，本院认为法律和行政法规未禁止作为人民防空工程的车位使用权的买卖，故原、被告之间签订的“华泰剑桥二期地下车位买卖合同”合法、有效。但作为人民防空工程的车位的使用权有一定的限制，如发生战争时必须作为人民防空工程使用，如果原告在购买讼争车位的使用权时，对该车位系人民防空工程不知情，存在重大误解，可以要求变更或撤销合同。原告经本院释明后，未对诉讼请求作出变更。故原告的诉讼请求无法律依据，本院不予支持。

（五）定案结论

浙江省宁波市鄞州区人民法院根据相关法律规定，作出如下判决：

驳回原告楼高荣的诉讼请求。

（六）解说

1. 人防工程的所有权归属。

《中华人民共和国人民防空法》（以下简称《防空法》）第十八条规定：“人民防空工程包括为保障战时人员与物资掩蔽、人民防空指挥、医疗救护等而单独修建的地下防护建筑，以及结合地面建筑修建的战时可用于防空的地下室。”第二十二条规定：“城市新建民用建筑，按照国家有关规定修建战时可用于防空的地下室。”所以，住宅小区建设人防工程属于强制性规定。

但是对于人防工程的所有权归属，《防空法》第五条只是规定：“国家鼓励、支持企业事业组织、社会团体和个人，通过多种途径，投资进行人民防空工程建设；人民防空工程平时由投资者使用管理，收益归投资者所有。”对于人防工程的所有权归属并没有作出规定，从各地的地方性法规、地方政府规章和规范性文件来看，也各不相同。如《北京市人民防空工程建设与使用管理规定》第六条规定：“本市鼓励支持企业事业组织、社会团体、个人建设和使用人防工程。人防工程平时由投资者使用管理，收益归投资者所有。”由此可以看出，投资者只有“使用”与“收益”的权利，但并不具有明确的所有权。但《上海市民防工程建设和使用管理办法》则明确规定：“民防工程的投资者可以按照房地产管理的有关规定取得民防工程的所有权。民防工程的所有权登记，按照本市房地产登记的有关规定执行。”

界定产权最基本的原则应该是谁投资、谁享有产权。对于商品房小区的地下人防工程，国家并没有投资，所以国家并非商品房小区地下人防工程的所有权人。投资人通过投资依法使自己的财产形态物化为人防工程这样一种不动产财产形态，其财产归属并未改变，在法律没有明确界定所有权归属的情况下，应当认定投资者就是所有者，但国家可以在战时征用人防工程。

根据《防空法》对人防工程“谁投资、谁所有、谁受益、谁维护”的原则，由投资者投资建设的人民防空设施及建设单位按规定结合民用建筑修建的防空地下车位，其建设费用由建设单位筹措并列入建设项目投资的，应当认定为归投资者所有；如果在建筑规划时，地下人防车位建设成本包含在总面积之中，业主实际上支付了人防工程的建造费用，则业主应当是所有权人。

2. 人防车位的财产权限制。

“征用”是国家在紧急情况下对私有财产的强制性使用，在紧急情况结束后，要把被征用的财产归还给权利人，所以征用是对私人财产权的临时限制。而实际上，国家对人防车位的财产权限制要大得多，不仅在战时，平时使用也必须经过行政许可，并且要交纳一定的费用。如《浙江省实施〈中华人民共和国防空法〉办法》规定，单位或者个人平时利用公用人防工程，应当报经县级以上人民防空主管部门批准，领取“人防工程使用证书”，并由使用单位或者个人按照国家、主管大军区和省有关规定缴纳费用。

使用需要审批，并要交纳费用，国家对住宅小区地下人防车位的财产权限制，使人防车位具有一定的被“征收”的属性。征收是指为了公共利益的需要，国家把私人所有的财产强制地征收归国有。征收与征用的最大区别就在于是否发生所有权转移。但就目前来说，没有任何法律明确规定，人防车位的所有权归国有。另外，征收应给予金钱补偿或者相应的财产以及其他形式的补偿，对于地下人防车位，国家并没有给予相应的补偿，也不符合征收的条件。所以，国家对人防车位财产权的限制处在介于“征收”与“征用”的中间状态。

在美国把这种公权力造成对公民不动产财产权限制过多、程度过深的情形称为“准征收”。而在我国，准征收问题尚未引起学界与实务界的足够重视，但是司法实践中已经有类似的纠纷出现，比如湖南某镇的明清古建筑改建案。对于准征收是否应当给予补偿尚存在争议，有观点认为如果任何的财产权限制都要补偿，政府将无法进行管理，社会的公共利益将难以实现，所以政府对于准征收不应承担补偿责任，但为了防止政府滥用这种权力，宪法应规定对政府公权力的限制。借用美国关于准征收的理论，准征收又分为占有准征收与管制准征收：占有准征收是指对不动产财产永久性物理占有，而管制准征收是指政府按照经济管制法规等的规定而使公民私有不动产财产权受损的情形。

人防车位在平时国家并不实际占有，但为了不影响其防空效能，国家对人防车位的使用以行政许可制度进行严格的限制，所以，国家对人防车位的准征收更符合“管制准征收”的性质。处于“管制准征收”状态下的人防车位财产权受到国家的强制性限制，所有权人无法行使完全意义上的所有权，所以人防车位转让价要低于一般的地下车位。

3. 人防车位转让合同的效力。

上述的讨论只是在理论的应然层面，在法律层面对于人防车位的产权归属并没有明确的规定，并且各地对于地下人防车位“管制”的强度是不同的，在上海甚至可以对人防车位进行所有权登记，而宁波市建设委员会、宁波市人民防空办公室联合下发的甬人防办通（2004）29号文件规定，人防工程是国防战备设施，“结建”防空地下室是人防工程的重要组成部分，任何单位或个人不得出售产权或使用权。在目前产权界定尚不清晰的情况下，“结建”防空地下室只允许临时出租，租期每次最长不超过3年。

在实践中房地产登记管理部门很少对地下人防车位所有权进行登记，这为作为不动产的人防车位所有权转移造成了一定的障碍，实践中开发商与业主的转让或买卖合同，均为使用权的转让。对于地下人防车位使用权转让纠纷，各地法院的判决结果也不尽相同，有的法院以协议违反法律强制性规定而判决协议无效，开发商返还业主车位款及利息；也有的法院认定开发商享有使用权、收益权，合同合法、有效，从而判决驳回业主的诉讼请求。

正如上面的分析，虽然地下人防车位的财产权受到很大程度的限制，但是只要人防车位建设费用是由建设单位筹措并列入建设项目投资，开发商作为住宅小区地下人防车位的投资人和所有人，享有使用、收益权。开发商有权将地下人防车位有偿转让给业主使用，我国法律和行政法规也没有关于地下人防车位使用权不得转让的强制性规定，故不应认定此类合同违反了法律禁止性规定。如果开发商与业主签订地下人防车位使用权买卖或者转让协议时，已经明确告知或者在协议中载明车位属于人防工程的，应认定协议有效。《最高人民法院关于适用〈中华人民共和国合同法〉若干问题的解释（一）》第四条规定，合同法实施以后，人民法院确认合同无效，应当以全国人大及其常委会制定的法律和国务院制定的行政法规为依据，不得以地方性法规、行政规章为依据，所以类似“甬人防办通（2004）29号文件”的规定，并不能成为认定合同无效的依据。

如果开发商在与业主签订地下人防车位使用权转让协议时，未明确告知车位属于人防车位的，则业主有权依据《合同法》第五十四条的规定，行使撤销权。如果协议被撤销，按照《合同法》第五十八条的规定，开发商有故意隐瞒事实和欺骗销售行为的，开发商要承担全部合同被撤销的责任，返还车位款及利息，但业主应当支付已经使用期间的车位费用。在本案中，法院已经向原告释明，如果购买讼争车位的使用权时对该车位系人防工程不知情，存在重大误解的，可以要求变更或撤销合同，但原告未对诉讼请求作出变更，在此情况下，法院判决驳回了原告的诉讼请求。

（浙江省宁波市鄞州区人民法院　郭敬波）

35. 何荣、何建荣诉周剑锋、陈文艳、周长生彩票案（彩票买卖合同）

（一）首部

1. 判决书字号

一审判决书：云南省玉溪市江川县人民法院（2009）江民一初字第401号。

二审判决书：云南省玉溪市中级人民法院（2009）玉中民一终字第465号。

2. 案由：彩票纠纷。

3. 诉讼双方

原告（上诉人）：何荣，男，汉族，住云南省江川县。

法定代理人：何绍华，男，汉族，住址同上，系何荣的父亲。

法定代理人：郁美仙，女，汉族，住址同上，系何荣的母亲。

原告（上诉人）：何建荣，男，汉族，住云南省江川县前卫镇。

法定代理人：何有华，男，汉族，住址同上，系何建荣的父亲。

法定代理人：靳家丽，女，汉族，住址同上，系何建荣的母亲。

委托代理人（一、二审，特别授权）：宋云苍，云南李世敏律师事务所律师。

被告（上诉人）：周剑峰，又名周剑锋，男，汉族，住云南省江川县。

法定代理人：周长生，男，汉族，住址同上，系周剑峰的父亲。

法定代理人：陈文艳，女，汉族，住址同上，系周剑峰的母亲。

被告（上诉人）：周长生，男，汉族，住址同上，系周剑峰的父亲。

被告（上诉人）：陈文艳，女，汉族，住址同上，系周剑峰的母亲。

委托代理人（一、二审，特别授权）：者文滨，云南滇玉律师事务所律师。

委托代理人（二审，特别授权）：马小勇，云南滇立律师事务所律师。

4. 审级：二审。

5. 审判机关和审判组织

一审法院：云南省江川县人民法院。

独任审判人员：审判员：杨卫东。

二审法院：云南省玉溪市中级人民法院。

合议庭组成人员：审判长：陈聪；审判员：王庆生、荆燕。

6. 审结时间

一审审结时间：2009 年 9 月 2 日。

二审审结时间：2009 年 11 月 21 日。

（二）一审情况

1. 一审诉辩主张

（1）原告何荣、何建荣诉称

2009 年 5 月 29 日端午节放假期间，我们和被告周剑峰在一起玩，其间三人相约到大街玩。我们将随身带的零花钱全部交由周剑峰保管，便一起搭车到大街。期间的车费及逛街、吃米线、溜冰的所有花费都由周剑峰统一支付。当晚 8 点至 9 点时，三人途经江川县大街镇星云路 16 号冰川冷饮店时，便相约一起在该店的体彩销售点刮彩票，买彩票的钱也由周剑峰统一支付。结果三人在一张 10 元的绿翡翠彩票上刮中了 25 万元的大奖，经彩票店的老板核实后，周剑峰电话通知其父母，待周的父母到达后，周把中奖彩票交给其父母，其父母打车将我们及周剑峰带到周的家中，将我们锁在楼上，并威胁我们说，不准将三人中奖的事告诉自己的父母和其他人，且许诺待领奖后给我们少许奖金。第二天，在我们父母的追问下，周剑峰的父母才将我们放回家。之后，被告周剑峰的母亲陈文艳以自己的名义到云南体育彩票管理中心领取了该笔奖金，除缴纳税收 5 万元外，实际领取了 20 万元。我们父母在得知三人中奖及被告已领取奖金的情况下，多次找被告要求平分奖金，均遭被告方拒绝。我们认为，彩票系我们与周剑峰共同出资购买、共同刮中，所得奖金应由三人共同享有，平均分配。现三被告独占该笔奖金，已严重侵犯了我们的合法权益。故请求判令三被告支付我们彩票奖金 133 333.33 元（各 66 666.66 元），诉讼费由被告承担。

（2）被告周剑峰、周长生、陈文艳辩称

两原告和被告周剑峰到大街玩，所有开支是各付各的，出资购买并刮中彩票的是被告周剑峰，故中彩奖金为被告方独自享有。中奖当晚，被告周剑峰的父母并没威胁原告，也没锁过二原告在自家楼上。请求判决驳回原告的诉讼请求。

2. 一审事实和证据

云南省江川县人民法院经公开审理查明：2009 年 5 月 29 日端午节假期，原告何荣、何建荣和被告周剑峰在本村附近玩，其间周剑峰邀约二原告到江川县大街镇游玩，三人便一起搭车到大街镇。在大街镇三人一起逛街、吃米线、到滑冰场滑冰，费用主要由周剑峰支付。二原告还陪周剑峰到商店买了一条价值 80 元的裤子。玩至当晚 8 点半左右，三人途经江川县大街镇星云路 16 号冰川冷饮店时，便相约一起在该店的体彩销售点买彩票刮。开始周剑峰支付了 9 元买了 3 张鸽子彩票，每人刮了 1 张，其中 1 张中了 8 元，周剑峰用中奖的 8 元买了其他彩票，没刮中奖，周接着又买了 1 张 10 元的绿翡翠彩票刮，中了 10 元，周用中奖的 10 元买了一张绿翡翠彩票刮，没中奖。这时被告周剑峰征求二原告的意见说："要么再刮一张？"二原告表示同意说："刮嘛。"周随即就买了一张 10 元的绿翡翠彩票，二原告在旁边教周先把奖金部分刮开，彩票刮开后，三人发现其中的 24 号中了 25 万元大奖。此时，周剑峰要求兑奖，经店主核实中奖彩票后，店主要求通知中奖孩子的父母来。于是周剑峰便电话通知其父母周长生、陈文艳，待周剑峰的父母赶到该店后，店主向其交代了兑奖事宜。随后，周长生、陈文艳租车将二原告及其子周剑峰拉回自己家中，当晚二原告在被告家中留宿到第二天（5 月 30 日）上午才回家。2009 年 5 月 31 日，被告周长生持中奖 25 万元的绿翡翠彩票到云南省体育彩票管理中心兑奖，在扣缴了 5 万元的税金后，周长生实际领取了 20 万元的奖金。之后，二原告及其父母认为该奖金是三家小孩共同刮中，奖金应由三家共同享有。在双方就分奖事宜协商未果的情况下，二原告提起诉讼。

上述事实有下列证据证明：

原告何荣、何建荣提供的证据：

（1）户口簿及户口证明。

（2）2009 年 6 月 4 日何荣、何建荣的陈述笔录。

（3）原告方法定代理人何有华、何绍华在 2009 年 6 月 4 日的陈述笔录。

（4）2009 年 6 月 3 日证人李星丽、张云贵的证言笔录。

（5）大众台新闻记者对该事件进行采访报道的视听资料 1 份。

被告周剑峰、周长生、陈文艳提供的证据：

证人李星丽（彩票销售员）于 2009 年 7 月 5 日陈述的证言笔录 1 份。

原告申请法院调取的证据：

（1）云南省体育彩票管理中心提供的中奖彩票复印件 1 份，兑奖登记表复印件 1 份、代扣代收税款凭证复印件1份、转账支票存根复印件1份、周长生身份证复印件1份。

（2）江川县前卫派出所提供的关于何荣、何建荣被非法限制人身自由案的卷宗1宗。

法院依职权调查所作的证言笔录：

（1）2009年8月17日证人李星丽的证言笔录1份。

（2）2009年8月14日证人张云贵的证言笔录1份。

3. 一审判案理由

云南省江川县人民法院经审理认为：二人以上实施的民事行为属共同的民事行为。原告何荣、何建荣和被告周剑峰相约一起到大街镇游玩并相约一起买彩票刮奖。在买彩票刮奖的过程中，开始周剑峰买了3张鸽子彩票，都是三人各拿一张刮奖，在其后的连续刮彩票的过程中虽然中了一些小额奖，但这些小额奖均用于买彩票刮奖。最后周剑峰在买中奖的那张绿翡翠彩票前是征得二原告的同意才买的。对于这一事实，原、被告双方提供的李星丽的证言及本院的调查笔录均能证实。因此，整个买彩票并刮中25万元奖金的过程是三人共同完成的，虽然买彩票的钱是周剑峰支付，但周的行为体现着三人的共同意志，属三人的共同民事行为，其中奖所得理应属于三人共同享有。二原告要求判令被告给付应得奖金的请求事实清楚、证据充分，本院对其合理要求的部分应予以支持。三被告提出中奖彩票属周剑峰一人购买刮中，其奖金应由周剑峰一人享有的主张，因证据不足、理由不充分，本院不予支持。但鉴于购买彩票的钱是周剑峰支付，周应多得一部分奖金。由于原告何荣、何建荣及被告周剑峰系限制民事行为能力人，根据《中华人民共和国民法通则》的规定，其三人的民事活动由他们的法定代理人代理。

4. 一审定案结论

云南省江川县人民法院依照《中华人民共和国民法通则》第十二条、第三十条、第七十八条，《中华人民共和国民事诉讼法》第五十七条的规定，作出如下判决：

（1）由被告周长生、陈文艳分别给付原告何荣、何建荣各40 000元，共计80 000元。限判决生效后5日内付清。

（2）驳回原告何荣、何建荣的其他诉讼请求。

案件受理费1 483元，原告何荣、何建荣承担593元，被告周剑峰、周长生、陈文艳承担890元。

（三）二审诉辩主张

1. 上诉人何荣、何建荣诉称

3名小孩是共同购买彩票中奖，奖金应平均分割，要求判令对方共支付彩票奖金133 333.33元。

2. 上诉人周剑峰、周长生、陈文艳诉称

奖票系周剑峰一人购买，全部奖金应归其所有，要求驳回何荣、何建荣的诉讼请求。

（四）二审事实和证据

云南省玉溪市中级人民法院经审理，确认一审法院认定的事实和证据。

（五）二审判案理由

云南省玉溪市中级人民法院经审理认为：民事法律行为是公民或者法人设立、变更、终止民事权利和民事义务的合法行为。两个以上的多方当事人共同意思表示一致成立的行为属多方民事法律行为，该行为能够设立共同共有法律关系。何荣、何建荣、周剑峰是平时要好的小伙伴，中奖的当天，三人聚在一起玩耍、购物，并形成临时购买彩票的意思联络后，共同参与实施了购买彩票的行为，最终导致所购彩票中得 25 万元大奖。上述行为符合多方法律行为的法律特征，应认定何荣、何建荣、周剑峰对奖金享有共有权利。在分割共有奖金时，一般应均等，但也应考虑共有人在共有中的作用及贡献予以适当多分；周剑锋出资购买彩票，在先购买彩票未中奖时提议再买彩票等行为均能证实其在此次多方民事法律行为中起主要作用，原审判决适当多分其份额并无不当。何荣、何建荣参与购买彩票并在周剑锋提议再购买彩票时给予响应、支持，是促成中奖的综合因素，原审判决考虑适当分割奖金，合法、合理。

（六）二审定案结论

云南省玉溪市中级人民法院依照《中华人民共和国民事诉讼法》第一百五十三条第一款第（一）项之规定，作出如下决定：

驳回上诉，维持原判。

二审案件受理费 2 966 元，由何荣、何建荣各负担 593 元，周剑锋、周长生、陈文艳承担 1 780 元。

（七）解说

1. 未成年人购买彩票中奖的行为是否有效？

未成年人是否有权购买彩票，我国现有法律中无明确规定。1999 年 4 月，中国福利彩票发行中心发出《关于禁止向未成年人出售福利彩票的通知》，要求全国所有的福利彩票销售点不得向 18 周岁以下的未成年人出售彩票。在国家以法律的形式明确作出禁止规定之前，该通知仅属于一个行业的内部规定，对外没有法律上的强制力。我国《合同法》第四十七条规定："限制民事行为能力人订立的合同，经法定代理人追认后，该合同有效，但纯获利益的合同或者与其年龄、智力、精神健康状况相适应而订立的合同，不必经法定代理人追认。"根据该规定，对于何荣、何建荣、周剑峰购买的几张彩票的行为，要分别予以定性。其中，未中奖彩票之行为，属于效力待定的合同，其效力的最终确定，需要依赖于其监护人即其父母的意思表示。如果其父母认可其购买行为，则该合同发生法律效力，对买卖双方具有约束力。如果其父母事后没有行使追认的意思表示，则该合同无效。对于获 25 万元大奖的彩票，其法律效力却有根本的不同，该合同对于何荣、何建荣、周剑峰来说属于"纯获利益的合同"，不需要征得监护人的同意，该合同就是有效的。即使该合同的相对人——彩票销售点是善意的，也不能行使撤销该合同的权利。因为，自然人民事行为能力制度设立的目的，在于保护无民事行为能力人和限制民事行为能力人的利益。《最高人民法院关于贯彻执行〈中华人民共和国民法通则〉若干问题的意见（试行）》规定："无民事行为能力人、限制民事行为能力人接受奖励、赠与、报酬，他人不得以行为人无民事行为能力、限制民事行为能力为由，主张以上行为无效。"所以，何荣、何建荣、周剑峰作为限制民事行为能力的未成年人，虽然购买彩票这一行为超出了其行为能力，但却因购买该张彩票获取了较大利益，因此，该买卖行为有效。

2. 民事法律行为到何种程度可称为共同行为?

共同行为，也称多方民事法律行为，通说认为共同民事法律行为是多数当事人平行的意思表示一致而成立的法律行为。共同民事法律行为中，当事人的权利、义务是一致的，意思表示的方向也一致。共同法律行为与双方法律行为的区别在于：双方法律行为的意思虽然达成一致，但意思内容相对应，例如买卖中买者是要物付钱、卖者是交物收钱；而共同法律行为的意思一致则为平行的，而不是相对的，以意思融合为目的，当事人对同一内容共同为意思表示，方向是一致的。本案中，对原、被告共同出资的行为因仅有原告方的陈述，无相应证据证明，法院的判决中没有认定，但在购买彩票行为中，销售人员证明三人临时形成意思一致，共同参与实施了购买彩票的行为，通过购买彩票意图中奖的目的是一致的，是共同行为，可以成立共有的法律关系。

3. 共有财产的分割能否划分主要、次要作用?

基于共同行为而产生的共同共有财产在分割时是否应当均分呢？从法理上来说，共有人享有多少份额，通常应当依照共有发生的原因决定；基于当事人意思而产生的共有，则依当事人的意思决定；基于法律规定而产生的共有，则按法律的规定处理。一般来说，共有人对共有财产的分割没有达成协议的，应当根据等分原则处理，并应考虑共有人对共有财产的贡献大小。本案中，周剑锋出资购买彩票，在先购买彩票未中奖时提议再买彩票等行为均能证实其在此次多方民事法律行为中起主要作用，故在分割共有财产时按所作贡献的大小和出资情况分割更能体现公平性，法院的判决是适当的。

（云南省玉溪市江川县人民法院　王玲芬）

36. 李桂允诉惠亚军等三人民间借贷案（民间借款合同）

（一）首部

1. 判决书字号：江苏省邳州市人民法院（2009）邳民一初字第1077号。

2. 案由：民间借贷纠纷。

3. 诉讼双方

原告：李桂允，男，汉族，住江苏省邳州市。

被告：惠亚军，男，汉族，住址同上。

被告：胡胜华，女，汉族，住址同上。

被告：葛印明，男，汉族，住址同上。

4. 审级：一审。

5. 审判机关和审判组织

审判机关：江苏省邳州市人民法院。

合议庭组成成员：审判长：汤步银；审判员：张大庆；人民陪审员：孙华北。

6. 审结时间：2009年8月31日。

（二）诉辩主张

1. 原告李桂允诉称

2007年10月底，被告因需请求邳州市运河诚信投资理财服务有限公司介绍借款，因种种原因搁浅。尔后，被告主动要求以合法的房地产转让形式进行。经过公司与原告多次协商达成了协议，遂于2007年11月10日签订了“房地产买卖合同”及“补充协议”，并由被告葛印明签订了保证书予以担保。时至今日，被告既不返还买房款，也不付清租金，又不履行买卖合同，严重侵害了原告的合法权利，为此诉至法院，请求判令被告履行买卖合同即交付房屋，付清租金损失，支付违约金，并承担本案的诉讼费用。

2. 被告惠亚军、胡胜华辩称

我们在原告处借款是用房产抵押的，与原告之间是借贷关系，原告要求给付租金及违约金无事实和法律依据，我们不同意履行合同、返还房屋，请求法院驳回原告的诉讼请求。

3. 被告葛印明辩称

房屋买卖合同已经履行完毕，被告的保证责任应当免除，故原告要求被告承担保证责任的理由不能成立。

（三）事实和证据

江苏省邳州市人民法院经公开审理查明：被告惠亚军和被告胡胜华之间系夫妻关系，原、被告之间此前曾有借贷关系。2007年11月10日，被告惠亚军、胡胜华因周转资金之需，经与原告李桂允协商，签订“房地产买卖合同”一份，合同约定：被告惠亚军、胡胜华自愿将其坐落在邳州市电厂拆迁小区房地产一套出卖给原告李桂允，房屋总价款为8万元，原告李桂允付清房款后即对该房地产享有所有权和使用权；被告惠亚军、胡胜华于2008年11月10日前将该房地产交付给原告李桂允，并协助原告李桂允办理产权过户手续；任何一方违约，均按房地产价格的两倍赔付给对方违约损失。同日，原、被告之间又签订“补充协议”一份，约定：房屋产权和土地使用权虽属原告李桂允所有，但必须租赁给被告惠亚军、胡胜华使用12个月，月租金1 200元，每3个月付一次租金计3 600元，如不按期支付租金，每拖一天支付违约金 400 元，超过 30 天，原告李桂允有权收回该房屋。被告惠亚军、胡胜华在租赁期满付清租金并退还卖房款后，原告李桂允无条件放弃该房地产的所有权和使用权，即该房地产买卖合同失效。租赁期满，被告既不交清租金又不退还买房款的，原告有权收回该房屋，每拖延一天，支付违约金 600 元。同日，被告葛印明出具保证书，保证：在 2008 年 11 月 10 日前将被告惠亚军、胡胜华所欠租金偿还给原告，如被告不能退还全部卖房款或将该房屋转卖，自愿赔偿原告损失 16 万元；并于 2008 年 11 月 12 日前付清。合同签订后，原告李桂允于当日支付被告“买房款” 8 万元。此间，被告惠亚军以支付租金形式给付原告李桂允 8 500 元。期满后，被告既未退还“买房款”，也未交付该房屋。原告遂于 2009 年 3 月 5 日诉至法院，请求判令被告履行房屋买卖合同、返还房屋，支付租金损失及违约金 2 万元。庭审中原告经释明后变更诉讼请求为：偿还借款 8 万元、偿还利息 9 500 元、赔偿违约损失 2 万元。

（四）判案理由

江苏省邳州市人民法院经审理认为：本案原告李桂允与被告惠亚军、胡胜华虽然签订的是“房屋买卖合同”，但该合同约定：被告惠亚军、胡胜华在租赁期满付清租金并退还买房款后，原告李桂允无条件放弃该房地产的所有权和使用权，即该房地产买卖合同失效。该合同条款说明“房屋买卖”并非是双方当事人真实意思之表示，其双方之间进行的“房屋买卖”不是实现合同的根本目的，即名为房屋买卖实为借贷关系，获取该借款、收回借款本息才是双方当事人实现合同的根本目的。综上，原告李桂允主张继续履行房屋买卖合同、返还房屋的诉讼请求不能予以支持。鉴于双方约定的每月“租金”即利息12 000 元，未超过法律规定的标准，故本院应当予以支持。而被告惠亚军、胡胜华在合同约定的使用期限即 2008 年 11 月 10 日届满后，既未按时足额支付利息，也未返还该借款，已构成违约，应当承担继续返还借款本金、支付利息的责任。对于原告主张赔偿的违约损失问题，鉴于双方约定的每天 400 元的违约金，明显高于相关法律规定，因被告未能足额支付利息或及时返还该借款，所给原告造成的实际损失即利息损失，该违约损失的约定不能超过给其实际造成损失的 30%，故本院对原告主张违约损失的诉讼请求，应自逾期之日起至判决确定的给付之日止，按照中国人民银行公布的同期同类贷款利率的 4 倍予以计算和支持。被告葛印明作为保证人，应对该借款本息承担连带偿还责任。庭审中，以“房屋买卖合同”已经履行完毕作为其免除保证责任的辩驳理由，显然与事实不符，故对该辩驳意见不予采信。

（五）定案结论

江苏省邳州市人民法院依照《中华人民共和国民法通则》第八十四条、第九十条、第一百零八条，《中华人民共和国合同法》第一百九十六条、第二百零一条、第二百零七条，《中华人民共和国担保法》第十八条、第十九条、第二十一条之规定，作出如下判决：

1. 被告惠亚军、胡胜华偿还原告李桂允借款本金 8 万元、利息 14 400 元，合计 94 400元，已付 8 500 元，余款 85 900 元及违约损失。上述二被告互负连带责任。

2. 被告葛印明对被告惠亚军、胡胜华承担的上述款项承担连带责任。

（六）解说

我国采取的是严格的物权法定，如果当事人约定的物权内容不符合法律规定，将导致物权不能设立，不能产生物权效力的后果。但旨在设定物权的合同仍然是有效的，在这种情况下只能将当事人设定的权利看成债权。我国《物权法》第五条规定，“物权的种类和内容，由法律规定”。此乃物权法定原则，具体包括两方面内容，其中之一是物权的种类必须要由法律规定，学说称为“类型强制”。据此，任何行政法规、司法解释都不能创设物权。那么违反物权法定原则将产生怎样的后果？首先，我国采取的是严格的物权法定，如果当事人约定的物权内容不符合法律规定，将导致物权不能设立，不能产生物权效力的后果，但旨在设定物权的合同仍然是有效的，在这种情况下只能将当事人设定的权利看成债权。本案中关于李桂允与惠亚军、胡胜华之间的买卖合同性质为何，是本案处理的关键之处，但结合借款及约定买卖合同解除的情形来看，基本上可以判定双方并无实质的买卖合意，换句话说，有买卖的外形，无买卖之实，也不成立法律上有约束力的买卖合同。双方签订买卖合同与租赁合同，是为了确保被告履行买卖合同中的还款义务，具有担保性质，这是无疑问的。但此种担保，在法律上的性质归属，却有疑问？肯定不是质押，因为不动产不能作为质押的标的物。是否为不动产抵押？则值得探究，首先，可以判定双方具有担保意识；其次，担保物为不动产，最后，担保物的所有权并未转移。似乎，可以通过上述要件判定原、被告之间的“买卖合同”为一个不动产抵押合同，虽未登记，但不影响合同效力。而以8万元的价格“买卖”，实际上是一种流抵押条款，这是违反担保法的，应无效。但认定为抵押，有可能会带来后续的一些麻烦，流抵押条款无效，不影响整个抵押合同的效力。

在此有必要提出让与担保的概念：让与担保是指债务人或第三人以担保债务履行为目的，将担保标的物的权利预先转移给债务人，由双方约定于债务清偿后，将担保标的物返还于债务人或第三人；于债务不履行时，债务人得就该担保标的物优先受偿的一种担保方式。其中，转移标的物的债务人或第三人，为担保设定人；取得担保物权利的人，为担保权人，亦即债权人。让与担保制度在我国的《民法通则》、《合同法》中并没有规定，在《物权法》的立法过程中，曾有学者提出列入让与担保制度，由全国人大常委会法工委拟定的《物权法（草案）》三次审议稿之前的诸稿中，也都规定了让与担保制度。但由于种种原因，正式颁布的《物权法》最终没有规定该项制度。

让与担保是非典型物的担保。物的担保的典型形态是在担保物上设定担保物权，担保权人所享有的权利为“定限性”的权利，标的物的所有权仍保留于设定人手中。而让与担保是以移转担保标的物的所有权或其他权利之整体的方式来担保债权实现，其属于“权利移转性”担保。由于担保标的物的所有权或其他权利本身已移转于担保权人，担保权人取得了对担保标的物的“全权利”而非“定限性权利”，故“让与担保的根本性质是所有权担保，即由债权人以拥有所有权来担保其债权的实现的担保制度”。让与担保和担保物权的构造形态不同，加之法律上并未明确规定此种担保方式，故其属于非典型物的担保方式。

让与担保中，尽管标的物的所有权等权利依约定而转移给了债权人，但当事人之间的关系并不是以移转和取得标的物的所有权或其他权利为目的，而只是以移转标的物的所有权或其他权利的方式来担保债权的实现。因而，担保权人只是一时地取得标的物的所有权，在债务人履行债务后，其应向担保人返还标的物；并且担保权人就其所取得的权利，负有不超过担保目的而行使的义务，如其于债务履行期届满前将标的物出卖，则发生违反义务的责任问题。让与担保既以担保债权为目的，其存在以所担保的债权存在为前提。如果被担保的债权不成立或者无效、被撤销，让与担保也应归于无效。

让与担保的实行方式，有以下两种：一是归属清算型，对标的物进行评估，超出债务价值部分由债权人偿还给担保人，债权人取得所有权；二是处分清算型，由债权人将标的物予以变卖，将价款用于清偿债权，多余部分归属于担保人。在大陆法系许多国家，因法律对让与担保无明文规定，其有效性曾遭到学界的批评，被认为是虚伪表示、规避流质禁止之规定、违反物权法定原则，甚至被称为交易上的“私生子”。但如今，让与担保已经成为德国、日本等国的重要担保形式，并被司法判例认可。

而所谓流抵押担保，即指“债权人在订立抵押合同时与抵押人约定，债务人不履行债务时抵押财产归债权人所有”。流抵押担保是法律明确禁止的，《担保法》第四十条规定：“订立抵押合同时，抵押权人和抵押人在合同中不得约定在债务履行期届满抵押权人未受清偿时，抵押物的所有权转移为债权人所有。”且最高人民法院关于《担保法》的解释中第五十七条明确规定：“当事人在抵押合同中约定，债务履行期届满抵押权人未受清偿时，抵押物的所有权转移为债权人所有的内容无效。”让与担保实现的方式，与流抵押条款不同。让与担保的设定，标的物的所有权虽已移转于担保权人，但就担保权人与设定人的关系而言，担保权人尚非确定地取得标的物之所有权，于债务人不履行债务时，担保权人仍应履行变卖标的物或协议估价，以其价金受偿或标的物抵偿债权，亦即担保权人仍有清算义务，在标的物的价金超过担保债权额时，就超过部分负有返还之责，即使在用标的物抵偿债务时也是这样，并非当然取得标的物的所有权。由此可见，让与担保与流抵押条款是有区别的，流抵押条款是当事人事先约定在债务人清偿债务时，担保权人即当然取得标的物所有权，而且不负清算义务。

在我国司法实务中，不宜简单地认定该担保形式无效，尤其不应依据有关流抵押或流质之禁止规定认定担保合同无效。即使合同未约定债务不能清偿时具体的清算办法，法院亦可基于让与担保的机理平衡双方当事人之利益。判定合同是否有效的标准是我国《合同法》第四十四条及第五十二条，即只要不存在《合同法》第五十二条规定之情形，就为有效合同。《合同法》第五十二条规定的合同无效情形有以下5种：(1) 一方以欺诈、胁迫的手段订立合同，损害国家利益；(2) 恶意串通，损害国家、集体或者第三人利益；(3) 以合法形式掩盖非法日的；(4) 损害社会公共利益；(5) 违反法律、行政法规的强制性规定。同时《最高人民法院关于适用〈中华人民共和国合同法〉若干问题的解释（一）》第四条规定：“合同法实施以后，人民法院确认合同无效，应当以全国人大及其常委会制定的法律和国务院制定的行政法规为依据，不得以地方性法规、行政规章为依据。”本案显然不符合前述第一至四项情形，关键是是否违背法律和行政法规的强制性规定。笔者认为，“房地产买卖合同”及“补充协议”的内容并未违反法律和行政法规的强制性规定，是有效合同。

诚然，我国《物权法》的物权法定原则要求物权的种类和内容必须由法律规定，而我国现有法律并未明文规定“让与担保”。但是，我国《物权法》还有一项重要原则，那就是“物权效力和合同效力相区分原则”。根据物权之区分原则，在当事人通过合同创设新型担保物权时，除司法解释有明确规定外，在合同效力认定方面，应依契约自由原则，只要不存在《合同法》第五十二条规定之情形，不宜轻易否定非典型担保合同之效力，以满足担保实践之需要。在物权变动效力方面，应依物权法定和物权公示原则，不宜承认非典型担保的物权效力。物权的设立和变动要依据《物权法》的规定，不符合《物权法》的规定不产生物权上的效力。而订立设立、变更、转让和消灭物权的合同，属于债权法律关系的范畴，其成立、生效等问题均依债权法的规定处理。

本案中李桂允与惠亚军、胡胜华之间的买卖合同性质为何，是本案处理的关键之处，但结合借款及约定买卖合同解除的情形来看，基本上可以判定双方并无实质的买卖合意，换句话说，有买卖的外形，无买卖之实，也不成立法律上有约束力的买卖合同。李桂允与惠亚军、胡胜华签订这么一个买卖合同与租赁合同，是为了确保惠亚军、胡胜华履行买卖合同中的还款义务，具有担保性质，这是无疑问的。将本案的事实对照上述让与担保制度的构成，不难看出，原告与两被告签订的“房屋买卖合同”及补充协议，和让与担保制度基本吻合，因此，他们之间设立的担保并不是流抵押担保，而是让与担保。

双方当事人签订的是一个让与担保类型的合同，就是惠亚军、胡胜华用自己房屋的所有权担保债务的履行。这个协议并不违反法律、行政法规的强制性规定，应当是有效的。但是，即使是让与担保的话，也有一个问题，就是房屋的价值可能高于，也有可能低于所担保的债权。在低于担保债权的情况下，直接过户没有问题。在高于担保债权的情况下，法院不宜直接支持李桂允的诉求，而应当组织评估，判决惠亚军、胡胜华将多余的房款部分返还李桂允。这样既尊重了双方借贷及担保的意思，又维护了李桂允的合法权益，应当是一种比较妥当的处理方式。但鉴于庭审中原告将诉讼请求变更为：偿还借款 8 万元、偿还利息 9 500 元、赔偿违约损失 2 万元，根据民事诉讼中的处分原则法院只能作出上述判决。

（江苏省邳州市人民法院　李晓东）

37. 王忠欢诉许光大其他人身损害赔偿案
（帮工与承揽的区分）

（一）首部

1. 判决书字号：浙江省诸暨市人民法院（2009）绍诸民初字第 82 号。

2. 案由：其他人身损害赔偿纠纷。

3. 诉讼双方

原告：王忠欢，男，汉族，现住诸暨市。

委托代理人：楼旭东，浙江振邦律师事务所律师。

被告：许光大，汉族，住浙江省诸暨市。

委托代理人：何建红，浙江靖光律师事务所律师。

4. 审级：一审。

5. 审判机关和审判组织

审判机关：浙江省诸暨市人民法院。

独任审判人员：审判员：楼跃飞。

6. 审结时间：2009 年 3 月 10 日。

（二）诉辩主张

1. 原告王忠欢诉称

原、被告系朋友关系。被告许光大在大唐镇箭路村开办加弹厂，因原告懂得电机修理，平时被告的加弹机有问题时，被告经常叫原告帮忙修理。2008 年 5 月 12 日下午，被告因电动机无法工作打电话给原告，叫原告帮忙修理。17 时许，原告在检修电动机时被旁边的一台正常运转的电动机轧伤右手手指。原告受伤后，被告即开车送原告到诸暨市人民医院，后转到武警浙江总队杭州医院治疗，住院 14 天，共花去医疗费 12 497.1 元。原告之伤经鉴定为九级伤残。事故发生后，被告仅支付医疗费 3 400 元，其余医疗费等经济损失至今未付。现原告起诉要求被告赔偿医疗费等经济损失共计人民币 126 313.78 元。

2. 被告许光大辩称

（1）原、被告之间不存在朋友关系，原告为被告修理电动机是事实，但属于定作承揽关系，不是帮工关系；（2）原告的损失有许多不合理情况；（3）原告受伤是自己违规操作引起，应由原告承担全部责任；（4）事发后被告垫付医疗费 4 075 元，并非诉状中所称的 3 400 元。

（三）事实和证据

浙江省诸暨市人民法院经公开审理查明：原告王忠欢系从事电机修理人员并开办有修理门市部。2008 年 5 月 12 日下午，被告因电动机无法工作，打电话给原告，叫原告帮忙修理。17 时许，原告在检修电动机时被旁边的一台正常运转的电动机轧伤右手手指。原告受伤后被告即开车送原告到诸暨市人民医院，后转到武警浙江总队杭州医院治疗，住院 14 天，共花去医疗费 12 293.54 元。原告之伤经鉴定为九级伤残。事故发生后，被告许光大已支付医疗费 4 075 元。现原告以义务帮工人身份请求被告作为被帮工人赔偿各类经济损失 126 313.78 元。审理中，原告认为，即使原、被告间系承揽关系，被告也应承担相应责任。同时查明，原告拥有诸暨市暨阳街道垦塔东路 109 号 703 室住房一套。

上述事实有下列证据证明：

1. 王忠欢的名片1份及王忠欢修理店的照片5份。

2. 证人王舟证言1份。

3. 门诊病历2本、医疗费发票5份、病人费用清单1份及住院病程记录等。

4. 收条1份以及医疗费发票原件2份。

5. 司法鉴定意见书1份以及司法鉴定发票1份。

6. 房产证（所有权人为王忠欢，房屋坐落在诸暨市暨阳街道艮塔东路109号703室）复印件1份。

（四）判案理由

浙江省诸暨市人民法院经审理认为：本案的主要争议焦点是，原、被告究竟是义务帮工关系还是加工承揽关系。两者的区别主要在于：义务帮工活动是无偿的，是助人为乐行为；加工承揽关系是有偿的，是一方按照另一方的要求完成一定的工作并交付工作成果，另一方接受该成果并给付一定报酬的合同，是一种商业行为。本案中，原告王忠欢系专职从事电机修理并开办了修理门市部，因此原告本身是以通过为他人修理电机而收取修理费为目的，故一般情况下，原告的行为系典型的加工承揽关系。而原告现主张系无偿帮工关系，应具有足以使人信服的理由。原告王忠欢否认以前为被告修理电机时曾收取过修理费，而被告则认为曾支付过20元修理费。虽被告未能提供相应证据，但根据一般交易习惯，难以苛求被告为此举证。即使根据原告的陈述，以前小修时候未收取费用，也应认定原告的行为蕴涵着经济目的。而且，也与当时的修理结果有关。因此，本案确定为承揽关系更符合当事人之间的实际情况。根据《最高人民法院关于审理人身损害赔偿案件适用法律若干问题的解释》第十条，承揽人在完成工作过程中对第三人造成损害或者造成自身损害的，定作人不承担赔偿责任；但定作人对定作、指示或者选任有过失的，应当承担相应的赔偿责任。因此，本案的另一个争议焦点是，被告许光大作为定作人，在本案中有无过错。对此，原告认为被告具有明显过错，而被告则认为事故系原告违规操作引起，应由原告自行承担全部责任。原告认为被告应承担赔偿责任的理由之一是原告开办的修理门市部无营业执照，也无修理的相关资质，故被告存在选任过失。本案中，被告许光大作为一名普通自然人，无必要，也无资格去审查原告开办门市部的手续是否齐全。现原告以自己违反行政法规的行为要求他人对此承担民事责任，既无事实和法律依据，也有违诚信原则。因此，被告不应以选任过失为由承担责任。原告的理由之二是本起事故的发生原因是被告没有将全部电动机电源切断，且未告知原告。本案被告在未切断邻近待修电动机电源的情况下，将存在严重安全隐患的电动机交由原告修理，致使事故发生，存在着定作、指示过失，应承担相应的民事责任。但原告作为专业修理人员，应当知道危险性而修理且未注意修理安全是发生损害事故的直接原因，较被告的定作、指示过失更为严重，故确定由被告许光大承担30%的赔偿责任，由原告自负70%的责任。原告的合理赔偿范围如下：（1）医疗费。原告所提供的发票和由被告支付的两张发票合计金额为12 293.54元，被告主张2008年7月2日的发票无病历记载，经审查，当天有明确记载，故不应剔除。（2）陪护费879.86元。（3）误工费。因原告未能提供收入证明，故应以51.44元/天计算。原告将误工时间请求至评残前一天也符合相关规定，故应为51.44元/天×103天＝

5 298.32元。(4) 住院伙食补助费 140 元。(5) 伤残赔偿金。因原告居住在城区，且以非农收入为主要生活来源，故伤残赔偿金为 20 574 元/年×20 年×20%=82 296 元。(6) 鉴定费 1 400 元。(7) 营养费。因原告未能提供相应证据，故本院不予支持。以上合计 102 307.62元。被告应赔偿原告 30 692.29 元。另被告认可精神损害抚慰金以3 000元左右较为合理，故本院酌定为 3 000 元。故总计赔偿额为 336 923.29 元。

(五) 定案结论

浙江省诸暨市人民法院依照《中华人民共和国民法通则》第一百零六条第二款、第一百一十九条、第一百三十一条及《最高人民法院关于审理人身损害赔偿案件适用法律若干问题的解释》第十条之规定，作出如下判决：

1. 被告许光大应赔偿原告王忠欢医疗费、陪护费、误工费、住院伙食补助费、伤残赔偿金、鉴定费、精神损害抚慰金等经济损失合计人民币 33 692.29 元。扣除已支付的 4 075元，尚应支付 29 617.29 元，款限本判决生效之日起 15 日内付清。

2. 驳回原告王忠欢其他诉讼请求。

如果被告未按本判决指定的期间履行给付金钱义务，应当按照《中华人民共和国民事诉讼法》第二百三十二条之规定，加倍支付迟延履行期间的债务利息。

本案应收案件受理费 2 825 元，依法减半收取 1 412.5 元，由原告王忠欢负担 900 元，被告许光大负担 512.5 元。

(六) 解说

在人身损害赔偿案件中，当事人之间因为不同的身份关系而承担的责任也不同；同时，当事人在诉讼程序中的举证责任等相关责任的承担上也有很大的区别。所以在本案中，关于原、被告之间是义务帮工关系还是加工承揽关系是案件争议的焦点。身份关系的定性不同会产生不同的判决结果，对当事人的利益产生重大影响。义务帮工关系中，帮工人自愿、无偿为被帮工人提供劳务，被帮工人无须支付报酬，帮工活动具有互助、临时、一次性消费的特点。由于帮工活动的无偿性，被帮工人有义务为帮工人提供安全的帮工环境和帮工工具，保证帮工人的人身安全。被帮工人对帮工人在帮工活动中的人身损害应适用无过错责任原则，只要帮工人在帮工活动中遭受人身、财产损害，被帮工人就应承担赔偿责任，除非被帮工人明确拒绝帮工或损害由第三人造成。这种归责原则也符合受益和风险相一致的原则。而加工承揽关系中定作人与承揽人之间存在合同关系，双方自始至终地位平等，不存在人身依附，承揽人对工作如何安排完全有自主决定权，定作人无权进行干预。承揽关系中的风险由承揽人自己承担，而且这种风险承揽方一般难以转嫁。承揽人拥有更多的自主权，他在活动中遭受人身损害时，法律对定作人规定的是过错责任原则，定作人有过失的，只承担与其指示、选任过失相适应的赔偿责任。

在本案中，原告王忠欢系专业的电机维修人员，且开办了维修门市部，这样特殊的身份决定了一般情况下原告的行为应推定为以自己的加工承揽行为作为交换获取报酬，具有营利性，是一种商业行为。原告若主张本案中为被告许光大维修电动机的行为系义务帮工活动，应承担相应的举证责任，提供足以使人信服的理由。对此，原告未能提供充足的证据加以证明。而根据一般的市场交易习惯，标的额较小的买卖合同、加工承揽合同等交易具有一次性、临时性的特点，交易双方为了便利起见，可能不一定会出具书面的收条等依据，双方往往进行口头结算，钱货两清。付款方要保存证据比较困难。本案中，被告许光大认为曾支付20元的修理费，但也未能提供证据，结合当今市场交易习惯，我们难以苛求其为此举证。在原告不能提供证据证明自己的行为系义务帮工行为的情况下，本案确定为加工承揽关系更为妥当。

（浙江省诸暨市人民法院　楼跃飞）

38. 杨拜祥诉南通瑞帆机电设备安装有限公司等雇员受害赔偿纠纷案（雇佣关系和加工承揽关系）

（一）首部

1. 判决书字号：江苏省启东市人民法院（2008）启民一初字第2547号。

2. 案由：承揽合同中人身损害赔偿纠纷。

3. 诉讼双方

原告：杨拜祥，男，汉族，住江苏省启东市。

委托代理人：陈凡，北京市华贸硅谷律师事务所律师。

被告：南通瑞帆机电设备安装有限公司（以下简称瑞帆公司），住所地：江苏省启东市汇龙镇经济开发区南苑工业区南苑路。

法定代表人：周雨石，公司董事长。

委托代理人：张建春，金博大律师事务所上海分所律师。

委托代理人：胡忠兵，金博大律师事务所上海分所律师。

被告：施忠华，男，汉族，住江苏省启东市。

委托代理人：周辉，江苏南通禾东律师事务所律师。

被告：龚健，又名施健，男，汉族，住江苏省启东市。

委托代理人：陈卫东，江苏南通东疆律师事务所律师。

4. 审级：一审。

5. 审判机关和审判组织

审判机关：江苏省启东市人民法院。

合议庭组成人员：审判长：陈美；审判员：王辉；人民陪审员：鞠锦启。

6. 审结时间：2009年4月28日。

（二）诉辩主张

1. 原告杨拜祥诉称

被告施忠华承建被告瑞帆公司办公楼的装饰工程后，将其中的水电工程分包给了被告龚健。被告龚健在施工过程中，雇用原告及顾建彪做工，原告在从事雇佣工作过程中受伤住院 16 天，共花去医药费 14 151.48 元，因被告施忠华无施工资质，故要求被告龚健、施忠华共同赔偿原告医药费、误工费等经济损失合计 213 544.48 元，被告瑞帆公司承担连带赔偿责任。

2. 被告瑞帆公司辩称

瑞帆公司将公司办公楼的装饰工程发包给了无施工资质的被告施忠华是事实，被告施忠华承建后又将其中的水电工程分包给了被告龚健，故原告受伤应由被告施忠华、龚健承担赔偿责任，被告施忠华承担赔偿责任后，其愿依法承担相应法律责任。

3. 被告施忠华辩称

（1）其承建被告瑞帆公司办公楼的装饰工程后，将其中的水电工程分包给了被告龚健是事实，被告龚健在施工过程中又将部分工程转包给了原告及顾建彪，故原告受伤与其无关。（2）原告与被告龚健不存在雇佣关系，其双方应是加工承揽关系。（3）原告所主张的相关费用中存在不合理部分。综上，请求驳回原告的诉请。

4. 被告龚健辩称

（1）原告在从事其承包的水电工程施工中受伤住院是事实，但其与原告并非雇佣关系，双方应是加工承揽关系。（2）原告所主张的相关费用中存在不合理部分。请求驳回原告的诉请。

（三）事实和证据

江苏省启东市人民法院经公开审理查明：2008 年年初，被告施忠华经与被告瑞帆公司负责人协商，达成承包施工口头协议一份，约定被告瑞帆公司办公楼的电气照明、给排水、消防等装饰工程由被告施忠华承包施工。后被告施忠华开始进场施工。同年 3 月 12 日，被告施忠华与被告龚健经协商后签订了承包施工合同一份，合同约定被告瑞帆公司办公楼的装饰工程中的水电工程分包给被告龚健施工。3 月 19 日，被告龚健与经常从事水电施工的原告杨拜祥协商，将水电工程中的所有凿墙槽工作交由原告完成，完工后被告支付报酬 1 200 元。双方谈妥后，原告又自行通知了顾建彪共同施工，施工中自带切割机、榔头、凿子等工具。3 月 20 日下午，原告在与顾建彪共同施工时，被墙内弹出的钢筋头击伤右眼。原告受伤后，当即被送往启东市人民医院救治，经医生诊断，原告的伤为右眼球破裂伤。原告在该院住院 12 天后因治疗效果不明显主动要求出院，出院时花去医药费 5 629.02 元。原告出院后于同年 5 月 15 日入住上海复旦大学眼耳喉鼻医院治疗，原告在该院施行右眼球摘除术＋义眼座植入术后于 5 月 20 日出院，离开该院时又花去医药费 8 393.76元。6 月 13 日，原告在上海义眼配制中心安装了义眼（德国进口材料），花费 5 000元。2008 年 12 月 17 日，南通市第三人民医院司法鉴定所作出通三医司法鉴定所［2008］医鉴字第 3571 号司法鉴定意见书，认定原告的伤构成七级伤残；原告的误工期限为 3 个月，住院期间需 2 人护理，出院后需 1 人护理 1 个月；原告的后续治疗安装一般国产材料费用约为 1 500 元，更换周期一般国产材料义眼为 10 年，安装义眼防止感染的费用每次约 500 元。因双方协商未成，故原告提起诉讼。

另查明，原告受伤后，被告龚健于 2008 年 3 月 20 日给付了顾建彪人民币 800 元，顾建彪将 800 元交给原告后，原告给了顾建彪 400 元。2008 年 4 月 7 日，被告瑞帆公司与被告施忠华补签了办公楼装饰工程施工合同一份。

上述事实有下列证据证明：

1. 装饰工程施工合同。

2. 启东市人民医院的病历、上海复旦大学附属医院病因、诊断证明书、医药费票据、司法鉴定意见书。

3. 证人顾建彪的证言。

4. 证人施晓辉、黄海的证言。

（四）判案理由

江苏省启东市人民法院经审理认为：被告施忠华承建被告瑞帆公司办公楼的装饰工程后，将其中的水电工程分包给了被告龚健，原告杨拜祥在从事被告龚健承包的水电工程的施工过程中受伤住院。对此事实，双方均无异议，本院予以确认。本案争议的焦点是原告杨拜祥在施工过程中是以每天 100 元计酬还是由其承包完工后一次性计酬 1 200 元，进而确定原告杨拜祥与被告龚健间存在的是雇佣关系还是加工承揽关系。原告为此提供了证人顾建彪的到庭证言，因该证人证言的内容系证人听原告所说，故该证人证言属传来证据、间接证据，且系孤证。被告龚健为此提供了证人施晓辉、黄海的到庭证言，因该两证人的证言内容系两证人亲身经历，且相吻合，故该两证人的证言系原始证据、直接证据，在无其他证据相印证的情况下，被告龚健提供的两证人的到庭证言的效力高于原告提供的证人证言的效力，故本院采信被告龚健提供的两证人的到庭证言，认定原告杨拜祥与被告龚健间存在的是加工承揽关系。进一步理由为：(1) 从施工中双方人员的关系看，本案原告与被告龚健谈妥后，原告未经被告龚健同意又自行安排了顾建彪共同参与施工，可见原告与被告龚健间不存在人身控制、支配关系，不符合雇佣关系的法律特征。(2) 从是否提供劳动工具及限定工作时间看，雇佣关系是由雇主提供劳动工具、规定工作时间的，加工承揽关系则由承揽人自带劳动工具、自行安排劳动时间。本案原告在施工中自带工具，被告龚健也未规定原告等人的工作时间，该事实符合加工承揽关系的法律特征。(3) 从是否完成一次性工作成果看，雇佣关系中雇员无须一次性交付工作成果，加工承揽关系中承揽方需以交付工作成果作为获得报酬的条件。本案原告是以全部完成工作作为获得报酬的条件，故符合加工承揽关系的法律特征。(4) 从报酬给付方式看，雇佣关系中雇主是定期给付报酬的，加工承揽关系则以工作成果一次性计酬。本案中双方约定的 1 200 元是一次性给付的，符合加工承揽关系的法律特征。(5) 从原告杨拜祥与顾建彪的报酬分配看，如双方不存在合作关系，与被告龚健存在雇佣关系的话，那么，原告杨拜祥没有必要将被告给付的 800 元在其与顾之间均分。因为根据顾的陈述，该 800 元具有补偿原告的意思，顾未在施工中受伤，无补偿之必要。只有认为原告与顾建彪具有合作关系，原告才有理由分给顾

400 元，这就反证了原告与顾并非受雇于被告龚健，而是合作承揽了有关劳务。综上，本院认定原告与被告龚健存在的是加工承揽关系。因双方存在的是加工承揽关系，故原告在施工中遭受的损害应自行承担，原告诉请三被告赔偿于法无据，本院不予支持。被告施忠华书面表示自愿贴补原告 5 000 元，被告龚健书面表示自愿贴补原告 20 000 元，因其系该两被告的真实意思表示，本院照准。

（五）定案结论

江苏省启东市人民法院依照《最高人民法院关于民事诉讼证据的若干规定》第六十三条、第六十四条，《中华人民共和国合同法》第二百五十一条、第二百五十三条之规定，作出如下判决：

1. 驳回原告杨拜祥的诉讼请求。

2. 准予被告施忠华、龚健分别补偿原告杨拜祥人民币 5 000 元、20 000 元，限二被告于本判决生效之日起 10 日内履行。

如果未按本判决指定的期间履行给付金钱义务，应当依照《中华人民共和国民事诉讼法》第二百二十九条之规定，加倍支付迟延履行期间的债务利息。

本案受理费 1 290 元、鉴定费用 2 960 元，合计 4 250 元（原告已预交），由原告杨拜祥承担。

（六）解说

本案的争议焦点是原告杨拜祥与被告龚健间存在的是雇佣关系还是加工承揽关系。

庭审中，原告杨拜祥为证明其受雇于被告龚健，提供了证人顾建彪的到庭证言，顾建彪作证称，其与原告相识已一年多，事发前曾一起干过凿墙槽活（布设水电管线用）。原告通知其干活时对其讲，被告龚健处有活干，自带工具干一天 100 元左右，中饭由对方负责，施工范围为被告龚健的工人所有划好线的部分。

被告龚健依其抗辩，提供了证人施晓辉、黄海的到庭证言。证人施晓辉作证称，其受雇于被告龚健，为被告龚健干活。有一天，其和黄海在办公楼的卫生间内划线（确定凿墙槽的位置）时，原告和被告龚健进来。进来后，原告与被告龚健开始商量凿墙槽一事，双方约定卫生间与踏步范围内的所有凿墙槽工作由原告施工，施工范围为所有划线部分，完工后原告要求报酬 1 500 元，最后双方谈定为 1 200 元。证人黄海作证称，其受雇于被告龚健，原告与被告龚健商量凿墙槽一事时，其与施晓辉在场，当时凿墙槽的工程量约定以所有划线的范围为准，具体多少说不清，完工后原告要求报酬 1 500 元，最后定价1 200元。

审理中有一种意见认为，原告杨拜祥与被告龚健间是雇佣关系。因为即使采纳了被告提供的证人证言，杨拜祥与龚健之间仍然有雇佣关系的形式存在，作为一般主体，杨拜祥从事的活动不具有特殊性，只是以劳务活动为目的。

对此笔者认为：雇佣关系是指受雇人在一定或不特定的期间内，从事雇主授权或指示范围内的生产经营活动或者其他劳务活动，雇佣人接受受雇佣人提供的劳务并按约定给付报酬的权利义务关系。受雇佣人在从事雇佣活动过程中遭受人身损害或他人损害的，雇主应当承担赔偿责任。承揽关系是承揽人按照定作人的要求完成工作，交付工作成果，定作人给付报酬的权利义务关系，承揽人在完成工作过程中造成自身损害或他人损害的，定作人不承担赔偿责任。但定作人对定作、指示或选任有过失的，应当承担相应的赔偿责任。

雇佣关系与承揽关系是实践中经常会碰到，又比较容易混淆的两种不同的法律关系。《最高人民法院关于审理人身损害赔偿案件适用法律若干问题的解释》（以下简称《解释》）对二者采取了不同的归责原则。不同关系，对于当事人在实体权益、举证责任等方面存在很大的差异，因此在人身损害赔偿案件中，如何正确区别二者就显得尤为必要。实践中可结合以下几点进行把握：

1. 当事人之间是控制、从属还是独立平等关系。雇佣关系中，雇主与雇员之间地位是不平等的，雇员处于从属地位，在雇主控制、支配、指挥下开展工作；承揽关系中，定作人和承揽人之间是平等的，承揽人具有独立开展工作的权利。

2. 主体是否具有特殊性。以劳务活动为目的，对其主体一般没有特殊性的要求；以劳动成果为目的，则要求具备完成承揽工作所必备的技术、设备和技能等条件。

3. 劳动条件的提供及劳动方式。在雇佣关系中，由雇主向雇员提供各种劳动条件，主要有劳动场所、劳动工具和相关的劳动资料等。而承揽关系中，工作场地、生产条件一般由承揽人本人负责提供，承揽人只要向定作人支付工作成果即可。

4. 报酬支付方式不同。以劳务活动为目的，报酬多按照固定的时间间隔发放，采取计时方式；以劳动成果为目的，报酬多按完成工作成果的情况一次性或阶段性支付。

5. 行为是否连续。以劳务活动为目的，多体现为连续性；以劳动成果为目的，多体现为一次性。

综上，笔者认为，被告龚健要求的工程量即劳务成果是确定的，且工程量较小，被告只要求一个确定的劳务成果；人身依附关系方面，原告使用自己的劳动工具，原告也未经被告龚健同意就自行安排了顾建彪共同参与施工，而被告龚健一直不在施工现场，由此可见原、被告之间不存在人身控制、支配关系；报酬支付方面，双方约定报酬 1 200 元一次性支付；另外，根据启东当地的装修习惯，类似于凿墙槽之类的工程一般作为一次性包工承包出去。上述情形均符合加工承揽关系的特征，因此原、被告之间应属于加工承揽关系。

（江苏省启东市人民法院　王飞）

39. 张容境诉上海东方航空股份有限公司等航空旅客运输合同案（航空旅客运输合同）

（一）首部

1. 判决书字号

一审判决书：上海市浦东新区人民法院（2008）浦民一（民）初字第 10632 号。

二审判决书：上海市第一中级人民法院（2009）沪一中民一（民）终字第3175号。

2. 案由：航空旅客运输合同纠纷。

3. 诉讼双方

原告（被上诉人）：张容境，男，汉族，户籍地：黑龙江省哈尔滨市道外区。

委托代理人：游闽键，上海市协力律师事务所律师。

被告（上诉人）：中国东方航空股份有限公司（以下简称东方航空公司）。

法定代表人：李丰华，公司董事长。

委托代理人：曾亮，上海东方华银律师事务所律师。

委托代理人：曹颖，女，公司员工，住上海市闵行区吴中路。

被告：上海银桥科技创业投资管理有限公司（以下简称上海银桥公司）。

法定代表人：刘佳，公司总经理。

委托代理人：周从德，男，汉族，公司员工。

4. 审级：二审。

5. 审判机关和审判组织

一审法院：上海市浦东新区人民法院。

合议庭组成人员：审判长：孙正新；代理审判员：顾惠群；人民陪审员：季叶芳。

二审法院：上海市第一中级人民法院。

合议庭组成人员：审判长：单珏；审判员：岑佳欣；代理审判员：潘春霞。

6. 审结时间

一审审结时间：2009年6月11日。

二审审结时间：2009年10月14日。

（二）一审诉辩主张

1. 原告诉称

原告通过被告上海银桥公司（机票代售处），预订了2008年2月5日由上海至哈尔滨（航班号MU5619）、2008年2月12日由哈尔滨至上海（航班号MU5618）的往返机票1张。2008年1月6日8时左右，原告在住所处收到来人送来的机票1张，票号为7814731839614，票价总计人民币（下同）2 760元。为确保机票的真实性，原告在被告东方航空公司的网站客票查询栏输入机票票号与乘机旅客姓名后点击查询，显示客票信息与机票内容完全一致，包括旅客姓名、票号、出票处信息、PNR编码、航班号、舱位、出发时间、出发与到达的机场。原告遂支付机票款、送票费共计2 850元给送票人。2008年1月14日14时左右，原告再次登入被告东方航空公司的网站查询客票信息，显示结果为“客票有效，未使用”，但未显示前次查询时显示的其他详细信息。原告遂又登入信天游网站（网址：http：//www.travelsky.com/travelsky/static/home/）的“电子客票信息验真”栏进行查询，结果仍然是“客票有效，未使用”，但无其他详细信息。原告怀疑机票可能被他人擅自退掉，于是向被告东方航空公司投诉，并立即到上海市公安局闸北区分局天目西路派出所报案。2008年1月14日20时36分，原告再次登入信天游网站进行查询，发现客票信息为“已退票”。原告认为，原告在收到电子客票行程单后，即在网上查询机票情况，已履行了相关注意义务，而被告东方航空公司网站的查验机票功能存在巨大漏洞，并引发诸多问题，直接侵害旅客权益。根据“中国民航准则”第二十二条，“旅客自愿退票，除凭有效旅客票外，还应提供旅客本人的有效身份证件”，根据《中国东方航空股份有限公司旅客须知》中“旅客退票须持本人有效旅行证件及客票至原购票地点办理退票手续”的规定，以及我国《民法通则》第六十三条的规定，在原告没有授权他人，且没有亲自退票的情况下，被告东方航空公司通过被告上海银桥公司将机票款退给并未持有原告身份证件的不相关的持票人，没有按上述民航总则以及旅客须知的规定尽到审查义务，导致原告蒙受巨大的经济损失。机票作为原告与被告东方航空公司运输合同的表现形式，在原告没有明确表示解除合同的情况下，被告上海银桥公司代表被告东方航空公司单方解除合同的行为属于违约行为。被告东方航空公司应承担违约责任，其代理人被告上海银桥公司在退票环节未尽到审查义务，应承担连带责任。综上，原告诉请判令：（1）要求两被告连带赔偿原告机票款损失 2 850 元；（2）要求两被告在《21 世纪经济报》、《新民晚报》中缝以外显著位置向原告进行公开赔礼道歉；（3）要求两被告连带承担本案诉讼费。

2. 被告东方航空公司辩称

原告从票贩处购得假机票，机票款损失系由原告自身过错造成，被告东方航空公司不存在任何过错，不应承担机票款赔偿责任；公开赔礼道歉不属于合同违约的责任方式，缺乏法律依据。请求驳回原告的诉讼请求。

3. 被告上海银桥公司辩称

原告拨打的机票订购电话并非上海银桥公司的订票电话。原告亦不能举证其收到的电子客票行程单由上海银桥公司提供。原告提供的行程单所载印刷序号、票款、出票单位均与被告上海银桥公司出具的行程单内容不符。原告所持的电子行程单系从票贩处所购假票，由此造成的损失由原告自负。被告上海银桥公司未对原告造成人身伤害，无须赔礼道歉。不同意原告全部诉请。

（三）一审事实和证据

上海市浦东新区人民法院经公开审理查明：2008 年 1 月 5 日，原告从朋友处取得了号码为 29911686 的机票订购电话，并于当天拨打订购电话。在电话中，原告告知对方其真实姓名、身份证号码及送票地址，预订了 2008 年 2 月 5 日由上海至哈尔滨（航班号 MU5619）、2008 年 2 月 12 日由哈尔滨至上海（航班号 MU5618）的往返航班机票 1 张。2008 年 1 月 6 日 8 时左右，原告在住所处收到了来人（身份不明）送来的航空运输电子客票行程单 1 张，票号为 7814731839614，票价总计 2 760 元。该行程单印刷序号记载为“7164408344”，填开单位栏内记载为“上海不夜城国际旅行社”。原告收到航空运输电子客票行程单后，即进入被告东方航空公司网站进行了网上确认，并支付了机票款 2 760 元和送票服务费 90 元。后原告在网上查验机票时发现机票被退。原告于 2008 年 1 月 14 日向上海市公安局闸北分局天目西路派出所报案，但送票人不知去向，订票电话也已停机，无侦查结果。原告又向东方航空公司投诉，但未获满意结果。原告在查实实际出票单位为被告上海银桥公司后，即向本院提起诉讼。

另查明，被告上海银桥公司系经中国航空运输协会确认的可以代理销售民航飞机票业务的企业。原告所持行程单为假票，真实行程单的票号及填开单位代号与假票相同，但印刷序号为“7199198239”，填开单位为被告上海银桥公司而非“上海不夜城国际旅行社”，机票价格为3 280元。该机票于2008年1月5日由案外人（身份不明）自上海银桥公司购买。次日，该案外人办理了退票手续。上海银桥公司称，退票时，工作人员曾查验退票人的身份证件，但未复印保留，退票人的签字单据也因被告上海银桥公司迁址而无法找到。

上述事实有下列证据证明：

1. 原告提供的电子客票行程单2份。

2. 2008年1月14日原告在被告东方航空公司网站上的电子客票查询记录1份。

3. 2008年1月14日14时、1月14日20时36分、2月13日15时15分原告在信天游网站电子客票查询记录各1份。

4. 上海市公安局案（事）件接报回执单复印件1份。

5. 上海雅可因特格商务咨询有限公司的情况说明1份。

6. 被告东方航空公司的旅客须知。

7. 被告上海银桥公司提供的查询记录1份。

8. 原、被告在庭审中的陈述。

（四）一审判案理由

上海市浦东新区人民法院经审理认为：客运合同自承运人向旅客交付客票时成立，但当事人另有约定或者另有交易习惯的除外。本案所涉的航空旅客运输合同系以数据电文形式订立，主要合同内容记载于电子客票。电子客票作为传统纸质客票的电子替代产品，其特点在于，仅以电子数据形式体现，并无物质载体。电子客票的出票于网络数字环境下完成，旅客购票后只需提供电子客票记载的个人信息即可在机场办理登机手续，无须出示实体机票。电子客票行程单只是旅客购买电子客票的付款或报销凭证，具有提示旅客行程的作用，但并非旅客办理登机手续和安全检查的必要凭证。因此，行程单的有无或真伪并不影响航空旅客运输合同的成立及效力。本案中，原告于2008年1月5日委托他人订购被告东方航空公司的机票，上海银桥公司作为东方航空公司的机票销售代理企业，其出票的行为即表示被告东方航空公司已对原告的要约作出承诺，航空旅客运输合同即告成立、生效。原告从他人处取得的电子客票行程单虽系伪造，但并不因此影响客运合同的效力。

原告与被告东方航空公司之间的客运合同依法成立后，即具有法律效力，双方当事人均应依照约定履行自己的义务，不得擅自变更或解除合同。作为承运人的东方航空公司应当在约定期间内将原告安全运输到约定地点。如原告因故不能按时乘坐航班，则应在客票有效期内持本人有效身份证件办理退票；委托他人代为退票的，承运人东方航空公司或者其代理人上海银桥公司应在审核原告本人、代理人的身份证件后方能办理。本案中持有真实行程单的身份不明人以原告的名义办理退票，但其未得到原告的授权，构成无权代理。被告上海银桥公司虽辩称其曾查验退票人的身份证件，但未能提供相应证据予以证明，本院难以采信，故被告上海银桥公司并无充分理由相信办理退票人具有代理权，故亦不成立表见代理。两被告辩称本案系原告自身过错所致，其选任无资质代理人在先，才给予该人以实施诈骗行为的可乘之机。对此，本院认为，原告取得电子客票行程单后，曾登录被告东方航空公司的网站进行查询，查询栏显示了原告所购机票的相应信息，可视为其已尽到辨别机票真伪的基本注意义务。且合同的订立与解除系两个各自独立的民事行为。原告委托不明身份人代为购票虽存在过错，但这与业已有效成立的合同被解除不具有直接的因果关系。本案合同被擅自解除系被告上海银桥公司未尽必要的退票审查义务所致，故对两被告的上述抗辩，本院亦难采纳。被告上海银桥公司作为承运人被告东方航空公司的代理人，其行为构成承运人对旅客的违约，该解除合同的行为依法对原告不发生效力。但鉴于原告原预订机票基于其特定的出行时间，原合同目的已无法实现，故原告不再要求履行合同，而要求被告东方航空公司赔偿其支付的 2 760 元机票款损失的诉请，本院应予支持。

本案航空旅客运输合同的主体为原告和被告上海东方航空公司，上海银桥公司作为有资质的航空机票销售代理企业，其实施的售、退票行为均系代理东方航空公司所为，故应由被代理人即被告东方航空公司承担相应的民事责任。至于上海银桥公司未尽退票审查义务而给东方航空公司造成损害，可由双方根据代理关系另行解决。因此，原告要求两被告承担连带责任的诉请，缺乏法律依据，本院不予支持。

关于原告主张被告应赔偿其支出的 90 元送票费，本院认为，该笔费用系原告支付给送票人的劳务报酬。原告购买机票本应通过有资质的机票销售代理企业进行，如采用电话订票方式，亦应核实对方的企业名称及资质情况。但本案中，原告仅通过从朋友处取得的电话号码就轻易将自己的身份信息报给对方，委托其订票，而未作任何核查；庭审中，亦未能提出相应证据证明其有理由相信来人为上海银桥公司的工作人员，故该损失系原告自身过错所致，与被告上海银桥公司及被告东方航空公司无关，原告的此项诉请，本院不予支持。

因原告选择合同之诉，而赔礼道歉系承担侵权责任的方式，故原告要求两被告在《21世纪经济报》、《新民晚报》中缝以外显著位置向原告公开赔礼道歉的诉讼请求，缺乏法律依据，本院亦不予支持。

（五）一审定案结论

上海市浦东新区人民法院依照《中华人民共和国合同法》第八条、第六十条第一款、第一百零七条、第一百一十三条第一款、第二百九十三条，《中华人民共和国民法通则》第六十三条第一款、第二款、第六十六条第一款之规定，作出如下判决：

1. 被告中国东方航空股份有限公司于本判决生效之日起 10 日内赔偿原告张容境机票款损失人民币 2 760 元。

2. 驳回原告张容境其余的诉讼请求。

（六）二审情况

1. 二审诉辩主张

（1）上诉人东方航空公司诉称

张容境在购票过程中未尽审慎义务，向非法机票代理人购票是造成其自身售票的根本原因。一审法院判决机械地割裂了购票行为与退票行为的联系，实际上，正是张容境的购票行为导致了整个事件的发生。案外人有真实的电子客票行程单，办理退票的人员当然有理由相信此人已得到旅客的授权，符合表见代理之特征，故要求东方航空公司承担全部责任有失公平。

（2）被上诉人张容境辩称

其已尽到审查义务，通过网上和东方航空公司的客服进行了确认。本案纠纷系东方航空公司的代理人即上海银桥公司未尽审查义务所致，故不同意东方航空公司的诉讼请求。

（3）原审被告上海银桥公司述称

本案中至其公司买票和退票的都是同一人，在此人出示了张容境的身份证和代理人的身份证后办理的退票手续。民航的有关规定已无法规范目前电子客票的情况，对于网上退票更没有具体规定，其他意见与一审同。

2. 二审事实和证据

上海市第一中级人民法院经审理，确认一审法院认定的事实和证据。

3. 二审判案理由

上海市第一中级人民法院经审理认为：张容境与东方航空公司对本案系争的运输合同有效成立并无异议，关键是退票程序的规范性问题。东方航空公司的机票销售代理人上海银桥公司在未尽充分审查义务的情况下，给不法分子以可乘之机，造成张容境的机票款损失。上海银桥公司虽抗辩其已进行了审核，但未提供任何证据予以证明，故其过错是显而易见的。但本案中运输合同的相对方是东方航空公司，故张容境要求东方航空公司赔偿其机票款损失并无不当。在本案中同时需要指出的是，张容境在购票时未选择正规的销售代理商的行为确有不妥之处。东方航空公司的上诉请求和事实理由，本院不予采信。原审法院根据现有证据，认定事实无误，适用法律正确，所作判决予以维持。

4. 二审定案结论

上海市第一中级人民法院依照《中华人民共和国民事诉讼法》第一百五十三条第一款第（一）项之规定，作出如下判决：

驳回上诉，维持原判。

（七）解说

本案的核心争议有三：（1）原、被告之间的航空旅客运输合同是否有效成立；（2）案外人退票的行为是否构成表见代理，被告东方航空公司解除合同的行为是否违反了合同约定，应否承担相应责任；（3）原告订立合同过程中是否存在违背谨慎注意义务的行为，能否减抵被告的赔偿责任。

1. 电子客票行程单的真伪不影响航空旅客运输合同的成立。

（1）电子客票行程单的法律属性。

电子客票行程单是由国家税务总局监制，并按照《中华人民共和国发票管理办法》纳入税务机关发票管理的运输凭证和专用发票。根据2008年5月19日起施行的《航空运输电子客票行程单管理办法（暂行）》第三条、第四条的规定，电子客票行程单系旅客购买电子客票的付款凭证或报销凭证，同时具备提示旅客行程的作用，不作为机场办理乘机手续和安全检查的必要凭证使用。从性质上看，第一，电子客票行程单是一种结算凭证，相当于发票、收据等，具有报销功能，是一方当事人履行合同付款义务，而非合同成立的证明；第二，载有旅客姓名、有效身份证号码、票价、航班号、承运人、登机时间、登机口、行程等事项，具有提示功能；第三，具有一定票面金额，包含一定物质性利益，体现持有人及实际使用人的权利或权益；第四，通过国家机关法定形式确定下来的，具有法定性。

（2）航空旅客运输合同自电子客票生成时即告成立。

合同的成立，是双方当事人意思表示一致的结果，以受要约方同意要约的意思表示到达对方为生效的时间节点。用数据电文形式订立合同，收件人指定特定系统接收数据电文的，该数据电文进入该特定系统的时间，视为到达时间；未指定特定系统的，该数据电文进入收件人的任何系统的首次时间，视为到达时间。对于客运合同，我国《合同法》第二百九十三条也规定："客运合同自承运人向旅客交付客票时成立，但当事人另有约定或者另有交易习惯的除外。"本案所涉的航空旅客运输合同即采取数据电文形式订立，合同的当事人、标的、履行方式等主要内容均记载于电子客票。

作为传统纸质客票的电子替代产品，电子客票承担着传统纸质客票记载双方当事人意思表示、表明合同订立/生效的功能，其特点在于，仅以电子数据形式体现，并无物质载体。在当事人双方达成合意，原告购买的意思表示到达特定系统后，电子机票生成，航空旅客运输合同即告成立/生效。电子客票的生成于网络数字环境下完成，旅客购票后只需提供电子客票记载的个人信息即可在机场办理登机手续，无须出示实体机票，电子客票行程单的有无或真伪并不影响航空旅客运输合同的成立及效力。

本案中，作为被告东方航空公司的机票销售代理企业，被告上海银桥公司的出票行为即表示被告东方航空公司已对原告的要约作出承诺，航空旅客运输合同即告成立、生效，合同的双方当事人为原告和被告东方航空公司。原告从案外人处取得的电子客票行程单虽系伪造，但并不因此影响客运合同的效力。

2. 退票行为系承运人的单方违约行为。

依法成立的合同，对当事人具有法律约束力，当事人应当按照约定履行自己的义务，不得擅自变更或者解除合同。被告东方航空公司的退票行为系解除合同的行为。解除合同包括约定解除和法定解除。系争纠纷不涉及法定解除，那么，案外人在无权的情况下进行退票，能否推定其与原告构成表见代理，从而认定航空运输合同的解除是原告与东方航空公司协商一致的结果，成为解决本案纠纷的关键。

对于表见代理的构成要件，理论界和司法实务部门普遍认为至少具备以下三项要件，并且缺一不可：

（1）代理人无代理权。表见代理在实质上仍属无权代理。若代理人有完全的明确的代理权，则被代理人应当直接承担有权代理的法律后果，就不存在适用表见代理的必要。通常无代理权的情况为自始无代理权、逾越代理权和代理权终止或撤销后的代理。本案中，案外人未经原告同意或授权，擅自至被告代理人上海银桥公司处解除合同，系自始无代理权之无权代理。

（2）存在足以使第三人相信行为人有代理权的客观事实。表见代理是一种事实推定，将已知的事实作为基础事实，根据一定的经验法则，来推定另一事实在法律上得以成立。通常来讲，法院判断是否存在基础事实，一般有以下标准：1）行为人的行为是否与职责相关联，如企业高管从事与其管理权限匹配的行为；2）本人是否为无权代理创造了条件，如未收回到期的委托代理书、未公告行为人离职信息等；3）无权代理行为是否发生于特定场所，如发生于本人的办公地点等；4）行为人与本人是否存在特殊关系，如夫妻关系、父母子女关系、雇佣关系、挂靠关系、合伙关系等；5）行为人是否提供了其有代理权的法律凭证，如代理证书、单位介绍信、合同、印章等具有代理权象征的凭证。

基础事实即具有代理表征的事实，其存在的举证责任由第三人负担。代理他人解除合同的，应当至少持有委托人的身份证明、委托人签名或签章的委托代理书，否则，不能认定存在表见代理之基础事实。本案中，被告东方航空公司及其代理人上海银桥公司都不能证明存在上述证明，法院无法认定案外人有足以使二被告相信其有代理权的客观事实。

（3）第三人善意、无过失。行为人有具有代理表征的行为，第三人尽到了必要的注意义务后，不知，也不应知道行为人无代理权的，可以认定第三人善意、无过失。善意是一种主观状态，要求不能过于苛刻，否则会过多地增加第三人的负担。一般来讲，只要尽到具有一般知识、经验的人诚实、谨慎处理事务时应尽的义务，即可认定为善意。法官认为，出现以下情况时，当事人应当更加谨慎注意：1）合同标的额较大的；2）对本人和第三人的合同利益影响较大，如修改主要条款、解除合同等的；3）第三人与行为人从未订立过合同，无交易习惯或相应的了解等作为依据的；4）第三人对无代理权人的个人情况毫不知情的；5）第三人需要支付一定定金、价款的。

将第三人的无过失作为表见代理构成要件的主要意义在于，确定第三人在特殊情况下的审核义务。① 在具备代理表征的情况下，第三人对行为人是否具有代理权，应当尽到必要的核实义务。在航空客票合同中，承运人对代理他人退票的核实义务主要由《中国民用航空旅客、行李国内运输规则》第二十二条、《中国东方航空股份有限公司旅客须知》等予以规定。上述规则、须知规定，旅客如委托他人退票，接受退票的公司应当查验、保留委托书和代理人的身份证明。从实际情况看，承运人审核、预留代理人的身份和授权委托书成本也极低，且对于维护承运人的合法权益，维护交易的安全，防止欺诈，减少或者避免损失，甚至保护航空安全都非常有利。

本案中，承运人东方航空公司或者其代理人上海银桥公司应在审核原告本人、代理人的身份证件后才能办理退票。而在庭审中，二被告均未能提供其查验原告或其代理人身份证明的证据，更未能提供案外人接受原告委托进行退票的证据。在此情况下，法院依法认定如下事实：身份不明的案外人未经原告授权，却以原告的名义办理了退票，构成无权代理，案外人亦不存在表见代理之表征，而事后原告又拒绝追认，即被告东方航空公司未经原告同意，并在原告未委托代理人退票的情况下，擅自解除了合同，该退票行为不对原告产生法律效力。而原告原预订机票基于特定的出行时间，在合同成立后，合同标的物即电子机票已经特定化，在特定标的物已经灭失的情况下，合同目的显然无法实现，原告有权要求被告赔偿损失。

3. 承运人应且仅应赔偿原告的机票费用损失。

（1）承运人应当赔偿原告的机票费用。

根据双方提供的证据，可以认定被告东方航空公司与被告上海银桥公司构成委托代理关系。而航空旅客运输合同的主体为原告和被告上海东方航空公司，上海银桥公司作为有

---

① 参见王利明：《民法总则研究》，670页，北京，中国人民大学出版社，2003。

资质的航空机票销售代理企业，其实施的售、退票行为均系代理东方航空公司所为，故应由被代理人即被告东方航空公司承担相应的民事责任。上海银桥公司未尽退票审查义务而给东方航空公司造成损害，可由双方根据代理关系另行解决。原告要求二被告承担连带责任，但未证明双方存在恶意串通或明知无权代理等法定事由，故本案的责任主体应当为东方航空公司，即承运人。

（2）原告订票过程中的过失不能减抵东方航空公司擅自解除合同的责任。

审理中，有人认为，订票过程中，原告不存在过失，理由在于：1）从价格上看，目前机票各种折扣都有，本案中一千多元的折扣差价并不异常；2）原告在收到电子客票形成单后，即到东方航空公司网站上验证，该网站上已经有原告的名字，原告足以信任机票是真的，之后才支付了机票款，尽到了一定的注意义务，如果要求消费者一概到第三方网站验证机票真假，则给其施加了过高的判别义务，社会成本过高。

笔者认为，首先，原告在订票过程中未尽到谨慎注意义务。订立合同过程中，订票人至少应当尽到如下谨慎义务：第一，选择有资质的售票公司或代理公司；第二，购票后尽可能地通过航空公司的官方网站或第三方网站对姓名、航班号、时间、出票号码等进行必要的核对；第三，选择送票方式的，应对送票人的工作证、身份证等认真核实。本案中，原告购买机票本应通过有资质的机票销售代理企业进行，其通过电话方式订票，应核实对方的企业名称及资质情况。但是，原告仅通过从朋友处取得的电话号码就轻易将自己的身份信息报给对方，委托其订票，而未作任何核查，存在过失。

其次，合同的订立与解除系两个各自独立的民事法律行为。民事法律行为是民事主体设立、变更、终止民事权利和民事义务的合法行为。① 设立、变更、解除之意思表示导致性质、内容、履行方式、权利与义务皆不相同的民事法律行为，分别产生不同的法律责任和法律后果。本案中，原告与被告东方航空公司订立航空旅客运输合同后，订立合同的民事法律行为已告完成。

最后，原告订票过程中的过失与合同解除间没有直接因果关系。原告未核实订票企业情况、未将自己的身份信息等妥善保管，虽未尽到谨慎注意义务，但，案外人是否持原告保管不善之身份信息至上海银桥公司处办理退票，从现有证据看，法院无从认定。被告认为原告保管身份信息不善导致合同解除，但未提供相应证据，应承担不利之后果。

（3）90 元送票费用不应当由承运人承担。

原告未能提供相应证据证明其有理由相信来人为上海银桥公司的工作人员，即不能证明该案外人的送票行为系职务行为，不能证明该案外人与被告上海银桥公司构成表见代理，存在委托代理关系，故原告要求被告方承担该 90 元送票费用，于法无据。原告与案外人才是 90 元送票费用下劳务合同的双方当事人，合同的权利、义务及相应的法律后果，皆应由原告或案外人承担。

此外，原告选择合同之诉，而赔礼道歉系承担侵权责任的方式，其要求二被告在《21 世纪经济报》、《新民晚报》中缝以外显著位置公开赔礼道歉，显然缺乏法律依据，应不予支持。

（上海市浦东新区人民法院　孙正新　李鹏飞）

---

① 参见王利明：《民法》，98 页，北京，中国人民大学出版社，2000。

40. 程钢诉上海市永怡律师事务所法律服务合同案（法律服务合同）

（一）首部

1. 判决书字号

一审判决书：上海市虹口人民法院（2009）虹民（民）初字第145号。

二审判决书：上海市第二中级人民法院（2009）沪二中民一（民）终字第1804号。

2. 案由：法律服务合同纠纷。

3. 诉讼双方

原告（被上诉人）：程钢，男，汉族，住上海市。

委托代理人：张林菲，上海胜超律师事务所律师。

委托代理人：员广军，上海胜超律师事务所律师。

被告（上诉人）：上海市永怡律师事务所，住所地：上海市长阳路8号。

负责人：牛雪松，该所主任。

委托代理人：胡刚，该所律师。

委托代理人：黄桂林，该所律师。

4. 审级：二审。

5. 审判机关和审判组织

一审法院：上海市虹口区人民法院。

独任审判人员：代理审判员：缪欢。

二审法院：上海市第二中级人民法院。

合议庭组成人员：审判长：翁俊；代理审判员：徐诚、武之歌。

6. 审结时间

一审审结时间：2009年4月7日。

二审审结时间：2009年10月27日。

（二）一审诉辩主张

1. 原告诉称

2005年10月，案外人李纯龙欲向原告借款，并以其姐李秀英及其外甥女许艳萍共有的房屋作抵押担保。因抵押人及抵押房屋的情况不明，为免自身权益受损，原告委托被告代为审查并代办相关手续。被告接受委托后，根据李纯龙出示的河北省邯郸市邯山区公证处出具的内容为李秀英、许艳萍全权委托李纯龙处理房屋所有权他项权利登记及注销登记事宜的公证书两份，起草了借款合同和抵押合同，原告及李纯龙在两份合同上签名，抵押人李秀英、许艳萍的名字也是李纯龙当场代签的。被告办妥抵押房屋他项权证后告知原告可以放款，原告基于对被告的信任，于2005年10月26日借给李纯龙30万元。2006年8月，李纯龙逃逸，原告要求实现抵押权时，得知李纯龙出示的公证书系伪造，被告代办的“抵押房屋他项权证”已被房产交易中心注销。2008年3月20日，长宁区人民法院判决李纯龙犯伪造国家机关证件罪。在侦查起诉阶段，李纯龙陆续归还原告8.5万元，之后再无还款。原告遂起诉要求李纯龙归还剩余欠款及利息。2008年7月17日，长宁区人民法院判决李纯龙归还原告本金21.5万元、利息10.11万元。判决生效后，原告申请执行，因李纯龙无财产可执行，长宁区人民法院裁定本次执行程序终结。因被告未适当履行委托义务，致使原告遭受损失，要求被告赔偿损失21.5万元本金，并支付利息10.11万元及8 000元律师费。

2. 被告辩称

第一，原告以同一事实、同一标的，重复主张自己的民事诉讼权利，既违反法律规定，又违背了诚实信用原则。第二，根据原、被告间的合同，被告仅对原告提供的申办文件予以形式核对，其真实性应当由原告及李纯龙自行承担。被告已按约完成了全部合同义务，且被告还对许艳萍的身份证明予以专项调取，使之符合办理抵押的条件。第三，长宁区人民法院终结的仅是“本次”执行程序，若原告发现李纯龙有可供执行的财产线索，可随时申请再次执行，原告享有的31.61万元的债权依然明确存在。故要求驳回原告的诉讼请求。

（三）一审事实和证据

上海市虹口区人民法院经公开审理查明：2005年10月13日，原告与被告签订“非诉讼法律事务代理合同”一份，其中载明被告指派胡刚律师作为原告的代理人，代为办理“草拟合同、代办抵押”，代理权限为特别授权。同时约定律师代理费7 000元，交通、调查费等1 000元。同日，被告收取律师服务费6 000元，代收抵押费、交通调查费2 000元。2005年10月13日，被告律师胡刚拟写了“借款合同”及“房屋抵押合同”各一份。“借款合同”中贷款人为原告、借款人为李纯龙，约定李纯龙因经营向原告借款30万元，借款期为一年半，贷款回报率为每月1.5万元，贷款回报率总计为27万元。“借款合同”另约定，本合同贷款为抵押贷款，借款人承诺：逾期不归还借款本金和回报率金额或违反合同条款，贷款人有权将本市华漕新村28号102室房屋拍卖、变卖，处分该财产后的价款贷款人优先受偿。“借款合同”经原告及李纯龙签字，房屋抵押担保人栏“李秀英”、“许艳萍”的名字及身份证号码系李纯龙代签。“房屋抵押合同”抵押人为李秀英、许艳萍，抵押权人为原告，约定李秀英、许艳萍愿以本市华漕新村28号102室房屋为“借款合同”全部条款作抵押担保。原告在抵押权人栏签名，抵押人或代理人栏“李秀英”、“许艳萍”的名字及身份证号码等非李秀英、许艳萍本人签署。针对抵押事宜，李纯龙提供了河北省邯郸市邯山区公证处（2005）冀邯证字第718、798号公证书两份，该公证书载明李秀英、许艳萍全权委托李纯龙处理上海市闵行区华漕新村28号102室的房屋所有权他项权利登记事宜与房产权利注销登记事宜。2005年10月17日，被告至公安机关调取了许艳萍的常口现实库信息资料。2005 年 10 月 18 日，原告、李纯龙及被告律师胡刚一同前往上海市闵行区房地产登记处办理了本市华漕新村 28 号 102 室的房屋他项权利（抵押）登记。2005 年 10 月 26 日，原告借给李纯龙 30 万元。2006 年 11 月 6 日，邯郸市司法局公证工作管理处复函表示，所谓“邯郸市邯山区公证处（2005）冀邯证字第 718、798 号公证书”系虚假、伪造的公证书。2007 年 1 月 29 日，本市华漕新村 28 号 102 室房屋的抵押登记被注销。2007 年 7 月 10 日，原告就损失 30 万元本金及利息、律师费 8 000 元，诉至本院要求被告偿付。后原告以待明确损失后再另行起诉为由，申请撤诉。2008 年 3 月 20 日，上海市长宁区人民法院作出（2008）长刑初字第 123 号刑事判决，判决李纯龙犯伪造国家机关证件罪。在 2007 年 9 月至 2008 年 1 月的侦查起诉阶段，李纯龙陆续归还原告 8.5 万元。2008 年 7 月 17 日，上海市长宁区人民法院作出（2008）长民一（民）初字第 2506 号民事判决，判决李纯龙返还原告借款 21.5 万元、利息 10.11 万元。2008 年 8 月 14 日，原告就上述借款及利息向上海市长宁区人民法院申请执行。2008 年 9 月 18 日，上海市长宁区人民法院作出（2008）长执字第 1371 号民事裁定，裁定中止执行。2009 年 4 月 1 日，上海市长宁区人民法院作出（2009）长执恢复字第 191 号民事裁定，因李纯龙无可供执行的财产，原告申领了债权申请执行凭证，裁定本次执行程序终结。现原告再次以被告未适当履行委托义务致损为由诉至本院，要求被告承担赔偿责任并返还律师费。

上述事实有下列证据证明：

（1）《非诉讼法律事务代理合同》；

（2）《借款合同》；

（3）《房屋抵押合同》；

（4）“邯郸市邯山区公证处公证书”；

（5）上海市律师服务统一发票、收据；

（6）上海市房地产登记证明；

（7）房地产登记申请书；

（8）（2008）长刑初字第 123 号刑事判决书；

（9）（2008）长民一（民）初字第 2506 号民事判决书；

（10）（2008）长执字第 1371 号民事裁定书；

（11）（2009）长执恢复字第 191 号民事裁定书。

（四）一审判案理由

上海市虹口区人民法院经审理认为：

1. 本案中原告是否属以同一事实、同一标的，重复主张自己的民事权利。原告的 31.61 万元债权已获另案生效判决支持，但担保该债权的不动产抵押被注销，致使原告本可通过抵押来实现的利益无法得以实现。原告主张债权与抵押权益受损不属同一事实和标的，其提起本案不属于重复主张权利，故被告的意见本院不予采纳。

2. 被告是否适当地履行了委托义务，在履行过程中是否存在过错。原、被告间签订的“非诉讼法律事务代理合同”系双方当事人真实意思表示，且与法不悖，应为合法、有效，被告应根据合同约定提供相应专业的法律服务。被告辩称其对申办文件已尽到形式核对义务，本院认为，以一个普通律师的专业水平，由李纯龙提供的公证书内容亦无法得出李秀英、许艳萍愿意提供房屋为李纯龙担保的意思表示，即形式上该公证书明显不符合办理相应手续的条件，且李秀英、许艳萍本人亦未在抵押合同上签字。而被告作为法律专业人员，对公证书未再以适当方式予以确认，亦未告知原告其中的风险和可能的不利后果，故应认定被告未尽必要的注意义务，在履行过程中存在重大过失。

3. 被告是否应当承担相应的赔偿责任。若被告在代理过程中严格尽到相应的注意等义务，原告的损失或可减少。原、被告间系有偿的委托关系，因被告的过错给原告造成了损失，故原告可以要求其赔偿损失。但鉴于被告的过错程度，原告要求被告赔偿全部损失，与事实和法律不符，本院将对被告赔偿的数额依法予以酌定。关于被告辩称原告可随时申请再次执行、其债权依然存在的意见，现阶段原告通过执行程序向李纯龙追讨不成，其损失明确，若将来原告申请再次执行后，损失小于被告应赔付金额的，被告可依法另行解决。至于8 000元律师费，虽被告未能适当履行合同义务，但鉴于被告为原告提供了一定的法律服务，本院将依法酌定应予返还的律师费数额。

（五）一审定案结论

上海市虹口区人民法院依照《中华人民共和国合同法》第四百零六条第一款、《中华人民共和国律师法》第五十四条之规定，作出如下判决：

1. 被告上海市永怡律师事务所自本判决生效之日起10日内赔偿原告程钢10万元。

2. 被告上海市永怡律师事务所自本判决生效之日起10日内返还原告程钢律师服务费3 000元。

3. 原告程钢的其余诉讼请求不予支持。

（六）二审情况

1. 二审诉辩主张

（1）上诉人上海市永怡律师事务所诉称

1）律师事务所没有义务审核公证书的真伪；2）公证书上写明授权范围包括他项权利，应当包括抵押权；3）本案被上诉人在已经判决确认了债权的情况下起诉上诉人，属于重复行使诉权；4）被上诉人已经申领了债权凭证，其债权随时可以实现，并没有发生财产损失；5）上诉人即使违约，违约赔偿的范围也仅应限定在律师费的返还，一审判决确认属于侵权责任。综上，请求二审法院改判驳回被上诉人的原审诉请。

（2）被上诉人程钢辩称

上诉人在代办抵押过程中失职，导致被上诉人遭受损失，应当承担违约责任。李纯龙在上诉人处代案外人李秀英、许艳萍签署抵押合同，李秀英、许艳萍本人没有作过任何意思表示，即使公证书没有被撤销，抵押也是无效的。被上诉人出于对上诉人的信任，要求上诉人在被上诉人借款合同中进行代理，上诉人应当审核公证书的形式和内容，应当核实一下合同当事人的真实意思表示。被上诉人的抵押权无法实现，已经造成了实际损失，是上诉人未尽职责造成的损失，应当由上诉人予以赔偿。据此，请求二审法院维持原审法院判决。

2. 二审事实和证据

上海市第二中级人民法院经审理，确认一审法院认定的事实和证据。

3. 二审判案理由

上海市第二中级人民法院经审理认为：上诉人作为法律服务行业的专业从业者，应当对其代理的法律事务承担专业标准的注意义务。上诉人在履行合同过程中负有以下过错：首先，对抵押合同的法律要件——意思表示未尽到审慎的审核义务。根据文义解释，李纯龙所出具的委托书并未表明抵押人与被上诉人达成了抵押合意，上诉人应当代被上诉人了解抵押人的真实意思。在此意义上，上诉人有违注意义务，存在过错。其次，民法规范原则上禁止自己代理。本案中李纯龙代理抵押人为自己的债务设定了抵押，属于自己代理，上诉人作为法律服务专业从业者，未对该自己代理行为的有效性进行审核，亦有违注意义务，存在过错。

上诉人的违约行为造成了被上诉人的损失，应当承担相应赔偿责任。被上诉人对上诉人及案外人李纯龙依据不同的请求权基础对同一损失享有赔偿请求权，因此被上诉人可分别起诉上诉人及李纯龙。上诉人与李纯龙对被上诉人承担不真正连带责任，上诉人与李纯龙之间互不享有追偿权。

关于赔偿数额，被上诉人对李纯龙的损害赔偿请求权中未获清偿部分为其实际损失，上诉人应对该部分损失承担赔偿责任。因被上诉人在与上诉人之间的法律服务合同履行过程中，对自己的事务缺乏应有的注意，对其损失的发生与有过失，应当自担部分损失。原审法院认定上诉人承担 10 万元的赔偿数额，并无不当之处，本院应予维持。

另，上诉人对被上诉人的违约责任的履行，不影响被上诉人向李纯龙继续追偿，对于被上诉人所获赔偿超过损失部分，上诉人可另行解决。

4. 二审定案结论

上海市第二中级人民法院依照《中华人民共和国民事诉讼法》第一百五十三条第一款第（一）项之规定，作出如下判决：

驳回上诉，维持原判。

（七）解说

1. 律师执业赔偿责任的性质。

本案涉及律师执业赔偿责任的问题。根据《律师法》（2001 年修正）第四十九条的规定，律师违法执业或者因过错给当事人造成损失的，应该向当事人承担赔偿责任。律师执业赔偿责任分为违约责任与侵权赔偿责任两大类型，在两者发生竞合的情况下，当事人可选择有利于己方的方式主张权利。本案中，原告以律师事务所未适当履行合同义务为由起诉，故下文仅针对违约形态进行具体论述。

我国现行的《合同法》采用的是以无过错责任为主、以过错责任为补充的归责原则体系。《合同法》第四百零六条明确规定：有偿的委托合同，因受托人的过错给委托人造成损失的，委托人可以要求赔偿损失。无偿的委托合同，因受托人的故意或者重大过失给委托人造成损失的，委托人可以要求赔偿损失。这规定的就是一种过错责任。《合同法》的这一规定也符合法学理论界关于律师赔偿责任的基本观点。《律师法》第四十九条规定，律师违法执业或者因过错给当事人造成损失的，应该向当事人承担赔偿责任。

关于此类案件中举证责任的负担，由于律师对掌握法律知识的优势地位，普通当事人并不一定都会有这个能力来证明律师在执业的过程中存在过错，因此，应当由委托人先举出证明律师在执业过程中具有过错的表面证据，由律师自己来证明其在执业过程中不存在过错。

2. 律师执业的过错认定。

判断一个律师在执行业务过程中有无过错，“最一般地说，这种责任要求一名律师在执行业务中符合职业道德”，即以一名普通律师在当时当地条件下所应尽的注意义务和执业水准作为标准。律师作为法律专业人士，应以其特有的知识和技能为当事人提供法律服务，其在执业过程中所使用的知识和技能应达到同行业普通成员应具备的水平。但是，上述判断标准仍趋于抽象性，应当有一些客观、具体的操作标准。

第一，与律师的执业行为相关的法律、法规的规定，或者执业准则的有关规定。在律师行业内部，就一些特殊的服务领域，相关行业行政主管部门已经制定了一些规范性法律文件，特别是在证券、金融领域比较明显。如中国证监会和司法部共同颁布了《律师事务所从事证券法律业务管理办法》，其中的规定可以作为认定在该专业领域内律师的执业行为是否具有过错的标准。另外，近年来，我国的律师协会在逐渐推进各种类型律师服务的规范化，编制了一些指引性的规范，虽然这些行业规范或指引并无强制效力，但在一定程度上具有参考和借鉴作用。

第二，委托人与律师事务所之间的委托合同内容。如果双方对于服务应当达到的标准有约定的，例如明确约定律师应当为其提供比一般的专业服务更优质服务的，只要该约定在事实上并非不能实现或者显失公平，则应当按照法律服务合同中这种更高的标准履行。但是，鉴于法律事务具有社会性、复杂性、不可预见性，有时虽然律师已经充分履行了其职责，但他的处置方案不一定总是最优的，或者律师在实施某种执业行为前，以适当的方式告知当事人其中的风险及可能存在的不利后果，而当事人仍然坚持要求律师实施该行为的，上述行为不宜认定律师有执业过错行为。

本案中，原、被告间签订委托合同系双方当事人真实意思表示，且与法不悖，应为合法、有效，被告应根据合同约定提供相应专业的法律服务。以一个普通律师的专业水平判断，李纯龙提供的公证书内容无法得出其姐愿意提供房屋为李纯龙担保的意思表示，即形式上该公证书明显不符合办理相应手续的条件，且抵押担保人本人亦未在抵押合同上签字。而被告作为法律专业人员，对公证书未再以适当方式予以确认，亦未告知原告其中的风险和可能的不利后果，故应认定为被告未尽必要的注意义务，在履行过程中存在过失。

3. 责任的范围认定。

律师在向委托人提供法律服务时因违法执业或其他过错行为给委托人造成财产损失的，应当由律师事务所进行赔偿。律师事务所承担的是一种雇主责任或替代责任，因此不得以“无选任不当之过错”或“已尽监督之责”而推卸责任。由于律师执业过错造成的主要损害为财产损失，因此主要民事责任形式应为赔偿损失。但是，司法实务中对律师事务所承担赔偿责任的性质与范围没有一个较为统一的认识，各地判决亦有差异。

由于律师执业行为一般不是直接造成委托人的损失，委托人一般应先积极采取补救措施，无法弥补的损失以及为实施补救措施所支出的费用应该由律师事务所承担。从理论上而言，律师事务所应就无法弥补的损失承担全部责任。考虑到我国律师收费的相对低廉与实际损失差距过大的现实，如果由律师来承担全部损失显失公平。因此，有学者主张采用赔偿实际损失与赔偿限制相结合的原则，即对于一定数额以下的损害适用赔偿实际损失的原则；对于该数额以上的损害，适用在不超过代理费一定倍数的限额内予以赔偿的赔偿限制原则，但故意侵权者则不适用赔偿限制原则。这也是目前上海市关于类似案件的终审判决均无全额赔偿先例的缘由。

本案中，若律师在代理过程中严格尽到相应的注意等义务，原告的损失或可减少。原告先行向李纯龙主张权利，但执行未果，损失明确。原告与律师事务所之间系有偿的委托关系，因律师事务所的过错给原告造成了损失，故原告可以要求其赔偿损失。考虑到原告的损失是李纯龙直接造成的，原告是出于对律师的信赖而促使他进一步作出某些行为，鉴于被告的过错程度，法院判决律师事务所对李纯龙的部分损失承担赔偿责任。

（上海市虹口区人民法院　缪欢）

41. 上海我爱我家房屋租赁置换有限公司诉王龙根居间合同案（显失公平）

（一）首部

1. 判决书字号：上海市闵行区人民法院（2009）闵民三（民）初字第2012号。
2. 案由：居间合同纠纷。
3. 诉讼双方

原告：上海我爱我家房屋租赁置换有限公司，住所地：上海市徐汇区中山南二路。

法定代表人：刘田，公司总经理。

委托代理人：沙琛然，男，公司员工。

被告：王龙根，男，住上海市闵行区。

4. 审级：一审。
5. 审判机关和审判组织。

审判机关：上海市闵行区人民法院。

独任审判人员：审判员：李红。

6. 审结时间：2009年11月20日。

（二）诉辩主张

1. 原告上海我爱我家房屋租赁置换有限公司诉称

2009 年 6 月 22 日，被告依原告的居间行为与第三人签订了关于上海市闵行区航华一村一街 137 号 202 室的“上海市房地产买卖合同”，后因被告与第三方的原因无法继续履行合同，故不愿意按约定向原告支付佣金。原告认为，原告已经做到了居间方应尽的义务，故诉至法院，要求依法判令被告支付佣金 6 600 元。

2. 被告王龙根辩称

（1）被告在原告工作人员的诱骗下签订了居间合同及买卖合同，故所签订的合同均属无效合同。当初被告至原告处是为了换房，原告工作人员向被告保证能够在不加钱的情况下为被告调换到一套大一点的房子，并称过两天就带被告去看房，结果原告在将被告的房屋卖出后，却告知被告大房子涨价，房东不卖了，这时原告才发现这是原告为收取中介费而设下的骗局。（2）系争房屋是公有住房，除了被告外，还有被告的老伴、孙女同住，原告当天留了被告两个多小时并通知下家赶到原告处与被告签订了买卖合同，被告的两位同住人对被告出售房屋并不知情，根据相关公房出售需经同住人同意的政策规定，被告所签出去的合同也应属无效。综上，要求驳回原告诉请。

（三）事实和证据

上海市闵行区人民法院经公开审理查明：被告系位于上海市闵行区航华一村一街 137 号 202 室售后公房的产权人，房屋建筑面积 58.14 平方米，由被告与老伴、孙女同住。2009 年 6 月 22 日，被告至原告处询问可否为其置换大一点的房子，在得到原告方工作人员的肯定回答并在其说服下，被告于当日即与原告签订了“房地产买卖居间合同”，委托原告将上述房屋以 66 万元的价格出售给原告为其联系的案外人黄燕华，同时被告又与买受人黄燕华签订了“上海市房地产买卖合同”。事后，因被告无法接受原告提供的大房子的房价（要补房价款五六十万元），故房屋未能置换成功，被告也不再履行与买受方黄燕华签订的买卖合同。

上述事实有下列证据证明：

1. 居间合同、买卖合同、产权证等证据；
2. 原、被告的陈述。

（四）判案理由

上海市闵行区人民法院经审理认为：《合同法》第四百二十六条规定，“居间人促成合同的，委托人应当按照约定支付报酬”。本案的焦点问题就是原告有无促成被告与买受方的买卖合同成立。被告委托原告将自己唯一的用于自住的房屋出售给案外人的目的是置换到一套面积大一点的房屋，以改善居住条件。被告系年逾七旬的退休老人，靠有限的退休金生活，原告作为专业的房屋中介机构，在了解了被告的用意后理应向被告告知清楚房屋市场的基本行情，让被告根据自身的经济能力作出选择，包括选择是否置换、置换多大面积的房屋，并且在被告作出置换选择后，原告还应同时为被告居间介绍购买被告房屋的下家以及出让给被告房屋的上家，因被告主要是用其售出房屋的房款来支付需购买的大房子的房款的，故关于购房款的支付还需由购买被告房屋的下家与出让房屋给被告的上家共同参与协商。又由于被告出售的房屋本身是用于自住的，故被告向其下家的交房时间与上家向被告的交房时间还需由三方统一协调，在被告与下家就售房合同的条款及与上家就购房合同的条款均谈妥后，原告才可组织、召集三方同时签订售房合同与购房合同，否则，无论先签订哪一份合同，都将给被告造成极大的合同违约风险。而本案原告显然是急于促成交易，完全不顾被告的需要和风险，利用被告年老、易轻信，加上工作人员连续两三个小时的说服工作，促使被告在根本未购买到大一点的房屋，甚至根本未看过房屋的情况下匆匆签下了委托原告出售自住的系争房屋的居间合同。该份合同是原告利用其自身的经营优势以及被告年长、草率、缺乏经验、信息不通的弱势而签订的，严重损害了被告的利益，属显失公平，且被告以原告欺诈为由要求确认合同无效实际就是对显失公平的主张，该主张未超法定的1年的行使撤销权的期限，故上述居间合同应予撤销，被告基于与原告签订的居间合同而与案外人签订的买卖合同也应随之撤销。综上，原告并未完成为被告置换房屋的居间义务，其诉请要求被告支付佣金，本院不予支持。

（五）定案结论

上海市闵行区人民法院依照《中华人民共和国合同法》第六条、第五十四条第（二）项、第五十五条第（一）项及第四百二十六条之规定，作出如下判决：

驳回原告上海我爱我家房屋租赁置换有限公司的诉讼请求。

（六）解说

随着我国房地产市场的不断发展，房屋买卖、交易活动日趋平凡，大量房地产中介机构应运而生，在房屋买卖中充当重要的媒介作用。但由于当事人交易经验的缺乏，与之相关的法律纠纷也呈上升趋势。本案具有一定典型意义，对合理保障房屋所有者的利益、规范中介行为具有指导作用，可从以下四个方面进行深入理解：

首先，须明确居间人行使请求权的构成要件。本案原告的诉讼请求是判令被告向其支付佣金，其诉请的性质属居间合同关系。居间合同，是指居间人向委托人报告订立合同的机会或者提供订立合同的媒介服务，由委托人支付报酬的合同。本案中，原告上海我爱我家房屋租赁置换有限公司（以下简称租赁置换公司）实际上充当的是订立合同的媒介，即斡旋于双方当事人之间，介绍、撮合双方订立合同，与仅向一方当事人报告订约机会有所不同。根据我国《合同法》第四百二十六条的规定，居间人促成合同成立的，委托人应当按照约定支付报酬。因此，租赁置换公司享有报酬请求权的条件在于促成合同的成立。也就是说，只有当租赁置换公司促成了被告与第三方订立了有效的合同，而被告又拒不履行支付报酬义务时，租赁置换公司方可向法院诉请要求被告履行支付义务。

其次，应合理解释“促成合同”的含义。笔者认为，促成合同应符合以下两个条件：其一，居间人的行为为合同的订立起到了积极的促进作用，例如为双方当事人牵线搭桥、提供便利，等等。其二，也是大多数居间合同下居间人享有报酬请求权的决定性因素，即最终促成了委托人和相对人之间订立了合法、有效的合同。从反面而言，如果居间人的居间活动对于合同的成立完全或基本上没有起到促进作用，反而通过不正当或有违诚实信用原则的方式恶意促成合同，甚至因此使合同最终归于无效，则不能认为促成合同的成立。

再次，明确显失公平的认定标准，以确定原告是否有效促成合同。我国《合同法》在总则部分对合同的效力有诸多规定。第五十四条第一款第（二）项规定了在订立合同时显失公平的，当事人一方有权请求人民法院或者仲裁机构变更或者撤销。“显失公平”，是指一方当事人在紧迫或者缺乏经验的情况下而订立的明显对自己有重大不利的合同的行为。《最高人民法院关于贯彻执行〈中华人民共和国民法通则〉若干问题的意见（试行）》第七十二条规定：“一方当事人利用优势或者利用对方没有经验，致使双方的权利义务明显违反公平、等价有偿原则的，可以认定为显失公平。”由此可见，显失公平的构成应包括以下三个方面：第一，主观上，造成显失公平的结果是由于一方当事人没有经验或者情况紧迫；第二，客观上，须有财产上的对待给付或对待给付的约定，无偿合同一般不会发生显失公平的问题；第三，合同内容明显违反公平原则。

最后，本案的基本事实在于：第一，被告委托原告用于置换房产的标的物是其与家人唯一的用于自住的房屋；第二，被告已经明确向原告表示，其向案外人出售系争房屋的目的在于置换到一套面积大一些的房屋，以改善居住条件。第三，被告系年逾七旬的退休老人，靠有限的退休金生活，而原告则是专业的房屋中介机构，参与过多次的交易行为。因此，在了解了被告的用意后，原告理应尽到如下义务：其一，向被告告知房屋市场的基本行情，让被告根据自身的经济能力作出选择，包括选择是否置换、置换多大面积的房屋；其二，在被告作出置换选择后，还应同时为被告居间介绍购买被告房屋的下家以及出让给被告房屋的上家；其三，就购房款支付、交房时间等问题与各方统一协调，各方意思表示达成一致后，组织、召集三方同时签订售房合同与购房合同。这样，才能谓其对合同的有效成立起到了积极的促进作用。否则，无论先签订哪一份合同，都将给被告造成极大的合同违约风险。

本案原告由于急于促成交易，完全不顾及被告的需要和风险，利用被告年老、易轻信且掌握信息严重不对称的弱点，采用长时间作说服工作的方式，促使被告在尚未确定置换房屋成功，甚至根本未看过置换房屋的情况下匆匆签下居间合同，委托原告出售系争房屋，严重损害了被告的利益，违反了公平原则的要求，属显失公平。经过法院释明，被告以原告欺诈为由要求确认合同无效实际就是对显失公平的主张，该主张未超法定的1年的行使撤销权的期限，故居间合同应予撤销。被告基于与原告签订的居间合同而与案外人签订的买卖合同也应随之撤销。由此，原告并未促成合同有效成立，即没有完成为被告置换房屋的居间义务，其诉请要求被告支付佣金，不应支持。

（上海市闵行区人民法院　李红）

42. 上海中原物业顾问有限公司诉陶德华居间合同案（居间合同）

（一）首部

1. 判决书字号

一审判决书：上海市虹口区人民法院（2009）虹民三（民）初字第912号。

二审判决书：上海市第二中级人民法院（2009）沪二中民二（民）终字第1508号。

2. 案由：居间合同纠纷。

3. 诉讼双方

原告（被上诉人）：上海中原物业顾问有限公司（以下简称中原公司），住所地：上海市长宁区。

法定代表人：陆成，公司董事长。

委托代理人：谭浩，公司职员。

被告（上诉人）：陶德华，男，汉族，住上海市。

委托代理人：曹美娟，女，汉族，住址同上，系被告之妻。

4. 审级：二审。

5. 审判机关和审判组织

一审法院：上海市虹口区人民法院。

独任审判人员：审判员：李梅芳。

二审法院：上海市第二中级人民法院。

合议庭组成人员：审判长：汪毅；代理审判员：吴俊、张宁。

6. 审结时间

一审审结时间：2009年6月23日。

二审审结时间：2009年9月4日。

（二）一审情况

1. 一审诉辩主张

（1）原告中原公司诉称

原告带被告实地看房，双方签订房地产求购确认书后，被告隐瞒原告与房屋出售方完成了房屋交易过户手续。被告“跳中介”的行为构成违约，故要求被告支付相当于房屋实际成交价1%的违约金16 500元。

（2）被告陶德华辩称

“跳中介”条款为格式条款，明显加重了对方的责任，应认定为无效。2008年下半年，出售方分别委托原告、上海汉宇房地产顾问有限公司（以下简称汉宇公司）、上海爱建立好信房地产经纪有限公司（以下简称立好信公司）挂牌出售系争房屋。原告对系争房屋的挂牌价为165万元，且带被告看房后未提供其他居间服务。被告没有利用原告提供的信息、机会等条件达成交易，其有权选择较低价成交。被告已支付汉宇公司全额佣金，故不同意原告的诉讼请求。

2. 一审事实和证据

上海市虹口区人民法院经公开审理查明：2008年11月27日，原、被告签订了房地产求购确认书，第1条约定，被告愿意委托原告居间求购本市株洲路168弄4号602室房屋；第2.4条约定，被告在验看过该房地产后6个月内，被告或其委托人、代理人、代表人、承办人等与被告有关联的人和出卖方达成买卖交易或者利用了原告提供的信息、机会等条件但未通过原告而和第三方达成买卖交易的，被告应按照和出卖方就该房地产买卖达成的实际成交价的1%向原告支付违约金。11月30日，系争房屋买卖双方签订上海市房地产买卖合同，成交价为138万元。2009年2月1日，被告取得系争房屋的所有权。

上述事实有下列证据证明：

（1）房地产出售经纪委托合同。

（2）房地产求购确认书。

（3）房地产登记册。

（4）房地产出售居间协议。

（5）房地产买卖协议、上海市房地产买卖合同及发票。

（6）佣金确认书及发票。

3. 一审判案理由

上海市虹口区人民法院经审理认为：依法成立的合同受法律保护。原、被告签订的“房地产求购确认书”系双方当事人的真实意思表示，与法无悖，应为合法、有效。其中已明确约定被告有义务在验看房地产后的6个月内，不利用原告提供的信息而未通过原告与出售方达成买卖交易，否则视为违约，并按照与出卖方就该房地产买卖达成的实际成交价的1%向原告支付违约金。现被告从原告处获知信息，但未通过原告而与出售方签订买卖合同并取得系争房屋的所有权，理应按约承担违约责任。

4. 一审定案结论

上海市虹口区人民法院依照《中华人民共和国合同法》第八条、第一百零七条之规定，作出如下判决：

被告陶德华应于本判决生效之日起10日内向原告上海中原物业顾问有限公司支付违约金13 800元。

本案受理费212.5元，减半收取106.25元，由被告陶德华负担。

（三）二审诉辩主张

1. 上诉人诉称

其并未违约，“房地产求购确认书”为看房单，并非合同；卖方曾委托多家中介公司卖房，均未委托独家代理；上诉人有权选择低价成交，经汉宇公司中介成交后，其已支付了全额佣金。请求撤销原审判决，改判驳回中原公司的诉讼请求。

2. 被上诉人辩称

其带领实地看房后，陶德华利用该信息完成交易，根据“房地产求购确认书”应承担违约责任，要求驳回上诉、维持原判。

（四）二审事实和证据

上海市第二中级人民法院经公开审理查明：系争房屋原产权人于2008年9月26日、10月1日、10月19日分别委托中原公司、汉宇公司和立好信公司出售房屋。立好信公司、汉宇公司、中原公司分别于10月22日、11月23日、11月27日带陶德华或其妻曹美娟实地看房，中原公司报价165万元。中原公司确认其仅提供了一次看房服务，之后未就房屋买卖事宜与陶德华进行任何联系。11月30日，在汉宇公司居间下，买卖双方签订房地产买卖协议，以138万元成交。同日，曹美娟签订佣金确认书，并支付定金2万元。12月6日，买卖双方签订了上海市房地产买卖合同。后陶德华按约向汉宇公司支付佣金13 800元。原审法院认定的其余事实无误，予以确认。

上述事实有下列证据证明：

1. 上海市房地产经纪委任合同。
2. 买受方看房确认书。
3. 房地产出售居间协议。
4. 看房确认书。

（五）二审判案理由

上海市第二中级人民法院经审理认为：本案争议焦点有三：(1) 原、被告签订的房地产求购确认书的法律性质问题；(2) 房地产求购确认书中系争第2.4条的效力问题；(3) 陶德华是否构成违约。

关于房地产求购确认书的法律性质问题：居间合同是居间人向委托人报告订立合同的机会或者提供订立合同的媒介服务，委托人支付报酬的合同。原、被告签订的房地产求购确认书约定，原告带被告实地验看涉案房屋，提供购房媒介服务，如被告与出卖方成交，应向原告支付佣金。该确认书符合居间合同的法律特征，具备居间合同的主要条款，应认定为居间合同。

关于系争第2.4条的效力问题：房地产求购确认书系中原公司拟定的格式合同。系争第2.4条系关于客户跳开中介的违约责任条款，旨在保护中介公司作为居间人依法应当享有的权益，并不存在免除一方责任、加重对方责任、排除对方主要权利的情形，应认定为有效。

关于陶德华违约与否的问题：居间人促成合同成立的，委托人以当按照约定支付报酬；居间人未促成合同成立的，不得要求支付报酬。但如果任由委托人看房后跳开中介，则对居间人显属不公平，系争第2.4条所约定的违约行为即是指委托人以逃避支付佣金为目的的不正当交易行为。根据《合同法》的规定和双方约定，如果委托人为了不交或少交佣金而不正当地阻止佣金支付条件成就，如买卖双方私下成交或另行委托他人成交的，视为条件已成就，委托人应向居间人支付佣金。本案中，房屋出卖方委托立好信公司、汉宇公司、中原公司等多家中介公司出售房屋，但均非独家委托。三家中介公司均向陶德华提供了涉案房屋信息及订立合同的机会，并提供了实地查看房屋的媒介服务，但从时间先后顺序上看，首先向陶德华报告订约机会、提供看房服务的并非中原公司。而且，房地产价格系影响房地产买卖成交与否的主要因素，中原公司确认仅向陶德华提供了一次看房的媒介服务，其带陶德华看房时的报价为165万元，至提起本案诉讼时仍依据165万元的价格计算违约金数额，中原公司确认其并未就价格问题与房屋买卖双方进行过媒介。但是，汉宇公司作为居间方，最终通过提供媒介服务，以138万元的价格促成房屋买卖双方成交，涉案买卖合同的订立并非由中原公司促成。在汉宇公司居间成功后，陶德华按约向汉宇公司支付了全额佣金13 800元。因此，陶德华并未为了逃避支付佣金的目的，与房屋出卖方私下成交或者不正当地利用中原公司的信息、机会另行委托他人成交，其行为不构成违约。

（六）二审定案结论

上海市第二中级人民法院依照《中华人民共和国民事诉讼法》第一百五十三条第一款第（三）项，《中华人民共和国合同法》第四百二十四条、第四百二十六条第一款、第四百二十七条、第四十五条第二款之规定，作出如下判决：

1. 撤销上海市虹口区人民法院（2009）虹民三（民）初字第912号民事判决。

2. 上海中原物业顾问有限公司要求陶德华支付违约金人民币16 500元的诉讼请求，不予支持。

一审案件受理费人民币106.25元、二审案件受理费人民币145元，合计人民币251.25元，由上海中原物业顾问有限公司负担。

本判决为终审判决。

（七）解说

现行二手楼市中，买卖双方通过中介公司进行房地产交易已成为一种普遍方式，卖方找多家中介公司挂牌、买方找多家中介公司看房的情形也相当普遍。中介公司以房屋买受人与出卖人私下达成交易或另行委托他人居间（即所谓的“跳中介”）为由，要求对方承担违约责任的案件时有发生。本案即是因多家中介公司参与同一房屋居间交易而引起的违约金请求权纠纷。此类纠纷的争议多集中在以下两点：第一，“跳中介”条款是否有效；

第二，多家中介参与同一交易仅一家成交，未成交中介是否有权以“跳中介”为由要求委托人支付佣金或违约金。此类纠纷的处理应遵循诚实信用、平等保护的原则，既要维护房屋交易双方的合法权益，也要促进房屋中介市场有序发展。

1.“跳中介”条款的效力。

在居间合同法律关系中，居间人是为委托人服务的，这种服务表现为报告订约的机会或者提供订约的媒介，其目的在于通过居间活动取得佣金。但是，在房地产中介市场上，存在委托人“跳中介”行为，如中介公司带看房或介绍买卖双方认识后，买卖双方为不付佣金而私下成交，或者为少付佣金而手拉手到另一家中介公司成交。为了防止委托人“跳中介”的不诚信行为，中介服务合同中普遍存在着“跳中介”要承担违约责任的合同条款，常见的即本案系争第 2.4 条。

笔者认为，根据本市房地产中介市场交易习惯，类似房地产求购确认书的合同通常是中介公司为了重复使用而预先拟定，并且就条款内容在订立时未与对方协商，应认定为格式合同。“跳中介”条款是关于客户跳开中介公司的违约责任条款，是指中介公司履行带看房的报告义务后，委托人如有恶意逃避佣金支付行为的，应当支付相当于佣金的违约金；并不是指中介公司只要参与交易，无论成交与否，均可获取佣金，否则，中介公司只要静待其他中介公司促成交易，即可坐收相当于佣金的违约金；而委托人在未委托独家代理的情况下，对参与交易过程但未促成交易的中介公司均需支付成交价 1%的佣金，可能导致其支付双倍甚至多倍佣金的结果，显失公平。因此，“跳中介”条款旨在保护中介公司作为居间人依法应当享有的权益，防止当事人利用已获得的服务进行私下交易的背信行为，其虽为格式条款，但并不存在免除一方责任、加重对方责任、排除对方主要权利的情形，故应认定为有效。

2.“跳中介”违约行为的构成要件。

居间人促成合同成立的，委托人应当按照约定支付报酬；居间人未促成合同成立的，不得要求支付报酬。根据《合同法》第四十五条第二款，当事人为自己的利益不正当地阻止条件成就的，视为条件已成就。如果委托人为了不交或少交佣金而不正当地阻止佣金支付条件成就，视为条件已成就，委托人应向居间人支付佣金。综上，笔者认为，“跳中介”违约行为的认定应满足四个条件：(1) 中介公司的委托权限，是一般代理还是独家代理；(2) 中介公司是否提供了房源信息或成交机会，并且积极履行媒介服务；(3) 委托人是否利用该信息、机会与出卖方私下成交或另行委托他人居间成交；(4) 委托人是否存在逃避支付（不付或少付）佣金的恶意。

本案中，多家中介公司参与同一房屋交易，从委托权限上看，陶德华并未委托独家代理；从时间先后顺序上看，首先向陶德华报告订约机会、提供看房服务的亦非中原公司。且房地产价格系影响房地产买卖成交与否的主要因素，中原公司并未促成交易。在汉宇公司居间成功后，陶德华按约向汉宇公司支付了 1%的全额佣金，不存在逃避支付佣金义务的不正当目的。因此，陶德华并未“跳中介”，其行为不构成违约。

（上海市第二中级人民法院　张宁）

43. 刘常清诉江西省遂川农村合作银行于田支行储蓄合同纠纷案（储蓄合同）

（一）首部

1. 判决书字号

一审判决书：江西省遂川县人民法院（2009）遂巡民初字第26号。

二审判决书：江西省吉安市中级人民法院（2009）吉中民二终字第80号。

2. 案由：储蓄合同纠纷。

3. 诉讼双方

原告：刘常清，男，汉族，住江西省遂川县。

委托代理人：罗建冬，江西遂龙律师事务所律师。

被告：江西省遂川农村合作银行于田支行（以下简称于田支行），住所地：江西省遂川县于田镇民营经济小区。

负责人：肖钟生，支行行长。

委托代理人：蒋护贻，江西遂龙律师事务所律师。

4. 审级：二审。

5. 审判机关和审判组织

一审法院：江西省遂川县人民法院。

独任审判人员：审判员：曾海燕。

二审法院：江西省吉安市中级人民法院。

合议庭组成人员：欧阳骥、周以发、赖苏平。

6. 审结时间

一审审结时间：2009年3月6日。

二审审结时间：2009年7月15日。

（二）一审诉辩主张

1. 原告刘常清诉称

原告在于田民营小区经营钢筋业务，在被告处开设账户，账号为17816012100071××××。2008年12月30日下午，原告到被告处存款，因存折已填满，营业员为原告换新折。当日晚上原告发现新存折不见了，便打电话给其总行，总行工作人员告知原告要第二天上班方可办理挂失业务。第二天早上原告便来到被告处，但被告的营业员直到8时06分左右才上班，原告持身份证向营业员提出挂失请求，营业员办事拖拉，直到 8 时 12 分左右才查询，告知原告账号上的存款 13 500 元被他人在城区支行取走。原告为此报警，遂川刑警大队调取了城区支行监控录像，证实原告的存款被一男子于 2008 年 12 月 31 日 8 时 03 分取走。原告认为被告的工作人员上班迟到，导致原告不能及时办理存单挂失，以致存款被他人冒领，造成原告经济损失 13 500 元，被告应当承担赔偿义务。故起诉，请求法院判令被告赔偿原告存款 13 500 元。

2. 被告于田支行辩称

银行取款是凭密码的，原告对存折、密码保管不善，被告营业员迟到与取款无直接因果关系；国家有规定，银行无过失则不需要赔偿，而冒领人于当日 7 时 52 分就在城区支行取走了钱，请求法院驳回原告的诉讼请求。

(三) 一审事实和证据

江西省遂川县人民法院经公开审理查明：2008 年 6 月，原告在被告处开设活期存款账户，账号为 17816012100071××××。2008 年 12 月 30 日下午，原告到被告处存款，营业员为其换新折。当日 19 时许，原告发现新存折丢失，便拨打被告的上级遂川农村合作银行的电话 0796—6323417 要求挂失，该行工作人员告知原告要第二天上班时在开户行方可办理挂失业务。次日即 31 日早上 8 时前原告便来到被告营业住所等候，8 时 06 分被告的营业员开门上班，原告进入营业厅后持身份证向营业员提出挂失请求，8 时 12 分许营业员进行操作查询后告知原告其账号上的存款 13 500 元已被他人取走，余额只有 81.98 元。当时原告遂报警。2009 年 1 月 5 日被告为原告补办了挂失手续并收取了手续费 5 元。事后经遂川县公安机关侦查调取录像后证实，2008 年 12 月 31 日 8 时 03 分 36 秒，原告的 13 500 元存款被一男子在遂川农村合作银行城区支行凭存折、密码冒领取走。原告故起诉要求被告承担赔偿责任，被告拒赔，遂成讼。

上述事实有下列证据证明：

1. 原告刘常清身份证、通信费专用发票、通话详单。
2. 遂川县公安局证明。
3. 原告刘常清挂失申请书及收费凭证。
4. 被告江西省遂川农村合作银行于田支行的营业执照、储蓄取款凭条。
5. 法院依原告申请提取的银行的监控录像。

(四) 一审判案理由

江西省遂川县人民法院经审理认为：原告与被告存在储蓄合同法律关系，储蓄机构除负有按存款合同妥善保管存款、凭存单（或密码）予以支付的义务外，还负有及时挂失止付以保护储蓄存款安全和办理口头挂失的法定责任。因被告未按规定的时间营业，未能及时给原告办理挂失止付，导致原告存款被他人冒名取走，被告具有过错，应承担民事责任，但应当根据过错程度承担责任。被告关于银行无过失则不需要承担责任之辩称理由，法院不予采纳。原告未能妥善保管存折及其密码，存在主要过错，对本案的发生应负主要责任。故原告的诉讼请求法院予以部分支持。

（五）一审定案结论

江西省遂川县人民法院依照《中华人民共和国合同法》第六十条、第一百零七条，《储蓄管理条例》第十三条、第三十条、第三十一条之规定，作出如下判决：

1. 被告江西省遂川农村合作银行于田支行赔偿原告刘常清损失 13 500 元的 25%，即 3 375 元，限判决生效后 10 日内付清。其余损失由原告自负。

2. 如果被告江西省遂川农村合作银行于田支行未按本判决指定的期间履行给付金钱义务，应当依照《中华人民共和国民事诉讼法》第二百二十九条之规定，加倍支付迟延履行期间的债务利息。

本案诉讼费减半收取 70 元，由被告江西省遂川农村合作银行于田支行负担 20 元，原告刘常青负担 50 元。

（六）二审情况

1. 二审诉辩主张

（1）上诉人于田支行诉称

1）刘常清不能证明其存款系被他人盗取。虽然刘常清出示了刑警大队的报案证明和银行的监控录像，但这些证据尚无法证明在遂川农村合作银行城区支行的取款人是与刘常清无关的人，因为取款人一次性准确地输入密码、签上刘常清的姓名把钱取走，此款是否被他人盗取有待公安机关侦破查实。2）于田支行的工作情况与刘常清的存款在其他支行被支取无因果关系。首先，于田支行开门营业的时间虽然稍许迟延（录像显示迟到 6 分钟），但这是银行内部管理范畴，不是刘常清存款被支取的直接原因。其次，从取款时间上来看，刘常清的存款被取走与于田支行的工作人员（未）准点上班没有关联。录像显示，办理挂失业务，银行工作人员需要认真核对申请人及其证件，所需时间长达 6 分钟，而取款只需输入密码即可，只需 3 分钟，即使于田支行与城区支行同时分别办理挂失和取款业务，取款人也能顺利取款。而城区支行的监控录像证明取款人是在 8 时准点取款，而银行交易记录上的取款时间是 7 时 57 分，因此，存款在挂失前被支取已是不可避免。再次，根据国务院《储蓄管理条例》第三十一条第二款的规定，受理挂失前储蓄存款已被他人支取的，储蓄机构不负赔偿责任。于田支行在为刘常清办理挂失前，刘常清的存款已经被取走，因此于田支行依法不负赔偿责任。3）刘常清的存款在城区支行被取走，过错在其自己。只有存折和密码的结合，钱才能被取走。刘常清自身没有保管好存折和密码，导致存折丢失、密码泄露，从而钱被冒领，过错明显在其自身，由此造成的不利后果应由其自己承担。请求撤销原判决，改判驳回刘常清的诉讼请求。

（2）上诉人刘常清诉称

1）于田支行作为金融机构，没有按规定提供口头挂失业务，致使我在存折遗失后，口头挂失不能，由此导致的损失于田支行理应承担。2）于田支行未按规定时间营业，工作人员上班迟到，致使我的存款在城区支行在正常上班时间后被他人冒领，于田支行存在重大过错，应当承担赔偿责任。我的存折遗失后，于田支行未能采取有效措施，及时履行挂失义务，这是造成我财产损失的直接原因，依法应承担赔偿义务。请求撤销原判决，改判由于田支行赔偿我的全部经济损失 13 500 元。

2．二审事实和证据

江西省吉安市中级人民法院经审理，确认一审法院认定的事实和证据。

3．二审判案理由

江西省吉安市中级人民法院经审理认为：刘常清在于田支行开立账户存款，双方成立储蓄合同法律关系，于田支行作为储蓄机构除负有按存款合同妥善保管存款、凭存折及密码予以支付的义务外，依法应当按照规定时间营业，不得擅自停业或缩短营业时间，以便储户及时办理各种业务。而储户本身负有妥善保管好自己的存折及密码的义务，以保护自己的资金安全。本案中，刘常清在 2008 年 12 月 30 日晚上发现存折丢失的情况下，便拨打于田支行的上级即遂川农村合作银行的电话 0796—63234××要求挂失，次日早上 8 时前便来到于田支行门口等候，以期及时挂失，避免存款被他人冒领。但由于于田支行延迟营业，刘常清的存款在当日早上上班的城区支行被他人凭存折和密码取走。于田支行违反了法定义务，对于刘常清的存款损失有一定的过失，应承担相应的责任。刘常清没有保管好存折与密码，导致存折遗失、密码泄露，存款被他人轻易冒领，其自身存在重大过错，由此造成的损失，应由其自身承担主要责任，原审据此判决于田支行承担 25％、刘常清承担 75％的存款损失并无不妥。

4．二审定案结论

江西省吉安市人民法院依照《中华人民共和国民事诉讼法》第一百五十三条第一款第（一）项之规定，作出如下判决：

驳回上诉，维持原判。

二审案件受理费 280 元，由上诉人江西省遂川农村合作银行于田支行负担 140 元，上诉人刘常清负担 140 元。

（七）解说

本案是一起储蓄机构在受理储户挂失前，储户存款被冒领而引起的储蓄存款合同纠纷。鉴于目前银行普遍都还没有开通非营业时间办理储户挂失申请业务的情况下，遂川县人民法院运用民事合同一般义务和大众通晓的知识，根据双方当事人的过错程度及与损害结果的原因力大小，判决当事人各自承担相应责任，既是一种审判经验的有益探索，也反映出经济活动过程中的一些老问题也会出现新情况，而国家的法律、法规毕竟不可能概括全部经济活动的所有问题，故本案的判决具有一定的典型意义。

本案有四个争议的焦点：一是储户存款被冒领，与开户银行迟延营业是否有因果关系。从案件的证据反映，原告在发现存折被盗后，即拨打了开户银行的上级主管的电话，在得知非营业时间不能挂失的情况下，次日 8 时前即前往开户银行等候，如果开户银行及时上班营业，当事人可以通过营业员的开机首次操作，优先办理原告的挂失止付，而不是像被告答辩所说的，这个挂失过程一定需要 6 分钟，原告的损失不可避免。因此，银行延迟营业与损失结果的发生有因果关系。二是《储蓄存款条例》第三十一条第二款规定，储蓄机构受理挂失前，储蓄存款已被他人支取的，储蓄机构不负赔偿责任。这一规定在本案是否适用？法庭认为，该条款，在储蓄机构正常履行合同义务的前提下，才能适用，一个非常简单的道理，如果储蓄机构过错不受理储户的挂失申请，这个条款还能适用吗？显然不行。三是本案原告的道德风险系数的评估。原告的存款被别人用存折熟练地一次性输入密码而取走，原告不仅丢失存折，故意泄露密码的可能性不能排除，这在理论上的或然性是存在的。然而，从本案原告在发现存折不见之后所采取的防止存款被冒领的多种措施分析，这种可能性又几乎不存在。当然，从证据学角度看，被告不能举证证明原告故意泄露密码，这在事实上也难以举证，所以才会导入道德风险评估，以防范恶意诉讼风险的发生。四是原、被告双方在本案中过错程度的核定。本案是一起多因一果的混合过失责任，原告因自己大意遗失自己的存折、泄露存折密码，被告因延迟营业不能及时为原告办理挂失止付手续而违约。在原因力上，法庭认为，原告的行为原因力更大，被告的行为原因力相对较小，因此法庭的判决结果为原告承担主要责任，被告承担次要责任。

（江西省遂川县人民法院　肖晓云　李美云）

44. 刘灿华诉中国工商银行股份有限公司清远连江支行储蓄合同案（储蓄合同）

（一）首部

1. 判决书字号：广东省清远市清城区人民法院（2009）城法民初字第1206号。
2. 案由：储蓄合同纠纷。
3. 诉讼双方

原告：刘灿华，男，汉族，住广东省清远市。

委托代理人：莫小信，广东平信律师事务所律师。

委托代理人：薛锡庭，广东平信律师事务所律师。

被告：中国工商银行股份有限公司清远连江支行（以下简称连江支行）。

负责人：杨冬辉，支行行长。

委托代理人：张向中，中国工商银行股份有限公司清远分行职员。

委托代理人：郭巧琳，中国工商银行股份有限公司清远分行职员。

4. 审级：一审。
5. 审判机关和审判组织

审判机关：广东省清远市清城区人民法院。

合议庭组成人员：审判长：刘德；审判员：邱劲刚、唐权锋。

6. 审结时间：2009 年 8 月 10 日。

（二）诉辩主张

1. 原告刘灿华诉称

2006 年，原告在被告处办理了一张中国工商银行的借记卡，原告将自有的资金存入该卡。2009 年 3 月 13 日，原告借记卡内的存款 361 000 元被盗，原告向清远市公安局光明派出所及被告等有关部门报案。截至现在，被告只赔偿了原告 180 500 元，对原告剩余的损失拒不赔偿。原告在被告处办理借记卡后，原、被告之间形成了储蓄存款的合同关系，原告将自有的资金存入该卡，被告有义务为原告提供安全的交易环境和保证存入资金的安全，现因被告的违约造成原告损失，被告应当承担违约责任，赔偿原告的损失。为此，特向法院起诉，请求判令：（1）被告赔偿原告损失 180 500 元及利息（利息从 2009 年 3 月 13 日起按银行利率计算至付清之日止）；（2）本案的诉讼费由被告承担。

2. 被告连江支行答辩称

（1）被告没有过错，不应承担责任。

1）原、被告双方存在储蓄合同关系，双方的权利、义务应以“牡丹灵通卡章程”来确定。章程约定：第一，申请牡丹灵通卡须填写申请书，确认遵守“中国工商银行牡丹灵通卡章程”。第二，申请牡丹灵通卡必须设定密码。凡使用密码进行的交易，发卡银行均视为持卡人本人所为。第三，持卡人必须妥善保管牡丹灵通卡和密码。因持卡人保管不当而造成的损失，银行不承担责任。本案中，原告所主张的存款是通过 POS 机交易消费的，必须有密码才能进行。由于银行卡客户所设定的密码具有私有性、唯一性、密码性的特定，银行卡的密码只有本人知晓。原告不能证明他的密码是因被告的系统故障、技术漏洞或职员主观过错导致泄露，则密码泄露的原因要从其本人身上寻找。或许有意无意将私人密码告知他人，或许操作时不注意防范，被他人窥视了密码，甚至可能是自己使用了私人密码，不论是哪一种情况，凡使用私人密码进行的交易，均应视为持卡人本人所为。既然是本人行为，理应由本人承担责任。2）根据清远市公安局向被告颁发的“安全防范设施合格证”，被告营业场所安全防范设施建设（包括自助机具）是通过安全验收的，符合公安部《银行营业场所风险等级和防护级别的规定》的有关标准，能够有效地保障储户操作交易的正常运行。被告的营业场所、用于金融服务的 ATM 机和牡丹灵通卡产品均经过国家权威部门安全认证后才能投入使用，不存在任何安全隐患和技术缺陷，被告已履行了保障储户存款安全的义务。

（2）原告应对其存款减少系被他人盗取而不是自己或者指派他人所为承担举证责任。原告诉称：“2009 年 3 月 13 日，原告借记卡内的存款 361 000 元被盗，原告向清远市公安局光明派出所报案。”根据《最高人民法院关于民事诉讼证据的若干规定》，当事人对自己提出的诉讼请求所依据的事实或者反驳对方诉讼请求所依据的事实有责任提供证据加以证明。没有证据或者证据不足以证明当事人的事实主张的，由负有举证责任的当事人承担不利后果。原告存款是否系被盗取的问题，应当由公安机关等有关机关作出是否被盗的认定。本案中，因公安机关尚未明确原告存款是否系被他人盗取，故无论原告还是被告称存款被盗取都不能成为确认存款系被盗取的依据。现存款是否被盗无法认定，原告应当对存款减少不是自己或指派他人所为承担举证责任，即原告应当证实自己的存款被支付时银行卡在自己身上而存款系被他人非法消费。在本案中，原告提交的证据并不足以证实以上事实，不排除原告自己将密码泄露给他人和将银行卡交给他人异地刷卡的可能，应由原告承担相应举证不能的后果，故原告要求被告赔偿 180 500 元损失的请求没有事实依据。此外，原告将银行卡交给其妻子取款，已违反“中国工商银行牡丹灵通卡章程”的规定，同时其在输入密码时并未进行任何遮挡，原告本身就存在过错。被告的 ATM 机被安装的装置是否对造成原告的损失有必然的因果关系，公安机关尚未有结论，而且该案刑事案件尚未侦破，不排除原告存在过错或与他人勾结，泄露密码等，本案应适用先刑后民的原则，待刑事案件处理完毕后再审理本案。综上所述，被告已经按原告的请求支付存款，被告不应重复履行支付义务。原告的诉讼请求无事实和法律依据，请法院予以驳回。

（三）事实和证据

广东省清远市清城区人民法院经公开审理查明：2006 年 11 月 2 日，刘灿华向连江支行申请办理了一张借记卡，卡号为 955882201800057××××，该借记卡为无存折卡。刘灿华在开立个人银行结算账户申请书及中国工商银行牡丹灵通卡申请表中进行了签名。中国工商银行牡丹灵通卡申请表客户确认栏注明“本人保证以上所填资料真实，并愿意遵守中国工商银行牡丹灵通卡章程……”“中国工商银行牡丹灵通卡章程”第四条规定：申请牡丹灵通卡必须设定密码。凡使用密码进行的交易，发卡银行均视为持卡人本人所为。依据密码等电子信息办理的各类交易所产生的电子信息记录均为该项交易的有效凭据。持卡人必须妥善保管牡丹灵通卡和密码。因持卡人保管不当造成的损失，银行不承担责任。持卡人委托他人代为办理业务的，必须符合发卡银行相关业务的代办规定。2008 年 1 月 10 日，刘灿华向连江支行申请挂失卡号为 955882201800057××××的借记卡，银行在受理挂失申请后，向刘灿华换发了卡号为 622202201800069××××的新卡。

2009 年 2 月 26 日晚上 19 时 35 分许，刘灿华妻子持卡号为 622202201800069××××的借记卡在连江支行的自助银行网点、编号为 20180617 的 ATM 机上转账 3 100 元。2009 年 3 月 13 日 9 时 31 分许，刘灿华的手机收到银行信息，称其借记卡（卡号：622202201800069××××）里面的 361 000 元存款被消费。刘灿华随即持卡到中国工商银行股份有限公司清远新园支行查询并向连江支行及清远市公安局光明派出所报案，称其借记卡被他人盗用。连江支行的工作人员通过银行系统查询卡号为 622202201800069××××的借记卡的交易明细后，核实该卡在 2009 年 2 月 26 日通过 ATM 机取款 3 100 元、3 月 2 日取款 1 000 元、3 月 8 日取款 3 960 元、3 月 12 日取款 20 000 元、3 月 13 日通过 POS 机交易消费 361 000 元。后经银行进一步查实，上述 361 000 元是于 3 月 13 日 9 时许在深圳东门布匹批发市场的 POS 机上消费，该 POS 机收单商户编号为 3015840513100××，收单行为交通银行深圳分行，同时从该 POS 机刷卡回单来看，签名明显不是刘灿华三个字。连江支行的工作人员在查看 2009 年 2 月 26 日自助银行网点的监控录像后，连江支行行长杨冬辉于2009年3月30日、4月10日分别向清远市公安局光明派出所、清远市公安局经济犯罪侦查支队报案，称2009年2月26日19时许，有3名男子潜入连江支行自助银行网点，怀疑在ATM机上安装了读卡器和微型摄像头，窃取了储户刘灿华的借记卡信息和密码，随后于2009年3月13日，在刘灿华不知情的情况下，其账户在深圳某布匹市场内通过POS机交易消费361 000元，故怀疑储户刘灿华被人冒用借记卡，进行信用卡诈骗。在连江支行递给公安机关的"报案书"、"关于我行连江支行ATM案情报告"、"关于我行ATM取款机被侵害客户牡丹灵通卡造成客户资金损失的情况"中，连江支行均称其自助银行网点的ATM机于2009年2月26日19时被可疑男子安装了摄像头及读卡器装置，怀疑客户刘灿华的借记卡信息资料及账户密码被不法分子窃取，并利用相关技术克隆了伪卡在异地套现。

2009年4月23日，连江支行向刘灿华支付了180 500元。本院受理本案后，依法向清远市公安局光明派出所调取了连江支行的自助银行网点在2009年2月26日晚上18时许至20时许的视频监控录像，录像显示：连江支行的自助银行网点设有两台ATM机（编号分别为20180617、20180588），2009年2月26日晚上19时0分，两名戴着帽子、眼镜的可疑男子在其中一台ATM机（编号为20180617）上安装疑是摄像头之类的装置；19时16分，该两名可疑男子再次到该ATM机的插卡口安装疑是读卡器之类的装置；19时31分，一名戴着帽子、眼镜的可疑男子将另一台ATM机（编号为20180588）的插卡口用硬物堵塞；19时48分，一名戴头盔的可疑男子将疑是摄像头、读卡器之类的装置拆走。在此期间，共有4名客户使用过编号为20180617的柜员机，刘灿华的妻子在19时35分许在该柜员机上进行过转账交易。

另查明："中国工商银行牡丹灵通卡章程"第四条规定，申请牡丹灵通卡必须设定密码。凡使用密码进行的交易，发卡银行均视为持卡人本人所为。依据密码等电子信息办理的各类交易所产生的电子信息记录均为该项交易的有效凭据。持卡人必须妥善保管牡丹灵通卡和密码。因持卡人保管不当造成的损失，银行不承担责任。持卡人委托他人代为办理业务的，必须符合发卡银行相关业务的代办规定。

上述事实有下列证据证明：

1. 账户历史明细清单。

2. 报警回执、派出所证明。

3. 收条。

4. 个人银行结算账户申请书、中国工商银行牡丹灵通卡申请表、中国工商银行牡丹灵通卡章程。

5. 储蓄业务挂失申请书。

（四）判案理由

广东省清远市清城区人民法院经审理认为：本案双方争议的焦点是：（1）现有证据能否认定造成原告牡丹灵通卡中的存款被他人消费，是因被告对其自助银行网点的ATM机管理的过错所致。（2）被告是否构成违约，应否承担违约赔偿责任。

对于第一个问题，原告主张其银行卡中的存款被他人消费，是因被告对其自助银行网点的 ATM 机管理的过错所致。从本案原、被告双方提供的证据，结合本院向公安机关调取的视频监控录像及其他案卷材料分析：2009 年 3 月 13 日 9 时 30 分许，原告的借记卡在深圳通过 POS 机消费导致存款减少 361 000 元后，原告在清远及时用卡在银行系统查询，并及时向公安机关报案，足以证明当时原告及其借记卡均在清远，由此可认定在深圳消费 361 000 元不是原告本人所为，也不是持原告的借记卡消费。2009 年 2 月 26 日，连江支行的自助银行网点的视频监控录像显示，当晚 19 时 0 分许至 19 时 48 分许，有 3 名戴帽子、眼镜的可疑男子在自动取款柜员机（编号为 20180617）上安装了疑是摄像头、读卡器之类的装置，而在上述时间段内原告的妻子持卡在该台自动柜员机上进行过转账交易。被告向公安机关报案所作的陈述以及提供的书面材料亦均多次反映了上述情况。本案的证据相互之间形成了一个较完整的证据链条，足以证明原告在本案中所主张的事实。被告认为公安机关尚未破案，不排除原告与他人勾结等其他怀疑，这仅仅是被告的种种猜测，并未能提供证据证实，本院不予采信。因此，本院认定，造成原告借记卡中的存款被他人消费，是因被告对其自助银行网点的 ATM 机管理的过错所致。

对于第二个问题，原告在被告处办理了借记卡后，即与被告建立了储蓄合同关系。根据储蓄合同的性质，被告负有按照原告的指示，将存款支付给原告或者原告指定的代理人，并保证原告银行卡内存款安全的义务。《中华人民共和国商业银行法》第六条规定："商业银行应当保障存款人的合法权益不受任何单位和个人的侵犯。"第二十九条第一款规定："商业银行办理个人储蓄存款业务，应当遵循存款自愿、取款自由、存款有息、为存款人保密的原则。"《中华人民共和国合同法》第六十条第二款规定："当事人应当遵循诚实信用原则，根据合同的性质、目的和交易习惯履行通知、协助、保密等义务。"为存款人保密，保障存款人的合法权益不受任何单位和个人的侵犯，是商业银行的法定义务。商业银行的保密义务不仅是指银行对储户已经提供的个人信息保密，也包括为到银行办理交易的储户提供必要的安全、保密的环境。提供交易场所的自助银行和提供交易功能的 ATM 机，都是商业银行利用先进技术向社会推出的金融工具，是一项既能方便储户取款，又能提高自身工作效率并增加市场竞争力的重要举措，银行亦能从中获取经营利益。然而自助银行和 ATM 机的推出，也会给金融交易安全带来新的风险，不法分子利用自助银行和 ATM 机进行犯罪，损害储户利益的案例时常见于报端。相对储户来讲，推出自助银行和 ATM 机的商业银行有条件了解其构造和工作原理，有机会及时掌握通过自助银行和 ATM 机实施各种犯罪的情报，有能力改进和加强自助银行和 ATM 机的功能。商业银行有条件、有机会、有能力防范犯罪分子利用自助银行和 ATM 机犯罪，有责任承担起这个防范犯罪的义务。商业银行应加强在保障储户存、取款安全方面人力和财力的投入，应当根据自助银行和 ATM 机在被各种犯罪活动攻击后暴露出来的弱点，随时对其进行改进。在新的改进方法尚未出台时，商业银行还可以通过采取不断巡查、24 小时实时监控、明示使用自助银行和 ATM 机时的注意事项、向储户通知犯罪手段甚至是暂停使用等方法，来履行防范犯罪的义务，以确保金融管理秩序的正常运转，确保储户的存款安全，维护储户的合法权益。

原告的妻子只是一个普通的牡丹灵通卡持有人，对自助银行的设施不具有专业知识。原告妻子在使用被告所设的自助银行网点的 ATM 机时，无法识别 ATM 机上安装了摄像头和读卡器之类的装置，以致借记卡信息和密码被窃取。原告发现借记卡内的资金短少后马上与银行联系并报警，已尽到了一个普通储户的责任。原告的借机卡未丢失，故对卡的信息和密码被泄露，原告没有过错，不应承担责任。被告在自助银行网点安装有 24 小时自动摄像装置，不法分子的所作所为全在摄像装置的监控之下，但在自助银行网点的 ATM 机被不法分子安装了犯罪工具后，被告竟然在超过半个月的时间内都未曾发现可疑，导致未能及时履行通知储户修改密码以保障储户持有的银行卡安全的义务，是犯罪分子得逞的主要原因，被告对其自助银行网点的 ATM 机疏于管理和维护，未能尽到有效地保障原告存、取款安全的义务，已构成违约。《中华人民共和国合同法》第一百零七条规定："当事人一方不履行合同义务或者履行合同义务不符合约定的，应当承担继续履行、采取补救措施或者赔偿损失等违约责任。"对导致原告借记卡内的资金短少，被告应当承担赔偿责任。

对于被告称原告将借记卡交给妻子使用，而且其妻子在使用该卡输入密码的过程中未用手进行遮挡，导致密码被泄露，原告及其妻子本身具有过错的抗辩理由：法律并未规定借记卡只允许由持卡人本人使用，"中国工商银行牡丹灵通卡章程"也未作出上述规定，相反，"中国工商银行牡丹灵通卡章程"第四条还规定："凡使用密码进行的交易，发卡银行均视为持卡人本人所为。持卡人委托他人代为办理业务的，必须符合发卡银行相关业务的代办规定。"足见被告并不禁止储户本人之外的其他人使用借记卡，在储户持卡交易时，被告遵循的原则是"认卡、认密码，不认人"。因此，原告将借记卡交由其妻子去被告提供的 ATM 机上取款的行为，并无过错。为储户提供安全的取款环境是商业银行的法定义务，商业银行无权单方面增加储户的义务，将该义务强加于储户。原告的妻子在被告提供的 ATM 机上取款时，并不知道 ATM 机被不法分子安装了摄像装置，其也无法识别。造成借记卡密码泄露的最直接原因是 ATM 机上被安装了摄像装置，并非原告妻子在输入密码时未用手遮挡。若被告认为储户在 ATM 机上输入密码时为防范密码被泄露，一定要进行遮挡，被告可以在设置 ATM 机时即对输入密码部位进行特别的保护，使他人无法窥视，这样，即使不法分子安装摄像装置也无济于事。这也正是商业银行为提高 ATM 机的安全性能可以采取的行之有效的方法。综上，对被告的上述抗辩意见，本院不予采纳。

由储户在借记卡上设立自己能掌握和控制的密码，是保障储户存款安全和防范犯罪的一个手段。但本案事实证明，尽管储户遵守保密义务，犯罪分子仍然能破解和利用储户设立的密码。在技术不断进步且犯罪手段也不断变化的今天，不具体分析失密的原因，不考虑储户是否存在过错，一概以"凡使用密码进行的交易，均视为持卡人本人所为"这一格式条款作为银行的免责理由进行抗辩，把一些本应由银行承担的责任也推向储户，无疑加重了储户责任，有违公平原则，故被告的这一抗辩理由难以成立。

法律是公民权利免受侵害并得以实现的保障，法院作为国家审判机关，其职责是通过行使审判职能运用法律使公民遭受损害的权利能尽快得到救济。本案中根据现有证据，足以认定被告的过错致使原告权利受损的事实，本案的审理无须以公安机关抓获犯罪分子、侦破刑事案件并认定的案件事实为依据，没必要适应"先刑后民"的原则。如果适用"先刑后民"的原则，若刑事案件因各种原因迟迟得不到侦破，势必造成原告遭受损害的权利迟迟得不到救济，正义迟迟得不到实现，这同样违背了法律的宗旨。因此，对于被告认为本案应待公安机关侦破之后再作审理的抗辩意见，本院亦不予采纳。

基于上述理由，对于原告借记卡内减少的361 000元存款，被告应支付给原告，并应支付相应的利息。扣除被告已于2009年4月23日垫付给原告的180 500元，被告实际还应支付180 500元及从2009年3月13日起的利息给原告。

(五) 定案结论

广东省清远市清城区人民法院依照《中华人民共和国合同法》第一百零七条之规定，作出如下判决：

被告中国工商银行股份有限公司清远连江支行于本判决生效之日起10日内向原告刘灿华支付180 500元及相应利息。

本案受理费3 910元，由被告中国工商银行股份有限公司清远连江支行负担。

(六) 解说

1. 本案是否应适用“先刑后民”?

关于是否必须待刑事案件侦破并审理后才审理本案民事纠纷，或是否应将本案移送给公安机关，在本案的审理过程中曾出现不同的意见。民刑交叉案件是否必须“先刑后民”?“先刑后民”是一种在审判实践中长久存在的思路，在法理中无法找到其出处。笔者认为“先刑后民”不是民事诉讼的基本原则，审判实践中不一定所有案件必须要“先刑后民”，关键在于民事案件的审理结果是否要依赖于刑事案件的审理结果。具体到本案，法院认定原告借记卡中的存款减少，是因被告对其自助银行网点的ATM机管理的过错致使原告借记卡中的存款被他人消费。这一事实的认定不是依赖审理刑事案件得出的结果，而是根据本案证据之间形成的证据链条。而现实生活中，因这类刑事案件逐渐增多，加上犯罪手段的高科技化，公安机关无法一一侦破，某些地方的公安机关为了片面地追求高破案率，对这类案件甚至采取不予立案的方式，能推就推。在原告的权利确实因被告的过错而受到损害的情况下，如果僵硬地适用“先刑后民”的一贯思路，若刑事案件因各种原因迟迟得不到侦破，势必造成原告遭受损害的权利迟迟得不到救济，正义迟迟得不到实现，这也不符司法为民的宗旨。

2. 银行自动柜员机的性质及风险承担。

提供交易场所的自助银行和提供交易功能的ATM机，都是商业银行利用先进技术向社会推出的金融工具，是一项既能方便储户取款，又能提高自身工作效率并增加市场竞争力的重要举措，是银行拓展业务、延伸服务的载体，银行亦能从中获取经营利益。因此，我们可以根据银行自动柜员机的营利性认定其属于银行的经营场所。依照法律对经营者提供经营场所的安全保障义务的一般要求，无论是根据谁获利、谁承担风险的原则，还是依据危险控制理论，银行自动柜员机由银行开发、使用并在其控制之下，商业银行在其控制的经营场所内自然应为客户提供安全、保密的交易环境，因未能为客户提供安全、保密的交易环境而造成的损害属于经营风险，应由银行自行承担。

3. “凡使用密码进行的交易，均视为持卡人本人所为”这一格式条款的效力。

在商业银行向客户发行了借记卡后，客户与商业银行之间存在储蓄合同关系。商业银行制定的有关借记卡的章程成为了储蓄合同条款的一部分。商业银行为规避风险，在章程中均规定有“凡使用密码进行的交易，均视为持卡人本人所为”的内容。对这一格式条款，笔者认为商业银行利用该条款规避法定责任和义务的，应认定为无效。为存款人保密，保障存款人的合法权益不受任何单位和个人的侵犯，是商业银行的法定义务。商业银行的保密义务包括为到银行办理交易的储户提供必要的安全、保密的环境。因商业银行违反上述法定保密义务，致使储户借记卡信息和密码被盗，最终使储户遭受损失，不能简单地一概以“凡使用密码进行的交易，均视为持卡人本人所为”这一格式条款作为免责的抗辩理由，把一些本应由银行承担的责任也推向储户，无疑加重了储户责任，也违背公平原则。此外，具体到本案中，在原告刘灿华与被告连江支行之间形成储蓄合同关系之后，凡因涉案借记卡发生的每一笔交易，都应该是在连江支行与刘灿华之间进行。他人利用窃取的借记卡信息和密码伪造成借记卡与被告进行交易，由于商业银行推出 ATM 机时，没有对 ATM 机赋予识别借记卡真伪的功能，此时，作为合同当事人的原告没有参与交易，作为储蓄合同凭证的真借记卡也没有用于交易，不能视作被告与原告之间成就的一笔交易。

（广东省清远市清城区人民法院　刘德）

45. 毛跃清诉中国工商银行股份有限公司大理分行储蓄合同案（储蓄合同）

（一）首部

1. 判决书字号

一审判决书：云南省大理市人民法院（2009）大民二初字第 146 号。

二审判决书：云南省大理白族自治州中级人民法院（2009）大中民终字第 277 号。

2. 案由：储蓄合同纠纷。

3. 诉讼双方

原告（上诉人）：毛跃清，男，汉族，住云南省大理市。

委托代理人：韩炳辉，云南崇圣律师事务所律师。

被告（上诉人）：中国工商银行股份有限公司大理分行，住所地：云南省大理市。

负责人：杨秀慧，行长。

委托代理人：李涛，云南欣晨光律师事务所大理分所律师。

委托代理人：苏利伟，中国工商银行股份有限公司大理分行职工。

4. 审级：二审。

5. 审判机关和审判组织

一审法院：云南省大理市人民法院。

独任审判人员：审判员：冯晓丽。

二审法院：云南省大理白族自治州中级人民法院。

合议庭组成人员：审判长：毛赛珠：审判员：黄祖林、黄丽。

6. 审结时间

一审审结时间：2009年4月7日。

二审审结时间：2009年12月15日。

（二）一审情况

1. 一审诉辩主张

（1）原告毛跃清诉称

2008年12月23日19时28分左右，原告在泰安路中国工商银行的自动取款机上取款2 000元，但操作完成后，取款机的出钞口并未出钱。拨打中国工商银行的服务热线，却一直无法打通，原告便按照贴在取款机上的一张“工商银行提示”上的号码拨打电话询问，而后在电话里的人的提示下，在自动取款机上进行操作，致使原告卡内的金额转账了26 878.98元给另一账号，还产生了50元的手续费。后经报警，在警察到来后才知道取款机被他人做了手脚。原告认为被告负有保障自动取款机正常使用并及时进行检修及监管的义务，被告没有及时检修自动取款机出钞口被堵塞的故障、及时清除柜员机旁的“提示”，也没有保障服务热线的拨打正常，导致银行服务热线在事发时一直无法打通，致使原告的紧急求助行为无法实施。这说明被告在管理和服务上存在缺陷，被告存在过错，应赔偿原告损失。请求法院依法判令被告赔偿原告损失款26 928.98元，并承担本案诉讼费用。

（2）被告中国工商银行股份有限公司大理分行辩称

原告与被告之间存在储蓄合同关系，根据合同的约定及银行章程的规定，原告应对自己凭密码操作的转账行为所造成的后果负责。被告已尽到安全提示义务，不存在过错，被告提供的服务与此案的结果无因果关系。原告轻信犯罪分子张贴的所谓“使用须知”，疏忽被告所作的多种安全提醒，自身的直接错误操作等因素是导致其账户资金被骗走的直接原因，对此造成的损失应自行承担。本案应由公安机关侦查处理，恳请人民法院依法驳回原告的起诉。

2. 一审事实和证据

云南省大理市人民法院经公开审理查明：2008年8月25日，原告毛跃清在被告中国工商银行股份有限公司大理分行下设的建设支行开户办理了工商银行牡丹灵通卡。2008年12月23日晚19时28分许，原告持牡丹灵通卡在被告位于大理市下关泰安路营业网点内编号为25150033的自动取款机上取款，操作完成后，自动取款机显示交易成功，但其出钞口未出钞，原告即拨打被告的客服电话95588，在电话拨通后因原告未能按照语音提示输入正确卡号，未得到协助。后原告按照该自动取款机上张贴的“自动柜员机安全使用须知”上所载电话6696833拨打救助，在打通该电话后，通话方告知原告他是中国工商银行故障中心工作人员，并表示按照他所讲的办法操作就能取出款。原告按对方提示将牡丹灵通卡账户内的26 878.98元转账至另一账号为2515029901002××××的储蓄账户内，为此产生了手续费50元。此后原告看到自动取款机打印的通知单上载有转账手续费50元的内容，发现情况不对，遂拨打110报警。接警人员到场后发现该自动取款机出钞口被人用胶条堵塞。原告随后又拨打被告的客服电话95588，从接线员口中得知该自动取款机上所张贴的“自动柜员机安全使用须知”并非银行张贴，其所拨打的电话6696833也不是中国工商银行的客服电话。经银行工作人员查实，原告将款转入的银行储蓄账户内的款项已被他人取走，账户余额仅有50元。2008年12月25日，大理市公安局紫云派出所对“毛跃清被诈骗案”予以立案侦查。

上述事实有下列证据证明：

(1) 原告的开户申请书及中国工商银行牡丹灵通卡。

(2)“自动柜员机安全使用须知”。

(3)“自动柜员机客户通知书”。

(4) 接受刑事案件回执单。

(5) 胶条。

(6) 原告的电话通知清单。

(7) 牡丹灵通卡章程。

(8) 大理市公安局立案决定书、接受刑事案件登记表、询问笔录、报案单、接受刑事案件回执单。

(9) 原告所持的e时代牡丹灵通卡历史明细清单。

(10) 95588客服电话通话录音。

(11) 转账过程及自动取款机周围环境的录像。

(12) 案发现场照片。

(13) 银行存取款、转账成功交易明细清单。

(14) 新闻媒体在《云南法制报》、《大理日报》上刊登的对社会公众发布的警示报道。

3. 一审判案理由

云南省大理市人民法院经审理认为：原告毛跃清与被告中国工商银行股份有限公司大理分行之间存在银行卡储蓄合同关系。原告作为持卡人在中国工商银行自动取款机上取款时，系行使合同的主要权利，但同时原告应履行合同的附随义务，该义务在储蓄合同中体现为储户在取款时负有一般的注意和谨慎义务。该附随义务要求原告注意到自动取款机屏幕上的提示，不轻信任何自动取款机外的告示或提示。但原告在行使权利时由于疏忽大意，缺乏一般储户应有的警惕和警觉，轻信了犯罪嫌疑人张贴的“安全须知”，原告的轻信、疏忽与自己的直接错误操作是导致本案的主要原因，原告应对该损失承担主要责任。本案中，被告在自动取款机屏幕上增加了“警惕ATM犯罪，若人身或资金安全受到危害，请拨打110求助。若需帮助，请拨打工行24小时客户服务电话95588”等风险提示内容，可视为其尽了一定的提醒业务。但银行作为专业的金融机构，在经济、技术方面拥有远胜于一般客户的抗风险能力。银行通过设置自动取款机更为便捷地履行其向储户的给付义务，其在履行给付义务的同时应履行一定的附随义务，即银行除应履行告知义务外，还应在自动取款机遇有故障时，及时维护、管理，提供便捷的协助服务。本案中，被告未及时维护ATM机故障，对他人张贴的“使用须知”未及时清理，可认定其在履行维护、管理、协助安全交易的义务上出现疏漏和瑕疵，应对原告的损失承担次要责任。故本院根据公平原则和诚实信用原则，酌情确定原告承担其损失的80%，被告承担20%。

4. 一审定案结论

云南省大理市人民法院依照《中华人民共和国合同法》第六十条、第一百零七条、第一百一十二条、第一百二十条之规定，作出如下判决：

(1) 由被告中国工商银行股份有限公司大理分行赔偿原告毛跃清损失款5 385.80元。

(2) 驳回原告毛跃清的其他诉讼请求。

案件受理费473元，减半收取236.50元，由原告毛跃清承担189.20元，由被告中国工商银行股份有限公司大理分行承担47.30元。

(三) 二审诉辩主张

1. 上诉人毛跃清诉称

(1) 一审法院认定事实不清。上诉人第一次拨打中国工商银行大理分行95588客户服务无法接通的原因不在上诉人，而是当时95588客户服务电话无法正常使用。(2) 一审判决对上诉人存款损失的责任认定明显不公平。中国工商银行大理分行未及时发现、清除不法分子安置、张贴到自动取款机周围的诈骗工具，导致上诉人存款的损失，应承担全部责任。请求撤销原判，支持上诉人的一审诉讼请求。

2. 上诉人中国工商银行股份有限公司大理分行诉称

(1) 本案是合同纠纷案件，在履约过程中，银行已尽到协助安全交易的义务，不存在过错，不应承担责任；(2) 毛跃清应对自己的后果负责；(3) 本案应由公安机关侦查处理。请求撤销原判，驳回毛跃清的诉讼请求。

(四) 二审事实和证据

云南省大理白族自治州中级人民法院经审理，确认一审法院认定的事实和证据。

(五) 二审判案理由

云南省大理白族自治州中级人民法院经审理认为：双方当事人之间系合法、有效的储蓄存款合同法律关系。中国工商银行大理分行对可能发生的诈骗在自动取款机上做了必要的风险提示，中国工商银行大理分行已做到了应尽的告知义务，但未尽到安全注意义务，给犯罪分子有可乘之机，在自动取款机上张贴须知，导致储户毛跃清在取款时被诈骗。中国工商银行大理分行对储户毛跃清的损失只应承担在履行合同时未尽到安全注意义务范围内的相应赔偿责任，一审法院确认中国工商银行大理分行承担20%的责任符合本案实际，本院予以认可。上诉人毛跃清在输入密码、转账等行为过程中未对自动取款机屏幕上的警惕ATM犯罪的提示引起注意，导致其卡上的钱被自己转账给陌生人，应承担主要责任。毛跃清上诉认为案发当时95588客服电话无法正常使用，与案发后公安机关向其讯问时其陈述的内容不一致，与本案查明的法律事实不一致，对其要求银行赔偿其全部损失的请求，本院不予支持。中国工商银行大理分行上诉认为在履约过程中其已尽到协助安全交易的义务，不存在过错，不应承担赔偿责任，该诉讼请求也无事实和法律依据，本院不予支持；其上诉认为本案应由公安机关侦查处理，因本案双方当事人之间争议的系合同纠纷法律关系，属于民事诉讼法调整范围，法院享有管辖权，故对中国工商银行大理分行的该项诉讼请求不予支持。

（六）二审定案结论

云南省大理白族自治州中级人民法院依照《中华人民共和国民事诉讼法》第一百五十三条第一款（一）项的规定，作出如下判决：

驳回上诉，维持原判。

案件受理费473元，由被告中国工商银行股份有限公司大理分行承担。

（七）解说

自动取款机的广泛使用为我们带来了快捷、高效的生活方式，同时也给经济诈骗者带来契机。如何规范银行与储户在存、取款中的权利义务关系，在立法及司法实务中已成为一个新的课题。

1. 自动取款机是储户与银行之间交互存、取款关系的媒介，其性质为银行客户服务系统的一部分，外在表现为人机对话，故从职能及与储户的服务关系出发，银行对维护存、取款及交易安全责无旁贷。但如何具体规范该领域内的交易安全及产生事故后的责任分担，在立法上尚无具体、明确的规定，容易造成储户认为是银行未尽到安全防范的义务，应承担合同法所规定的违约责任即赔偿储户损失的责任，而银行方认为系第三方犯罪所为、与己无关、属刑事案件的重大分歧。该案一审宣判后双方上诉就印证了这一点。而公民对于自己在银行账户内的存款的所有权应有充足的安全保障，是基本权利，不能因随便出现的一点意外而使自己的存款付之东流。对此，银行承担的义务是毋庸置疑的。

2. 自动取款机与银行柜台的业务比较。二者的定位应该是相同的，在自动取款机未使用以前靠银行柜台内的工作人员操作，其安全性是可靠的。那为什么科技进步反而带来一些人可以利用银行的信用卡诈骗呢？要看到自动取款机的操作环境已经发生了改变。首先，储户在取款时身边没有银行工作人员；其次，取款机的操作需要具备基本的操作技能及银行业务的一般知识；再次，因当事人个体因素的差异，当自动取款机发生故障吞卡或不能出钞票时，往往不知所措，出现诈骗电话及如本案诈骗方提示操作时，不知是自己把钱转入他人账号，已丧失账户内存款的所有权。但是，我们也要看到自动取款机毕竟是银行的机器，存、取款也是银行业务的一部分，可以视为在银行营业所内的业务，出现有人利用该自动取款机进行犯罪活动，银行义不容辞有责任，否则就失去其存在的价值及意义。至于责任有多大，双方的权利、义务应如何调整，还应从银行的金融业务、科技手段，特别是从法律的角度去仔细衡量。

3. 该案责任划分。该案储蓄存款合同法律关系被法院终审认定，受民事诉讼法调整，属法院受案范围。被告已尽到了应尽的告知义务，但未尽到应尽的安全防范义务。原告认为案发当时 95588 客服电话无法正常使用，与本案查明的法律事实不一致，减轻了被告的违约责任。人民法院按照合同法的立法原意，在兼顾、维护金融秩序及储户权益的基础上比照公平原则和诚实信用原则，酌情确定原告承担其损失的 80%，被告承担 20%。兼顾了双方当事人在该案中的种种过错，在一定程度上创制了规则，规范了自动取款机的安全使用，并对类似案件起到示范作用，但如何更好规范当事人的权利义务关系，仍然需要我们去探究。

四、侵权纠纷案例

46. 复旦大学附属华山医院诉孙佩蓉财产损害赔偿案（财产损害赔偿）

（一）首部

1. 判决书字号

一审判决书：上海市杨浦区人民法院（2008）杨民一（民）初字第1011号。

二审判决书：上海市第二中级人民法院（2009）沪二中民一（民）终字第2639号。

2. 案由：财产损害赔偿纠纷。

3. 诉讼双方

原告（被上诉人）：复旦大学附属华山医院（以下简称华山医院），住所地：上海市乌鲁木齐中路。

法定代表人：丁强，医院院长。

委托代理人（一、二审）：童剑云，上海市康正律师事务所律师。

委托代理人（一、二审）：黄承瑶，上海市康正律师事务所律师。

被告（上诉人）：孙佩蓉，女，汉族，住上海市国顺路。

委托代理人（一、二审）：高广益，上海市绍平律师事务所律师。

委托代理人（二审）：骆美玲，上海市中和律师事务所律师。

4. 审级：二审。

5. 审判机关和审判组织

一审法院：上海市杨浦区人民法院。

合议庭组成人员：审判长：虞瑶；代理审判员：顾仲、毕崇岩。

二审法院：上海市第二中级人民法院。

合议庭组成人员：审判长：徐荣生；代理审判员：张常青、徐江。

6. 审结时间

一审审结时间：2009年6月8日。

二审审结时间：2009年9月17日。

（二）一审诉辩主张

1. 原告华山医院诉称

被告在履行医师执业活动时违反病历档案管理规范，擅自隐匿患者林某的病理资料，特别是林某的冰冻切片和最重要的编号为 A、B 的病理切片及“病理检查申请单”、登记本，导致原告在与林某的民事诉讼中因无法提供完整的病历资料而败诉，造成经济损失人民币 216 649 元。被告的行为是完全错误的，侵犯了原告的合法权益，故诉至法院，要求被告赔偿原告经济损失。考虑到被告现已退休，全额赔偿可能对生活有影响，赔偿金额由法院酌定。

2. 被告孙佩蓉辩称

2000 年 8 月 1 日被告休息。同日，林某因乳腺疾病在原上海市房地产管理局职工医院（以下简称上房医院）手术。手术中，从林某乳房上切下一小块病理组织作了冰冻片后，由病理科包芸医生诊断为乳头派杰氏病后行乳房切除根治术。次日，被告上班，并作为病理科主任对林某的冰冻片作了复查，发现包芸医生的诊断有误。数日后，林某的石蜡切片制成，经被告检验仍不符合乳头派杰氏病。嗣后，被告又将切片送至肿瘤医院病理科复核，仍然得到林某不符合乳头派杰氏病的结论。被告立即将此事告知副院长袁永熙，袁永熙及院党组书记陈留英要求被告按照乳头派杰氏病的结论出具假报告，被告拒绝，故由包芸医生出具了只加盖病理科章而无医生签字的假报告。嗣后，为免事发后受到诬陷，被告复印了一份“病理检查申请单”，并对照“病理检查申请单”抽取林某的一套共 9 张石蜡病理切片（其中无编号的一张就是“病理检查申请单”中载明的 A 片）以证明林某未患癌症。另外需要说明：第一，被告看到有冰冻片，但未取走，仍留存在原告处；第二，“病理检查申请单”上载明，B 片即组织片并不存在，未制作；第三，被告取走一套切片后，原告处尚留存与被告取走的切片一致的至少一套完整切片备份；第四，被告取走林某资料之事系一人所为，未告知他人。上房医院并入原告后，被告前往原告处工作，同时将 9 张病理石蜡切片及“病理检查申请单”复印件带至新的办公室。2005 年 10 月，被告离院时将 9 张病理切片及“病理检查申请单”复印件带回家中。2006 年 5 月 31 日及之后，林某家属数次闯到被告家中大闹。被告为自保，将事实真相告知他们并提供了 9 张切片及“病理检查申请单”复印件。被告认为，首先，从林某的冰冻切片和石蜡切片中可看出，林某未得癌症。其次，被告带回 9 张石蜡病理切片，全部交给林某家属，林某在诉讼中也提供了 9 张石蜡病理切片。即便被告未将林某的石蜡病理切片从原告处带回家，在诉讼中，原告可以提供的也只是林某的冰冻切片和 9 张石蜡切片。若原告将林某的冰冻切片和 9 张石蜡切片全部提供，医学会也是作出同样的鉴定报告而导致原告败诉。被告的行为并未给原告带来损失，故不同意原告的诉讼请求。

（三）一审事实和证据

上海市杨浦区人民法院经公开审理查明：被告原系上房医院病理科主任。2000 年 7 月 26 日，林某入住原上房医院，病史记载：“患者于入院前壹年发现，左乳头湿疹样变，伴阵发性刺痛，轻微瘙痒，并有淡黄色液体渗出。”同年8月1日，林某在该院手术中，因病理冰冻片被诊断患有乳头派杰氏病而切除左侧乳房。乳头派杰氏病是癌症的一种，该病较少见，恶性程度低，发展慢，愈后良好。症状为乳头有瘙痒、烧灼感，以后出现乳头和乳晕的皮肤变粗糙、糜烂如湿疹样，进而形成溃疡，较晚发生腋淋巴结转移。

2001年6月，原上房医院并入原告，被告任病理科副主任医生。2004年3月，被告退休。嗣后，被告被原告回聘。2005年10月，被告回聘结束，离开原告。林某手术后，被告擅自从病理科取出林某相关书面病理资料及病理切片带回家中。2006年5月，被告将病理资料及病理切片交给林某家属。被告提供给林某家属的“病理检查申请单”是复印件，载明，“A对照1；B组织无；C基地1；D乳头4全；E剩余乳腺3；F淋巴结8”，其中“1、无、4全、3”有涂改迹象。被告称非其涂改，仅照原件复印。

2006年6月，林某至原告处投诉，要求追究原告与林某的医疗事件属于医疗事故，但未果。2006年9月5日，林某起诉至上海市静安区人民法院（以下简称静安法院），认为原告构成医疗事故，要求赔偿经济损失。2006年11月，静安法院委托上海市普陀区医学会（以下简称医学会）对是否构成医疗事故进行鉴定。2007年1月，医学会作出分析意见：“1. 根据病史，患者左乳头有类似派杰氏病的临床表现。2. 医方未按照国务院卫生行政部门规定的要求书写和妥善保管病历资料（病理报告不规范、病理资料不完整）。3. 根据目前提供的不完整的病理切片资料，不能作出派杰氏病的病理诊断，医方应承担举证不力的责任。4. 患者有左乳房因手术缺失的事实。根据上述分析意见，构成三级丁等医疗事故，医方承担主要责任，无三期建议”。鉴定结论是：“林某与华山医院医疗争议构成医疗事故。根据《医疗事故处理条例》第二、四条、《医疗事故分级标准（试行）》、《医疗事故技术鉴定暂行办法》第三十五条，本病例属于三级丁等医疗事故，医方承担主要责任。”2007年11月，静安法院判决原告赔偿林某各类损失人民币206 149元，并承担诉讼费人民币7 000元及鉴定费人民币3 500元。嗣后，原告支付林某上述费用共计人民币216 649元。

审理中，原告称被告从病理科取出了林某“病理检查申请单”原件、登记本及全部的组织切片包括冰冻片、病理切片A片、病理切片B片、蜡块等。被告称仅复印了一份“病理检查申请单”（原件仍留在原告处）及取走9张组织切片，包括未编号实际为A的对照片1张、编号为C的基底片1张、编号为D的乳头片2张、编号为E的剩余乳腺片3张、编号为F的淋巴结片2张。被告又称，在被告将林某的组织切片带回家中时，原告处尚留存至少一套与被告带回家中的一致的组织切片及手术中最先切除用于化验组织的冰冻片和切下乳房后制作的蜡块，而林某病理切片B片没有做，并不存在。至于原告所说登记本也不存在，根本没有装订成册，被告复印的“病理检查申请单”原件是单独的纸张。

另查明：上海市卫生局、中华医学会上海分会颁布《医疗护理常规》第二篇“病理科常规”中明确：“病理资料是重要医学档案，必须有专人负责保管，一般应由技术室或专门设立的资料室负责。”审理中，双方对保管病理资料及制作病理切片的规范陈述如下：原告称当时的原上房医院有两位技术员保管病理资料，需要借阅资料应填写申请单，但技术员中一位已死亡，另一位在国外，联系不上，故对其主张无法提供依据。对于切片编号登记，一般医院的常规做法都是一致的，原上房医院及原告也是如此：“病理检查申请单”

的编号顺序是固定的，即A、B、C、D、E、F……但与编号相对应的项目却不是固定的，换言之，“A”可以是“组织”，也可以是“基底”。登记时也没有必须登记的项目，若没有组织片，就不登记，不必特地写“组织片：无”。被告称原上房医院并无专人管理病理资料，只要是病理科医生，人人可以查阅。至于病理切片编号登记，没有统一规定，列明：“组织片：无”是正常的。

上述事实有下列证据证明：

1. 被告出具的林某事件经过书面报告。
2. 医疗事故技术鉴定书。
3. 静安法院的另案庭审笔录和判决书。
4. 原告承担各类损失人民币216 649元的付款凭证。
5. 林某病理报告、“病理检查申请单”复印件及9张病理石蜡切片复印件。
6. 医学会专家意见。
7. 林某病史资料等16份证据。

（四）一审判案理由

上海市杨浦区人民法院经审理认为：公民由于过错侵害国家、集体的财产造成损失的，应当予以赔偿。被告作为一名医务人员，不论出自何种目的，都不应擅自将患者资料带走及隐匿（经审理本院已排除了被告行为的正当性、合理性），该行为违背了医生的职业道德，扰乱了医疗秩序。虽原上房医院的管理失当，为被告不告而取的行为创造了条件，原告应以此为鉴，加强制度建设和管理，然被告对造成原告损失的侵权行为存在主观过错是显而易见的。被告该行为导致原告在与林某的医疗事故纠纷中败诉，并对林某进行了经济赔偿，产生了经济损失，故被告侵害了原告的利益，应对原告进行赔偿。审理期间，原告表示鉴于被告目前的退休状况和经济承受能力，愿意减免部分赔偿额，具体由法院酌定。法院将依据被告的过错程度，依律照准。

（五）一审定案结论

上海市杨浦区人民法院依照《中华人民共和国民法通则》第一百零六条第二款、第一百一十七条、第一百三十四条之规定，作出如下判决：

被告孙佩蓉应赔偿原告复旦大学附属华山医院经济损失人民币50 000元。

案件受理费人民币4 550元，由原告复旦大学附属华山医院承担人民币1 365元，被告孙佩蓉承担人民币3 185元。

（六）二审情况

1. 二审诉辩主张

（1）上诉人孙佩蓉诉称

隐匿的病历资料已全部交给林某，并由林某交给静安法院。华山医院败诉与自己无关，不应承担赔偿责任。

（2）被上诉人华山医院辩称

孙佩蓉未将所有资料交出，留存能够证明林某患有癌症的资料，造成医院败诉，应予赔偿。

2. 二审事实及证据

上海市第二中级人民法院经审理，确认一审法院认定的事实和证据。

3. 二审判案理由

上海市第二中级人民法院经审理认为：原审查明事实清楚，判决并无不当。

4. 二审定案结论

上海市第二中级人民法院依照《中华人民共和国民事诉讼法》第一百五十三条第一款第（一）项之规定，作出如下判决：

驳回上诉，维持原判。

（七）解说

本案中有三个问题：一是原告的诉讼请求是否具有民事可诉性；二是在原、被告都无法提出充分证据否定对方主张时，应当如何认定证据、确认事实；三是本案的赔偿责任如何认定。

1. 关于本案原告之请求的民事可诉性问题。

此即被告的行为是否构成对原告的侵权问题。法院经审理认为被告的行为构成了对原告财产权的侵害。具体分析如下：

第一，原告确实存在损害，而有损害是构成侵权行为的前提。原告在与林某的另案诉讼中，由于举证不能而败诉，静安法院判决原告赔偿林某各类损失及鉴定费、诉讼费共计人民币 216 649 元。原告认为其举证不能盖因被告隐匿关键资料所致。被告的行为导致了原告的财产损失。

第二，被告的藏片行为违反了相关部门规章和行业规范。被告未经许可，擅自取走由原告保管的患者病理资料，触犯了医院的管理制度。被告作为一名医务人员，不论出于何种目的，都不应擅自将患者资料带走及隐匿，该行为违背了医生的职业道德，扰乱了医疗秩序。卫生部 2002 年颁布并实施的《医疗机构病历管理规定》第五条规定："医疗机构应当严格病历管理，严禁任何人涂改、伪造、隐匿、销毁、抢夺、窃取病历。"虽然法律、法规没有对被告的藏片行为作出相关规定，但是被告的藏片行为违反了相关部门规章和行业规范，应符合侵权行为认定中对违法性的要求。

第三，被告的行为和原告的损害之间存在因果关系。首先，被告的行为和原告的损害之间具有一定的关联性。原告的损害源于其与林某的另案诉讼，根据《最高人民法院关于民事诉讼证据的若干规定》（以下简称《证据规定》）的规定，对于医疗事故侵权损害赔偿诉讼，适用举证责任倒置的证明规则，即华山医院应承担其在处理林某疾病的过程中不存在医疗过错的举证责任，而对证明起关键作用的，就是被告取走的资料。这样，被告的藏片行为和原告的损害之间，关联性十分明显。其次，如果没有被告的藏片行为，原告的损害结果并不一定能够发生。从林某入住原上房医院的病史记载看，符合乳头派杰氏病的临床表现，有手术指征。林某癌变在乳头部位，淋巴结未转移，乳房切除后愈后良好。换言之，原告对林某病情的处理也许并不存在误诊或操作上的错误，原告存在证明其不一定对林某造成医疗事故的可能性。由于被告未经许可擅自取走应由原告保管的林某的病理资料，原告缺失关键资料，对自己行为的合理性无从证明，被医学会以资料不全，推断构成医疗事故，从而导致了另案的败诉，原告承担了赔偿责任，造成了巨额损失。被告的行为使原告丧失了证明其没有构成医疗事故的可能性。再次，正是因为被告的藏片行为，原告无法举证，以及原告自身管理存在不当等因素的累积，才造成了原告损害的发生。被告的行为是导致原告损害的不可或缺的因素。

第四，被告的藏片行为存在过错。被告作为有多年工作经验的医生，应当知道有关病历资料保存的相关规定，并明了擅自带走及隐匿患者资料可能带来的后果，其仍实施此种行为，主观上是故意的，并且经法院审理已排除了被告行为的正当性、合理性。被告的藏片行为存在过错。

2. 关于本案如何适用证明标准的问题。

本案中，原告和被告都没有足够的证据证明被告是否将全套的关于林某的资料带走，从而间接导致了原告在与林某案中的败诉，此时，就要由法官依据“高度盖然性”的证明标准作出判断。此种判断不可能完全与案件的“原态事实”一致，即不可能完全符合“客观真实”，只能从证据的证明力入手，依据证据规则，看哪些证据结合具有逻辑上高度的可能性，足以使法官形成内心确信，以最终确认事实。

（1）在原上房医院对林某的医疗手术过程中，存在冰冻片及组织片。对于冰冻片，原、被告在庭审中均认可存在，无须赘言。对于组织片，按照医院统一并通行的规范做法，“病理检查申请单”的编号顺序是固定的，即A、B、C、D、E、F……但与编号相对应的项目却不是固定的，其登记完全是按照医疗时采取的措施而定。换言之，登记时没有必须登记的项目，没有组织片，就不登记，不必特地写“组织片：无”。现既登记了组织片，就说明该组织片应当存在，且“无”字亦有覆盖、涂改痕迹。被告虽称原件即如此，但未能提供证据，其辩词也有悖常理，可以认定组织片是存在的。

（2）被告擅自取走并隐匿了林某的冰冻片及组织片。判断林某是否患有癌症，从病理上讲，有证明力的是冰冻片、组织片及部分有癌组织的切片。其中，单看冰冻片或者组织片就能作出是否有癌的判断。而切片并非每张都可有癌组织，换言之，病人可能做十几张切片而其中能看出是癌组织的只有几张。假设取走冰冻片、组织片及部分有癌组织的切片，那么仅看剩下的切片，判断结果可能就是没有癌组织。被告辩称其取走切片，目的是证明林某未患癌症。被告作为当时的医院病理科副主任，且长期从事病理分析、研判工作，其理应清楚证明林某是否患有癌症，冰冻片和组织片起着至关重要的作用。若要证明当时林某手术存在误诊行为，只需提供作为手术依据的冰冻片即可，而非其他无癌组织的切片（前文已述并非癌症患者的所有切片都可看出癌组织），如此，具有关键作用的冰冻片及组织片应是被告取走的首选。退一步而言，果如被告所称，其藏片行为系避免日后事发遭人诬陷的自保之举，然患者林某的手术非其主刀，病理检验非其主持，病理报告无其签名，被告虽系病理科主任，其亦称并无复查检验报告的职责，甚至于林某手术当日，被告公休未上班。作为从未参与其中的被告完全可以澄清事实，撇清自己的责任。由此可见，被告之言不具有合理性，其藏片动机令人怀疑。尤其是足以撼动医疗事故基础事实的冰冻片和组织片的缺失，令原告丧失了澄清真相的机会，从而蒙受了巨大损失，该结果与被告的行为存在紧密的关联性。

（3）本案中判断原、被告陈述真伪，关键在于双方提供证据的证明力高低的问题。1）被告提供的两份便条系自行书写，证明力较低。2）从逻辑上可推断出原告处确实没有林某的任何病理资料。其一，若有资料，原告在与林某的诉讼中应提供，而不会因举证不能而败诉。其二，即便退一步而言，林某未患癌症，原告亦应提供资料。因为原告提供资料的最坏结果只是承担医疗事故的责任，且尚有辩驳的余地，而隐匿资料的结果除了肯定承担医疗事故的责任外，更暴露了医院存在管理混乱的情况，将对原告的财产和名誉带来更大损伤，后果更为严重。按常理原告不会采取此下策。3）被告称，林某未患癌症而医院对其施行手术，所以冰冻片及其他切片都找不到癌组织，事后医院仅用做假报告来掩盖真相。但是，假设林某未患癌症，则病理切片应检验不出癌组织，而病理切片是病人可以查阅的，医院仅在报告上注明癌症，没有意义。从这个角度来说，被告的“自保”理论也站不住脚。4）被告陈述切片数量及组织片情况有言辞不实，关于取走切片的动机也难以使人信服，因此被告如实陈述事实的盖然性较低，而其又陈述冰冻片没有取走，亦难以使人信服。另外，从常理来看，若林某只是普通病员，原上房医院或原告有可能因管理不善而遗失资料。但若如被告称医院在作假，那么，医院之所以作假，目的就是万一林某提出异议时可以有正确的回复。对如此重要的资料，必然事发之后立即妥为保管，而非能让被告轻易取走。因此，原上房医院或原告遗失林某资料之假设不尽合理。如此，被告就是最后接触林某病理资料之人。鉴于被告无法证明其仅取走了 9 张切片而留下了冰冻片、组织片，所以法院对该节事实不予采信，认定均由被告取走。

3. 本案赔偿责任的确定。

对此，本案审理中出现了三种不同意见。

第一种意见认为，被告不承担赔偿责任。理由为：即便被告将隐匿的切片交出，未必导致原告与林某的案件胜诉。具言之，被告隐匿切片也不必然导致原告与林某的案件败诉，仅存在可能性，非必然性。因为即使林某患有癌症，医院对其行整个乳房的切除手术也不一定是正确的，有可能切除部分即可。如此，医院仍存在医疗事故，需赔偿林某。因此，不能因为被告的行为存在导致原告承担赔偿责任的可能而要求被告对原告承担赔偿责任。

第二种意见认为，被告承担全部责任。理由为：原告对病历仅尽一定保管义务。因为基于对被告等医院职员作为医生的职业道德和素养的信任，原告保管病历是尽一定的注意义务，而非完全的注意义务，且由于工作需要，也不可能完全杜绝被告作为医生对病历的接触。被告的蓄意和处心积虑，使原告对病历的控制超出其应尽的范围，不能说单位未尽防范义务。鉴此，被告应承担全部赔偿责任。

第三种意见认为，被告承担主要赔偿责任。理由为：基于第二种意见的理由，被告应对原告承担赔偿责任。但是，被告之所以能够将林某的病历资料带回家，其中一条原因是原告未尽保管义务，让被告有空子可钻。如果原告处有专人保管资料，借阅需登记，被告至少有所顾忌。况且也不可能发生被告将资料放在身边近五年，离开时将资料带走而原告完全不知情的情况。并且，如被告只是从登记本中取走若干张资料，原告不知情，尚情有可原。原告称系整本登记本均遗失，如此重要资料整本丢失而不察觉，只能说明原告的档案管理确实存在瑕疵。因此，在本案中，由于原告自身的过失，可减轻被告部分赔偿责任。

合议庭采纳了第三种意见。基于被告主观恶性较大，本案的处理对社会大众的道德操守有重大指向作用（目前社会上确实已多次发生因医生私人恩怨而故意损毁重要病史记载、医嘱、告知单等情况，导致医疗争议案件发生，严重影响了医患关系的和谐），应由被告承担主要责任。同时考虑被告作为一名退休人员，经济上的承受力确实存在一定困难，故具体赔偿金额可视情酌定。

（上海市杨浦区人民法院　虞瑶）

47. 沈源林诉厦门翔鹭化纤股份有限公司财产损害赔偿案（证书的价值赔偿）

（一）首部

1. 判决书字号：福建省厦门市海沧区人民法院（2009）海民初字第704号。
2. 案由：财产损害赔偿纠纷。
3. 诉讼双方

原告（上诉人）：沈源林，男，汉族，住福建省厦门市思明区。

委托代理人（一审）：龚惟萍，女，汉族，住址同上，系原告之妻。

被告（上诉人）：厦门翔鹭化纤股份有限公司（以下简称翔鹭化纤公司），住所地：厦门市海沧台商投资区。

法定代表人：袁贵麟，公司董事长。

委托代理人（一审）：林坤勇，公司职员。

委托代理人（二审）：梁洪流，福建天衡联合律师事务所律师。

4. 审级：二审。
5. 审判机关和审判组织

一审法院：福建省厦门市海沧区人民法院。

独任审判人员：代理审判员：陈基周。

二审法院：福建省厦门市中级人民法院。

合议庭组成人员：审判长：柯雅玲；审判员：庄伟平；代理审判员：王池。

6. 审结时间

一审审结时间：2009年5月22日。

二审审结时间：2009年9月28日。

（二）一审诉辩主张

1. 原告沈源林诉称

原告因与被告翔鹭化纤公司劳动纠纷而诉至厦门市海沧区人民法院，海沧区人民法院以（2007）海民初字第580号民事判决判令被告翔鹭化纤公司向其返还“ISO 9000质量体系主任评审员”、“主任评审员”培训证书，后厦门市中级人民法院终审判决维持了上述内容。终审判决后，被告拒不向原告返还两本证书。原告于2007年12月12日申请人民法院强制执行，但原告以各种理由拒不执行。因上述两本证书对原告工作作用巨大，现因无证书无法高起点、高职位从事ISO质量体系评审和咨询工作，对原告造成再就业困难及巨大经济损失。有上述证书，原告从事ISO审核工作月薪至少可以8 000元/月，无该两本证书，可能只能从事月薪2 000元的其他工作，每月至少损失6 000元，因与被告多年工作感情，仅主张被告赔偿原告30 000元损失。因此，原告诉至法院，请求判令被告赔偿原告因无法归还“ISO 9000质量体系主任评审员”、“主任评审员”证书而造成的经济损失30 000元，并判令诉讼费用由被告承担。

2. 被告翔鹭化纤公司辩称

（1）原告的证书是1997年以前取得的，一直未重新进行注册，其证书已经失效。原告2003年至2007年在被告处工作期间，主要从事新产品推广业务类工作，一直未从事质量体系评审工作。原告除评审员工作外仍可以从事其他工作，不影响其收入，且原告仍然可以通过正常途径重新获得相关证书。因此，原告不存在实际损失。（2）“ISO 9000质量体系主任评审员”、“主任评审员”培训证书系被告送原告去学习培训而取得，培训所有费用均为被告支出，目的是服务公司的内部评审工作。现原告离职，服务被告的目的已不存在，原告无权要求取回该证书并要求赔偿损失。（3）原告未提供证据证明其有机会从事ISO质量体系审核工作，且未提供证据证明实际损失。综上所述，请求驳回原告的诉讼请求。

（三）一审事实和证据

福建省厦门市海沧区人民法院经公开审理查明：原告沈源林于1989年7月大学毕业分配至国营厦门化纤厂，1994年12月5日进入被告翔鹭化纤公司工作。1998年7月原告通过厦门市人才服务中心办理调入被告翔鹭化纤公司的调动手续。1995年10月10日起原告沈源林与被告翔鹭化纤公司之间连续签订了5份劳动合同，期限至2007年3月21日。后原、被告双方因经济补偿金及证书返还问题，产生争议，原告沈源林向厦门市海沧区劳动仲裁委员会申请劳动仲裁。2007年4月10日，厦门市海沧区劳动仲裁委员会裁决，驳回原告经济补偿金及赔偿金的请求，但被告翔鹭化纤公司应归还原告的“ISO 9000质量体系主任评审员”、“主任评审员”培训证书。原、被告均不服该裁决，先后起诉，本院依法并案审理。2007年6月28日，本院作出（2007）海民初字第580号民事判决，判决被告翔鹭化纤公司在判决生效之日起10日内向原告沈源林返还“ISO 9000质量体系主任评审员”、“主任评审员”培训证书等。其后，被告翔鹭化纤公司不服，上诉于厦门市中级人民法院。厦门市中级人民法院于2007年11月7日作出（2007）厦民终字第2000号民事判决，维持了上述一审关于被告翔鹭化纤公司在判决生效之日起10日内向原告沈源林返还“ISO 9000质量体系主任评审员”、“主任评审员”培训证书的判决。其后，因被告未能向原告返还该两本证书，原告遂于2007年12月向本院申请强制执行。因执行标的属特定物，被告明确表示没有该标的物，致使执行不能，双方又和解未果，本院于2008年5月12日作出（2008）海执行字第17—1号民事裁定，裁定终结该次执行程序。原告认为，上述两本证书对其工作作用巨大，现因无证书无法高起点、高职位从事ISO质量体系评审和咨询工作，对原告造成再就业困难及巨大经济损失，故诉至法院。

另查明，（1）原告所称的“ISO 9000质量体系主任评审员”、“主任评审员”培训证书系原告在被告处工作期间培训取得，并于1997年交付被告。相关培训费用系由被告支付。（2）2003年至2007年，原告在被告处工作时工种岗位为管理人员等，未从事与ISO质量评审相关的工作。（3）被告翔鹭化纤公司已当庭向原告归还了“ISO 9000质量体系主任评审员”培训证书。

上述事实有下列证据证明：

1. （2007）海民初字第580号民事判决书、（2007）厦民终字第2000号民事判决书。
2. 执行案件告知书，（2008）海执行字第17—1号民事裁定书。
3. 收条（2份）。
4. 劳动合同。
5. “ISO 9000质量体系主任评审员”证书。

（四）一审判案理由

福建省厦门市海沧区人民法院经审理认为：原告的“ISO 9000质量体系主任评审员”、“主任评审员”培训证书系原告在被告处工作期间培训取得，相关培训费用系由被告支付，但上述证书仍为原告所有。被告应向原告返还“ISO 9000质量体系主任评审员”、“主任评审员”培训证书已经厦门市中级人民法院生效法律文书确定，被告应该返还。原告主张因被告未返还证书致其每月至少损失6 000元，但未能提供证据，其主张被告赔偿其损失30 000元显然依据不足。但被告主张原告的证书已失效亦未能提供证据证明，其迄今仍未能向原告返还“主任评审员”培训证书，在保管上存在过失，客观上将给原告造成一定损失。从公平角度考量，并结合案件具体情况，本院酌定被告翔鹭化纤公司就此赔偿原告沈源林3 000元。

（五）一审定案结论

福建省厦门市海沧区人民法院依照《中华人民共和国民事诉讼法》第六十四条第一款、《中华人民共和国民法通则》第一百零六条之规定，作出如下判决：

1. 被告厦门翔鹭化纤股份有限公司于本判决生效之日起10日内赔偿原告沈源林3 000元。
2. 驳回原告沈源林的其他诉讼请求。

如被告厦门翔鹭化纤股份有限公司未按指定的期间履行给付金钱义务，应当依照《中华人民共和国民事诉讼法》第二百二十九条之规定，加倍支付迟延履行期间的债务利息。

本案案件受理费550元，减半收取275元，由原告沈源林负担248元，被告厦门翔鹭化纤股份有限公司负担27元，该款应于本判决生效之日起7日内向本院缴纳。

（六）二审情况

1. 二审诉辩主张

（1）上诉人沈源林诉称

上诉人的“主任评审员”证书是作为评审机构评审职务的任职资格证书，翔鹭化纤公司至今拒绝执行终审判决，不予归还，给上诉人造成在ISO评审行业无法就业的困难，至少造成经济损失72 000元。因ISO评审机构的行业工资至少8 000元/月，而没有此资格证书，无法从事该行业工作，只能有月薪2 000元/月，每月损失6 000元，暂按一年计算为72 000元。翔鹭化纤公司虽然在一审时有归还“1SO 9000质量体系主任评审员”证书，但距终审判决时间（2007年11月7日）已近两年时间，严重影响上诉人再就业，无法按计划谋求ISO评审机构主任评审员的职务，与上述证书合并至少损失72 000元。本着双方多年的工作感情，综合以上，上诉人请求改判翔鹭化纤公司赔偿经济损失15 000元。

（2）被上诉人翔鹭化纤公司辩称

1）沈源林要求答辩人赔偿损失没有任何事实依据。首先，沈源林的“主任评审员”培训证书系其在答辩人处工作期间所取得，该培训由答辩人指派，培训费用亦由答辩人承担。沈源林取得的证书系内部评审员培训证书，并非实行注册制度的评审员资格证书，与一般岗位培训并无二致，答辩人指派沈源林接受培训是为了让沈源林能够履行在答辩人处的职责，并无对外从业的价值。现沈源林已从答辩人处离职，答辩人理应不对其在职期间参加培训的对外价值负责。其次，沈源林没有任何证据证明其因为没有“主任评审员”培训证书而遭受损失。而且从其起诉状以及上诉状的表述看，其主张的赔偿金额也具有很大的随意性。2）培训证书并非一项独立的财产。培训证书只是证明参加了某一项目培训的书面证明，并非一项独立的财产，也不是参加培训这一事实本身，其完全可向原培训机构申请补失。综上，请求驳回沈源林的上诉。

（3）上诉人翔鹭化纤公司诉称

上诉人不应支付赔偿。1）上诉人虽未能向沈源林返还“主任评审员”的培训证书，但经上诉人联系相应的培训机构后，培训机构告知上诉人该培训证书为1994年版本，已于2000年起事实上失效，而目前现行有效的内审员评审培训证书为2008年的版本，皆要重新培训合格后始能取得。2）“主任评审员”证书乃是沈源林在上诉人处工作期间上诉人送其去学习培训所得，培训所有费用均由上诉人支出，目的是服务公司的内部评审工作，且无任何事实证据证明上诉人未返还“主任评审员”证书已给沈源林造成损失。3）沈源林若真是需要，可由上诉人开具证明，证实其在上诉人处任职期间执有1994年版本的“主任评审员”证书。综上，请求撤销原判，驳回沈源林的原审全部诉讼请求。

（2）被上诉人沈源林辩称

《主任评审员》证书在整个行业都是适用，翔鹭化纤公司所说的内审员证书与《主任评审员》证书是不一样；如果服务不到两年，答辩人是应当支付培训费用，但答辩人已服务超过两年，证书应当属于答辩人所有；答辩人虽未提供《主任评审员》证书有效期的证明，但公司没有尽善管义务，依法应承担赔偿责任。请求驳回翔鹭化纤公司的上诉。

2. 二审事实和证据

福建省厦门市中级人民法院经审理，确认一审法院认定的事实和证据。

二审中翔鹭化纤公司提供一张"质量体系内部评审员培训证书"，拟证明沈源林的证书是内审员证书，而且是培训证书，而不是资格证书，没有对外从业的价值。沈源林质证认为，其所持有的证书适用于整个行业，与该公司提供的证书不一样。

3. 二审判案理由

福建省厦门中级人民法院经审理认为：根据已经发生法律效力的（2007）厦民终字第2000号民事判决书认定的事实，沈源林的"ISO 9000质量体系主任评审员"、"主任评审员"培训证书均由翔鹭化纤公司保管，判决要求翔鹭化纤公司在判决生效之日起10日内返还给沈源林"ISO 9000质量体系主任评审员"、"主任评审员"培训证书。但之后翔鹭化纤公司未按生效判决执行。上述证书虽称为培训证书，但持有该证书即可以证明沈源林曾受过有关质量体系评审员的培训，有过从事评审工作的资格和经历，这无疑可以使沈源林在择业方面具有相应的优势。由于上述证书未及时返还给沈源林，客观上造成了沈源林无法从事与评审工作相关的职业，造成了沈源林一定的损失。原审从公平角度考量，结合本案的具体情况，酌定由翔鹭化纤公司赔偿沈源林3 000元并无不当。沈源林上诉请求赔偿其损失15 000元，缺乏证据佐证，本院不予采信。翔鹭化纤公司上诉要求改判其不必承担任何赔偿责任亦与事实不符，本院不予支持。综上，沈源林与翔鹭化纤公司的上诉请求及依据的事实、理由均不能成立，本院予以驳回，原审判决应予维持。

4. 二审定案结论

福建省厦门市中级人民法院依照《中华人民共和国民事诉讼法》第一百五十三条第一款第（一）项之规定，作出如下判决：

驳回沈源林、厦门翔鹭化纤股份有限公司的上诉，维持原判。

本案二审案件受理费175元，由沈源林负担125元，由厦门翔鹭化纤股份有限公司负担50元。

（七）解说

1. 职业资格证书的人身属性。

职业资格证书在劳动力市场中具有重要的意义，它能客观、公正评价劳动者的技能，促进就业和再就业，对劳动者来说意义重大。用人单位提供培训费用，让员工参加与工作有关的技术培训，是国家鼓励的行为。为了保证用人单位培训员工的积极性，解除单位的后顾之忧，《劳动合同法》第二十二条规定："用人单位为劳动者提供专项培训费用，对其进行专业技术培训的，可以与该劳动者订立协议，约定服务期。"《劳动合同法》上允许用人单位与员工约定服务期，主要是给予单位设立违约金的权利。对于员工接受单位培训所获得的证书归谁所有，应该由谁来保留，目前法律没有明确的规定。通常来说，证书是具有人身属性的证明，虽然单位支付了培训费用，但是证书的归属并不因此发生转移。单位拿着员工的证书并不能发挥其价值，而是在一定程度上起到了阻止员工离职的效果，限制了员工离职的自由，侵犯了劳动者自由选择工作的基本权利。故而单位不能无故扣留员工的职业资格证书，造成员工的再就业困难，就此给员工造成损失的，应该予以赔偿。

2. 损失无法确定情况下公平原则的适用。

公平原则是民法的基本原则，是公平观念在民法上的体现，是民事活动目的性的评价标准。公平原则是一条法律适用原则，即当民法规范缺乏具体规定时，可以根据公平原则来设立、变更、终止民事法律关系。公平原则又是一条司法原则，即法官司法评价要做到公平、合理，当法律缺乏具体规定时，应根据公平原则作出合理判断。公平原则在侵权法中的应用主要体现在三个方面：第一，公平责任原则。当事人对损害发生都没有过错的，可由当事人分担责任。第二，完全损害赔偿原则。加害人的赔偿数额应与受害人的损失相符。第三，损益相抵原则。受害人因损失发生的同一原因而获得利益的，应在其应得的损害赔偿额中扣除其所获得的利益部分。

本案翔鹭化纤公司在保管沈源林的职业资格证书上存在过失，无法归还沈源林“主任评审员”培训证书，在客观上给沈源林造成了一定的损失。但是沈源林无法举证证明其具体损失金额，在这种情况下，应该根据公平原则并结合案情给沈源林适当的补偿。

（福建省厦门市海沧区人民法院　陈基周　戴艳丽）

48. 陈国军等诉北京金丹隆种子有限公司等产品质量损害赔偿案（假种子致损的责任认定）

（一）首部

1. 判决书字号

一审判决书：北京市丰台区人民法院（2009）丰民初字第01611号。

二审判决书：北京市第二中级人民法院（2009）二中民终字第17677号。

2. 案由：产品质量损害赔偿纠纷。

3. 诉讼双方

原告（被上诉人）：陈国军，男，汉族，住内蒙古赤峰市翁牛特旗。

原告（被上诉人）：周厚广，男，汉族，住山东省苍山县。

原告（被上诉人）：赵学新，男，汉族，住山东省苍山县。

三原告委托代理人：冯继刚，北京市天依律师事务所律师。

被告（上诉人）：北京金丹隆种子有限公司（以下简称种子公司），住所地：北京市丰台区。

法定代表人：尹晓红，公司经理。

委托代理人（一审）：马爱民，男，汉族，住北京市丰台区。

委托代理人（二审）：王东，北京市善邦律师事务所律师。

被告（上诉人）：王景远，男，汉族，住北京市丰台区。

委托代理人：刘永效，北京市亿嘉律师事务所律师。

被告：吕华，男，汉族，住内蒙古赤峰市松山区太平地镇河南营子村。

4. 审级：二审。

5. 审判机关和审判组织

一审法院：北京市丰台区人民法院。

合议庭组成人员：审判长：王一；人民陪审员：章冠雄、吴国洋。

二审法院：北京市第二中级人民法院。

合议庭组成人员：审判长：刘保河；审判员：潘克长；代理审判员：邓青菁。

6. 审结时间

一审审结时间：2009 年 6 月 10 日。

二审审结时间：2009 年 12 月 28 日。

（二）一审情况

1. 一审诉辩主张

（1）原告陈国军、周厚广、赵学新诉称

2008 年 3 月 10 日，原告三人合伙承包内蒙古赤峰市翁牛特旗广德公镇井子村大庙村小组、黄谷屯村炒米房组、四分地村四分地组、兰巴地村大洼子村民的土地 300 亩，其中的 77 亩种植牛椒。原告从赤峰当地的种子推广人吕华处购买“金丹隆”牌 F1（牛角椒）椒傲 200 袋。生产商为种子公司。该种子包装标明特征特性：牛角形，果长 23 厘米～28 厘米，最长果可达 35 厘米，果粗 4.5 厘米左右。原告种植后，2008 年 7 月，生长出来的果实并非牛角椒，更不具备上述特性。原告及时通过吕华与被告联系、交涉，被告却百般推诿。牛椒属季节性很强的农产品，原告立即向当地政府相关部门进行了反映，此事引起当地政府的高度重视，立即组织专家进行了鉴定，于 2008 年 9 月 11 日作出了鉴定结论，结论为，椒傲 F1（牛角椒）的果形明显与包装上的说明不符，非羊角椒，更非牛角椒，造成损失在 37 万元左右。被告以假充真，销售假冒产品，是典型的卖假坑农行为，给农户造成严重损失。现诉至法院，要求判令被告王景远、被告种子公司连带赔偿三原告种子款 6 000 元、土地承包费 38 500 元、经济损失 37 万元。

（2）被告种子公司辩称

我公司从未向原告及吕华销售过种子，双方也没有业务往来，我公司也从未接到过原告及吕华他们的电话，关于果品问题他们也从未联系过我公司。王景远让吕华代为试种的傲椒不是我公司生产的，原告种植的椒傲并非我公司的产品，我公司生产的椒傲产品是合格产品。综上所述，我公司认为，原告所述与事实不符，其诉讼请求不能成立，请求法院予以驳回。不同意原告的诉讼请求。

（3）被告王景远辩称

我方从未收取吕华给付的关于椒傲种子的一分钱，我方只是要吕华免费试种，以试种的结果来回收辣椒。吕华私自向原告收取了种子款，与我方无关。我方并不是销售商，不应承担责任。涉案椒傲品牌，我方已经经过试种，亩产效果很好，是经过实际生产证明了的优质种子。经试种后，在吕华的要求下，才将其无偿推荐给吕华。我方认为，公司椒傲种子不存在质量问题。综上所述，原告无证据证明我方是销售者、经营者，且种子不存在质量问题，故不同意原告的诉讼请求。

（4）被告吕华辩称

我只是转手的，不应承担赔偿责任。

2. 一审事实和证据

北京市丰台区人民法院经公开审理查明：2008 年 4 月，三原告从吕华处以 6 000 元价格购得椒傲 F1（牛角椒）种子 200 袋用于种植。三原告种植后发现，生长出来的傲椒既非羊角椒，也非牛角椒。其后，三原告与吕华、王景远取得联系，协商善后事宜，但双方并未达成一致。三原告向当地政府反映后，当地政府主管部门对椒傲进行了鉴定。2008 年 9 月 11 日，翁牛特旗农牧业局出具鉴定结论：（1）椒傲 F1（牛角椒）的果形明显与包装上的说明不符，非羊角椒，更非牛角椒，产品商品性差，产品无市场。（2）椒傲 F1（牛角椒）品种 2008 年在广德公镇种植 77 亩。（3）当地今年正常种植牛角椒的产值为 4 750 元/亩，当事地块的总损失在 37 万元左右。翁牛特旗广德人民政府于 2008 年 9 月 20 日出具情况说明称，我镇兰巴地村大洼子组的村民陈国民通过多方联系，引进了山东临沂的种植大户，在我镇租地种植蔬菜（牛角椒），购进种子的包装是牛角椒，而种植出来的却是羊角椒，由于该村民没有羊角椒的市场终端，至今未能将其售出，经济损失严重。

另查，本案涉诉椒傲种子系王景远从种子公司购得后出卖给吕华，吕华又将该种子出卖给三原告种植。

上述事实有下列证据证明：

（1）种子包装袋。

（2）购货发票。

（3）汇款凭证。

（4）情况说明。

（5）鉴定结论。

（6）照片。

3. 一审判案理由

北京市丰台区人民法院经审理认为：本案涉及以下争议几点：（1）能否认定种子公司是生产商？庭审中，种子公司主张其与原告并无经济往来，且王景远并非其公司销售代表，原告从王景远处购买的种子与其无关，故不应承担赔偿责任。但庭审中，王景远向法院提交了种子公司出具的购种发票。原告向法院提交的种子包装袋上写明王景远系种子公司的总经销。种子公司向法院提交的种子包装袋除无“总经销王景远”的字样外，与原告向法院提供的种子包装袋一致。依据上述证据，法院可以认定种子公司系种子的生产商。

（2）王景远、吕华是否为销售商？王景远向法院辩称，其从未收取吕华给付的关于椒傲种子的一分钱，其要吕华免费试种，以试种的结果来回收辣椒。吕华私自向原告收取的种子款，与其无关。但吕华向本院提供了汇款凭证，证明吕华已将原告的购种款支付王景远，故法院对王景远的答辩意见没有采信。庭审中，吕华主张其只是转手待购，并没有赢利，故不应当作为销售商参加诉讼。法院经审查后认为，吕华已向原告收取购种款，并将种子交付原告，双方当事人已形成买卖关系。吕华是否赢利不影响买卖关系的认定。故在本案中，王景远、吕华都应作为销售商参加诉讼。

（3）种子是否是产品？本案能否适用《产品质量法》?《产品质量法》所称产品是指经过加工、制作，用于销售的产品。它是为人们有目的的生产劳动所创造的，能满足人们某种需要的物品。而《种子法》所称之种子是指农作物和林木的种植材料或者繁殖材料，包括籽粒、果实和根、茎、苗、芽、叶等。从该定义来看，种子仅系自然存在的物品，其并没有附加人的劳动，因而并非产品。但投入生产、销售的种子，经过人的加工、分级、包装，其具备了《产品质量法》所称产品的属性，因此应当属于产品，而本案亦可以适用《产品质量法》的相关规定。

（4）种子公司、王景远、吕华如何承担责任？我国《种子法》、《产品质量法》均明确规定，受害人可以向产品的生产者要求赔偿，也可以向产品的销售者要求赔偿，即受害人可以向生产者索赔，亦可向销售者索赔。本案中，受害人同时要求生产者、销售者赔偿，生产者、销售者是否应当承担连带责任呢？一种观点认为，生产者、销售者的责任并非连带责任，故在本案中应当分清销售者与生产者的责任，属于产品的生产者的责任，由生产者承担赔偿责任；属于产品的销售者的责任，由产品的销售者承担赔偿责任。另一种观点则认为：本案中不应当区分生产者、销售者的过错，应当由生产者与销售者承担连带赔偿责任。生产者与销售者之间的责任分担应当另案解决。法院经审理后认为，法律规定受害人既可向生产者索赔，亦可向销售者索赔，那么生产者与销售者都负有先行赔付义务，因而本案被告应当承担连带责任，被告之间的责任分担可另案解决。

（5）原告是否要举证证明种子存在质量瑕疵？一种观点认为产品缺陷致害责任的前提系产品有缺陷，故受害人应当举证证明产品质量存在缺陷后，方可要求生产者、销售者赔偿。另一种观点认为，产品质量责任系无过错责任，原告没有举证证明产品存在缺陷的义务。法院经审查后认为，假种子致农损害赔偿责任应当适用无过错责任，应当实行举证责任倒置。只要原告使用的种子造成了损害，就应当推定种子存在质量缺陷，原告就可以向被告索赔。故本案中，原告不需要证明种子存在质量缺陷，也不必证明生产、销售者是否有过错。原告只需要证明其从被告处购买了种子，并用以种植，而种植出来的农产品与种子包装上的说明严重不符即可。本案原告出具的购买种子发票、剩余种子的包装袋、情况说明以及鉴定结论，足以证明被告销售的椒傲 F1（牛角椒）种子，经原告种植后，其产出果实与椒傲 F1（牛角椒）种子包装袋上的宣传内容严重不符，致使原告遭受重大损失的事实，被告应当承担赔偿责任。

（6）被告免除责任的事由。法院认为，产品质量责任系无过错责任，故被告并不能以其自身没有过错而免除其赔偿责任。其法定的免责事由主要有以下几种：种植的种子并非其生产或销售；出卖时种子并不存在质量问题，种子质量问题系原告自身原因造成的；损害后果系原告自身原因或自然原因造成的；损害后果和种子质量之间不存在因果关系。本案被告并未向法院提供证据以证明存在上述免责事由，故被告应当承担赔偿责任。

(7) 赔偿损失的范围。本案中，37 万元系原告正常履行合同后可实现的全部利益，购种款及土地承办费是原告取得 37 万元经济收入所必须支付的费用，故被告只应承担 37 万元经济损失。

(8) 翁牛特旗农牧业局出具的鉴定结论是否可以作为确定原告损失的依据。为了规范农作物种子质量纠纷引起的田间现场鉴定（以下简称现场鉴定）程序和方法，合理解决农作物种子质量纠纷，维护种子使用者和经营者的合法权益，农业部出台了《农作物种子质量纠纷田间现场鉴定办法》。其规定现场鉴定由田间现场所在地县级以上地方人民政府农业行政主管部门下属的种子管理机构组织实施，种子管理机构组织专家鉴定组进行鉴定。本案中，被告种子公司、王景远均以鉴定机构及鉴定程序不合法，翁牛特旗农牧业局出具的鉴定结论带有倾向性为由，请求法院对原告的损失不予认定。对此，法院不予采纳，理由如下：一是《农作物种子质量纠纷田间现场鉴定办法》系部门规章，仅具有参考作用，而不能作为认定鉴定结论无效的依据。二是农民的法律意识比较淡薄，不应当对农民加以过于严苛的举证责任。三是翁牛特旗农牧业局本身就是当地农牧业的主管单位，其出具的鉴定结论具有一定的科学性与权威性。被告主张其出具的鉴定结论带有倾向性没有事实依据。四是我国的种子管理机构的配置并不完善，很多偏远地区并没有专门的种子管理机构，该机构的职权一般由当地的农业行政主管部门行使。综上，法院认为翁牛特旗农牧业局出具的鉴定结论符合法律规定，应当作为认定原告损失的依据。

4. 一审定案结论

北京市丰台区人民法院依照《中华人民共和国产品质量法》第四十三条、第四十四条之规定，作出如下判决：

(1) 北京金丹隆种子有限公司、王景远、吕华于本判决生效后 15 日内连带赔偿陈国军、周厚广、赵学新经济损失 37 万元。

(2) 驳回陈国军、周厚广、赵学新其他诉讼请求。

案件受理费 7 518 元，由北京金丹隆种子有限公司、王景远、吕华负担，本判决生效后 7 日内交纳。

(三) 二审诉辩主张

1. 上诉人种子公司诉称

翁牛特旗农牧业局出具的鉴定结论带有倾向性，不能作为定案依据。

2. 上诉人王景远诉称

自己并非种子的销售者，鉴定结论不应作为定案依据。

3. 原审被告吕华对原判亦有意见，但未上诉。

4. 被上诉人陈国军、周厚广、赵学新辩称

同意原判。

(四) 二审事实和证据

北京市第二中级人民法院经审理，确认一审法院认定的事实和证据。

（五）二审判案理由

北京市第二中级人民法院经审理认为：双方当事人争议的焦点系翁牛特旗农牧业局出具的鉴定结论是否带有倾向性。对此，法院认为，政府相关部门作出的相关结论应当推定是客观、公正的。如当事人确有证据证明政府相关部门作出的结论有失公正，可以不予认定。本案中，被告并未向法院提供证据证明翁牛特旗农牧业局出具的鉴定结论具有倾向性，故对其上诉意见，法院不予采信。根据本案查明的事实及现有证据，可以认定种子公司、王景远、吕华出售给陈国军、周厚广、赵学新的种子种植出的果实与椒傲 F1（牛角椒）种子包装袋上的宣传内容严重不符，因此遭受了重大损失。故原审法院根据《中华人民共和国产品质量法》第四十三条、第四十四条之规定，判决种子公司、王景远、吕华对陈国军、周厚广、赵学新的损失承担连带赔偿责任是正确的。种子公司上诉称翁牛特旗农牧业局出具的鉴定结论带有倾向性，不能作为定案依据，但其未就其主张提供相应的证据予以证明，故其相应的上诉请求，本院难以支持。王景远上诉称自己并非种子的销售者，鉴定结论不能作为定案依据，因其亦不能提供新的有效证据证明其诉讼主张，故对其相应的上诉请求，本院不予支持。综上所述，原审法院所作判决并无不妥，应予维持。

（六）二审定案结论

北京市第二中级人民法院依照《中华人民共和国民事诉讼法》第一百五十三条第一款第（一）项之规定，作出如下判决：

驳回上诉，维持原判。

一审案件受理费 7 518 元，由北京金丹隆种子有限公司、王景远、吕华负担（本判决生效后 7 日内交纳）；二审案件受理费 6 850 元，由北京金丹隆种子有限公司负担 3 425 元（已交纳），王景远负担 3 425 元（已交纳）。

（七）解说

种子质量的好坏是关乎农民能否增收、农业能否发展的重要因素。买到假种子，往往使农民一年的辛勤汗水付诸东流。正所谓“人误地一时，地误人一年”，假种子给农民造成了巨大的经济损失，也严重破坏了农业生产秩序。随着假种子坑农、害农事件的不断增多，从法律上界定种子坑农案件的相关法律适用、分配当事人的举证责任、确定责任主体、合理界定损失，对于保障农民合法权益，维护农村的安全、稳定具有重大意义。

1. 假种子坑农案件的特点。

（1）质量瑕疵的隐蔽性。农业生产周期长，种子质量是否有问题，只有在收获时才能发现。农民在购入种子时往往无法发现种子的质量瑕疵。

（2）损害的不可逆转性。农业生产的特性决定了种子质量的影响常常要到收获时才表现出来，此时农民往往已经无力回天，假种子造成的损害已经无法补救。农民的损失只能通过事后追偿这种非正常的手段予以补救。

（3）损害后果的严重性。在投入大量的人力、物力，辛勤耕作一年后，假种子造成农产品的品质、产量严重下降，甚至颗粒无收。农民一年的辛勤劳作付诸东流，严重影响到农民今后一年的生活和经济效益。与其他产品质量相比，种子质量的影响更长久、更深远、更广泛。

（4）社会影响大。种子作为国家监督经营的物资，销售单位与生产单位相对集中，因此，销售的假种子往往是一大批，影响的面较广，往往危害一方农民。此类案件处理不当，必然大大降低农民生产与创造的积极性，影响我国的农业生产与社会安定、和谐。

（5）案件审理难度大。农业生产周期长、农产品不易保存，导致了损害事实认定困难。农民法律意识的淡薄，更加大了此类案件的审理难度。

2. 假种子坑农案件的法律适用。

依据世界各国普遍确立的特别法优于一般法的法律适用规则，假种子坑农案件的审理应当首先适用《种子法》的相关规定。但由于《种子法》主要是从行政角度对种子的生产、经营、销售进行规范，其更注重的对生产者、销售者的行政管理，对生产者、销售者的民事损害赔偿责任规定得并不明确。因此，在《种子法》没有相关规定的情况下，应当适用《产品质量法》的相关规定。

3. 假种子坑农案件的责任认定。

（1）假种子坑农案件的责任性质。

《合同法》第一百二十二条规定，“因当事人一方的违约行为，侵害对方人身、财产权益的，受损害方有权选择依照本法要求其承担违约责任或者依照其他法律要求其承担侵权责任”。本案被告未按照合同约定提供优质种子给本案原告，致使原告遭受损失，其应当承担相应的违约责任或侵权责任。法院应当依据原告的选择确定被告承担责任的性质。

（2）假种子坑农案件的归责原则。

民法理论上对产品侵权责任的归责原则有三种观点：一种是过错责任原则，认为《民法通则》所规定的“产品质量不合格”本身就意味着产品经营者有过错，因此承担的是过错责任，由受害人证明产品生产经营者存在过错。另一种观点是过错推定原则，当产品造成消费者损害时，先推定生产经营者有过错，将举证责任转换至他们身上，如果他们无法举出抗辩理由，就需要承担责任。还有一种观点即严格责任说，认为产品缺陷致害责任不以主观过错为要件，不论生产经营者有无过错，都应对产品所致损害承担责任。我国《种子法》第四十一条规定，“种子使用者因种子质量问题遭受损失的，出售种子的经营者应当予以赔偿”。此处规定的到底是何责任，实际上并不明确。种子存在质量问题，就代表证明销售、生产者有过错。故《种子法》的规定名为无过错责任，实为过错责任。为了更好地维护原告的合法权益，本案中，一审法院与二审法院并未根据《种子法》的规定来确定归责原则，而是采用了《产品质量法》第四十条第一款第（二）项之规定——售出的产品“不符合在产品或者包装上注明采用的产品标准的”，销售者应当赔偿损失，即明确的无过错责任原则：原告使用被告提供的种子种植出来的椒僦与其包装上的说明不符，被告即应当负赔偿责任。

（3）假种子坑农案件的责任主体。

生产者与销售者之间系不纯正的连带责任，即由产品的销售者和生产者以最大的共同偿债能力共同清偿，而在所不论二者的过错比例和相互追偿权利。法律追求的是受害人的最大清偿保障。生产者和销售者之间追责问题可以是案件查明的事实，但不应当列入案件审理的范围。生产经营者作为一方当事人内部相互之间的责任分担问题，应当另案起诉处理。

4. 假种子坑农案件的赔偿。

假种子坑农案件给农民造成了极大的损失，对此被告应当予以赔偿。其赔偿范围应当为期待利益，否则不足以遏制贩卖假种子的违法行为，也不足以保护农民的合法权益。所谓期待利益是指如果原、被告之间的合同能够完全、正常履行，原告所应获得的全部利益。期待利益与可得利益极为相似。可得利益，是指未来可以得到的利益，它不包括履行本身所获得的利益，即主要是指利润而不包括交付货物和支付货款本身。期待利益实际上包含了积极损失和可得利益的损失。① 在赔偿了期待利益的损害后，受害人就达到了合同正常履行一般的状态，因此赔偿期待利益可以作为实际履行的替代方法来使用。本案中，翁牛特旗农牧业局出具的鉴定结论为：当地正常种植牛角椒的产值为 4 750 元/亩，其实际上是双方当事人实际正常履行合同后，原方可以获得的利益。该鉴定结论中的损失是期待利益的损失。因此原告便不能再行主张购种价款和承包费损失。

（北京市丰台区人民法院　王一）

49. 杨维雨、刘华军诉科麦奇中国石油有限公司损害赔偿案（海上污染损害赔偿）

（一）首部

1. 判决书字号

一审判决书：天津海事法院（2007）津海法事初字第 264-1 号。

二审判决书：天津市高级人民法院（2009）津高民四终字第 7 号。

2. 案由：海上开采石油污染养殖物损害赔偿纠纷。

3. 诉讼双方

原告（上诉人）：杨维雨，男，汉族，住河北省滦南县。

委托代理人（二审）：方国庆，国浩律师集团（天津）事务所律师。

委托代理人（二审）：徐富斌，国浩律师集团（天津）事务所律师。

原告（上诉人）：刘华军，男，汉族，住河北省滦南县。

委托代理人（二审）：王鹏，北京市高朋律师事务所天津分所律师。

委托代理人（二审）：王骏，广东敬海律师事务所律师。

被告（被上诉人）：科麦奇中国石油有限公司（以下简称科麦奇公司），住所地：北京

① 参见王利明：《合同法研究》，619～620 页，北京，中国人民大学出版社，2003。

市朝阳区麦子店西路。

负责人：方瑞（Ramsey A. Fahel），公司总裁。

委托代理人（一、二审）：李玉玺，立人律师事务所律师。

委托代理人（一、二审）：霍红，立人律师事务所律师。

4. 审级：二审。

5. 审判机关和审判组织

一审法院：天津海事法院。

合议庭组成人员：审判长：吴立群；审判员：王祝年；代理审判员：陈建鹏。

二审法院：天津市高级人民法院。

合议庭组成人员：审判长：李雪春；审判员：张士舜、耿小宁。

6. 审结时间

一审审结时间：2008 年 12 月 8 日。

二审审结时间：2009 年 6 月 10 日。

（二）一审情况

1. 一审诉辩主张

（1）原告杨维雨、刘华军诉称

原告为河北省滦南县的水产养殖户，承包 2 500 亩滩涂从事杂色蛤的饲养。2004 年 4 月初，被告开发的科麦奇油田曹妃甸 11 号中心平台发生原油泄漏事故，大量原油污染了原告承包的养殖区域，给原告造成重大经济损失。原告认为被告应对其损失承担全部责任，请求法院判令被告赔偿原告经济损失人民币 1 768 600 元并承担本案案件受理费、调查费、证据保全费、评估鉴定费等费用。

（2）被告科麦奇公司辩称

1）原告起诉被告曹妃甸 11 号中心平台发生原油泄漏事故，没有依据。2）原告关于曹妃甸 11 号中心平台发生原油泄漏事故，原油污染了原告的养殖滩涂区域的主张是不能成立的。原告没有提供任何资料说明其养殖区域被原油污染，以及污染的面积和程度，原告没有提供任何资料说明所谓“污染原油”是出自被告中心平台的。3）原告认为其养殖区域内养殖物死亡，系被告所属中心平台原油泄漏导致，没有依据。原告未提交任何借助科学手段进行分析和判断的证据，证明其养殖物死亡的原因为中心平台原油的污染。4）关于主体资格问题。原告为证明其主体资格，提供了海域使用证、养殖许可证。但原告并未提供能够证明其具有养殖区域内海域使用权和养殖权的完备的手续资料。有效的海域使用证及养殖许可证是原告具有合法诉求、主张权益的必要前提，在原告不具备上述用海及养殖手续的前提下，原告就其诉讼主张不具有合法的请求权。5）曹妃甸 11 号中心平台在 2004 年 4 月没有，也不可能发生原油泄漏事件。6）假设曹妃甸海域发生污染，污染源可能是多渠道的。曹妃甸海域发生污染事件，污染的渠道是多样性的，其他石油公司的采油平台、钻井平台、过往船舶等均有发生污染的可能性。

2. 一审事实和证据

天津海事法院经公开审理查明：2004 年 4 月 18 日，渔民杨保生与滦南县渔港监督站

（以下简称滦南渔监）的工作人员在距曹妃甸灯塔三海里左右的海域发现呈带状分布的深棕色液体漂浮物。之后，他们直奔曹妃甸11号中心平台（以下简称中心平台），在中心平台附近的海域发现一些零散的黑色油块，同时发现中心平台支架靠近海面处生长着海藻，有些海藻呈黑色。

中心平台是科麦奇公司建设并经营的井口集输平台，位于东经118°40′35.6″、北纬38°46′11.86″，距曹妃甸灯塔约十海里，附近有曹妃甸12、14等油田，靠近进出天津港的习惯航路。中心平台的建设工作由海洋石油工程有限公司（以下简称海工公司）负责，钻井工作由中海油田服务股份有限公司（以下简称油服公司）负责。2003年1月，中心平台开始建设，直至2004年7月完工。2003年10月，油服公司下属的“渤海8”钻井船开始钻井；2004年3月27日，“渤海8”钻井船离开中心平台，此期间共开钻13口井，钻井、完井等程序均符合规范和设计。其中1口井完成了表层井段的钻井作业后进行封井，没有钻开产油层；10口井钻开产油层后进行封井，没有进行完井和测试作业；2口井完成钻井作业并试油后进行封井。2004年4月17日，“渤海8”钻井船回到中心平台继续钻井，直至完成所有井口的钻井作业。2004年7月6日，中心平台开始采油，由于中心平台所处的油田属于低压黏稠油田，采油时需要用电潜泵进行引流。

2004年3月27日至4月17日，中心平台正在由海工公司进行上部组块和生活楼、管线等项目的施工安装。在此期间，中心平台现场的工作人员未发现中心平台发生泄漏事故。

上述事实有下列证据证明：

（1）滦南渔港监督部门录像资料。

（2）涉案范围海域使用权证书。

（3）海洋工程环境影响报告书审批意见的复函（国海环字［2002］353号）。

（4）天津海事局建设工程批复（津海通航［2003］184号）。

（5）批复和安全分析报告（中海安办［2002］15号）。

（6）海上应急程序、应急手册。

（7）海监北海总队现场检查表。

（8）溢油应急计划及批复。

（9）2004年4月份曹妃甸及渤海湾油田分布图。

（10）曹妃甸11—1/2油田总体开发方案。

（11）曹妃甸Ⅰ期项目上部结构安装进度日报表。

（12）“蓝疆”轮航海日志。

（13）“滨海285”、“滨海284”、“滨海208”、“滨海262”轮航海日志。

（14）曹妃甸13口井的钻井设计、钻井早报、重新开井资料。

（15）关于曹妃甸11—1A区块11号中心平台13口井钻完井有关溢油问题的分析报告。

（16）证人唐泉、左威、谈新伟、丁建安、王跃生、江道明出具的证言。

3. 一审判案理由

天津海事法院经审理认为：本案为海上开采石油污染养殖物损害赔偿纠纷。因科麦奇公司是在巴哈马登记注册的法人，上述纠纷属于涉外侵权损害赔偿纠纷的范畴；又由于双方诉争的侵权行为地在我国境内，本案应适用的准据法为中华人民共和国法律。

本案属于因环境污染引起的民事赔偿案件。对于此类案件，我国法律规定科麦奇公司承担责任的条件是：(1) 科麦奇公司实施了污染行为；(2) 杨维雨、刘华军受到损害；(3) 二者有因果关系。对于上述三个条件的举证责任，我国法律规定因果关系的举证责任由科麦奇公司承担，但前两个条件，即科麦奇公司实施了污染行为和杨维雨、刘华军受到损害，仍然由杨维雨、刘华军承担举证责任。

本案争议焦点“科麦奇公司下属的中心平台是否发生泄漏事故”属于上述第一个条件，应当由杨维雨、刘华军承担举证责任。杨维雨、刘华军现有的证据能证明2004年4月18日，距曹妃甸灯塔三海里左右的海域有呈带状分布的深棕色液体漂浮物；中心平台附近的海域有零散的黑色油块；中心平台支架的一些海藻呈黑色。但杨维雨、刘华军始终不能证明上述液体漂浮物、黑色油块、引起海藻呈黑色的物质是否为原油。即使上述物质为原油，杨维雨、刘华军也不能证明这是来自中心平台的原油。由于中心平台附近有其他油田，且靠近进出天津港的习惯航路，杨维雨、刘华军并不能排除其他油田和过往船只发生泄漏事故的可能。因此，杨维雨、刘华军的证据未形成完整的证据链条，不能证明中心平台发生泄漏事故。

与此相对，科麦奇公司的证据不仅能够证明在诉争期间内，中心平台的现场工作人员未发现平台发生泄漏事故，而且能够证明中心平台不可能发生泄漏事故。因为中心平台所处的油田属于低压黏稠油田，没有外力作用，原油流体不能自行冲出油层。而且在诉争期间内，中心平台没有进行采油，也没有进行钻井，已经开钻的13口井均按照规范进行了封井。

综上，杨维雨、刘华军的证据不能证明中心平台在诉争期间内发生了原油泄漏事故。

4. 一审定案结论

天津海事法院依照《中华人民共和国民事诉讼法》第六十四条第一款、第一百三十九条，《最高人民法院关于民事诉讼证据的若干规定》第二条之规定，作出如下判决：

科麦奇公司下属的曹妃甸11号中心平台在诉争期间内没有发生原油泄漏事故。

案件受理费人民币50元，由杨维雨、刘华军承担。

（三）二审诉辩主张

1. 上诉人杨维雨、刘华军诉称

请求撤销一审判决，发回重审或改判，确认科麦奇公司下属中心平台在诉争期间内发生原油泄漏事故；请求判令科麦奇公司承担本案全部诉讼费用。主要理由有：(1) 录像资料清晰显示科麦奇公司下属的中心平台附近发生了原油泄漏事故。(2) 双方当事人提交的证人证言及科麦奇公司提交的相关证据均确认科麦奇公司下属的中心平台附近发生了原油泄漏事故。(3) 鉴定报告也确认科麦奇公司下属的中心平台附近发生了原油泄漏事故。(4) 科麦奇公司提交的其他证据不能否认其下属的中心平台附近发生了原油泄漏事故。(5) 科麦奇公司提交经过篡改的虚假航海日志的行为，证明其存在故意隐瞒中心平台或附属设施确实发生了油污事故的重大嫌疑。(6) 根据前述事实，依据《最高人民法院关于民事诉讼证据的若干规定》，足以推定科麦奇公司下属中心平台发生了原油泄漏事故，科麦奇公司应对本次原油泄漏事故造成的损失承担赔偿责任。

2. 被上诉人科麦奇公司辩称

原审判决认定事实清楚，适用法律正确，请求依法驳回上诉人的上诉，维持原判。主要理由是：(1) 上诉人提交的录像资料不能证实被上诉人下属中心平台发生原油泄漏事故。(2) 上诉人关于双方当事人的证人证言及被上诉人提交的证据均确认被上诉人下属中心平台附近发生原油泄漏事故的主张是不能成立的。(3) 上诉人提交的鉴定报告无法确认被上诉人下属中心平台发生了原油泄漏事故。(4) 被上诉人的证据客观、全面地证实了中心平台在2004年4月没有，也不可能发生原油泄漏事故。(5) 被上诉人不存在篡改船舶日志的行为，更不能因此推定中心平台发生原油泄漏。(6)《最高人民法院关于适用〈中华人民共和国民事诉讼法〉若干问题的意见》第七十四条及《最高人民法院关于民事诉讼证据的若干规定》第四条均就环境污染诉讼的举证责任分配问题作出了明确规定。就环境污染诉讼而言，举证责任倒置只是举证责任的部分转移即某些举证责任从受害人转移至加害人，而并不意味着受害人不承担举证义务。而上诉人既无曹妃甸地区发生环境污染的证据，也无证据证明被上诉人下属中心平台发生溢油（井喷）事故，更无证据证明污染到达其养殖区域且造成养殖物的损失，上诉人完全依据主观推定完成其举证责任，缺乏法律依据。

（四）二审事实和证据

天津市高级人民法院经审理，确认一审法院认定的事实和证据。

（五）二审判案理由

天津市高级人民法院经审理认为：本案系因环境污染引起的损害赔偿诉讼。杨维雨、刘华军以科麦奇公司下属中心平台发生原油泄漏事故为由，要求科麦奇公司承担损害赔偿责任，根据《最高人民法院关于民事诉讼证据的若干规定》第二条第一款关于“当事人对自己提出的诉讼请求所依据的事实或者反驳对方诉讼请求所依据的事实有责任提供证据加以证明”之规定，杨维雨、刘华军对于科麦奇公司实施了污染环境的行为、该行为使自己受到了损害之事实应承担举证责任。在杨维雨、刘华军完成上述证明责任后，依据《最高人民法院关于民事诉讼证据的若干规定》第四条第一款第（三）项之规定，由科麦奇公司就法律规定的免责事由以及其行为与损害结果之间不存在因果关系承担举证责任。因本案先就科麦奇公司下属中心平台是否发生原油泄漏事故问题进行审理，故杨维雨、刘华军应举证证明科麦奇公司实施了污染行为。

虽然杨维雨、刘华军所提交的证人证言及录像资料可以证实，2004年4月18日，距曹妃甸灯塔三海里左右的海域有呈带状分布的深棕色液体漂浮物，中心平台附近的海域也出现一些零散的黑色油块，平台支架附着的海藻部分呈黑色，但杨维雨、刘华军关于上述深棕色液体漂浮物、黑色油块及使海藻呈黑色的物质为原油之主张，系基于证人杨保生、张立山及现场人员从视觉、触觉角度，认为完全符合原油表面物理特征作出的判断，但上述人员均不具备对该物质是否为原油进行分析、判断的专业知识。在该物质未经相关专业机构鉴定为原油的情况下，杨维雨、刘华军仅凭非专业人员的分析、判断即认定该物质为原油，缺乏依据，不能成立。

杨维雨、刘华军在本案中同时主张科麦奇公司下属中心平台发生原油泄漏事故。就该主张，杨维雨、刘华军提交了证人证言、录像资料及“鉴定报告”。根据证人杨保生在一审期间当庭所作的陈述，其关于“油带来自中心平台”的陈述是基于其认为事发地 20 海里范围内没有其他平台而得出的结论。《最高人民法院关于民事诉讼证据的若干规定》第五十七条规定：“出庭作证的证人应当客观陈述其亲身感知的事实……证人作证时，不得使用猜测、推断或者评论性的语言。”根据上述规定，杨保生作为本案证人，其应就亲身感知的事实进行陈述，其上述表述显然是通过主观推断的方式得出的结论，不具备证言的客观性。而且，科麦奇公司所提交的海航环评研究、曹妃甸及渤海湾油田分布图，可以证实中心平台附近有其他油田，且中心平台靠近进出天津港的习惯航路，故本案中不排除其他油田和过往船舶发生泄漏事故的可能性。因此，证人杨保生的证言不能证明中心平台发生原油泄漏事故。杨维雨、刘华军提交的录像资料所反映的仅是 2004 年 4 月 18 日，距曹妃甸灯塔三海里左右的海面上出现呈带状分布的深棕色液体漂浮物，中心平台附近也出现一些零散的黑色油块，中心平台支架靠近海面处生长的海藻部分呈黑色；2004 年 5 月 1 日前后，在滦南县所辖的防潮堤上发现有一些黑色油块附着在岩石上。滦南渔监的工作人员张立山出庭作证时也仅是证明其根据杨保生的反映对污染情况进行了调查，但滦南渔监对于中心平台是否发生原油泄漏事故并未作出认定，故录像资料及证人张立山的证言亦不能证明科麦奇公司下属中心平台发生原油泄漏事故。杨维雨、刘华军为证明其上述主张还提交了一份由大连海事大学张永宁教授出具的“鉴定报告”。科麦奇公司为反驳杨维雨、刘华军的主张亦提交了一份由资源与环境信息系统国家重点实验室等单位联合出具的“监测分析”。“鉴定报告”与“监测分析”都采用海上溢油卫星遥感监测方法对溢油情况进行分析，上述报告的出具人均确认采用该方法对海上溢油情况进行分析时，会受到太阳高度角、风浪、海流、水色及海面温度等外部环境因素的影响。正因为存在上述影响卫星遥感监测方法准确性的因素，而且“鉴定报告”与“监测分析”对于科麦奇公司下属中心平台是否发生原油泄漏事故问题得出了相反的结论。本院据此认为，“鉴定报告”或“监测分析”不能单独作为认定科麦奇公司下属中心平台是否发生原油泄漏事故的依据，需结合双方当事人提交的其他证据进行认定。因杨维雨、刘华军提交的证人证言及录像资料的证明力已不为本院所采信，故杨维雨、刘华军提交的“鉴定报告”亦不能证明其提出的科麦奇公司下属中心平台发生原油泄漏事故之主张。

关于杨维雨、刘华军提出的科麦奇公司提交的相关证据及证人证言均确认其下属中心平台附近发生原油泄漏事故之主张，本院认为，科麦奇公司提交的证据 34、35 即照片和传真及证人唐泉、左威、谈新伟的当庭陈述，仅是证明 2004 年 4 月 17 日前后，在中心平台附近有类似原油的黑色块状污染物，但上述证人并未对该污染物是否为原油作出判断，且上述证人均确认 2004 年 4 月中心平台并未发生原油泄漏事故。此外，科麦奇公司所提交的证据还可以证实 2004 年 3 月 27 日至 4 月 17 日，中心平台处于设备安装过程中，不具备采油条件；2004 年 4 月 17 日前，“渤海 8”钻井船未在中心平台进行钻井作业；中心平台已经开钻的 13 口井均按照规范进行了封井。因此，杨维雨、刘华军的该项主张缺乏依据，不能成立。

本案一审期间，科麦奇公司提交了数份航海日志以证明中心平台未发生溢油事故。虽然部分航海日志因笔迹存在瑕疵且科麦奇公司不能作出合理解释，其证据效力未被一审法院采信，但在杨维雨、刘华军不能举证证明科麦奇公司下属中心平台发生原油泄漏事故的情况下，其以此为由主张科麦奇公司存在故意隐瞒其下属中心平台或其附属设施发生油污事故嫌疑，显然缺乏依据，不能成立。

综上，一审判决查明事实清楚，适用法律正确，杨维雨、刘华军上诉理由依据不足，对其上诉请求不予支持。

（六）二审定案结论

天津市高级人民法院依照《中华人民共和国民事诉讼法》第一百五十三条第一款第（一）项之规定，作出如下判决：

驳回上诉，维持原判。

二审案件受理费 50 元，由杨维雨承担 25 元，由刘华军承担 25 元。

（七）解说

本案是一起因海上石油开采引起的养殖物损害赔偿纠纷。此类案件随着沿海滩涂石油开采活动的日益频繁、人们的环境保护意识不断加强而呈上升之势。本案同时也是天津海事法院所审理的首起因原告提交的证据不足以证明其主张而导致承担不利后果的较为典型的案件。虽然原告在本案中提出的主张未能得到支持，但其可以通过法院对当事人举证责任的分配、对证据的分析认定、对相关法律规定的适用得到启示，有利于加强其自身的法律意识，帮助其认识到作为权利主体应如何完成举证义务，如何能最大限度地保护自己的合法权益，从而更加有效地维护自身的合法利益。

根据民法学的有关理论，污染环境造成的损害属于特殊侵权行为。由于海域污染损害赔偿纠纷具有侵权之诉的特点，权利主体在行使获得司法救济的权利时，应承担以下举证责任：第一，证明权利主体存在合法权益。侵权之债产生的基础在于侵权人侵害了他人受法律保护的利益，因此在海域养殖污染损害赔偿纠纷中，权利主体需证明其存在合法的海域使用权和养殖权。第二，权利人需证明其利益受到损害。“无损害即无责任”，损害事实的有无是认定侵权行为的基础，权利人需证明损害事实的存在及损害程度。第三，为了查明案件事实，正确认定侵权行为，权利人还应证明造成污染损害的直接原因，即有哪一种或哪几种物质造成了污染。只有确定了造成污染的直接原因，才能正确认定责任主体。第四，权利人还需证明加害人实施了污染环境的行为。

因杨维雨、刘华军系以科麦奇公司下属中心平台发生原油泄漏事故，污染其养殖区域为由，要求科麦奇公司赔偿其经济损失，而本案仅就科麦奇公司下属中心平台是否发生原油泄漏事故这一争议焦点进行审理，所以杨维雨、刘华军应对科麦奇公司实施了污染环境的行为之事实主张，即科麦奇公司下属中心平台发生原油泄漏事故承担举证责任。本案中，杨维雨、刘华军为证明其上述主张，提交了证人杨保生、张立山的证人证言及大连海事大学张永宁教授出具的“鉴定报告”等证据。

关于证人证言的认定：根据《最高人民法院关于民事诉讼证据的若干规定》第五十五条、第五十七条的规定，证人应当出庭作证，接受当事人的质询；出庭作证的证人应当客观陈述其亲身感知的事实；证人作证时，不得使用猜测、推断或者评论性的证言。对于证人证言的认定问题，《最高人民法院关于民事诉讼证据的若干规定》第七十八条亦明确规定：“人民法院认定证人证言，可以通过对证人的智力状况、品德、知识、经验、法律意识和专业技能等的综合分析作出判断。”就本案而言，杨维雨、刘华军关于距曹妃甸灯塔三海里左右的海域呈带状分布的深棕色液体漂浮物、中心平台附近海域出现的黑色油块及使海藻呈黑色的物质为原油之主张，系基于证人杨保生、张立山及现场人员从视觉、触觉角度，认为完全符合原油表面物理特征作出的判断，但证人杨保生系当地渔民、证人张立山为滦南渔监的工作人员，其均不具备对该物质是否为原油进行分析、判断的专业知识。在该物质未经相关专业机构鉴定为原油的情况下，杨维雨、刘华军仅凭杨保生、张立山等非专业人员的分析、判断即认定该物质为原油，显然缺乏依据。而杨维雨、刘华军关于科麦奇公司下属中心平台发生原油泄漏事故之主张，亦是根据证人杨保生所作的“油带来自中心平台”的陈述提出的。杨保生的上述陈述是基于其认为事发地20海里范围内没有其他平台而得出的结论，该表述显然是通过主观推断的方式得出的结论，并非其亲身感知的事实，其证言不具备客观性。而根据科麦奇公司所提交的海航环评研究、曹妃甸及渤海湾油田分布图，可以证实中心平台附近有其他油田，且中心平台靠近进出天津港的习惯航路，故本案中不排除其他油田和过往船舶发生泄漏事故的可能性。两审法院通过对证人证言进行综合分析、判断后，认定杨维雨、刘华军基于证人证言提出的主张不能成立。

关于“鉴定报告”的证据效力：虽然杨维雨、刘华军为证明其主张提交了一份由大连海事大学张永宁教授出具的“鉴定报告”，但该“鉴定报告”系鉴定人以个人名义作出的，在证据效力上显然低于科麦奇公司提交的由资源与环境信息系统国家重点实验室等单位联合出具的“监测分析”。在“鉴定报告”与“监测分析”对于科麦奇公司所属中心平台是否发生原油泄漏事故问题得出了截然相反结论的情况下，杨维雨、刘华军提交的“鉴定报告”不能作为认定科麦奇公司下属中心平台发生原油泄漏事故的依据。

由于杨维雨、刘华军就其所应证明的造成污染损害的直接原因及科麦奇公司实施了污染环境的行为之主张，未能完成证明责任，故两审法院依据《最高人民法院关于民事诉讼证据的若干规定》第二条的规定，判令其承担不利后果。

（天津市高院人民法院　耿小宁）

50. 王卫生诉海安县李堡中心卫生院、南通大学附属医院医疗损害赔偿纠纷案（医疗损害赔偿）

（一）首部

1. 判决书字号

一审判决书：江苏省海安县人民法院（2008）安民一初字第1692号。

二审判决书：江苏省南通市中级人民法院（2009）通中民一终字第1034号。

2. 案由：医疗损害赔偿纠纷。

3. 诉讼双方

原告（上诉人）：王卫生，男，住江苏省海安县。

被告（被上诉人）：海安县李堡中心卫生院（以下简称李堡医院），住所地：江苏省海安县李堡镇新建中路。

法定代表人：朱余德，卫生院院长。

委托代理人（一、二审）：许宏，卫生院副院长。

委托代理人（一、二审）：王华，江苏紫石律师事务所律师。

被告（被上诉人）：南通大学附属医院（以下简称附属医院），住所地：江苏省南通市。

法定代表人：陆少林，医院院长。

委托代理人（一、二审）：瞿高峰，医院医师。

委托代理人（一、二审）：倪兰春，医院医师。

4. 审级：二审。

5. 审判机关和审判组织

一审法院：江苏省海安县人民法院。

合议庭组成人员：审判长：张小平；审判员：王维申、陈和。

二审法院：江苏省南通市中级人民法院。

合议庭组成人员：审判长：黄卫；代理审判员：顾华、罗勇。

6. 审结时间

一审审结时间：2009 年 7 月 17 日。

二审审结时间：2009 年 11 月 4 日。

（二）一审诉辩主张

1. 原告王卫生诉称

2007 年 3 月 27 日，我因腰骶部发酸至被告李堡医院诊治，此后我听从该院的决定，于同年 3 月 28 日进行了手术治疗。手术后我仍然感到骶大腿后部疼痛难忍，活动受限，后又经被告附属医院进行第二次手术治疗。但此次出院后我的肛门、双侧大腿后侧、左膝部、双大腿上方以及会阴部均麻木疼痛，大便困难，双腿活动受限。此后我又至复旦大学附属华山医院、南京军区总医院进行治疗。上述二所医院经诊断均认为此前所作治疗均为手术失败。原告认为被告李堡医院在不具备手术指征和手术等级的情况下，为原告实施手术，最终导致手术失败，加重了原告的痛苦；被告附属医院进行的第二次手术也没能治愈原告的病情，手术同样也是失败的。两被告均存在医疗过错行为，给原告带来极大的痛苦，已构成侵权。请求法院判决两被告依法赔偿原告医疗费、误工费、护理费、住院伙食补助费、营养费、交通费合计人民币 54 797.75 元，后续治疗费用、被抚养人生活费、残疾赔偿金及精神抚慰金等损失待伤残鉴定等级评定后计算，本案的诉讼费用由两被告承担。

2. 被告李堡医院辩称

两份医疗事故技术鉴定书充分证明在本案所涉及的治疗过程中，我院没有过错，原告是先在上级医院经过 MIR 检查，并通过其亲戚联系了手术医师，后才找到我院，要求在我院进行手术的，所以从整个过程来说，我院对原告实施的治疗行为均符合医疗规范要求，原告目前的症状属于其自身疾病所致。由于我院没有过错，也就不存在因果关系，所以不应当对原告的损失承担赔偿责任。请求驳回原告对我院的诉讼请求。

3. 被告附属医院辩称

原告至我院第一次住院时，我院对其对症支持治疗后，应患者要求而同意其出院。第二次住院后，患者有手术指征，我院是在告知患者本人及其家属手术风险，并征得其同意的情况下实施手术的。患者出院时症状明显好转。省、市二级医学会的鉴定也认为我院对原告的诊断、手术治疗是正确的，诊疗过程中无医疗过失行为。原告目前的症状是其自身疾病的并发症，是当前医学水平有限所致，因此我院不应当承担责任。请求法院依法驳回原告对我院的诉讼请求。

（三）一审事实和证据

江苏省海安县人民法院经公开审理查明：2007 年 3 月 27 日，原告因“腰骶部酸痛不适一年余”至被告李堡医院治疗。经初步诊断：骶管囊肿。同年 3 月 28 日，被告李堡医院请外院神经外科医师会诊后对原告行“骶 1 椎管内囊肿切除术”，术后病理检验报告显示：符合骶管囊肿。同年 4 月 8 日，原告出院。

2007 年 7 月 9 日，原告因术后身体不适，至被告附属医院就诊，经腰椎 MRI 检查：S1—R2 平面骶管内囊肿术后复发。同年 8 月 1 日，原告因“双侧大腿疼痛四月余”再次至被告附属医院治疗，并由附属医院收住入院。入院诊断：骶管囊肿。经治疗后，原告于 8 月 21 日出院。9 月 27 日，原告又因“腰椎疼痛八年加重半年”再次至被告附属医院住院治疗，仍诊断为：骶管囊肿。9 月 29 日，被告附属医院对原告行“骶管囊肿部分切除＋马尾神经根松解移位术”。术后，被告附属医院对原告对症支持治疗。10 月 8 日，病理检验报告显示：（骶骨）纤维囊壁样组织，符合囊肿。10 月 14 日原告出院。

出院后，原告因身体仍有不适，先后又至复旦大学附属华山医院、南京军区总医院进行了治疗，但并未减轻其症状。原告认为被告李堡医院和附属医院在对其实施诊疗过程中，存在医疗过错行为，导致其目前症状加重。为此，原告于 2008 年 7 月向本院提起诉讼。

原告起诉后，向本院提出司法鉴定申请，要求鉴定两被告是否存在医疗过错行为、其是否构成伤残等级及后续治疗费用数额。2008 年 9 月，原告申请撤回要求进行司法鉴定的申请。此后，两被告为证明其对原告实施治疗过程中不存在过错，分别向本院提出申请，要求进行医疗事故技术鉴定。

2008 年 11 月 26 日，南通市医学会作出鉴定，结论为：系骶管囊肿就诊，两医疗机构诊断明确，两次手术前均无手术禁忌证，手术方式选择正确，术后处理均符合医疗规范。两医疗机构在诊疗过程中无医疗过失行为。患者术后出现症状加重，为该类手术难以避免的并发症。第一次手术前医方与患者沟通不够全面，存在不足，但与患者目前症状无因果关系。不属于医疗事故。

原告对南通市医学会的上述鉴定结论不服，于同年12月12日向本院提出了要求再次进行医疗事故技术鉴定的申请。

2009年5月7日，江苏省医学会作出鉴定，结论为：患者系骶管囊肿就诊，有临床表现和影像学诊断依据，两家医疗机构诊断明确，患者无手术禁忌证，手术方式正确，在诊疗过程中无医疗过失行为。患者目前表现的现症状加重，为该手术难以避免的并发症。医方第一次手术前与患者沟通不够到位，存在不足，但与患者目前症状无因果关系。不属于医疗事故。

根据原告提出的具体诉讼请求，结合本院查明的事实，经核实后，原告的费用有：个人支付的医疗费6 655.30元（住院及其门诊费累计为18 921.25元，海安县医疗保险中心报销12 265.95元）、误工费19 088.54元（按在岗职工社会服务业平均工资标准，计算至最后一次出院后2个月止，即2007年12月14日）、护理费1 020元（按原告主张每天20元，住院51天计算所得，原告仅主张住院44天，为880元）、住院伙食补助费792元（原告主张按住院44天，每天18元）、交通费600元（酌情），以上合计为28 155.84元。

（四）一审判案理由

江苏省海安县人民法院经审理认为：原告以两被告在不具备手术指征和手术等级、违反医疗规范的情况下对其实施手术，导致手术失败，两被告均存在医疗过错行为，应当承担赔偿责任。根据《最高人民法院关于民事诉讼证据的若干规定》中关于承担举证责任的相关规定，两被告应就其医疗行为不存在过错、医疗行为与损害结果之间不存在因果关系承担举证责任。为此，两被告依法向本院提出申请，要求进行医疗事故技术鉴定。经省、市两级医学会鉴定，其结论均认定两家医疗机构诊断明确，患者无手术禁忌证，手术方式正确，在诊疗过程中无医疗过失行为。上述鉴定结论，经双方当事人质证，具备证据的客观性、合法性和关联性，应当作为本案定案的依据。原告主张两被告在对其实施治疗过程中存在过错行为，导致其受到人身伤害缺乏事实依据，本院对其主张不予采信；其要求两被告赔偿其损失的请求于法无据，本院不予支持。但省、市医学会的鉴定结论同时明确：李堡医院在第一次手术前与患者沟通不够到位，存在不足，但与患者目前的症状无因果关系。根据该结论可以认定，被告李堡医院在对原告治疗过程中未将患者的病情、医疗措施、医疗风险等充分告知患者，故被告李堡医院存在侵犯原告部分知情权的情形，被告李堡医院应酌情赔偿原告一定的经济损失。

（五）一审定案结论

江苏省海安县人民法院依照《中华人民共和国民法通则》第一百零六条第二款、国务院《医疗事故处理条例》第十一条之规定，判决如下：

1. 被告李堡医院酌情赔偿原告王卫生人民币5 000元，于本判决生效后10日内履行完毕。

2. 驳回原告王卫生的诉讼请求。

案件受理费 348 元，鉴定费 3 200 元，合计 3 548 元，由原告王卫生负担。

（六）二审情况

1. 二审诉辩主张

（1）上诉人王卫生诉称

1）法院在未收到两医院医疗事故技术鉴定时，就要求本人撤回司法鉴定申请，属于违法行为。本案在不构成医疗事故情形下，应当进行医疗过错鉴定。医学会鉴定人员未到庭接受质询，不应作为认定本案事实的证据。医学会鉴定均认为医方与患者沟通不够全面，但又认为与患者目前症状无因果关系，这是自相矛盾的。因为医方未尽到完全告知义务，导致本人失去决定手术与否的选择权。没有失败的两次手术，就不会有本人现在的严重后果。两医院未能提供证据证明其无过错，应当认定其举证不能，判令两者承担赔偿责任。2）李堡卫生院过错明显。骶骨肿瘤切除术是骨科甲类手术，李堡卫生院为二级乙等医院，不具备甲类手术权限。附属医院违规向不具备手术权限的医疗机构派出医师会诊。李堡卫生院对手术适应证掌握不当，本人手术前无手术适应证。根据李堡卫生院手术记录，只有丝线间断缝合切口，无可吸收缝线记录，而皮下肌肉、筋膜等缝合必须使用可吸收缝线。李堡卫生院护理不当，导致切口溃烂。通大附院诱使本人做实验性手术，通大附院对此未辩护，其承认该事实。上海华山医院、南京军区南京总医院均诊断手术失败。两医院应就其过错承担民事责任。请求二审法院依法改判。

（2）被上诉人李堡医院辩称

本院在治疗过程中并无过错，在本案中不应承担赔偿责任。请求二审法院驳回上诉人的上诉请求。

（3）被上诉人附属医院答辩意见与李堡医院相同。

2. 二审事实和证据

江苏省南通市中级人民法院经审理，确认一审法院认定的事实和证据。

3. 二审判案理由

江苏省南通市中级人民法院经审理认为：根据《最高人民法院关于参照〈医疗事故处理条例〉审理医疗纠纷民事案件的通知》，涉及医疗事故的，应由《医疗事故处理条例》规定的医学会组织鉴定，因医疗事故以外的原因引起的其他医疗赔偿纠纷可根据需要进行司法鉴定。可见，司法鉴定并非处理医疗纠纷的必经程序。因李堡医院、附属医院已申请医疗事故鉴定，故原审法院启动医疗事故鉴定程序，同时要求王卫生撤回司法鉴定，并未违反法律规定。王卫生在二审中提出李堡医院、附属医院存在过错，应进行司法鉴定。司法鉴定系帮助法官认定专业技术性事实的证据，但认定专业技术性事实并非必须依赖司法鉴定。本案中，由于两级医学会的鉴定均已对李堡医院、附属医院在诊疗过程中有无过失行为及与王卫生损害结果间有无因果关系作了明确回答，又无证据表明医学会的鉴定有误或有遗漏，故本案实无必要浪费诉讼资源就上述过错再行司法鉴定。王卫生认为上海华山医院、南京军区总医院均诊断手术失败，两级医学会的鉴定不应采信。本院认为手术失败意指手术不成功，其既可能是患者本身病情所致，也可能是医院诊疗过程中存在过错所致，故不能以手术失败简单推论李堡医院、附属医院在诊疗过程中存在过错，亦不能以此简单否定两鉴定结论。王卫生又认为医学会鉴定人员未到庭接受质询，故医学会的鉴定不应采信。医学会所作出鉴定结论为书证，鉴定人员不出庭作证不影响医疗事故技术鉴定书的证据效力。

王卫生认为李堡医院、附属医院除未充分告知外，还存在其他过错，两医院应就此承担赔偿责任。对此，本院分析如下：

（1）王卫生认为案涉手术为骶骨肿瘤切除术，为骨科甲类手术。根据两级医学会的鉴定结论及病历资料，该手术系骶骨囊肿手术，并非骶骨肿瘤切除术，故不属于《江苏省医院手术分级管理规范（暂行）》中的甲类手术，李堡医院并未超出手术权限。附属医院亦未超出权限派出医师会诊。

（2）王卫生认为附属医院诱使其做实验性手术，附属医院对此予以承认。经查原审庭审笔录，附属医院对此并未予以认可。王卫生在附属医院进行手术前，王卫生妻子作为受托人在神经外科手术知情同意书中签字，说明王卫生对于手术风险有一定认知，故本院难以认定附属医院诱使王卫生进行手术。

（3）王卫生认为李堡医院手术适应证掌握不当。江苏省医学会鉴定认为“患者系骶骨囊肿就诊，有临床表现和影像学诊断依据”、“患者有腰骶部酸痛并向下肢放射等不适症状”、“手术方式正确”，故可以认定王卫生的病情具备了手术指征，李堡医院对手术适应证掌握恰当。

（4）王卫生认为皮下肌肉、筋膜等未缝合，术后切口溃烂。虽然李堡医院手术记录仅记载用丝线间断缝合切口，未记载皮下肌肉、筋膜是否缝合，但根据一般常识，医生在缝合切口时一定会缝合皮下肌肉、筋膜，不可能只缝合表皮。江苏省医学会亦认为“根据常识及临床经验，不可能只缝合一层”，故李堡医院就此问题亦无过错。关于术后切口溃烂问题，江苏省医学会认为“术后切口愈合欠佳为手术并发症，任何手术后均可发生，且与患者目前状况无直接联系”，故难以认定李堡医院就此具有过错。

众所周知，基于现有认识水平和医疗技术，医疗中的风险不可避免。根据权利、义务对等原则，患者既应是医学的受益者，同时也应是医疗风险的承担者，不应由医疗机构承担医疗风险。患者在面临医疗风险时，会根据自身情况作出相应选择。在风险很大、病情轻微的情况下，患者往往不会选择手术；相反，如果病情严重，即使具有相当风险，患者亦会选择手术。因此医院作为专业的诊治机构，其医师具有丰富的医学知识，应当充分告知患者的病情、医疗措施、医疗风险，以便患者自行判断是否愿意承担相应的医疗风险。本案中，李堡医院、附属医院在诊疗过程中无过失行为，且江苏省医学会认为“患者目前表现的症状加重，为该手术难以避免的并发症”，故可以认定王卫生目前的损害结果系手术风险所致，李堡医院、附属医院就其诊疗过程不应承担责任。但李堡医院在与王卫生的沟通中存在一定过错，未充分告知王卫生手术中存在的风险，使王卫生失去了全面权衡利弊，决定手术与否的机会。换言之，如果李堡医院充分尽到告知义务，王卫生就有可能基于风险的考虑而不进行手术，从而不会发生损害结果，因此李堡医院应就此过错给予王卫生适当赔偿。本院注意到王卫生手术症状明显，李堡医院也告知了术后可能出现复发、马尾综合证等情况，仅是存在“与患者沟通不够到位”的不足，过错较轻。退一步而言，即使李堡医院详尽告知了王卫生手术风险，在当时的情况下，王卫生仍极有可能选择手术，故李堡医院所承担的责任不宜过重。且王卫生自述医生陈建已就该手术自愿补偿其 5 000 元，故原审法院根据本案具体情况酌定由李堡医院赔偿王卫生 5 000 元，实属恰当。

4. 二审定案结论

江苏省南通市中级人民法院依照《中华人民共和国民事诉讼法》第一百五十三条第一款第（一）项之规定，作出如下判决：

驳回上诉，维持原判。

（七）解说

医疗事故技术鉴定（以下简称医疗事故鉴定）作出不构成医疗事故的结论后，患者又提出进行医疗过错司法鉴定，应如何处理？

1. 医疗事故鉴定与司法鉴定的区别。

目前，我国存在医疗事故鉴定和医疗过错司法鉴定（以下简称司法鉴定）两套体制。医疗事故鉴定是指国务院和有关医疗机关为了科学划分医疗事故等级，正确处理医疗事故争议，保护患者和医疗机构及其医务人员的合法权益，所进行的有关医疗方面的鉴定。而司法鉴定则是指在诉讼活动中鉴定人运用科学技术或者专门知识对诉讼涉及的专门性问题进行鉴别和判断并提供鉴定意见的活动。两者存在以下区别：

（1）启动程序不同。医疗事故鉴定有卫生行政部门委托或医患双方当事人共同委托两种启动方式。前者属于行政鉴定，后者属于自行委托的鉴定。司法鉴定则一般是由一方当事人申请，由法院委托社会上依法设立的司法鉴定机构进行鉴定。

（2）鉴定机构和人员不同。《医疗事故处理条例》（以下简称《条例》）规定：设区的市级地方医学会和省、自治区、直辖市直接管辖的县（市）地方医学会负责组织首次医疗事故技术鉴定工作。省、自治区、直辖市地方医学会负责组织再次鉴定工作，即医疗事故的鉴定机构是医学会。医学会建立专家库，鉴定时在专家库抽取人员组成专家鉴定组。司法鉴定的机构是在司法行政机关登记注册并受其监督的公益性社会组织即司法鉴定所。由司法鉴定机构根据鉴定规则选取司法鉴定人，司法鉴定人对鉴定结论承担责任。

（3）鉴定的内容和结果不同。医疗事故鉴定主要解决是否属于医疗事故，如果构成医疗事故，医疗事故的级别以及院方的责任大小。而司法鉴定主要是解决院方对患者的医疗行为是否存在司法过错，以及过错的大小和是否具有因果关系。

（4）质证程序不同。医疗事故鉴定结论作为证据在法庭质证时，双方当事人可以自由表达赞成或反对意见，但鉴定专家一般不到庭接受质询。而质证司法鉴定结论时，不服结论一方可以申请传唤司法鉴定人到庭接受质询，司法鉴定人应当按照要求按时出庭，并应依法客观、公正、实事求是地回答司法鉴定相关问题。

2. 进行司法鉴定需满足的条件。

在鉴定“二元化”的情况下，《最高人民法院关于参照〈医疗事故处理条例〉审理医疗纠纷民事案件的通知》对于如何鉴定作了规定。医疗损害赔偿的案件一般均先进行医疗事故鉴定。构成医疗事故的，则按照《条例》的规定予以赔偿，不再进行司法鉴定。不构成医疗事故的，根据案件具体情况决定是否进行司法鉴定。为杜绝对同一案件的医疗事故鉴定与司法鉴定相互矛盾，且为了避免司法资源的浪费，只有确有必要时才应进行司法鉴定。

这是因为医疗事故鉴定与司法鉴定虽存在一定差别，但其作为民事诉讼证据在效力上并无高低之分，均是帮助法官客观分析、评价医疗行为是否存在过失的工具。换言之，鉴定结论只是医学评价，并非法的评价。法的判断必须是对临床事实认定和医学评价再度作出法价值取向判断的过程。如果医疗事故鉴定已对医疗机构在诊治过程中是否存在医疗过错、过错与损害结果之间是否存在因果关系进行了鉴定，法官据此就已足以认定案件事实并作出裁判，就无必要再求助于司法鉴定。因此只有医疗事故鉴定在程序上出现严重瑕疵、实体内容上出现明显错误，才有必要再行司法鉴定。

就本案而言，两级医学会的鉴定均已对李堡医院、附属医院在诊疗过程中有无过失行为及与王卫生的损害结果间有无因果关系作了明确回答，并就王卫生提出的三点意见也向法院出具了书面的质询意见书。这足以使法院根据医学上的经验法则作出判断，故本案实无必要浪费诉讼资源就上述过错再行司法鉴定。

3. 法院应全面审查医疗事故鉴定结论。

前已述及，医疗事故鉴定只是民事诉讼中的证据之一，法院应对此进行全面审查，而非仅根据鉴定结论就简单作出裁判。也就是说，不能因为医疗事故鉴定认为不存在因果关系，就简单驳回患者的诉讼请求。

根据医疗事故鉴定，可以认定患者目前健康受损确与医方告知缺陷无直接因果关系。因为无论医方告知是否有缺陷，均不会增加或减少手术并发症发生的可能性。只要患者选择了手术，其目前状况就不可避免。

但是我们也应注意到因医师未尽告知义务，患者未能获得充分的医疗信息，这不仅侵犯了患者的知情同意权，亦使患者失去了选择是否治疗及治疗方案的机会，也就失去了避免损害结果发生的机会，医方应根据患者失去的机会酌情予以赔偿。如果在当时情况下，以一个理性人的标准对于医疗收益与医疗成本、医疗风险进行评估，在只有唯一选择时，告知义务即使有欠缺，也不应对患者的健康损害承担责任；如果选择实际实施的医疗方案可能性极大时，医师的责任则相对较小；相反，如果患者在当时情况下，作出这种选择的可能性极小，那么医师就应承担比较大的责任甚至全部责任。

本案中，王卫生因腰骶部酸痛不适已一年有余，该手术风险又较小，故王卫生当时选择手术的可能性较大，李堡医院所承担的责任不宜过重。且王卫生自述医生陈建已就该手术自愿补偿其 5 000 元，故一审法院根据本案具体情况酌定由李堡医院赔偿王卫生 5 000 元，并无不当。

（江苏省南通市中级人民法院　罗勇）

51. 黄祥生诉北京北方圣医堂健康科技开发有限公司服务合同案（欺诈）

（一）首部

1. 判决书字号：北京市石景山区人民法院（2009）民字第 116 号。

2. 案由：服务合同纠纷。

3. 诉讼双方

原告：黄祥生，男，汉族，住北京市西城区。

委托代理人：郑伟平，中国人民大学学生。

委托代理人：遇祥，中国人民大学学生。

被告：北京北方圣医堂健康科技开发有限公司（以下简称圣医堂公司），住所地：北京市石景山区。

法定代表人：喻施桥，公司执行董事。

委托代理人：郑步峰，公司职员。

委托代理人：魏述弟，公司法律顾问。

4. 审级：一审。

5. 审判机关和审判组织

审判机关：北京市石景山区人民法院。

合议庭组成人员：审判长：张鹏；人民陪审员：褚丽、窦玉莲。

6. 审结时间：2009 年 7 月 6 日。

（二）诉辩主张

1. 原告黄祥生诉称

2006 年 9 月，原告在体检时发现患有肺癌，经北京肿瘤医院治疗后病情趋于稳定，并于 2007 年 4 月出院。2007 年 6 月原告经他人介绍，参加被告组织的体验疗养。在疗养期间，被告进行虚假宣传和其他欺诈行为，声称若按照非药物经典疗法治疗，能够治愈癌症。2007 年 6 月 21 日，原告在受到欺诈的情形下交纳 20 000 元服务费用成为被告的宝石卡会员，双方约定上述费用作为原告和配偶 1 个月的疗养支出。同年 10 月，原告参加被告在本市延庆县百果园组织的为期 1 个月的疗养。在疗养期间，原告按照被告制订的方案食疗。疗养结束后，原告于 2009 年 12 月至北京肿瘤医院做情况复查，该院出具的复查结果显示原告的肺癌恶化，肺部肿块比疗养前增大。2007 年 12 月 26 日，原告再次至北京肿瘤医院治疗，至 2008 年 7 月 18 日共计支付医疗费用 31 981.78 元，目前仍在治疗中。由于被告的欺诈行为延误了原告的正常治疗，给原告的身体健康产生损害，同时侵害了消费者的合法权益，现诉至法院，诉讼请求：(1) 撤销原、被告签订的健康管理合同；(2) 要求被告因欺诈而退还合同价款 1 万元；(3) 判令被告赔偿因合同欺诈延误原告治疗而产生的治疗费 31 981.78 元；(4) 被告承担本案诉讼费用。

2. 被告圣医堂公司辩称

第一，原、被告签订的服务协议系双方真实意思表示，合同价款为双方共同约定，被告并不存在欺诈行为；第二，被告已经依约履行了合同义务；第三，原告所述的自身疾病与被告提供的服务并不存在因果关系。因此不同意原告的诉讼请求。

（三）事实和证据

北京市石景山区人民法院经公开审理查明：2007 年 4 月，黄祥生收到圣医堂公司发送的“孝诚之家”2007 年 4 月刊（总第三期），该份刊物中载明：张浩然为圣医堂首席专家、非药物经典疗法创始人；张浩然、张孝诚对非药物经典疗法理论，内容包括非药物经典疗法，根据易医的原理，融合多家学说，运用现代最新的科学技术成果，形成了经典疗法“四大技术”之一的“身心外医疗法”；圣医堂会员对治疗效果的评价。

2007 年 6 月，黄祥生参加了圣医堂公司组织的 5 天 4 夜的非药物经典疗法的疗养体验。

2007 年 6 月 24 日，黄祥生、胡金发（合同乙方）与圣医堂公司（合同甲方）签订圣医堂健康管理协议书，其中约定：甲方向乙方推荐圣医堂系列标准的会员卡，不同卡种享受相应的健康管理技术和服务；合同附件包括“圣医堂健康管理项目价格表”、“圣医堂健康管理经典疗法套餐体系”、“疗养圣地主题经典疗养套餐”、“健康用品会员优惠表”、“圣医堂会员卡”；乙方经了解甲方服务宗旨及服务体系后，选择宝石卡及相应的服务项目，自愿成为圣医堂健康管理会员，并交纳费用 20 000 元；宝石卡按附件规定的人数使用，会员卡一经售出，不能退卡。

上述协议书附件载明：宝石卡赠送内容为 A 类或 B 类只能任选一类作为赠送，A 类包括健康管理产品限价值 5 500 元内；B 类包括北京疗养基地 30 天排石、断食和排毒高级疗程项目 3 项（含疗程技术服务费及住宿费 2 人），价值 9 000 元×2 人＋30 天×260 元/间＝25 800 元，但必须补交现金 3 200 元。2007 年 6 月 28 日，黄祥生、胡金发支付合同约定价款 20 000 元。

2007 年 8 月～9 月期间，圣医堂公司向黄祥生发送“孝诚家园”刊物（总第二期合订本），该刊物内容包括：北京圣医堂会员素欣撰写的《世界上没有治不好的病，只有治不好病的方法》，该文列举了圣医堂会员的治疗效果，并说明非药物经典疗法创始人张浩然曾讲世界上没有治不好的病，只有治不好病的方法；王桂文撰写的《我们心中的圣医堂》，该文载明：圣医堂专家业务素质高，服务站遍布全国许多城市，有理由相信未来必将蓬勃发展。

2007 年 10 月 11 日至 11 月 10 日期间，黄祥生参加由圣医堂公司组织的非药物经典疗法疗养。

2007 年 11 月 1 日，黄祥生在短期疗养康复情况表关于入院前后身体变化情况一栏中写明：较入院时自我感觉精神好些，只是还有一些咳嗽，拇指、脚底麻木稍减轻；右肺上叶肿瘤是否稳定不知道（5 月 18 日出院复查为 15 毫米×9 毫米，7 月 16 日检查为 16 毫米×13 毫米，9 月 10 日检查时为 16 毫米×14 毫米），按圣医堂给的方案，7 月 21 日开始服牛蹄筋汤，7 月 26 日开始吃半生半熟食，10 月 10 日来疗养基地时停方，10 月 18 日又开始服牛蹄筋汤并服北京肿瘤医院开的草药和中成药。在对非药物经典疗法的认识和评价一栏中写明：过去没有听说这种疗法，参加 5 天 4 夜的体验有了一些认识，这次参加短期疗养（1 个月）的实践，非药物经典疗法的确不错，应该进一步总结和提高，要加大宣传力度，使世人皆知。

2007年12月13日，黄祥生至北京肿瘤医院进行检查，检查报告单中载明：与2007年9月12日胸部CT相比较，右肺上叶毛刺结节较前增大，现约21毫米×24毫米，原为16毫米×14毫米，考虑病变较前进展。

2008年7月16日，北京电子科技学院出具黄祥生住院费用和自费情况说明，其中载明：自费金额共计31 981.78元。

2007年12月19日，北京市工商行政管理局石景山分局作出京工商石处字（2007）第1309号行政处罚决定书，其中载明：圣医堂公司的行为属于利用宣传材料作引人误解的虚假宣传的不正当竞争行为。

另查：在本案庭审过程中，黄祥生提交了健康管理档案，该档案材料其中载明：黄祥生既往病史为肺癌、脑出血、疲劳；2007年6月21日，黄祥生接受圣医堂公司进行的A—E组检测分析；2007年7月6日，圣医堂公司作出解决方案，包括疾病特征、营养治疗原则、食物配方、营养治疗品配方、本阶段配方、营养验方、家庭疗养方案、警示等方面。

再查：在本案庭审过程中，黄祥生申请证人李克盛、张德君出庭作证。证人李克盛的证言内容包括：2007年4月至2008年6月份为圣医堂公司福卡会员；2007年4月，李克盛参加了圣医堂公司组织的关于非药物经典疗法的讲座，张浩然称数万名患者曾奇迹般康复，此后与黄祥生等人共同参加疗养后，身体素质下降，遂不再继续接受圣医堂公司的服务。证人张德君的证言包括：2007年4月成为圣医堂公司的会员，该公司组织会员参加5天4夜的报告，张浩然在报告中曾讲医院不能治疗的绝症在圣医堂公司也能治疗；经过一个月的疗养身体正常，但此后血压继续升高，现已就服务费用结算完毕。

上述事实有下列证据证明：

1. 原告黄祥生提交的圣医堂健康管理协议书及附件、“孝诚之家”刊物、证人证言。
2. 原告黄祥生提交的京工商石处字（2007）第1309号行政处罚决定书。
3. 被告圣医堂公司提交的健康管理档案。

（四）判案理由

北京市石景山区人民法院经审理认为：根据黄祥生与圣医堂公司所签健康管理协议的约定内容，系由圣医堂公司通过特有的方法为对方提供健康管理服务，以实现服务对象的人身健康为合同目的，双方之间形成了服务合同法律关系。由于圣医堂公司并非经法定审批程序成立的医疗机构，故黄祥生与圣医堂公司所签协议和履行内容均不是医患关系的体现，而应受《消费者权益保护法》及《合同法》法律规范的调整。

关于黄祥生提出因圣医堂公司的行为延误其正常治疗并要求赔偿损失的问题：其一，黄祥生仅提供了医疗费支付相关凭证，但不足以反映出其在医疗机构住院期间所治疗的疾病；其二，黄祥生在服务合同订立前患有肺癌，同时根据自述，在服务合同履行过程中亦曾定期至专业医疗机构进行检查并了解自身病情，且服用医疗机构开具的药物治疗，依据一般社会群体的认知能力，可以说明其对于所患疾病是否通过医疗机构诊疗完全具有判断能力；其三，黄祥生系在短期疗养后一段时间内经检查确认的病情进展情况，上述病情可能与自身疾病等诸多因素存在关联，在没有专业机构进行判断和论证的情形下，很难归责于圣医堂公司提供的服务行为所导致或延误，黄祥生对此亦没有充分证据证实被告的行为与病情恶化存在因果关系。因此，本院对黄祥生主张的延误治疗损失亦不予支持。

（五）定案结论

北京市石景山区人民法院依据《中华人民共和国合同法》第五十四条、第六十条，《中华人民共和国消费者权益保护法》第四十九条之规定，作出如下判决：

驳回黄祥生的诉讼请求。

案件受理费850元，由黄祥生负担（已交纳425元，其余425元于本判决生效后7日内交纳）。

（六）解说

从本案案情可以看出，被告圣医堂公司并非经法定审批程序成立的医疗机构，故其与原告所签协议和履行内容均不属于医疗合同的构成要件。因为医患关系是指医务人员受患者的委托或其他原因，对患者实施诊断、治疗等医疗行为所形成的法律关系。医患双方的主体是特定的，所以在举证责任承担方面亦有所不同。

在涉及消费者与经营者权利、义务的法律规范中，合同欺诈能够产生惩罚性的法律后果，其构成要件应当是经营者知道或应当知道所售商品和提供服务存在瑕疵，通过扩大宣传或隐瞒事实的方式，导致消费者产生误导，从而购买商品或接受服务。当然，构成误导应以一般社会消费群体的认知能力和客观评价为认定标准。根据上述规则，可以在逻辑上从另一法律角度产生对欺诈行为构成的认识，即经营者的虚假告知或隐瞒事实的行为必须在合同签订过程中或合同成立时已经实施并对消费者产生误导，否则，经营者在合同签订后及履行过程中产生的单方允诺、虚假告知等行为，只可能影响合同是否依约适当履行，无法对此作出构成欺诈的认定。

结合上述认定标准，需要对双方当事人在合同签订前圣医堂公司的宣传行为的性质和黄祥生提出的欺诈行为理由逐一进行分析，判断其主张请求权基础能否成立。

第一，关于黄祥生提出非药物经典疗法创始人张浩然在报告中宣称该疗法能够治愈疑难病症并对其本人产生误导的判断问题。首先，黄祥生主张的上述待证事实，没有充分证据证实。其次，尽管黄祥生在庭审过程中提供证人李克盛、张德君出庭作证，对于证人证言的效力认定问题，其一，由于上述证人均曾同圣医堂公司订立服务合同，故与本案的处理结果存在利害关系，证人证言的内容只具有较低的证明效力；其二，由于黄祥生与证人并不在同一时间和地点获取圣医堂公司的宣传信息，因此证人是否因宣传内容而受到误导不能必然得出黄祥生本人亦被对方欺诈的结论。因此，证人证言不足以证明黄祥生受到圣医堂公司欺诈的事实。通过以上分析，法院对于黄祥生主张宣讲人张浩然的虚假宣传致使其产生错误认识的陈述意见不予采信。

第二，关于圣医堂公司出具的“孝诚之家”刊物的宣传内容是否存在扩大宣传并对黄祥生产生误导的判断问题。圣医堂公司作为经营者在不违反相关法律、法规的前提下，有权利和义务对所提供服务的特点和目的等方面进行合理告知，以实现消费者的知情权和合法商业利益的最大化，但宣传内容的图文应使得消费者对该产品信息产生正确的理解。

在双方当事人订立服务合同前，圣医堂公司曾提供对方“孝诚之家”2007年第4期刊物，对于该刊物是否存在虚假和扩大宣传的问题，刊物中所称的非药物经典疗法创始人张浩然撰写了相关文章，其中载明对非药物经典疗法所涉医学理论等方面的介绍，该疗法依据医学理论的合理性需要由相关医学部门进行论证，加之黄祥生本人在阶段性疗养后亦作出肯定评价，在此前提下通过司法途径直接作出不具有合理性的判断本身就是缺乏客观基础的。因此，法院认为上述文章所载内容不能说明属于虚假或扩大宣传。

圣医堂公司于2007年8月至9月期间曾出具“孝诚家园”总第二期合订本刊物，该刊物刊登王桂文撰写的《我们心中的圣医堂》一文，黄祥生在庭审中提出该文曾对其产生误导并构成欺诈的意见。首先，上述刊物系双方当事人在服务合同订立后，由圣医堂公司交与对方，故以该刊物的宣传内容作为消费者接受服务时存在欺诈的理由，不符合欺诈行为的认定标准；其次，上述文章仅是圣医堂会员就非药物经典疗法和治疗效果进行说明的个人意见，文章内容并未说明该疗法能够治愈诸多疑难杂症，因此黄祥生完全可以根据自身体质和病情的实际情况决定是否接受圣医堂公司提供的健康服务，其提出该文章说明非药物经典疗法能够治愈多种疾病并对其造成误导的主张，法院亦不予采纳。

第三，关于黄祥生提出圣医堂公司以北京百世圣医堂的企业名称进行虚假宣传并构成欺诈的问题。首先，尽管圣医堂公司出具的“孝诚之家”刊物载明由北京百世圣医堂健康科学研究院主办，但根据一般社会经验法则判断，刊物的主办方与服务提供者并不必然为同一主体；其次，黄祥生接受服务的目的是通过非药物经典疗法实现人身健康，因此其更加关注的是疗法本身是否具有实际效果；再次，在健康管理协议中已经注明服务提供者为圣医堂公司，黄祥生在该协议中予以签认；最后，在合同履行过程中黄祥生在知晓合同相对方的情形下，亦接受圣医堂公司所提供的服务，能够说明其对服务提供者的认可。通过以上分析，圣医堂公司提供载明主办单位的“孝诚之家”刊物，不足以对黄祥生接受非药物经典疗法产生实质性影响，亦不能对其行使选择权造成误导。既然是宣传，那么使用一些带有夸大宣传的文字或者其他组成要素本身也是正常的商业行为。对于一般消费者而言，夸大不到一定程度，并不会构成欺骗和误导；有的文字、图形或者其他组成要素本身表达可能带有夸大宣传的成分，但如果没有诱导性的语言等要素，不涉及产品的具体性能和质量，则一般情况下不会形成欺诈；况且，经营者出于营销的考虑，都倾向于在商品或者商标上使用夸大宣传的溢美之词，只要不超过必然的限度，不损害国家、公共利益，不损害他人合法利益，不违反公序良俗，应该尽可能少地予以国家干预，特别是国家的强势干预。本案中被告圣医堂公司的“夸大宣传”行为并不能简单归于欺诈。只有当夸大宣传行为使原告对其服务产生根本性误解，使得产生根本性错误的认识时，夸大宣传程度才产生了质的变化，达到了欺诈的程度，应为法律所禁止。

第四，关于黄祥生提出其并未通过非药物经典疗法达到预期的治疗效果且病情加重，故主张圣医堂公司存在虚假宣传的认定问题。首先，根据双方签订健康管理协议的性质和履行内容，圣医堂公司应当依约为黄祥生人身健康提供服务，但后者的病情是否能够通过短期疗养痊愈并非圣医堂公司承担的主合同义务，圣医堂公司亦未作出相应承诺，因此判断圣医堂公司履行义务的关键在于强调服务过程而并非结果；其次，黄祥生在短期疗养即将结束时，对治疗的效果作出积极评价，可以说明其通过非药物经典疗法取得一定效果；

再次，尽管黄祥生在疗养结束后一段期限内经检查存在疾病，但上述病情的产生除原有病因外，亦与个人体征、生活方式以及治疗期限等诸多因素有关，依据现有证据不能认定与圣医堂公司采取的疗养方法存在相当因果关系。基于上述原因，黄祥生以未达到治疗效果主张欺诈的理由亦不能成立。

通过以上几方面的分析，圣医堂公司在服务合同订立过程中存在欺诈行为并导致黄祥生产生误导的法律要件并不完全具备，因此黄祥生作为消费者以欺诈为由而主张的各项请求权基础不能成立，法院据此对黄祥生主张撤销合同并返还另 1 倍价款损失的诉讼请求不予支持。

最后，法院对该案中合法而不合理的现象作出了相应的说明，应当指出，圣医堂公司在涉案合同签订后出具的宣传资料中对非药物经典疗法治疗疑难病症的作用作出了一定程度的夸大宣传，尽管在本案中并未作出欺诈认定，但由于该公司提供的服务面对众多不特定消费群体，难免使得某些消费者对服务内容产生不客观、真实的了解，工商行政管理部门已经对圣医堂公司作出行政处罚，经营者对此必须加以总结和反思，纠正不当行为并逐步加以完善，以免对消费者的合法权益造成不必要的损害。

裁判后，原、被告双方均服判息诉，尤其是被告圣医堂公司针对法院指出的问题进行了相应的整改，客观上达到了案结事了、法律效果与社会效果双统一的要求。

（北京市高级人民法院　罗熹）

52. 朱连亚等诉杭州路达公路工程总公司损害赔偿案（地面、公共场所施工损害赔偿）

（一）首部

1. 判决书字号

一审判决书：浙江省绍兴县人民法院（2009）绍民初字第 18 号。

二审判决书：浙江省绍兴市中级人民法院（2009）浙绍民终字第 431 号。

2. 案由：地面、公共场所施工损害赔偿纠纷。

3. 诉讼双方

原告（被上诉人）：朱连亚，男，汉族，住浙江省绍兴县。

原告（被上诉人）：秦大玲，女，汉族，住址同上。

两原告共同委托代理人：孙鹏翔，绍兴县孙端法律服务所法律工作者。

两原告共同委托代理人：成彭寿，绍兴县孙端法律服务所法律工作者。

被告（上诉人）：杭州路达公路工程总公司（以下简称路达工程公司），住所地：浙江省杭州市下城区朝晖路。

法定代表人：戴利平，公司董事长。

委托代理人：赵捷，浙江中圣律师事务所律师。

4. 审级：二审。

5. 审判机关和审判组织

一审法院：浙江省绍兴县人民法院。

独任审判人员：审判员：周国鑫。

二审法院：浙江省绍兴市中级人民法院。

合议庭组成人员：审判长：单卫东；审判员：楼晓东；代理审判员：王安洁。

6. 审结时间

一审审结时间：2009年2月21日。

二审审结时间：2009年4月22日。

（二）一审情况

1. 一审诉辩主张

（1）原告朱连亚、秦大玲诉称

两原告系夫妻。2007年8月11日23时许，原告朱连亚驾驶本人的一辆号牌为皖19/51118的变型拖拉机，载着原告秦大玲及儿子朱其雷，从绍兴县陶堰镇张岙村石料场驶往绍兴市马山镇混凝土公司，途经钱陶线皇甫庄村地段西澜桥北边桥脚时，将车驶入桥下，致朱连亚受伤、儿子朱其雷死亡、车辆损坏的交通事故。当时钱陶线正在修筑期间，施工单位路达工程公司从不按规定设立警示标志和采取防护措施。西澜桥自东往西架设于公路上，路达工程公司将该桥面的北边部分桥面截去，同样未设立警示标志和采取防护措施，更未进行安全措施的全封闭。朱连亚猝不及防，将车驶入桥下，造成交通事故，完全是路达工程公司违章施工所致。根据《中华人民共和国民法通则》第一百二十五条和《最高人民法院关于审理人身损害赔偿案件适用法律若干问题的解释》的有关规定，特起诉请求：1）判决被告路达工程公司赔偿朱其雷的人身损害费：丧葬费15 427元、死亡补偿费165 300元、精神损害抚慰金100 000元，合计280 727元；2）本案诉讼费用由被告承担。

（2）被告路达工程公司辩称

1）从事故现场和朱连亚自己的陈述来看，朱连亚事发前已经知道这座桥有一半拆除了，因为他已经驶上了可以通行的桥面，所以路达工程公司设置的警示标志已经达到警示的目的；2）从朱连亚撞击位置及原因来看，是朱连亚驶上桥面后由于被对方来车大灯照住之后，他猛打方向盘，撞破被告砌筑的防护栏冲到桥下。原告认为被告防护措施不足、不够，防护栏不牢固，但没有提供任何证据加以证明，相反，交警部门作出的事故认定书认定是朱连亚驾驶不当所致，符合本案实际。综上，被告认为，被告在施工路段已设置警示标志，采取的防范措施也已到位，没有不当之处，不用承担任何责任。请求驳回原告的诉讼请求。

2. 一审事实和证据

浙江省绍兴县人民法院经公开审理查明：2007年8月11日，原告朱连亚驾驶本人的一辆号牌为皖19/51118的变型拖拉机，载着其妻子秦大玲、儿子朱其雷，从绍兴县陶堰镇张杳村石料场拉了一车石子（重约四五吨），驶往绍兴市袍江工业区马山镇的混凝土公司。23时10分许，自东往西途经钱陶线皇甫庄村地段西澜桥地方，驶上桥面后，由于对面来车，大灯照得朱连亚看不清楚路，朱连亚就往右边避让，结果车辆撞掉桥上北侧砖砌防护墙，跌落到桥下施工工地上，造成朱其雷死亡、朱连亚本人受伤及车辆损坏的交通事故。绍兴县公安局交通巡逻警察大队于2007年8月23日作出交通事故认定书，认定驾驶人朱连亚驾驶载人超过核定人数的机动车，在行驶过程中观察、防范疏忽，未确保安全行驶，将机动车驶入桥下，造成交通事故，其行为违反了《中华人民共和国道路交通安全法》第四十九条——“机动车载人不得超过核定的人数，客运机动车不得违反规定载货。”及第二十二条第一款——“机动车驾驶人应当遵守道路交通安全法律、法规的规定，按照操作规范安全驾驶、文明驾驶。”。根据《中华人民共和国道路交通安全法实施条例》第九十一条之规定，认定朱连亚应负事故的全部责任，朱其雷、秦大玲无事故责任。朱连亚不服，向绍兴市公安局交警支队申请复核。同年10月8日，绍兴市公安局交警支队作出“道路交通事故认定复核意见书”，决定对绍兴县公安局交警大队作出的事故认定结论给予支持。两原告系受害者朱其雷的父母，朱其雷系农业家庭户，两原告因朱其雷死亡产生的物质损失为：(1) 丧葬费15 427元；(2) 死亡赔偿金165 300元，合计180 727元。为赔偿事宜，原告曾于2008年8月5日以绍兴县、市公安局交警部门未能正视现实，作出的认定不公正为由诉至本院，要求处理交通事故相关损失。本院于2008年10月27日判决驳回了原告的诉讼请求，原告于2008年12月22日以被告违章施工，导致本案事故发生，再次诉讼来院。

同时认定，本案事故地点西澜桥改建工程由被告承包施工，事发前，被告已拆除北边半座桥梁，剩下的半座桥仍允许车辆通行，被告在剩下桥面的北侧用砖砌筑了防护墙（无反光材料），在防护墙上还设置了钢管护栏，护栏上有红色警示灯，在桥的入口处有限速20公里/小时、限载15吨的交通标志。

上述事实有下列证据证明：

(1) 第200706028号“绍兴县公安局交通巡逻警察大队交通事故认定书”1份；

(2) 绍市公肇复字（2007）第005号“道路交通事故认定复核意见书”1份；

(3) 结婚证1本；

(4) 户口簿1本；

(5) 门诊病历1本；

(6) 死亡鉴定结论书1份；

(7) 死亡医学证明书1份；

(8) 交通事故死、伤者家庭成员登记表1份；

(9) 本院（2008）绍民一初字第3957号民事判决书一份；

(10) 本院根据被告申请向绍兴县公安局交通巡逻警察大队调取的本案交通事故现场示意图一份；

(11) 现场照片10份；

(12) 询问朱连亚笔录1份；

(13) 当事人在庭审中所作的陈述。

3. 一审判案理由

浙江省绍兴县人民法院经审理认为：《中华人民共和国民法通则》第一百二十五条规定："在公共场所、道旁或者通道上挖坑、修缮安装地下设施等，没有设置明显标志和采取安全措施造成他人损害的，施工人应当承担民事责任。"本案事故发生于被告正在施工的钱陶线皇甫庄村地段西澜桥地方，原告根据上述法律规定要求被告承担施工人的民事责任，故本案纠纷性质为特殊侵权纠纷，适用过错推定原则，即在原告能够举证证明损害事实、被告存在违法行为和受害者朱其雷死亡与被告没有设置警示标志和采取安全措施有因果关系这三个要件的情况下，如果被告不能证明损害的发生自己没有过错，那么就从损害事实本身推定被告在致人损害的行为中有过错，并为此承担赔偿责任。综合庭审中原、被告提供的证据可以确认，造成受害者朱其雷死亡的原因有三：一是原告朱连亚驾驶变型拖拉机驶上被告正在施工的西澜桥后，因对方来车大灯照得他看不清楚路，朱连亚采取措施不当，往右打方向，导致车辆撞掉被告砌筑的防护砖墙，跌落到桥下地面；二是朱连亚驶上桥面后，一辆身份不明的来车未依法变换灯光，用大灯照得朱连亚看不清楚路；三是被告砌筑的防护墙不够牢固，且无反光材料，光线又暗，这也是导致本次事故发生的一个因素，但将以上三个因素对事故所起作用及原因力进行比较，朱连亚驾驶载人超过核定人数的机动车遇对方来车时观察、防范疏忽，未确保安全将车驶入桥下，显然是本案事故发生的一个主要因素，这一点亦为公安机关交通管理部门作出的事故认定书所证实，不容置疑；另外，对方来车违法使用灯光，用大灯照得朱连亚看不清楚路况，亦是本案事故发生的一个因素，但因对方来车身份不明，无法追究其责任，依法只能由原告自行承担；当然，被告设置的防护墙不够坚实、牢固，防护墙未按规定涂刷反光材料，桥上灯光又暗，采取的安全措施确有不足之处，这些瑕疵的存在与上述两个因素又偶然结合在一起，导致本案事故的发生，故被告采取安全措施不到位与本案事故的发生有一定的关联性，依法应承担与其过错相当的民事责任，但从被告的过错程度来看，毕竟是次要的，故本院认为由被告承担原告损失的20%为宜。原告诉称本案损害事故的发生完全是由于被告未设置警示标志和采取安全措施所致，与公安机关交通管理部门作出的事故认定书及被告举证的公安机关拍摄的现场照片、询问朱连亚的笔录所反映的情况不符，本院不予采纳。被告所持抗辩理由认为，自己在施工地段设置的警示标志已经达到了警示的目的，采取的安全防范措施也已到位，没有不当之处，不用承担任何责任。对此，本院认为，综观本案事实，被告在施工地段虽采取了一定的安全措施，但采取的安全措施不符合规范也是不争的事实，依法应当承担与其过错程度相当的民事责任，被告该项抗辩理由，与法不符，本院难以采纳。另外，需要说明的是，被告在施工桥头设置的限速、限载标志并非警示标志，而是交通标志，但因本案交通事故是朱连亚驾车已驶上西澜桥以后发生的，故被告是否设立警示标志与本案事故发生无因果关系，不能作为确定被告过错的一个因素加以考虑。

同时应该看到，两原告因朱其雷死亡所遭受的精神痛苦是可想而知的，必须给予一定的抚慰和赔偿，具体数额本院根据侵权人的过错程度、侵权行为所造成的结果、侵权人承担责任的经济能力等因素酌定。原告要求赔偿10万元，显然过高，对过高部分本院不予支持。

4. 一审定案结论

浙江省绍兴县人民法院依照《中华人民共和国民法通则》第五条、第一百零六条第二款、第一百二十五条、第一百三十一条，《最高人民法院关于审理人身损害赔偿案件适用法律若干问题的解释》第十七条第三款、第十八条第一款，《最高人民法院关于确定民事侵权精神损害赔偿责任若干问题的解释》第十条之规定，作出如下判决：

（1）原告朱连亚、秦大玲因受害者朱其雷死亡产生的丧葬费、死亡赔偿金，合计180 727元，由被告杭州路达公路工程总公司赔偿20%计36 145.40元；

（2）被告杭州路达公路工程总公司应赔偿朱连亚、秦大玲精神损害抚慰金5 000元；

（3）驳回原告朱连亚、秦大玲的其他诉讼请求。

上述一、二项合计，被告应赔偿给两原告41 145.40元，款限于本判决生效后10日内履行完毕。

本案受理费5 511元（缓交），减半收取2 755.50元，由两原告负担2 351.50元，被告负担404元，均限于本判决生效后7日内向本院交纳。

（三）二审诉辩主张

1. 上诉人路达工程公司诉称

（1）一审法院认定上诉人设置的防护墙不够坚实、牢靠，防护墙必须按规定涂刷反光材料，没有依据。上诉人按照指挥部规定设置了防护墙，墙上设置了红灯警示，这已符合《民法通则》第一百二十五条规定的设置警示标志和采取安全措施的要求。而事实上从事故现场和被上诉人的陈述来看，被上诉人事发前已经知道桥拆除一半。另外，上诉人设置的防护墙并非定要是铜墙铁壁，即使是正常通行的桥梁防护栏也经不起车辆冲撞。（2）一审法院也认定上诉人已设置了必要的警示标志，采取了必要的安全措施，被上诉人也明知桥梁的通行情况，将其车辆驶入了正常的桥梁部分。（3）交警部门出具的交通事故认定书认定被上诉人朱连亚承担事故全部责任，造成事故的原因系被上诉人朱连亚在夜间行驶中被对面来车大灯所照，驾驶员猛打方向而冲下桥，事故责任不在上诉人。综上，上诉人已尽到法律规定的必要的警示和安全措施，对事故不应承担任何责任，事故的责任应全部由被上诉人朱连亚承担。请求二审法院查明事实后撤销原判，依法改判。

2. 被上诉人朱连亚、秦大玲辩称

（1）防护设施顾名思义，必须具备防止和保护作用，因此要求防护设施具备一定高度和牢度合情合理，没有达到防护设施的要求给人造成损害的，理应承担民事责任。上诉人的防护设施只是平垒起六七块砖头的高度，并未设置明显标志和采取安全措施。施工地点桥的东、西、南环线便是危险区域，上诉人非但没有在东、西两端设立明显标志，而且南面一线亦未设立明显标志和安全措施。（2）朱连亚虽然上了桥面，不等于远离危险区域，因为桥仅剩一半的桥面宽度。上诉人又未按规定设立交通信号灯，或直接派人指挥，昼夜值班，故上诉人应对此承担民事责任。（3）交通事故责任认定，仅限于朱连亚、秦大玲、朱其雷3人，但交通事故的引起却与上诉人的违法行为有因果关系。综上，请求二审依法驳回上诉人的上诉请求，维持一审判决。

（四）二审事实和证据

浙江省绍兴市中级人民法院经审理，确认一审法院认定的事实和证据。

（五）二审判案理由

浙江省绍兴市中级人民法院经审理认为：本案属于地面、公共场所施工致人损害的特殊侵权纠纷。《中华人民共和国民法通则》规定了地面施工致人损害的责任，按照该条规定，赔偿义务人免责的条件是其举证证实已经设置明显标志并采取安全措施。设置明显标志并采取安全措施的标准应采用普通人的标准，即地面施工人设置明显标志并采取安全措施能为普通人在通常情况下避免伤害。同时在半座桥施工、另半座桥允许通行的情况下，作为施工人的上诉人负有高度的警示和安全防范义务，得采取足够的警示和安全防范措施。本案事故发生在深夜 11 时多，上诉人虽然在事发路段设置红色警示灯及防护墙和钢管护栏，但深夜施工地段光线暗淡，砖砌防护墙和钢管护栏又无反光材料，不够牢固，本院认为上诉人采取的上述措施不足以避免和防范普通人在通常情况下驾车经过该桥梁可能发生碰撞、失控而驶入桥下受伤的危险，因此，原审判决认定上诉人具有过失正确，本院予以维持。被上诉人朱连亚驾驶载人超过核定人数的机动车遇对方来车时观察、防范疏忽，未确保安全而将车驶入桥下，其行为存在重大过失，应承担主要民事责任并据此依法减轻侵权人的赔偿责任。原审综合本案实际情况，根据双方过失大小，适用过失相抵，确定上诉人承担 20%的赔偿责任，合法、有理，本院予以维持。上诉人认为应根据本案交通事故认定书确定的责任份额来确定双方的赔偿责任，对此，本院认为，根据《中华人民共和国道路交通安全法》第七十三条的规定，交通事故认定书是公安机关交通管理部门根据交通事故现场勘验、检查、调查情况和有关的检验、鉴定结论，及时制作作为处理交通事故的证据。可见，交通事故认定书只是证实事故发生的一份依据，属于事实认定的范畴，而不是民事赔偿责任份额确定的依据，民事赔偿责任应由人民法院根据事实和法律规定来确定。因此，上诉人提出的应按交警部门认定的事故责任确定本案赔偿责任及上诉人已设置警示标志和采取安全措施足以免责的上诉理由，缺乏事实和法律依据，本院不予支持。

（六）二审定案结论

浙江省绍兴市中级人民法院依照《中华人民共和国民事诉讼法》第一百五十三条第一款第（一）项之规定，作出如下判决：

驳回上诉，维持原判。

二审诉讼费用 5 511 元，由上诉人杭州路达公路工程总公司负担。

（七）解说

本案中，原、被告争议的焦点之一是：在交管部门已经认定朱连亚负事故全部责任的情况下，路达工程公司应否赔偿其所受的损失。在此，笔者将对交管部门作出的事故认定书的性质作出分析：

交管部门作出交通事故认定的目的在于解决当事人间因交通事故这一民事侵权行为而产生的损害赔偿纠纷。交通事故认定书主要起一个事实认定、事故成因分析的作用，是一个专业的技术性的分析结果。认定书具有证据效力，但不是进行损害赔偿的当然依据。

交通事故责任认定书在性质上是一种证据，但与物证、书证、勘验笔录等不同，是一种具有专门知识的人员根据一定的专业技能按照一定的原则和方法，通过分析与论证来确定当事人是否应当承担一定责任的过程。从《中华人民共和国民事诉讼法》第六十三条规定的证据类型来看，交通事故责任认定书既不同于鉴定结论，也不同于证人证言，因由公安机关制作，故应为公文书证，具有较高的证明效力。交通事故责任认定书起着三个方面的作用，其一便是作为交管部门对违章的当事人进行行政处罚的依据，也就是作为行政处罚的证据，此外，在交通肇事刑事案件与民事赔偿案件中，起着证明被告人是否有罪、赔偿义务人是否应当承担民事赔偿责任以及应当赔偿多少损失的证据作用。也就是说，交通事故责任认定作为三种不同责任领域的证据，分别起着不同的作用。但其合理性（以及合法性）是值得怀疑的：第一，这三种类型的诉讼中，其证据的形式、证据的收集程序、证明的目的、证据的要求、证明的标准等各方面都存在不同和差异，尽管很多证据可以同时作为这三种程序的证据使用，但交通事故责任认定书怎么能当然成为认定事实与承担责任的依据？事实上法院在审理交通事故案件时确实如此，只要有了交通事故责任认定书，一般都直接按照交通事故责任认定书的交通事故责任认定作出判决。

第二，交通事故认定书作为交管部门对违章当事人行政处罚的证据，应当是顺理成章的，但直接作为民事诉讼的责任承担依据及刑事责任的依据却与证据法基本理论不符，因为是否应当承担相应的责任以及应当赔偿多少损失，只能由人民法院依据相关的证据（包括道路交通事故责任认定书以及其他证据）经过分析后才能予以确定，这根本不是交管部门的职责范围。明确地说，交管部门根本就没有权力来作出这两个方面的认定。

第三，人民法院在审判中应对各类证据进行全面司法审查，交通事故责任认定对民事案件仅具有证据作用，当事人在道路交通事故损害赔偿调解或者诉讼中，可以就交通事故认定书作为证据的真实性、可靠性和科学性提出质疑，如果受害人能够提供机动车致害的证据，证明交通事故认定书存在错误，机动车方就应承担受害人有过错的举证责任，调解机关或者法院可以不采用这种证据。法院有权根据无过错责任原则审查、改变交管部门的责任认定，如果交通事故认定书存在错误，法院可不采用这种证据，而作出民事判决。

综上，笔者认为，法院在本案的处理中适用法律正确，责任分配恰当。

（浙江省绍兴县人民法院　周国鑫　申宁）

53. 钟有兰诉华安财产保险股份有限公司贵港中心支公司等道路交通事故人身损害赔偿案（无证驾驶致害的交强险责任）

（一）首部

1. 判决书字号

一审判决书：广西壮族自治区贵港市港北区人民法院（2009）民初字第58号。

二审判决书：广西壮族自治区贵港市中级人民法院（2009）民二终字第135号。

2. 案由：道路交通事故人身损害赔偿纠纷。

3. 诉讼双方

原告（被上诉人）：钟有兰，住贵港市城区。

委托代理人：陆瑞琪，正大五星律师事务所律师。

被告（上诉人）：华安财产保险股份有限公司贵港中心支公司，住所地：贵港市中山路交通稽查处。

负责人：李志斌，公司总经理。

委托代理人（一审）：苏春，公司员工。

委托代理人（二审）：黄开吉，华安财产保险股份有限公司广西分公司员工。

被告（被上诉人）：徐立存，住贵港市港南区。

被告（被上诉人）：覃德智，住贵港市港北区。

被告（被上诉人）：周杨凤，住址同上。

被告覃德智、周杨凤的共同委托代理人（一审）：马彬华，诚济律师事务所律师。

被告覃德智、周杨凤的共同委托代理人（二审）：朱绍欢，诚济律师事务所律师。

4. 审级：二审。

5. 审判机关和审判组织

一审法院：广西壮族自治区贵港市港北区人民法院。

独任审判人员：审判员：邓东庆。

二审法院：广西壮族自治区贵港市中级人民法院。

合议庭组成人员：审判长：马荣兴；审判员：李庚华、黄钰雄。

6. 审结时间

一审审结时间：2009年4月16日。

二审审结时间：2009年7月1日。

（二）一审情况

1．一审诉辩主张

（1）原告钟有兰诉称

2008 年 7 月 15 日，被告周杨凤驾驶桂 R11555 号微型普通货车（登记车主为覃德东，实际车主为覃德智）停在贵港市城区东湖市场路边时，被告徐立存见该车门没锁，车钥匙放在电门上，遂开动车辆。由于被告徐立存驾车时采取措施不当，将原告撞伤致当场昏迷。原告受伤后被送至医院抢救。交警部门认定被告徐立存负事故全部责任。原告于 2008 年 12 月 15 日出院，共住院 153 天。该事故造成原告各项经济损失为：医疗费 53 371.20元、误工费 10 355.04 元、护理费 10 355.04 元、交通费 1 000 元、住院伙食补助费 6 120 元、营养费 3 000 元、残疾赔偿金 146 400 元、后续治疗费 5 000 元、鉴定费 760 元、精神抚慰金 300 000 元。被告覃德智、周杨凤已经预支费用 26 500 元，尚有损失 235 601.04 元。原告认为，被告徐立存开车将其撞伤，应当予以赔偿。被告覃德智是实际车主，周杨凤使用车辆管理不善，致使被告徐立存趁机开车将人撞伤，与徐立存构成共同侵权。该车辆已在保险公司投保了交通事故责任强制保险，应由华安财产保险股份有限公司贵港中心支公司在保险赔偿责任限额内赔偿 120 000 元，超出部分，由被告徐立存、覃德智、周杨凤承担连带赔偿责任。

（2）被告华安财产保险股份有限公司贵港中心支公司（以下简称保险公司）辩称

被告徐立存未依法取得汽车类驾驶证而持 D 类驾驶证驾驶小货车，系未取得驾驶资格，其造成的交通事故不属交强险保险责任。请求驳回原告对保险公司的诉讼请求。

（3）被告徐立存辩称

因家庭困难，无力赔偿。

（4）被告覃德智、周杨凤辩称

1）本案发生交通事故的车辆是被告徐立存未经车主同意擅自发动的，在此情况下，被告覃德智、周杨凤与被告徐立存既无雇佣关系，也无委托关系，他们之间没有任何共同侵权的构成要件，因此，被告覃德智、周杨凤对原告造成的伤害不承担任何责任。2）原告要求赔偿的数额有一些项标准过高，请法庭酌情审核。虽然本案与被告覃德智、周杨凤没有任何关系，但出于人道主义，已经向原告支付了两万六千多元。

2．一审事实和证据

广西壮族自治区贵港市港北区人民法院经公开审理查明：2008 年 7 月 15 日 5 时 45 分，被告覃德智所有的桂 R11555 号微型普通货车停在贵港市城区东湖市场路边，车门没锁，车钥匙插在电门上，被告徐立存遂开动该车，沿该路由南往北行驶，当行驶至贵港市江北大道东湖市场门口南侧非机动车道内时，发现同向步行在前方的原告，由于慌张，采取措施不当，其驾驶的车辆失控，碰撞到原告后撞到路边花圃停下，原告当场受伤倒地。原告被送往医院抢救，经诊断为：重型颅脑损伤，脑挫裂伤出血，蛛网膜下腔出血，颅底骨折，头皮挫伤，有颧骨骨折，右锁骨骨折。经治疗，原告于 2008 年 12 月 15 日出院，共住院 153 天。交警部门认定被告徐立存负本次事故的全部责任；原告不负事故责任。被告徐立存由于犯交通肇事罪，被依法判处有期徒刑 1 年。原告的伤势经司法鉴定为构成五级伤残。事故发生后，被告徐立存支付了原告费用 1 000 元；被告覃德智、周杨凤支付了 26 500 元。

原告自 2005 年 2 月开始在城区居住并在东湖公园市场经营干杂货、青菜生意。被告覃德智与被告周杨凤系夫妻关系。

事故车辆桂 R11555 号货车在被告保险公司处投保机动车强制险。

原告的损失经本院核实为：医疗费 53 371.20 元、误工费 6 750.02 元（16 403 元/年÷365 天×153 天）、护理费 6 750.02 元（16 103 元/年÷365 天×153 天）、住院伙食补助费 6 120 元（40 元/天×153 天）、残疾赔偿金 146 400 元（12 200 元/年×20 年×60%）、鉴定费 760 元。对于交通费本院根据案件实际酌定支持 500 元。对于原告提出的 300 000 元的精神抚慰金的请求，本院根据原告的具体情况酌定支持 20 000 元。对于营养费，由于没有相关的证明，本院不予认定。对于后续治疗费，因尚未产生，原告可待费用实际产生之后另行起诉。以上损失共计 240 651.24 元。

上述事实有下列证据证明：

（1）交通事故责任认定书。

（2）医疗证明、医疗费收据。

（3）工作证明。

（4）保险合同。

（5）当事人陈述。

3. 一审判案理由

广西壮族自治区贵港市港北区人民法院经审理认为：本案所涉及的交通事故系被告徐立存未经车主即被告覃德智同意无证驾驶且行驶违章造成，交警部门所作出的责任认定符合客观事实，定性准确，予以采信。被告徐立存应当对事故的发生承担责任。原告诉讼请求合理的部分本院予以支持，被告徐立存应根据事故责任相应地承担赔偿责任。被告覃德智、周杨凤对于该车存在管理不善的责任，致使车辆被人偷开发生交通事故，应该对原告的损失承担一定的赔偿责任。鉴于两被告在事故发生后已经支付了原告 26 500 元，故该款项可视为两被告支付给原告的赔偿款。原告的损失以本院核实的为准，计 240 651.24 元。扣除被告覃德智、周杨凤支付的 26 500 元，剩余损失 214 151.24 元应由被告徐立存赔偿。肇事车辆桂 R11555 号微型普通货车在被告保险公司投保强制险及商业险，故保险公司应该按规定在强制险赔偿限额内予以赔偿，不足部分由被告徐立存赔偿。被告保险公司提出被告徐立存无证驾驶车辆造成交通事故不属于保险赔偿范围。经查，保险合同对无证驾驶的行为只是对保险公司垫付的责任的约定，并非属免责，因此保险公司的此项抗辩不成立，不予支持；至于被告方提出的原告的身份及职业的异议，经核实情况与原告自称的相符，故被告方的抗辩理由不成立，不予采信。

4. 一审定案结论

广西壮族自治区港北市人民法院依照《中华人民共和国交通安全法》第七十六条，《最高人民法院关于审理人身损害赔偿案件适用法律若干问题的解释》第十七条、第十八条、第十九条、第二十条、第二十一条、第二十二条、第二十三条、第二十四条、第二十五条，《最高人民法院关于确定民事侵权精神损害赔偿责任若干问题的解释》第八条第二款、第十条之规定，作出如下判决：

（1）被告华安财产保险股份有限公司贵港中心支公司在交强险的赔偿限额内赔偿原告钟有兰经济损失 120 000 元。

（2）被告徐立存赔偿原告钟有兰经济损失 94 151.24 元（被告徐立存已经支付的 1 000 元应予冲抵）。

（3）被告覃德智、周杨凤赔偿原告钟有兰经济损失 26 500 元（该款已支付）。

（4）驳回原告钟有兰的其他诉讼请求。

本案受理费 2 648 元，由原告钟有兰负担 100 元，被告徐立存负担 2 548 元。

（三）二审诉辩主张

1. 上诉人保险公司诉称

（1）一审对案件事实认定错误，适用法律不当。被上诉人徐立存未依法取得汽车类驾驶证而持 D 证类驾驶证驾驶小货车，实际是无驾驶资格，其造成的交通事故不属交强险保险责任，上诉人不负赔偿责任。（2）根据《机动车交通事故责任强制保险条例》第二十二条、第九条的规定，未取得驾驶资格而造成第三者损失的，保险人除在医疗费赔偿限额内垫付抢救费用外，对于其他损失不负责垫付的赔偿。被上诉人徐立存未取得汽车资格驾驶证，未经投保人同意，擅自驾驶被保险货车，导致受害人受伤的交通事故，根据保险条例的规定，应由徐立存承担赔偿责任，上诉人不应承担赔偿责任。请二审撤销一审判决中的第一项，维护上诉人的合法权益。

2. 被上诉人钟有兰、覃德智、周杨凤辩称

一审判决正确，请二审驳回上诉人的上诉请求。

3. 被上诉人徐立存未作答辩。

（四）二审事实和证据

广西壮族自治区贵港市中级人民法院经审理，确认一审法院认定的事实和证据。

（五）二审判案理由

广西壮族自治区贵港市中级人民法院经审理认为：徐立存无汽车类驾驶证擅自偷开覃德智所有的小汽车且违章造成钟有兰受伤的交通事故，经交警部门认定由其负全部责任、钟有兰不负责任的认定正确，予以采信。一审判决认定钟有兰因本案事故造成的经济损失 240 651.24 元正确，且各方当事人均无异议，予以确认。《中华人民共和国道路交通安全法》第七十六条第一款规定“机动车发生交通事故造成人身伤亡、财产损失的，由保险公司在机动车第三者责任强制保险责任范围内予以赔偿”，《机动车交通事故责任强制保险条例》第二十二条规定，“有下列情形之一的，保险公司在机动车交通事故责任强制保险限额范围内垫付抢救费用，并有权向致害人追偿：（一）驾驶人未取得驾驶资格或者醉酒的；

（二）被保险机动车被盗抢期间肇事的；（三）被保险人故意制造道路交通事故的。有前款所列情形之一，发生道路交通事故的，造成受害人的财产损失，保险公司不承担赔偿责任”。《机动车交通事故责任强制保险条款》第九条也作了相应规定，同时该条款第十条对责任的免除也作了规定。而本案钟有兰请求赔偿的损失，并非财产损失，也不属于保险公司责任免除的范围。因此，上诉人以徐立存无证驾驶作为免责的理由不能成立，依法不予支持。

（六）二审定案结论

广西壮族自治区贵港市中级人民法院依照《中华人民共和国民事诉讼法》第一百五十三条第一款第（一）项之规定，作出如下判决：

驳回上诉，维持原判。

二审受理费 2 700 元，由华安财产保险股份有限公司贵港中心支公司负担。

（七）解说

本案当事人争议的焦点主要是：无证驾驶是否为交强险免责的理由？当前审判实践中对这一问题没有统一的意见。笔者认为，司机无证驾驶肇事，保险公司在交强险保险限额内仍应赔偿。

从交强险的设立宗旨来看，交强险制度的立法精神和价值取向是，由法律明确规定将本该由肇事个体承担的赔偿责任扩大到社会保险机制中去分担，以使受害人获得有效、及时的医疗救助，不因致害人的赔偿能力低而丧失抢救良机和赔偿；同时减少肇事方的经济负担，充分发挥保险的社会保障功能。如果因致害人有过错，保险公司就能免除交强险责任，不利于保护受害人的合法权益，也不合交强险的设立宗旨。

从相关法律规定来看：

《中华人民共和国道路交通安全法》（以下简称《道路交通安全法》）第七十六条规定，“机动车发生交通事故造成人身伤亡、财产损失的，由保险公司在机动车第三者责任强制保险责任限额范围内予以赔偿；不足部分，按照下列规定承担赔偿责任……”

《道路交通安全法》第一百一十九条第（五）项规定：“交通事故”，是指车辆在道路上因过错或者意外造成的人身伤亡或者财产损失的事件。

《机动车交通事故责任强制保险条例》（以下简称《交强险条例》）第二十一条第一款规定：“被保险机动车发生道路交通事故造成本车人员、被保险人以外的受害人人身伤亡、财产损失的，由保险公司依法在机动车交通事故责任强制保险责任限额范围内予以赔偿。道路交通事故的损失是由受害人故意造成的，保险公司不予赔偿。”

《交强险条例》第二十二条规定：“有下列情形之一的，保险公司在机动车交通事故责任强制保险责任限额内垫付抢救费用，并有权向致害人追偿：（一）驾驶人未取得驾驶资格或者醉酒的；（二）被保险机动车被盗抢期间肇事的；（三）被保险人故意制造道路交通事故的。有前款所列情形之一，发生道路交通事故的，造成受害人的财产损失，保险公司不承担赔偿责任。”

《交强险条例》第三条规定："本条例所称机动车交通事故责任强制保险，是指由保险公司对被保险机动车发生道路交通事故造成本车人员、被保险人以外的受害人的人身伤亡、财产损失，在责任限额内予以赔偿的强制性责任保险。"

《机动车交通事故责任强制保险条款》(2008版)(以下简称《交强险条款》)中"垫付与追偿"部分的第九条规定："被保险机动车在本条(一)至(四)之一的情形下发生交通事故，造成受害人受伤需要抢救的……对于符合规定的抢救费用，保险人在医疗费用赔偿限额内垫付。被保险人在交通事故中无责任的，保险人在无责任医疗费用赔偿限额内垫付。对于其他损失和费用，保险人不负责垫付和赔偿。(一)驾驶人未取得驾驶资格的；(二)驾驶人醉酒的；(三)被保险机动车被盗抢期间肇事的；(四)被保险人故意制造交通事故的。对于垫付的抢救费用，保险人有权向致害人追偿。"

《交强险条款》中"责任免除"部分的第十条规定："下列损失和费用，交强险不负责赔偿和垫付：(一)因受害人故意造成的交通事故的损失；(二)被保险人所有的财产及被保险机动车上的财产遭受的损失；(三)被保险机动车发生交通事故，致使受害人停业、停驶、停电、停水、停气、停产、通讯或网络中断、数据丢失、电压变化等造成的损失以及受害人财产因市场价格变动造成的贬值、修理后因价值降低造成的损失等其他各种间接损失；(四)因交通事故产生的仲裁或者诉讼费用以及其他相关费用。"

全国人大常委会制定的《道路交通安全法》属法律，国务院制定的《交强险条例》是行政法规，中国保监会制定的《交强险条款》属部门规章，从法的效力来说，三者的效力依次降低，如果发生冲突，效力高的法优先适用。《道路交通安全法》第七十六条的规定以及《交强险条例》第二十一条规定的责任承担和免除均属强制性法律规定，也更能体现立法精神和法律价值，任何下位法和规定及当事人的约定均不得违反和排除适用，不能肆意扩大责任免除的范围。《道路交通安全法》未规定交强险责任免除的情形。《交强险条例》规定保险公司责任免除的情形有两种，即第二十一条第二款规定的"道路交通事故的损失是由受害人故意造成的"和第二十二条第一款规定无证驾驶、醉酒驾驶、机动车被盗抢、被保险人故意制造事故。《道路交通安全法》第七十六条、第一百一十九条第(五)项，《交强险条例》第三条、第二十一条第一款均明确提出了"人身伤亡"和"财产损失"的概念，二者是并列的。本案事故并不是受害人故意造成的，而且事故是造成原告"人身伤亡"，而不是"财产损失"，并不是法律、法规规定的交强险的免责情形。并且从《交强险条款》来看，该规章的免责条款中也并未规定无证驾驶这一情形。而《交强险条款》第九条虽然规定，有所列的几种情形(其中含无证驾驶)的，"对于符合规定的抢救费用，保险人在医疗费用赔偿限额内垫付。被保险人在交通事故中无责任的，保险人在无责任医疗费用赔偿限额内垫付。对于其他损失和费用，保险人不负责垫付和赔偿"。但该条是《交强险条款》中"垫付与追偿"部分的规定，涉及的内容也仅是对受害人受伤需要抢救的医疗费用的规定。与《交强险条款》第九条相对应的是《交强险条例》第二十二条的规定。《交强险条例》第二十二条的立法本意是确定保险公司对抢救费用的先行垫付义务，并赋予保险公司在所列几种情形(其中含无证驾驶)下的追偿权，并未规定所列的几种情形为交强险的免责事由。如保险公司不向受害人赔偿，就会出现机动车方在一般过失或无过失时发生交通事故，受害人都可基于法律的规定直接从保险公司获得赔偿，而机动车方在存在严重过错——无证驾驶等情形下致人损害，受害人却不能从保险公司获得赔偿，这显然违背交强险的设立本意。《交强险条例》是《交强险条款》设立的依据之一，因此必须要根据《交强险条例》第二十二条的立法本意来理解《交强险条款》第九条的规定。并且，如果理解《交强险条款》第九条规定的“对于其他损失和费用，保险人不负责垫付和赔偿”的意思为：交强险对该条规定的几种情形仅垫付受害人医疗费，不垫付和赔偿其他损失和费用，那么，《交强险条款》的该条规定则扩大了其制定依据和效力更高的《道路交通安全法》、《交强险条例》关于责任免除的范围，是无效的。

综上，笔者认为，本案中，受害人在交通事故中因人身伤害遭受的损失，交强险不能免赔，一审、二审法院的判决是正确的。

（广西壮族自治区贵港市港北区人民法院　梁涛）

54. 沙志存等诉王可军等道路交通事故人身损害赔偿纠纷案（多人伤亡下的交强险分配原则）

（一）首部

1. 判决书字号

一审判决书：浙江省宁波市北仑区人民法院（2009）甬仑民初字第465号。

2. 案由：道路交通事故人身损害赔偿纠纷。

3. 诉讼双方

原告：沙志存，男，汉族，住浙江省宁波市鄞州区。

原告：陈爱娣，女，汉族，住址同上。

原告：朱红亚，女，汉族，住址同上。

原告：沙富达，男，汉族，住址同上。

法定代理人：朱红亚（即上列原告）。

上列四原告委托代理人：沈际伟，浙江凡心律师事务所律师。

被告：王可军，男，汉族，住浙江省宁波市鄞州区。

委托代理人：宋强，浙江导司律师事务所律帅。

被告：陆远梅，女，汉族，住浙江省宁波市鄞州区。

被告：周杰，男，汉族，住址同上。

法定代理人：陆远梅（即上列被告）。

被告：周如青，男，汉族，住浙江省宁波市鄞州区。

被告：周静妹，女，汉族，住址同上。

被告：中华联合财产保险股份有限公司宁波市鄞州支公司，住所地：浙江省宁波市鄞州区麦德龙路。

法定代表人：谢武海，公司总经理。

委托代理人：竺浩兴，浙江康派律师事务所律师。

委托代理人：戎奇寅，浙江康派律师事务所律师。

被告：王同军，男，汉族，住浙江省宁波市鄞州区。

委托代理人：宋强，浙江导司律师事务所律师。

4. 审级：一审。

5. 审判机关和审判组织

审判机关：浙江省宁波市北仑区人民法院。

独任审判人员：审判员：吴希松。

6. 审结时间：2009 年 5 月 12 日。

（二）诉辩主张

1. 原告沙志存等诉称

2008 年 11 月 1 日 16 时 25 分许，被告王可军驾驶浙 B/Y3598 号江铃轻型普通货车沿 329 国道自南往北行驶至 205 公里＋900 米的地方与迎向由周亚达驾驶的浙 B/GB675 号奇瑞轿车交会时发生碰撞，致使周亚达及浙 B/GB675 号轿车上乘客沙建君等死亡的交通事故。本起事故经交警部门认定，应由周亚达与被告王可军各负事故同等责任，沙建君不承担事故责任。原告方认为，因周亚达在事故中死亡，故其民事责任由其继承人承担，被告王同军自愿为被告王可军应负民事责任（含连带责任部分）提供担保，故也应承担担保责任。原告方因本次事故所遭受的损失有：死亡赔偿金 446 140 元、丧葬费 13 524.50 元、被扶养人生活费 34 802.50 元、交通费 481 元、家属处理事故误工费 2 223 元、衣物损失1 000元，共计 498 171 元。因双方协商未果，故诉至法院。原告的诉讼请求为：被告中华联合鄞州支公司在交强险限额内承担赔偿责任，超出限额部分由其余被告连带赔偿，扣除被告王可军已赔付的 50 000 元，本案被告尚应赔偿原告 448 171 元。

2. 被告王可军、王同军辩称

死者系农业户口，同时原告提供的证明也不能反映死者的土地被全部征用，故应按农村居民的相关标准计算死亡赔偿金及被扶养人生活费；对原告主张的丧葬费无异议；对原告主张的交通费、衣物损失及误工费请法院依法认定。另被告王可军已赔偿给原告方 50 000 元。

3. 被告陆远梅、周杰未作答辩。

4. 被告周如青、周静妹辩称

（1）在本起事故中两被告的儿子周亚达系正常行驶，事故是被告王可军超车所引起的，故被告王可军的责任较大；（2）现在两被告的儿子周亚达死了，媳妇也出走了，留下来的孙子需要人来抚养，请法院依法处理。

5. 被告中华联合鄞州支公司辩称

（1）被告王可军所驾驶的车辆在我公司投保有交强险，我公司也愿意在交强险的限额内承担赔偿责任，但因本起事故造成 3 人死亡，故我公司认为应按 3 人平均分配较为合理；（2）从现有证据来看，死者沙建君的土地是否全部征用需要核实，故对死亡赔偿金及被扶养人生活费请法院在核实后依法认定；对交通费、误工费及财物损失等请法院酌情认定。

（三）事实和证据

浙江省宁波市北仑区人民法院经公开审理查明：2008 年 11 月 1 日 16 时 25 分许，被告王可军驾驶浙 B/Y3598 号轻型普通货车沿 329 线自南往北行驶至 329 线 205 公里＋900 米地方与迎向由周亚达驾驶的浙 B/GB675 号轿车交会时发生碰撞，致使周亚达及浙 B/GB675 号轿车上乘客华林军、沙建君死亡的交通事故。经交警部门认定，应由周亚达与被告王可军负事故同等责任，沙建君及华林军不承担事故责任。另查明，原告沙志存、陈爱娣、朱红亚、沙富达分别为沙建君的父、母、妻子及儿子，被告周如青、周静妹、陆远梅、周杰分别为周亚达的父、母、妻子及儿子，被告王可军所有的浙 B/Y3598 号轻型普通货车在被告中华联合鄞州支公司投保有交强险。2009 年 1 月 20 日，被告王同军自愿为被告王可军的交通事故的赔偿责任提供担保，在担保书明确“担保人愿为王可军的赔偿责任（含判决书确定的连带责任部分）提供担保”。原告方在本次事故中的损失有：死亡赔偿金 446 140 元、被扶养人生活费 34 802.50 元、丧葬费 13 524.50 元、交通费 481 元、误工费 1 000 元、衣物损失 500 元，合计 496 448 元，其中被告王可军已赔付给原告方 50 000 元。

上述事实有下列证据证明：

1. 第 2008A00121 号交通事故认定书 1 份。
2. 宁波北仑区宗瑞医院门诊病历、户籍证明、火化证明各 1 份。
3. 被征地人员花名册及证明各 1 份。
4. 近亲属情况登记表及结婚证各 1 份。
5. 交通费发票粘贴件 2 份。
6. 担保书 1 份。
7. 被告中华联合鄞州支公司申请本院调查所获取的调查笔录 1 份。

（四）判案理由

浙江省宁波市北仑区人民法院经审理认为：本起事故系机动车之间发生的交通事故，事故造成人身伤亡、财产损失的，应由保险公司在交强险的限额内先行赔偿，因本起事故造成被保险车辆以外的 3 人死亡，而交强险赔付限额是对一次事故的赔偿额度，故本院根据事故的损害后果，结合当事人的陈述，认定由被告中华联合鄞州支公司在交强险限额内赔偿原告方损失 37 167 元（其中死亡赔偿为 36 667 元、财物损失 500 元）。超出限额部分由机动车各方根据其过错程度承担相应的赔偿责任。本院结合被告王可军及另一机动车驾驶员周亚达的交通违法行为认定由双方对交强险外的损失各承担 50％的赔偿责任，同时因本起事故的损害后果系双方的侵权行为直接结合所致，构成共同侵权，双方应互负连带责任。另因周亚达已在事故中死亡，且其第一顺序继承人并未明示放弃遗产继承，故周亚达应承担的赔偿责任由其继承人即被告周如青、周静妹、陆远梅、周杰在继承遗产的范围内予以清偿。被告王同军自愿为被告王可军的赔偿责任（含连带责任部分）提供担保，原告方据此主张由被告王同军承担连带责任的诉请，理由正当，本院予以支持。被告陆远梅经本院传票传唤，无正当理由拒不到庭，依法缺席判决。

（五）定案结论

浙江省宁波市北仑区人民法院依照《中华人民共和国民事诉讼法》第一百三十条，《中华人民共和国民法通则》第一百一十九条、第一百三十条，《中华人民共和国道路交通安全法》第七十六条，《中华人民共和国继承法》第三十三条，《最高人民法院关于审理人身损害赔偿案件适用法律若干问题的解释》第十七条、第二十条、第二十二条、第二十七条、第二十八条、第二十九条之规定，作出如下判决：

1. 被告中华联合财产保险股份有限公司宁波市鄞州支公司应在交强险限额内赔偿原告沙志存、陈爱娣、朱红亚、沙富达死亡赔偿金及财物损失等计 37 167 元。

2. 被告王可军应赔偿原告沙志存、陈爱娣、朱红亚、沙富达死亡赔偿金、被扶养人生活费、丧葬费、交通费及误工费计 229 640.50 元，扣除被告已赔付的款项 50 000 元，尚应赔偿原告方 179 640.50 元。

3. 被告周如青、周静妹、陆远梅、周杰应在继承周亚达遗产范围内赔偿原告沙志存、陈爱娣、朱红亚、沙富达死亡赔偿金、被扶养人生活费、丧葬费、交通费及误工费计 229 640.50 元。

上列被告方应付款项，限于本判决生效后 7 日内付清。

4. 被告王可军与被告周如青、周静妹、陆远梅、周杰对原告方交强险外的损失赔偿互负连带责任（其中被告周如青、周静妹、陆远梅、周杰的赔偿责任以周亚达的遗产为限，被告王可军对原告方交强险外的所有损失负连带责任）。

5. 被告王同军对被告王可军的赔偿责任及应承担的连带责任负连带责任。

一审宣判后，双方当事人均未上诉，一审判决已经发生法律效力。

（六）解说

这是一起典型的造成多人死亡的交通事故，涉及多人伤亡情况下交强险赔偿限额分配问题。我国目前的机动车交通事故责任强制保险实行的是按每一投保车辆为单位计算赔偿限额的赔付方式，具体到本案，就发生交强险内多名受害人赔付不足的情况。通常在肇事者另外投有商业险或有很好执行能力的情况下，交强险赔偿限额分配存在的问题相对不大，但在应该赔偿的一方赔付能力欠缺的时候，交强险赔偿限额的分配则显得尤为重要。对于交强险赔偿限额如何分配的问题，笔者考虑以下几种分配方案：

第一种方案是平均分配，即在查清事故造成几人受伤的基础上，将交强险赔偿限额平均分配给受害者，而不考虑他们个人的伤势轻重情况。这种方案可能带来的潜在问题是，如果其中某些当事人与肇事者一方就交强险赔偿达成合意，而另一些受害者起诉到法院，要求法院处理，那么法院审查的范围是否包括未诉至法院但又已对交强险赔偿私下达成合意的其他受害者的分配情况，从而带来民事合意与法院判决孰者优先的问题。

第二种方案则是按最后应得赔偿款的比例分配。这种情况下，只有当全部受害人的案件一起处理完之后，才能得出结论。如同一事故造成多人伤亡，部分受害人起诉到法院，法官在不能确定有多少受害人时、其他受害人没有治疗终结时、不能确定所有受害人应得交强险赔付数额时，都只能中止审理，寻找并通知其他受害人，等待所有受害人都诉讼至法院才能继续审理案件，导致受害人权益得不到基本保障，也不能及时、有效处理案件。

《交强险理赔实务规程（2008版）》第四节指出，“被保险机动车交强险对某一受害人分项损失的赔偿金额＝交强险分项”×[事故中某一受害人的分项核定损失承担金额/(∑各受害人分项核定损失承担金额)]。由此可见，需要按损失比例预留，那么案件也必须等待伤者治疗终结、评残之后才能处理，中止诉讼的时间不能确定。结合上述规定及上述两种方案存在的问题，通常实践中的一般做法为：在基本查清交通事故发生经过及责任认定的基础上，努力说服事故中伤势较轻的人放弃其交强险赔付限额中应得部分，另外催促还在治疗当中的人尽快立案处理，可给予其一定的期限，过期不来处理的，不予保留交强险赔付份额，同时对已经立案的中止审理。其实，这也是现实中的无奈之举，是法律规定同现实可行性妥协后作出的一种相对能接受的做法。多位受害者参与一份交强险赔付份额的分配，基本保障便无以谈起。

其实这同交强险的无过失保险性质不无关系，这种性质决定了其赔偿限额计算方式的特殊性，即交强险责任限额计算以每车为计算单位，例如2008年《中国保监会关于调整交强险责任限额的公告》规定，“被保险机动车在道路交通事故中有责任的赔偿限额为：死亡伤残赔偿限额110 000元人民币；医疗费用赔偿限额10 000元人民币；财产损失赔偿限额2 000元人民币”。该计算方法是一车造成多人伤亡时受害人权益无法得到基本保障的始作俑者。而在机动车强制险上同样采取无过失保险制度的我国台湾地区，现行有效的“强制汽车责任保险给付标准”（“行政院金融监督管理委员会”颁行），就是按照每一车祸每一受害人的标准计算限额的。例如受害人在交通事故中受伤，则“每一受害人每一事故之伤害医疗费用给付总额，以新台币二十万元为限”；受害人在交通事故中死亡，则“其死亡给付为每一人新台币一百五十万元”①。只有从确保道路交通事故每一受害人得到基本保障出发，才能实现交强险的立法目的。它山之石，可以攻玉。我国台湾地区以每一受害人为交强险责任限额计算单位的做法一定程度上更能实现对每一受害人的平等基本保障，因而，这种做法是值得我们思考和借鉴的。

（浙江省宁波市北仑区人民法院　吴希松　王群）

① 朱凡：《多人伤亡下交强险分配的困境及修法对策》，载《西南金融》，2009（3）。

55. 陈朝英等诉北京陆峰达客运有限公司等道路交通事故人身损害赔偿案（刑事案件中的精神损害赔偿）

（一）首部

1. 判决书字号：北京市平谷区人民法院（2009）平民初字第04964号。
2. 案由：道路交通事故人身损害赔偿纠纷。
3. 诉讼双方

原告：陈朝英，女，汉族，农民，住北京市平谷区。
原告：陈朝兰，女，汉族，农民，住北京市平谷区。
原告：陈朝付，男，汉族，农民，住址同上。
原告：陈朝珍，女，汉族，农民，住址同上。
共同委托代理人：张贵忠，北京市平谷区平谷镇居民。
共同委托代理人：陈常利，农民，住北京市平谷区，系原告陈朝付之子。
被告：许晓君，男，汉族，农民，住北京市平谷区。
委托代理人：许增合，农民，住址同上，系许晓君之父。
被告：北京陆峰达客运有限公司（以下简称陆峰达公司）。
法定代表人：景小京，公司经理。
委托代理人：张进友，公司职员。
委托代理人：王振三，北京市时雨律师事务所律师。
被告：阳光财产保险股份有限公司北京分公司（以下简称阳光财保北京分公司）。
负责人：张建新，公司副总经理。
委托代理人：郭浩，公司职员。

4. 审级：一审。
5. 审判机关和审判组织

审判机关：北京市平谷区人民法院。
独任审判人员：代理审判员：王雁。

6. 审结时间：2009年11月19日。

（二）诉辩主张

1. 原告陈朝英等诉称

2009 年 4 月 2 日 6 时 40 分，被告许晓君驾驶被告陆峰达公司所有的中型普通客车，在平程路 18 公里＋600 米处与原告 4 人之弟陈朝海驾驶的电动三轮车相撞，造成两车均损坏、陈朝海死亡的交通事故。经北京市公安局平谷分局交通支队（以下简称平谷交通支队）处理认定，被告许晓君负此次事故的全部责任。此次事故造成原告四人各项经济损失共计 278 467.50 元，其中医疗费 270 元、死亡赔偿金 214 940 元、丧葬费 22 357.50 元、精神损害抚慰金 60 000 元、处理丧葬事宜交通费 300 元、误工费 600 元；被告陆峰达公司已支付 20 000 元。因被告陆峰达公司的肇事车辆在被告阳光财保北京分公司处投保了机动车交通事故责任强制保险，故要求被告阳光财保北京分公司在此保险责任限额范围内对我方遭受的上述损失承担赔偿责任；超出保险责任限额部分的损失，要求由被告许晓君与被告陆峰达公司承担连带赔偿责任。

2. 被告许晓君辩称

我驾驶被告陆峰达公司所有的中型普通客车与陈朝海驾驶的电动三轮车发生交通事故后致陈朝海死亡属实。因我系被告陆峰达公司的雇佣司机，且在此次事故发生后已承担刑事责任，故不同意原告 4 人要求我与被告陆峰达公司连带承担保险责任限额范围外损失的赔偿责任。

3. 被告陆峰达公司辩称

被告许晓君驾驶我公司所有的中型普通客车与陈朝海驾驶的电动三轮车发生交通事故后致陈朝海死亡属实。因我公司的肇事车辆在被告阳光财保北京分公司处投保了机动车交通事故责任强制保险，故应由被告阳光财保北京分公司在此保险责任限额范围内承担赔偿责任；超出保险责任限额部分的损失，我公司同意承担赔偿责任。此外，原告 4 人主张的误工费和交通费应属于丧葬费范围内；另因被告许晓君已负刑事责任，故原告 4 人主张精神损害抚慰金的诉讼请求于法无据，不应予以赔偿。

4. 被告阳光财保北京分公司的答辩意见与被告陆峰达公司一致。

（三）事实和证据

北京市平谷区人民法院经公开审理查明：2009 年 4 月 2 日 6 时 40 分，被告许晓君驾驶被告陆峰达公司所有的绿色长安牌中型普通客车（车牌号为京 GGM523）由南向北行驶至北京市平谷区平程路 18 公里＋600 米处（老泉口村弯道处）时，适遇原告 4 人之弟陈朝海驾驶其所有的蓝色威尔斯牌电动三轮车（无号牌）由北向南行驶至此，被告许晓君驾驶车辆的左前部与陈朝海车辆的前部相接触，造成两车均损坏、陈朝海当场死亡的交通事故。2009 年 4 月 10 日，北京市公安局平谷分局物证鉴定所出具尸体检验鉴定书，认定陈朝海尸表情况符合交通事故所致颅脑损伤合并失血性休克死亡的尸表征象。经平谷交通支队勘查处理，认定被告许晓君因越过施划有禁止穿越的道路中心线与道路上的其他车辆发生交通事故，故负此次事故的全部责任，陈朝海无责任。2009 年 7 月 2 日，北京市平谷区人民法院判决被告许晓君犯交通肇事罪，判处其有期徒刑 10 个月，现该判决书已发生法律效力。事故发生后，被告陆峰达公司向原告 4 人支付赔偿费用共计 2 万元。

另查明：死者陈朝海于 1955 年 6 月 8 日出生，生前系熊儿寨乡老泉口村农民，其无父母，亦无妻子、儿女，原告4人系其兄姐。被告许晓君系被告陆峰达公司的雇佣司机，其于从事客运工作途中发生此次交通事故。被告陆峰达公司所有的肇事车辆在被告阳光财保北京分公司处投保了机动车交通事故责任强制保险，保险限额（有责赔付）为12.2万元。保险期间自2008年4月30日零时起至2009年4月29日24时止。因被告三方均未对原告4人在此次事故中遭受的其他经济损失进行赔偿，故原告4人诉至本院，要求被告三方赔偿其经济损失共计278 467.50元，其中要求被告阳光财保北京分公司在机动车交通事故责任强制保险责任限额范围内承担赔偿责任；超出保险责任限额部分的损失，要求由被告许晓君与被告陆峰达公司承担连带赔偿责任。被告许晓君不同意原告4人的诉讼请求；被告陆峰达公司与被告阳光财保北京分公司各不完全同意原告4人的诉讼请求。

庭审过程中，原告4人均未能提交因办理丧葬事宜产生的交通费及误工费的相关证据。

经本院核实确认，此次交通事故给原告4人造成如下经济损失：医疗费270元、死亡赔偿金214 940元、丧葬费22 357.50元、办理丧葬事宜支出的交通费200元、误工费200元，共计237 967.50元；其中被告陆峰达公司支付赔偿费用2万元。

上述事实有下列证据证明：

1. 到庭当事人的陈述。
2. 原告4人提交的交通事故认定书。
3. 原告4人提交的火化证复印件。
4. 原告4人提交的救护车收费专用收据、医疗急诊收费专用收据。
5. 原告4人提交的户口簿复印件、村委会证明、派出所证明。
6. 原告4人提交的（2009）平刑初字第197号刑事判决书副本原件。
7. 被告鑫通顺公司提交的机动车交通事故责任强制保险单复印件。
8. 被告陆峰达公司提交的机动车交通事故责任强制保险单正本复印件。
9. 被告陆峰达公司提交的经济赔偿执行凭证复印件。
10. 本院依法调取的北京市公安局平谷分局刑事侦查卷宗部分材料复印件。

（四）判案理由

北京市平谷区人民法院经审理认为：公民的人身权利受法律保护。依照我国《道路交通安全法》第七十六条的规定，机动车发生交通事故造成人身伤亡的，由保险公司在机动车第三者责任强制保险责任限额范围内予以赔偿；不足的部分，机动车与非机动车驾驶人之间发生交通事故，非机动车驾驶人没有过错的，由机动车一方承担赔偿责任。雇员在从事雇佣活动中因故意或者重大过失致人损害的，应当与雇主承担连带赔偿责任。本案为被告许晓君驾驶被告陆峰达公司所有的机动车与陈朝海驾驶的电动三轮车发生交通事故导致陈朝海死亡，被告许晓君驾车越过施划有禁止穿越的道路中心线与道路上的其他车辆发生交通事故，是发生此次事故的全部原因，其对此次事故的发生具有完全过错。因被告陆峰达公司的肇事车辆在被告阳光财保北京分公司处投了机动车交通事故责任强制保险，且此次事故发生在车辆保险期间内，故被告阳光财保北京分公司应在此保险责任限额范围内对原告 4 人的合理经济损失进行赔偿；超出此保险责任限额部分的损失，因被告许晓君在从事雇佣活动过程中发生此次交通事故，且负此次事故的全部责任（具有重大过失），故应由被告许晓君与被告陆峰达公司对此部分损失承担连带赔偿责任，但被告陆峰达公司已支付的 2 万元赔偿费用应从其赔偿总额中扣除。原告 4 人主张的医疗费系因医疗急救部门到事发现场对陈朝海进行抢救而产生，理应属于医疗费性质，故本院对被告陆峰达公司提出的该笔费用属于丧葬费的答辩意见不予采纳。原告 4 人对于其主张的因办理丧葬事宜产生的交通费及误工费的诉讼请求，虽未能提交相关证据予以证明，但本院考虑到死者亲属料理后事的实际需要及客观情况，根据实际路程情况、交通条件以及原告 4 人的年龄、劳动能力，结合当地的实际生活水平，确定原告 4 人因办理丧葬事宜的交通费和误工费损失各为 200 元，对原告 4 人要求的过高部分不予支持。由于被告许晓君在事故发生后依法承担了刑事责任，故原告 4 人再要求被告三方给付精神损害抚慰金的诉讼主张有悖于法律规定，本院不予支持。

（五）定案结论

北京市平谷区人民法院依照《中华人民共和国民法通则》第一百零六条第二款、第一百一十九条，《中华人民共和国道路交通安全法》第七十六条第一款，《最高人民法院关于审理人身损害赔偿案件适用法律若干问题的解释》第九条、第十七条第一、三款、第十九条、第二十条、第二十二条、第二十七条、第二十九条，《最高人民法院关于民事诉讼证据的若干规定》第二条、第八条、第七十二条，以及《最高人民法院关于人民法院是否受理刑事案件被害人提起精神损害赔偿民事诉讼问题的批复》相关内容的规定，作出如下判决：

1. 本判决生效后 10 日内，被告阳光财产保险股份有限公司北京分公司给付原告陈朝英、陈朝兰、陈朝付、陈朝珍死亡伤残赔偿金 11 万元、医疗费用赔偿金 270 元，共计 110 270 元。

2. 被告北京陆峰达客运有限公司赔偿原告陈朝英、陈朝兰、陈朝付、陈朝珍死亡赔偿金、丧葬费、误工费、交通费共计 127 697.5 元；扣除其已给付的 2 万元，余款 107 697.5元限被告北京陆峰达客运有限公司于本判决生效后 10 日内给付；被告许晓君与被告北京陆峰达客运有限公司互负连带赔偿责任。

3. 驳回原告陈朝英、陈朝兰、陈朝付、陈朝珍其他诉讼请求。

案件受理费 2 739 元，由原告陈朝英、陈朝兰、陈朝付、陈朝珍负担 454 元（已交纳）；由被告北京陆峰达客运有限公司、许晓君连带负担 2 285 元（限本判决生效后 10 日内交纳）。

（六）解说

交通肇事责任人在承担刑事责任后，是否还应赔偿受害人（或家属）精神损害抚慰金，换言之，刑事责任是否能够作为对受害人的精神抚慰？这是本案诉讼双方争议较为突出的问题，也是各法院间现存的裁判标准分歧之一。《最高人民法院关于人民法院是否受理刑事案件被害人提起精神损害赔偿民事诉讼问题的批复》中规定：对于刑事案件被害人由于被告人的犯罪行为而遭受精神损失提起的附带民事诉讼，或者在该刑事案件审结以后，被害人另行提起精神损害赔偿民事诉讼的，人民法院不予受理。对此规定内容，学术界和审判实践均存在两种不同的意见。

第一种意见认为，交通肇事责任人承担刑事责任能够作为一种精神损害的救济方式，足以对受害人（或家属）进行精神抚慰，无须侵权人另行赔偿精神损害抚慰金。持此意见的人认为，对侵权人处以刑事制裁，使其人身自由受到剥夺或限制、财产权利受到处罚，受害人（或家属）可以从中得到安慰。

第二种意见认为，交通肇事责任人承担刑事责任不能够必然免除其赔偿受害人精神损害抚慰金。虽然刑事责任的承担和精神损害的民事赔偿都具有一定的惩罚功能，但精神损害赔偿的抚慰、填补功能是刑事责任所不具有的。侵权人承担刑事责任是对国家、社会应承担的责任，而民事责任是对受害人（或亲属）承担的责任，二者不能相互替代。

根据现有法律、司法解释及批复的相关规定，笔者同意第一种意见，理由主要有以下几个方面：

第一，精神损害的本质是受害人在精神、心理、情感等方面的不利后果，包括精神痛苦和疼痛以及其他严重的精神反常状态。这种主观感受层面的痛苦是难以仅用金钱来消除和缓解的，受害人（或家属）更多需要的是一种精神安抚和慰藉，尤其在受害人死亡的案件中，金钱往往难以抚平家属失去亲人的心灵创伤和精神痛苦。侵权人承担刑事法律责任后，受到国家和社会对其的制裁，从法律、道德、社会评价和影响等多方面对侵权人予以否定，以此是能够抚慰受害人（或亲属）遭受的精神痛苦。

第二，精神损害与财产损失无直接关联，没有直接的财产性利益。精神损害是与财产损失相互对立的一种可救济的损害，其二者的根本区别在于精神损害不具有直接的财产性利益。受害人（或亲属）遭受的精神损害并不意味着其已有财产的减少或可得利益的丧失，而是精神方面发生的种种不利变化，这也直接导致了在救济方式的选择顺序上，精神损害抚慰金并非是首选或唯一救济方式。侵权人承担刑事责任，是法官行使国家公权力对其作出的制裁，无论刑罚轻重，都是一种伴随侵权人一生的负面评价，其对受害人（或家属）乃至社会的影响力都是金钱所不能比拟的。

第三，精神损害的救济方式应有选择性地适用。侵权人承担刑事责任，虽然不构成司法解释中明文列出的救济方式，但其救济力却能够充分起到精神抚慰的作用。刑事责任意味着限制或剥夺人身自由、罚没财产等刑罚方式，一般来说，交通肇事案件中以自由刑为主。人身自由作为人类至高无上的权利，是任何其他人身权利和财产权利所无法替代的，限制或剥夺该项权利是法治社会作出的最为严厉和惩罚性的制裁，是对侵权人社会名誉及评价的否定，其对于受害人（或家属）的救济效果要比赔偿精神损害抚慰金更为实际和有效。

综上，笔者认为侵权人在承担刑事责任后不应再赔偿精神损害抚慰金。

（北京市平谷区人民法院　王雁）

56. 厦门市医疗急救中心诉詹明亮、厦门联亿汽车运输有限公司财产损害赔偿案（享有道路优先通行权的特种车辆在交通事故中的责任认定）

（一）首部

1. 判决书字号：福建省厦门市湖里区人民法院（2009）湖民初字第165号。

2. 案由：财产损害赔偿纠纷。

3. 诉讼双方

原告（反诉被告）：厦门市医疗急救中心，住所地：福建省厦门市集美区盛光路。

法定代表人：杨伟群，中心主任。

委托代理人：吴岩泉，福建方威律师事务所律师。

被告（反诉原告）：詹明亮，男，汉族，住河南省商水县。

被告（反诉原告）：厦门联亿汽车运输有限公司，住所地：福建省厦门市思明区前埔中二路。

法定代表人：郑惠山，公司总经理。

两被告共同委托代理人：肖基良，男，住福建省厦门市思明区。

4. 审级：一审。

5. 审判机关和审判组织

审判机关：福建省厦门市湖里区人民法院。

独任审判人员：代理审判员：胡林蓉。

6. 审结时间：2009年3月31日。

（二）诉辩主张

1. 原告厦门市医疗急救中心诉称

2008年8月12日1时20分许，原告的员工张奇鹏驾驶闽D42421号救护车，原告员工金露、邓龙华随车执行紧急救护任务。当该车沿厦门市湖里区仙岳路由西向东行驶进入金尚路、仙岳路路口，被左侧道路高速驶来的被告詹明亮驾驶的被告厦门联亿汽车运输有限公司下属的闽DT6213号出租车碰撞，造成闽D42421号救护车损坏、3位员工受伤的损害后果。闽D42421救护车经查勘定损需材料费79 298元、修理工时费7 300元；原告已支付车辆鉴定费500元、拖车施救费400元、停车费88元；原告并为此支付张奇鹏医疗费8 755.85元、金露医疗费7 160.93元、邓龙华医疗费3 367.33元、律师费5 000元，上述损失合计 111 870.11 元。2008 年 8 月 28 日，厦门市公安局交通警察支队直属二大队作出第 200830826 号交通事故认定书，无法认定该事故责任。原告认为，闽 D42421 救护车在执行急救任务时，依法享有道路优先通行权；被告詹明亮违反交通法规未予让行是造成此次事故的直接原因，应赔偿此次事故造成的原告各项损失；被告厦门联亿汽车运输有限公司为肇事车闽 DT6213 号出租车的所有人，应与被告詹明亮承担连带赔偿责任。故请求法院判令两被告连带赔偿以下费用：车辆维修费用 86 598 元、车辆鉴定费 500 元、拖车施救费 400 元、停车费 88 元、医疗费 19 284.11 元、律师费 5 000 元等各项损失共计 111 870.11 元。

2. 被告詹明亮、厦门联亿汽车运输有限公司共同辩称

由于交警未认定事故责任，故应按照公平原则，被告只承担 50%的赔偿责任。原告主张的律师费没有法律依据。

3. 反诉原告詹明亮、厦门联亿汽车运输有限公司诉称

本次事故造成闽 DT6213 号出租车损坏，厦门市医疗急救中心应承担 50%的赔偿责任。故请求法院判令被告厦门市医疗急救中心赔偿：施救费 500 元、停车费 80 元、技术鉴定费 500 元、配件费 20 260.3 元、修理费 4 080 元，合计 25 420.3 元的 50%即 12 710.15 元。

4. 反诉被告厦门市医疗急救中心辩称

本次事故应由詹明亮承担全部责任，请求驳回反诉请求。

（三）事实和证据

福建省厦门市湖里区人民法院经公开审理查明：2008 年 8 月 12 日 1 时 20 分许，厦门市医疗急救中心的员工张奇鹏驾驶闽 D42421 号救护车搭载金露、邓龙华二人执行紧急救护任务，当该车沿厦门市湖里区仙岳路由西向东行驶进入金尚路、仙岳路路口时，与左侧道路驶来的詹明亮驾驶闽 DT6213 号出租车碰撞，致使张奇鹏、金露、邓龙华三人受伤。厦门市公安局交通警察支队直属二大队作出的第 200830826 号交通事故认定书经调查取证，该路口处于信号灯的有效控制下，无证据证明两车违反信号灯的指示，故该事故责任无法认定。事故发生后，张奇鹏、金露、邓龙华三人均被送往厦门市中医院治疗，其中张奇鹏产生医疗费 8 755.85 元，金露产生医疗费 7 160.93 元，邓龙华产生医疗费 3 367 元，上述医疗费均由厦门市医疗急救中心先行垫付。闽 D42421 号救护车因事故产生维修费 86 598 元、车辆鉴定费 500 元、拖车施救费 400 元、停车费 88 元，总计 87 586 元。闽 DT6213 号出租车因事故产生维修费 24 340.3 元、车辆鉴定费 500 元、拖车施救费 500 元、停车费 80 元，总计 25 420.3 元。闽 DT6213 号出租车为厦门联亿汽车运输有限公司所有，詹明亮系其公司的驾驶员。事故发生时，詹明亮正在从事职务活动。

上述事实有下列证据证明：

1. 120 接警派车记录。

2. 厦门市公安局交通警察支队直属二大队第 200830826 号交通事故认定书。

3. 医疗费票据。

4. 拖车施救费、鉴定费、停车费发票两组，估损单两份及维修费发票1组。

（四）判案理由

福建省厦门市湖里区人民法院经审理认为：《道路交通安全法》第五十三条规定：警车、消防车、救护车、工程救险车执行紧急任务时，可以使用警报器、标志灯具；在确保安全的前提下，不受行驶路线、行驶方向、行驶速度和信号灯的限制，其他车辆和行人应当让行。根据上述规定可知，特种车辆有确保安全的前提义务，而其他车辆遇到特种车辆执行任务时必须让行。而根据本案詹明亮在交警询问笔录中关于当时其车速较快以及闽D42421救护车警灯开启但未鸣号的陈述，本院认为，在这起事故中，闽D42421救护车在执行紧急任务时只开警灯未鸣号，以至于未能引起通行车辆的足够注意，是导致事故发生的原因之一。而詹明亮驾驶出租车高速行驶，对于正在通过的救护车未尽注意义务，未减速让行，违反道路交通法规，是导致事故发生的主要原因。因此詹明亮在这起事故中应负70%的主要责任。由于詹明亮系厦门联亿汽车运输有限公司的驾驶员，事故发生时，其正在履行职务行为，故厦门联亿汽车运输有限公司作为用人单位，对其职员在从事职务活动中造成原告损害的后果，根据《最高人民法院关于审理人身损害赔偿案件适用法律若干问题的解释》第八条的规定，依法应承担赔偿责任。故厦门联亿汽车运输有限公司对该起事故承担70%的赔偿责任。

另外，原告关于律师费的主张，因该费用并非必然发生的损失，故该项诉求没有法律依据，依法不予支持。

综上分析，双方因本起事故产生的损失有：医疗费19 284元，闽D42421救护车的损失87 586元、闽DT6213号出租车的损失25 420元，共计132 290元。厦门联亿汽车运输有限公司对上述费用承担70%的赔偿责任，即92 603元，扣除厦门联亿汽车运输有限公司自行承担的出租车损失25 420元后，厦门联亿汽车运输有限公司还应赔偿厦门市医疗急救中心损失67 183元。

（五）定案结论

福建省厦门市湖里区人民法院依照《中华人民共和国民事诉讼法》第六十四条第一款，《中华人民共和国民法通则》第五条、第一百一十七条、第一百三十四条，《最高人民法院关于审理人身损害赔偿案件适用法律若干问题的解释》第三条、第八条第一款的规定，作出如下判决：

1. 被告厦门联亿汽车运输有限公司应于本判决生效之日起10日内，赔偿原告厦门市医疗急救中心67 183元。

2. 驳回原告厦门市医疗急救中心的其他诉讼请求。

3. 驳回被告詹明亮、厦门联亿汽车运输有限公司的其他反诉请求。

（六）解说

本案中当事人双方对彼此因交通事故造成的损失金额并无异议，争议的焦点在于本起交通事故的双方各自应当承担的责任。厦门市公安局交通警察支队直属二大队作出的第200830826号交通事故认定书认为，因事故发生的路口处于信号灯的有效控制下，无证据证明两车违反信号灯的指示，故事故责任无法认定。厦门市医疗急救中心认为闽D42421救护车在执行急救任务时，依法享有道路优先通行权；詹明亮违反交通法规未予让行是造成此次事故的直接原因，故詹明亮应承担本起交通事故的全部责任。詹明亮、厦门联亿汽车运输有限公司则认为由于交警未认定事故责任，故应按照公平原则，各自承担50%的赔偿责任。因此，本案的核心问题在于特种车辆在行使道路优先通行权时发生交通事故，如何认定其责任。

《道路交通安全法》第五十三条规定："警车、消防车、救护车、工程救险车执行紧急任务时，可以使用警报器、标志灯具；在确保安全的前提下，不受行驶路线、行驶方向、行驶速度和信号灯的限制，其他车辆和行人应当让行。"警车、消防车、救护车、工程救险车是典型的特种车，该条款赋予了上述车辆在执行紧急任务时的优先通行权，而该道路优先通行权有以下四个特点：一是优先通行权只能在执行紧急任务时享有；二是享有的系"四不限"的绝对优先通行权，即"不受行驶路线、方向、速度和信号灯的限制"；三是必须在确保安全的前提下行使最高的绝对优先通行权，即其他车辆和行人有可能让行的，必须让行，但是根本没有预见性和回避能力的，不得行使绝对优先通行权，否则，如造成其他车辆和行人受损的，应当承担相应的责任；四是必须宣示，即使用警报器、标志灯具，告知其他道路交通参与者避让。可见，优先通行权只是赋予优先权人优先于他人通行的权利，而不是在通行方法上免除其应当承担的义务，如果忽视了自己应尽的注意义务，仍然要承担责任。《道路交通安全法》第五十三条规定的道路优先通行权是一种优先权，而非免责条款。前述特种车辆在执行紧急任务时，应当尽到注意义务，并使用警报器、标志灯具以警示其他道路交通参与者。本案中闽D42421救护车在事故发生时警灯开启但未鸣号，以至于未能引起通行车辆的足够注意，是导致事故发生的原因之一，对此存在一定的过错，不能免除其在本起事故中的责任。至于闽DT6213号出租车，虽无证据显示其违反信号灯的指示，但作为道路交通的参与者，在通行时应当时刻注意路面情况，对在执行急救任务的闽D42421救护车应当予以让行，在没有证据显示闽DT6213号出租车存在根本没有预见性和回避能力的情况下，其对由此发生的交通事故存在过错，应当承担责任。由此可见，闽D42421救护车及闽DT6213号出租车对本起交通事故均有责任。通常情况下，机动车驾驶员在行驶时都应当尽到注意义务，在双方均未违反交通规则的情况下发生交通事故的，可以适用公平原则认定双方各承担50%的责任。但本案中，执行急救任务中的闽D42421救护车作为其他交通参与者应当避让的路权主体，其责任主要在于未能充分警示其他通行车辆。闽DT6213号出租车的责任在于其未尽到注意义务并避让到闽D42421救护车。相较之下，闽DT6213号出租车的责任较重，可以认定其承担70%的责任，而闽D42421救护车承担30%的责任。

交通事故案件的本质在于路权冲突，我国现行的道路交通法律、法规对不同的道路交通参与者或相同的道路交通参与者在不同情况下享有绝对或相对的优先通行权进行明确的规定。但是法律规定无法对实际情况面面俱到，由此需要法官行使自由裁量权对责任进行认定。在此情况下，认定责任一般应依照民法的公平原则，并依照《道路交通安全法》的立法原则对各道路交通参与人在路权冲突中依实际情况所享有的不同的优先通行权进行考量，以此确定责任划分的倾向性。另外，在审判实践中，由于绝大多数机动车辆均有投保交强险及商业险，由保险公司为其分担大部分的赔偿责任，由此大大降低了在责任划分上的争议激烈程度，可多运用调解的方式，在不背离案件事实的前提下让双方协商确定责任比例，谨慎地限制法官的自由裁量权，以利于化解矛盾，取得良好的法律效果和社会效果。

（福建省厦门市湖里区人民法院　胡林蓉　邓剑斌）

57. 顾卫珍等诉施伟交通肇事案（车辆被挂靠人责任认定）

（一）首部

1. 判决书字号：江苏省启东市人民法院（2009）启民一初字第3001号。

2. 案由：道路交通事故人身损害赔偿纠纷。

3. 诉讼双方

原告：顾卫珍，女，汉族，住江苏省启东市。

原告：顾惠成，男，汉族，住江苏省启东市。

原告：张亚新，女，汉族，住址同上。

三原告共同委托代理人：胡忠兵，上海福湾律师事务所律师。

被告：施伟，男，汉族，住江苏省启东市。

委托代理人：高洪新，江苏扬子江律师事务所律师。

委托代理人：施勇锋，江苏扬子江律师事务所律师。

被告：周口市远大运输集团林海运输有限公司（以下简称林海运输公司），住所地：河南省周口市车站西段。

被告：中国太平洋保险股份有限公司启东支公司（以下简称启东太保公司），住所地：江苏省启东市汇龙镇公园中路。

负责人：沈渭澄，公司经理。

委托代理人：朱敏剑，江苏信阳光律师事务所律师。

4. 审级：一审。

5. 审判机关和审判组织

审判机关：江苏省启东市人民法院。

独任审判人员：审判员：王辉。

6. 审结时间：2009 年 11 月 26 日。

（二）诉辩主张

1. 原告顾卫珍、顾惠成、张亚新诉称

三原告系顾辉的第一顺序法定继承人。顾辉与被告施伟发生交通事故后当场死亡。事故发生时，被告施伟驾驶的豫 PB 3117 号重型自卸货车的注册所有人为被告林海运输公司，该车参加了被告启东太保公司的机动车交通事故责任强制保险。要求三被告赔偿三原告因顾辉死亡所引起的死亡赔偿金等经济损失合计 440 337 元。

2. 被告施伟辩称

其驾驶本人所有的注册登记所有人为被告林海运输公司的豫 PB 3117 号重型自卸货车与顾辉发生交通事故是事实，对公安机关作出的其承担事故全部责任的认定有异议，顾辉应承担一定的事故责任。因其驾驶的豫 PB 3117 号重型自卸货车参加了被告启东太保公司的机动车交通事故责任强制保险，故三原告的相关经济损失应由被告启东太保公司在机动车交通事故责任强制保险限额内赔偿，超出部分愿依法赔偿。

3. 被告林海运输公司未作答辩。

4. 被告启东太保公司辩称

愿依法赔偿。

（三）事实和证据

江苏省启东市人民法院经公开审理查明：2009 年 8 月 12 日 14 时许，被告施伟驾驶其本人所有的豫 PB 3117 号重型自卸货车（注册登记所有人为被告林海运输公司）沿本市 336 省道由东向西行驶至 24 公里＋500 米路段时，与同向行驶的由顾辉驾驶的苏 F4TM 81 号普通二轮摩托车发生碰撞，致顾辉当场死亡、车辆受损。事故发生后，被告施伟当即报警。2009 年 9 月 3 日，启东市公安局交通巡逻警察大队作出启公交认字［2009］第 132 号交通事故认定书，认定本起事故由被告施伟承担全部责任，顾辉无责任。同年 9 月 8 日，启东市价格认证中心作出启价估（2009）第 709 号财损鉴定报告，认定顾辉所驾车辆的财损为 720 元。2009 年 11 月 2 日，被告施伟因犯交通肇事罪，被本院一审判处有限徒刑 1 年 5 个月，缓刑 2 年。该刑事判决现已生效。因双方协商未成，故三原告诉讼来院。

另查明：2000 年 9 月起，顾辉经营启东市新安天宏标牌厂，该厂位于本市东海镇显忠村。2004 年 8 月 31 日，顾辉办理了启东市新安天宏标牌厂的营业执照，登记经营人为顾辉，执照有效期限为 2004 年 8 月 31 至 2008 年 8 月 30 日。2005 年起，顾辉在该厂厂区内从事规模家禽养殖至事发。

又查明：事故发生时，被告施伟持有 A2 型机动车驾驶证，其驾驶的豫 PB 3117 号重型自卸货车参加了被告启东太保公司的机动车交通事故责任强制保险。事故发生后，被告施伟已赔偿原告 13 000 元。

再查明：在本起事故处理过程中，公安机关多次与被告林海运输公司联系，被告林海运输公司称该公司与被告施伟系车辆挂靠关系。

上述事实有下列证据证明：

1. 原告提供的启东市公安局的事故认定书。

2. 村委会证明、公安机关证明、营业执照等书证以及当事人的陈述。

3. 公安机关调查笔录、施伟的陈述。

（四）判案理由

江苏省启东市人民法院经审理认为：公民的生命健康权、财产权受法律保护。三原告因本起交通事故致顾辉死亡所引起的经济损失，依法有权获得赔偿。本案中，顾辉与被告施伟发生交通事故的事实及双方在事故中的责任比例，有启东市公安局交通巡逻警察大队作出的事故认定书为准，且经本院生效的刑事判决予以确认。被告施伟虽提出了责任异议，但未提供证据予以证实，故此事实，本院予以确认。被告施伟驾驶的豫 PB 3117 号重型自卸货车的注册登记所有人为被告林海运输公司，被告林海运输公司也向公安机关说明双方为车辆挂靠关系，故本院认定被告施伟与被告林海运输公司存在车辆挂靠关系。事故发生时，被告施伟驾驶的豫 PB 3117 号重型自卸货车参加了被告启东太保公司的机动车交通事故责任强制保险，故被告启东太保公司应在机动车交通事故责任强制保险限额内赔偿，超出部分由被告施伟按事故责任比例赔偿。因被告施伟已承担刑事责任，其所驾驶的豫 PB 3117 号重型自卸货车挂靠于被告林海运输公司，故其及被告启东太保公司依法不承担精神损害抚慰金，被告林海运输公司依规定除应承担精神损害抚慰金外，还应与被告施伟承担连带赔偿责任。

（五）定案结论

江苏省启东市人民法院依照《中华人民共和国民事诉讼法》第一百三十条，《中华人民共和国道路交通安全法》第七十六条，《最高人民法院关于审理人身损害赔偿案件适用法律若干问题的解释》第十七条、第十八条、第二十七条、第二十九条之规定，作出如下判决：

1. 被告施伟赔偿原告顾卫珍、顾惠成、张亚新因本起事故致顾辉死亡引起的死亡赔偿金等经济损失合计 278 387 元，剔除已支付的 13 000 元，被告施伟还需赔偿 265 387元。

2. 被告周口市远大运输集团林海运输有限公司对被告施伟的上述赔偿义务承担连带清偿责任，另赔偿原告顾卫珍、顾惠成、张亚新精神损害抚慰金 50 000 元。

限上述两被告于本判决生效之日起 60 日内履行。

如果未按本判决指定的期间履行给付金钱义务，应当依照《中华人民共和国民事诉讼法》第二百二十九条之规定，加倍支付迟延履行期间的债务利息。

本案受理费 2 601 元，依法减半收取 1 301 元，财产保全费 620 元，保全中实际支出费 200 元，合计 2 121 元（三原告已预交），由原告顾卫珍、顾惠成、张亚新共同承担 121 元，被告施伟承担 1 500 元，被告林海运输公司承担 500 元。

（六）解说

本案主要的争议焦点是林海运输公司是否应当对施伟的赔偿义务承担连带赔偿责任及承担精神损害抚慰金。

庭审中，虽被告林海运输公司称与施伟系挂靠关系，双方有过约定，为了合法运营，车辆实际所有人施伟将车辆挂靠在林海运输公司名下，该公司只是收取一些挂靠费，实际车辆运营及控制与其无关，发生事故应由施伟自己承担。但我们查明，受害人并不知道该约定，而运营登记上写明的权利人即为林海运输公司，故该约定不能成为其免责的理由。

审理中有一种意见认为，被告林海运输公司应该在其收取的管理费范围内承担有限责任。理由如下：虽然车辆是在被挂靠人名下，但是挂靠人实际控制车辆，发生交通事故也是挂靠人的责任，与被挂靠人关联不大。而且被挂靠人只是出借其名义，并不参与实际车辆的经营与运行，其只是收取了少量的出让费，根据权利、义务相一致原则，被挂靠人在其收取的管理费范围内承担责任是适当的。而且《最高人民法院关于实际车主肇事后其挂靠单位应否承担责任的复函》曾明示：……实际车主肇事后其挂靠的从挂靠车辆的运营中取得了利益的被挂靠单位应承担适当的民事责任。因此林海运输公司承担有限责任。

对此，笔者认为：

1. 不能狭隘地理解最高人民法院复函中的“适当的民事责任”，对于被挂靠人民事责任的认定应结合实际。

在本案中，施伟驾驶的货车注册登记上注明了所有人为林海运输公司，其在外行驶中也是以林海运输公司的名义从事运营活动的，故其行为其实已代表了林海运输公司，第三人完全有理由相信其是与林海运输公司发生了关系。虽然林海运输公司称其与施伟早有协议，但该协议是林海运输公司与施伟之间的合同，根据合同相对性原则，合同对合同外的第三人不发生效力，合同缔约人不得以合同约定涉及第三人利益的事项。施伟与林海运输公司的挂靠协议处理的是两者的内部纠纷问题，一般情况下，它对合同外第三人不具有约束力，所以林海运输公司就要承担相应的责任。

庭审中查明，施伟本身不具有运营资格，其挂靠在林海运输公司名下才能从事运营活动。因此，林海运输公司在出借其名义的时候就应当对自己出借的行为负责。谁受益，谁就要承担风险，林海运输公司从出借行为中受益，其应当承担挂靠人对第三人造成损失的风险。因为正是其出借行为才把施伟的运营变成一个合法行为，使其从没有资格变成有资格，对因这种行为造成的风险和隐患，出借人要承担连带责任。

2. 对于被挂靠人的责任认定应该有法律价值的考量。

良好的法律所体现的精神应当同法律实施时社会中的共同价值相呼应。运输行业是具有高度危险性的行业，该行业的市场准入较为严格，需经有关部门严格审查，得到行政许可方能从业。因此，所谓车辆挂靠，更为确切的表述应为运输经营权的挂靠。据此，车辆挂靠行为的实质是，运输企业向不具备运输经营资格的主体非法转让、租借运输经营权或部分运输经营权的行为，因而也是违背行政许可精神的行为。挂靠人是未经道路运输管理部门审查、许可的个人或企业，其从事运输经营的车辆状况、驾驶员素质以及安全生产管理制度等运输经营条件很难得到保障，因而往往会埋下安全隐患，导致车祸频频发生。同时，由于挂靠经营的车辆存在形式上和实际上两个不同的所有权主体，给交通管理部门的监管带来困难，因而也往往容易造成运输市场秩序的混乱。因此，《道路运输条例》等相关法律、法规为维护正常的运输经营市场秩序，突出运输企业的市场主体地位，强化运输企业的安全意识，维护公共安全，对车辆挂靠行为持否定的态度。

由被挂靠人承担连带责任，会使被挂靠人承担较大的风险，故其便不会轻易同意他人挂靠其名下从事运输经营，从而有利于防止车辆挂靠经营现象的发生，减少不具备运输经营资格的主体从事车辆运输经营的情形，进而有利于降低交通事故隐患，同时也保证了经营主体承担风险的能力，更保证了第三人权利能够得到及时、有效的救济。

综上所述，虽然林海运输公司与施伟系挂靠关系，但其不能以其与施伟有约定而免责，其亦不能在所收管理费的范围内承担有限责任，其应与施伟共同承担连带责任。因此，法院作出如上判决无疑是正确的。

（江苏省启东市人民法院　徐晋）

58. 黄德全诉程光明等道路交通事故人身损害赔偿案（道路交通事故人身损害赔偿行政调解）

（一）首部

1. 判决书字号：四川省筠连县人民法院（2009）筠连民初字第595号。

2. 案由：道路交通事故人身损害赔偿纠纷。

3. 诉讼双方

原告：黄德全，男，汉族，农民，住四川省筠连县。

委托代理人：刘红，筠连景阳法律服务所法律工作者。

被告：程光明，男，汉族，住重庆市万州区。

委托代理人（特别授权）：王建国，男，汉族，住重庆市万州区，系程光明亲戚。

被告：重庆市万州区兴旺汽车运输有限公司。

法定代表人：刘忠成，公司经理。

第三人：中国人民财产保险股份有限公司万州分公司营业部（以下简称中国财保万州分公司营业部）。

法定代表人：佟明，营业部负责人。

4. 审级：一审。

5. 审判机关和审判组织

审判机关：四川省筠连县人民法院。

合议庭组成人员：审判长：邓培刚；审判员：曹远辉、余从会。

6. 审结时间：2009 年 12 月 10 日。

（二）诉辩主张

1. 原告黄德全诉称

2009 年 4 月 21 日 0 时 30 分，原告驾驶无牌照普通二轮摩托车由腾达镇驶往维新方向，行至腾沐路 6 公里＋100 米处时，与被告程光明的驾驶员王光才停放在公路右侧路边的渝 FH0166 重型自卸货车发生碰撞，造成原告受伤的交通事故。事故发生后，经交警部门认定，原告负本次事故的主要责任，王光才负本次事故的次要责任。原告受伤后，在宜宾市第二人医院住院治疗 16 天，用去医疗费和门诊治疗费 7 031.15 元。后经四川省金沙司法鉴定所鉴定，原告的伤残评定为九级伤残，其续医费（注：应为后续治疗费，下同）为 13 400 元。被告程光明除已支付 4 500 元外，其余损失未付。原告为维护自身的合法权益，起诉至法院，请求判决被告及第三人赔偿原告各项损失 57 761.35 元。

2. 被告程光明辩称

原告所称的交通事故属实，但双方已在交警部门的主持下达成调解协议，原告起诉的赔偿金额只能按调解协议确定的金额 37 459 元来确定，现原告起诉要求赔偿其精神抚慰金 10 000 元的请求不应支持，因原告在本次交通事故中负主要责任。原告主张的被抚养人生活费请求法院依法判决。交通事故发生后，被告为原告垫付了赔偿费 4 500 元，该垫付款应由第三人直接赔付被告。

3. 被告重庆市万州区兴旺汽车运输有限公司未出庭诉讼，亦未作出答辩。

4. 第三人中国财保万州分公司营业部述称

渝 FH0166 号货车在第三人处投保交强险属实。但第三人只能在交强险合同约定的责任限额、赔偿范围、项目、标准内对原告的合法的损失承担相应的赔偿责任。原告主张的误工费计算标准错误，应按照相同或者相近行业即城镇职工农、林、牧、渔业的平均收入标准计算，护理费应按一人护理计算，精神损害抚慰金，因当事人的过错主要是过失，损害结果不是特别严重，原告主张的精神抚慰金应在 3 000 元以下酌情考虑，诉讼费用依交强险合同约定，第三人不应承担。

（三）事实和证据

四川省筠连县人民法院经公开审理查明：2009 年 4 月 21 日 0 时 30 分，原告黄德全驾驶无牌照普通二轮摩托车，从筠连县腾达镇驶往筠连县维新镇方向，行至腾沐路 6 公里＋100 米处时与被告的驾驶员王光才停放在公路右侧路边的渝 FH0166 重型自卸货车发生碰撞，造成原告受伤及摩托车受损的交通事故。事故发生后，筠连县公安局交通警察大队经现场勘验及调查，于 2009 年 5 月 4 日作出公交认字［2009］第 00056 号“道路交通事故认定书”，认定，“黄德全负本次事故的主要责任，王光才负本次事故的次要责任”。原告黄德全受伤后，于 2009 年 4 月 21 日被送往筠连县人民医院住院，用去医疗费 791.26 元，同日转宜宾市第二人民医院住院治疗，2009 年 5 月 6 日好转出院，共住院 15 天，用去医疗费共计 5 148.99 元。出院后，原告根据医院建议，继续在宜宾市中医专科医院、宜宾市第二人民医院检查治疗，共用去医疗费 255.90 元，自购药品 810 元。被告程光明已支付原告赔偿费 4 500 元。2009 年 5 月 19 日，原告向四川金沙司法鉴定所申请伤残等级鉴定和续医费鉴定。同日，该鉴定所作出川金司鉴所［2009］临鉴字第 335 号“司法鉴定意见书”，鉴定意见为：(1) 黄德全因交通事故致下颌颏部、下唇挫裂伤，左上 2、4，左下 3、右下 3 牙折；左颞颌关节挫伤。遗留左下 3 至右下 3 牙槽骨缺损，左上 4，左下 1、2、3，右下 1、2、4 牙齿缺失；左上 2、右下 3 残根；左上 1、左下 4 牙折。评定为九级伤残。(2) 黄德全颏部线条状瘢痕；左上 4，左下 1、2、3，右下 1、2、4 牙缺失，左上 2、右下 3 牙残根，左上 1、左下 4 牙冠折，需形面部美容治疗及牙缺失修复，其续医费累计约需人民币 13 400 元。后经交警部门主持调解，原告与被告程光明达成赔偿协议，由被告程光明赔偿原告医疗费、误工费、护理费、生活补助费、伤残补助费、续医费、评残费、交通费共计 37 459 元。但被告未按赔偿协议履行，故原告起诉至本院，请求判决被告及第三人赔偿原告：(1) 医疗费 7 031.15 元，续医费 13 400 元；(2) 护理费 1 280 元；(3) 误工费 2 835 元；(4) 住院伙食补助费 160 元；(5) 残疾赔偿金 16 484 元；(6) 鉴定费 1 500 元；(7) 被扶养人生活费 9 071.20 元；(8) 精神损害抚慰金 10 000 元；(9) 车费 500 元。审理中，原告自愿放弃精神抚慰金的赔偿，护理费由 2 人护理变更为 1 人护理。

另查明：渝 FH0166 号自卸货车的实际车主为被告程光明，该车挂靠于被告重庆市万州区兴旺汽车运输有限公司经营，王光才系被告程光明雇请的驾驶员。该车于 2009 年 2 月 9 日在第三人中国财保万州分公司营业部投保了机动车交通事故责任强制保险，其中死亡伤残赔偿限额为 110 000 元，医疗费用赔偿限额为 10 000 元，保险期间自 2009 年 2 月 10 日零时起至 2010 年 2 月 9 日 24 时止。同日，还投保了机动车商业险，其中第三者责任保险金额为 500 000 元，保险期间自 2009 年 2 月 10 日零时起至 2010 年 2 月 9 日 24 时止。

原告黄德全系农村居民户口，受伤前在筠连县维新 68 煤矿务工。

黄明聪系原告之父，农村居民，生于 1945 年 9 月 2 日；彭瑞连系原告之母，农村居民，生于 1942 年 9 月 3 日，黄明聪、彭瑞连有子女黄德均、黄德全 2 人（均已成年）。

上述事实有下列证据证明：

1. 筠连县公安局交通管理大队作出的“道路交通事故认定书”。
2. 原告的病历、医疗费、医药费发票。
3. 四川金沙司法鉴定所作出的“司法鉴定意见书”及鉴定费发票。
4. 筠连维新 68 煤矿出具的证明。
5. 黄明聪、彭瑞连、黄德均、黄德全的户籍证明及筠连县维新镇新华村村民委员会出具的证明。
6. 交通事故损害赔偿调解书。
7. 被告的“车辆挂靠管理合同”。
8. 渝 FH0166 车辆的投保单及出险报案表。

(四) 判案理由

四川省筠连县人民法院经审理认为：原告黄德全驾车、被告程光明雇请的驾驶员王光才停车均违反了《中华人民共和国道路交通安全法》的相关规定，发生两车碰撞，造成黄德全受伤及普通二轮摩托车受损的交通事故。经交警部门认定，原告黄德全负本次事故的主要责任，王光才负本次事故的次要责任。被告程光明作为渝 FH0166 重型自卸货车的实际车主，被告重庆市万州区兴旺汽车运输有限公司作为该车的法定车主，依法应对原告的损失承担连带赔偿责任。因渝 FH0166 货车向第三人中国财保万州分公司营业部投保了机动车交通事故责任强制保险和机动车商业险，且交通事故发生在保险期内，对原告的损失，第三人应按保险合同的约定，在交强险和商业险中的第三者责任险内承担赔偿责任。原告黄德全因此次交通事故产生的损失有：(1) 医疗费用：7 006.15 元；(2) 后续治疗费：13 400 元；(3) 护理费：以原告实际住院 15 天，按 30 元/天计算为 450 元（15 天×30 元/天）；(4) 误工费：原告主张按 105 元/天的标准计算，但被告及第三人不予认可，原告亦未提供充分的证据证实其工资收入为 105 元/天，原告的误工费应按 2008 年四川省职工平均工资 24 725 元的标准，从原告住院之日即 2009 年 4 月 21 日起至定残前一日即 2009 年 5 月 18 日止计算，共计 27 天，原告实际减少的收入为 1 828.71 元（24 725 元/年÷365 天×27 天）；(5) 住院伙食补助费：150 元（10 元/天×15 天）；(6) 交通费：根据原告及其陪护人员所需交通费用，酌情确定为 300 元；(7) 残疾赔偿金：16 484元（4 121 元/年×20 年×0.2）；(8) 鉴定费：1 500 元；(9) 被扶养人生活费：原告扶养的人口有其父黄明聪、其母彭瑞连，根据原告丧失劳动力程度，按四川省 2008 年度全省农村居民人均消费性支出 3 128 元计算，黄明聪的生活费为 5 004.8 元（3 128 元/年×16 年×0.2÷2），彭瑞连的生活费为 4 066.40 元（3 128 元/年×13 年×0.2÷2），以上各项损失费用共计 50 190.03 元。其中医疗费、续医费合计 20 406.15 元，由第三人在交强险中赔偿 10 000 元，超出交强险限额的 10 406.15 元，按照被告与第三人签订的机动车第三者责任险的约定及交警部门对交通事故责任的认定，由原告自行承担 60%的责任（即 6 243.69 元），第三人承担 40%的赔偿责任（即 4 162.46 元）。其他损失共计 29 783.91 元，由第三人在交强险责任范围内承担。支付时应将被告程光明垫付的赔偿款 4 500 元扣除，并由第三人直接支付被告程光明。原告自愿放弃精神抚慰金的诉讼请求，不违反法律规定。

（五）定案结论

四川省筠连县人民法院依照《中华人民共和国保险法》第五十条，《最高人民法院关于审理人身损害赔偿案件适用法律若干问题的解释》第二条、第十七条、第十九条、第二十条、第二十一条、第二十二条、第二十三条、第二十五条、第二十六条、第二十八条之规定，作出如下判决：

1. 第三人中国人民财产保险股份有限公司万州分公司营业部在本判决生效后，即行给付原告黄德全各项损失费 29 446.37 元（已扣除被告程光明垫付的赔偿费 4 500 元）；

2. 第三人中国人民财产保险股份有限公司万州分公司营业部在本判决生效后，即行给付被告程光明垫付的赔偿款 4 500 元；

3. 驳回原告黄德全的其他诉讼请求。

案件受理费 1 244 元，由原告负担 244 元，被告程光明、重庆市万州区兴旺汽车运输有限公司共同负担1 000元。

（六）解说

本案双方争议焦点在于对交警大队主持下双方当事人所达成协议的效力的认定。对此，有三种不同意见。

第一种意见认为：人民法院不必顾及当事人事先达成的调解协议，只要被告程光明未履行该调解协议，人民法院就应当以道路交通事故人身损害赔偿案件办理，即依法对原告起诉的所有诉求进行审理。其理由是：（1）根据《中华人民共和国道路交通安全法》第七十四条的规定，对交通事故损害赔偿的争议，当事人可以请求公安机关交通管理部门调解，也可以直接向人民法院提起民事诉讼；经公安机关交通管理部门调解，当事人未达成协议或者调解书生效后不履行的，当事人可以向人民法院提起民事诉讼。本案中，因程光明未履行调解协议，所以黄德全依法可以向人民法院起诉。（2）因为程光明的车辆已向保险公司投保了交强险，在保险公司未参与调解的情况下，该调解协议的效力处于待定状态，故黄德全依法可以向人民法院起诉。（3）在交警队主持调解所达成的调解协议中，未将程光明应赔偿的所有项目纳入调解协议，可能有损黄德全的合法权益，该协议属可撤销的民事法律行为，依法应予撤销，故黄德全依法可以向人民法院起诉。（4）既然程光明未履行该调解协议，说明程光明已翻悔，故黄德全依法可以道路交通事故人身损害赔偿为案由向人民法院起诉。

第二种意见认为：人民法院应当根据当事人意思自治原则，确认原、被告在交警大队主持下达成的调解协议的效力，对原告超出调解协议内容的诉求予以驳回。其理由是：（1）当事人意思自治原则是当事人进行民事活动的一项基本原则，只要当事人订立调解协议时不违反法律的强制性规定，人民法院均应确认其效力，故人民法院应根据黄德全与程光明所达成的调解协议内容予以确认，并驳回黄德全超出调解协议部分的诉求，且本案案由应定为合同履行纠纷，而不是道路交通事故人身损害赔偿纠纷。（2）根据《中华人民共和国道路交通安全法》第七十四条的规定，交警大队主持黄德全与程光明调解，是依法进行的一种行政调解，调解主体适格，其效力应予维持。（3）《中华人民共和国道路交通安全法》第七十四条第二款虽规定：当事人未达成协议或者调解书生效后不履行的，当事人可以向人民法院提起民事诉讼。这里赋予当事人诉权并不是赋予一方当事人推翻所有调解内容的权利，而是赋予一方当事人为实现协议权利而寻求司法保护的权利，故黄德全只能就协议的履行向人民法院提起民事诉讼。（4）虽然保险公司未参与交警大队主持的调解，但黄德全与程光明之间的法律关系是道路交通事故人身损害赔偿，而保险公司与程光明之间的法律关系是保险合同，保险公司并不是调解协议当然的参与者，只要黄德全和程光明协商过程中未损害保险公司的合法权益，该协议当然有效。至于程光明履行协议后是否向保险公司理赔，那是程光明的权利。

第三种意见认为：对原、被告在交警大队主持下达成的调解协议，人民法院应当区别对待，即如果程光明对调解协议根本未履行义务，则应按第一种意见办理；如果程光明部分履行了调解协议的部分义务，则应按第二种意见办理。其理由是：（1）交警大队主持程光明与黄德全就损害赔偿进行调解，是法定的行政调解程序，双方所达成协议，自双方当事人签字之日起生效，对双方当事人具有法律约束力。（2）调解过程中黄德全对赔偿项目和赔偿数额作出了一定的让步，换来了协议的订立，本着诚实信用原则，程光明应当依约履行。若程光明根本未履行义务，说明程光明已翻悔，且此时若仍按调解协议履行，既是对程光明不诚信行为的放纵，也是对黄德全就全部损失主张赔偿的权利的损害。因此，在此种情形下，黄德全有权以道路交通事故人身损害赔偿为案由向人民法院起诉，并就全部损失主张赔偿。（《最高人民法院关于适用〈中华人民共和国民事诉讼法〉若干问题的意见》关于执行和解的解释中，有类似的规定，当事人在执行过程中达成执行和解协议，被执行人逾期不履行的，申请人有权申请人民法院按照原生效法律文书确定的内容予以执行。）（3）若程光明在达成调解协议后履行了部分义务，说明程光明对调解协议没有翻悔，只是因某种客观原因未完全履行义务，黄德全可对未履行部分向人民法院起诉。

就本案而言，筠连县人民法院采纳了第三种处理意见，认为：交警队主持的调解，是一种行政调解，只要调解程序和结果不违反法律的有关强制性规定，人民法院就应依法认定其效力，当事人双方不得随意翻悔。程光明作为赔偿义务人，应当依约全面履行其协议义务，但程光明拒不履行，违背了最基本的诚实信用原则，应当承担对其不利的法律后果，即对黄德全请求的全部损失的合理、合法部分承担赔偿义务。

（四川省筠连县人民法院　杨文龙　练小玲）

59. 薛英等诉陆颖颖其他特殊侵权案
（其他特殊侵权、善良风俗）

（一）首部

1. 判决书字号：江苏省无锡市北塘区人民法院（2008）北民一初字第902号。
2. 案由：其他特殊侵权纠纷。
3. 诉讼双方

原告：薛英，女，汉族，住江苏省无锡市。

原告：陆浩云，男，汉族，住江苏省无锡市滨湖区。

原告：陆科明，男，汉族，住江苏省无锡市南长区。

原告：陆科农，男，汉族，住江苏省无锡市北塘区。

原告：陆工农，男，汉族，住江苏省无锡市崇安区。

原告：陆红霞，女，汉族，住江苏省无锡市。

六原告共同委托代理人（特别授权）：邵祥华，江苏无锡普信律师事务所律师。

被告：陆颖颖，女，汉族，住江苏省无锡市北塘区。

委托代理人（特别授权）：陈海燕，江苏无锡太湖律师事务所律师。

4. 审级：一审。

5. 审判机关和审判组织

审判机关：江苏省无锡市北塘区人民法院。

合议庭组成人员：审判长：马寄锦；审判员：吴钢克、陈宝萍。

6. 审结时间：2009 年 1 月 21 日。

（二）诉辩主张

1. 原告薛英等诉称

被告未经原告同意，采取欺骗公墓管理人员的手段，盗走陆富全的骨灰，给原告造成极大的精神伤害。现要求被告停止侵权，将陆富全的骨灰葬回无锡市锡山区锡北革命烈士陵园老干部公墓内，并赔偿精神损害抚慰金 6 万元。

2. 被告陆颖颖辩称

陆富全的墓碑原来单列，1993 年改为与薛英同列；江秀锦墓地迁移时，原告不同意陆富全与江秀锦合葬；薛英等主持出版的《陆富全纪念文集》中题“留着青山在不怕没柴烧”的文章冒用陆浩清的名义：陆浩清觉得对他极不尊重，生病住院时就安排人去取走陆富全的骨灰。陆浩清安排的人其不认识，考虑到守墓人不熟悉挖掘的人，不会让挖，而其与守墓人熟悉，所以就让其跟随同去。陆富全的骨灰已于 2008 年 3 月 21 日前洒向太湖，具体情况不清楚。原告的诉讼没有事实依据，请求法院驳回原告的诉讼请求。

（三）事实和证据

江苏省无锡市北塘区人民法院经公开审理查明：陆富全与前妻江秀锦生育了陆浩清、陆浩云、陆浩然三个儿子，1944 年江秀锦去世。1945 年陆富全与薛英结婚，陆科明、陆科农、陆工农、陆红霞是他们的子女。1981 年 4 月，陆富全去世，其骨灰安置在无锡市锡山区锡北革命烈士陵园老干部公墓内。陆浩然有陆晓军、陆涛声两个子女。陆浩清有陆颖颖、陆星火、陆燎原三个子女。1996 年，陆浩然去世。2007 年 8 月 8 日，陆浩清去世。掘取陆富全骨灰时，陆颖颖与相关人员一起前往无锡市锡山区锡北革命烈士陵园老干部公墓。薛英、陆浩云、陆科明、陆科农、陆工农、陆红霞遂诉至本院。

上述事实有下列证据证明：

1. 中共无锡市委组织部证明。

2. 干部履历表。

3. 照片 2 张及锡山区锡北镇民政办公室的证明。

4.《陆富全纪念文集》。

5. 向公安机关调取的徐进宝的报案笔录及陆红霞、陆颖颖的询问笔录。

6. 锡中法刑申复（79）51 号刑事判决书、无锡市电讯仪表工业局关于恢复陆浩清同志党籍的批复、中国华晶电子集团公司关于确定陆浩清同志参加革命工作时间的通知、无锡微电子联合公司关于陆浩清同志离休的决定。

7. 陆浩清书写的便条 2 份，其中一份是致当地人民政府，内容是江秀锦的墓地具有纪念意义，应当保留，落款日期是 2006 年 10 月 25 日；另一份无落款日期，内容是母亲江秀锦墓应与陆富全合墓。

8. 陆浩清书写的声明。该声明的字迹较难识别，被告宣读该声明的内容是“关于母亲江秀锦迁坟一事，你们对陆富全极不尊重，同时对我也极不尊重，现在我以长子的身份对父亲的骨灰进行调整，所以所有的一切由我承担”，落款日期为 2007 年 1 月 4 日。

（四）判案理由

江苏省无锡市北塘区人民法院经审理认为：（1）原、被告作为陆富全的近亲属，有着血缘上的联系，历史上经历过多种磨难，也曾有共同生活的美好情景，其中不乏长辈呵护小辈、小辈尊重长辈的事例。亲人平安、和睦，肯定是陆富全生前的最大心愿，如果陆富全地下有知，可能最不愿意看到自己的亲人因自己的安葬问题而同室相煎，伤害彼此感情。（2）死者骨灰在民法上表现为身体权客体在权利主体死亡后的延续法益，维系着死者与其近亲属之间的亲情，是亲属进行悼念活动的物质载体，在死者生前未立有遗嘱的情况下，其骨灰所承载的延续法益应归死者的近亲属共同享有，其骨灰也应由死者近亲属共同处分。陆富全去世后，其骨灰被安葬在无锡市锡山区锡北革命烈士陵园老干部公墓内，是陆富全近亲属的共同意思表示，符合我国民间“入土为安”的善良风俗习惯。应当讲，死者骨灰一经共同处分，除非出于社会公共利益的需要等原因，或近亲属之间的协商一致，原则上应保持原状，任何人无权私自转移，这是社会普遍认知的标准。如果陆浩清或陆颖颖认为陆富全的骨灰应与江秀锦合葬，应当通过正当途径向陆富全的其他近亲属提出，在得到陆富全其他近亲属的共同理解和同意后，方能实施该行为，否则，对陆富全的其他近亲属构成侵权。（3）陆颖颖提交陆浩清书写的便条及声明，并陈述自己不认识陆浩清安排的掘墓人，只是自己与守墓人熟悉，陆浩清才安排自己跟随同去，以此证明陆富全的骨灰是陆浩清决定取走的，与己无涉。但综合陆浩清书写的便条及 2007 年 1 月 4 日书写的“声明”来看，陆富全与江秀锦合葬才符合陆浩清的本意，声明中“对父亲的骨灰进行调整”，并不等于是将陆富全的骨灰迁出、抛洒。退一步讲，即使陆浩清 2007 年 1 月 4 日书写的“对父亲的骨灰进行调整，所以所有的一切由我承担”的意思，是按照陆颖颖的解释，其是遵从父命跟随同去，但陆颖颖也知道“守墓人不熟悉挖掘的人，不会让挖，而其与守墓人熟悉，所以就让其跟随同去”，也说明陆颖颖认识到自己到现场的作用。何况徐进宝报案称，2007 年 8 月 18 日左右的下午 3 点多钟，陆颖颖带人来，偷偷地拿走陆富全的骨灰盒；陆颖颖也承认陆浩清于 2007 年 8 月 8 日过世，其就依他遗愿给迁了；就更不能证明将陆富全的骨灰迁出乃至抛洒这种比较极端的做法是陆浩清生前的作为或意思表示。故在整个转移陆富全骨灰事件中，陆颖颖实施侵权行为的事实应予确认。陆颖颖私自转移陆富全的骨灰，违背“入土为安”的善良风俗习惯，漠视陆富全的人身延续法益，既是对死者的不敬，也对原告构成了侵权。至于陆颖颖所称挖掘墓地的时间是在陆浩清生病期间，陆富全的骨灰已经撒向太湖，均未提供证据，本院不予采信。诉讼中，原告表示如陆颖颖能够返还陆富全的骨灰，可以放弃要求其赔偿精神损害抚慰金的请求；如陆颖颖不能返还，则要求其赔偿精神损害抚慰金 60 000 元。原告要求将陆富全的骨灰葬回无锡市锡山区锡北革命烈士陵园老干部公墓内之诉请，本院予以支持，鉴于陆颖颖的行为确实给原告造成了精神痛苦和伤害，在陆颖颖不能返还陆富全的骨灰的情形下，原告要求其赔偿精神损害抚慰金之诉请，本院也予支持，但原告要求的精神损害抚慰金偏高，应予适当调整。诉讼中，陆星火、陆燎原、陆晓军、陆涛声等表示对本案不主张权利，不参加诉讼，本院予以准许。

受理本案后，本院虽采取多种形式多次调解，双方终未达成一致意见。目前，陆富全作为全家人尊重的逝者，其骨灰可能尚未最后落实，其中如何处理陆富全与江秀锦的墓地，可能是矛盾的症结所在，此问题可以由陆富全的近亲属通过多种途径予以解决。但不管怎样，用转移死者骨灰相要挟来达到自己的目的，为社会公德和善良风俗所不容，也违背正常的伦理亲情。而在此方面，陆颖颖作为小辈，更应再三思量。本院希望，双方能在法律和公序良俗允许的前提下，本着相互尊重和理解，经过磋商，及时平息纷争，以告慰逝者的在天之灵，使其早日得到安息。

（五）定案结论

江苏省无锡市北塘区人民法院依照《中华人民共和国民法通则》第七条，《最高人民法院关于确定民事侵权精神损害赔偿责任若干问题的解释》第一条、第十条，作出如下判决：

陆颖颖在本判决生效后 2 个月内将陆富全的骨灰返还无锡市锡山区锡北革命烈士陵园老干部公墓内。逾期不返还，则由陆颖颖赔偿薛英、陆浩云、陆科明、陆科农、陆工农、陆红霞精神损害抚慰金 25 000 元，此款在逾期不返还陆富全的骨灰后的 10 日内付清。

案件受理费 600 元（薛英、陆浩云、陆科明、陆科农、陆工农、陆红霞已预交），由陆颖颖负担，陆颖颖于本判决发生法律效力之日起 7 日内直接支付薛英、陆浩云、陆科明、陆科农、陆工农、陆红霞。

（六）解说

法院裁判的社会认同，决定了裁判被公众接受及奉行的程度，体现了法院工作的社会价值。社会认同度反映的是公众内心确认的善恶、是非的基本准则。严格适用法律不等于社会认同度高，因为制约人们社会生活的并不仅仅是法律，还有民俗习惯等规则，这些规则往往承载着人们确信的价值准则，当法院裁判与该价值准则产生距离，其社会认同度就受到影响。在此状况下，人民法院将善良风俗引入司法审判领域，对保证社会健康、和谐发展，无疑是有意义的。

首先，善良风俗是产生于民间的社会生活规则，属思想社会关系。我国长期浸染儒学，温良、恭让是其重要组成部分，大多数善良风俗都是在此基础上发展起来的，其对人与自然、人与社会的长期和谐相处，起着无比重要的作用。善良风俗习惯世代延续，是被人们普遍接受的一种善良、无害的社会生活规则，也称民风民俗，主要反映人们追求吉祥和趋利避害的心态，如结婚要喜庆、私人造房要择日动土等。善良风俗作为生活规则，具有自发性和社会性，其虽属于道德范畴，没有国家强制力，但其符合人们内心确认的道德伦理标准，再由社会舆论作后盾，故约束着每个人及个人与社会的行为，起着平衡社会秩序的作用。任何国家的法律不可能涵盖社会生活的全部，调整人们社会生活行为的往往是传统习俗，从一定意义上讲善良风俗比法律更深植于民间、为社会所认同和接受。

其次，人民法院在案件审判时应尽量兼顾善良风俗在人们心目中的认同度。我国《民法通则》第七条规定“民事活动应当尊重社会公德”，善良风俗反映一定时空下人们的认知水平、价值观和是非观，从而为社会公德所吸收，并表现为社会公德。由于社会矛盾的复杂性，法律不可能与各种矛盾都对号入座，就在解决矛盾出现法律的空白时，善良风俗能够成为人民法院调整矛盾的另一途径。人民法院的审判直接引导着人们的价值取向，影响着司法的权威，其处理得合法、合理，定能获得公众的认同。这里的认同，其实就是判决与人们内心确认的道德伦理标准相吻合。善良风俗与封建迷信好比孪生兄弟，二者都属于意识形态领域，民风民俗也带有主观色彩，二者有时很难判断、区别，一般善意、不与公众所认知情理相悖的风俗可作为善良风俗。审判实践中，审判人员应有区分善良风俗与封建迷信的能力，从公众一员的角度设身处地考虑法律对善良风俗的相容性，而不简单地将善良风俗认定为封建迷信，就能取得较好的社会效果。对照本案，我国法律对夫妻合葬之事未有规定，一般都依社会的风俗习惯和伦理道德来进行调整。陆富全与江秀锦合葬，或陆富全与薛英合墓，再或者陆富全与江秀锦、薛英合墓，都符合社会认知标准，一般不会招致社会的反对。但问题是，陆颖颖作为孙女将陆富全的骨灰起土转移，是犯了他人不敢干的民风民俗中所谓“掘人祖坟”的大忌，当然将“掘祖坟”之辞写入判决书并不妥当，有涉迷信之嫌，而将“逝者入土为安”的善良风俗习惯纳入人身权的轨道，为最终判决被告返还骨灰铺垫了基础。

最后，在善良风俗之间出现冲突时，应严格运用认同度较高的规则。风俗习惯也有时空适用的问题，具有一定的时代特征，有些风俗会有修正或添加，有些还会被淘汰。“长幼有序”、“长兄为父”是处理家庭内部事务时立的规矩，从前很多家庭都是紧密型的，几代同堂的大家庭屡见不鲜，此时一般都是辈分最高的男性为该家庭的家长，该家长去世后，其长子就做主处理整个家庭事务。这一习俗也曾起到了家庭稳定、和谐的作用。但随着社会发展，该观念已很淡薄，除少数家庭或在处理某些家庭事务时还留有该习俗痕迹外，基本已遭摒弃，所以其认同度不高。而本案陆浩清恰恰捡起这一观念，以长子身份要求父亲与生母合葬，遭拒绝后就认为对其“极不尊重”，表示“以长子的身份对父亲的骨灰进行调整”。由于本案处理的是死者的骨灰，而“入土为安”的观念深入民间，故二观念相碰撞时，只能运用认同度较高的习俗。

近年来，为死者尸骨安葬产生的纠纷常有出现，多见于死者非一次婚姻情形，也就是死者曾有过两个以上的配偶，纠纷系前配偶与后配偶或原配偶与现配偶的子女之间为死者安葬何地、与哪一个配偶共同安葬而产生。“青山处处埋忠骨，何必马革裹尸还”作为一种精神境界，倍受人们传颂，但实际生活中，我国几千年沿袭下来的孝道之一，就是厚葬先人。我国现行法律对生者有规范约束，对死者的保护却甚少见诸法律，人民法院将善良风俗引入司法审判领域之时，也赋予法官自由裁量权，如果法官能知晓、分辨民间善良风俗，对于妥善化解矛盾，保障社会健康、和谐发展，无疑是有意义的。

（江苏省无锡市北塘区人民法院　马寄锦）

60. 曹桂华等诉闫志华损害赔偿案
（见义勇为者的受害补偿）

（一）首部

1. 判决书字号：江苏省海安县人民法院（2009）安曲民一初字第0333号。
2. 案由：见义勇为人受害补偿纠纷。
3. 诉讼双方

原告：曹桂华，男，住江苏省海安县。

原告：葛凤英，女，住址同上。

原告：曹赟，男，住址同上。

法定代理人：曹桂华，系曹赟祖父。

三原告共同委托代理人：王文江。

被告：闫志华，女，住江苏省海安县。

4. 审级：一审。
5. 审判机关和审判组织

审判机关：江苏省海安县人民法院。

合议庭组成人员：审判长：卢义林；审判员：滕自强；代理审判员：徐福鑫。

6. 审结时间：2009年8月4日。

（二）诉辩主张

1. 原告曹桂华、葛凤英、曹赟诉称

被告与我们的亲属曹国军原系夫妻关系。双方于2008年3月17日协议离婚。2008年4月6日18时许，被告以要求复婚为由与曹国军争吵，并以死相挟，从海安县海安镇洋港桥上投河自尽。曹国军见状立即跳入河中营救被告，结果，被告获救，曹国军却因多脏器衰竭死亡。曹国军因见义勇为营救被告而亡，要求被告赔偿、补偿我们医疗费17 703.65元、误工费260元、护理费298.64元、住院伙食补助费72元、营养费24元、死亡赔偿金147 140元、丧葬费13 687元、交通费2 059元、被扶养人生活费170 496元、办理丧事人员误工费746元，合计352 486.29元，减去被告已给付的37 900元，被告应赔偿、补偿我们314 586.29元。

2. 被告闫志华未作答辩。

（三）事实和证据

江苏省海安县人民法院经公开审理查明：原告曹桂华、葛凤英系夫妻关系，只生有一子曹国军。曹国军与被告闫志华原系夫妻关系，婚后生有原告曹赟。2008 年 3 月 17 日，曹国军与闫志华在海安县民政局登记离婚。同年 4 月 6 日下午，被告与曹国军在海安县海安镇见面。双方在海安镇洋港桥西侧的水泥路上交谈，被告要求与曹国军复婚，曹国军不同意，双方未能谈拢。后曹国军要离开，被告感到复婚无望，遂有轻生之念。被告翻过洋港桥上的栏杆，跳入河中。曹国军见状，即跳入河中营救被告。后被告被路人救上岸而存活，而曹国军则在被他人救上岸后送入医院抢救。曹国军经海安县人民医院诊断为：溺水、心跳呼吸骤停、多脏器功能衰竭。次日，转南通市第一人民医院治疗，于同月 9 日治疗无效出院后死亡。曹国军治疗共花费医疗费 19 318.65 元（含从海安转院至南通的救护车费用 615 元，其中医疗保险报销了 1 000 元）。曹国军住院期间由原告曹桂华、葛凤英护理。曹桂华系从事皮鞋加工、销售的个体工商户。

事发后，海安县公安局城南中心派出所民警接到报警后到场出警，当日对被告和原告曹桂华进行了询问。事发后，被告共给付原告 37 900 元。

另查明，曹国军出生于 1980 年 1 月 14 日，按 2007 年和 2008 年江苏省相关赔偿费用标准计算，曹国军的死亡赔偿金为 147 140 元（7 357 元/年×20 年）、丧葬费为 13 687 元（27 374 元/年÷12 月/年×6 月）；原告葛凤英的被扶养人生活费为 106 560 元（5 328 元/年×20 年）、原告曹赟的被扶养人生活费为 69 264 元［(5 328 元/年×13 年)，原告仅主张 12 年，即 63 936 元］。

上述事实有下列证据证明：

1. 海安县公安局城南中心派出所询问笔录。
2. 出院记录、医疗费票据及农村合作医疗报销单。
3. 海安县曲塘镇陆庄村村委会证明。
4. 离婚证。
5. 个体工商户营业执照。
6. 当事人陈述。

（四）判案理由

江苏省海安县人民法院经审理认为：虽然死者与被告曾经是夫妻，但这并不必然衍生出其负有对被告法定或约定救助义务之结论。本案中，死者曹国军在被告复婚无望后顿生轻生之念而跳河自杀时，不顾个人安危，出手相救，最终导致自己溺水身亡，其行为属于见义勇为，死者的行为为中华民族扶危济困之道德传统所提倡。尽管被告系因他人获救而避免丧生，但这丝毫不影响曹国军见义勇为的成立。

死者曹国军的行为不仅是社会主义道德的要求，更应得到法律的肯定。然而，由于我国现行的法律规定中，对于见义勇为者遭受的损失补偿，尤其如本案中没有加害人的情形下见义勇为遭受损失的补偿问题，没有明确的规定，司法实践中对此类案件的处理由于无章可循而莫衷一是，较多类推适用《民法通则》有关无因管理的规定。但见义勇为与无因管理无论在内涵上还是在外延上都有较大的区别。

按照一般的侵权理论，将受害人的损失回复到如损失没有发生应有的状态，即为填平原则，系处理侵权纠纷案件普遍适用的原则，亦为社会公众普遍接受。

但是，本案中，被告闾志华投水自杀的行为，没有侵犯死者的任何权益，死者出手相救与否，完全出于死者自愿，没人强迫，故被告闾志华不是本案的侵权人，显然不能适用填平理论处理本起纠纷。尽管原告曹桂华、葛凤英老年丧子，值得同情，主观上因曹国军之死而认为应归责于被告。但平等保护，是现代法治社会对司法的基本要求，对于本没有过错的被告，要求通过司法强制力强制其赔偿原告因死者死亡造成的一切损失，显然是不公平的。

见义勇为者的损失得不到弥补，不仅对见义勇为者不公平，也不利于发挥道德的感召力。这应当是一个系统的社会工程，非为作为司法机关的法院一家力量而能成就。现实生活中，对见义勇为者的损失，一般通过以下途径予以弥补：一是由侵权者赔偿；二是通过社会力量来适当弥补，如设立并通过见义勇为基金、社会捐助等方式；三是由受益人适当补偿。本案中，原告的损失，因没有侵权人而不能通过这一途径弥补。由于社会求助渠道的缺失或不完备，原告尚未能获得社会求助渠道对其损失的弥补。对于原告的损失，只剩下受益人弥补这一途径，而受益者补偿仅仅是适当，必须把握一定限度，只有这样才能体现公平并兼顾各方利益的平衡。根据本案的实际情况，本院确定被告补偿的份额为50%。

有关原告方的损失问题，本院认定曹国军的住院伙食补助费为72元（18元/天×4天）、营养费为24元（6元/天×4天）。原告未能提供曹国军与其工作单位所签订的劳动合同及工资表，只能参照2007年度江苏省农业从业人员年平均收入来计算误工费为116.28元（29.07元/天×4天，因法庭辩论终结时，2008年度的标准尚未公布）。原告葛凤英已超过55周岁，应认定其丧失劳动能力，其参与护理和办理丧事，不应计算误工费；但可支持其被扶养人生活费的请求。原告曹桂华系从事皮鞋加工和销售的个体工商户，按2007年度江苏省鞋帽制造业从业人员年平均工资计算，其参与护理的护理费为167.64元（41.91元/天×4天），其参与办理丧葬事宜的误工费为419.10元（41.91元/天×10天）。原告的交通费按实际需要，本院酌定为800元。被告系原告曹赟的母亲，在曹国军死亡后，为曹赟的唯一抚养义务人，客观上增加了其抚养原告曹赟的经济支出，本质上原告曹赟获得的被扶养人生活费的赔偿，是对被告自己的赔偿，原告曹赟与被告之间抚养关系尚存时，被告不应当赔偿该部分被扶养人生活费。对于原告主张的其他损失，本院予以认定（死亡赔偿金147 140元、丧葬费13 687元、原告葛凤英的被扶养人生活费106 560元）。

（五）定案结论

江苏省海安县人民法院依照《中华人民共和国民事诉讼法》第一百三十条，《中华人民共和国民法通则》第一百三十二条，《最高人民法院关于审理人身损害赔偿案件适用法律若干问题的解释》第十五条、第十七条、第十九条、第二十条、第二十一条、第二十二条、第二十三条、第二十四条、第二十七条、第二十八条、第二十九条之规定，作出如下判决：

1. 被告闾志华补偿原告曹桂华、葛凤英、曹赟有关曹国军的医疗费、护理费、住院伙食补助费、营养费、误工费、死亡赔偿金、丧葬费、交通费、（原告葛凤英的）被扶养人生活费、办理丧事人员误工费计139 152.34元，减去被告闾志华已给付的37 900元，尚应给付原告曹桂华、葛凤英、曹赟101 252.34元，于本判决发生法律效力后10日内履行。

2. 驳回原告曹桂华、葛凤英、曹赟的其他诉讼请求。

如果被告闫志华未按本判决指定的期限履行给付金钱义务，应当依照《中华人民共和国民事诉讼法》第二百二十九条之规定，加倍支付迟延履行期间的债务利息。

案件受理费1 874元、公告费800元，合计2 674元，由原告曹桂华、葛凤英、曹赟负担1 271元，被告闫志华负担1 403元（被告负担部分已由原告代垫，被告于履行上述义务时给付三原告）。

（六）解说

本案判决依据的是法律原则而非具体法律规则。

首先，法律原则与法律规则的关系。法律规则是采取一定的结构形式具体规定人们的法律权利、法律义务以及相应的法律后果的行为规范，构成法律要素的主要成分。由于其具有较强的微观指导性，可操作性强，确定性程度高，所以法律规则是司法审判的主要依据。但在现实生活中，社会关系千姿百态、千变万化，微观确定的规则不足以涵盖全部的社会关系，而社会秩序必须保障，实际问题亟须解决，因此，要以一些根本规则来补充那些具体的规则。这样，一定的来自道德母体的规则被上升为法律，它们对社会提出比原有规则更高的要求，因为通常意义上的法律规定只是最低限度的道德。这些来自道德的规则比如诚信、禁止权利滥用或公平等，就成为法律原则。它们对事及对人的覆盖面更宽，具有较强的伸缩性，与法律规则在适用范围、适用方式等方面存在较大差异。在司法适用的过程中，法律原则可以作为理解法律规则的指导准则，能对具体法律规则在个案中的正当性进行评价，在法律规则出现规制的“漏洞”时，可以涵摄案件事实，作为个案的断案依据。

其次，法律原则的适用。从人类的认识论规律、避免法律适用无谓的论证之累等方面考虑，确定、具体的法律规则较之法律原则无疑应具有适用的优先性。况且任何法律规则必定代表着一定的价值基础，就这点而言法律原则也未必更加优越，所以法律原则只有在特定情况下才会被适用作为裁决依据。通常认为适用法律原则应满足三个条件：第一，“穷尽规则”，即法官应尽可能全面、彻底地寻找个案裁判应适用的规则，只有当无法律规则可适用时，法律原则才可以作为弥补“规则漏洞”的手段发生作用；第二，“实现个案正义”，即只有在适用法律规则可能导致个案极端不公正时，才需要通过法官“法律续造”的技术和方法，即适用法律原则来解决；第三，“更强理由”，即适用法律原则具有比适用原有法律规则更强的理由。在此基础上，若要适用法律原则，应对其进行一系列解释和论证使其变得相对具体、确定、具有可操作性：确定哪些法律原则对个案应予以适用；依据法律原则，提出更强理由宣告相应的法律规则不应适用；考量受裁判之个案的具体情况，对法律原则的适用作进一步的解释，形成判决结论。本案中，由于没有能够确切涵摄见义勇为这一特定案件事实的法律规则，为个案正义，将平等保护或曰公平原则确定为适用于本案个案的法律原则。依据公平原则进行思考，由于被告无过错、非侵权人，一般的侵权法律规则及填平原则不应适用，同时，见义勇为与无因管理在内涵及外延上存在较大的区别，故适用法律公平原则较之具体法律规则具有更强理由。考量本案中原告曹桂华、葛凤英老年丧子，值得同情，见义勇为人受害应得到补偿，曹国军之死主观上应归责于被告，被告并无过错等实际情况，将公平及兼顾各方利益平衡原则在个案中进行解释，最终确定被告补偿的份额为50%。

本案较成功地将法律原则通过法官的发现、鉴别和论证的技术，纳入现实法律秩序体系，实现了其在个案中的适用。

（江苏省海安县人民法院　芦霞　滕自强）

五、婚姻家庭、继承纠纷案例

61. 赵宝中、马淑丽诉龚嘉旭、龚其贤、汪跃英配偶权纠纷案（配偶权）

（一）首部

1. 判决书字号：北京市朝阳区人民法院（2009）朝民初字第12178号。
2. 案由：配偶权纠纷。
3. 诉讼双方

原告：赵宝中，男，汉族，住北京市朝阳区。

原告：马淑丽，女，汉族，住址同上，系赵宝中之妻。

二原告委托代理人：卜祥熙，北京市金栋律师事务所律师。

被告：龚嘉旭，男，汉族，住北京市朝阳区。

被告：龚其贤，男，汉族，住址同上，系龚嘉旭之父。

委托代理人：龚嘉旭。

被告：汪跃英，女，汉族，住址同上，龚嘉旭之母、龚其贤之妻。

委托代理人：龚嘉旭。

4. 审级：一审。
5. 审判机关和审判组织

审判机关：北京市朝阳区人民法院。

独任审判人员：审判员：陈晓东。

6. 审结时间：2009年5月26日。

（二）诉辩主张

1. 原告赵宝中、马淑丽诉称

我们的女儿赵甜与被告龚嘉旭于2008年7月17日登记结婚，婚后他们一直在北京市朝阳区八里庄北里，与龚嘉旭的父母龚其贤、汪跃英共同生活。2008年9月18日凌晨，龚嘉旭与赵甜在房屋内发生争吵，后赵甜从1408室坠楼而死。夫妻之间有互相忠实、互相扶助的义务，在争吵过程中，龚嘉旭应注意到赵甜的行为，预见到可能发生的后果，但龚嘉旭未尽到注意义务，任凭后果发生，没有尽到夫妻之间的忠实、互相扶助义务。龚其贤、汪跃英的居室与龚嘉旭、赵甜的房屋相邻，对于争吵没有制止，也负有责任。三被告的不作为对赵甜死亡有一定关系，给二原告造成了极大精神痛苦，因此，要求三被告共同赔偿二原告死亡赔偿金 15 万元、精神抚慰金 5 万元。

2. 被告龚嘉旭、龚其贤、汪跃英辩称

2008 年 9 月时，龚嘉旭系东来顺集团北苑饭店员工，因工作需要，龚嘉旭那时经常加班，但每次加班，龚嘉旭均事先通知家人。2008 年 9 月 17 日晚，龚嘉旭又加班，晚上十点半左右才回到家中。9 月 18 日凌晨零点左右，龚嘉旭准备休息时，赵甜抱怨龚嘉旭工作时间太长，没有陪她。龚嘉旭进行辩解。二人发生争吵。后龚嘉旭在床上面向墙壁哭泣，赵甜离床。龚嘉旭哭了一阵，回头一看，发现赵甜不见了踪影，但房屋的推拉窗已被推开。龚嘉旭跑到隔壁房间唤醒龚其贤、汪跃英，下楼发现赵甜已坠楼死亡。我们遂告知住在同楼的二原告，二原告遂报警。经公安机关调查认为，赵甜因高坠颅脑损伤死亡，排除了刑事责任。龚嘉旭与赵甜争吵后面向墙壁哭泣，二人的争吵并不十分激烈，赵甜亦未有关于自杀的明示或暗示性的语言，故其轻生行为，龚嘉旭无从知晓，无法预见，因此，不能承担赔偿责任。龚其贤、汪跃英居住于龚嘉旭、赵甜的隔壁房屋，当时已入睡，不知二人争吵情况，赵甜轻生时亦不在场，因此亦不应承担民事责任。故请求法院驳回二原告的诉讼请求。

（三）事实和证据

北京市朝阳区人民法院经公开审理查明：二原告及其女赵甜居住于北京市朝阳区八里庄北里 113 楼 908 室，三被告居住于同楼的 1408 室。赵甜与龚嘉旭于 2008 年 7 月 17 日登记结婚，婚后与龚其贤、汪跃英共同居住于 1408 室。该房屋为二室一厅，总使用面积为 53 平方米，其中大间卧室由龚其贤、汪跃英居住，小间卧室由龚嘉旭、赵甜居住，两个卧室相邻。

当时龚嘉旭在东来顺集团北苑饭庄工作，因工作原因常常晚归。2008 年 9 月 17 日，龚嘉旭晚 10 时 30 分回到家中。9 月 18 日零时左右，准备入睡的龚嘉旭因赵甜抱怨其经常晚归，不能顾及家庭、妻子，遂与赵甜发生争吵。争吵中，赵甜称龚嘉旭总加班，回不了家，现在夫妻二人又与龚嘉旭父母住在一起，不能买房自行居住，总这样下去，还不如自己跳楼。此言并未引起龚嘉旭的注意。凌晨 1 时 30 分许，龚嘉旭发现赵甜已不在室内，此前室内关闭着的宽约 40 厘米～50 厘米的推拉纱窗被推开，龚嘉旭遂到隔壁唤醒龚其贤、汪跃英，三人下楼发现了坠楼死亡的赵甜。三人立即告知了二原告，赵宝中遂报警。经公安机关委托北京盛唐法医学司法鉴定所鉴定，赵甜符合高坠致颅脑损伤而死亡。公安机关排除了刑事案件嫌疑。

上述事实有下列证据证明：

1. 龚嘉旭和赵甜的结婚证。
2. 北京市公安局朝阳分局的死亡证明书。
3. 北京盛唐司法鉴定所的尸体检验报告书。
4. 北京市朝阳区东风地区石佛营南里社区居民委员会证明。
5. 赵甜死亡后，赵宝中与龚嘉旭等人的谈话录音。

（四）判案理由

北京市朝阳区人民法院经审理认为：赵甜的坠楼死亡，经公安机关调查排除了刑事案件的嫌疑，双方当事人均认可其系自杀，且龚嘉旭于2008年9月18日接受公安机关调查时承认赵甜扬言“跳楼”一节，故认定赵甜系自杀身亡。

婚姻法规定，夫妻应当互相忠实，互相尊重；家庭成员间应当做到敬老爱幼，互相帮助，维护平等、和睦、文明的婚姻家庭关系。这里的夫妻之间的忠实，家庭成员之间的互相帮助，除了情感方面的忠实和经济方面的帮助外，亦不应排除危急时刻力所能及的救助。

本案龚嘉旭、赵甜所居卧室大不过10平方米，除双人床和其他家具外，空间所剩无几，从事发当天现场照片看，赵甜跳楼须先通过该卧室所剩狭窄空间至窗台前，踏上窗台前的板凳，再凳上窗台，推开纱窗，探身钻过宽不过40厘米～50厘米的窗口，加之赵甜体胖，完成上述一系列动作不可能没有动静，也非瞬间能够完成，特别是赵甜口出“总这样下去，不如跳楼”之类的警示性语言，即使如其夫龚嘉旭所言，当时其正卧床面壁而泣，以上赵甜的言行亦应引起龚嘉旭的注意甚至警觉，以致及时采取行动制止赵甜的轻生行为，然而龚嘉旭并未如此，故其未尽到婚姻法定、理所当然和力所能及的帮助义务，因此存在过错，这种过错与赵甜死亡又有一定因果关系，故应承担相应的民事赔偿责任。二原告中年丧女，将来的扶养来源丧失，天伦之乐不再享有，遭受经济打击和精神痛苦，故主张死亡赔偿金和精神抚慰金于法有据，唯数额偏高，与龚嘉旭责任程度不符，法院根据案情予以酌减。需要指出的是，作为完全民事行为能力人的赵甜，应当珍惜生命，努力生活，不因挫折而自弃，不因失意而轻生。面对生活中的不顺意，赵甜与其夫龚嘉旭争吵后随意轻生，不可讳言，其自身亦负有相应责任。

龚其贤、汪跃英事发时在隔壁卧室休息，没有有效证据证明该二人知晓当时现场的情况，因此，二原告要求龚其贤、汪跃英亦承担赔偿责任，缺乏事实依据，本院不予支持。

（五）定案结论

北京市朝阳区人民法院依据《中华人民共和国婚姻法》第四条，《中华人民共和国民法通则》第一百零六条第二款、第一百一十九条，作出如下判决：

1. 被告龚嘉旭于本判决生效后15日内赔偿原告赵宝中、马淑丽死亡赔偿金8万元、精神抚慰金2万元。

2. 驳回原告赵宝中、马淑丽的其他诉讼请求。

案件受理费2 150元，由原告赵宝中、马淑丽负担1 000元（已交纳），由被告龚嘉旭负担1 150元（于本判决生效后7日内交纳）。

原、被告双方均未上诉。

（六）解说

本案涉及的主要问题是夫妻之间在紧急情况下，有无力所能及的救助义务。

夫妻人身关系即夫妻在人身方面的权利义务关系，又称为配偶权。目前理论界虽然对配偶权的具体内容认识尚不完全一致，但能够达成共识的主要包括姓名权、同居义务、住所决定权、忠实义务、选择职业的自由权、抚养/教育子女的权利与义务、代理权、扶助义务等。其中扶助义务是指婚姻关系存续期间，夫妻基于身份关系要求对方协作、帮助、救助的权利，即另一方承担协作、帮助、救助的义务。

我国婚姻法虽未明文规定配偶权，但配偶权的具体内容却散见于婚姻法的各条款之中。《婚姻法》第四条规定，夫妻应当相互忠实，互相尊重，家庭成员之间应当敬老爱幼，互相帮助，维护平等、和睦、文明的婚姻家庭关系。该条文中实际上包含了配偶权中的扶助义务。这里的互相帮助虽然指的是家庭成员之间的扶助，但家庭成员中当然应当包括夫妻。基于夫妻间的特定身份关系，夫妻间的扶助不仅应包括经济上的扶助、感情上的支持，还应包括紧急时刻力所能及的救助。需要强调的是，紧急情况下的救助，应以配偶一方力所能及为条件，如果是力所不能及，则不能要求配偶一方必须为之。

本案龚嘉旭在赵甜扬言自杀的情况下，轻信这种结果不会发生，赵甜从下床到攀上窗台，推开窗到探身跳楼，有一个过程，加之室内狭小、凌乱，不可能没有动静。在这种情况下，龚嘉旭完全有时间、有能力采取阻拦行为，制止赵甜跳楼，然而龚嘉旭未能采取这种力所能及的救助行为，这与赵甜死亡有一定的因果关系，因此龚嘉旭没有尽到夫妻间的扶助义务，应承担相应的民事责任。当然，赵甜作为有完全民事行为能力的自然人，应当珍惜生命，轻生是其死亡的主要原因，故应减轻龚嘉旭的赔偿责任。事发时，龚其贤、汪跃英在隔壁休息，没有证据证明他们知道当时现场情况，故不应承担民事责任。

综上所述，结合我国婚姻法的相关规定，应当认定夫妻之间在紧急情况下，有力所能及的救助义务。

（北京市朝阳区人民法院　陈晓东）

62. 张玉香与祁万钧离婚案
（离婚财产分割）

（一）首部

1. 判决书字号

一审判决书：青海省玛沁县人民法院（2008）沁民初字第69号。

二审判决书：青海省果洛藏族自治州中级人民法院（2009）果民一终字01号。

2. 案由：离婚纠纷。

3. 诉讼双方

原告（上诉人）：张玉香，女，汉族，住青海省西宁市。

被告（被上诉人）：祁万钧，男，藏族，住青海省果洛藏族自治州。

4. 审级：二审。

5. 审判机关与审判组织

一审法院：青海省玛沁县人民法院。

独任审判人员：审判员：索南措。

二审法院：青海省果洛藏族自治州中级人民法院。

合议庭组成人员：审判长：卓玛；审判员：史来万、林红梅。

6. 审结时间

一审审结时间：2008年12月1日。

二审审结时间：2009年5月19日。

（二）一审诉辩主张

1. 原告张玉香诉称

原、被告经人介绍于2000年2月登记再婚，双方各带一男孩。因被告在果洛工作，由我照料两个孩子，无怨无悔，多年来被告未向原告交过生活费和抚养费，还经常无端猜忌原告生活不检点，百般侮辱，使原告精神遭受极大痛苦。我多次主动与被告沟通，均遭被告拒绝，致使我彻底丧失共同生活的信心，请求解除婚姻关系，依法分割财产。

2. 被告祁万钧辩称

我作为丈夫和父亲尽到了应尽的义务，而原告对我和孩子从不关心、照顾，为此我同意解除婚姻关系。现有西宁市昆仑路37号9幢2单元261室住房一套是我婚前购买，不属夫妻共同财产，果洛州政府格桑小区的住房及原、被告住房公积金平均分割。

（三）一审事实和证据

青海省玛沁县人民法院经公开审理查明：原告张玉香、被告祁万钧经人介绍于2000年2月18日登记结婚，双方均系再婚，并各带一男孩。期间因被告在果洛工作，其子祁鑫明与原告母子在西宁共同生活。婚后，原、被告感情尚好，后因教育子女等家庭琐事经常发生争执，互不信任，产生隔阂，遂分居生活，致使感情破裂，无和好可能。

被告祁万钧婚前个人财产有其于1999年购买的位于西宁市昆仑路37号9幢2单元261室住房一套，该住房于2003年4月25日在西宁市房产管理局办理产权登记。产权登记所有人为被告人祁万钧。但原告在被告共同生活期间出资10 000元对该房屋进行了装修及购买家具。

审理期间，原告张玉香提出对西宁市昆仑路37号9幢2单元261室住房一套价值的评估申请，经我院委托青海省高级人民法院鉴定，该住房价值为人民币18. 52万元。

夫妻共同财产有原、被告于2005年购买的位于果洛藏族自治州（以下简称果洛州）大武镇格桑小区17号1单元201室住房一套，价值人民币67 639元整；该房于2008年6月10日在玛沁县交通与建设局办理房屋产权登记，产权登记为被告祁万钧所有；原告名下住房公积金有11 000元整。被告祁万钧名下住房公积金有12 936.65元；夫妻共同债务有被告祁万钧为购房于2005年11月在果洛州农业银行贷款30 000元，尚欠2 000元贷款未付清。

上述事实有下列证据证明：

1. 西宁市城西区档案馆出具的证明一份。

2. 原、被告陈述及青海省第二汽车运输有限责任公司行政管理科出具的证明1份。

3. 原告张玉香委托评估房屋价值申请书及青海省高级人民法院司法技术室委托鉴定结论函、青海省思创房地产评估司法鉴定所司法鉴定意见书。

4. 原、被告陈述。

5. 西宁市房产管理局出具的产权证。

6. 原、被告的陈述及果洛州人民政府办公室机关事务管理科出具的证明1份。

7. 中国农业银行青海省果洛分行营业部无折存款回单。

8. 原告张玉香的陈述及中国农业银行青海果洛分行营业部出具的住房公积金及补贴职工余额清单1份。

（四）一审判案理由

青海省玛沁县人民法院经审理认为：原、被告经人介绍自愿结婚，婚初夫妻感情较好，但期间双方因教育子女及家庭琐事发生争执，夫妻产生隔阂，自2006年起原、被告便分居生活，互不尽夫妻义务，经本院主持调解，无和好意愿。原告及其代理人提出的位于西宁市昆仑路37号9幢2单元261室住房一套，系原、被告共同出资购买，要求按夫妻共同财产分割的请求，经查证，该住房系祁万钧婚前个人出资购买，虽然该房屋产权证于原、被告婚姻关系存续期间办理，但并不改变房屋所有人的性质，系被告婚前个人财产，房屋产权仍属于被告祁万钧所有，同时根据我国《民事诉讼法》第六十四条第一款及《最高人民法院关于民事诉讼证据若干规定》的规定，原告对其主张，未提供证据证明，故该项诉讼请求，本院不予支持，但对原告出资装修部分被告应适当补偿。原、被告在婚姻关系存续期间购买的位于果洛州政府格桑小区住房一套，属于原、被告夫妻共同财产，被告未经共有人即原告张玉香的同意擅自借款出售房屋的行为属于无效的民事法律行为，故原告提出要求平均分割，并提出将该住房判归被告所有、由被告向原告支付折价款的意见，本院予以采纳。关于原告主张要求平均分割原、被告住房公积金的请求，被告亦表示同意，但原告提出其住房公积金11 000元中已支出10 000元，只同意将剩余的1 000元按夫妻共同财产分割的意见亦未提供证据证明，本院不予采信，故对被告及其委托代理人提出应按原告陈述的公积金即1 000元来认定原告公积金数额来判决原、被告各自公积金归各自所有的意见，本院予以采纳。原、被告婚姻关系存续期间因购房被告祁万钧贷款30 000元，其中已还28 000元，余2 000元贷款未还，系原、被告夫妻共同债务，应由原、被告共同偿还。但从照顾妇女、儿童利益考虑，且该债务数额不大，由被告祁万钧自行负责偿还为宜。

（五）一审定案结论

青海省玛沁县人民法院依照《中华人民共和国婚姻法》第三十二条、第十七条、第八条第（一）项、第十九条第一款、第三十九条、第四十一条，及《最高人民法院关于适用〈中华人民共和国婚姻法〉若干问题的解释（一）》第十九条，《最高人民法院关于适用〈中华人民共和国婚姻法〉若干问题的解释（二）》第十一条第（二）项、第二十四条之规定，作出如下判决：

1. 原告张玉香与被告祁万钧离婚，本院予以准许；

2. 位于西宁市城西区昆仑路 37 号 9 幢 2 单元 261 室住房一套归被告祁万钧个人所有；

3. 被告祁万钧向原告张玉香补偿房屋装修拆价款人民币 10 000 元；

4. 原、被告夫妻共同财产即位于果洛州政府格桑小区 17 号楼 1 单元 201 室住房一套归被告祁万钧所有，被告祁万钧向原告张玉香补偿房屋拆价款人民币 33 820 元整；

5. 原、被告各自住房公积金归各自所有；

6. 原、被告夫妻共同债务即购房贷款人民币 2 000 元由被告祁万钧偿还；

7. 驳回原告张玉香的其他诉讼请求。

（六）二审情况

1. 二审诉辩主张

（1）上诉人张玉香诉称

西宁市城西区昆仑路 37 号 9 幢 2 单元 261 室住房为夫妻共同财产，应判处上诉人所有；被上诉人住房公积金应作为夫妻共同财产分割。

（2）被上诉人祁万钧辩称

西宁市城西区昆仑路 37 号 9 幢 2 单元 261 室住房付房款时，张玉香系他人之妻，无权分割财产；各自住房公积金各自所有。

2. 二审事实和证据

青海省果洛藏族自治州中级人民法院经审理，确认一审法院认定的事实和证据。

3. 二审判案理由

青海省果洛藏族自治州中级人民法院经审理认为：（1）关于西宁市城西区昆仑路 37 号 9 幢 2 单元 261 室住房是否是夫妻共同财产问题，根据本案证据来看，被上诉人祁万钧在购买西宁市城西区昆仑路 37 号 9 幢 2 单元 261 室住房时，上诉人还是他人之妻（未办理离婚手续），被上诉人确有委托上诉人交款之事（祁万钧将存折托人转交张玉香代交房款），上诉人无证据证明是双方出资购买的，虽然房屋产权证是双方婚姻关系存续期间办理，但并不改变房屋产权所有人的性质，据此，该房屋系被上诉人祁万钧婚前财产，房屋产权仍属祁万钧所有，上诉人亦未提出出资买房的证据。一审法院持此观点，应予认定，故上诉理由不予采纳。

（2）关于住房公积金如何认定的问题。上诉人与被上诉人均为国家公职人员，各自账户的公积金数额基本相当，一审法院判归各自所有是正确的。上诉人提出其账户公积金

11 000 元中支出 10 000 元，二审上诉期间也未提供证据证明，本院不予采纳。

综上所述，原判认定事实清楚，适用法律正确。

4. 二审定案结论

青海省果洛藏族自治州中级人民法院依照《中华人民共和国民事诉讼法》第一百五十二条、第一百五十三条第一款之规定，作出如下判决：

驳回上诉，维持原判。

（七）解说

1. 离婚纠纷案件同其他民事纠纷案件比较，有它的特殊性。离婚纠纷发生在婚姻家庭内部，事理说不清，亲戚参与多，伪证比例大，很难查清全部事实的来龙去脉，按照一般的民事纠纷很难及时处理。一、二审法院查清了此案的基本事实和基本证据，将西宁市城西区昆仑路 37 号 9 幢 2 单元 261 室住房根据查实的事实和证据定案处理；依据房屋购置登记时的姓名、产权所有人，购房交款时原、被告当时的经济状况，建设单位证明以及张玉香还有前夫、再婚等证据作为定案依据，并不意味着草率从事，办案人员在审查、判断时，坚持了实事求是，逻辑上的关联性、一致性，把案件中的全部证据形成一个完整的证据链，对案件事实作出了正确的认定。

2. 本案审理过程中，对西宁市城西区昆仑路 37 号 9 幢 2 单元 261 室住房是个人财产还是夫妻共同财产有过不同意见。《最高人民法院关于人民法院审理离婚案件处理财产分割问题的若干具体意见》第二条规定，夫妻双方在婚姻关系存续期间所得财产，为夫妻共同财产。从表面上看昆仑路 37 号 9 幢 2 单元 261 室交款人为张玉香，购房人姓名为祁万钧，有共同购房的表象，看似夫妻共同财产，但应当具体问题具体分析：本案一审中出示的祁万钧前妻治病报销的住院费（药费）、保险金等 85 211 元，马艳芝亲哥、弟及果洛藏族自治州藏医院余秀珍证明马艳芝生前叮嘱死后所得款项留给儿子。省汽车运输公司行政管理科证明该房为祁万钧所买，果洛藏族自治州招办主任证明祁万钧让自己把存折（5 万元）带给张玉香交房款。并且，第一次交房款 10 000 元，交款日期为 1999 年 4 月 24 日；第二次交房款 50 000 元，交款日期为同年 5 月 4 日，交款人实属张玉香。（但没有其他证据证明该房款的部分是自己出资交的）。而原告张玉香与前夫离婚日期为 1999 年 8 月 4 日，由此看出，祁万钧购房时，张玉香还是他人之妻，认定共同财产会犯逻辑错误，且张玉香前夫要求分割该房产有损法官形象、法院声誉。

3. 此案在审理过程中，一审法院认定昆仑路 37 号 9 幢 2 单元 261 室是婚前财产，产权属祁万钧个人所有；二审中发现，该房第一、二次交款时张玉香与前夫还在婚姻关系存续期间，第三次交款时张玉香与祁万钧在婚姻关系存续期间，上诉人张玉香在上诉理由中提出分割昆仑路 37 号 9 幢 2 单元 261 室房产，未提出第三次交款时是在婚姻关系存续期间交的款，是夫妻共同财产的主张，也未在法定期内提供证据；二审判决后，张玉香托人拿来分批交款的复印件，为此，一审法院认定 261 室是婚前财产，房屋所有权属祁万钧个人所有是恰当的。

（青海省果洛藏族自治州中级人民法院　史来万）

63. 王柏明诉方美兰离婚案
（离婚财产分割）

（一）首部

1. 判决书字号

一审判决书字号：浙江省慈溪市人民法院（2008）慈民一初字第1879号。

再审判决书字号：浙江省慈溪市人民法院（2008）慈民一再抗字第8号。

2. 案由：离婚纠纷。

3. 诉讼双方

原告：王柏明（又名王伯明），男，汉族，住浙江省慈溪市。

被告：方美兰，女，汉族，住址同上。

4. 审级：一审、再审。

5. 审判机关和审判组织

一审法院：浙江省慈溪市人民法院。

独任审判人员：审判员：沈晓东。

再审法院：浙江省慈溪市人民法院。

合议庭组成人员：审判长：岑丽芬；审判员：段金荣、陈秀珍。

6. 审结时间

一审审结时间：2008年5月10日。

再审审结时间：2009年3月9日。

（二）一审情况

1. 一审诉辩主张

（1）原告王柏明诉称

被告在原告不知情的情况下，大量举债，致夫妻感情破裂，要求离婚。

（2）被告方美兰辩称

同意离婚，要求分割婚后建造的房屋一间，并称向外借债是用于共同生活，应由原告共同承担债务。

2. 一审事实和证据

浙江省慈溪市人民法院原审经公开审理查明：原、被告于1985年1月28日登记结婚，同年9月30日生育一子名王鲁，现已成年。原、被告婚姻关系存续期间夫妻感情尚可，后因经济问题双方发生矛盾。2006年12月10日双方再次发生争吵，被告离家出走，双方分居至今。1995 年，原、被告对原告的婚前两间平房进行拆除，未经审批，建造了两间楼房及半间二楼平顶房。另外购置了电脑、相机、电热水器、彩电、摩托车各 1 台，其中电脑、相机已被儿子遗失。2007 年 1 月 24 日，原告曾诉来本院，要求离婚，本院以夫妻感情尚未破裂为由，驳回了原告的诉讼请求。现原告又诉来本院，请求离婚。

一审庭审中，双方一致同意离婚，但对财产及债务问题意见不一。原审认定夫妻共同债务有：欠朱亚飞 30 000 元（已执行 8 400 元，尚余 21 600 元）、欠虞科萍 30 000 元、欠郁娟芬 20 000 元，合计 71 600 元。被告个人债务有欠程亚飞 10 000 元、欠宓婉敏 20 000 元。

3. 一审判案理由

浙江省慈溪市人民法院经审理认为：原、被告婚姻基础较好，婚后感情一度尚可，后因经济问题发生争吵，致双方失和，尤其在本院判决不准离婚之后，双方仍继续分居，互不尽夫妻义务，现双方均同意离婚，可视为夫妻感情已彻底破裂，应准予离婚。对于原、被告之夫妻共同财产应各半所有，考虑到婚后建房是在拆除原告婚前平房的基础上建造，故南首的一间半房屋应归原告、北首的一间房屋归被告。庭审中，原告表示共同财产中摩托车、彩电可归被告，电热水器可归原告。共同债务共同承担，个人债务个人自理。对于被告所主张的欠林红雅 5 000 元、欠唐菊芬 5 000 元、欠方立平 2 800 元，因被告提供的证据无法证明是否系共同债务，可另案处理。被告主张尚欠的互助会款因被告不能证明尚欠多少，也可另案处理。

4. 一审定案结论

浙江省慈溪市人民法院依照《中华人民共和国婚姻法》第三十二条、第三十九条、第四十一条，《最高人民法院关于适用〈中华人民共和国婚姻法〉若干问题的解释（二）》第二十四条，《最高人民法院关于民事诉讼证据的若干规定》第二条之规定，作出如下判决：

（1）准予原告王柏明与被告方美兰离婚。

（2）原、被告共同财产未经审批建造的两间半楼房的北首一间的建材归被告所有，其余归原告所有。共同财产中热水器 1 台归原告所有，彩电 1 台、摩托车 1 辆归被告所有。

（3）夫妻共同债务，欠朱亚飞 30 000 元（已执行 8 400 元，尚余 21 600 元）、欠虞科萍 30 000 元、欠郁娟芬 20 000 元，合计 71 600 元，由原、被告共同偿还。欠程亚飞 10 000 元、欠宓婉敏 20 000 元系被告个人债务，由被告负责偿还。

案件受理费 300 元，本院依法收取诉讼费 150 元，由原、被告各半负担。

（三）再审诉辩主张

1. 浙江省宁波市人民检察院抗诉称

原审关于“原、被告共同财产未经审批建造的两间半楼房的北首一间的建材归被告所有，其余归原告所有”的判决在适用法律上存在错误，同时原审判决在认定共同债务上也存在错误，欠程亚飞 10 000 元、欠宓婉敏 20 000 元应当认定为夫妻共同债务。另查明，方美兰在婚姻关系存续期间尚欠民间二个互助会款各6 000 元，共计 12 000 元；欠慈溪市观海卫镇东山头村的林红雅 5 000 元，也应一并处理。

2. 方美兰同意检察机关的抗诉理由，并提出自己离婚后向原审法院申请执行，要求王柏明把北首一间房屋腾空，归方美兰使用，但被原审法院裁定驳回，因此方美兰现无房居住，要求改判成共同财产中未经审批建造的两间半楼房的北首一间房屋归被告使用，同时要求房前道地与墙门共同使用。

3. 王柏明辩称

(1) 未批所建楼房的宅基地使用权属于王柏明婚前个人的权属，离婚后，王柏明如再造房屋，所在村不会再安排宅基地，所以原审判决将北首一间的建材归方美兰所有合理、合法。(2) 原审与方美兰提及的债权人是程亚飞，抗诉中出现程雅飞，是否同一人无法查证，即使是同一人，她在出庭作证时说钱是方美兰哥哥要用，后来修改成是孩子读高中的费用，证言怎么可以随时改变？再说，当时孩子已高中毕业，说明她的证词是推测性的，不能采信。宓婉敏在原审出庭作证时讲，方美兰借款时说替小姐妹管账的，现在改变证词是无用的。(3) 关于会债，证人林伟芬出示的会单与方美兰提供的会单不相符，会债的虚假性不言自明。

(四) 再审事实和证据

浙江省慈溪市人民法院再审查明：双方婚后所建楼房前是道地与围墙，墙门是双方向外界出入的唯一通道。北首一间楼房（无楼梯）对出的围墙上无法开门。

再审查明的其他事实与原审一致。

(五) 再审判案理由

浙江省慈溪市人民法院再审审理认为：原审判决对夫妻共同财产中摩托车、彩电、电热水器等所作的分割，双方亦无异议，予以维持。对本案双方争议的两间楼房及半间二楼平顶房的处理问题，因上述楼房系双方当事人婚后在拆除对方当事人王柏明婚前平房的基础上未经审批而建造，业已共同使用多年，有关部门至今未对上述房产的相关性质作出认定，故本院无法对楼房的所有权权属作出确认并作相应处理，但亦不宜采取判决房屋建材归双方当事人所有的简单做法。《最高人民法院关于适用〈中华人民共和国婚姻法〉若干问题的解释（二）》第二十一条第一款规定：离婚时双方对尚未取得所有权或者尚未取得完全所有权的房屋有争议且协商不成的，人民法院不宜判决房屋所有权的归属，应当根据实际情况判决由当事人使用。结合本案的实际情况，可对楼房的实际使用作如下分割：南首的一间半楼房由被申诉人王柏明管理、使用，北首的一间楼房由申诉人方美兰管理、使用，上、下楼所需之楼梯申诉人自行设置；因墙门是该楼房向外界出入的唯一通道（北首一间楼房对出的围墙上无法开门），故墙门应由双方共同使用，申诉人方美兰则可以在南首一间楼房的道地上进出。原审判决“原、被告共同财产未经审批建造的两间半楼房的北首一间的建材归被告所有，其余归原告所有”不妥，应予纠正。检察机关的相关抗诉理由本院予以采纳。对方当事人认为婚后所建楼房的宅基地使用权属于其婚前个人、方美兰无权使用的主张与我国相关法律及司法解释规定之精神不符，不予采纳。关于检察机关抗诉主张的“婚姻存续期间夫妻一方以个人名义发生的债务应当认定为夫妻共同债务”，进而认为原审判决在认定共同债务上存在错误的观点，本院认为，此系检察机关误解了上述司法解释条款之法理精神，从而导致将共同债务的认定作简单化处理之故。根据有关司法解释的规定，对于债权人来说，原则上，婚姻关系存续期间夫妻一方以个人名义发生的债务应当认定为夫妻共同债务，夫妻一方能够证明债权人与债务人明确约定为个人债务的除外。从该规定表面文义看，似乎只要是发生在夫妻婚姻关系存续期间的债务都应认定为共同债务，除非夫妻一方能证明债权人与债务人在借款时明确约定为个人债务。此规定的立法精神意在最大限度地保护债权人合法权益。但就立法原则而言，任何法律、法规或司法解释的规定在制定时均会注意平等保护各方利害关系人的合法权益，而不可能在保护一方的利益时侵害另一方的合法权益。显然，如将前述司法解释仅作表面文义理解而将发生在夫妻关系存续期间的债务都认定为共同债务的话，势必会极大侵害另一方当事人即非借款人方的合法权益。因此，在对夫妻关系存续期间以一方名义发生的债务性质作出认定时，并不能仅凭债务发生时间作出认定，而仍应把握夫妻共同债务之本质属性，即举债时双方是否具有举债合意或一方所借款项是否用于共同生活。具体言之，对于夫妻一方在婚姻关系存续期间以个人名义发生的债务，如果借款时另一方不知情，事后双方为借款的性质发生争议，则借款方即负有证明夫妻双方有举债合意或该借款用于共同生活的举证责任。如纠纷发生后，借款方不能完成上述举证，而另一方亦明确否认并不愿意承担债务的，则该债务应认定为个人债务。对照本案，方美兰在婚姻关系存续期间单方向朱亚飞、虞科萍、郁娟芬所借之款项，证人证明系用于家庭共同生活；而欠程亚飞（借条上写的是“亚”，证人原审出庭时身份证上载明的是“雅”，原审时王柏明未提出异议，应视为同一人）、宓婉敏的债务，证人在原审作证时认为借款系方美兰为他人所借，并非用于家庭共同生活，且方美兰向该两证人借款时，被申诉人不在场（再审中，证人对证言予以更改，但对更改理由无法作出充分令人信服之阐述，结合本案的其他情况，本院仍采信原审证言），事后另一方当事人即王柏明又不追认。原审在对证据作出认定的基础上根据上述债务的不同用途对债务性质作出不同认定而进行相应处理正确。至于方美兰在婚姻关系存续期间尚欠民间会款及欠林红雅的 5 000 元款项，因证人林红雅、林伟芬、周开尚在原审开庭中没有出庭作证，原审判决另案处理，也无不妥。综上，检察机关关于原审判决在认定共同债务上存在错误的抗诉理由无事实依据，本院不予采纳。

（六）再审定案结论

浙江省慈溪市人民法院依照《中华人民共和国婚姻法》第三十二条、第三十九条、第四十一条，《最高人民法院关于适用〈中华人民共和国婚姻法〉若干问题的解释（二）》第二十一条第一款、第二十四条，《最高人民法院关于民事诉讼证据的若干规定》第二条之规定，作出如下判决：

1. 维持（2008）慈民一初字第 1879 号判决中第一、三项内容。

2. 撤销（2008）慈民一初字第 1879 号判决中第二项内容。

3. 被申诉人王柏明与申诉人方美兰共同财产中未经审批建造的两间半楼房的北首一间楼房由申诉人方美兰管理、使用，所需楼梯由方美兰自行设置；其余楼房由被申诉人王柏明管理、使用。墙门由双方共同使用，申诉人方美兰可以在南首一间楼房的道地上进出。共同财产中热水器 1 台归被申诉人王柏明所有，彩电 1 台、摩托车 1 辆归申诉人方美兰所有。

4. 原审案件受理费 300 元，由王柏明、方美兰各半负担，交纳本院。

（七）解说

本案在再审过程中，综合抗辩意见，对于案件的实体处理有三个争议焦点：

1. 在夫妻共同财产中未经审批建造的两间半楼房该如何处理？

《最高人民法院关于适用〈中华人民共和国婚姻法〉若干问题的解释（二）》第二十一条第一款中规定："离婚时双方对尚未取得所有权或者尚未取得完全所有权的房屋有争议且协商不成的，人民法院不宜判决房屋所有权的归属，应当根据实际情况判决由当事人使用。"结合本案的实际情况，原审判决书没有适用此项规定，实属适用法律错误。该判决导致方美兰要求腾让北首一间楼房的执行申请被驳回。因此原审判决未经审批建造的楼房的建筑材料归申诉人，确属判决不当。再审判决，既符合《最高人民法院关于适用〈中华人民共和国婚姻法〉若干问题的解释》之精神，而且解决了当事人的居住问题，尤其值得一提的是将方美兰的出入行路一并解决，以防当事人因出入行路而再次诉讼。至于，王柏明认为婚后所建楼房的宅基地使用权属于其婚前个人，方美兰无权使用的主张与我国相关法律及司法解释规定之精神不符，不予采纳。

2. 夫妻关系存续期间的债务是否一律认定为共同债务？

关于检察机关抗诉主张的"婚姻关系存续期间夫妻一方以个人名义发生的债务应当认定为夫妻共同债务"，进而认为原审判决没有将欠程亚飞 10 000 元、欠宓婉敏 20 000 元债务认定为共同债务存在错误的观点，再审认为，此系检察机关误解了相关司法解释条款之法理精神，从而导致将共同债务的认定作简单化处理之故。婚姻关系存续期间，夫妻一方以个人名义因日常生活需要所负的债务，应认定为夫妻共同债务。超出日常生活需要所负的债务，应认定为个人债务。如果借款时另一方不知情，事后双方为借款的性质发生争议，则借款方即负有证明夫妻双方有举债合意或该借款用于共同生活的举证责任。如纠纷发生后，借款方不能完成上述举证，而另一方亦明确否认并不愿意承担债务的情况下，则该债务应认定为个人债务。对照本案，方美兰在婚姻关系存续期间单方向朱亚飞、虞科萍、郁娟芬所借之款项，证人证明系用于家庭共同生活；而欠程亚飞、宓婉敏的债务，证人在原审作证时认为借款系方美兰为他人所借，并非用于家庭共同生活，且方美兰向该两证人借款时，王柏明不在场，事后另一方王柏明又不追认。而该两笔借款时间又接近，用途也不明，故原审认定该借款为方美兰的个人债务得当。

3. 其他债务是否要一并处理？

一般来讲，既然当事人离婚了，相关的债权与债务应当一并处理，以防当事人讼累。本案原审中，对于会债及欠林红雅的 5 000 元款项，因林红雅在原审开庭中没有出庭作证，原审判决另案处理，也无不妥。因为民事诉讼法有相关规定，人民法院审理案件，其中一部分事实已经清楚的，可以就该部分先行判决。

（浙江省慈溪市人民法院　岑丽芬）

64. 杨辉武诉杨×宇及第三人刘志红赠与合同纠纷案（离婚赠与合同）

（一）首部

1. 判决书字号：北京市朝阳区人民法院（2009）朝民初字第01548号。
2. 案由：赠与合同纠纷。
3. 诉讼双方

原告：杨辉武，男，汉族，住北京市朝阳区。

委托代理人：尹丽华，北京市海维律师事务所律师。

委托代理人：魏银霞，北京市海维律师事务所律师。

被告：杨×宇，男，汉族，住北京市朝阳区。

法定代理人：刘志红，汉族，住址同上，系杨×宇之母。

第三人：刘志红。

4. 审级：一审。
5. 审判机关和审判组织

审判机关：北京市朝阳区人民法院。

合议庭组成人员：审判长：陈红；人民陪审员：孙敏、王杰。

6. 审结时间：2009年5月28日。

（二）诉辩主张

1. 原告杨辉武诉称

我与刘志红原系夫妻，于2007年6月25日协议离婚。杨×宇系我同刘志红婚生之子。位于北京市朝阳区三丰南巷19号楼2—14号（雅宝路）房屋和广渠门外大街8号8—18号（优仕阁）房屋是我们婚姻关系存续期间取得的共同财产。我同刘志红在签署"离婚协议书"时约定将这两套房屋的产权转移到杨×宇名下，对于其他财产包括北京同仁堂现代城、双井药店以及永安益医药公司的经营等亦进行了处分。但在实际履行协议过程中，刘志红违背约定，拒绝将公司的印章、财务章、营业执照副本等返还给我，使我无法实际控制公司，更无法获得收益。对于雅宝路和优仕阁两套房屋的处分，我认为是我将自己拥有的一半房产份额赠与杨×宇的单方意思表示，但尚未形成赠与合同关系。而且现在这两套房屋的权利也未实际转移给杨×宇。因此，根据法律规定，我有权撤销。故诉至法院，要求撤销我作出的向杨×宇转让北京市朝阳区三丰南巷19号楼2—14号和北京市朝阳区广渠门外大街8号8—18号两套房屋产权的赠与表示。

2. 被告杨×宇辩称

我作为杨辉武与刘志红的婚生子，有权享有原家庭所创造的任何财产。杨辉武和刘志红在“离婚协议书”和“补充协议”中关于这两套房屋的处分不是赠与，而是他们对于夫妻共同财产的分割。对于这两套房屋归我所有我没有异议。杨辉武的诉请实际上是变相侵犯了我的财产权，请法院驳回其诉讼请求。

3. 第三人刘志红述称

我同意杨×宇的意见。我同杨辉武离婚时签署的协议已经在民政局备案，属于有效协议。现在杨辉武单方面改变协议内容，我不能同意。这两套房屋属于夫妻共同财产，我也享有权利，我同意这两套房屋的产权均归杨×宇所有，不同意杨辉武的诉讼请求。

（三）事实和证据

北京市朝阳区人民法院经公开审理查明：杨辉武与刘志红原系夫妻，婚后育有一子杨×宇。2007 年 6 月 25 日，杨辉武与刘志红协议离婚。双方在北京市朝阳区民政局婚姻登记处备案的“离婚协议书”中对于涉案两套房屋约定：三丰南巷 19 号楼 2 门 14 号房屋（包括室内家具）、优仕阁 A 座 0107 以及现代城 S0301 的产权归杨×宇所有，需进行产权变更手续……三丰南巷使用权归杨辉武、刘志红共同所有。经协商暂时由杨辉武父母居住；三丰南巷 19 号楼 2—14 号、优仕阁 A 座 0107，现代城 S0301 的使用权以及因此而带来的收益及债务由杨辉武、刘志红平分……双方还对其他事项进行了约定。

另查一，2007 年 10 月 26 日，杨辉武与刘志红又签订“补充协议”，在第二项“孩子财产权的转移问题”中对于涉案房屋又约定：优仕阁房屋贷款结束后立刻转移到杨×宇名下。因租赁产生的收益除用于归还贷款及养房所需的管理费用外，作为杨×宇的教育经费进行储蓄，租赁期结束后的使用问题由双方协商解决；雅宝路（即三丰南巷）房屋立刻转移到杨×宇名下。按照市场价格进行租赁，租赁的收益作为杨×宇的教育经费进行每月储蓄……

另查二，1999 年 4 月 22 日，杨辉武取得北京市朝阳区三丰里 19 号楼 2 门 14 号房屋（以下简称三丰里房屋）的编号为京房权证朝私字第 31141 号房屋所有权证；2006 年 7 月 1 日，杨辉武取得北京市朝阳区广渠门外大街 8 号 8—18 房屋（即前面所述优仕阁房屋）的编号为京房权证市朝私字第 3970480 号房屋所有权证。经询，杨辉武和刘志红均认可上述两套房屋属于双方婚姻关系存续期间的夫妻共同财产。

另查三，2008 年 3 月，杨辉武曾以夫妻登记离婚后财产分割案由诉至北京市第二中级人民法院，要求重新依法分割夫妻共同财产，于 2008 年 6 月 24 日撤诉。

另查四，2008 年 10 月，杨×宇诉至本院，要求杨辉武将本案诉争的两套房屋的产权过户到其本人名下，该案正在审理中。

上述事实有各方当事人当庭陈述、“离婚协议书”及“补充协议”、（2008）二中民初字第 07317 号民事裁定书、房屋所有权证等相关证据证明。

（四）判案理由

北京市朝阳区人民法院经审理认为：本案双方当事人争议的主要焦点在于杨辉武与刘

志红离婚时所签订的“离婚协议书”及“补充协议”中对于涉案两套房屋的处分行为是否属于赠与。对此，本院认为，《最高人民法院关于适用〈中华人民共和国婚姻法〉若干问题的解释（二）》第八条规定：离婚协议中关于财产分割的条款或当事人因离婚就财产分割达成的协议，对男女双方具有约束力。则杨辉武与刘志红因离婚所签署的“离婚协议书”及“补充协议”，在杨辉武未提起撤销、变更诉讼的情况下，对于双方的约束力没有丧失。现杨辉武要求撤销对涉案两套房屋的赠与行为，其实质是变更与刘志红签订的“离婚协议书”的具体内容及取消为杨×宇设定的权利。其主张应征得刘志红及被设定权利人杨×宇的同意。现杨×宇及刘志红均明确表示不同意变更协议中确定的有关涉案两套房屋的权利、义务内容，则杨辉武的诉讼请求缺乏依据，本院不予支持。

（五）定案结论

北京市朝阳区人民法院依照《中华人民共和国合同法》第一百五十八条及《最高人民法院关于适用〈中华人民共和国婚姻法〉若干问题的解释（二）》第八条之规定，作出如下判决：

驳回原告杨辉武的诉讼请求。

案件受理费 70 元，由原告杨辉武负担（已交纳）。

（六）解说

本案的争议焦点在于：离婚财产分割协议中的“赠与条款”能否撤销？对此存在两种不同观点：

第一种观点认为离婚协议中将夫妻共同财产赠与子女，应受《中华人民共和国合同法》（以下简称《合同法》）调整。根据《合同法》第一百八十六条的规定，赠与合同的赠与人享有任意撤销权，在赠与房产所有权转移之前，原告可以行使撤销权。因此，原告的诉讼请求应当得到支持。

第二种观点认为离婚协议中将夫妻共同财产赠与子女，不同于合同法上的一般赠与，属于夫妻双方对共同财产的共同处分行为，夫妻双方均应受离婚协议的约束，不能单方反悔。如果意图撤销赠与，也只有在夫妻双方共同要求撤销的情况下才能行使撤销权。因此，应当驳回原告诉讼请求。

1. 离婚财产分割协议的法律适用

《合同法》第二条第二款规定婚姻、收养、监护等协议不适用《合同法》的本质原因，是这类合同是有关身份关系的协议，如果协议只涉及财产关系而与身份关系无关，应当受《合同法》调整。离婚财产分割协议从本质上说，仍是作为平等主体的自然人之间就变更民事权利义务关系达成的协议。但是，离婚双方订立离婚财产分割协议时，除了纯粹的利益考虑外，常常会难以避免掺杂一些感情因素。一方在感情支配下，可能答应将夫妻共同财产的大部分给予对方。因此，不能轻易以显失公平支持当事人撤销或者变更协议的主张；同样，也不能将急于离婚的一方在财产分割中作出的让步视为另一方乘人之危。因此，在衡量离婚财产分割协议是否公平的问题上，应当适用《婚姻法》的规定，而不能依据《合同法》上关于显失公平、乘人之危的衡量标准。但是，在合同订立、变更、撤销等问题上，尤其是《婚姻法》及相关法律中未对财产分割协议作出规定的部分，合同法的基本原理仍应适用。只有当适用《合同法》与适用《婚姻法》发生矛盾或者适用《合同法》无法体现婚姻关系对当事人之间协议的特殊要求时，才可以以《婚姻法》为指导谨慎考虑排除对《合同法》中某些条款的适用。

2. 离婚财产分割协议的效力

《最高人民法院关于适用〈中华人民共和国婚姻法〉若干问题的解释（二）》（以下简称《解释（二）》）第八条第一款明确规定，离婚协议中关于财产分割的条款或者当事人因离婚就财产分割达成的协议，对男女双方具有法律拘束力。因此，在原、被告婚姻关系已经解除的情况下，双方在离婚协议中约定将夫妻共同共有的房屋赠与第三人（双方当事人之子）的赠与条款已经生效，双方当事人均应当遵守协议的约定。任何一方的反悔行为均意味着对整个离婚协议的反悔。原告在本案中虽然仅提出要求撤销房屋赠与，而未对其他财产分割条款提出异议，但其请求本质上意味着推翻双方对于夫妻共同财产的分割方案，意味着对整个离婚财产协议的否定。

3. 离婚财产分割协议中的赠与条款不得任意撤销

离婚财产协议中的赠与条款虽然在形式上表现为赠与，但其与一般的赠与行为有本质区别。一般赠与行为仅仅是一种单纯的财产处分关系，应适用《合同法》的规定，在符合法定条件下可以行使任意撤销权。离婚财产协议中的赠与条款是夫妻分割共同财产的一种方式，属于共同共有人对共同财产的共同处分行为，根据共同共有的权利行使规则，对于共同财产的处分行为，其中的一个共有人不应享有单独的撤销权利，除非共同共有人共同行使撤销权。

所谓共同共有，是指两个或两个以上的民事主体基于某种共同关系，对于同一项财产不分份额地共同享有权利、承担义务的共有关系。《物权法》在“共有”一章中对共同共有人的权利义务内容未作细致规定。参考学理观点，一般认为共同共有权利义务关系的基本内容有：（1）共同共有人的权利和义务，依照规定共同关系的法律规定或合同约定而定。因此，夫妻之间对于共同财产的权利、义务就依照《婚姻法》的规定确定。（2）共有共同关系存续期间，共同共有人对共有财产平等享有权利、承担义务。（3）基本权利的行使，除有特别约定之外，共有财产的保管、收益、处分、设定负担、变更使用/收益方法或管理，必须经过全体共有人的一致同意。（4）在共同共有关系存续期间，不得分割共有财产。（5）因共有财产经营管理产生的费用，由全体共有人平均负担。（6）因共有财产经营管理产生的义务，由共有人连带承担。共同共有与相对应的按份共有而言，其中区别之一即在于按份共有人得自由处分其应有部分；在共同共有，则无应有部分处分可言，即便存在应有部分，这种应有部分的份额也是潜在的，只有在共有关系解散时才能体现。因此，根据共同共有关系，原、被告在离婚财产分割协议中对第三人的赠与属于共同处分行为，双方在赠与时就该财产在双方间并未进行任何分割，该赠与财产仍属于共同共有状态，原、被告任何一方均不得单独撤销对共同共有财产的赠与，对赠与的撤销行为必须由双方共同行使。

当然，在符合《婚姻法》及相关法律规定的条件下，夫妻一方可以行使对财产分割协议的撤销权。《解释（二）》第九条明确规定：男女双方协议离婚后一年内就财产分割问题反悔，请求变更或者撤销财产分割协议的，人民法院应当受理。人民法院审理后，未发现订立财产分割协议时存在欺诈、胁迫等情形的，应当依法驳回当事人的诉讼请求。本案中，原告并无证据证明订立协议时存在欺诈、胁迫等可以撤销的情形。综上，原告既不能单独行使赠与的任意撤销权，也无证据证明离婚协议存在可撤销情形，其诉讼请求不应得到支持。

（北京市朝阳区人民法院　俞里江　陈红）

65. 赖瑞楷、郑少香诉赖玉峰、赖吉荣、赖秀珍抚养案（抚养权）

（一）首部

1. 判决书字号：广东省汕头市金平区人民法院（2009）金鮀民初字第 47 号。
2. 案由：抚养权纠纷。
3. 诉讼双方

原告（反诉被告）：赖瑞楷，男，汉族，住广东省汕头市。

原告（反诉被告）：郑少香，女，汉族，住址同上。

两原告共同委托代理人：庄卫东，广东华商律师事务所律师。

两原告共同委托代理人：朱国锋，广东省司法警察学校汕头分教处教师。

被告（反诉原告）：赖玉峰，男，汉族，住广东省汕头市。

被告（反诉原告）：赖吉荣，男，汉族，住址同上。

被告（反诉原告）：赖秀珍，女，汉族，住址同上。

三被告共同委托代理人：刘曼生，广东盈信律师事务所律师。

三被告共同委托代理人：周娜，广东盈信律师事务所律师。

4. 审级：一审。
5. 审判机关和审判组织

审判机关：广东省汕头市金平区人民法院。

合议庭组成人员：审判长：黄泽葵；审判员：冯增平；人民陪审员：刘正祥。

6. 审结时间：2009 年 11 月 26 日。

（二）诉辩主张

1. 原告赖瑞楷、郑少香诉称

原告为赖×芸的亲生父母，也是赖×芸的法定监护人与直接抚养者，但原告鉴于当时条件所致，无法抚养孩子，对此一直悔悟与愧疚，而三被告强行抚养赖×芸不利于赖×芸的健康成长，也没有法律依据，并侵犯了原告对孩子的监护权和抚养权，因此，请求判决三被告将赖×芸归还原告监护、抚养；同时判决三被告将赖×芸的赔偿金人民币 40 万元移交原告持有、保管。

2. 被告赖玉峰辩称

二原告在赖×芸获得赔偿款之前对赖×芸一直不管不顾，几次遗弃，现在要求获得赖×芸的监护权动机不纯。因此原告的诉讼请求应予驳回。

3. 被告赖玉峰反诉称

针对上述事实，反诉请求判令撤销原告赖瑞楷、郑少香的监护人资格；同时请求依法指定反诉人赖玉峰夫妻为赖×芸的监护人。

4. 被告赖吉荣、赖秀珍反诉称

原告对赖×芸生而不养，几经遗弃，不尽养育、管理和教育的监护责任，导致在被非法收养期间被虐待致残，而在医院治疗期间，又没有尽父母的职责对赖×芸予以照顾、护理，也没有在孩子受到不法侵害时积极代为主张权利。因此，根据《民法通则》以及有关司法解释的规定，请求判令撤销原告赖瑞楷、郑少香的监护人资格；同时请求依法指定被告赖吉荣、赖秀珍为赖×芸的监护人；同时请求判令原告支付给被告自 2008 年 6 月至今（暂计至 2009 年 6 月）13 个月代为抚养赖×芸的抚养费 9 100 元（每月按 700 元计）。

（三）事实和证据

广东省汕头市金平区人民法院经公开审理查明：原告（反诉被告）赖瑞楷、郑少香系赖×芸的父母，被告（反诉原告）赖玉峰系赖×芸的祖父，被告（反诉原告）赖吉荣、赖秀珍系赖×芸的姑丈、姑母，均系汕头市金平区鮀莲街道大场居委会居民。赖×芸在 2003 年 3 月 7 日出生后二十多天即被父母遗弃在邻乡，后被其姑母赖秀珍抱回。由于原告较忙，赖×芸主要由其祖父母带养。2005 年 11 月 12 日，经人介绍，赖×芸被潮阳居民陈凤吟收养为养女（未办收养手续），并改名陈佳丽。2007 年开始，陈凤吟以赖×芸不听话等为由，以各种方式虐待赖×芸。2008 年 3 月 18 日，三被告从陈凤吟家带赖×芸回汕头，发现受伤严重，生命垂危，遂向汕头电视台《今日视线》反映，争取社会支持，在热心人士的支持下，赖×芸得以接受治疗；同时向公安机关报案，经法医鉴定，赖×芸已构成重伤，为九级伤残。在医院治疗期间，主要由三被告负责护理、照顾。2008 年 6 月，赖×芸病情好转后出院，原告没有接其回家，而是在被告赖玉峰协助下由被告赖吉荣、赖秀珍接回自家共同生活至今。目前赖×芸各方面的生活、学习状况良好。2008 年 11 月 25 日，赖×芸的亲属与陈凤吟的丈夫达成协议，一次性赔偿赖×芸的一切费用人民币 40 万元，该款现以赖×芸的名义存在银行，由被告保管。2009 年 2 月 6 日开始，汕头电视台《今日视线》相继报道此事，引起较大的社会舆论和关注。

2009 年 6 月 2 日，原告赖瑞楷、郑少香向法院起诉，提出归还孩子的抚养权和移交保管 40 万元等诉讼请求；而三被告赖玉峰、赖吉荣、赖秀珍则认为原告作为父母长期对未成年子女赖×芸没有尽到抚养、监护义务，已不适合抚养孩子，遂提出反诉，强烈请求抚养赖×芸。

上述事实有下列证据证明：

1. 原告的身份证、被告“人口信息表”。

2. 原告的户口簿。

3. 出生医学证明。

4. 赔偿协议书，陈桂弟赔偿赖×芸人身损害医疗费、整容费等人民币 40 万元。

5. 从轻处罚申请书，因陈凤吟一次性赔偿损失，原告同意对其从轻处罚。

6. 汕头特区晚报 2009 年 4 月 14 日的报道。

7. 肖像权使用协议。

8. 汕头电视台《今日视线》2008 年 3 月 24 日、2009 年 2 月 6 日、2009 年 3 月 14 日、2009 年 4 月 11 日的报道。

9. 潮阳区人民法院的刑事判决书（已生效）。

（四）判案理由

广东省汕头市金平区人民法院经审理认为：原告作为孩子的亲生父母，要求直接抚养赖×芸，似乎无可厚非，但从赖×芸出生时被遗弃，后被他人非法收养遭遇虐待，在医院治疗期间以及出院后的生活来看，赖×芸确无得到原告简简单单的父爱、母爱，社会舆论上因此对原告进行了谴责，对赖×芸不幸遭遇给予了同情。现今赖×芸在其祖父的协助下，在其姑母家生活状况良好，应当在此环境下继续生活下去，更有利于其身心的健康成长。被告赖吉荣、赖秀珍勇于承担起抚养赖×芸的重任，其善良品质应得到肯定与弘扬，因此在其反诉提出抚养赖×芸的请求，经当地居委会同意，应予支持。赖×芸已构成九级伤残，其得到的赔偿金人民币 40 万元，包括了医疗费及后续治疗费、整容费、住院伙食补助费、误工费、护理费、营养费、残疾赔偿金等。现指定被告赖吉荣、赖秀珍作为赖×芸的监护人、抚养人，应当对该款妥为保管、适当使用，且经当地汕头市金平区鮀莲街道大场居委会同意，对该款的专款专用有监管的权利、义务。

（五）定案结论

广东省汕头市金平区人民法院依照《中华人民共和国民法通则》第十六条第（三）项，参照《最高人民法院关于人民法院审理离婚案件处理子女抚养问题的若干具体意见》第三条第（二）项以及《最高人民法院关于人民法院审理离婚案件处理子女抚养问题的若干具体意见》第三条第（二）项的规定，作出如下判决：

1. 指定赖×芸由被告赖吉荣、赖秀珍监护、抚养。孩子成年后的生活由其自择。

2. 赖×芸的赔偿款人民币 40 万元由被告赖吉荣、赖秀珍保管、使用，专款专用。

本案受理费人民币 50 元，反诉费人民币 100 元，合计 150 元，由原告赖瑞楷、郑少香负担。

（六）解说

1. 父母是未成年子女的法定监护人，原告因此提出归还孩子直接抚养，依法可予支持？

根据我国《民法通则》第十六条的规定，未成年人的父母是未成年人的监护人。该条还规定，未成年人的父母已经死亡或者没有监护能力的，由有监护能力的人担任监护人。而根据该法第十八条第三款的规定，监护人不履行监护职责的，应当承担责任，人民法院可以根据有关人员的申请，撤销监护人的资格。

第一，如何界定未成年人的父母是否有监护能力呢？参照《民法通则》司法解释第十一条的规定，认定监护人的监护能力，应当根据监护人的身体健康状况、经济条件，以及与被监护人在生活上的联系状况等因素确定。本案的原告赖瑞楷、郑少香共产育4个子女（赖×芸为第三胎），在原告的起诉状以及庭审中均陈述道，由于经济困难等原因才将刚出生二十多天的赖×芸遗弃、送养，以及被收养人虐待后在住院期间和出院后没有将赖×芸带回家亲自抚养。另外，由于父母长期没有与孩子共同生活，在赖×芸与其姑丈、姑母共同生活期间去看望时，赖×芸表现得异常害怕、躲避。由此两点可以认定父母对这个孩子已经没有了监护能力。

第二，《民法通则》司法解释第十条规定，监护人的监护职责包括：保护被监护人的身体健康，照顾被监护人的生活，管理和保护被监护人的财产，代理被监护人进行民事活动，对被监护人进行管理和教育，在被监护人合法权益受到侵害或者与人发生争议时，代理其进行诉讼。但是本案的父母，从赖×芸刚出生二十多天时的遗弃，又送给他人非法收养，以及在被收养的养母虐待后住院期间、出院后又没有带回家亲自抚养来看，确未尽到全面照顾义务，而赖×芸被虐待致残后也没有积极主张索赔。由此可见，原告赖瑞楷、郑少香作为父母不履行监护职责，应当承担责任。

第三，在整个庭审过程中，该父母从开始到结束，都表现得异常冷静，没有丝毫的悔悟、激动与痛心，根据审理人身关系案件的固有特点，法官由此主观推断：父母对这个不幸遭遇的孩子确无怜悯之情，实在不宜在一起共同生活！

2. 年事已高的祖父请求抚养孙女是否合适？而属于其他亲属关系的姑丈、姑母能否请求抚养未成年人赖×芸？

我国《民法通则》第十六条第二款规定，“未成年人的父母已经死亡或者没有监护能力的，由下列人员中有监护能力的人担任监护人：（一）祖父母、外祖父母；（二）兄、姐；（三）关系密切的其他亲属、朋友愿意承担监护责任，经未成年人的父、母的所在单位或者未成年人住所地的居民委员会、村民委员会同意的。”

第一，本案被告赖玉峰作为赖×芸的祖父，对孙女已经尽心尽责，也充分表现出对孙女无微不至的爱护之情，因此其反诉提出抚养赖×芸的请求合情、合理、合法，但存在三点事实要考虑：一是年事已高；二是还有一个残疾在家的儿子；三是没有经济来源。所以抚养孙女这个责任对祖父来说过于重大。

第二，是否有利于孩子身心的健康成长，是衡量抚养、监护权归属的依据。本案中，赖×芸在出生后被父母遗弃，是其姑母赖秀珍抱回家中抚养；在赖×芸遭遇虐待后是姑丈、姑母和祖父从非法收养人处领回治疗并在住院期间细心照顾；出院后在其父母以要做生意养家糊口，没有时间带孩子为由推卸责任时，还是由姑丈、姑母带回家中抚养、照料；在赖×芸的损害赔偿问题上，也主要由姑丈赖吉荣据理力争才获得40万人民币的赔偿款；在出院后的一年半共同生活期间，赖×芸的身体逐渐好转，心理也活泼、开朗，学习正常。由此可见，赖×芸在姑丈、姑母的悉心照料下生活状况相当良好，也产生了深厚的感情。所以于情、于理、于法，应当指定赖×芸由被告赖吉荣、赖秀珍监护、抚养。

首先，在法律上，我国《民法通则》第十六条第二款第（三）项规定，关系密切的其他亲属、朋友愿意承担监护责任，经未成年人的父、母的所在单位或者未成年人住所地的居民委员会、村民委员会同意的，可以担任监护人。本案在审理期间，作为其他亲属关系的被告赖吉荣、赖秀珍反诉请求监护、抚养赖×芸，并已征求当地汕头市金平区鮀莲街道大场居委会同意，程序合法，实体处理恰当。

其次，从赖×芸出生至今，作为姑父、姑母勇于承担抚养重任，其善良品质应得到社会的肯定与弘扬。本案的判决结果，体现了法律的公平、公正，弘扬、倡导了社会正气。

（广东省汕头市金平区人民法院　黄泽葵）

66. 屈艳诉刘振庆变更抚养关系纠纷案（抚养关系变更）

（一）首部

1. 判决书字号

一审判决书：北京市朝阳区人民法院（2009）朝民初字第17375号。

二审判决书：北京市第二中级人民法院（2009）二中少民终字第12678号。

2. 案由：变更抚养关系纠纷。

3. 诉讼双方

原告（上诉人）：屈艳，女，汉族，住北京市朝阳区。

被告（被上诉人）：刘振庆，男，汉族，住址同上。

4. 审级：二审。

5. 审判机关和审判组织

一审法院：北京市朝阳区人民法院。

独任审判人员：代理审判员：何蕾。

二审法院：北京市第二中级人民法院。

合议庭组成人员：审判长：艾明；代理审判员：邢述华、张春燕。

6. 审结时间

一审审结时间：2009 年 6 月 20 日。

二审审结时间：2009 年 8 月 20 日。

（二）一审情况

1. 一审诉辩主张

（1）原告屈艳诉称

我与刘振庆于 2007 年 3 月 7 日经东城区人民法院调解离婚时，为了长远考虑，我本着为孩子好及自身条件放弃了对两个孩子的抚养权，在该离婚案中刘振庆写有书面承诺：如果两年内，未把我儿子的户口办到北京，我无条件收回两个孩子的抚养权。现因刘振庆未在两年期限内将儿子的户口办到北京，且我认为孩子不能在不正常的家庭环境中成长，刘振庆家的整体素质、文化素养也不利于孩子的健康成长，故要求依法判令婚生子女刘×婷郁、刘×泓的抚养权变更为我；刘振庆每月支付每个子女抚养费 2 500 元。

（2）被告刘振庆辩称

不管以前我怎样承诺，我认为一切应该从孩子角度考虑，屈艳现在既无工作，又无经济来源及稳定的住处，她不可能给孩子们提供一个安全、可靠、稳定的抚养条件。再有，屈艳根本就不是一个称职的母亲，有时孩子去她那里，她很晚才起床，不管孩子们的早饭，中午饭两三点才吃。另外，在我们离婚这两年里，屈艳利用以前的夫妻关系，在银行办理信用卡，仿冒我的签名，恶意透支，导致各银行向我追款，电话打到家里孩子就接到二三回，给孩子的身心造成很大影响。无奈之下，我只好申请撤销固定电话。综上，屈艳并不适合抚养孩子，故请法院驳回屈艳的诉请。

2. 一审事实和证据

北京市朝阳区人民法院经公开审理查明：屈艳、刘振庆于 1998 年 12 月登记结婚，于 1999 年 1 月 14 日生一女刘×婷郁，于 2000 年 10 月 27 日生一子刘×泓。2007 年 3 月 7 日，双方在北京市东城区人民法院调解离婚时约定：婚生子女均由刘振庆抚养，屈艳每月给付每个子女抚养费 300 元；屈艳对子女享有探视权，节假日期间刘×婷郁、刘×泓随屈艳一起居住生活，如出现特殊情况，双方另行商议解决等。同日，刘振庆写有承诺："我刘振庆郑重承诺在两年内负责把我儿刘×泓的户口落到北京，如未办到，屈艳（刘×泓之母）可以无条件收回两个孩子的抚养权。"现屈艳以刘振庆未按约定将刘×泓户口迁至北京等为由，诉至法院要求两个子女由其抚养。刘振庆表示因为北京市有规定，儿子的户口不能迁至北京，且应从孩子的角度考虑问题，故不同意屈艳的诉请。

另查，现刘×婷郁及刘×泓均在左家庄小学就读，屈艳名下现无住房，其在该小学附近租房居住。

经原审法院询问，刘×婷郁表示愿意和爸爸在一起生活，不想离开爸爸，也想经常见到妈妈；刘×泓表示想和爸爸、妈妈及姐姐在一起生活。

上述事实有北京市东城区人民法院（2007）东民初字第 01328 号民事调解书、承诺书、户口本复印件、出生证明及双方当事人陈述等证据证明。

3. 一审判案理由

北京市朝阳区人民法院经审理认为：父母与子女间的关系，不因父母离婚而消除。离婚后，子女无论由父或母直接抚养，仍是父母双方的子女。关于子女抚养问题，从有利于子女身心健康、保障子女合法权益的角度出发，应结合屈艳、刘振庆的抚养能力和抚养条件等具体情况妥善处理。屈艳、刘振庆于 2007 年 3 月离婚时，双方就刘×婷郁、刘×泓的抚养问题已达成协议，该协议对双方均有法律约束力，双方均应自觉履行。刘振庆于 2007 年离婚至今，其抚养能力及抚养条件均未发生明显改变，且刘振庆明确表示不同意变更两子女的抚养关系。屈艳亦未提供有力证据证明刘振庆抚养两子女有不利于子女身心健康成长之法定情形。刘×婷郁亦表示仍愿与刘振庆共同生活。现屈艳以刘振庆未按承诺将刘×泓户口迁至北京为由，要求变更两个子女由其抚养的诉请，无事实及法律依据，不予支持。

4. 一审定案结论

北京市朝阳区人民法院依照《中华人民共和国婚姻法》第三十六条的规定，作出如下判决：

驳回屈艳的诉讼请求。

（三）二审诉辩主张

1. 上诉人屈艳诉称

按离婚时刘振庆书写的承诺书，在两年内，刘振庆未把我儿子的户口办到北京，我可以无条件收回两个孩子的抚养权；原审法院没有了解两个孩子的真实意愿，反而对他们进行诱导，作出了片面、不公正的判决；我现在有经济能力抚养孩子。综上，请求二审法院撤销原判，依法改判刘×婷郁、刘×泓由我抚养，刘振庆每月支付子女抚养费 2 500 元，到两个子女 18 周岁止，一次性支付 507 500 元；判令刘振庆返还给我抚养费 63 800 元；要求对北京市朝阳区左家庄南里 9 楼 5 单元 202 号房屋进行明确的分割。

2. 被上诉人刘振庆同意原判。

（四）二审事实和证据

北京市第二中级人民法院经审理，确认一审法院认定的事实和证据。

（五）二审判案理由

北京市第二中级人民法院经审理认为：父母有保护和教育未成年子女的权利和义务。离婚后，子女无论由父或母直接抚养仍是父母双方的子女。有关子女抚养问题应从有利于子女身心健康，保障子女的合法权益出发，并结合父母双方的抚养能力和抚养条件综合确定。屈艳与刘振庆离婚时，双方就子女的抚养问题已达成协议，鉴于刘振庆的抚养能力和抚养条件自离婚后至今未发生重大变化，且刘×婷郁亦表示愿意随刘振庆一起生活，屈艳并未提供有力证据证明其抚养子女更有利于子女身心健康成长，故原审法院根据本案的具体情况，对屈艳的诉讼请求予以驳回并无不当。对于屈艳以刘振庆所书写的承诺书为由，要求变更两个子女的抚养关系的上诉主张，应当指出，首先，刘振庆单方承诺变更子女的抚养权系以在限定的期限内能否把刘×泓的户口落户北京为前提，此二者并不能相提并论，其所承诺变更抚养关系的前提与我国现行法律中有关变更子女抚养关系问题的立法本意相违背；其次，刘振庆的单方承诺并不能替代有表达能力的未成年子女意见，故屈艳依此为据，坚持其上诉主张，本院不予支持。关于屈艳提出的要求刘振庆返还抚养费及对房屋进行分割的财产问题，不属于本案审理范围，本案对此不予涉及。

（六）二审定案结论

北京市第二中级人民法院依照《中华人民共和国民事诉讼法》第一百五十三条第一款第（一）项之规定，作出如下判决：

驳回上诉，维持原判。

（七）解说

夫妻离婚后，双方当事人自行约定（或承诺）的可变更子女抚养关系的情况出现时，按照当事人意思自治原则，法院是否应予支持?

首先，本案中，刘振庆书面承诺若未在两年期限内将双方儿子的户口落户到北京，自愿交出两个孩子的抚养权给屈艳。按照约定，变更子女抚养权的条件已经发生成就：第一，两年期限已满；第二，刘振庆未将儿子刘×泓的户口落户北京，按常理，刘振庆自愿书写承诺变更情形，应予变更，因为协议（承诺）是双方自愿达成的，不存在欺诈、胁迫等情形，对双方均有效，双方均应遵照执行。

但我国《中华人民共和国婚姻法》第三十六条明确规定："父母与子女间的关系，不因父母离婚而消除。离婚后，子女无论由父或母直接抚养，仍是父母双方的子女……哺乳期后的子女，如双方因抚养问题发生争执不能达成协议时，由人民法院根据子女的权益和双方的具体情况判决。"就是说，子女抚养关系的变更，应结合子女的权益和双方的具体情况综合来确定。另外，《最高人民法院关于人民法院审理离婚案件处理子女抚养问题的若干具体意见》中规定，关于子女抚养问题，从有利于子女身心健康，保障子女合法权益的角度出发，结合双方的抚养能力和抚养条件等具体情况妥善处理。第 5 条规定：父母双方对 10 周岁以上未成年子女随父或母生活发生争执的，应考虑该子女的意见。第 16 条还规定了应当予以变更的 4 种法定情形。

从上述法律和规定中不难看出，离婚后，有关未成年子女抚养关系的变更问题，大的原则系从有利于子女身心健康、保障子女合法权益的角度出发，结合双方的抚养能力和抚养条件等具体情况妥善处理。此原则体现了未成年子女利益的最大化。子女抚养关系是否变更，要从谁抚养子女对孩子身心成长更为有利的前提出发予以考虑。而本案中变更子女抚养关系设定的前提是儿子的户口两年内能否落户北京，如此看来，与现行法律变更子女抚养关系设定的原则相违背，且二者不能相提并论。实际上，儿子的户口虽未落户北京，但自离婚后两个孩子均在北京随父亲刘振庆一起生活，且两个孩子均已在北京的小学就读，儿子的户口是否落户北京，与两个孩子目前的身心健康成长并无影响，故刘振庆与屈艳有关变更子女抚养关系的协议前提与法相悖。即使双方有约定，也要从法律规定的原则出发，审查此约定是否合乎立法本意。

其次，就10周岁以上的子女变更抚养关系时，应征询本人意见。本案中，刘×婷郁（10岁以上）表示愿意和爸爸在一起生活，不想离开爸爸，也想经常见到妈妈；刘×泓表示想和爸爸、妈妈及姐姐在一起生活。

法律如此规定，保障了有表达权的未成年子女的参与权。因为是否变更抚养关系，与其有很大的关系，如变更抚养关系，可能对其今后的生活环境、学习等发生重大变化，10周岁以上的未成年人属限制民事行为能力人，其可以作出与其年龄、智力相当的意见。本案中，刘×婷郁的意见十分明确。所以，变更子女抚养关系不是父母双方的意愿一致就可以了，还应征求10岁以上孩子的意愿。

最后，要综合考虑父母双方的抚养条件和抚养能力，一审法院以刘振庆的抚养条件未发生明显变化，且女儿愿意随其共同生活为由，驳回屈艳的诉讼请求，符合法律规定。前边提到，离婚后两个孩子随父亲一起生活，刘振庆的抚养条件并未发生明显变化，也不存在抚养子女不利于子女身心健康成长的法定情形。屈艳的抚养能力和抚养条件，其虽称月收入几千元，但未能举证，且还要支出房租，而且是三居室中的一间，再抚养两个孩子，若变更两个孩子由其抚养后果可想而知。也许存在不利于子女健康成长的可能，故二审法院以屈艳并未提供有力证据证明其抚养子女更有利于子女身心健康成长，对屈艳的上诉请求，不予支持。

本案中，虽然双方当事人约定的变更子女抚养关系的事由已经发生，但双方约定的前提与现行法律相违背，故即使发生，法院也不能支持。

（北京市第一中级人民法院　艾明）

67. 张冰诉薛×桐抚养费纠纷案
（抚养费）

（一）首部

1. 判决书字号

一审判决书：北京市朝阳区人民法院（2009）朝民初字第11259号。

二审判决书：北京市第二中级人民法院（2009）二中少民终字第13516号。

2. 案由：抚养费纠纷。

3. 诉讼双方

原告（被上诉人）：张冰，女，汉族，住北京市朝阳区。

委托代理人：陈淑华，北京市君邦律师事务所律师。

被告（上诉人）：薛×桐，男，汉族，住北京市朝阳区。

法定代理人：薛清，住址同上，系薛×桐之父。

委托代理人：刘涛，男，北京佳艺天地商务服务有限公司法律顾问。

4. 审级：二审。

5. 审判机关和审判组织

一审法院：北京市朝阳区人民法院。

独任审判人员：代理审判员：黄雪芹。

二审法院：北京市第二中级人民法院。

合议庭组成人员：审判长：艾明；代理审判员：邢述华、张春燕。

6. 审结时间

一审审结时间：2009 年 5 月 18 日。

二审审结时间：2009 年 9 月 18 日。

（二）一审情况

1. 一审诉辩主张

（1）原告张冰诉称

薛×桐系我与薛清的婚生子。2008 年 5 月 4 日，我与薛清协议离婚，当时由于夫妻矛盾激化，无法继续与薛清共同生活，为了顺利离婚，我与薛清约定一次性支付薛清 300 000 元作为薛×桐的抚养费，事实上，300 000 元的抚养费对于一个月收入仅两千余元的单身女性来说是个天文数字，现要求将抚养费减少至每月 600 元，诉讼费用由薛×桐承担。

（2）被告薛×桐辩称

张冰与薛清离婚时签订了离婚协议，约定张冰支付 300 000 元抚养费；共同房屋归薛清所有，薛清给付张冰 300 000 元折价款，双方在签订离婚协议时就达成了意向，均同意抚养费与房屋折价款相冲抵。离婚协议是双方真实意思表示，且张冰支付的 300 000 元的抚养费与房屋折价款已经抵销，张冰给付抚养费的义务已经消灭，其请求减少抚养费主体不适格。

2. 一审事实和证据

北京市朝阳区人民法院经公开审理查明：薛×桐系张冰与薛清之子。2008 年 5 月 4 日，张冰与薛清协议离婚，约定薛×桐由薛清抚养，张冰一次性支付抚养费 300 000 元；张冰与薛清共有的位于北京市朝阳区垡头金蝉北里 21 号院 5 号楼 3 单元 603 号房屋一套归薛清所有，薛清给付张冰折价款 300 000 元。

查，薛×桐 1995 年 6 月 19 日出生，现为某大学附属实验中学初二学生。

查，张冰每月收入3 415.07元。

上述事实有离婚协议书、收入证明及当事人陈述等证据证明。

3. 一审判案理由

北京市朝阳区人民法院经审理认为：父母对子女有抚养、教育的义务。抚养费的数额，可根据子女的实际需要、父母双方的负担能力和当地的实际生活水平确定。张冰每月收入 3 415.07 元，给付薛×桐 300 000 元抚养费，明显超过其经济能力，故张冰主张减少抚养费的诉请合理、合法，法院予以支持，其应给付抚养费的数额由法院依法酌判。张冰给付薛×桐的抚养费与薛清给付张冰的房屋折价款，无法抵销，故对于薛×桐主张债务已实际履行完毕的抗辩，不予支持。

4. 一审定案结论

北京市朝阳区人民法院依照《中华人民共和国婚姻法》第三十六条、《最高人民法院关于人民法院审理离婚案件处理子女抚养问题的若干具体意见》第七条的规定，作出如下判决：

（1）张冰自2009年7月起每月给付薛×桐抚养费800元至其18周岁止。

（2）驳回张冰其他诉讼请求。

（三）二审诉辩主张

1. 上诉人薛×桐诉称

（1）离婚协议真实、有效，协议中约定的内容是张冰的真实意思表示。

（2）到目前为止，张冰的经济状况与签订离婚协议时的经济状况没有发生改变，其要求降低抚养费的理由不成立。

（3）离婚协议中约定张冰一次性支付薛×桐抚养费300 000元，同时约定张冰与薛清共有的一套住房归薛清所有，薛清支付张冰300 000元作为房屋补偿款。为了方便履行离婚协议，在征得薛×桐同意后，薛清直接将300 000元抚养费代替张冰支付给了薛×桐，故张冰给付抚养费的义务已经由薛清代替其履行完毕，其再以降低抚养费为由提起诉讼系主体不适格。

（4）在给付抚养费义务已经履行完毕的情况下，张冰再次要求降低抚养费标准严重损害了薛×桐的合法权益，同时也有可能损害薛清的合法权益，进而导致薛×桐生活水平的下降。

（5）张冰现仅对离婚协议中抚养费的给付方式及数额单独提出异议，将会导致离婚协议中的所有约定都受到影响，故其应对整个离婚协议的内容提起诉讼，要求变更或撤销离婚协议，而不能仅对抚养费的约定提起诉讼，故原判决认定事实不清，请求二审法院查明事实，依法改判或发回重审。

2. 被上诉人张冰表示同意原审判决。

（四）二审事实和证据

北京市第二中级人民法院经审理，确认一审法院认定的事实和证据。

（五）二审判案理由

北京市第二中级人民法院经审理认为：离婚后，一方抚养的子女，另一方应负担必要的生活费和教育费的一部或全部，负担费用的多少和期限的长短，由双方协议；协议不成时，由人民法院判决。根据查明的事实，张冰与薛清在离婚协议书中约定薛×桐由薛清抚养，张冰一次性给付薛×桐抚养费人民币 300 000 元。该约定系张冰与薛清离婚时就子女抚养问题达成的一致意见，双方应按协议约定履行各自的义务。张冰虽称其签订此协议时系受胁迫，但未向二审法院提交相关证据，二审法院对张冰之辩解无法采信。张冰与薛清离婚后，其收入情况无明显变化，且其亦未就双方签订的离婚协议书提起撤销权诉讼，故在该协议未被撤销或被确定为无效前，该协议内容对协议双方均有约束力，张冰要求减少抚养费数额，于法无据，不予支持。原审法院未考虑张冰与薛清所签离婚协议书中有关抚养费的约定而作减少给付抚养费数额的判决不妥，予以撤销。对薛×桐及其法定代理人之上诉意见，予以采纳。

（六）二审定案结论

北京市第二中级人民法院依照《中华人民共和国民事诉讼法》第一百五十三条第一款第（二）项之规定，作出如下判决：

1. 撤销北京市朝阳区人民法院（2009）朝民初字第 11259 号民事判决。
2. 驳回张冰要求将薛×桐之抚养费减少至每月 600 元的诉讼请求。

（七）解说

1. 本案中“离婚协议”属性应如何认定?

本案中争议焦点的产生即源于张冰与薛清于 2008 年 5 月 4 日所签订“离婚协议”的属性问题。按照当前我国《婚姻法》的相关规定，夫妻双方婚姻关系的解除一般有通过婚姻登记机关协议离婚和通过司法程序诉讼离婚两种基本形式。本案中张冰与薛清婚姻关系的解除系通过婚姻登记机关进行的协议离婚，根据相关政策的规定，在离婚的同时，夫妻双方应对共同财产、子女抚养等问题通过书面形式签署离婚协议书，并且该协议书经婚姻登记机关进行形式审查后，进行备案登记。由此，笔者认为夫妻双方在婚姻登记机关进行的备案离婚协议形式上经过国家行政机关确认，具有一种对外公示性效力，无论是该协议中对于夫妻人身关系解除的约定，或是财产分割的确定，以及子女抚养问题的意定，均对离婚协议签订双方产生效力。此种在婚姻登记机关备案的“离婚协议”具有合同的效力属性，因此基于合同的相对性、确定性、稳定性的基本原则，“离婚协议”中所确定的内容非经夫妻双方法定或自愿协商，不得随意变更，也对合同相对方产生效力。

基于此，本案中张冰与薛清在离婚时所签订的“离婚协议”具有合同确定性，同时双方就子女抚养所达成抚养费的给付问题亦不违反法律强制性规定，应属有效。

2. 一审法院直接变更“离婚协议”中关于抚养费的约定是否得当?

由于在婚姻登记机关备案的“离婚协议”具有合同的基本属性，因此基于合同双方当事人意思自治所确定的内容不得随意变更，即合同的确定性原则。诚然，对于合同可变更或撤销的情形法律上也进行了规定，《合同法》第五十四条规定：“下列合同，当事人一方有权请求人民法院或者仲裁机构变更或者撤销：（一）因重大误解订立的；（二）在订立合同时显失公平的。一方以欺诈、胁迫的手段或者乘人之危，使对方在违背真实意思的情况下订立的合同，受损害方有权请求人民法院或者仲裁机构变更或者撤销。当事人请求变更的，人民法院或者仲裁机构不得撤销。”

张冰与薛清系完全民事行为能力人，基于双方离婚的意思表示所订立的“离婚协议”并不违反国家法律、法规等强制性规定，同时张冰所述在订立“离婚协议”时受薛清胁迫一节，因其未能提供相应证据证明其主张事实，因此承担相应举证不能的法律后果。一审法院在未能对于“离婚协议”正确定性的基础上，径行对于“离婚协议”中关于抚养费问题直接进行变更，显属违背合同当事人意思自治原则；同时在未有法定变更情形的前提下，应当保持合同的稳定性和确定性。据此，一审法院的判决结果显属不当，二审法院维护合同的稳定性和确定性是正确的。

同时该问题也衍生出了作为审判权的公权力对于当事人合同订立的私权利的干涉不宜过多，否则，公权力的触角必然要影响到不特定公众的生活、生产等一系列问题，这也是法律中区分任意性条款和强制性条款的确定初衷。只有对于当事人自身的意思自治充分保护，才能保障正当权益的行使，确保社会整体健康、有序地发展。

3. 本案中是否存在抵销权正当行使的问题？

本案在审理过程中，作为被告薛×桐的法定代理人薛清提出了抵销权的问题，抵销权在本案中是否属于正当的抗辩权，能否径行使，最终达到债的消灭的目的？

抵销权基于《合同法》的规定应为双方当事人互负同种类债，同时均已到期的情形下，由一方当事人主张债消灭的一种形式。本案中原告为张冰，被告为薛×桐，张冰所主张系对其子女抚养费的变更之诉，而基于“离婚协议”的约定，抚养费的请求权人即债权人为薛×桐，债务人为张冰；而作为薛×桐的法定代理人的薛清所主张债的抵销权的抗辩，是基于“离婚协议”中对于夫妻共同财产的分割补偿问题，在该补偿协议中，张冰为请求权人即债权人，薛清为债务人。因此，二者债权、债务虽均基于“离婚协议”而产生，但是从债务的履行主体来看，明显属于不同主体，所以薛清所主张债的抵销之抗辩不能成立。同时，薛清作为薛×桐的法定代理人及监护人，其不能从事有损于被监护人利益的行为，因此薛清主张之抵销权亦不能予以认可。

（北京市第二中级人民法院　邢述华）

68. 程天×诉程德×抚养费案
（抚养费）

（一）首部

1. 判决书字号：北京市丰台区人民法院（2009）民字第09513号。

2. 案由：抚养费纠纷。

3. 诉讼双方

原告：程天×，男，汉族，住北京市宣武区。

法定代理人：李××，住址同上，系程天×之母。

被告：程德×，男，汉族，住北京市丰台区。

4. 审级：一审。

5. 审判机关和审判组织

审判机关：北京市丰台区人民法院。

合议庭组成人员：审判长：王建中；人民陪审员：于准鳌、卢瑞云。

6. 审结时间：2009 年 9 月 23 日。

（二）诉辩主张

1. 原告程天×诉称

原告之母与被告原系夫妻，1998 年 6 月 15 日结婚，2005 年 6 月经丰台区人民法院调解离婚。婚姻关系存续期间，由于被告不育，双方均同意在北京大学第三医院（以下简称北医三院）使用人类精子库的精子做试管婴儿手术。2005 年 5 月北医三院为原告之母植入第一例胚胎。2005 年 8 月，因胎儿发育异常，原告之母做了人工流产手术。2006 年 3 月，被告给原告之母写了无条件保证配合完成试管婴儿相关手续的保证书。2006 年 5 月，医院为原告之母植入第二例胚胎成功。2007 年 2 月 4 日原告出生，相关手续中原告父亲的名字都是被告。原告母亲认为被告应当是原告法律意义上的父亲。原告出生后，被告不管不问，没有给付过一分抚养费，原告一直由母亲独自抚养。原告马上要上幼儿园，以后的成长过程将会产生较大的费用，既然被告当初同意原告的母亲生下原告，被告就是原告的父亲，应当承担抚养原告的责任。请求判令：1）被告给付原告出生起至起诉之日两年的抚养费共计 24 000 元；2）被告自起诉之月起每月给付原告抚养费 2 000 元。

2. 被告程德×辩称

原告与被告没有关系，不同意原告的诉讼请求。

（三）事实和证据

北京市丰台区人民法院经公开审理查明：程德×与李××原系夫妻关系，1998 年 6 月 15 日登记结婚，2005 年 6 月 22 日经北京市丰台区人民法院调解离婚。双方在婚姻关系存续期间，由于程德×患有染色体异常，夫妻婚后一直未生育。后双方于 2004 年 11 月 3 日共同志愿在北医三院使用人类精子库精子实施人工授精治疗，并签署了知情同意书。医院通过提取李××卵子和人类精子库的精子，共培植了三管胚胎。2005 年 5 月，李××第一次植入胚胎，2005 年 8 月因胎儿发育异常做了人工流产手术。2006 年 3 月，程德×给李××写下保证书，承诺将无条件配合李××完成做试管婴儿手术的相关手续。2006 年 5 月，李××在进行第二次胚胎植入手术前给程德×打电话让他到医院签字，程德×拒绝，并表示不同意李××继续植入。李××第二次植入胚胎时医院没有要求签署任何手续。2007 年 2 月 4 日李××生下一子取名程天×，并由李××抚养至今。

上述事实有下列证据证明：

1. （2005）丰民初字第 12774 号民事调解书。

2. 人工授精知情同意书。

3. 程德×所写保证书，内容为“我承诺在李××做试管婴儿期间无条件配合她完成相关手续”。

4. 程天×出生的医学证明。

5. 当事人的陈述及本院庭审笔录。

（四）判案理由

北京市丰台区人民法院经审理认为：首先，李××与程德×均认可程德×并非程天×生物学意义上的父亲。其次，虽然双方在婚姻关系存续期间均同意使用精子库精子实施人工授精治疗，但该期间李××植入胚胎失败，李××再一次植入胚胎并生下程天×是在与程德×离婚之后。虽然程德×曾给李××写了无条件保证配合完成试管婴儿相关手续的承诺，但其实际上并未履行任何相关手续，而且李××再次植入胚胎前征求程德×意见时，程德×表示不同意。故李××离婚后单方进行胚胎植入手术与程德×无关，所生程天×也与程德×无关。现程天×向程德×主张抚养费的诉讼请求于法无据，本院不予支持。

（五）定案结论

北京市丰台区人民法院依照《中华人民共和国婚姻法》第三十七条、《中华人民共和国民事诉讼法》第六十四条及《最高人民法院关于民事诉讼证据的若干规定》第二条之规定，作出如下判决：

驳回原告程天×的诉讼请求。

（六）解说

随着分子生物学的发展，人类辅助生殖技术的不断完善为治疗不孕不育症开辟了新的途径。但是，科学的发展从来都是一把双刃剑，人工生育的方法逐渐增加引发了法学、伦理学等众多领域的新问题。

1. 人工授精所生子女的法律地位。

实践过程中，人工授精生育子女有以下几种：（1）同质人工授精所生育的子女，即使用丈夫的精子和妻子的卵子，实施人工授精，由妻子怀孕、分娩所生育的子女；（2）异质人工授精所生育的子女，即使用丈夫以外的第三人提供的精子（供精）与妻子的卵子，或使用丈夫的精子与妻子以外的第三人提供的卵子（供卵），或同时使用供精与供卵，实施人工授精，由妻子怀孕、分娩所生育的子女，异质授精所生子女与父母亲至少一方没有血缘关系；（3）代理母亲所生育的子女，即由妻子以外的另一位女性代理怀孕、分娩所生育的子女。同质人工授精所生育子女生物学意义上的父母和法律意义上的父母完全重合，我国法律禁止代理生育子女的行为，以上两种在此不作讨论。结合本案，重点讨论异质人工授精所生育的子女的问题。

我国《婚姻法》对人工授精所生育子女的法律地位并没有明确规定，其他一些零星的规定只是散见于最高人民法院的文件和部门规章的部分条款。《最高人民法院关于夫妻关系存续期间以人工授精所生子女的法律地位的复函》规定："在夫妻关系存续期间，双方一致同意进行人工授精，所生子女应视为夫妻双方的婚生子女，父母子女之间权利义务关系适用《婚姻法》的有关规定"。卫生部《人类辅助生殖技术和人类精子库伦理原则》中规定：医务人员有义务告知受者通过人类辅助生殖技术出生的后代与自然受孕、分娩的后代享有同样的法律权利和义务，包括后代的继承权、受教育权、赡养父母的义务、父母离异时对孩子监护权的裁定等；有义务告知接受人类辅助生殖技术治疗的夫妇，他们通过对该技术出生的孩子（包括对有出生缺陷的孩子）负有伦理、道德和法律上的权利和义务；有义务告知供精者，对其供精出生的后代无任何的权利和义务。

以上条款对异质人工授精所生育子女的法律地位作了充分肯定和保护，但是在保护的同时，又限定了严格的条件，一是"夫妻关系存续期间"，二是"双方一致同意"，意在保护公众享受科学发展带来成果的同时规避可能引发的社会伦理危机。

2. 程德×是否程天×法律意义上的父亲?

（1）签署知情同意书的法律效力涵盖整个治疗过程。

受现有医疗技术条件的制约，供精人工授精治疗周期成功率为15%～25%，为取得成功要进行一个或多个周期的治疗，北医三院的知情同意书对此作了明确说明。也因为如此，医院为程德×和李××培植了三个胚胎，在有需要的情况下将三个胚胎"用尽"，才意味着整个治疗过程的结束。知情同意书对人工授精产生的法律后果和接受治疗的夫妇需要承担的法律义务作了明确说明，程德×和李××在知情同意书上签字的行为意味着他们对此明确知晓并表示同意，而签字的法律效力应视为涵盖了整个治疗过程。也正是因为此，李××做第二次植入胚胎时，医院并没有要求签署任何手续便给其做了植入手术。

（2）第二次植入手术前程德×的拒绝阻断了"签署知情同意书"对之后治疗过程的法律效力。

2005年6月，程德×和李××经法院调解离婚。2005年8月，因为第一次植入的胚胎发育异常，李××做了人工流产手术。李××主观上认为做第二次胚胎植入手术时仍然需要夫妻双方签字，所以让程德×签署了"保证书"，但是李××在做第二次胚胎植入手术前电话通知程德×医院签字，程德×明确表示了拒绝。程德×的拒绝阻断了知情同意书的签署行为对第二次胚胎植入的效力，李××在明知程德×不同意的情况下坚持植入第二例胚胎并生下程天×，这一行为不满足"夫妻关系存续期间"和"双方一致同意"的任何一条。

综上所述，程德×既非程天×生物学意义上的父亲，又非其法律意义上的父亲，对程天×不应承担抚养义务。

3. 现行人工授精手术实施过程中的法律漏洞。

前文已述，受现有医疗技术条件的制约，人工授精周期成功率较低，为取得成功要进行一个或多个周期治疗，加之受受孕、分娩等自然条件的时间制约，整个过程要经历一个漫长的时间周期，而在这漫长的时间周期中，原本“一致同意”实施人工授精的夫妻双方在数次植入胚胎之间可能会发生婚姻关系、个人意愿等多个因素上的变化，尤其是男方反悔的情况下，“一次签字不问其余”的做法显然为生下一个有母无父的孩子埋下了隐患。就像本案中李××在离婚之后坚持做了第二次胚胎植入，造成年幼的程天×没有父亲的尴尬，这对孩子幼小的心灵造成的伤害不可估量，也可能引发一系列的社会伦理问题。也正是因为此，相关部门应加强立法，医疗机构也应当在将操作程序规制得更加严密，避免类似的尴尬再次发生。

（北京市丰台区人民法院　乔学慧）

69. 许瑞清等诉许国清确权、继承纠纷案（析产继承）

（一）首部

1. 判决书字号：江苏省无锡市滨湖区人民法院（2009）锡滨民一初字第2422号。
2. 案由：确权、析产、继承纠纷。
3. 诉讼双方

原告：许瑞清，男，汉族，住上海市杨浦区。

原告：许久清，男，汉族，住上海市浦东新区。

原告：许梅芬，女，汉族，住上海市杨浦区。

原告：许锦清，男，汉族，住上海市浦东新区。

原告：袁才根，男，汉族，住上海市杨浦区。

原告：袁雅萍，女，汉族，住址同上。

原告：袁翠萍，女，汉族，住上海市浦东新区。

原告：袁德平，男，汉族，住上海市杨浦区。

原告：邵明珠，女，汉族，住上海市浦东新区。

原告：许奉南（又名许凤南），男，汉族，住上海市杨浦区。

原告：许斌南，男，汉族，住上海市宝山区。

原告：许雪南，男，汉族，住上海市杨浦区。

原告：许建薇，女，汉族，住上海市虹口区。

上述13名原告共同委托代理人（特别授权）：舒畅，北京市大成律师事务所无锡分所律师。

上述13名原告共同委托代理人（特别授权）：韩克鹏，北京市大成律师事务所无锡分所律师。

被告：许国清，男，汉族，住上海市杨浦区。

委托代理人：沈志媛，女，住址同上，系许国清妻子。

4. 审级：一审。

5. 审判机关和审判组织

审判机关：江苏省无锡市滨湖区人民法院。

独任审判人员：审判员：钱晓平。

6. 审结时间：2009年12月14日。

（二）诉辩主张

1. 原告许瑞清等（以下简称十三原告）诉称

坐落于无锡市滨湖区雪浪镇陶墅村莫甲里14号的房屋由前造、中造和后造三部分组成，均为平房，由许郁生、许桂生共有。1967年因被告玩火，导致中造失火，前造因救火踩踏导致屋面部分受损，后造没有造成损坏。1968年由许郁生出资500元给许桂生，由许桂生对争议房屋进行修理。许阿大夫妇共生育有2子2女，大儿子许郁生、二儿子许桂生、女儿许来顺、许福娣。根据（20世纪）50年代农村“土改”时的土地房产所有证存根记载，雪浪镇陶墅村莫甲里14号房屋的户主是许郁生，人数为10人，该10人分别是许阿大及其妻杨三妹、许郁生及其妻李荣娣、许郁生的6个子女（即许阿瑞、许瑞清、许久清、许锦清、许梅芬、许秀珍）。许阿大夫妇生前未立遗嘱，其法定继承人是许郁生、许桂生、许来顺、许福娣。许郁生、许桂生未进行分家析产。许郁生及其配偶李荣娣已去世，其子女即许阿瑞、许瑞清、许久清、许锦清、许梅芬、许秀珍。许阿瑞已死亡，其生前未立遗嘱，其法定继承人为配偶邵明珠，儿子许奉南、许斌南、许雪南，女儿许建薇。许秀珍已死亡，其生前也未立遗嘱，其法定继承人为配偶袁才根及女儿袁雅萍、袁翠萍，儿子袁德平、袁建平。袁建平自愿放弃继承许秀珍在本案中应得的遗产。许福娣与何季英系配偶关系，两人均已死亡。许福娣、何季英没有亲生子女，但领养了何国强为其养子。何国强自愿放弃继承许福娣在雪浪镇陶墅村娘家的财产。许来顺的法定继承人自愿放弃继承。

许阿大夫妇、许郁生夫妇去世后，安葬在雪浪镇陶墅村，原告每年都会在雪浪镇陶墅村为许阿大夫妇、许郁生夫妇扫墓。许郁生夫妇去世后，他的6个子女没有办理争议房屋户主的变更手续，也未进行分家析产。

直至2006年，原告突然发现争议房屋因拆迁已被拆除，被告以争议房屋产权人的名义领受了全部的拆迁补偿款87 610元和位于雪浪镇仙河苑二期小区434号401室、402室两套拆迁安置房屋，建筑面积分别为62.35平方米和91.67平方米。原告经调查发现，在1989年无锡市进行农村宅基地和房屋普查登记时，被告及其父亲许桂生谎报家庭人口，隐瞒争议房屋存在其他产权共有人的事实，在未提供合法依据的情况下，擅自将争议房屋的户主变更为被告，使被告成为争议房屋的所有人和土地使用人，进而侵占了两套拆迁安置房屋。虽原告与被告多次协商，但被告至今仍拒绝将原告应得的遗产份额予以返还。为此，原告要求对位于无锡市雪浪镇陶墅村莫甲里14号的争议房屋进行确权、析产、继承，对拆迁后安置的两套安置房屋的产权进行分割，确认原告方继承补偿款的50%和安置房的50%的产权，不同意进行归并。

2. 被告许国清辩称

原告诉称的雪浪镇陶墅村莫甲里 14 号“土改”房屋是由许郁生与许桂生共有的。该房屋已于 1967 年因火灾而灭失。要确权的房屋已不复存在。现在安置所拆除的房屋是被告独立筹资并重建的水泥混凝土楼房，占地面积和房屋面积比原先有较大扩大，另外由被告出资修理在楼房后面的平房。其房屋由其为产权人的房产证为依据。原告早知道祖产房屋被烧毁一事，没有任何人对争议房屋提出过权利主张，房屋烧毁已有 40 年历史，因此，该案已超过 20 年的最长诉讼时效。

（三）事实和证据

江苏省无锡市滨湖区人民法院经公开审理查明：（20 世纪）50 年代在对农村“土改”产权登记时，以户主许郁生等 10 人取得了“土改”房屋，土地房产所有证为苏南区无锡县南泉区板桥乡土地房产所有证板字第 414 号（房屋坐落陶墅，平房一间两架，房屋地基面积一分二厘五，约合 83 平方米）。以户主许桂生等 5 人取得了“土改”房屋，土地房产所有证为苏南区无锡县南泉区板桥乡土地房产所有证板字第 415 号（平房一间，房屋地基面积一分二厘，约合 80 平方米）。

在庭审中，十三原告与被告均自认无锡市滨湖区雪浪镇陶墅村莫甲里 14 号房屋 1 间（登记为 2 间 2 架）由许郁生等 10 人和许桂生等 5 人在“土改”时共同取得了该房屋（以下简称“土改”房屋）的产权。该“土改”房屋 1 间系三造砖木结构的平房（每造平均约为 7 架）。其中许郁生等 10 人分得了该房屋的中造前段的一间房间，许桂生等 5 人分得了该房屋中造后段的一间房间，另外的部分由许郁生等 10 人与许桂生等 5 人共同共有。

上述事实有下列证据证明：

1. 土地房屋产权证存根。
2. 房屋平面示意图。
3. 证人证言。
4. 双方当事人的陈述。

本案争议的焦点为：（1）本案祖产房屋拆迁时尚有多少？（2）本案的合法继承人有哪些？（3）各继承人各自应得的遗产份额是多少？

对于争议焦点一：本案祖产房屋拆迁时尚有多少？

根据双方陈述和举证可以确认：无锡市滨湖区雪浪镇陶墅村莫甲里 14 号“土改”房屋 1 间，1967 年左右因被告许国清玩火，致中造失火，中造全部烧毁。火灾后，由许国清方经手在原地基上，重新建造了后造砖混结构的二层楼房及前造砖混结构的平台房屋。

1991 年 10 月 30 日和 2002 年 8 月 12 日许国清分别领取了雪浪镇陶墅村莫甲里 14 号的土地使用权证和房产证（房产证号为锡房权证滨字第 11040108 号，其中平房 48.19 平方米、楼房 66.59 平方米）。在该争议房屋的房产档案中载明，前造及过道的建成年份为 1984 年，后造建成年份为 1976 年。在该争议房屋的房产档案的备注栏注明：后造后面有解放前的老房子。在该争议房屋的房产档案中还有许国清于 2002 年 7 月 31 日出具的具结书一份，内容为：兹有雪浪镇陶墅村莫甲里 14 号的房屋申请人许国清，于（19）76—

(19) 84年经上级部门同意、批准，自建平房一间，进深13.8米，开阔3.8米；楼房一间，进深9.65米，开阔3.45米，总建筑面积114.78平方米。因保管不妥，无法提供原批件，此处房屋如有涉及违章建筑、产权纠纷，本人愿负一切法律责任及经济责任。并由许国清在此具结书上签字，雪浪镇陶墅村村民委员会在“情况属实，特此证明”处盖章。

2005年11月25日无锡市恒茂房地产中介评估有限公司受无锡市滨湖区太湖镇人民政府的委托，对雪浪镇陶墅村莫甲里14号的房屋进行了评估，评估结论为在评估时点（2005年11月25日）评估对象的建筑面积148.25平方米，评估价格为62 397元（其中幢号1的房屋为砖混结构的平房，其建筑面积为52.27平方米，成新率为82%，房屋补偿价18 722元，附属物补偿价2 949元，装潢补偿价10 130元，拆迁补偿总价31 801元；幢号2的房屋为砖混结构的二层楼房，其建筑面积为68.46平方米，成新率为82%，房屋补偿价即拆迁补偿总价为23 578元；幢号3的房屋为砖木结构的平房，其建筑面积为27.52平方米，成新率为60%，房屋补偿价即拆迁补偿总价为7 018元）。2006年2月18日许国清与无锡市锦华房屋拆迁有限公司（以下简称拆迁公司）签订了拆迁补偿、安置协议书，该协议书明确拆迁公司拆除许国清住宅房建筑面积148.25平方米，拆迁公司为许国清提供148.25平方米的安置房。上述被拆迁房屋的折价款67 297元及过渡费、搬迁费等共计87 610元和许国清补交的差价款16 554元，共同投入，许国清取得在滨湖区仙河苑小区二期434号401室和434号402室拆迁安置房屋，面积分别为62.35平方米和91.67平方米。

许国清提供的证人许建中、莫国兴、申荣根均当庭陈述，许国清老房火灾后，中造烧毁，因救火前、后造损坏严重，许国清方将老房全部重建。重建时墙脚是向外放宽的。

十三原告对此证人证言的质证意见为，火灾只烧毁了中造部分，主体结构尚在，按当时情况不可能是许国清方单独重建，而应是原、被告共同重建。许建中以其大队主任的身份，不知道重建有无办理手续是不合常理的；莫国兴在法庭提供的证言与其向原告提供的证言是矛盾的；申荣根说重建时将房屋全部拆除了，但与许国清的房产档案记载的后造后面有解放前老房屋不符。

十三原告提供的证人许用信当庭陈述，老房火灾是在上海听许郁生家说的。前造在救火时损坏严重，中造烧掉的，后造基本完整。后来老房是重新建造了中造，据说当时许郁生家出了500元钱来重建房屋，修缮没有听说。

许国清对此证人证言的质证意见为，许用信所说的内容都是听原告方许郁生家所说，且火灾发生时，其不在无锡，故其证言不能作为有效证据使用。

对于争议焦点二：本案的合法继承人有哪些？

根据双方陈述和举证可以确认：许阿大与其妻杨三妹共生育有2子2女，即大儿子许郁生、二儿子许桂生、女儿许福娣、许来顺。许阿大于1951年11月死亡，杨三妹于1965年死亡。许郁生于1980年7月18日死亡，其妻李荣娣于1985年11月3日死亡。许郁生、李荣娣夫妇共生育有4子2女，即儿子许阿瑞、许瑞清、许久清、许锦清，女儿许梅芬、许秀珍。许阿瑞于2007年11月20日死亡，其法定继承人为配偶邵明珠，儿子许奉南、许斌南、许雪南，女儿许建薇。许秀珍于2004年4月8日死亡，其法定继承人为配偶袁才根，儿子袁德平、袁建平，女儿袁翠萍、袁雅萍。袁建平在本案审理过程中自愿放弃其继承争议房屋的权利。解放前许福娣由雪浪因结婚迁入太湖镇利农村。许福娣与何季英系配偶关系，两人均已死亡，何季英于 1954 年至 1956 年左右死亡，许福娣于 1998 年 12 月 31 日死亡。许福娣、何季英没有亲生子女，何国强在 2 岁时过嗣给许福娣、何季英夫妇为儿子，已形成事实收养关系。何国强在诉讼前自愿放弃继承许福娣在雪浪镇陶墅村娘家的财产。许桂生于 2005 年 4 月 5 日死亡，其法定继承人为许国清等人。许来顺及其丈夫朱世根于解放前过世，其仅生育儿子朱银宝。朱银宝自愿放弃其应得的财产权利。上述权利人死亡时均未立遗嘱。

原告诉称争议房屋中户主为许郁生的土地房产证上的 10 人为：许阿大及其妻杨三妹、许郁生及其妻李荣娣和许郁生的 6 个子女即许阿瑞、许瑞清、许久清、许锦清、许梅芬、许秀珍。许郁生的 6 个子女在“土改”时均未结婚。

许桂生等 5 人为哪 5 人，原告及被告均未提供相应的证据。

对于争议焦点三：各继承人各自应得的遗产份额是多少？

在本案审理过程中，十三原告与许国清均同意对许国清分得的拆迁安置房屋以 2 600 元/平方米计算。十三原告不同意对安置房进行折价归并。

（四）判案理由

江苏省无锡市滨湖区人民法院经审理认为：十三原告与被告许国清提供的“土改”房屋证存根，仅是“土改”房屋的历史记录，并非拆迁时被拆迁房屋的产权凭证，在该“土改”房屋证存根所记载地的房屋情况应根据其实际变更情况进行确定。十三原告与许国清均自认在无锡市滨湖区雪浪镇陶墅村莫甲里 14 号的 1 间三造“土改”房屋，其中造房屋因火灾而灭失，前造房屋因救火损坏。十三原告提供的证人许用信所作证言，因其是听十三原告方所说，其证明效力较低。十三原告提供的证人许用信所称的火灾将中造烧毁，前造因救火损坏严重，后来重新建造了中造，与许国清方提供的证据及证人证言相一致，可以认定。火灾后，在该处地基上由许国清方将砖木结构的老房，翻建成了后造为砖混结构的二层楼房及前造为砖混结构的平台房屋，其结构已经发生了明显的改变。之后，许国清方又领取了其上述房屋的产权证及土地使用权证，2006 年 2 月 18 日拆迁公司与许国清签订的拆迁补偿、安置协议书，均以该房屋产权证、土地使用权证作为拆迁安置的依据，故应认定原“土改”房屋的前造与中造因许国清方的翻建行为已不复存在，拆迁时房产证上的前造、后造房屋是许国清方的财产。十三原告提出为修复“土改”房屋而支付修复费用 500 元，但未提供充足的证据予以证明，故本院对此不予采信。十三原告要求对翻建部分的前造、后造主张权利，本院不予支持。但在许国清与拆迁公司签订的拆迁安置补偿协议中，尚有未列入房屋产权证面积的幢号 3 的砖木结构的平房，其建筑面积 27.52 平方米，根据其结构、成新率及该争议房屋的房产档案的备注栏注明后造后面有解放前的老房子，故幢号 3 的房屋应认定为“土改”房屋，因此该部分房屋即为拆迁时尚存的可分割的房屋。

“土改”房屋的产权人应当是许郁生等 10 人和许桂生等 5 人。但原告提供的许郁生等 10 人中，许阿大、杨三妹夫妇已死亡，其法定继承人为许郁生、许桂生和许福娣、许来顺。许福娣及许来顺的合法继承人何国强、朱银宝，许秀珍的合法继承人袁建平均自愿放弃其应得的财产权利，并不损害他人的合法权益，本院予以准许。许郁生、李荣娣夫妇已死亡，其法定继承人为其6个子女，即许阿瑞、许瑞清、许久清、许锦清、许梅芬、许秀珍。许阿瑞已死亡，其法定继承人为其配偶邵明珠，儿子许奉南、许斌南、许雪南，女儿许建薇。许秀珍已死亡，其法定继承人为配偶袁才根，儿子袁德平、袁建平，女儿袁翠萍、袁雅萍。因上述死亡人员均未立遗嘱，故应按法定继承处理。双方均未提供许阿大、杨三妹夫妇及许福娣方有其他合法继承人。综上，现十三原告应为许郁生方的代表人，由其行使相应的诉讼权利。至于许桂生等5人为谁，许桂生的合法继承人为哪些人，因双方均未提供，故被告许国清作为许桂生方的代表人，行使相应的诉讼权利。

对于许国清提出的“土改”房屋在1967年因火灾及以后其修建房屋而完全灭失，时间已有40年历史，已超过诉讼时效的辩称意见，因“土改”房屋系许郁生等10人和许桂生等5人所有，且十三原告与许国清均自认在同一处，因此，本案系确权、继承、析产纠纷，而共同房屋的确权纠纷不适用诉讼时效的有关规定，故许国清的该主张本院不予采信。

无锡市滨湖区雪浪镇陶墅村莫甲里14号被拆迁房屋，在产权证外的幢号3的砖木结构平房（面积为27.52平方米）系基于原“土改”房屋而来的，因在许国清年幼时将土改房屋的中造烧毁及因救火而损坏前造房屋；且“土改”房屋在失火时未分割，可认定被火灾烧毁的为许国清方的部分。剩余的27.52平方米的砖木结构平房不足原“土改”房屋的一半，故该部分可认定为十三原告方应得的部分。因拆迁该部分房屋而得的安置权利应归十三原告为妥。因此，该部分房屋拆迁安置而得的权利即拆迁补偿价7 018元及因拆迁该部分房屋而得的安置27.52平方米房屋的权利应归十三原告所有。因许国清取得的拆迁安置房屋面积均超过60平方米，为有利于发挥房屋的价值，以将上述安置房屋的权利折价归并给许国清方为宜。归并的价格以双方一致确认的2 600元/平方米计算。故十三原告应得房屋的权利归并价格共计为68 000元。雪浪仙河苑小区二期434号401室及402室拆迁安置房产权归许国清方所有。

（五）定案结论

江苏省无锡市滨湖区人民法院依照《中华人民共和国物权法》第二十九条、第三十条、第三十三条、第三十七条，《中华人民共和国继承法》第五条、第九条、第十三条第一款、第二十五条第一款、第二十九条之规定，作出如下判决：

1. 坐落于无锡市滨湖区雪浪镇陶墅村莫甲里14号被拆迁房屋中许瑞清、许久清、许梅芬、许锦清、袁才根、袁雅萍、袁翠萍、袁德平、邵明珠、许奉南、许斌南、许雪南、许建薇应得的安置权益共计折价68 000元。由许国清在本判决发生法律效力后10日内支付。

2. 坐落在无锡市滨湖区太湖街道雪浪仙河苑小区二期434号401室及402室拆迁安置房产权归许国清方所有。

3. 驳回许瑞清、许久清、许梅芬、许锦清、袁才根、袁雅萍、袁翠萍、袁德平、邵明珠、许奉南、许斌南、许雪南、许建薇的其他诉讼请求。

（六）解说

在房屋确权案件中同时处理继承关系时，应当首先进行房屋所有权确认，在明确遗产的范围后，再解决继承问题，最后进行析产。在近几年房屋价格急剧上升的背景下，房屋作为大额财产而引发的争议不断增加，所以在处理房屋确权纠纷时，确认案件的法律性质，选择法律和行政法规的适用，对处理同类案件具有一定借鉴意义。

1. 房屋产权的认定。《中华人民共和国物权法》第十四条规定："不动产物权的设立、变更、转让和消灭，依照法律规定应当登记的，自记载于不动产登记簿时发生效力。"第十六条规定："不动产登记簿是物权归属和内容的根据。"因此，房屋产权原则上以房屋产权登记部门的登记簿及所有权证上的记载为准。但因"土改"时期的房屋土地产权证颁发时间较早，当事人大都无法提供土地房产所有证的原件，用以证明土地房产权属的都是在档案管理部门查档调取的土地房产所有证存根的复印件。而 1951 年的房产档案管理中尚无注销的制度，争议房屋的权属如果发生合法的变更登记，在原存根证上是没有注销记录的。因此，笔者认为，此类土地房产所有证存根不能当然作为房产权属的凭证①，它仅是"土改"房屋的历史记录，其中发生房屋灭失现象大量存在。《中华人民共和国物权法》第三十条规定："因合法建造、拆除房屋等事实行为设立或者消灭物权的，自事实行为成就时发生效力。"本案中的部分房屋就因为失火而灭失，作为不动产的房屋物权消灭。在该部分房屋宅基地上现在的房屋系重新建造而成，所以根据物权法的上述规定，应当以 1991 年和 2002 年领取的土地证和房产证作为确认物权的依据。"土改"时领证的房屋仅剩下在本案中依法查明的 27.52 平方米，且该部分房屋未列入新领取房屋产权证记载的面积。故该部分房屋为"土改"房屋，可以作为遗产进行继承。

2. 对剩余房屋的拆迁利益归属于原告应无争议，但因为本案涉及的城市中的集体土地上的房屋，原告每人所占份额极小，且被告已经与拆迁公司签订补偿协议并实际履行，为发挥房屋的整体价值与维护拆迁交易合同的稳定性，将安置房屋归并给被告，由被告按协商价格补偿各位原告是解决纠纷的最合适的方案。本案宣判后，当事人均未上诉，并表示服从判决，且已经履行了判决确定的全部义务。

（江苏省无锡市滨湖区人民法院　钱晓平　李旭强）

70. 宋海燕诉宋春华继承案
（财产继承）

（一）首部

1. 判决书字号：北京市大兴区人民法院（2008）大民初字第 8592 号。

---

① 参见赵文清：《农村上改房屋权属纠纷案件的调查报告》，载中外民商裁判网：http://www.zwmscp.com/list.asp? Unid=4392。

2. 案由：继承纠纷。

3. 诉讼双方

原告：宋海燕，女，汉族，住北京市房山区。

委托代理人：杨旭，男，汉族，住北京市宣武区。

委托代理人：张爱卿，汉族，住北京市房山区，系宋海燕之夫。

被告：宋春华，女，汉族，住北京市大兴区。

委托代理人：静发起，汉族，住址同上，系宋春华之夫。

委托代理人：林守育，北京市大兴区兴丰街道法律服务所法律工作者。

4. 审级：一审。

5. 审判机关和审判组织

审判机关：北京市大兴区人民法院。

合议庭组成人员：审判长：单祖果；人民陪审员：王桂华、吴全禄。

6. 审结时间：2009 年 5 月 19 日。

(二) 诉辩主张

1. 原告宋海燕诉称

我与宋春华系姐妹关系，我们的母亲叫赵桂兰，于 1998 年 6 月 20 日去世，留有遗产位于北京市大兴区黄村西里 13 号楼 1 单元 103 室（以下简称 103 室）房产一套，该房屋所有权证书登记在赵桂兰名下，我曾多次与宋春华协商该套楼房继承问题，至今毫无结果。在这 8 年间宋春华未经我同意的情况下，独自占用该房屋，彻底剥夺了我的合法继承权，现起诉要求依法继承该房产，由宋春华折价给付我该房产价值的 50%即 125 000 元，给付我占用该房屋的租赁费 30 000 元，并承担诉讼费及评估费。

2. 被告宋春华辩称

不同意宋海燕的诉讼请求，我母亲赵桂兰在 1998 年 6 月 20 日去世，当时宋海燕参加了葬礼，其在 2007 年起诉我，要求继承已达 9 年，超过了 2 年诉讼时效；我的父亲叫宋廷年，1951 年参加工作，在中建一局集团安装工程有限公司当工人，于 1987 年 9 月 30 日去世，其去世后未留下任何财产。母亲赵桂兰是家庭妇女，无其他生活来源，一直跟随我生活，由我赡养，根本没有财产。我父亲去世后，我家当时居住条件不好，一家四口居住在建筑面积 53 平方米的房屋内，是我丈夫静发起与其单位中建一局二公司的领导协商，申请了一套居住用房即争议的 103 室楼房给我母亲居住。1993 年“房改”政策下来后，我丈夫静发起以我母亲赵桂兰的名义与卖方中建一局二公司签订了房屋买卖合同书，并分 4 次交纳购房款 20 696.9 元，房款全是我交的，最后一次是 1998 年 11 月 17 日我母亲赵桂兰去世后交纳的，所交购房款全部是我夫妻的财产。1999 年 8 月 19 日，我以我母亲赵桂兰的名义取得了 103 室房屋所有权证。103 室是我夫妻出钱购买，应归我夫妻所有，并不是我母亲赵桂兰的遗产。宋海燕是赵桂兰代养的，不是领养的，其无合法继承人资格，要求驳回宋海燕的诉讼请求。

（三）事实和证据

北京市大兴区人民法院经公开审理查明：宋廷年与赵桂兰系夫妻，宋廷年系中建一局集团安装工程有限公司（以下简称中建一局安装公司）工人，赵桂兰系家庭妇女，无其他经济收入。二人婚后生育一女宋春华，1962 年后又抱养一女宋海燕（系赵桂兰妹妹赵桂珍的女儿）。宋廷年于 1987 年 9 月 30 日去世。1989 年 5 月 23 日，赵桂兰与陈富权再婚，陈富权系中建一局安装公司职工，二人婚后居住在中建一局安装公司为陈富权分配的单位公房内，即本案诉争房屋 103 室（建筑面积 42.95 平方米）。陈富权再婚时，其 4 个子女均已结婚，单独生活。陈富权于 1992 年 11 月去世，陈富权去世后，其工作单位中建一局安装公司将 103 室交与产权单位中建一局集团第二建筑有限公司（以下简称中建一局二公司）处理。1993 年，中建一局二公司落实“房改”政策，将本单位自管楼向单位职工或其继承人出售。1993 年 7 月 14 日，宋春华以赵桂兰名义向中建一局二公司交纳 103 室房屋购房款 5 200 元。1995 年 3 月 10 日，静发起以购买人赵桂兰名义与中建一局二公司签订房屋买卖合同，中建一局二公司以优惠价出售 103 室，每平方米 640 元，约定购房款共计 10 569 元。宋春华以赵桂兰名义于 1995 年 12 月 13 日交纳购房款 1 330 元，于 1996 年 12 月 11 日交纳购房款 4 039 元，于 1997 年 12 月 19 日交纳购房手续费 127.9 元。1998 年 6 月 20 日，赵桂兰去世，去世时未留有遗嘱。1998 年 11 月 17 日，宋春华以赵桂兰名义向中建一局二公司交纳 103 室房屋维修费 1 288.5 元、改成本价加费 8 681.5 元、复核手续费 30 元。1998 年 11 月 20 日宋春华之夫静发起以赵桂兰名义与中建一局二公司签订房改合字第 113113 号房屋买卖合同书，约定中建一局二公司将 103 室以成本价出售给赵桂兰，每平方米 1 207 元，由购买人补交与原优惠价格的差价后购买。1999 年 8 月 19 日，北京市房屋土地管理局为 103 室发放了房屋所有权证书，所有权人登记为赵桂兰，该所有权证书由宋春华领取、保管。2001 年 1 月 11 日，宋春华向中建一局二公司交纳 103 室加费 6 666.5 元、手续费 7 元。2001 年 1 月 17 日，宋春华补交 103 室基金 536.5 元。至此，宋春华共交纳各项购房费用 22 706.9 元。赵桂兰去世后，103 室由宋春华一家装修居住、使用。

庭审中，宋海燕主张曾给付赵桂兰 8 000 元用于交纳购房款，对此宋春华予以否认，宋海燕未提供相应证据佐证。宋春华主张 103 室是中建一局二公司分配给静发起的，为表示孝心，以赵桂兰名义购买。对此宋海燕予以否认，主张 103 室是中建一局二公司分配给赵桂兰的。就 103 室的购买一节，本院向中建一局二公司调取了存档的分配档案，中建一局二公司 1995 年的出售公有住房房价计算表显示：购房人赵桂兰，折算男方 30 年工龄，折算女方 44 年工龄，折算工龄后实际房价 10 569 元；1998 年改成本价出售房屋时，又折算赵桂兰工龄 46 年。中建一局二公司房改办公室及张桂玲出具证明一份，证明折算工龄的购房人信息提供的是宋春华夫妇的。对此宋海燕予以否认，表示只认可房改档案信息的真实性。

经宋海燕申请，本院报北京市高级人民法院随机选定，依法委托北京中建华房地产评估有限公司对诉争房屋的市场价格进行鉴定。2009 年 4 月 2 日，北京中建华房地产评估有限公司出具鉴定报告：北京市大兴区黄村西里 13 号楼 1 单元 103 室房地产含装修单价每平方米 7 405 元、总价 318 000 元，不含装修单价每平方米 6 885 元、总价 295 700 元。宋海燕交纳鉴定费 3 000 元，并认可装修部分由宋春华夫妇出资。

上述事实有下列证据证明：

1. 双方当事人在庭审中的陈述。
2. 房屋买卖合同书。
3. 购房款收据。
4. 本院调查笔录。

（四）判案理由

北京市大兴区人民法院经审理认为：遗产是公民死亡时遗留的个人合法财产。根据 103 室房屋分房档案，房屋买卖合同书以赵桂兰名义签订，购买诉争房屋时折算有赵桂兰工龄，且房屋所有权证书登记在赵桂兰名下，故赵桂兰对 103 室的取得具有贡献；但赵桂兰作为家庭妇女，在陈富权去世后，其生活主要依靠子女赡养，赵桂兰无能力出资购买，从交款人为宋春华可以认定，诉争房屋系由宋春华出资购买，尤其是赵桂兰去世后，所有的购房费用均由宋春华支出，可以认定宋春华在与赵桂兰共同生活期间对诉争房屋的取得亦有贡献；赵桂兰与宋春华基于家庭成员关系对诉争房屋的取得产生共同共有法律关系。虽 103 室房屋在赵桂兰去世后登记在其名下，但基于上述事实，103 室房屋应认定为赵桂兰与宋春华共有财产，赵桂兰去世后，在 103 室继承时应先分出宋春华的财产份额，赵桂兰的遗产部分由宋春华、宋海燕二人法定继承。本院根据双方居住条件以及宋海燕要求折价款的主张，确定 103 室由宋春华继承，宋春华给付宋海燕相应遗产折价款。宋春华主张宋海燕不属合法继承人的主张，无法律依据，本院不予支持；宋春华主张诉争房屋是分配给其丈夫静发起，与赵桂兰无关的意见，证据不足，本院不予支持；宋海燕要求继承诉争房屋一半价值的主张，证据不足，本院不予支持；宋海燕要求宋春华给付房屋租赁费 30 000 元的主张，无法律依据，本院不予支持。

（五）定案结论

北京市大兴区人民法院依照《中华人民共和国物权法》第九十五条，《中华人民共和国继承法》第十条、第二十六条第二款之规定，作出如下判决：

1. 北京市大兴区黄村西里 13 号楼 1 单元 103 室由被告宋春华继承，被告宋春华给付原告宋海燕遗产份额折价款 73 925 元，于本判决生效后 10 日内履行。
2. 驳回原告宋海燕的其他诉讼请求。

（六）解说

本案主要争议在于享受本人工龄和已死亡配偶生前工龄优惠后所购公房是否属夫妻共同财产这一法律问题。在 1998 年我国取消福利分房制度之前，存在大量的职工福利分房，经常存在购房时利用本人工龄折算购房优惠的情况，这些折算的工龄能否作为一种出资进行认定呢？在夫妻双方均在世时利用本人或配偶工龄享受的仅是一种优惠政策，而非财产权益；关键是审查购房时的出资情况。

如果享受的是已死亡配偶生前工龄优惠后购买的房屋，能否作为夫妻共同财产呢？夫妻一方死亡后，如果遗产已经继承完毕，健在一方用自己的积蓄购买的公有住房应视为个人财产，购买该房时所享受的已死亡配偶的工龄优惠只是一种政策性补贴，而非财产或财产权益，工龄优惠部分不属于死亡一方的遗产；夫妻一方死亡后，如果遗产没有分割，应查明购房款是夫妻双方的共同积蓄，还是配偶一方的个人所得，以此确认所购房屋是夫妻共同财产还是个人财产：如果购房款是夫妻双方的共同积蓄，所购房屋应视为夫妻共同财产；如果是夫或妻一方的财产，则不应作为夫妻共同财产进行分割继承。

本案中，双方诉争的103室系中建一局二公司落实房改政策，将本单位自管楼向单位职工或其继承人出售，购买时，赵桂兰在世，该房出资人有宋春华并有赵桂兰的工龄优惠，故房屋应为宋春华、赵桂兰的共有财产。赵桂兰去世后，应先析出共有人宋春华的财产份额，赵桂兰的遗产部分在其法定继承人之间法定继承。虽然购房时使用了赵桂兰丈夫陈富权的工龄，但购房时陈富权已经去世，且无证据证明购房使用了赵桂兰和陈富权的夫妻共同财产，故该房没有陈富权的遗产份额。

（北京市大兴区人民法院　单祖果）

71. 王阿芬、王云定、王菊芬、王爱芬诉王云德法定继承纠纷案（法定继承）

（一）首部

1. 判决书字号：浙江省宁波市镇海区人民法院（2008）甬镇民一初字第1258号。
2. 案由：法定继承纠纷。
3. 诉讼双方

原告：王阿芬，女，汉族，住浙江省宁波市。

原告：王云定，男，汉族，住址同上。

原告：王菊芬，女，汉族，住址同上。

原告：王爱芬，女，汉族，住址同上。

上述四原告的委托代理人：沈丽娜，宁波市骆洲法律服务所法律工作者。

被告：王云德，男，汉族，住浙江省宁波市。

委托代理人：周岳定，男，汉族，住址同上。

4. 审级：一审。
5. 审判机关和审判组织
审判机关：浙江省宁波市镇海区人民法院。
独任审判人员：审判员：吴绍海。
6. 审结时间：2009 年 1 月 12 日。

（二）诉辩主张

1. 原告王阿芬、王云定、王菊芬、王爱芬诉称

原、被告系兄弟和姐弟关系，原、被告的母亲张珠花于 2003 年 6 月 28 日去世，父亲王仲岳已去世约三十年。张珠花在 1999 年第二轮土地承包时，她的承包地与被告夫妻及 2 个女儿等 5 人的在一起，合计承包土地 4.6 亩，其中张珠花承包地 0.92 亩。因张珠花和村里的土地先后被征用，张珠花先后于 2006 年 12 月分得 1 330.02 元，2007 年 1 月分得 301.28 元，2008 年 8 月分得 18 501.92 元，合计 20 133.22 元，此款已由被告王云德收取独得。为此，原告诉至法院，要求被告分给 4 原告继承款人民币 13 420 元，平均每人 3 355 元。

2. 被告王云德辩称

家庭承包方式的农村土地承包经营权和承包田的所有权都不能作为遗产继承。张珠花与被告一家共同承包的土地，在张珠花去世后，由被告一家继续承包，而不是作为张珠花的遗产由其继承人继承。张珠花去世后已不具有联勤村集体经济组织成员的资格，被告领取的土地征用补偿款属被告一家现有 4 人所有，因此，要求驳回原告的诉讼请求。

（三）事实和证据

浙江省宁波市镇海区人民法院经公开审理查明：原告王阿芬、王云定、王菊芬、王爱芬和被告王云德均系张珠花子女。被告作为户主与母亲张珠花、妻子翁惠君、女儿王璐、王玥 5 人作为一户共同向联勤村经济合作社承包土地 4.6 亩，承包权的起止日期为 1999 年 10 月 30 日至 2029 年 10 月 30 日，并领取有农村集体土地承包权证。张珠花于 2003 年 6 月 28 日去世。2006 年 12 月至 2008 年 8 月，因承包的土地被征用，被告分 3 次领取了土地征用的补偿款共计人民币 123 926.37 元。现原告诉来本院，要求继承张珠花在上述土地征用补偿款中的份额。

以上事实有原告提供的宁波市镇海区骆驼街道联勤村村民委员会于 2008 年 9 月 23 日、10 月 28 日、11 月 21 日出具的证明，土地征用款项分配清单各 1 份，被告提供的农村集体土地承包权证和土地承包合同各 1 份等证据证明。

（四）判案理由

浙江省宁波市镇海区人民法院经审理认为：遗产是公民死亡时遗留的个人合法财产。家庭承包的承包方是本集体经济组织的农户，个人只是作为分配土地时必须考虑的人口数

量。承包期内家庭的某个成员死亡时，若作为承包方的户还存在，死者在承包时分配的土地份额由家庭内部其他人继续承包，死者的土地承包经营权不发生继承问题。本案4原告非被告承包户的成员，对被告一户在联勤村经济合作社承包的土地不享有承包经营权。张珠花死亡后，个人承包经营权自然终止，其承包合同的权利、义务转移给该户的其他承包人，或依照政策规定由该户的其他承包人继续承包。就承包主体而言，仍为以被告为户主的家庭，张珠花所分配的承包地份额由同一承包经营户内其他成员继续承包经营，并不是由张珠花的继承人予以继承。张珠花死亡后，原承包地被征收的补偿款不属于张珠花死亡时遗留的个人财产，即不属张珠花的遗产。原告诉称，没有事实和法律依据，本院不予支持。

（五）定案结论

浙江省宁波市镇海区人民法院依照《中华人民共和国继承法》第三条、《中华人民共和国农村土地承包法》第十五条和《最高人民法院关于民事诉讼证据的若干规定》第二条的规定，作出如下判决：

驳回原告王阿芬、王云定、王菊芬、王爱芬的诉讼请求。

（六）解说

我国《农村土地承包法》第十五条规定，家庭承包的承包方是本集体经济组织的农户。因此，家庭承包方式有以下几个特点：确定每农户的承包地数量时，采取按人口平均分配的方法，集体经济组织成员无论男女老少，人人有份，人人享有平等的权利；以户为生产经营单位进行承包，是以一个农户家庭的全体成员作为承包方进行承包，而不是以个人为单位进行承包；承包方一般为本集体经济组织的农户。《农村土地承包法》还规定，耕地承包期为30年，承包期内，发包方不得收回承包地。此立法本意主要是保护农村土地承包关系的长期稳定。

基于土地承包经营的特殊性，本案原告方要求将承包地被征收后的补偿款作为遗产来继承的请求不能得到支持，理由如下：

家庭承包的承包方是本集体经济组织的农户，个人只是作为分配土地时必须考虑的人口数量。承包期内家庭的某个或部分成员死亡时，作为承包方的户还存在，因而土地承包经营权不发生继承问题，死者在承包时分配的土地份额由家庭内部其他人继续承包。如果作为承包一方的农户消亡，其土地承包经营权趋于消灭，由发包方收回承包地。假如耕地允许继承，那么继承人如果是集体经济组织成员，将获得两份承包地，从我国农村人多地少、人地矛盾比较突出的实际情况看，这有失公平。如果承包方的继承人不是该集体经济组织成员，其享有承包继承权，就会损害该集体经济组织成员的利益，亦与立法精神相违背。本案4原告非被告承包户的成员，对被告一户在联勤村经济合作社承包的土地不享有承包经营权。原、被告的母亲张珠花死亡后，个人承包经营权自然终止，其承包合同的权利、义务转移给该户的其他承包人，或依照政策规定由该户的其他承包人继续承包。就承包主体而言，仍为以被告为户主的家庭，张珠花所分配的承包地份额由同一承包经营户内其他成员继续承包经营，并不是由张珠花的继承人予以继承。张珠花死亡后，原承包地被征收的补偿款不属于张珠花死亡时遗留的个人财产，即不属张珠花的遗产。原告方的诉讼请求缺乏事实和法律依据，法院依法予以驳回是正确的。

（浙江省宁波市镇海区人民法院　吴绍海　卓黎黎）

72. 朱月娥三姐妹诉兄弟朱玉斌夫妇遗嘱继承纠纷案（遗嘱继承）

（一）首部

1. 判决书字号：江苏省启东市人民法院（2008）启民一初字第2099号。

2. 案由：遗嘱继承纠纷。

3. 诉讼双方

原告：朱月娥，女，汉族，住江苏省启东市。

原告：朱秀娥，女，汉族，住址同上。

原告：朱赛娥，女，汉族，住址同上。

被告：朱玉斌，男，汉族，住址同上。

被告：施菊兴，女，汉族，住址同上。

4. 审级：一审。

5. 审判机关和审判组织

审判机关：江苏省启东市人民法院。

独任审判人员：审判员：张艳。

6. 审结时间：2009年1月12日。

（二）诉辩主张

1. 原告朱月娥、朱秀娥、朱赛娥诉称

三原告与被告朱玉斌系姐弟关系，均系被继承人朱中环、杨建平之子女。2003年，两被继承人相继死亡，生前留下遗嘱，将房屋及其附属设施留与三个原告继承。2008年6月10日，二被告擅自与拆迁单位签订了朱中环遗产房拆迁补偿协议，补偿总额为128 380元。被告领款后，分文未给原告。为此，要求被告给付三原告房屋拆迁补偿款127 380元（剔除补偿总额中贴补给被告的外地回启费用1 000元）并承担本案诉讼费。

2. 被告朱玉斌、施菊兴辩称

该份遗嘱不符合遗嘱的形式要件，对遗嘱的效力有异议。在父亲朱中环死亡后，4个子女已对其遗产进行了处理；被告在父母生前尽了主要赡养义务，支付了大笔的生活费、医疗费等各项费用，该费用应从遗产中扣除；被告所支付的父母丧葬费、房屋修缮费、代父母偿还债务的费用应从遗产中扣除；讼争的127 380元中，签约奖励费10 000元是奖给被告夫妇的，并非遗产；原告的诉讼请求已超过诉讼时效。

（三）事实和证据

江苏省启东市人民法院经公开审理查明：两被告系夫妻关系。三原告与被告朱玉斌系姐弟关系，均系朱中环、杨建平之子女。因被告朱玉斌长期在外地工作，极少有时间抽空探望父母，故在父母生病期间，照顾的任务由三原告轮流负责，而被告朱玉斌负责每月贴补父母生活费及支付父母生病住院期间的所有医疗费用。2001年11月4日，朱中环执笔立下遗嘱一份，其内容为"……我俩所有东宅大小房子三间，现已破旧不堪，我西宅有一间朝东屋，大小桌子三张、凳子八张、被橱一张、挂衣橱一张、凉床一张、总连架子一幅、大小箱子七只、沙发一张、微波炉一台、电话一只、大小缸六只，这些房屋家私在我俩千年之后（即死亡之后）全归三个女儿所得，与玉斌无干，我俩死后丧事由三个女儿负责料理，与玉斌无涉。特请公证处给我公证，遗嘱是实。申请人朱中环、杨建平"。后将该遗嘱置放于宅基证内未予公证，朱中环夫妇亦未告知任何人。2003年2月9日，朱中环去世，丧葬事宜由被告朱玉斌、施菊兴操办。考虑到母亲杨建平常年生病，已丧失生活自理能力，故原、被告于2月22日商量一致后将杨建平安排至启东市老年公寓生活，至同年7月6日退寓，期间费用均由被告朱玉斌负担。因不知遗嘱的存在，故原、被告在处理完父亲丧事后，在舅舅、堂叔等几位家中长辈的见证下，对父母家中物品（仅指动产）进行了简单分割。7月6日退寓当日，杨建平去世，丧事亦由被告朱玉斌夫妇操办。2005年，因朱中环、杨建平遗留下来的房屋破旧不堪，被告朱玉斌遂出资6 500元委托朱金中对该房屋进行修缮。2008年6月10日，被告朱玉斌、施菊兴以继承人的身份与启东市盛德房屋拆迁有限公司签订了启东市城市房屋拆迁补偿安置协议一份，并领取了朱中环、杨建平房屋的拆迁补偿安置款128 380元，其中房屋重置成新价21 766元、土地区位补偿价71 700元、附属设施设备及装饰装修等补偿金23 764元、拆迁补助费150元、外地回启费用1 000元、签约奖励费10 000元。该款现在两被告处。2008年9月，三原告在宅基证中发现父母所立遗嘱，遂诉至本院主张权利。审理中，因双方意见不一，致使调解未果。另查明，被告朱玉斌在父亲朱中环去世后代其偿还徐琛处债务500元。

上述事实有下列证据证明：

1. 被告朱玉斌提供医院的记录、药费发票、丧葬费用的票据、老年公寓的证明等。
2. 启东市城市房屋拆迁补偿安置协议一份。
3. 徐琛证言。
4. 朱金中证言。
5. 胡志英、朱锦秀到庭作证的证言及当事人庭审陈述。

（四）判案理由

江苏省启东市人民法院经审理认为：两被告系夫妻关系。三原告与被告朱玉斌系姐弟关系，均系朱中环、杨建平之子女。因被告朱玉斌长期在外地工作，极少有时间抽空探望父母，故在父母生病期间，照顾的任务由三原告轮流负责，而被告朱玉斌负责每月贴补父母生活费及支付父母生病住院期间的所有医疗费用。2001 年 11 月 4 日，朱中环执笔立下遗嘱一份，其内容为"……我俩所有东宅大小房子三间，现已破旧不堪，我西宅有一间朝东屋，大小桌子三张、凳子八张、被橱一张、挂衣橱一张、凉床一张、总连架子一幅、大小箱子七只、沙发一张、微波炉一台、电话一只、大小缸六只，这些房屋家私在我俩千年之后（即死亡之后）全归三个女儿所得，与玉斌无干，我俩死后丧事由三个女儿负责料理，与玉斌无涉。特请公证处给我公证，遗嘱是实。申请人朱中环、杨建平"。后将该遗嘱置放于宅基证内未予公证，朱中环夫妇亦未告知任何人。2003 年 2 月 9 日，朱中环去世，丧葬事宜由被告朱玉斌、施菊兴操办。考虑到母亲杨建平常年生病，已丧失生活自理能力，故原、被告于 2 月 22 日商量一致后将杨建平安排至启东市老年公寓生活，至同年 7 月 6 日退寓，期间费用均由被告朱玉斌负担。因不知遗嘱的存在，原、被告在处理完父亲丧事后，在舅舅、堂叔等几位家中长辈的见证下，对父母家中物品（仅指动产）进行了简单分割。7 月 6 日退寓当日，杨建平去世，丧事亦由被告朱玉斌夫妇操办。2005 年，因朱中环、杨建平遗留下来的房屋破旧不堪，被告朱玉斌遂出资 6 500 元委托朱金中对该房屋进行修缮。2008 年 6 月 10 日，被告朱玉斌、施菊兴以继承人的身份与启东市盛德房屋拆迁有限公司签订了启东市城市房屋拆迁补偿安置协议一份，并领取了朱中环、杨建平房屋的拆迁补偿安置款 128 380 元，其中房屋重置成新价 21 766 元、土地区位补偿价 71 700 元、附属设施设备及装饰装修等补偿金 23 764 元、拆迁补助费 150 元、外地回启费用1 000 元、签约奖励费 10 000 元。该款现在两被告处。被告朱玉斌在父亲朱中环去世后代其偿还徐琛处债务 500 元。2008 年 9 月，三原告在宅基证中发现父母所立遗嘱，遂诉至本院主张权利。

（五）定案结论

江苏省启东市人民法院依照《中华人民共和国继承法》第九条、第十条第一款、第十三条第三款、第十七条第三款、第十九条之规定，作出如下判决：

被告朱玉斌、施菊兴给付原告朱月娥、朱秀娥、朱赛娥应继承的朱中环、杨建平法定继承款各 18 933.6 元，限于本判决生效之日起 10 日内履行。

如果未按本判决指定的期间履行给付金钱义务，应当依照《中华人民共和国民事诉讼法》第二百二十九条之规定，加倍支付迟延履行期间的债务利息。

本案受理费 2 848 元，依照法律规定减半收取 1 424 元（原告已预交），由原告朱月娥、朱秀娥、朱赛娥负担 814 元，被告朱玉斌、施菊兴负担 610 元。

（六）解说

本案主要争议焦点为：（1）诉讼时效问题；（2）涉案遗嘱的效力问题；（3）讼争的拆迁补偿款。

关于焦点（1），三原告于2008年才知遗嘱的存在及自身权利遭受侵害的事实，故其起诉并未超过诉讼时效，被告朱玉斌、施菊兴提出的时效抗辩不能成立。

关于焦点（2），遗嘱的效力问题，本院认为：其一，根据朱中环在遗嘱中所书“特请公证处给我公证，遗嘱是实”和末尾处签名“申请人朱中环、杨建平”的文字表述分析，该遗嘱实际应为申请公证的申请书。其二，遗嘱书写于2001年11月4日，但两被继承人直至2003年死亡始终将该遗嘱置于宅基证内，未向任何人提及，未指定遗嘱执行人，更重要的是未按遗嘱中申请公证之意思表示提请公证，故该遗嘱的内容是否为立遗嘱人的最终意思表示并不确定。其三，法律对不同形式的遗嘱分别作出了形式要件规定，对代书遗嘱要求有两个以上见证人在场见证并签名。本案中，遗嘱由朱中环执笔立下并签上自己及杨建平的名字，虽然在杨建平名字旁捺有一指印，但对于杨建平来说，遗嘱非其本人所写，且无见证人见证，形式上不符合代书遗嘱的法定要件。其四，考察遗嘱的关键性内容：“这些房屋家私在我俩千年之后（即死亡之后）全归三个女儿所得，与玉斌无干，我俩死后丧事由三个女儿负责料理，与玉斌无涉。”应为朱中环夫妇对三原告附义务的遗嘱，但朱中环夫妇生前并未将意思表示向具有附随义务的三原告告知，此与常理不符。鉴于此，遗嘱是否为朱中环夫妇确定的意思表示无法确认，而事实上在朱、杨死亡后，三原告均未负责料理其丧事，据此，也难以认定三原告作为遗嘱继承人的条件成就。其五，被继承人朱中环先于杨建平死亡，而杨建平于2000年（朱中环死亡前）即已瘫痪在床，丧失生活自理能力。法律规定“遗嘱应当对缺乏劳动能力又没有生活来源的人保留必要的份额”，朱中环立遗嘱时应当预见到其与杨建平在同一时间死亡的可能性微乎其微，但其在处分遗产时忽略了这一点，导致该遗嘱违反了法律的强制性规定。据上，法院经综合判断后认为，涉案遗嘱的效力，实难依法确认，不足以成为遗嘱继承的依据，对朱中环、杨建平的遗产依法应按法定继承处理。本案的案由应为法定继承纠纷。

关于焦点（3），关于讼争的拆迁补偿款，其中，签约奖励费10 000元及外地回启费用1 000元属拆迁公司对在签约过程中积极支持其工作的被告所支付的奖励费及贴补，应属两被告的个人财产，不应列入遗产范围。对代偿款500元，债权人徐琛到庭证明了该款系朱中环生前所借，由朱玉斌代为归还的事实，原告亦无异议，故应从遗产中扣除后归还被告朱玉斌。被告认为其在父母生前所支付的大额生活费及医疗费、入住老年公寓的费用亦应从遗产中予以扣除。对此，法院认为，被告所支付的生活费、医药费均属被告对被继承人理应履行的赡养义务，无论数额大小，均无权主张从被继承人遗产中扣除。但应认定被告对被继承人承担了较多的赡养义务。至于丧葬费，三原告认为系由被告支付，因该费用是为处理两被继承人的丧葬事宜而支出，故亦应从遗产中予以扣除后归还被告。根据《最高人民法院关于审理人身损害赔偿案件适用法律若干问题的解释》所规定的丧葬费计算方式及2003年度江苏省在岗职工月平均工资标准，确定朱中环、杨建平丧葬费总额为1 309.33元×6个月×2人＝15 712元。至于房屋修缮费6 500元，该费用系两被告在保管父母遗产过程中所支出的费用，与朱中环在遗嘱中“房屋已破旧不堪”之表述相吻合，被告的修缮行为增加了遗产房屋在拆迁评估中的价值，故该费用应从被继承人遗产中予以扣除。综上，扣除上述各笔费用后，余额 94 668 元属应由法定继承人继承的朱中环、杨建平夫妇遗产。鉴于被告朱玉斌对被继承人承担了较多赡养义务，在分配遗产时依法可适当多分，故法院确定三原告每人各可分得两被继承人遗产的 1/5，被告朱玉斌可分得遗产的 2/5。三原告的应得部分已在两被告处，应由两被告就此向三原告承担相应的给付义务。

（江苏省启东市人民法院　朱焕东）

73. 车秀英诉万龙昌等返还原物案（遗嘱变更）

（一）首部

1. 判决书字号：江苏省无锡市南长区人民法院（2009）南民一初字第 1627 号判决书。

2. 案由：返还原物纠纷。

3. 诉讼双方

原告：车秀英，女，汉族，住江苏省无锡市。

委托代理人（特别授权）：顾坚，江苏远闻律师事务所律师。

被告：万龙昌，男，汉族，住江苏省无锡市南长区。

委托代理人：周宏图，江苏君诺律师事务所律师。

被告：李冬云，女，汉族，住江苏省无锡市南长区。

4. 审级：一审。

5. 审判机关和审判组织

审判机关：江苏省无锡市南长区人民法院。

独任审判人员：审判员：汤然。

6. 审结时间：2009 年 10 月 9 日。

（二）诉辩主张

1. 原告车秀英诉称

车秀英名下原登记有无锡市中桥二村 53 号 302 室房屋一套。2005 年 5 月，万龙昌称继承遗产要征收遗产税，应将房产在车秀英生前过户到万龙昌名下，在车秀英去世后再分配给其他继承人。车秀英信以为真，便依据万龙昌、李冬云的要求在相关房屋产权过户协议上按手印。2005 年 6 月 6 日，该房屋所有权人变更登记为万龙昌、李冬云。2005 年 6 月 20 日，车秀英与万龙昌及其他 4 个子女共同签署“遗产继承书”，写明是为了减少百年后遗产继承手续上的麻烦则把房屋产权过户给被告，并委托万龙昌在车秀英逝世后代为分割遗产。此后，车秀英仍继续居住在上述房屋中。2008 年 7 月，万龙昌、李冬云称车秀英所居住的房屋产权系其所有，要求车秀英搬出该房屋，并对车秀英实施辱骂、砸坏财物等骚扰行为，导致车秀英无奈寄住其他子女家中。现基于万龙昌、李冬云的行为，车秀英决定撤销“遗产继承书”中关于将无锡市中桥二村 53 号 302 室房屋过户给万龙昌、李冬云的内容，要求万龙昌、李冬云返还该房屋所有权。

2. 被告万龙昌辩称

遗产继承书是车秀英及所有子女间所签，万龙昌并不存在车秀英所述的侵权行为，并且是遵循车秀英的意愿进行过户，万龙昌并没有作出违背车秀英真实意愿的行为，故不同意将房屋产权过户给车秀英。“遗产继承书”，并非遗嘱而是一份分产协议，其形式上也不符合遗嘱形式要件。车秀英已于 2005 年 6 月完成了对讼争房屋的处分行为，将房屋交由 5 个子女所有，现已无权再提出反悔意见要求返还。且车秀英在 2005 年 6 月 20 日即已知道房屋产权过户给了万龙昌，因此其返还主张现已超过诉讼时效，应驳回车秀英的诉讼请求。

3. 被告李冬云辩称

同意万龙昌的答辩意见，并且万龙昌、李冬云并没有欺诈车秀英，不同意车秀英的诉讼请求。

（三）事实和证据

江苏省无锡市南长区人民法院经公开审理查明：车秀英与万银根（于 1979 年 12 月死亡）系夫妻，共生育 5 个子女，分别是万蓉珍、万金龙、万赛珍、万龙昌、万龙兴。万龙昌与李冬云系夫妻。2002 年 10 月，车秀英向他人购买无锡市中桥二村 53 号 302 室房屋，并于次月领取房屋所有权证。为了便于今后房屋继承，2005 年 5 月，车秀英与万龙昌以虚构房屋买卖事实的方式将上述房屋过户至万龙昌、李冬云名下。同年 6 月 1 日，万龙昌、李冬云领取了房屋所有权证。6 月 20 日，车秀英在一份打印的“遗产继承书”上盖章、按手印，该“遗产继承书”载明：“本人车秀英，现年 83 岁，生有：万蓉珍、万金龙、万赛珍、万龙昌、万龙兴子女五位。本人在世时，有中桥二村 53 号 302 室 79 式单间产权房一间，本人百年后，本人的产权房由五位子女平均继承，为此本人特立遗产书一份，本书五位子女各留一份，签字生效。本人为了减少百年后遗产继承手续上的麻烦，于 2005 年 6 月把本人现有的中桥二村 53 号 302 室房屋产权过户给儿子万龙昌，并委托儿子万龙昌待本人百年后，代本人将中桥二村 53 号 302 室的房屋产权分割为五份，让本人的子女：万蓉珍、万金龙、万赛珍、万龙昌、万龙兴五位继承遗产，特此立据为凭。”万蓉珍、万金龙、万赛珍、万龙昌、万龙兴亦在该遗嘱“遗产继承人签字”处签字。2009 年 7 月 8 日，车秀英以受到万龙昌骚扰，撤销“遗产继承书”中关于将无锡市中桥二村 53 号 302 室房屋过户到万龙昌名下由其今后负责执行遗产分配的内容为由诉讼来院，要求万龙昌、李冬云返还上述房屋所有权。

审理中，车秀英对2006年6月20日以打印方式所立“遗产继承书”内容予以认可，并再次明确撤销“遗产继承书”中有关将无锡市中桥二村53号302室房屋过户到万龙昌名下，并委托万龙昌为遗产执行人分割遗产的内容。

上述事实有下列证据证明：

1. 房屋产权证、转让申请书、房产转让协议、相关过户票据。

2. “遗产继承书”。

（四）判案理由

江苏省无锡市南长区人民法院经审理认为：

1. “遗产继承书”是遗嘱而非分产协议，理由如下：（1）遗嘱是自然人生前按照法律规定处分自己财产及安排与财产相关事务，并于死亡后发生继承效力的单方民事行为，被继承人有变更和撤销遗嘱的自由，遗产权属在被继承人死亡及继承开始后发生转移；而分产协议是财产权人在生前对自己的财产作出分配，财产权属转移不以财产权人死亡为必须条件。（2）本案的“遗产继承书”强调讼争房屋为车秀英生前所有，车秀英并无生前将房屋处分权转移的意思表示，而是其对其死亡后财产继承意愿的反映，符合遗嘱特征。（3）虽然该遗嘱由立遗嘱人与继承人双方签字，但遗嘱是继承人单方的财产处分意愿，遵循自由自愿原则，不受他人干涉，故虽然形式上有继承双方签字，亦并不属于合约。（4）本案的“遗产继承书”虽然系车秀英在打印的文字下方签字盖章而形成，但因立遗嘱人车秀英尚未死亡，其在诉讼中对遗嘱内容的确认可以表明该“遗产继承书”系其真实意思表示。（5）该“遗产继承书”载明是为了减少其死亡后遗产继承的麻烦将房屋过户给儿子万龙昌，故万龙昌仅是名义上的登记所有权人。因此，本案“遗产继承书”是遗嘱，而非分产协议，本院对被告万龙昌提出的该“遗产继承书”系分产协议的意见，依法不予采纳。

2. 车秀英有权单方变更遗嘱，要求返还房屋。理由如下：（1）遗嘱人可以撤销、变更自己所立的遗嘱，即本案车秀英有权撤销、变更“遗产继承书”内容。（2）车秀英在诉讼中对“遗嘱继承书”的真实性予以确认，同时也明确表示了撤销“遗产继承书”中关于将作为遗产的无锡市中桥二村53号302室房屋过户到万龙昌名下并委托万龙昌为遗产执行人分割遗产的内容，这是其对遗嘱内容的变更，符合法律规定，依法应予准许。（3）万龙昌、李冬云虽然已取得讼争房屋的所有权登记，但该房屋所有权是基于车秀英的遗嘱意愿而非实质性转移，车秀英并无放弃该房屋所有权的意思表示，万龙昌仅为名义上的登记所有权人，并不因此而享有完全所有权。（4）李冬云虽非遗嘱继承人，但其取得房屋共有权的登记是基于其与万龙昌的特殊身份关系，在万龙昌接受将来作为受托人执行分割的遗产时，同样仅是名义上的房屋登记所有权人，不享有实质性权利。（5）基于车秀英对“遗产继承书”中有关将无锡市中桥二村53号302室房屋过户到万龙昌名下，并委托万龙昌为遗产执行人分割遗产的遗嘱内容撤销的事实，故车秀英有权要求万龙昌、李冬云返还上述作为遗产的房屋。

3. “遗产继承书”作为遗嘱，因立遗嘱人车秀英尚未死亡而未生效，车秀英随时有权变更或撤销遗嘱内容，且本案系围绕房屋所有权产生争议，故对被告提出的车秀英的诉讼请求已超过诉讼时效的抗辩意见，不予采纳。

综上所述，车秀英要求万龙昌、李冬云返还无锡市中桥二村53号302室房屋的请求，符合法律规定，依法应予支持，因其变更遗嘱所产生的房屋过户费用及本案诉讼费，应由车秀英自行承担。

（五）定案结论

江苏省无锡市南长区人民法院依照《中华人民共和国继承法》第二条、第十六条第一款、第二十条第一款的规定，作出如下判决：

万龙昌、李冬云于本判决发生法律效力后立即将无锡市中桥二村53号302室房屋返还给车秀英，变更房屋所有权登记所需费用由车秀英承担。

本案诉讼费减半收取后为2 400元、诉讼保全费1 100元，两项合计人民币3 500元，由车秀英负担。

（六）解说

本案解决的关键有两点：一是对“遗产继承书”究竟是遗嘱还是家庭分产协议的定性，二是对委托执行遗嘱时先行转移不动产登记的物权权属认定。

1. 遗嘱与分产协议有一些共同点，比如一般都是在家族亲属内部进行财产权利的无偿让与，都存在家族长辈将自己的财产分配给子女的情形。但是遗嘱与分产协议在本质上还是有着较大的区别的，主要表现在：（1）处分的财产不同。遗嘱所处分的财产只能是遗产，而遗产仅限于遗嘱人本人所享有的个人财产。而分产协议一般是对家庭共有财产的分割，或者是家族长辈将自己所有的财产无偿分割给家族晚辈，其财产可以是家庭共同财产，也可以是个人财产或部分家庭成员的共有财产。（2）法律依据不同。遗嘱是财产处分权的行使，仅依据单方行为即可发生法律效力，不受他人意志影响。而分产协议是双方或多方合约，必须有两个或两个以上的民事主体，且相互之间达成协议。（3）发生法律效力的条件不同。遗嘱自被继承人死亡之日起始发生法律效力。而分产协议不以财产所有权人死亡为生效条件。（4）撤销和变更方式不同。遗嘱可以由遗嘱人以适当方式单方变更或撤销。分产协议则必须由法定或约定的撤销权人在条件成就时撤销，或各方重新达成新的协议。（5）形式要求不同。遗嘱在《继承法》中有相当严格的形式要求，并且存在自书遗嘱、代书遗嘱、口头遗嘱、录音遗嘱、公证遗嘱等多种形式，且各种遗嘱均有严格对应的形式要求。而分产协议在形式上没有遗嘱的要求严格，形式上不受限制。

本案中，“遗产继承书”明确表示无锡市中桥二村53号302室房屋为车秀英生前所有的财产，在其“百年”后由5位子女继承，5位子女也是以遗产继承人身份签字，应当认定该文件是遗嘱。

2. 很多立遗嘱人在订立遗嘱后会将其所有的动产、不动产转移给其委托的遗嘱执行人，对于动产的转移交付，相对容易理解一些，遗嘱执行人仅仅是对动产遗产的临时占有，不享有所有权。而对于不动产，由于我国采用的是不动产的物权公示登记制度，因此不动产的转移是以所有权登记转移为标志的。但是应当注意的是，物的交付转移并不必然导致相应物权同时发生转移，立遗嘱人将不动产所有权转移登记到遗嘱执行人名下并不意味着其放弃了该不动产的所有权，遗嘱执行人在不动产转移登记到其名下后并非就当然享有了完全的所有权（第三人善意取得除外）。

本案立遗嘱人车秀英的真实意思并非放弃不动产所有权，而是基于委托万龙昌为今后遗嘱执行人的意愿进行转移登记。万龙昌对不动产在继承开始前享有有限的处分权，因此，其仅为名义上的所有权人，并不真正享有完全所有权。

（江苏省无锡市南长区人民法院　汤然）

74. 王家珍诉罗玉英继承案
（继承）

（一）首部

1. 判决书字号：四川省屏山县人民法院（2009）屏山民初字第615号。

2. 案由：继承纠纷。

3. 诉讼双方

原告：王家珍，女，汉族，住四川省屏山县。

委托代理人：陈启念，女，住云南省绥江县。

被告：罗玉英，女，汉族，住四川省屏山县。

委托代理人：郭志英，屏山县金沙江法律服务所法律工作者。

4. 审级：一审。

5. 审判机关和审判组织

审判机关：四川省屏山县人民法院。

合议庭组成人员：审判长：龙志印；审判员：肖其明、张文兰。

6. 审结时间：2009年12月11日。

（二）诉辩主张

1. 原告王家珍诉称

她是陈清华唯一的女儿。被告罗玉英曾是原告的儿媳妇，于1998年12月4日与原告之子喻禄金离婚。2003年8月1日陈清华立了一份遗嘱，将其坐落于屏山县楼东乡田坝村九组的房屋赠送给被告，但附有义务，即陈清华死后由被告负责安葬。该遗嘱无效，主要理由：（1）陈清华立遗嘱时正生病，意识不清，不具备立遗嘱的能力；（2）该遗嘱是以遗嘱形式设立的遗赠扶养协议，是双务合同，双方都应当在协议上签字确认，但被告罗玉英没有在遗嘱上签字；（3）陈清华立遗嘱时原告已经是60岁的老人，已丧失劳动能力，陈清华立遗嘱时没有为原告保留必要的遗产份额，该遗嘱违反了法律的强制性规定。即使该遗嘱有效，被告在2003年11月4日就已知道陈清华将房产赠与她了，而被告未在两个月内明确表示是否接受赠与，应依法视为放弃遗赠。另外，被告即使未放弃遗赠，仍对诉争房产享有继承权，但该房屋一直由原告占用，被告应当知道自己的权利被侵害，被告未在两年内主张权利，已超过诉讼时效，法院也应当不予支持被告。该房产依法应由原告继承，故请求法院判决确认陈清华所立的遗嘱无效，陈清华名下的房产由原告继承。

2. 被告罗玉英辩称

陈清华于2003年8月1日立遗嘱将其与丈夫王怀清生前共有房屋产权的一半和继承王怀清遗留的房产份额，共计该房产的75%，明确由被告继承，并办理了公证。当时，原告只有五十多岁，没有丧失劳动能力，有子女，有生活来源，不依靠陈清华的遗产维持生活，可以不保留原告的遗产份额，且法律未规定受遗赠人（被告）必须要在遗嘱上签字，故该遗嘱意思表示真实，内容合法、有效。多年来，陈清华的户口一直与被告在一个户头上，生活全是由被告照顾，生病也是被告出钱治疗，且被告还准备了陈清华后事所需的寿衣、寿被等。直至2003年7月29日，原告为达到继承房产的目的，强行将陈清华背到其家中。2003年8月12日，陈清华去世，被告要履行安葬义务，原告却不准被告履行这一义务。陈清华立有遗嘱，应按遗嘱继承，原告无权继承。即使原告有权继承，但因其具备赡养能力和条件却长期对陈清华不尽赡养义务，分配遗产时应当不分或少分。请求法院依法确认公证遗嘱有效，驳回原告的诉讼请求。

（三）事实和证据

四川省屏山县人民法院经公开审理查明：原告王家珍与被告罗玉英曾是婆媳关系，陈清华与其丈夫王怀清生育有一女，即原告。陈清华及其丈夫在生前因与原告关系不好，早年前将原告逐出家门。1988年11月9日，王怀清去世。之后，陈清华与被告共同生活，由被告赡养。王怀清生前与陈清华共有木结构房产1处，即本案讼争房产，集体土地建设用地使用证［屏楼集建（91）字第7—48号］载明：用地面积66.90平方米，其中建筑占地面积56.17平方米。2003年7月29日，原告为改善与其母的关系，到被告家中吩咐原告之子喻禄金将陈清华背至原告家中与其共同生活。2003年8月1日，陈清华向屏山县公证处申请办理代书遗嘱公证。同日，屏山县公证处派出公证员到原告家中为陈清华代书遗嘱，并办理了（2003）屏证字第469号遗嘱公证书。该遗嘱的主要内容是：（1）她与丈夫王怀清（已去世15年）共有木结构房屋一间，坐落在四川省屏山县楼东乡田坝村九组。（2）她与丈夫王怀清生育有一女，名王家珍，女儿长期未照料她，她的生活起居都是由其外孙媳妇罗玉英长期照顾；（3）她去世后，将上述房屋产权的一半和继承王怀清遗留房产的份额由罗玉英所有，其他人不得继承，且丧事从简，由罗玉英负责操办其后事。2003年9月8日，陈清华去世，被告将其为陈清华置办的寿衣、寿被等物品拿出，要求履行安葬义务，被原告拒绝后，由原告主持安葬了陈清华。2003年11月4日，屏山县公证处向被告送达了（2003）屏证字第469号遗嘱公证书。被告罗玉英在收到该遗嘱公证书后的两个月内未明确作出是否接受遗赠的意思表示。

另外，被告与原告之子喻禄金于 1998 年 12 月 4 日经云南省水富县人民法院调解离婚。2007 年 8 月 20 日，移民工作部门在实施向家坝水电站库区（四川部分）实物指标调查复核登记时，确认本案讼争房屋建筑面积为 115.07 平方米。

上述事实有下列证据证明：

1. 遗嘱和公证书。
2. 民事调解书。
3. 死亡证明。
4. 屏山县楼东乡田坝村、街村村民委员会出具的证明。
5. 集体土地建设用地使用证。
6. 送达公证书回证。
7. 屏山县公证处制作的谈话笔录。
8. 被告代理人调查证人喻禄金的笔录。
9. 医疗费发票、收条。
10. 房屋复核登记表。
11. 户口簿。
12. 证人王其友、黄志屏、周国琴、翁淑芳的证言。
13. 证人刘益洪、罗元金、罗永富、冯道英、黄敏的证言和人情账本。

（四）判案理由

四川省屏山县人民法院经审理认为：公民立遗嘱处分个人财产，既可以在法定继承人之内指定遗嘱继承人，也可以将财产遗赠与法定继承人以外的人。原告王家珍、被告罗玉英讼争的木结构房产坐落于屏山县楼东乡田坝村九组［集体土地建设用地使用证编号为屏楼集建（91）字第 7—48 号］，该房产的 1/4 应由原告在其父王怀清死亡后继承所有，其余 3/4 房产为陈清华的遗产。对此双方无异议，本院予以确认。被告罗玉英不是陈清华的法定继承人，原告王家珍之母陈清华所立公证遗嘱系陈清华将其个人享有的上述财产，即本案讼争房产的 3/4 份额遗赠与被告罗玉英。根据《中华人民共和国继承法》第二十五条第二款“受遗赠人应当在知道受遗赠后两个月内，作出接受或者放弃受遗赠的表示。到期没有表示的，视为放弃受遗赠”的规定，被告在 2003 年 11 月 4 日收到屏山县公证处向其送达的遗嘱公证书时，就已经知道本案遗赠事实，但被告未在两个月内明确作出是否接受或者放弃遗赠的意思表示，应视为被告已放弃接受遗赠，陈清华的遗产应按法定继承处理。本案遗产至今未实际分割，不存在权利人权利被侵害的事实，故原告提出被告主张继承遗产的权利已超过诉讼时效的抗辩理由，依法不能成立。按照法定继承，原、被告有无继承权以及应当如何继承？原告王家珍为陈清华的法定第一顺序继承人，且无丧失继承权之法定情形，因此原告对陈清华所留遗产依法享有继承权；被告罗玉英多年来照顾陈清华的生活，对陈清华尽了主要扶养义务，根据《中华人民共和国继承法》第十四条“……继承人以外的对被继承人扶养较多的人，可以分给他们适当的遗产”的规定，被告应当适当分得陈清华所留遗产。由于原告与其母陈清华的关系未能改善等原因，原告在客观上对陈清华未尽主要赡养义务，根据《中华人民共和国继承法》第十三条第四款“有扶养能力和有扶养条件的继承人，不尽扶养义务的，分配遗产时应当不分或者少分”的规定，原告应当少分得陈清华的遗产。本院综合本案情况，酌情确定对陈清华的遗产（即本案讼争房产的75%）原告享有60%，被告享有40%，再结合原告因其父王怀清死亡应继承该房产之25%的事实，即本案讼争房产由原告享有70%，被告享有30%。鉴于本案讼争房产位于向家坝水电站库区（四川部分）淹没范围内，即将实施搬迁安置，因此本院仅作出比例划分的判决。

（五）定案结论

四川省屏山县人民法院依照《中华人民共和国继承法》第十条、第十三条第四款、第十四条、第二十五条第二款和《最高人民法院关于民事诉讼证据的若干规定》第二条的规定，作出如下判决：

1. 以陈清华的名义登记、坐落于屏山县楼东乡田坝村九组的木结构房屋［集体土地建设用地使用证编号为屏楼集建（91）字第7—48号，用地面积66.90平方米，其中建筑占地面积56.17平方米、房屋建筑面积115.07平方米］，由原告王家珍享有70%的产权，被告罗玉英享有30%的产权。

2. 驳回原告王家珍的其他诉讼请求。

本案受理费660元，由原告王家珍负担330元，被告罗玉英负担330元。

（六）解说

对于本案原、被告所举证据的客观性、真实性双方无争议，只是对证明的内容存在分歧。因此在裁判文书中法院采用综合认定法，而没有具体列举予以采信或不予采信的相应证据。本案争议焦点有二：一是对法律适用的理解，究竟适用遗赠法律关系还是适用法定继承法律关系。根据《中华人民共和国继承法》第二十五条第二款“受遗赠人应当在知道受遗赠后两个月内，作出接受或者放弃受遗赠的表示。到期没有表示的，视为放弃受遗赠”的规定，被告在2003年11月4日收到屏山县公证处向其送达的遗嘱公证书时，就已经知道本案遗赠事实，但被告未在两个月内明确作出是否接受或者放弃遗赠的意思表示，应视为被告已放弃接受遗赠，因此本案争议之遗产应适用法定继承。二是继承权利人的确定以及遗产如何分配的问题。原告王家珍为陈清华的法定第一顺序继承人，且无丧失继承权之法定情形，因此原告对陈清华所留遗产依法享有继承权；被告罗玉英多年来照顾陈清华的生活，对陈清华尽了主要扶养义务，根据《中华人民共和国继承法》第十四条“……继承人以外的对被继承人扶养较多的人，可以分给他们适当的遗产”的规定，被告应当适当分得陈清华所留遗产。由于原告与其母陈清华的关系未能改善等原因，原告在客观上对陈清华未尽主要赡养义务，根据《中华人民共和国继承法》第十三条第四款“有扶养能力和有扶养条件的继承人，不尽扶养义务的，分配遗产时应当不分或者少分”的规定，原告应当少分得陈清华的遗产。

（四川省屏山县人民法院　罗强）

六、劳动争议纠纷案例

75. 孙百权诉正兴集团本溪车轮有限公司工伤保险待遇案（工伤保险）

（一）首部

1. 判决书字号

一审判决书：辽宁省本溪市明山区人民法院（2009）明民初字第519号。

二审判决书：辽宁省本溪市中级人民法院（2010）本民三终字第82号。

2. 案由：工伤保险待遇纠纷。

3. 诉讼双方

原告（上诉人）：孙百权，男，汉族，住辽宁省本溪市。

委托代理人（一审）：高学成，辽宁怀众律师事务所律师。

委托代理人（二审）：孙玲，本溪市明达法律服务所法律工作者。

被告（被上诉人）：正兴集团本溪车轮有限公司，住所地：辽宁省本溪市明山区。

法定代表人：赖建辉，公司董事长。

委托代理人：李忠春，辽宁湘辉律师事务所律师。

4. 审级：二审。

5. 审判机关和审判组织

一审法院：辽宁省本溪市明山区人民法院。

合议庭组成人员：审判长：姜成杰；人民陪审员：丁亚珍、曹锡美。

二审法院：辽宁省本溪市中级人民法院。

合议庭组成人员：审判长：张艳玲；审判员：沈卫东；代理审判员：陈烨。

6. 审结时间

一审审结时间：2009年11月18日。

二审审结时间：2010年1月12日。

（二）一审情况

1. 一审诉辩主张

（1）原告孙百权诉称

原告于2005年3月间到被告处工作。2005年9月24日，原告在工作中受伤，住院673天，出院诊断为：左前臂离断，左肱骨干开放性、粉碎性骨折，行左上肢肘截肢。2008年5月30日，被告委托本溪市劳动能力鉴定委员会对原告进行劳动能力鉴定，该委于2008年6月20日下达了鉴定结论通知书，评定结论为国标三级。2008年11月12日，原告向本溪市明山区劳动争议仲裁委员会申请劳动仲裁，仲裁委于2009年1月12日向原告下达了本明劳仲案字【2009】2号仲裁裁决书，裁决：1）被诉人一次性支付给申诉人伤残补助金8 000元；2）被诉人按月支付申诉人三级伤残的伤残津贴，本人工资的80%，不得低于当地最低工资标准；3）被诉人按月支付申诉人生活护理费、统筹地区上年度职工月平均工资的40%。原告对仲裁裁决不服，诉至法院，请求法院判令原告与被告解除劳动关系，被告一次性支付原告伤残生活护理费、伤残补助金、伤残津贴、假肢安装修理费等工伤待遇1 976 404元，并由被告承担本案诉讼费用。

（2）被告正兴集团本溪车轮有限公司辩称

对原告陈述的事实部分没有异议，但不同意原告的诉讼请求，不同意与原告解除劳动关系。

2. 一审事实和证据

辽宁省本溪市明山区人民法院经公开审理查明：原告于2005年3月20日与被告建立劳动关系，双方未订立书面劳动合同，被告未参加工伤保险。2005年9月24日，原告在工作中受伤，住院673天，出院诊断为：左前臂离断，左肱骨干开放性、粉碎性骨折，行左上肢肘截肢。2008年5月30日，被告委托本溪市劳动能力鉴定委员会对原告进行劳动能力鉴定，该委于2008年6月20日下达了鉴定结论通知书，评定结论为国标三级。原告在住院治疗期间，原告发生的医疗费、住院伙食补助费、护理费均已由被告负担，原告在停工留薪期内的原工资福利待遇被告支付到2008年6月25日。2008年11月12日，本溪市第一人民医院出具了诊断书，诊断为孙百权左上肢机器绞伤，截肢术后要安装假肢（肌电普通型）。2008年11月12日，原告向本溪市明山区劳动争议仲裁委员会申请劳动仲裁，明山区劳动争议仲裁委员会于2009年1月12日作出本明劳仲案字【2009】2号仲裁裁决：被告一次性支付给原告伤残补助金8 000元；被告按月支付原告二级伤残的伤残津贴，本人工资的80%，不得低于当地最低工资标准；被告按月支付原告生活护理费、统筹地区上年度职工月平均工资的40%；其他请求不予支持。原告对仲裁裁决不服，诉至本院，要求与被告解除劳动关系，被告一次性支付原告伤残生活护理费、伤残补助金、伤残津贴、假肢安装修理费等工伤待遇1 976 404元，并由被告承担本案诉讼费用。

另查，本案审理期间，本院到本溪市社会保险事业管理局的配置辅助器具定点服务机构德林义肢矫型器有限公司沈阳分公司调查，义肢上肢部分分为美观手、机械手、肌电手（分自由度）等类型，上臂壳式美观手4 800元，上臂骨骼式美观手7 370元，上臂机械手

（索控式）13 530 元，上臂二自由度混合式肌电手（三指）25 000 元，上臂三自由度肌电手（三指）32 000 元，上臂三自由度肌电手（五指）35 000 元，上臂三自由度电子手（数控五指）48 000 元，上臂三自由度电子手（双数控五指）58 000 元。德林义肢矫型器有限公司沈阳分公司负责人介绍上述类型均为普及型，并经检测建议孙百权装配上臂数控五指抓握三自由度电子手价格 48 000 元，该假肢使用年限 4 年，每年维修费为假肢价格的 6%～8%。被告已向市劳动能力鉴定委员会对孙百权安装、配置辅助器具进行申请确认，需要孙百权提供照片并填写表格，孙百权明确表示不到市劳动能力鉴定委员会进行确认。

再查，原告在被告处借款 42 540 余元。从 2009 年 8 月 22 日起至今原告在本溪市第一医院住院治疗，确诊诊断：颈肩痛，左上肢肘截肢，被告为原告垫付医疗费 6 389 元。2004 年本溪市职工平均工资为 10 147 元/年，2007 年本溪市职工平均工资为 16 004 元/年。

上述事实，有原告提供的本溪市劳动和社会保障局工伤管理处出具的委托函、本溪市劳动能力鉴定委员会于 2008 年 6 月 20 日作出的《致残程度鉴定结论通知书》、本溪市明山区劳动争议仲裁委员会作出的本明劳仲案字【2009】2 号仲裁裁决书、英中耐（北京）假肢矫形器有限公司沈阳分公司出具的《假肢矫形器评估鉴定》、假肢安装确认申请书和工伤残疾生活护理标准确认申请书，被告提供的原告出具的借条、本溪市第一医院出具的原告住院预交金收据，本院调取的本溪市社会保险事业管理局的配置辅助器具定点服务机构德林义肢矫型器有限公司沈阳分公司出具的《德林义肢（上肢 AE 部分）价格表》、建议原告装配假肢类型的证明及庭审笔录载卷为凭。

3. 一审判案理由

辽宁省本溪市明山区人民法院经审理认为：原告与被告建立劳动关系，双方未订立书面劳动合同，原告在工作中受伤，虽未经劳动保障行政部门作出工伤认定决定，但被告认可原告为工伤，本院不持异议。被告未按国务院《工伤保险条例》规定参加工伤保险，期间原告发生工伤，被告应按照国务院《工伤保险条例》规定的工伤保险待遇项目和标准支付费用。原告在住院治疗期间，原告发生的医疗费、住院伙食补助费、护理费均已由被告负担，原告在停工留薪期内的原工资福利待遇被告已支付到 2008 年 6 月 25 日，对此双方无争议，本院予以确认。原告业经被告委托本溪市劳动能力鉴定委员会评定为三级伤残，被告依法应按三级伤残等级支付原告一次性伤残补助金，标准为 20 个月的本人工资，原告因工作遭受事故伤害前在被告处工作仅 6 个月，其本人工资无法认定的，按原告在工作遭受事故伤害时本市上年度职工月平均工资 845.58 元的 60%计算；原告请求与被告解除劳动关系，被告也表示同意与原告解除劳动关系，本院不持异议，被告应依照《辽宁省工伤保险实施办法》、《本溪市工伤保险实施办法》相关规定，支付原告应享受的、需定期支付的工伤保险待遇，以鉴定时本市上年度职工年平均工资为赔偿基数，三级伤残为赔偿基数的 10 倍。被告还应支付原告从评定伤残等级次月起至与原告解除或者终止劳动关系止的伤残津贴，三级伤残的伤残津贴标准为本人工资的 80%，伤残津贴实际金额不低于当地最低工资标准；因《致残程度鉴定结论通知书》未载明生活自理障碍程度等级，故原告要求被告支付生活护理费的诉讼请求，本院不予支持；原告要求被告一次性支付安装假肢费用，本院亦予以支持，原告安装假肢的标准，根据本地经济发展水平，参照本溪市社会保险事业管理局的配置辅助器具定点服务机构德林义肢矫型器有限公司沈阳分公司出具的义肢（上肢AE部分）价格，费用限额确定为32 000元（含训练费、维修费），使用年限为4年，计算至75岁；原告在被告处借款42 540余元，其中2006年4月1日的借款2 000元用于原告手术支付专家费用，应由被告承担，剩余借款40 540元均有原告出具的借条，应予扣除；原告于2009年8月22日起在本溪市第一医院住院治疗至今未出院，故被告为原告垫付医疗费6 389元待原告治疗终结后另行依法处理。

4. 一审定案结论

辽宁省本溪市明山区人民法院依照《中华人民共和国劳动合同法》第三十六条，国务院《工伤保险条例》第三十三条第一款第（一）、（二）项及第六十条、第六十一条，《辽宁省工伤保险实施办法》第二十四条，《本溪市工伤保险实施办法》第三十一条，《本溪市工伤保险实施细则》第十一条第二款之规定，作出如下判决：

（1）解除原告孙百权与被告正兴集团本溪车轮有限公司的劳动关系；

（2）被告正兴集团本溪车轮有限公司支付原告孙百权一次性伤残补助金10 147元，一次性支付原告孙百权应享受的、需定期支付的工伤保险待遇160 040元，一次性支付原告辅助器具费32万元，从2008年7月至2009年11月止原告孙百权三级伤残的伤残津贴9 460元，合计499 647元，扣除原告借款40 500元，余款459 107元，被告于本判决发生法律效力后10日内履行。

（3）驳回原告孙百权的其他诉讼请求。

如果未按本判决指定的期间履行给付金钱义务，应当依照《中华人民共和国民事诉讼法》第二百二十九条之规定，加倍支付迟延履行期间的债务利息。

案件受理费10元，由被告正兴集团本溪车轮有限公司负担。

（三）二审诉辩主张

1. 上诉人孙百权诉称

撤销原判，依法改判第二、三项。其依据的主要事实及理由是：（1）原审时经上诉人申请，法院委托德林义肢矫型器有限公司沈阳分公司出具了（上肢AE部分）价格表，并鉴于上诉人的病情及年龄，建议上诉人装价格为4.8万元的臂数控五指抓握三自由度普及型假肢，该假肢最适合上诉人。按照上诉人年龄计算至75岁，四年更换一次应为11次。原审法院少计算一次赔偿基数。另外，原审法院未按假肢厂出具的证明判决，给付上诉人每年维修费（假肢价格的6%--8%），每次安装假肢康复训练费。（2）本明劳仲案［2009］2号仲裁裁决书中明确被上诉人每月支付上诉人生活护理费，上诉人的伤残部位已经造成了生活受到部分限制。故对上诉人的生活护理费应予采纳。（3）本人工资是指工伤职工因工伤遭受事故伤害前12个月平均月工资，又因上诉人的工资未低于统筹地区职工平均工资60%，原审法院不应按60%来计算。应按上诉人出事故前日平均工资为准计算。（4）本案上诉人应得各项赔偿款共计95余万元。

2. 被上诉人正兴集团本溪车轮有限公司辩称

原审判决有不合理判项。其依据的主要理由是：（1）伤残津贴、辅助器具费用等应包含在一次性享受需定期支付的工伤保险待遇中，按法律规定不应再支付。(2) 被上诉人只同意原审判决中解除劳动关系、一次性伤残补助金、一次性支付应享受的需定期支付工伤保险待遇，不同意上诉人所提的生活护理费、辅助器具费及维修费、康复训练费，因这些都应包含在一次性支付应享受的需定期支付的工伤保险待遇中。

(四) 二审事实和证据

辽宁省本溪市中级人民法院经审理，确认一审法院认定的事实和证据。

(五) 二审判案理由

辽宁省本溪市中级人民法院经审理认为：公民的合法的民事权利受法律保护。上诉人孙百权在工作中受伤，应依法享受各项工伤保险待遇。因被上诉人正兴集团本溪车轮有限公司未按《工伤保险条例》规定给上诉人孙百权参加工伤保险，其应支付上诉人孙百权的各项工伤保险待遇。故原审法院按照《工伤保险条例》中规定的工伤保险待遇项目和标准判决被上诉人正兴集团本溪车轮有限公司支付上诉人孙百权的工伤保险待遇是正确的。

关于上诉人孙百权提出原审判决一次性辅助器具费数额不足，未支持维修费、康复训练费以及生活护理费等问题。经查，原审法院结合本案事实，将本须按次长期支付的辅助器具费用（包含维修费和安装康复训练费），一次性支付了上诉人孙百权，结合本溪地区工伤处理现实状况，所折合的数额比较公平，符合普通适用型的要求。同时，生活护理费这项工伤保险待遇，按照《本溪市工伤处理条例》规定已包括在一次性享受需定期支付的工伤保险待遇中，不应再另行提出给付。

(六) 二审定案结论

辽宁省本溪市中级人民法院依照《中华人民共和国民事诉讼法》第一百五十三条第一款第（一）项之规定，作出如下判决：

驳回上诉，维持原判。

(七) 解说

本案有以下两个难点：

1. 可否终止三级伤残职工与用人单位劳动关系。根据国务院《工伤保险条例》第三十三条规定，职工因工致残被鉴定为一级至四级伤残的，保留劳动关系，退出工作岗位，享受以下待遇……本案中原告孙百权因工受伤，鉴定为三级伤残，原告请求解除劳动关系，被告也表示同意与原告解除劳动关系，对此可否解除劳动关系，国务院《工伤保险条例》并无规定。《辽宁省工伤保险实施办法》第二十四条规定：“一级至四级伤残的进城务工工伤职工，其应享受的、需定期支付的工伤保险待遇，可以实行一次性支付或者长期支付两种方式。一级至四级伤残的进城务工工伤职工一次性享受需定期支付的工伤保险待遇的标准，以用人单位生产经营地所在市上年度职工年平均工资为赔偿基数，其中一级伤残为赔偿基数的12至14倍，二级伤残为赔偿基数的10至12倍，三级伤残为赔偿基数的8至10倍，四级伤残为赔偿基数的6至8倍；因工死亡的，按照赔偿基数的8至10倍支付一次性赔偿金。具体标准，由市劳动保障行政部门规定。”《本溪市工伤保险实施办法》第三十一条规定：“一级至四级伤残的进城务工、短期用工工伤职工，其应享受的、需定期支付的工伤保险待遇，可以实行一次性支付或者长期支付两种方式。本人提出一次性领取要求的，经与用人单位解除或者终止劳动关系，并与社会保险经办机构签订协议后，终止工伤保险关系。一级至四级伤残的进城务工、短期用工工伤职工一次性享受需定期支付的工伤保险待遇的标准，用人单位生产经营地在本市的，以本市上年度职工年平均工资为赔偿基数，其中一级伤残为赔偿基数的14倍；二级伤残为赔偿基数的12倍；三级伤残为赔偿基数的10倍；四级伤残为赔偿基数的8倍；因工死亡的，按照赔偿基数的10倍支付一次性赔偿金。”法院依照《辽宁省工伤保险实施办法》、《本溪市工伤保险实施办法》相关规定，法院判决终止原告与被告的劳动关系，被告一次性支付原告应享受的、需定期支付的工伤保险待遇。

2. 辅助器具费用（包含维修费和安装康复训练费）是否属于需要定期支付的工伤保险待遇范围，原告可否要求被告一次性支付安装假肢费用。本案原告因日常生活需要要求安装假肢，虽未经劳动能力鉴定委员会确认，但被告根据原告的伤情同意给原告安装假肢，为保护劳动者的利益，应当确认原告需要安装假肢。原告安装假肢是因生活需要，而不是用于生活保障，因此，原告安装假肢的费用不属于需要定期支付的工伤保险待遇范围。

终止原告与被告的劳动关系，原告要求被告一次性支付安装假肢费用也在情理之中。国务院《工伤保险条例》、《辽宁省工伤保险实施办法》、《本溪市工伤保险实施办法》中均无一次性支付安装假肢费用的具体规定，辽宁省及本溪市均未规定工伤职工配置辅助器具标准。本案是基于工伤引发的工伤保险待遇纠纷，与人身损害赔偿的赔偿范围和标准不同。工伤赔偿，旨在保障劳动者的最低生活，其赔偿的范围仅限于人身伤害，并且给付金额受到法定标准的限制。一般人身损害赔偿在于填补受害人的损害，赔偿范围包括所受损害和利益，最明显的莫过于可以主张精神抚慰金。法院结合本案事实和本地区工伤处理现实状况，按照符合国家标准、质量合格的普及型的辅助器具的要求，根据本地经济发展水平，参照本地社会保险机构配置辅助器具定点服务机构出具的辅助器具价格、更换年限，公平合理折合数额，将被告本须按次长期支付的辅助器具费用（包含维修费和安装康复训练费），一次性支付原告孙百权。本案既保护了劳动者的合法权益，又解除了用人单位的后顾之忧，做到了案结事了。

（辽宁省本溪市明山区人民法院　李丹）

76. 郭懿诉江苏益丰大药房连锁有限公司确认劳动关系案（确认劳动关系）

（一）首部

1. 判决书字号

一审判决书：江苏省南京市白下区人民法院（2008）白民一初字第1115号。

二审判决书：江苏省南京市中级人民法院（2009）宁民五终字第115号。

2. 案由：确认劳动关系纠纷。

3. 诉讼双方

原告（被上诉人）：郭懿，男，汉族，住江苏省南京市。

委托代理人：郭福林，男，南京市××建筑材料公司职工。

委托代理人：顾鲁宁，男，南京市劳动和社会保障局干部，住江苏省南京市。

被告（上诉人）：江苏益丰大药房连锁有限公司（以下简称益丰公司），住所地：江苏省南京市白下区汉中路。

法定代表人：高毅，公司董事长。

委托代理人：王建文，江苏苏源律师事务所律师。

委托代理人：陈丽华，女，益丰公司人力资源部主管。

4. 审级：二审。

5. 审判机关和审判组织

一审法院：江苏省南京市白下区人民法院。

独任审判人员：代理审判员：王璐。

二审法院：江苏省南京市中级人民法院。

合议庭组成成员：审判长：夏雷；代理审判员：郝立春、王熠。

6. 审结时间

一审审结时间：2008年11月18日。

二审审结时间：2009年4月7日。

（二）一审情况

1. 一审诉辩主张

（1）原告郭懿诉称

原告系南京市莫愁职业高级中学2008届毕业生。2007年10月原告郭懿至被告益丰公司处进行求职登记，经被告益丰公司人力资源部和总经理审核，同意试用。2007 年 10 月 30 日签订劳动合同，为期 3 年，自 2007 年 10 月 30 日起至 2010 年 12 月 30 日止。2008 年 7 月，被告益丰公司以对原、被告之间是否存在劳动关系持有异议为由，向南京市白下区劳动争议仲裁委员会提起仲裁申请，请求确认原、被告之间的劳动关系不成立。南京市白下区劳动争议仲裁委员会于 2008 年 8 月 19 日作出仲裁决定，以原告系在校学生，不符合就业条件，不具有建立劳动关系的主体资格，原、被告之间的争议不属于劳动争议处理范围为由，决定终结仲裁活动。原告郭懿对此不服，认为原、被告之间存在劳动关系，双方签订的劳动合同真实、合法、有效，为此诉至法院，请求判决确认原、被告之间的劳动合同有效。

（2）被告益丰公司辩称

原告郭懿与被告益丰公司签订劳动合同时的身份为在校学生，根据原劳动部《关于贯彻执行〈中华人民共和国劳动法〉若干问题的意见》的规定，在校学生不具备劳动者主体资格。《工伤保险条例》也没有将在校学生纳入参保范围，亦充分说明在校学生不属于劳动者的范畴。同时，原告郭懿也不具备劳动合同约定的录用条件。被告益丰公司在招聘简章及与原告签订的劳动合同中约定的录用条件是具备中专以上学历。而原告郭懿 2008 年 7 月方毕业，其签约时并不具备被告益丰公司要求的录用条件。因此，原、被告之间的合同名为劳动合同，实为实习合同，原、被告之间所建立的不是劳动关系，不属于《劳动法》调整的劳动法律关系。请求依法驳回原告郭懿的起诉。

2. 一审事实和证据

江苏省南京市白下区人民法院经公开审理查明：原告郭懿系江苏广播电视大学（南京市莫愁中等专业学校办学点）药学专业 2008 届毕业生，于 2008 年 7 月毕业。2007 年 10 月 26 日，原告郭懿向被告益丰公司进行求职登记，并在被告益丰公司的求职人员登记表中登记为南京市莫愁职业高级中学 2008 届毕业生，2007 年是其实习年。2007 年 10 月 30 日原告郭懿与被告益丰公司签订劳动合同书一份，期限 3 年，从 2007 年 10 月 30 日起至 2010 年 12 月 30 日止；其中试用期 60 天，从 2007 年 10 月 30 至起 2007 年 12 月 30 日止。合同还约定，录用条件之一为具备中专或中专以上学历；原告郭懿从事营业员工作；试用期满后月工资收入不少于 900 元，试用期工资标准不低于同工种、同岗位职工工资的 80%等。2008 年 7 月 21 日，被告益丰公司向南京市白下区劳动争议仲裁委员会提出仲裁申请，请求确认其与原告郭懿之间的劳动关系不成立。南京市白下区劳动争议仲裁委员会经审查，依据原劳动部《关于贯彻执行〈中华人民共和国劳动法〉若干问题的意见》，于 2008 年 8 月 19 日作出仲裁决定，以原告郭懿系在校学生，不符合就业条件，不具有建立劳动关系的主体资格，在校学生勤工助学或学习与用人单位之间的关系不属于《中华人民共和国劳动法》的调整范围，故被告益丰公司与原告郭懿之间的争议不属于劳动争议处理范围为由，决定终结被告益丰公司诉原告郭懿的仲裁活动，并于 2008 年 8 月 27 日送达了仲裁决定书。原告郭懿对此不服，于 2008 年 9 月 3 日诉至法院，请求确认双方之间的劳动合同有效。

另查明，被告益丰公司原名江苏益丰大药房有限公司，2008 年 7 月 21 日经南京市工商行政管理局白下分局核准更名为江苏益丰大药房连锁有限公司。

上述事实有双方当事人陈述、求职人员登记表、劳动合同书、仲裁申诉书、仲裁决定书、招聘简章、南京市莫愁中等专业学校证明、江苏广播电视大学毕业证书、公司准予变更登记通知书等证据证明。

3. 一审判案理由

江苏省南京市白下区人民法院经审理认为：原告郭懿与被告益丰公司签订劳动合同时已年满19周岁，符合《中华人民共和国劳动法》规定的就业年龄，具备与用工单位建立劳动关系的行为能力和责任能力。原劳动部《关于贯彻执行〈中华人民共和国劳动法〉若干问题的意见》仅规定了公务员和比照实行公务员制度的事业组织和社会团体的工作人员，以及农村劳动者、现役军人和家庭保姆不适用劳动法，并未将在校学生排除在外，学生身份并不当然限制原告郭懿作为普通劳动者加入劳动力群体。该意见第12条规定“在校生利用业余时间勤工助学，不视为就业，未建立劳动关系，可以不签订劳动合同。”该规定应指在校学生不以就业为目的，利用学习之余的空闲时间打工补贴学费、生活费的情形。本案中原告郭懿明确向被告益丰公司表达了求职就业愿望，双方签订了劳动合同书，此情形不属于利用业余时间勤工助学。对于被告益丰公司辩称的原、被告双方系实习关系，本院认为，实习是以学习为目的，到机关、企业、事业单位等参加社会实践，巩固、补充课堂知识，没有工资，不存在由实习生与单位签订劳动合同，明确岗位、报酬、福利待遇等的情形。原告郭懿的情形显然不属于实习。被告益丰公司的辩称理由不能成立。对于被告益丰公司辩称的原告郭懿不符合录用条件，本院认为，原告郭懿在填写求职人员登记表时，明确告知了被告益丰公司其系2008届毕业生，2007年是学校规定的实习年，自己可以正常上班，但尚未毕业。被告益丰公司对此情形完全知晓，双方在此基础上就应聘、录用达成一致意见，签订劳动合同，应是双方真实意思的表示，不存在欺诈、隐瞒事实或胁迫等情形，且原告郭懿已于2008年7月取得毕业证书。被告益丰公司辩称原告郭懿不符合录用条件的理由亦不能成立。综上所述，原、被告双方签订的劳动合同书是双方真实意思表示，不违反法律、行政法规的禁止性规定，该劳动合同书合法、有效，对双方均具有法律约束力。

4. 一审定案结论

江苏省南京市白下区人民法院依照《中华人民共和国劳动法》第十七条、第十八条之规定，作出如下判决：

(1) 原告郭懿与被告益丰公司于2007年10月30日签订的劳动合同书有效。

(2) 案件受理费5元，由被告益丰公司负担（原告郭懿同意其预交的案件受理费5元由被告益丰公司向其直接支付，本院不再退还，被告益丰公司在本判决生效后10日内向原告郭懿支付）。

（三）二审诉辩主张

1. 上诉人益丰公司诉称

原审判决适用法律错误，判决不当，请求撤销原判，依法改判。理由为：(1) 被上诉人身份为在校学生，其在实习期内不能办理社会保险，该关系也不属于《劳动法》的调整范围，因此，被上诉人不具备劳动关系的主体资格。(2) 原判确认双方劳动关系有效显失公平。因被上诉人为在校学生，劳动保障部门不予办理社会保险，而由上诉人承担相关法律责任，上诉人要承担巨大风险。

2. 被上诉人郭懿辩称

一审判决认定事实清楚，符合法律规定，请求二审法院驳回上诉人的上诉请求，维持原判。

（四）二审事实和证据

江苏省南京市中级人民法院经审理，确认一审法院认定的事实和证据。

（五）二审判案理由

江苏省南京市中级人民法院经审理认为：被上诉人郭懿虽于2008年7月毕业，但其在2007年10月26日明确向上诉人益丰公司表达了求职就业愿望，并进行了求职登记，求职人员登记表中登记其为2008届毕业生，2007年是其实习年。2007年10月30日被上诉人郭懿与上诉人益丰公司自愿签订了劳动合同。上诉人益丰公司对被上诉人郭懿的情况完全知情，双方在此基础上就应聘、录用达成一致意见，签订了劳动合同，并没有违反法律规定。关于上诉人益丰公司上诉称，根据劳动部《关于贯彻执行〈中华人民共和国劳动法〉若干问题的意见》第十二条规定的在校生不符合就业条件，系实习的上诉主张，本院认为，实习是以学习为目的，到相关单位参加社会实践，没有工资，不存在由实习生与单位签订劳动合同，明确岗位、报酬、福利待遇等情形。上诉人益丰公司不仅与被上诉人郭懿签订了劳动合同，而且明确了岗位、报酬，该情形不应视为实习。关于上诉人益丰公司上诉称，原判确认双方劳动关系有效显失公平，本院认为，上诉人益丰公司与被上诉人郭懿签订劳动合同，应是双方真实意思的表示，双方利益也不存在重大失衡，不应视为显失公平。综上所述，被上诉人郭懿与上诉人益丰公司双方签订的劳动合同是双方真实意思表示，且不违反法律、行政法规的禁止性规定，该劳动合同合法、有效，对双方均具有法律约束力，故本院对上诉人益丰公司的上诉请求，均不予支持。原审判决认定事实清楚，适用法律正确，程序合法，本院应予维持。

（六）二审定案结论

江苏省南京市中级人民法院依照《中华人民共和国民事诉讼法》第一百五十三条第一款第（一）项之规定，作出如下判决：

驳回上诉，维持原判。

二审案件受理费10元，由上诉人益丰公司负担。

本判决为终审判决。

（七）解说

本案有以下几个问题值得探讨：

1. 大四毕业生可否作为普通劳动者签订劳动合同？

普遍观点认为大四毕业生系在校学生，其不具有劳动者主体资格。而且我国的《工伤保险条例》亦没有将在校学生纳入参保范围，这似乎证明了在校学生均不属于劳动者的范畴。在校学生即使签订了劳动合同，其与用工单位之间也不能认定为建立起劳动法律关系，也不属于劳动法调整范围。因此，如何正确界定劳动者范畴，《中华人民共和国劳动法》所调整劳动关系的劳动者主体究竟如何认定，成为本案的关键。

首先，劳动者应达到我国法律、行政法规对劳动者要求的相关规定，且不在排除对象范围之列。原劳动部《关于贯彻执行〈中华人民共和国劳动法〉若干问题的意见》第 4 条规定了“公务员和比照实行公务员制度的事业组织和社会团体的工作人员，以及农村劳动者（乡镇企业职工和进城务工、经商的农民除外）、现役军人和家庭保姆等不适用劳动法”，因此，该规定并未将在校学生排除在外。《中华人民共和国劳动法》第十五条规定“禁止用人单位招用未满十六周岁的未成年人。文艺、体育和特种工艺单位招用未满十六周岁的未成年人，必须依照国家有关规定，履行审批手续，并保障其接受义务教育的权利。”此规定说明我国劳动法对劳动者有最低年龄 16 周岁的限制，大四毕业生虽为学生身份，但是已年满 16 周岁，其学生身份并不当然限制其作为普通劳动者与用工单位签订劳动合同。本案原告已年满 19 周岁，具备与用工单位建立劳动关系的行为能力和责任能力，其选择以就业为目的与用工单位签订劳动合同，此行为并不为法律、行政法规所禁止。

其次，劳动者签订劳动合同时应如实、明确告知用工单位其与签订劳动合同有关的个人信息。《中华人民共和国劳动合同法》第八条规定：“……用人单位有权了解劳动者与劳动合同直接相关的基本情况，劳动者应当如实说明。”本案中，原告在订立劳动合同时，如实且明确地告知了用工单位其大四毕业生的身份，以及毕业院校、所学专业、学历等情况，各项条件均符合用工单位的招录要求，用工单位对此完全知情。双方在此基础上就应聘、录用达成一致意见，签订了劳动合同。该劳动合同不存在任何欺诈、隐瞒，系双方真实意思表示，且不违反法律、行政法规的禁止性规定，因此，该份劳动合同合法、有效，应对合同双方具有法律约束力。

2. 区分学生勤工助学、实习与就业。

在校生工作有勤工助学、实习等类型，该两类均不为我国劳动法所调整。而大四毕业生由于属于在校生，其与用工单位签订劳动合同亦常会被笼统地误认定为勤工助学或实习，而非正式的就业。因此，正确区分学生勤工助学、实习与就业是本案的又一个关键点。

关于勤工助学，原劳动部《关于贯彻执行〈中华人民共和国劳动法〉若干问题的意见》第 12 条规定“在校生利用业余时间勤工助学，不视为就业，未建立劳动关系，可以不签订劳动合同。”这项规定是指在校学生不以就业为目的，利用学习之余的空闲时间打工补贴学费、生活费的情形，属于勤工助学。本案中的原告系以就业为目的与用工单位签订劳动合同，并以全职时间投入到工作，因此，其行为并不属于勤工助学的情形。

至于对实习的理解，实习是以学习为目的，到机关、企业、事业单位等参加社会实践，巩固、补充课堂知识，没有工资，不存在由实习生与单位签订劳动合同，明确报酬、福利待遇等情形。因此，实习的目的是学习，既不签劳动合同，也不约定报酬、福利待遇。本案中，原告区别于实习的情况在于，其是以就业为目的，与用工单位签订的劳动合同中也已明确约定了岗位、劳动报酬、福利待遇等条件，据此，原告郭懿的行为也不属于实习。

因此，原告虽具有在校大四毕业生的特殊身份，但从原告签订合同的目的，合同中明确约定的岗位、报酬、福利待遇等内容可见，其与用工单位之间签订的该合同系合法、有效成立的劳动合同，劳动法律关系成立。

（江苏省南京市白下区人民法院　王璐）

77. 庄俊杰诉厦门金鹏人造花有限公司劳动争议案（经济补偿金的支付对象）

（一）首部

1. 裁判书字号

一审判决书：福建省厦门市同安区人民法院（2009）同民初字第1689号。

二审调解书：福建省厦门市中级人民法院（2009）厦民终字第3579号。

2. 案由：劳动争议纠纷。

3. 诉讼双方

原告（被上诉人）：庄俊杰，男，汉族，住福建省厦门市同安区。

委托代理人（一审）：黄建伟，福建厦门理海律师事务所律师。

委托代理人（一审）：王志杰，福建厦门理海律师事务所律师。

被告（上诉人）：厦门金鹏人造花有限公司，住所地：厦门市同安区城南工业区霞煌路。

法定代表人：戴平，公司董事长。

委托代理人（一、二审）：李琳冰，福建金海湾律师事务所律师。

委托代理人（一、二审）：张丽键，福建金海湾律师事务所律师。

4. 审级：二审。

5. 审判机关和审判组织

一审法院：福建省厦门市同安区人民法院。

合议庭组成人员：审判长：柯凉水；审判员：王敏、陈水平。

二审法院：福建省厦门市中级人民法院。

合议庭组成人员：审判长：郑承茂；代理审判员：李向阳、张南日。

6. 审结时间

一审审结时间：2009年9月11日。

二审审结时间：2009年12月19日。

（二）一审情况

1．一审诉辩主张

（1）原告庄俊杰诉称

2007年12月，原告经录用进入被告厦门金鹏人造花有限公司上班，工作职务是电脑部系统开发人员，约定每周五天制，每天8小时，周六算加班。试用期为1 800元，试用期为4个月，试用合格后加薪400元或300元。2007年12月28日，原告发现被告周六加班费用是被告从原告的工资中扣减300元，星期六有加班才返还被扣减的300元，同时将扣减300元放在薪资结构加班费的一栏。2008年1月1日，被告与原告再次签订期限为3年的劳动合同；4月原告转正，被告同意加薪300元，但至今未给加薪。2008年12月4日被告通知取消星期六加班，同时要扣减原告工资300元。原告等人提出强烈反对，2008年12月9日被告口头答应原告提出的只扣除128元。当原告要求签字盖章时，被告又反悔，要扣除周六加班费的一半，还要挟原告等签字，原告等拒绝签字。2008年12月24日被告再次宣布要把加班费一栏300元全额扣除。入厂至今，原告勤勤恳恳、奉献青春，周六都加班，被告却逃避法律、法规，不支付原告加班费，严重损害原告劳动权益。现请求判令：1）原告与被告解除劳动合同关系；2）被告支付1个月经济补偿金1 920.57元；3）被告支付星期六加班工资7 157.93元；4）被告支付违约金7 157.93元；5）被告向原告支付按实际发生月份计算从2008年12月开始至今强制扣除的300元/月工资。

（2）被告厦门金鹏人造花有限公司辩称

首先，在程序上，原告的诉求未经劳动仲裁的前置程序，不符合法院的受理条件。不予受理通知书的落款时间虽然是2009年1月6日，但实际的立案时间是2009年4月15日，原告没有提交签收不予受理通知书的时间，不能证明起诉未超过两年的时效；依据"不予受理通知书"原告向劳动仲裁申请的只有加班费和补交社会保险费，其他诉讼请求未向劳动仲裁提起申请，属于独立请求，而加班费不予受理的理由也不符合法院受理范围，因此，法院应当裁定驳回起诉。2008年1月，双方理清劳动关系与待遇，重新签订的劳动合同确定了双方义务，该合同并不违反法律规定，是合法、有效的，且双方已按新合同实际履行超过1年，因此，双方的劳动关系如存在纠纷，应当在1年的仲裁时效内提出，本案的诉求已超过时效。其次，实体上，原告诉述没有事实依据。原告已于起诉前的2009年3月27日以"另谋发展"为由提出并实际离职，双方已不存在劳动关系；劳动合同期限至2011年1月1日，原告违约，提前提出解除劳动关系，其"离职申请书"的理由是其真实意思表示，被告不需要支付经济补偿金及违约金；加班费系双方口头约定以职务工资为基本工资计算，被告已按原告实际加班时数足额发放加班费，该事实是双方实际履行超过1年且原告每月核对无异的事实，也是被告未参与的由劳动仲裁仲裁委调查原告认定的事实，事实本身也证明口头约定的存在并不违法。本案不存在扣减其300元的工资，将扣减数额放在加班费一栏中的事实。被告每月支付的工资均超过了合同约定的数额。

2．一审事实和证据

福建省厦门市同安区人民法院经公开审理查明：2007年12月，原告庄俊杰进入厦门金鹏人造花有限公司上班。2008 年 1 月 1 日，双方又签订了一份劳动合同，该合同约定：原告从事系统开发员岗位工作；合同期限自 2008 年 1 月 1 日起至 2011 年 1 月 1 日止；厦门金鹏人造花有限公司对庄俊杰实行标准工时工作制度。庄俊杰依法享有婚假、产假、丧假、带薪年休假等，厦门金鹏人造花有限公司在法定的节假日、休息日期间应当安排庄俊杰休假。确因工作需要加班的，应依法支付加班费或安排补休。庄俊杰在法定工作时间或劳动合同约定的工作时间内提供正常劳动，厦门金鹏人造花有限公司应当按照劳动合同约定的工资标准支付劳动者工资。庄俊杰的奖金及各项津贴、补贴按用人单位依法制定的劳动报酬、分配制度的规定执行。工资标准实行计时工资制，试用期满后的月工资为人民币 1 480 元；被告于每月 20 日支付上个月 1 日至 30 日的工资，并应当向原告提供工资清单等内容。

2008 年 12 月 31 日，14 名公司员工（包括原告）申请劳动仲裁，要求被告支付拖欠加班费、补交社保费及赔偿金。厦门市同安区劳动争议仲裁委员会认为：厦门金鹏人造花有限公司已按当时口头约定（按职务工资标准）足额支付了加班工资，计算加班工资的基数已超过厦门地区最低工资标准；14 名员工要求社保费的请求绝大部分已超过仲裁时效，故作出同劳仲委［2009］2 号不予受理通知书。原告不服该仲裁结果，遂于 2009 年 4 月 15 日向本院提起诉讼，诉讼请求如上所述。

另查明，庄俊杰于 2009 年 2 月 27 日，以“另谋发展”为由向公司提出离职申请。对此，厦门金鹏人造花有限公司予以批准。在离职申请书的备注栏内载明“双方已移交结清，不存在任何劳动纠纷”。审理中，双方确认双方的劳动合同于 2009 年 2 月 27 日解除。

本案有如下争议事实，结合双方所举的证据加以分析认定：

(1) 庄俊杰的请求是否已超过法定时效？

庄俊杰认为，本案系劳动报酬、经济补偿金以及赔偿金而发生的劳动争议，属于《劳动争议调解仲裁法》的调整范围，《劳动争议调解仲裁法》第二十七条规定：“劳动争议申请仲裁的时效期间为一年。仲裁时效期间从当事人知道或者应当知道其权利被侵害之日起计算……劳动关系存续期间因拖欠劳动报酬发生争议的，劳动者申请仲裁不受本条第一款规定的仲裁时效期间的限制；但是，劳动关系终止的，应当自劳动关系终止之日起一年内提出。”因此，庄俊杰在劳动关系存续期间向劳动争议仲裁委员会提出仲裁申请并没有超过仲裁时效。

厦门金鹏人造花有限公司认为，2008 年 1 月，双方理清劳动关系与待遇，重新签订劳动合同确定双方义务，该合同并不违反法律规定，是合法、有效的，且已按新合同履行超过 1 年。因此，双方之前的劳动关系如存在纠纷，应当在 1 年的仲裁时效内提出，本案请求均超过了时效。

本院认为，本案系劳动争议纠纷，《最高人民法院关于审理劳动争议案件适用法律若干问题的解释（二）》第一条第（一）项规定：“在劳动关系存续期间产生的支付工资争议，用人单位能够证明已经书面通知劳动者拒付工资的，书面通知送达之日为劳动争议发生之日。用人单位不能证明的，劳动者主张权利之日为劳动争议发生之日。”本案中，厦门金鹏人造花有限公司未能提供证据证明其有送达拒付加班工资的书面通知给庄俊杰，故庄俊杰向劳动仲裁委员会申请仲裁之日即为劳动争议发生之日，故庄俊杰主张的并未超过仲裁期限。

（2）厦门金鹏人造花有限公司是否按劳动合同的约定全额支付加班费？

庄俊杰主张：厦门金鹏人造花有限公司未按劳动合同的约定足额支付其加班费。双方的劳动合同并没有约定工资包含加班工资，然而，公司要求其星期六加班，为了使工资的架构符合劳动法的规定，将约定工资中的300元扣减，转成周六加班费放在薪资结构的加班工资，有加班才返还。

厦门金鹏人造花有限公司认为：根据双方口头约定，加班工资是以庄俊杰的职务工资作为计算基数，公司已经按时支付庄俊杰加班费，不存在拖欠加班工资的问题。对此，厦门金鹏人造花有限公司提供一份从2007年12月至2009年2月庄俊杰的工资表，欲证明其主张。对此，庄俊杰质证认为，工资表的真实性及加班的时数没有异议。但加班基数有意见。庭审中双方确认庄俊杰加班时间均为星期六。

本院认为：庄俊杰2007年12月进入厦门金鹏人造花有限公司，双方虽然没有约定实际支付工资是否包含加班，但厦门金鹏人造花有限公司提供的工资表，可以证明厦门金鹏人造花有限公司已经支付2007年12月的加班工资。因此，庄俊杰主张厦门金鹏人造花有限公司未支付2007年12月的加班工资的事实，本院不予采信。按照双方2008年1月签订的劳动合同的约定，庄俊杰月工资1 480元。厦门金鹏人造花有限公司提供的从2007年12月至2009年2月庄俊杰的工资表可以证明如下事实：2008年1月至2008年12月庄俊杰的加班时数为320小时，厦门金鹏人造花有限公司发放给庄俊杰的加班工资为3 030.15元。根据《工资支付暂行规定》第十三条，用人单位在劳动者完成劳动定额或规定的工作任务后，根据实际需要安排劳动者在法定标准工作时间以外工作的，应按以下标准支付工资：……用人单位依法安排劳动者在休息日工作，而又不能安排补休的，按照不低于劳动合同规定的劳动者本人日或小时工资标准的200%支付劳动者工资。因此，结合庄俊杰劳动合同的约定工资，厦门金鹏人造花有限公司自2008年1月至2008年12月应当支付庄俊杰的加班工资为5 684.11元。但厦门金鹏人造花有限公司仅支付3 030.15元，尚不足2 653.96元。厦门金鹏人造花有限公司主张口头约定按职务工资计算加班工资，因庄俊杰否认，厦门金鹏人造花有限公司负有举证证明的义务，但厦门金鹏人造花有限公司仅提供工资表，该工资表不足证明其主张。故厦门金鹏人造花有限公司的主张，本院不予采信。庄俊杰主张厦门金鹏人造花有限公司将劳动合同工资扣减部分放在薪资结构的加班工资，有加班才返还的事实，与工资表所显示的不符，本院不予采信。

（3）厦门金鹏人造花有限公司是否从2008年12月起克扣庄俊杰300元/月？

庄俊杰主张，厦门金鹏人造花有限公司从2008年12月取消星期六加班，同时每月克扣300元。

厦门金鹏人造花有限公司否认庄俊杰的主张，并认为，每月支付的工资均超过庄俊杰合同工资，不存在克扣300元/月的事实。

本院认为，从厦门金鹏人造花有限公司提供的工资表可以证明公司从2008年12月取消星期六加班，其发放的月工资均超过庄俊杰合同工资。因此，庄俊杰的主张缺乏事实依据，本院不予支持。

（4）双方解除劳动合同，厦门金鹏人造花有限公司是否应当支付庄俊杰经济补偿金？

庄俊杰认为，厦门金鹏人造花有限公司从不支付加班工资，且钻法律的空子擅自将其工资转成加班费，公司克扣其工资，因此，请求解除劳动合同，公司应当支付其经济补偿金。

厦门金鹏人造花有限公司认为，庄俊杰于2009年2月27日以“另谋发展”为由提出并实际离职，双方已不存在劳动关系；劳动合同期限至2011年1月1日，庄俊杰违约提前提出解除劳动关系，其“离职申请书”的理由是其真实意思表示，根据《劳动合同法》的规定，公司不需要支付经济补偿金及违约金。

本院认为，庄俊杰于2008年12月间，以用人单位未支付加班工资等违反法律规定的行为为由，向厦门市同安区劳动仲裁委员会申请仲裁，请求解除劳动合同，并要求公司支付经济补偿金。劳动仲裁委员会作出不予受理的决定。因此，在庄俊杰申请仲裁至提起诉讼时双方的劳动关系仍然存在。而庄俊杰于2009年2月27日，以“另谋发展”为由向公司提出离职申请，并获公司同意。双方解除劳动合同的原因已经发生变化，即双方是因庄俊杰以“另谋发展”为由向厦门金鹏人造花有限公司提出解除而解除劳动合同，并非厦门金鹏人造花有限公司提出或因厦门金鹏人造花有限公司违法而解除。因此，庄俊杰请求支付经济补偿金，缺乏事实和法律依据，本院不予支持。

（5）庄俊杰是否已经放弃实体权利?

庄俊杰认为，“离职申请书”备注栏的“双方已移交结清，不存在任何劳动纠纷”是电脑打上去的，不排除被告在原告签字后自行打上去的。就算原告知悉该备注，并不能排除法律赋予的权利。“离职申请书”只是双方解除劳动关系的一个手续，并不能认定原告放弃对被告的相关实体和诉讼的权利。

厦门金鹏人造花有限公司认为，庄俊杰于2009年2月27日已经办理离职，并在离职申请书备注“双方已移交结清，不存在任何劳动纠纷”，故原告再行起诉毫无道理。

本院认为，庄俊杰虽然在离职申请书上备注“双方已经移交结清，不存在任何劳动纠纷”，但双方的争议仍在诉讼之中，且诉讼的争议并没有予以解决。因此，不能认定庄俊杰放弃对被告的相关实体和诉讼的权利。

综上，本院认为，双方当事人确认双方的劳动合同于2009年2月27日解除，本院予以照准。因双方劳动关系存续期间，厦门金鹏人造花有限公司仅支付加班3 030.15元，尚不足2 653.96元。因此，厦门金鹏人造花有限公司应支付庄俊杰加班工资2 653.96元。因双方劳动合同解除的原因在于庄俊杰，因此，庄俊杰请求厦门金鹏人造花有限公司支付经济补偿金及承担违约赔偿责任，本院不予支持。庄俊杰主张厦门金鹏人造花有限公司从2008年12月开始至今强制扣除的300元/月工资，缺乏事实依据，该项诉讼请求，不予支持。

3. 一审定案结论

福建省厦门市同安区人民法院依照《中华人民共和国民事诉讼法》第六十四条第一款，《最高人民法院关于民事诉讼证据的若干规定》第二条，《中华人民共和国劳动争议调解仲裁法》第二十七条，《最高人民法院关于审理劳动争议案件适用法律若干问题的解释（二）》第一条第（一）项，《中华人民共和国劳动合同法》第二十九条、第三十条第一款、第三十五条、第三十六条，《工资支付暂行规定》第十三条第一款第（二）项之规定，作出如下判决：

（1）确认庄俊杰与厦门金鹏人造花有限公司的劳动合同于2009年2月27日解除；

（2）被告厦门金鹏人造花有限公司应于本判决生效之日起10日内支付庄俊杰加班工资2 653.96元；

(3) 驳回庄俊杰的其他诉讼请求。

(三) 二审情况

上诉人厦门金鹏人造花有限公司不服厦门市同安区人民法院(2009)同民初字第1689号民事判决，向厦门市中级人民法院提起上诉，请求撤销原审判决第二项，改判驳回被上诉人庄俊杰的全部诉讼请求。经调解，双方当事人于2009年12月19日自愿达成如下协议：

1. 厦门金鹏人造花有限公司同意一次性支付庄俊杰1 500元，该款在2009年12月19日支付。

2. 庄俊杰自愿放弃其他诉讼请求。

3. 双方共同确认没有其他劳动争议。

4. 本案一、二审案件受理费各5元，厦门金鹏人造花有限公司自愿负担。

5. 双方当事人一致同意本调解协议自双方在调解协议上签字后立即生效。

(四) 解说

随着我国市场经济体制的建立，我国的劳动关系也逐步实现了市场化。劳动合同的订立和解除成了社会生活中频繁发生的现象。相应地，涉及劳动合同解除的案件在劳动纠纷案件中占了很大比例，其中最常见的情形之一是劳动者要求用人单位给付经济补偿金。本案就是一起劳动者以“另谋发展”为由向用人单位提出解约，双方协商一致解除合同，用人单位是否仍需支付经济补偿金的劳动争议。

经济补偿金是用人单位在非劳动者主观过错的情况下解除劳动合同时，为满足劳动者在离职一段时期内的生活，依法一次性支付给劳动者的费用。它既不是赔偿金，也不是违约金，而是劳动合同解除时特有的一种费用，其实质是用人单位依法履行对劳动者给予必要的社会保障义务。

根据劳动法的规定，经济补偿金的支付包括下列4种情形：(1) 经双方当事人协商一致，由用人单位提出解除劳动合同的；(2) 因劳动者的客观原因(非主观原因)，被用人单位解除劳动合同的，包括：1) 劳动者因患病或非因工伤，医疗期满后，不能从事原工作，也不能从事由用人单位另行安排的工作的；2) 劳动者不能胜任工作，经过培训或者调整工作岗位，仍不能胜任工作的。(3) 因用人单位自身的原因，解除劳动合同的，包括：1) 劳动合同订立时所依据的客观情况发生重大变化，致使原劳动合同无法履行，经当事人协商不能就变更劳动合同达成协议的；2) 用人单位濒临破产进行法定整顿期间或者生产经营状况发生严重困难，确需裁减人员，用人单位解除劳动合同的；3) 劳动合同期内用人单位破产或者解散的。(4) 用人单位存在违法情形，迫使劳动者提出解除劳动合同的，主要包括：1) 以暴力、胁迫或者非法限制人身自由的手段强迫劳动的；2) 未按劳动合同约定支付劳动报酬或者提供劳动条件的；3) 克扣或者无故拖欠劳动者工资的；4) 拒不支付劳动者延长工作时间工资报酬的；5) 低于当地最低工资标准支付劳动者工资的。(5) 法律、行政法规规定的其他情形。

从上述规定可以看出，有权享受社会保障的劳动者，必须是非自愿性失业者，并且是客观上无过错者。用人单位也不是向所有的被解除劳动合同的劳动者支付经济补偿金，而是只向被动地提前结束劳动关系的劳动者提供。

本案中，原告庄俊杰于 2009 年 2 月 27 日，以“另谋发展”为由向公司提出离职申请，并获公司同意。在这种双方协商解除合同的情况下，用人单位是否需要支付经济补偿金？在这种情况下，劳动合同并非厦门金鹏人造花有限公司提出或因厦门金鹏人造花有限公司违法而解除，因此不需要支付经济补偿金。从立法上看，《劳动法》第二十四条、第二十八条规定，用人单位与劳动者协商一致解除劳动合同的，用人单位应当按照国家有关规定给予经济补偿。但是《劳动合同法》出台后，较《劳动法》，在双方协商一致解除劳动合同的情况下用人单位支付经济补偿金的范围有所缩小。考虑到有的情况下，劳动者主动跳槽，与用人单位协商解除劳动合同，此时劳动者一般不会失业，并且对失业早有准备，如果要求用人单位支付经济补偿金不太合理，因此《劳动合同法》对协商解除的情形下给予经济补偿金的条件作了一定限制，即协商解除劳动合同时用人单位需支付经济补偿金的前提条件是解除劳动合同的动议系用人单位首先提出，如果是劳动者主动提出解除劳动合同，劳动者主动要求辞职，则用人单位可不支付经济补偿金。本案属于此种情形，即劳动者主动以“另谋发展”为由提出解除合同，并与用人单位进行协商，双方合意解除合同，在该合同的解除中劳动者并非被动地提前结束劳动关系的，而是主动提出解除合同，且用人单位厦门金鹏人造花有限公司也没有存在违法情形，因此不适用经济补偿金的相关规定。

（福建省厦门市同安区人民法院　柯凉水　王辛）

78. 饶钦福诉广西南宁新原有限责任公司劳务合同案（退休职工返聘）

（一）首部

1. 判决书字号

一审判决书：广西壮族自治区南宁市兴宁区人民法院（2006）兴民一初字第 540 号。

二审判决书：广西壮族自治区南宁市中级人民法院（2006）南市民一终字第 924 号。

再审判决书：广西壮族自治区南宁市中级人民法院（2009）南市民抗再字第 32 号。

2. 案由：劳务合同纠纷。

3. 诉讼双方

原告（上诉人、申诉人）：饶钦福，男，汉族，住广西壮族自治区南宁市。

被告（被上诉人、被申诉人）：广西南宁新原有限责任公司，住所地：南宁市。

法定代表人：张志和，公司董事长。

委托代理人：曾源华，万合律师事务所律师。

委托代理人：邱卫东，万合律师事务所律师。

4. 审级：再审。

5. 审判机关和审判组织

一审法院：广西壮族自治区南宁市兴宁区人民法院。

独任审判人员：审判员：李宁明。

二审法院：广西壮族自治区南宁市中级人民法院。

合议庭组成人员：审判长：邱伟英；审判员：农虹菲；代理审判员：石金前。

再审法院：广西壮族自治区南宁市中级人民法院。

合议庭组成人员：审判长：黄显革；审判员：张黎；代理审判员：庞丽。

6. 审结时间

一审审结时间：2006 年 9 月 5 日。

二审审结时间：2006 年 12 月 27 日。

再审审结时间：2009 年 6 月 19 日。

（二）一审情况

1. 一审诉辩主张

（1）原告饶钦福诉称

饶钦福受广西南宁新原有限责任公司（以下简称新原公司）的前身即七〇一矿的聘请，与之建立了劳动关系。2001 年 8 月 10 日，饶钦福在工作中受伤，新原公司不但没有按规定为饶钦福申请工伤认定，还在饶钦福治疗期间停发工资，饶钦福长期加班也未获得加班费。在饶钦福与新原公司解除劳动合同后，新原公司也未支付经济补偿金。饶钦福于 2006 年 5 月 22 日向南宁市劳动争议仲裁委员会申请仲裁，但后者以超过诉讼时效为由不予受理。故饶钦福诉至法院，要求新原公司支付伤残补助金 11 000 元，治疗工伤期间的工资 6 600 元、住院伙食补助费 493.5 元、护理费和食宿补贴 2 081.5 元，病假工资 6 456 元、加班工资 31 000 元、解除劳动合同经济补偿金 4 320 元，合计 61 951元。

（2）被告新原公司辩称

饶钦福的诉请已超过仲裁申请期限，且其所受伤残与新原公司无任何关联，新原公司不应成为本案的赔偿义务主体。饶钦福要求新原公司支付加班工资和解除劳动合同经济补偿金亦没有依据。

2. 一审事实和证据

广西壮族自治区南宁市兴宁区人民法院经公开审理查明：2001 年 7 月 31 日，饶钦福与七〇一矿签订“用工合同书”，双方建立劳动关系。合同约定期限 1 年，岗位实行计时制，劳动报酬以生产期每天 30 元、非生产期每天 20 元、加班 3 元/小时计。同年 8 月 10 日，饶钦福因工受伤。之后，饶钦福未续签合同。2002 年 8 月 6 日，新原公司注册成立。2004 年 3 月 24 日，广西壮族自治区崇左市中级人民法院作出（2003）崇破字第 1—6 号民事裁定书，终结七〇一矿破产还债程序。2004 年 5 月 10 日，饶钦福与新原公司大新分公司签订“聘用退休人员用工协议书”，饶钦福与新原公司建立劳动关系。该协议书约定，用工期从 2004 年 6 月 1 日起至 2005 年 6 月 1 日止，劳动报酬为定额工资，并按考勤以 3 元/小时计。2005 年 4 月 5 日，饶钦福向新原公司递交辞呈，并要求新原公司补发工资，支付护理人员工资和食宿补贴、一次性伤残补助金、因伤残造成生活困难的赔偿金、精神损失费等。新原公司不同意支付。饶钦福于 2006 年 5 月 22 日向南宁市劳动争议仲裁委员会申请仲裁。2006 年 6 月 1 日，南宁市劳动争议仲裁委员会以饶钦福申请仲裁时效已过为由作出南劳仲不字（2006）037 号“不予受理通知书”。原告不服，遂诉至法院，提出前述诉讼请求。

上述事实有下列证据证明：

（1）“不予受理通知书”；

（2）用工合同书；

（3）聘用协议书；

（4）病历及证明；

（5）原告考勤表；

（6）民事裁定书；

（7）当事人陈述；

（8）庭审笔录等。

3. 一审判案理由

广西壮族自治区南宁市兴宁区人民法院经审理认为：（1）在 2004 年 6 月前，饶钦福与七〇一矿存在劳动关系，而七〇一矿于 2004 年 3 月被宣告破产。饶钦福未有证据证明七〇一矿变更为新原公司，故主张新原公司支付伤残补偿金的请求，无事实依据。（2）饶钦福在劳动争议仲裁申请书中，明确承认其递交辞呈时，同时提出各项请求，并从 2005 年 4 月 5 日至 2005 年 10 月 25 日期间多次向新原公司有关负责人询问解决方案。新原公司于 2005 年 10 月 31 日答复饶钦福不予支付时，双方之间的劳动争议已发生。饶钦福应在《劳动法》规定的 60 日内申请仲裁，而饶钦福在 2006 年 5 月 22 日才提出劳动争议仲裁申请，饶钦福又未有证据证明其具有不可抗力或有其他正当理由，故对饶钦福的诉讼请求，不予支持。

4. 一审定案结论

广西壮族自治区南宁市兴宁区人民法院依照《中华人民共和国劳动法》第八十二条、《中华人民共和国民法通则》第五条的规定，作出如下判决：

驳回饶钦福的诉讼请求。

（三）二审情况

1. 二审诉辩主张

（1）上诉人饶钦福诉称

新原公司接收了七〇一矿的资产和员工，是七〇一矿的承继单位，应当承担原七〇一矿应给予饶钦福工伤保险待遇的责任。2006 年 5 月 8 日，新原公司答复对饶钦福的要求不予解决，仲裁时效应从此时起计，饶钦福申请仲裁没有超过法定期限。一审判决认定事实有误，适用法律错误，请求撤销一审判决，支持饶钦福的诉讼请求。

(2) 被上诉人新原公司辩称

一审判决认定事实清楚，适用法律正确，请求驳回上诉，维持原判。

2. 二审事实和证据

广西壮族自治区南宁市中级人民法院经审理，确认一审法院认定的事实和证据。

3. 二审判案理由

广西壮族自治区南宁市中级人民法院经审理认为：(1) 新原公司与七〇一矿系两个不同的独立企业，两者之间并不是权利、义务的承受，更不是简单的名称变更。故饶钦福以其2001年在七〇一矿工作期间发生的工伤为由，要求新原公司支付伤残补偿金无法律依据。(2) 即使新原公司应承担本案的民事责任，饶钦福的申诉也已超过仲裁时效。饶钦福于2005年10月31日向新原公司递交辞呈，并要求新原公司支付一次性伤残补助金等费用，新原公司答复不予支付时，双方之间的劳动争议已发生，饶钦福应在60日内申请仲裁，其直至2006年5月22日才提出劳动争议仲裁申请，确已超过了仲裁时效，饶钦福又无证据证明其具有不可抗力或有其他正当理由，故对饶钦福的诉讼请求，应予以驳回。饶钦福主张其向新原公司的主管部门主张权利，没有证据证实，故其主张从2006年5月8日开始重新计算仲裁时效的理由不成立，本院不予采纳。

4. 二审定案结论

广西壮族自治区南宁市中级人民法院依照《中华人民共和国民事诉讼法》第一百五十三条第一款第（一）项之规定，作出如下判决：

驳回上诉，维持原判。

(四) 再审诉辩主张

1. 广西壮族自治区人民检察院抗诉称

南宁市中级人民法院（2006）南市民一终字第924号民事判决认定事实的主要证据不足，理由是：(1) 新原公司是在接收七〇一矿资产基础上组建的，其应当继承七〇一矿与职工之间的劳动关系，应向饶钦福支付伤残补偿金。(2) 饶钦福提供的2005年11月22日的国内特快专递邮件详情单证实饶钦福曾向新原公司的主管部门主张权利。新原公司于2006年5月8日答复饶钦福不理赔，应从此时开始重新计算仲裁时效。

2. 申诉人饶钦福申诉称

新原公司接受七〇一矿的资产和职工而成立，是七〇一矿的承继企业，应承担给予饶钦福工伤保险待遇的责任。饶钦福自1999年3月起一直在新原公司的相同岗位上工作，双方存在劳动关系。2006年5月8日新原公司才明确不理赔，劳动争议仲裁时效应从此时起计。故南宁市中级人民法院（2006）南市民一终字第924号民事判决认定事实有误，适用法律不当，应予撤销。

3. 被申诉人新原公司辩称

(1) 饶钦福的诉讼请求没有依据。饶钦福在2001年受伤之后没有申请工伤认定，要求赔偿没有法律依据。饶钦福要求赔偿护理费等没有相关医院证明。饶钦福退休后返聘领取的是计件工资，无加班报酬。饶钦福自动辞职，用人单位不需支付经济补偿金。(2) 饶钦福各项诉讼请求均已经超过仲裁时效。饶钦福受伤后未要求原单位进行工伤认定及赔偿，2003 年七〇一矿申请破产时也未向清算组主张工伤待遇及加班工资，亦未在解除合同之后 60 日内申请仲裁，主张经济补偿金。新原公司与七〇一矿是两个性质不同的独立企业，不应继承七〇一矿职工的劳动关系。

(五) 再审事实和证据

广西壮族自治区南宁市中级人民法院再审查明：原一、二审于查明的事实中确认饶钦福与七〇一矿签订“用工合同书”即建立劳动关系，以及确认饶钦福与新原公司建立劳动关系，均欠妥。除此，原一、二审查明的其他事实属实，本院予以确认。

另查明：饶钦福于 1999 年 9 月从七〇一矿退休后返聘回七〇一矿工作，每月除从社保领取养老金外，另根据劳动状况及用工合同的约定向七〇一矿领取报酬。七〇一矿破产清算时，在职及退休工伤人员的伤残补助金等都列入破产费用测算方案，但饶钦福不包括在其中。七〇一矿破产后，饶钦福为新原公司工作，除按月领取养老金外，亦另根据劳动状况及用工合同的约定向新原公司领取报酬。

上述事实有下列证据证明：

(1) 2003 年资源枯竭矿山关闭破产费用测算方案；

(2) 七〇一矿破产前工伤退休人员一次性补助材料；

(3) 双方陈述；

(4) 庭审笔录。

(六) 再审判案理由

广西壮族自治区南宁市中级人民法院再审认为：(1) 关于饶钦福与七〇一矿、新原公司之间的关系。退休制度是职工在年老或病残丧失劳动能力，离开原来的劳动岗位，并能从国家或企业获得一定物质保障的一种劳动保障制度。而养老保险是为劳动者在因年老或病残丧失劳动能力的情况下退出劳动领域而提供的生活保障。《中华人民共和国劳动合同法》第四十四条第（二）项亦规定：劳动者开始依法享受基本养老保险待遇的，劳动合同终止。已领取养老金的退休职工受到社会保障法的保护，不再纳入劳动法的保护范围，而只能作为劳务关系适用民法的相关规定。故本案中饶钦福从原用人单位（七〇一矿）退休后，其与七〇一矿的劳动关系终止，其返聘回七〇一矿工作，此后与七〇一矿形成的系劳务关系而非劳动关系。七〇一矿破产后，饶钦福为新原公司工作，因其系已按月领取养老金的退休人员，其与新原公司形成的亦为劳务关系而非劳动关系。原一、二审判决认定双方系劳动关系，忽略了退休人员再就业的特殊性，本院予以纠正。

(2) 关于七〇一矿与新原公司之间的关系。新原公司于 2002 年 8 月 6 日成立。而崇左市中级人民法院于 2004 年 3 月 24 日认定七〇一矿的破产财产已不足以支付清算费和职工安置费，故裁定终结七〇一矿破产还债程序，未得到清偿的债权不再清偿。原一、二审判决认定新原公司与七〇一矿系两个不同的独立企业，并不是权利、义务的承受，更不是简单的名称变更，该认定事实清楚，合法、有据，本院予以确认。饶钦福主张新原公司为七〇一矿的承继企业没有依据，本院不予采信。

（3）关于饶钦福主张的工伤及工伤待遇问题。工伤认定属于劳动保障行政部门实施的具体行政行为，不属法院民事诉讼处理范围，劳动者应向劳动保障行政部门申请工伤认定，在工伤认定之后再向劳动争议仲裁委员会主张工伤待遇。本案饶钦福在退休返聘回七〇一矿工作中受伤，因双方之间存在的系劳务关系而非劳动关系，其应以民事侵权诉讼向七〇一矿主张权利。但七〇一矿进行破产清算时饶钦福未主张权利，现其以新原公司是七〇一矿的承继企业为由要求新原公司承担工伤待遇没有依据，本院不予支持。

（4）关于饶钦福主张的加班工资的问题。饶钦福主张自 1999 年起至 2005 年 1 月期间的加班工资，应分为在七〇一矿工作期间的加班工资以及在新原公司工作期间的加班工资两部分。七〇一矿进行破产清算时，饶钦福未主张权利，现其主张新原公司系七〇一矿的承继企业没有证据证实，其要求新原公司承担七〇一矿的债务没有依据，本院不予支持。饶钦福主张在新原公司工作期间的加班工资，因退休人员再就业形成的系劳务关系而非劳动关系，其以劳动争议诉讼主张权利不妥，本院不予支持。

（5）关于饶钦福主张的解除劳动合同经济补偿金的问题。因退休人员返聘，与用人单位形成的系劳务关系而非劳动关系，故不适用《中华人民共和国劳动法》中关于解除劳动合同支付经济补偿金的相关规定，饶钦福主张新原公司支付解除劳动合同经济补偿金没有依据，本院不予支持。

（七）再审定案结论

广西壮族自治区南宁市中级人民法院经审判委员会讨论决定，依照《中华人民共和国民事诉讼法》第一百八十六条、第一百五十三条第一款第（一）项之规定，作出如下判决：

维持南宁市中级人民法院（2006）南市民一终字第 924 号民事判决及南宁市兴宁区人民法院（2006）兴民一初字第 540 号民事判决关于驳回饶钦福诉讼请求的判决结果。

（八）解说

本案的关键在于退休职工返聘与用人单位之间关系的定性。

退休制度是职工在因年老或病残丧失劳动能力时，离开原来的劳动岗位，并能从国家或企业获得一定物质保障的一种劳动保障制度。退休制度是一种由国家、用人单位和劳动者共同构建的劳动关系退出机制。而养老保险是为劳动者在因年老或病残丧失劳动能力的情况下退出劳动领域而提供的生活保障。劳动者在退休后即可享受基本社会保险待遇，则意味着其已不是劳动法意义上的劳动者，不可能一手领养老金、一手交养老保险费。《中华人民共和国劳动合同法》第四十四条第（二）项亦规定：劳动者开始依法享受基本养老保险待遇的，劳动合同终止。如果已经退休的劳动者认为其还有能力，进而再从事劳动，我国法律也没有禁止。但退休人员再就业时无须再承担缴纳社会保险费等劳动者应承担的义务。且由于退休职工已领取养老金，已受到社会保障法的保护，就不再纳入劳动法的保护范围，而只能作为劳务关系适用民法的相关规定。故本案饶钦福于1999年从七〇一矿退休享受养老金后，返聘回原单位工作，与七〇一矿形成的系劳务合同关系而非劳动关系，七〇一矿根据双方的用工合同向其另行支付劳务费。之后，饶钦福与新原公司的关系亦是劳务合同关系。

劳务关系与劳动关系定性的不同，将导致诉讼程序、法律适用、法律后果等各方面的迥异：（1）时效不同。劳务关系适用两年的诉讼时效，劳动关系适用1年的仲裁时效。（2）前置程序不同。劳动关系须经仲裁前置程序，劳务合同则可直接向法院提起民事诉讼。（3）工作中受伤的处理程序不同。劳动关系中的劳动者在工作中受伤，应向劳动保障行政部门申请工伤认定，对工伤认定不服，应提起行政诉讼，在工伤认定之后再向劳动争议仲裁委员会申请仲裁，主张工伤待遇，不服仲裁，再以劳动争议向法院提起民事诉讼，工伤赔偿适用无过错责任原则；劳务关系中的提供劳务者在工作中受伤，可以人身损害赔偿向法院提起民事诉讼，适用过错责任原则。（4）劳动关系中涉及因用人单位作出开除、除名、辞退、解除劳动合同、减少劳动报酬、计算劳动者工作年限等决定而发生劳动争议的，法律明确规定由用人单位负举证责任；劳务关系中适用“谁主张、谁举证”的一般举证原则。（5）适用法律不同。劳动关系适用《劳动法》、《劳动合同法》及劳动部门的规章；劳务关系适用《民法通则》、《合同法》的规定。

（广西壮族自治区南宁市中级人民法院　庞丽）

79. 林伟明与北京物美商业集团股份有限公司劳动合同案（解除劳动合同）

（一）首部

1. 判决书字号

一审判决书：北京市石景山区人民法院（2008）民字第3259号。

二审判决书：北京市第一中级人民法院（2009）民终字第8659号。

2. 案由：劳动合同纠纷。

3. 诉讼双方

原告：林伟明，男，中国台湾地区居民。

委托代理人：周霞，北京市汉卓律师事务所律师。

委托代理人：刘昊斌，北京市汉卓律师事务所律师。

被告：北京物美商业集团股份有限公司（以下简称物美集团），住所地：北京市石景山区。

法定代表人：吴坚忠，集团董事长。

委托代理人：杜英娟，集团员工。

委托代理人：朱龙斌，集团员工。

4. 审级：二审。

5. 审判机关和审判组织

一审法院：北京市石景山区人民法院。

合议庭组成人员：审判长：张鹏；人民陪审员：孙秀芝、窦玉莲。

二审法院：北京市第一中级人民法院。

合议庭组成人员：审判长：刘俊霞；代理审判员：张瑞、黄彩相。

6. 审结时间

一审审结时间：2009 年 4 月 7 日。

二审审结时间：2009 年 11 月 20 日。

（二）一审诉辩主张

1. 原告林伟明诉称

2007 年 9 月 19 日，原、被告签订聘任书，约定原告工作岗位为高级总监，基本工资税后年薪 100 万元（含年度综合补贴 84.4 万元）。2008 年 3 月 10 日，被告无故对原告调岗降薪。2008 年 3 月 31 日，被告再次以原告不接受调岗为由，对原告作出解除劳动关系决定。双方经多次协商未果，原告向劳动仲裁部门提起申诉，因对仲裁裁决结果不服，故诉至法院，请求：（1）判令撤销被告于 2008 年 3 月 10 日对原告作出的调岗降薪决定；（2）判令撤销被告于 2008 年 3 月 31 日对原告作出的解除劳动关系决定，恢复原、被告的劳动关系；（3）判令被告支付原告自 2008 年 4 月至 2009 年 3 月的工资 1 017 290 元，并支付 25%的经济补偿金 254 332 元；（4）判令被告支付原告应报销的费用 8.4 万元。

2. 被告物美集团辩称

被告根据单位的绩效考评制度和员工手册的相关规定对原告作出调整工作岗位决定。原告在收到上述决定后，一直未至新岗位工作，拒不执行单位决定。因此，被告再次作出解除劳动合同通知。被告的上述行为符合单位制度和法律、法规的规定，现不同意原告的诉讼请求。

（三）一审事实和证据

北京市石景山区人民法院经公开审理查明：2007 年 9 月 19 日，林伟明与物美集团签订聘任函，其中载明：公司从 2007 年 9 月 20 日起正式聘任林伟明担任高级总监职位；年薪为税后 15.6 万元，分 13 个月发放，年度综合补贴为 84.4 万元，其中包括：每月不超过预计 8 000 元的住房补贴，每年预计 30 000 元的教育津贴报销；综合补贴扣除以上款项后分 13 个月发放，第 13 个月薪资与补贴须任职满一年方可支付；从入职之日起有 3 个月试用期，试用期满若绩效评价结果为满意，则转为正式员工。

2007 年 9 月 30 日，林伟明（合同乙方）与物美集团（合同甲方）签订劳动合同书，其中约定：合同期限为固定期限类型，从 2007 年 9 月 30 日起至 2010 年 8 月 31 日，其中试用期3个月，自2007年9月30日至2007年12月29日；乙方同意服从甲方根据工作需要对其进行的工作岗位安排，并根据甲方要求按时完成规定的工作量，达到规定的质量标准；甲方根据乙方薪资标准以及对乙方的考勤和考评结果，于每月10日以法定货币形式支付报酬；乙方应知晓并遵守甲方制定的各项规章制度；有下列情形之一的，甲方可以解除本合同，但应提前30日以书面形式通知乙方，包括乙方不能胜任工作，经过培训或调整工作岗位，仍不能胜任工作的；乙方解除本合同，应当提前30日以书面形式通知甲方或以1个月工资代替通知。合同签订后，林伟明担任物美集团直营中心大店营运部总经理职务。

2008年年初，物美集团对包括林伟明在内的工作人员进行年度绩效考评，考评内容包括自评、复评、互评、测评等方面。物美集团提交本院的林伟明年度绩效考评结果书面文件载明：林伟明各项评价项目综合评定得分50.63，被评价为介于一般和差之间。

2008年3月10日，物美集团向林伟明作出“关于调整林伟明工作岗位的决定”，其中载明：根据绩效考评的评议情况，经公司研究决定，对林伟明的工作岗位调整如下：免去林伟明直营中心大店营运部总经理职务，岗位调整为直营中心综超储备店长；薪资调整为20 000元/月（税前），不再享有公务车待遇；任职储备店长满1个月后公司将再次对其绩效评议，如仍不能胜任，则解除与其的劳动关系。林伟明于当日收到上述文件后，未到调整后岗位就职。

2008年3月31日，物美集团作出“关于解除与林伟明劳动关系的通知”，其中载明：根据绩效考评的评议结果，经研究决定，对林伟明于3月10日作出了调整工作岗位的决定，并送达本人；但本人不接受调岗决定，现公司决定于3月31日解除与林伟明的劳动关系，以支付4月份工资作为代通知金，以2007年北京市月社会平均工资3倍为基数支付1.5个月的补偿。林伟明于2008年4月8日收到上述通知后，未在物美集团工作。

另查：2006年2月，物美集团作出的员工手册中载明：绩效考核类型分为试用转正考核、月度考核、年度考评；员工考核记录将作为是否转正、晋升、调薪、核发奖金、汰换及其他奖惩的依据；年度考评内容包括年度考评适用于全体员工，考评方式为自评、直属主管复评、测评和互评；考评内容为考评期各月考评分数和年度能力评价，其中年度能力评价部分包括自评、复评、互评、测评；年度考评结果分为优、良、中、不足、差5个等级；年度绩效考评结果用于奖金分配、薪资调整、职级升降、人事调配、培训等人事手段；员工异动包括调岗，调岗是指本人不适合原岗位，调整到同职务不同岗位；调动要以考评为基础，根据各项考评结果综合评定。

在本案庭审过程中，物美集团出示绩效考评制度一份，其中载明：年度考评方式为360度评价（自评、互评、测评、复评）与月度考评相结合，自评分数不计人总体评价分数，总体评价分数由互评、测评、复评按加权计算后得出；年度考评结果应用于奖金分配、薪资调整、职级升降、人事调配（岗位调整）、培训等方面，差距大或不胜任则实施降职/降薪、调岗、实施绩效改进计划，对不服从调岗安排，公司有权解除劳动关系。林伟明对该绩效考评制度的真实性提出异议，并表示从未知晓。

在本案审理过程中，本院至物美集团人力行政部进行调查，通过办公平台网络系统查询林伟明的年度绩效考评结果，查询结果与物美集团提供林伟明年度绩效考评分值的内容基本一致；通过办公平台网络系统查询物美集团绩效考评制度，该考评制度的发布时间在网页中显示为 2007 年 7 月 10 日，查询结果与物美集团提供的绩效考评制度书面材料内容一致。

再查：2008 年 5 月 6 日，林伟明向北京市石景山区劳动争议仲裁委员会提出申诉，申诉请求：（1）撤销 2008 年 3 月 10 日作出的调岗降薪决定；（2）撤销 2008 年 3 月 31 日作出的解除劳动关系决定，恢复劳动关系；（3）支付 2008 年 4 月至 2009 年 3 月的工资 1 017 290元，并支付 100%的经济补偿金 1 017 290 元；（4）支付未休年假工资 75 558 元；（5）报销飞机票、交通费、房租及安家费共计 84 000 元。2008 年 7 月 3 日，北京市石景山区劳动争议仲裁委员会作出［2008］京石劳仲字第 635 号裁决书，驳回林伟明的申诉请求。

上述事实有下列证据证明：

1. 原告林伟明提供的聘任函、劳动合同书、员工手册。

2. 原告林伟明提供的［2008］京石劳仲字第 635 号裁决书。

3. 被告物美集团提供的绩效考评表、“关于调整林伟明工作岗位的决定”、“关于解除与林伟明劳动关系的通知”。

4. 法院出具的调查笔录。

（四）一审判案理由

北京市石景山区人民法院经审理认为：林伟明与物美集团之间签订的聘任书和劳动合同书，系双方真实意思表示，内容并不违反劳动法律规范的强制性规定，应属有效，双方均应依约履行。由于林伟明在签订劳动合同时，已经知晓物美集团员工手册并表示接受，因此该员工手册亦应作为劳动合同条款的组成部分。

通过对上述关于绩效考评结果客观性和物美集团作出调岗降薪、解除合同正当性的认定，本院对林伟明提出撤销物美集团上述决定并恢复劳动关系之请求不予支持。同时林伟明以物美集团违法解除劳动合同为基础，主张 2008 年 4 月至 2009 年 3 月期间的工资损失和经济补偿金的理由亦不能成立，本院亦不予支持。关于林伟明另主张的应报销费用无相应证据证实，本院对此不予认定。

（五）一审定案结论

北京市石景山区人民法院依照《中华人民共和国劳动法》第十七条，《中华人民共和国劳动合同法》第二十九条、第四十条之规定，作出如下判决：

驳回林伟明的诉讼请求。

案件受理费 10 元，由林伟明负担（已交纳）。

（六）二审情况

1. 二审诉辩主张

（1）上诉人林伟明诉称

请求撤销原判，改判：1）撤销物美集团于 2008 年 3 月 10 日对林伟明作出的调岗降薪决定；2）判令撤销物美集团于 2008 年 3 月 31 日对林伟明作出的解除劳动关系决定，恢复双方的劳动关系；3）判令物美集团支付林伟明自 2008 年 4 月至 2009 年 3 月工资 1 017 290 元，并支付 25%的经济补偿金 254 332 元。上诉理由是：1）物美集团是根据林伟明薪资标准以及对林伟明的考勤和考评结果，每月支付林伟明的报酬；2008 年 4 月前，林伟明均足额领取了工资，由此可见林伟明的考评结果应为合格；而且，原审判决认定同一时间段的试用期考核与年度考核的考核内容和标准不同也缺乏依据，故原审判决认定物美集团对林伟明作出的调岗降薪决定合法是错误的。2）原审法院既然认定林伟明在调整前后的工作岗位均在同一办公地点，却作出“林伟明在一定期限内仍占据办公用房的行为能够说明其无正当理由、以自身行为表示拒绝至调整后岗位工作”的认定，本身就自相矛盾。3）“不胜任工作”是指不能按要求完成劳动合同中约定的任务或者同工种、同岗位人员的工作量，物美集团对林伟明的年度考评所包括的“执行力、控制能力、做实做细”等 20 项内容，没有一项考核标准与同工种、同岗位人员的工作量有关，故物美集团的年度考评内容和标准是无效的。4）物美集团在调岗后没有实际安排林伟明具体工作内容，更没有对林伟明再次进行绩效考评，而是在 2008 年 3 月 31 日单方面解除了劳动关系，这明显与《中华人民共和国劳动合同法》第四十一条的规定不相符。5）原审判决认定物美集团调岗降薪决定合法的核心证据是物美集团网络办公平台保留的绩效考评电子记录，原审法院作为中立的审判机关，却为物美集团收集证据以证明物美集团的行为合法，原审法院上述行为明显违反公平、公正原则。6）根据《违反〈劳动法〉有关劳动合同规定的赔偿办法》第二条的规定，物美集团应当按照林伟明的工资标准支付林伟明 2008 年 4 月至 2009 年 3 月的工资 1 017 290 元，并支付 25%的经济补偿金。

（2）被上诉人物美集团辩称

同意原审判决。

2. 二审事实和证据

北京市第一中级人民法院经审理，确认一审法院认定的事实和证据。

另查明：林伟明称其根本不知道物美集团所进行的年度考评，且对林伟明所作的年度考评时间也仅仅是 2007 年 9 月至 12 月即林伟明的试用期。

3. 二审判案理由

北京市第一中级人民法院经审理认为：林伟明与物美集团之间签订的聘任书和劳动合同书均是双方真实的意思表示，约定的内容也并不违反劳动法律规范的强制性规定，应属有效。林伟明在签订劳动合同时，已经知晓物美集团的员工手册并表示接受，故该员工手册对其亦应具有约束力。

本案争议的焦点在于物美集团解除林伟明劳动合同的行为是否具有正当性。首先，根据原审法院查明的事实，物美集团系通过网络办公系统对员工进行年度考核，林伟明作为物美集团的高级管理人员应当知晓该情况。由于该种考核方式所形成的原始记录只能以电子数据形式储存于物美集团的网络办公系统之中，故在没有证据证明该电子数据系经人为修改的情况下，原审法院认定该记录的真实性并无不妥。其次，物美集团的员工手册明确了员工绩效考核类型分为试用转正考核、月度考核、年度考评，对物美集团称员工的试用转正考核与年度考核有所不同之主张，原审法院予以采信并无不当。最后，由于林伟明系物美集团的高级管理人员，物美集团对其进行的考核在内容上不限于销售业绩、由不同考核人进行考评以及不同考核人的权重比例有差异等情形，应属物美集团管理权限的事项范畴。现根据物美集团对林伟明年度考核的情况，林伟明的年度考核结果介于一般与差之间，且该结果系通过复评、互评以及测评的结果而综合加权得出，故原审法院认定该考核结果的正当性并无不妥。综上，结合物美集团员工手册的相关内容，物美集团对林伟明进行的岗位调整并无不当，但林伟明在接到物美集团的调岗决定后明确表示不接受，也未到新的岗位就任，物美集团因此解除其劳动合同的决定并无不当。

4. 二审定案结论

北京市第一中级人民法院依照《中华人民共和国民事诉讼法》第一百五十三条第一款第（一）项之规定，作出如下判决：

驳回上诉，维持原判。

（七）解说

本案争议的焦点问题包括：物美集团进行绩效考评结果的客观性以及作出调岗降薪决定、解除劳动合同正当性的判断。

首先，绩效考评结果的客观性问题。由于物美集团采用网络办公平台和不记名方式对员工进行年度绩效考评，该技术手段的运用和考评方式本身是具有合理性的，对于考评结果的原始记录只能通过电子数据形式反映，并由物美集团单方保存。通过上述分析，法院认为对于考评结果的客观性，应采用以下证据认定标准：在无相反证据推翻的情形下，应当认定该电子数据的真实性，这是基于考评方式具有合理性所得出的结论，否则，采用合理考评手段的考评人将面临非正常的诉讼风险，该结果本身与上述考评手段和方式相矛盾。根据上述认定规则，尽管物美集团提供的关于考核结果打印文件属于传来证据，但审查物美集团保存的相关电脑网络记录是判断其是否具有真实性的唯一依据。经法院查询林伟明的年度绩效考评分值数据记录，与物美集团提出的上述考评结果打印文件内容基本相符。林伟明提出对该考核结果的真实性存在异议，但未有证据证实考核结果电子数据系经过篡改或伪造，法院对其主张的上述意见不予采纳。林伟明曾强烈质疑物美集团绩效考评结果的客观性，法院并没有消极裁判，而采取能动司法的原则，根据双方争议的焦点及法院审理的难点问题到物美集团适时查询了林伟明的年度绩效考评分值数据记录。

其次，物美集团作出的调岗降薪决定的正当性问题。第一，根据林伟明的年度考核记录，物美集团作出介于一般与差之间的综合评定，该认定结果属于界定合理范围之内。第二，根据物美集团员工手册载明内容，即年度绩效考评结果用于薪资调整、职级升降、人事调配等方面，物美集团据此作出的调岗决定符合合同约定条款。由于林伟明时任物美集团高级管理人员，岗位调整亦将影响应得薪金的变动。至于调整后的具体岗位和薪金水平则属于企业行使经营管理权的范畴，但并不妨碍上述调岗降薪决定的正当性。第三，关于林伟明提出其在任职期间，物美集团的销售业绩不断上升，由于物美集团的年度考评制度涉及对被考评人的诸多方面进行评价，因此上述待证事实是否存在，并不足以否定物美集团作出的考核界定范围。林伟明另提出由于在试用期内已经通过物美集团的考核，故年度考核应属合格的意见，因试用期考评与年度绩效考核的考核内容和标准均存在不同之处，因此前者并不能作为后者的依据。法院据此对林伟明主张的上述意见均不予采纳。

最后，物美集团作出解除劳动合同的正当性问题。我国的劳动法律对于解雇问题奉行解雇保护原则，实行解雇理由法定，对用人单位单方解除劳动合同予以严格限制。《劳动合同法》较之《劳动法》，进一步收紧、限制了用人单位的解除权。本案中，物美集团以原告不能胜任工作为由与其解除了劳动关系。第一，物美集团用其内部统一的衡量工作绩效考核标准对林伟明的工作表现予以了客观、公正的评价。在证明林伟明无法胜任其高管工作后，物美集团向林伟明发送了调岗降薪通知，林伟明提出异议且未到调整后岗位任职，其在一定期限内仍占据办公用房的行为能够说明其无正当理由，以自身行为表示拒绝至调整后岗位工作。第二，因双方在劳动合同中作出关于工作调整及用人单位行使解除权的约定，林伟明实施未至调整后岗位任职的行为致使用人单位实行调岗目的不能实现，对该行为能够作出目的性扩张解释即应视为不胜任调岗工作。《劳动合同法》第四十条之规定："有下列情形之一的，用人单位……可以解除劳动合同：……（二）劳动者不能胜任工作，经过培训或者调整工作岗位，仍不能胜任工作的……"物美集团有权行使合同解除权，其作出的解除劳动合同决定亦具有正当性，双方之间的劳动关系已经发生解除的法律后果。

综上所述，一、二审法院对本案的审理是正确的。

（北京市高级人民法院　罗熹）

（北京市石景山区人民法院　芦铸）

80. 威旭电子（上海）有限公司诉吴东林经济性裁员案（解除劳动合同）

（一）首部

1. 判决书字号

一审判决书：上海市浦东新区人民法院（2009）浦民一（民）初字第7942号。

二审判决书：上海市第一中级人民法院（2009）沪一中民一（民）终字第4887号至4902号。

2. 案由：劳动合同纠纷。

3. 诉讼双方

原告：威旭电子（上海）有限公司，注册地：上海市浦东新区金桥出口加工区。

法定代表人：TANCHENGPOH，亚洲区行政总裁。

委托代理人：沈骏，上海江三角律师事务所律师。

委托代理人：崔亚娜，上海江三角律师事务所律师。

被告：吴东林，男，汉族，原威旭电子（上海）有限公司员工。

委托代理人：王勇，上海远业律师事务所律师。

4. 审级：二审。

5. 审判机关和审判组织

一审法院：上海市浦东新区人民法院。

合议庭组成人员：审判长：陆菁；人民陪审员：梁爱萍、芮萍。

二审法院：上海市第一中级人民法院。

合议庭组成人员：审判长：李平；代理审判员：顾恩廉、郑东和。

6. 审结时间

一审审结时间：2009 年 5 月 7 日。

二审审结时间：2009 年 12 月 1 日。

（二）一审诉辩主张

1. 原告威旭电子（上海）有限公司诉称

原、被告于 2000 年 11 月 14 日建立劳动关系。原告因生产经营发生严重困难，依据《劳动合同法》第四十一条之规定，于 2009 年 1 月 31 日与被告解除劳动关系，被告不服，提起仲裁申请，仲裁部门认为原告解除劳动合同不当，支持了被告的相关申请。原告进行裁员无论在程序上还是在实体上均符合法律规定，被告 2008 年度的年休假已经使用了 11 天，原告无向员工支付住房基金的规定，原告年终双薪支付周期是当年 4 月 1 日至次年 3 月 31 日，原告在解除与被告的劳动合同时已按照实际工作月份足额支付了双薪的折算钱款，不存在差额。同时在离职结算中，原告已经将当月的物价补贴、劳防费等足额支付被告；另外，原告已支付被告手机报销费 60 元，被告请求支付的项目均不存在。而且原告是依据《劳动合同法》第四十一条解除与被告的劳动合同，无须支付代通知金。被告如尚有个人物品在原告处，原告同意返还，被告工作的岗位不属于职业危害岗位，所以原告无义务为其进行身体检查。综上，原告向法院提起诉讼，要求判令原告不支付违法解除劳动合同经济赔偿金差额人民币 46 524.59 元、未休年休假折薪 7 549.63 元、医疗补助费 32 840.88 元，并要求驳回被告的诉请。

2. 被告吴东林辩称

被告于 2000 年 11 月 14 日进入原告处工作，担任设备专员。2009 年 1 月 5 日原告突然以公司裁员为由通知被告解除劳动合同，当时被告处于医疗期，家中无就业人员而有未成年子女需要抚养。原告在实施经济性裁员过程中，从提出裁员方案到向行政主管部门报告、备案只有 18 天时间，裁员方案规定解除劳动合同的时间为 2008 年 12 月 27 日，但具体到被告却是在裁员时间节点以前就实施了裁员行为。被告工作的岗位不属于本次经济性裁员的裁员部门和岗位，原告作出解除劳动合同的决定属违法，被告经向仲裁部门提出仲裁申请后，部分请求未得到支持，故向法院提起诉讼，要求判决原告：(1) 支付违法解除劳动合同赔偿金 99 686.99 元；(2) 支付 2008 年、2009 年未休年休假工资10 406.35元；(3) 支付医疗补助费 35 183.64 元；(4) 支付住房基金 35 183.64 元；(5) 支付 2008 年年终双薪工资差额 631.33 元；(6) 支付 2009 年 1 月的物价补贴 108 元、劳防费 20 元、手机报销费 60 元；(7) 支付 2009 年 1 月 22 日至 2 月 5 日期间代通知金工资差额的 2 696.06 元；(8) 返还个人物品、衣服等；(9) 为被告进行身体检查；(10) 诉讼费由原告负担。

(三) 一审事实和证据

上海市浦东新区人民法院经公开审理查明：被告原系原告员工，2008 年 10 月 21 日原、被告签订的最后一份劳动合同中约定合同期限为 2008 年 11 月 7 日至 2011 年 11 月 6 日，被告担任设备专员岗位，主要负责设备维修；合同中另约定，被告患病或非因工负伤，医疗期满被解除劳动合同的，除按规定给予经济补偿外，还应给予 6 个月工资收入的医疗补助费。

2008 年 11 月 25 日原告制定“2008 年裁员方案”，该方案中明确：裁员人数为 60 人，裁减人员涉及的部门为设备部、生产技术部（管理岗位）、研发部、物流部、成本部等，人员选择标准为被裁减人员对本部门工作完成影响较小，并尽可能考虑员工在企业工作年限，或在工作过程中受到身体伤害的职工，另外还包括业务因素或外包，即将关闭的部门员工（设备部工具车间的员工）与被裁员工解除劳动合同时间点为 2008 年 12 月 27 日。2008 年 11 月 27 日原告将上述方案交工会征求意见，11 月 28 日工会对原告的裁员方案出具协商意见，2008 年 12 月 15 日上海市浦东新区劳动和社会保障局就原告申请登记备案的裁员材料登记备案并出具了备案回执。

2008 年 12 月 20 日被告因患鼻中隔偏曲、慢性肥厚性鼻炎等经同济大学附属同济医院诊断入院治疗，2008 年 12 月 22 日原告住院，2009 年 1 月 9 日出院，院方开具了自 2009 年 1 月 10 日至 1 月 24 日的病假证明。1 月 24 日之后原告继续门诊治疗。

2008 年 12 月 22 日原告出具了“解除劳动合同通知”，通知的主要内容为：因公司长期处于亏损状态，经公司采取暂停招聘、放假减薪等措施后财务状况继续恶化，不得不依法裁员，您被列入本次裁员名单。裁员程序已经向全体员工和工会说明情况，裁员方案及裁员名单已向劳动和社会保障局备案，您 2008 年 1 月 1 日之前的工作年限为 7 年，2008 年 1 月 1 日后的工作年限为 1.5 年，2007 年 12 月至 2008 年 11 月平均工资为 5 473.48 元，经济补偿金总额为 46 524.59 元，您的最后工作日为 2009 年 1 月 22 日，您与公司的劳动关系将于 2009 年 1 月 22 日正式解除。2008 年 12 月 30 日原告通过银行转账的方式向被告支付了 2008 年 12 月份的工资、2009 年 1 月份工资、年终双薪、经济补偿金等在内钱款共计 56 736.32 元。2009 年 1 月 5 日被告收到该通知。

2009 年 1 月 20 日原告通过快递方式向被告寄送了“关于撤销解除劳动合同的通知”，内容为：因现得知您在 2008 年 12 月 22 日至 2009 年 1 月 24 日因病在医疗期，现撤销与您于 2009 年 1 月 22 日解除劳动合同的决定，您现仍为原告员工。被告之女签收该撤销通知。

2009 年 2 月 6 日原告通过快递方式向被告邮寄了“劳动合同解除通知”，通知内容为：您的劳动合同解除日为 2009 年 1 月 31 日，您 2009 年 1 月 23 日至 1 月 31 日期间的病假工资将于 2009 年 2 月 15 日前划入您的银行卡内。因被告拒收，该快递件被退回原告。2009 年 2 月 17 日原告将结算的 2009 年 1 月 23 日至 31 日的病假工资 881.70 元通过银行转账方式支付于被告。

2009 年 3 月 4 日被告向上海市浦东新区劳动争议仲裁委员会提出仲裁申请，要求原告：（1）支付违法解除劳动合同赔偿金 99 686.99 元；（2）支付 2008 年、2009 年未休年休假工资 10 406.35 元；（3）支付医疗补助费 35 183.64 元；（4）支付住房基金 35 183.64 元；（5）支付 2008 年年终双薪工资差额 631.33 元；（6）支付 2009 年 1 月的物价补贴 108 元、劳防费 20 元、手机报销费 60 元；（7）支付 2009 年 1 月 22 日至 2 月 5 日期间代通知金差额 26 396.06 元；（8）返还个人物品；（9）为被告进行身体健康检查。2009 年 4 月 24 日上海市浦东新区劳动争议仲裁委员会作出仲裁裁决：（1）原告于裁决生效之日起 3 日内支付被告违法解除劳动合同赔偿金 46 524.59 元；（2）原告于裁决生效之日起 3 日内支付被告未休年休假折薪 7 549.63 元、手机费 60 元；（3）原告于裁决生效之日起 3 日内支付被告医疗补助费 32 840.88 元；（4）对被告其余请求不予支持。原、被告均不服该裁决，先后向法院提起诉讼。

另查明，2008 年 3 月 17 日、3 月 21 日被告申请了 2 天年休假休息。2008 年 11 月 17 日至 21 日期间被告考勤记录为休息。被告原部门经理许红沪庭审中陈述，对于 2007 年度结余的年休假同意被告转入 2008 年度第一季度补休。原告公司名称原为上海中狮电子有限公司，后更名为威旭电子（上海）有限公司。根据原告 2000 年版的《职工守则》中假期制度中“带薪休假”中的规定，公司合同制员工只有在为公司工作 12 个月后才能享受带薪年休假，假期在本年度中可以一次或分开使用，特殊情况，征得部门经理批准后，可将上年未休的年假带到来年使用，转到来年使用的年假必须在次年的第一季度用完，使用年休假前需征得所属部门负责人同意，并报人力资源部备案。2008 年 2 月 20 日原告颁布了新的《职工守则》，其中对于员工休假制度规定为，基本年假必须当年使用，未使用的基本年假经部门经理及上一级主管批准后可按 3 倍基本工资用现金结算，当年年假至多有一半可以带到下一年 3 月底，如至下一年 3 月底仍未休完的，则将作自动放弃处理。2008 年 11 月 11 日原告出具的放假通知中规定，公司自 2008 年 11 月 17 日至 21 日放假，原告对此期间的放假制定的原则是放假期间安排员工调休或休年假。

审理中，原、被告一致确认如下事实：5 473.48 元/月为计算经济补偿、赔偿金、医疗补助费、年休假的基数，被告的工作年限为 8.5 年。原告公司名称原为上海中狮电子有限公司，后更名为威旭电子（上海）有限公司。被告另确认自公司更名为威旭电子（上海）有限公司后，公司无任何员工获得过相关住房补贴。被告放弃要求原告支付 2008 年年终双薪工资差额 631.33 元、2009 年 1 月的物价补贴 108 元、劳防费 20 元、手机报销费 60 元、2009 年 1 月 22 日至 2 月 5 日期间代通知金差额 2 696.06 元及返还个人物品、衣服等与为被告进行身体健康检查的诉讼请求。

上述事实有下列证据证明：

1. 2008 年 10 月 21 日原、被告签订的劳动合同。

2. 2007 年度、2008 年度财务审计报告、原告自行制作的 2007—2008 年产销量汇总表。

3. 上海市浦东新区劳动和社会保障局出具的“备案回执”、原告制定的“2008 年裁员方案”、原告向工会征询对“2008 年裁员方案”意见的函、工会对“2008 年裁员方案的意见”、原告与工会协商的补救措施及实施后的基本情况、原告与工会协商过程的报告。

4. 2009 年 1 月 14 日浦东新区劳动和社会保障局协调原告公司与员工代表沟通会议

记录。

5. 2008年12月22日原告出具的“解除劳动合同通知”。

6. 原告于2009年1月20日向被告发出的“关于撤销解除劳动合同的通知”及EMS送达回执、原告于2009年2月6日发给被告的“劳动合同解除通知”及EMS送达回执。

7. 原告制作的2008年度年休假统计表、原告2008年11月11日出具的“放假通知”及“放假通知”的电子邮件、被告2008年11月11日至12月10日的考勤记录、被告签名的年休假请假单。

8. 被告的户口本。

9. 退工工资结算单2份、银行转账支付凭证3份。

10. 原告解除与姜勇虎、朱毅、姜春宝、宋耀章、黄耀蕾劳动合同的通知。

11. 原告分别于2001年9月1日、2002年6月17日出具给肖桂亮、张福康的“使用公司内住房基金通知书”各一份。

12. 同济大学附属同济医院的入院单、病假证明书、出院记录、门诊记录。

13. 原告单位呈报给社会保障局的裁减人员名单。

14. 飞利浦三叶第一被动元件有限公司的职工守则（2000年之前)、上海中狮电子有限公司职工守则（2000年后）及威旭公司职工守则（自2008年2月始)。

15. 金桥工会联合会出具的证明。

16. 原告与吴军华协商解除“劳务服务协议”的协议。

17. 上海市浦东新区劳动争议仲裁委员会的裁决书。

（四）一审判案理由

上海市浦东新区人民法院经审理认为：根据《劳动合同法》第四十一条的规定，用人单位生产经营发生严重困难，需要裁减人员20人以上或者裁减不足二十人但占企业职工总数10%以上的，用人单位提前30日向工会或者全体职工说明情况，听取工会或者职工的意见后，裁减人员方案经向劳动行政部门报告，可以裁减人员；根据原告提交的2007年度的财务审计报告显示，2007年12月31日公司年末未弥补亏损为133 555 772元，2008年年末未弥补亏损132 624 363元，2006年应收款坏账准备为19 545 100元，2007年应收款坏账准备为37 920 878元，因2008年10月的国际金融、经济危机造成当年的订单下滑，为此原告于2008年11月25日出台了“2008年裁员方案”，并将该方案交工会听取意见，在征得工会意见后将相关手续呈报上海市浦东新区劳动和社会保障局备案登记，原告实行本次经济性裁员在程序形式上履行了相关手续，对此法院予以确认。

经济性裁员向劳动行政部门的登记备案是程序要求，但具体到每一名被裁减员工，法院仍应就劳动者提出的程序及实体上的异议进行全面审查。实行经济性裁员时与本单位订立较长期限的固定期限劳动合同的、与本单位订立无固定期限劳动合同的或者家庭无其他就业人员，有需要抚养的老人或者未成年人的员工，应当优先留用。同时，存在如下情形的，用人单位不得适用《劳动合同法》第四十一条的规定解除劳动关系：(1）劳动者患病或非因工负伤，在规定的医疗期内的；(2）在本单位连续工作满15年，且距法定退休年龄不足5年的等。

法律、法规对用人单位不得解除劳动合同的情形进行了规定，故用人单位在行使该项权利时就应当尽审慎的义务，即在依法作出解除劳动合同行为时，必须先行审查员工（被告）是否存在法定不可以解除劳动合同的情形。法律规定的可撤销的民事行为主要包括：因欺诈而作出的民事行为、受胁迫而作出的民事行为、因重大误解而作出的民事行为、因显失公平而作出的民事行为。原告于 2008 年 12 月 22 日作出与被告解除劳动合同的决定时无上述任何情形存在，虽解除通知中确定的解除日期为 2009 年 1 月 22 日，但该期限并不是法律意义上的附条件或附期限的法律行为。原告所作的解除劳动合同决定一经送达员工（被告）就发生相应的法律后果，即被告可以对原告作出的该决定是否符合法律、法规规定，是否侵犯其民事权益进行判断；有权对该行为提请劳动争议仲裁。因原告在该通知中未注明被告处于医疗期为原告可以行使撤销该通知的权利，原告在作出解除决定之后、撤销通知发出之前并已将经济补偿支付于被告，因被告未接受原告之后的撤销行为，故原告于 2009 年 1 月 20 日作出的撤销 2008 年 12 月 22 日解除劳动合同通知的行为并不对被告发生法律效力，原告之后于 2009 年 2 月 6 日重新作出的解除劳动合同通知也不是本案应审查的范围。虽原告履行了向劳动行政部门的登记备案手续，但具体到被告个人，从原告于 2008 年 11 月 25 日制定“2008 年裁员方案”到 2008 年 12 月 22 日作出对被告解除劳动合同决定，期间总计时间未满 30 日，因原告未按照相关法律规定办理解除手续，故原告以经济性裁员为由解除与被告劳动合同的行为属违法。同时，被告 2008 年 12 月 22 日为患病住院期间，原告在此情况下行使解除劳动合同的行为亦属违法，原告就本次裁员的岗位有明确的规定，原告虽在呈报的裁员名单中将被告的工作部门列为生产部，但因裁员方案中未将生产部纳入裁员部门，被告认为自己是生产技术部的维修工，不属于裁员方案中生产技术部管理岗位，所裁减人员与裁减方案中所涉减员的岗位无法对应，尽管裁员名单也是呈报劳动行政部门的内容之一，但呈报仅是履行程序上的规定并不涉及实体审查，故向劳动行政部门呈报的名单是否符合裁员条件仍应是劳动争议案件审理的范围，原告将不属于减员方案所涉岗位的人员依经济性裁员方案裁减的行为仍属违法，用人单位违法解除劳动合同的，应当按照《劳动合同法》第四十七条规定的经济补偿标准的 2 倍向劳动者支付赔偿金，故被告要求原告支付违法解除劳动合同赔偿金的诉讼请求本院予以支持。至于被告提出其家中尚有未成年子女需抚养，因被告提交的相关证据不符合证据成立要式，故相关事实无证据证明，对此陈述本院不予采信。被告与原告所签订的最后一份劳动合同为有期限的劳动合同，被告认为自己签订的是无固定期限劳动合同的观点本院不予采纳。根据原、被告确认的被告工龄、平均工资金额，原告应支付被告赔偿金 93 049.16 元，原告已经支付的经济补偿金46 524.59 元应在实际支付额中核减，原告应支付被告赔偿金差额 46 624.57 元，被告计算有误，本院予以调整，原告不同意支付的观点本院不予采纳。

原、被告的劳动合同中约定医疗期满被解除劳动合同的，原告除支付经济补偿外，还应支付 6 个月工资收入的医疗补助费。原告在被告医疗期内违法解除劳动合同，故被告要求原告支付医疗补助费的诉请本院应予支持，本院确认原告应支付被告医疗补助费 32 840.88 元，原告不同意支付的相关观点本院不予采纳。

根据原告公司历年的“职工守则”对于年休假的相关规定，上一年剩余的年休假在经部门经理审批后可转至来年的第一季度内使用完毕。本案中，被告于 2008 年 3 月休息了 2 天年休假，被告所在部门经理确认被告所休的该 2 天年休假为 2007 年度结余的年休假，同时原告虽将2008年11月17日至21日5天放假的时间作为被告年休假处理，被告认为其5天所休的是调休，因原告对此期间的放假制定的原则是使用调休或年休，原告也未提交可排除被告所使用的是调休的证据，故原告主张系争5天被告使用了2008年度年休假的观点本院不予采纳，根据被告签署的请假单，法院确认2008年度被告使用了4天年休假，被告2008年度及2009年度共计尚余11天年休假未休，根据原、被告确认的工资基数核算，原告应支付被告2008、2009年度未休年休假折薪5 636.30元。

原告曾经对职工使用住房基金制定相关的福利政策，因用人单位对相关的福利政策可以根据自己的经营状况等在合理范围内进行调整，庭审中被告也确认自公司更名为威旭电子（上海）有限公司后，公司内无员工享受过领取住房基金的福利，故本院确认原告现已取消该项福利政策，故被告要求原告支付相关住房基金的诉请于法无据，对此诉请本院不予支持。诉讼中被告放弃要求原告支付2008年年终双薪工资差额631.33元、2009年1月的物价补贴108元、劳防费20元、手机报销费60元、2009年1月22日至2月5日期间代通知金差额2 696.06元及返还个人物品、衣服等，为被告进行身体健康检查的诉讼请求并无不当，法院予以准许。财产保全费的负担，由法院根据被告实得金额酌情确定。

（五）一审定案结论

上海市浦东新区人民法院依照《中华人民共和国劳动法》第三条第一款，《中华人民共和国劳动合同法》第三条、第四十一条、第四十二条、第四十七条、第四十八条、第八十七条之规定，作出如下判决：

1. 原告威旭电子（上海）有限公司应于本判决生效之日起5日内支付被告吴东林违法解除劳动合同赔偿金差额46 524.57元；

2. 原告威旭电子（上海）有限公司应于本判决生效之日起5日内支付被告吴东林医疗补助费32 840.88元；

3. 原告威旭电子（上海）有限公司应于本判决生效之日起5日内、支付被告吴东林2008年度及2009年度未休年休假折薪5 536.30元；

4. 驳回被告吴东林的其余诉讼请求。

（六）二审情况

1. 二审诉辩主张

（1）上诉人威旭电子（上海）有限公司诉称

上诉人于2008年11月25日制定裁员方案，同月27日向工会征求意见，2009年1月31日与被上诉人解除劳动合同，期间远超30日，符合法律规定。上诉人在了解被上诉人患病后，立即发通知，撤销此前作出的解除通知，在被上诉人病假结束后，才与其解除劳动合同，符合法律规定。上诉人的裁员方案对于裁减人员的标准进行了概括性描述，即主要是富余人员集中的二线岗位，具体人员以裁员方案中的裁减人员名单为准，被上诉人属于二线员工，符合上诉人制定的裁员标准，故上诉人不存在违法行为。法律并未规定，用人单位在医疗期内解除劳动合同需支付医疗补助费。不应以双方在劳动合同中约定了医疗期满解除劳动合同应支付医疗补助费为由，使上诉人支付医疗补助费。被上诉人的调休已全部使用完毕，故在公司放假期间使用的是年休假而非调休。因此要求改判驳回被上诉人在原审时提出的诉讼请求。

（2）被上诉人吴东林辩称

上诉人的请求无事实和法律依据，请求二审法院驳回上诉，维持原判。

2. 二审事实和证据

上海市第一中级人民法院经审理，确认一审法院认定的事实和证据。

3. 二审判案理由

上海市第一中级人民法院经审理认为：经济性裁员是用人单位濒临破产进行法定整顿期间，或者生产经营状况发生严重困难，为改善生产经营状况而辞退成批劳动者的行为。我国劳动法律、法规对用人单位实施经济性裁员规定了严格的标准和程序，同时，还规定了劳动者不得列入裁员范围的情形及裁员时应当优先留用的情形，对于与本单位订立无固定期限劳动合同、较长固定期限劳动合同，或家庭无其他就业人员，有需要扶养的老人或者未成年人的劳动者，用人单位在裁员时应优先留用，而并非仅考虑该劳动者原岗位的需要。对于在裁减过程中，用人单位是否严格按照法律规定对员工实行优先留用，应由用人单位承担举证责任。本案中，被上诉人与上诉人有较长期限的劳动合同关系，上诉人未提供充分的证据证明其他留用人员的条件均优于被上诉人，故原审认定上诉人违法解除与被上诉人的劳动合同，并无不当。

关于医疗补助费，根据双方劳动合同的约定，被上诉人患病或非因工负伤，医疗期满后被解除劳动合同的，上诉人除按规定给予经济补偿外，还应给予6个月工资收入的医疗补助费。上诉人作出解除劳动合同的决定时，被上诉人正处于医疗期，既然员工医疗期满后被解除劳动合同的，上诉人即应当支付医疗补助费，根据“举重以明轻”的法律解释方法，若被上诉人是在医疗期内被解除劳动合同的，上诉人就更应当支付被上诉人医疗补助费。

关于年休假折薪，用人单位在安排职工年休假时，应当考虑职工本人的意愿。根据上诉人提供的证据，员工请假需填写请假单，请假单中有假期类型的选择项，上诉人并未提供2008年11月期间单位放假5天，被上诉人所使用的是年休假的证据。上诉人制定的2008年版本的“职工守则”中亦有年假可带到下一年3月底休假的规定，故上诉人亦应承担证明被上诉人2008年3月底前所休两天年假不是补休上一年度剩余年假的举证责任。就上述问题上诉人均未能充分举证证明，其应承担不利的后果。原审认定的被上诉人2008年未休年假天数当属正确。因此原审法院根据查明的事实所作的判决正确，应予维持。

4. 二审定案结论

上海市第一中级人民法院依照《中华人民共和国民事诉讼法》第一百五十三条第一款第（一）项之规定，作出如下判决：

驳回上诉，维持原判。

上诉案件受理费人民币10元，由上诉人威旭电子（上海）有限公司负担。

（七）解说

本案为《劳动合同法》实施后，上海市浦东新区人民法院受理的首批经济性裁员案件之一。该案的审理对《劳动合同法》第四十一条规定的经济性裁员实质及程序要求进行了具体细化，为今后同类案件的审理提供了有益借鉴。

经济性裁员是市场经济环境下企业经营不可避免需要面临的情况，它是指由于生产经营状况发生变化，企业为摆脱困境或调整结构，按照一定程序，进行一定规模的解除员工与企业劳动关系的行为。从单个劳动者的角度分析，经济性裁员的后果与解雇并无区别；但从社会角度分析，经济性裁员是用人单位成批解除职工的劳动合同，涉及面较广，直接影响就业安全和稳定，一旦处理不当，容易引发严重的社会问题，所以不同于个别解雇，法律对其规定了更为严格的适用要件。本案系因企业经营状况恶化而产生的裁员，最大争议焦点在于用人单位的解除行为是否合法。为此需从裁员是否符合法律规定的实体要件、程序要件及用人单位是否已执行优先留用三方面加以考察。

1. 违反裁员实质要件的解除能否随意撤回？

本案原告威旭公司在裁员前已连续两年亏损，且因受 2008 年 10 月始的国际金融危机影响，当年订单下滑，2008 年年末未弥补亏损超过 1.3 亿，可以认为生产经营发生严重困难，符合《劳动合同法》第四十一条规定的初步裁员实质要件。但本案被告情况特殊，其于 2008 年 12 月 20 日被诊断为需入院治疗，2009 年 1 月 9 日出院后病假期限直至 1 月 24 日。因此，该期间内被告系患病，且在规定的医疗期内，属于《劳动合同法》第四十二条规定的不得解除劳动合同的情形。而原告未经仔细核实，于 2008 年 12 月 22 日向被告发出解除劳动合同通知，该解除行为显然违法。关键问题在于，该违法解除能否于事后加以撤回。笔者认为答案是否定的。

首先，经济性裁员在法律性质上属于劳动合同的无过错单方预告解除，为单方法律行为，一经作出即发生法律效力。解除如系违法，劳动者的权益便确定性地受到侵害。本案原告除告知劳动合同将于 1 个月后解除之外，还将解除合同的经济补偿等钱款实际支付给被告，因此，其已实际履行该解除决定。即便于事后撤回，也已成为法律上之不能。

其次，从仲裁申请期间看，用人单位一旦违法发出劳动合同解除通知，劳动者即可就此申请劳动仲裁，仲裁申请期间自劳动者知悉自身权利受侵害（本案中，即为劳动合同被违法解除）时起计算。可见，《劳动争议调解仲裁法》的相关规定也将违法解除视为不可撤销。

再次，如果允许用人单位任意撤回违法解除劳动合同决定，将使劳动关系处于不稳定状态，使劳动者无所适从，不利于保护劳动者的合法权益。

基于上述理由，本案原告的违法解除决定已确定生效，即使于事后发出撤销通知，也不能回复劳动关系的存续状态，因此原告的裁员行为不符合法律规定的实质要件。

2. 经济性裁员应当遵守何种程序要求？

《劳动合同法》第四十一条第一款规定，需要裁员的，用人单位须提前 30 日向工会或者全体职工说明情况，听取工会或者职工的意见后，裁减人员方案经向劳动行政部门报告，可以裁减人员。此款规定较为原则，未对“30 日”这一期间的性质、听取工会或职工意见的方式和程序、劳动行政部门对裁员方案究竟是作形式备案还是实质性审核等问题予以明确，具体到本案，就出现以下两点困惑：

（1）向工会及全体职工说明情况的时间。

在预告解除的案件中，所谓用人单位“提前 30 日”说明情况后可以裁员，该 30

日的起始时间为说明情况之日无疑，但终止时间究竟为用人单位作出解除决定之时还是解除正式生效之日？这点不无疑问。笔者认为，应为用人单位作出决定之日，理由如下：

首先，有利于真正发挥工会的作用，防止工会作用被人为架空。经济性裁员关涉到众多劳动者的切身利益，需对裁员的必要性、范围及方案进行严格控制。工会作为职工利益的代表和维护职工合法权益的组织，有义务，也最适宜对裁员的合法性进行把关。但实践中，工会依附于企业，缺乏独立性，地位普遍弱势化，其功能和作用经常被架空，使得“听取工会意见”成为走形式的做法。用人单位往往只是象征性地将裁员方案交给工会，给予的审核时间很短。

其次，从实际操作来看，经济性裁员涉及面广，需审查的材料数量众多，客观上需要较长时间。法律设定30日期限的本意即在于给工会足够的时间，在充分掌握企业经营情况的前提下，对裁员进行把关。如发现违法情况的，有权提出意见或要求重新处理。而如果时间过短，工会根本无法充分履行职能。

总之，确认在用人单位作出解除决定之日与提交工会说明情况日之间必须有30日或以上的间隔期，才有利于保护劳动者的合法权益。本案原告从报告工会到作出裁员决定不满30日，应属违法。

(2) 劳动行政部门对裁员方案进行审查的效力。

实践中，就劳动行政部门对裁员方案是进行形式备案还是实质审核存在分歧。笔者认为，劳动部门的审查仅为形式上的，企业仍需对裁员的合法性承担全部责任，不得以劳动行政部门已予批准为由主张免责。

首先，从法条的字面看，只规定了“裁减人员方案向劳动行政部门报告”，从文义上无法解读出劳动行政部门具有实质审核的义务。

其次，从劳动行政部门的职能看，企业之所以需要报告裁员方案，主要是便于劳动行政部门了解企业的裁员情况，并在必要时采取相应的应对措施，避免出现意外。因此，劳动行政部门最多只能根据企业提供的材料，对裁员行为的初步合规性进行审查，因其不具行业专门背景，无法，也不可能对材料的真实性和裁员的适当性作出实质审核。

本案中，虽然浦东劳动和社会保障局就原告提供的裁员材料进行了登记备案并出具回执，但备案本身并不能证明原告裁员行为合法。

3. 是否严格执行优先留用应由用人单位负举证责任。

为了维护社会稳定，企业必须在裁员时严格执行优先留用的法律规定。《劳动合同法》第四十一条对应优先留用的人员作了具体规定，其中包括与企业签订较长固定期限劳动合同的劳动者。实践中，企业为减少运营成本，在必要时可以任意与劳动者解除劳动关系，倾向于在裁员时尽量裁掉合同期限较长的员工。但那些合同期限较长的员工往往已在企业服务多年，为公司作出了较大贡献，年龄较长，一旦被裁员，再就业困难。为减少企业在裁员中的恣意行为，保障这部分劳动者的合法权益，法律才规定需对其进行优先留用。

本案被告即属于与企业签订较长固定期限劳动合同的劳动者，用人单位如要裁掉被告，必须举证证明其余在职人员的优先留用条件优于被告。举证责任之所以在于原告，系

《最高人民法院关于审理劳动争议案件适用法律若干问题的解释》第十三条的规定——“因用人单位作出的……解除劳动合同……决定而发生的劳动争议，用人单位负举证责任”。但在审理中却发现，原告在裁掉被告时，还留用了部分未签劳动合同的临时工，明显与优先留用的规定不符，系属违法。

因原告在裁员实质要件、程序要件及优先留用方面均有不符合法律规定之处，故其裁员违法，法院据此作出上述判决是正确的。

（上海市浦东新区人民法院　陆菁）

81. 罗娟诉南宁市晓雯音乐培训学校劳动争议案（“就业协议”性质的认定和用工时间的确定）

（一）首部

1. 判决书字号

一审判决书：广西壮族自治区南宁市青秀区人民法院（2009）青民一初字第874号。

二审判决书：广西壮族自治区南宁市中级人民法院（2009）南市民一终字第1511号。

2. 案由：劳动争议纠纷。

3. 诉讼双方

原告（上诉人）：罗娟，女，壮族，住广西壮族自治区来宾市兴宾区。

法定代理人：罗安秘，男，壮族，住址同上，系罗娟的父亲。

委托代理人：卢可勇，来宾市法律服务中心法律工作者。

被告（被上诉人）：南宁市晓雯音乐培训学校，住所地：广西壮族自治区南宁市。

负责人：倪中秋，学校校长。

委托代理人：罗淞方，民族律师事务所律师。

4. 审级：二审。

5. 审判机关和审判组织

一审法院：广西壮族自治区南宁市青秀区人民法院。

合议庭组成人员：审判长：赵会；人民陪审员：黄宗琦、陈翘。

二审法院：广西壮族自治区南宁市中级人民法院。

合议庭组成人员：审判长：吴凤鸣；审判员：李专；代理审判员：李景强。

6. 审结时间

一审审结时间：2009年6月8日。

二审审结时间：2009年11月30日。

（二）一审情况

1. 一审诉辩主张

（1）原告罗娟诉称

原告于2008年3月12日经“双向选择”后，被告同意录用原告，双方签订了“就业协议书”。原告于2008年5月12日按时到被告处上班。“就业协议书”规定：原告到被告处报到后签订劳动合同。但之后被告无故不与原告签订劳动合同。第二天被告负责人便分配原告到上海奉贤分校上班培训，上班后第八天（5月19日）原告由于身体不适而患病，5月20日返回入广西龙泉山医院住院治疗，经诊断，原告病情为急性精神分裂发作，病情有些好转后，由于原告资金不足，同年7月4日被迫自动出院（共住院治疗45天），共开支医疗费14 226元。原告出院后医嘱：1）继续门诊治疗2年以上；2）禁酒；3）定期查肝功、血常规、心电图。之后，原告家属多次向被告反映，要求解决原告劳动报酬经济补偿问题，但被告均以各种理由拒绝。原告即向南宁市劳动争议仲裁委员会提出社会劳动保险待遇等报酬申请，该委于2008年11月26日作出了南劳仲裁字【2008】647号仲裁裁决，并驳回了原告的仲裁请求。原告认为，公民之劳动报酬受法律保护。“就业证明”已证实原告到被告处就业的事实，原告与被告既已形成劳动关系，就业期间，原告患病时依法应当享受规定的各项劳动待遇，被告拒不支付，是违法的。为了维护原告的合法权益，根据我国《劳动合同法》等现行的有关法律规定，原告特提起诉讼，请求人民法院判令确认原告与被告存在劳动关系，并由被告支付原告经济损失费75 063元，其中，1）医疗费14 226元；2）伙食补助费1 800元（40元/天×45天）；3）营养费1 800元（40元/天×45天）；4）护理费2 250元（50元/天×45天）；5）医疗赔偿费3 556元；6）健康赔偿费3 556元；7）医疗期间工资13 500元（1 500元/月×9个月）；8）工资收入赔偿费3 375元；9）交通费1 000元；10）后期治疗费、精神抚慰金30 000元。

（2）被告南宁市晓雯音乐培训学校辩称

1）本案客观事实并非如原告所述。晓雯音乐培训学校是一所全国连锁的音乐培训教育机构，被告只是其中的一所分校。2008年3月初，被告受总校人力资源部的委托与原告进行了应聘前的必要介绍，包括聘用程序、总校统一职前培训、合同期限等等。3月12日，原、被告及广西教育学院三方签订了一份就业协议书。由于原告在签订就业协议书时尚未毕业，因此该协议书第4条明确约定：待原告毕业后正式到被告处报到时双方再按有关法律、法规签订正式的聘用合同，在双方正式签订聘用合同时，本协议书自动终止。在签订该就业协议书时，原告就提出职前培训后不愿到被告处工作，要去上海奉贤分校上班，并要求在协议书备注栏中注明。因上海奉贤分校是被告的兄弟分校，因此被告征得广西教育学院同意，并征得上海奉贤分校同意后，同意了原告的请求。所以，原告于2008年5月14日乘K538次列车到上海奉贤分校进行就业前的考察。经了解，上海奉贤分校在接车、吃住、考察、观光等方面都对原告给予了周到的接待。但原告经过2天的考察后表示不愿意签3年的合同，若不能将合同期定为1年，就不去总校培训了。上海奉贤分校于是尊重其意愿，安排其乘坐2008年5月18日下午5点02分的火车回南宁（上海奉贤分校的校长亲自送其上车）。2008 年 5 月 19 日原告在回南宁途中患病，到南宁后住院。按总校的聘用程序和尊重原告的就业意愿，至今原告未与被告签订聘用合同，原告也未到被告处上过班。

2）原、被告之间并未形成劳动关系，被告不存在支付原告经济补偿的问题。三方签订的“就业协议书”只是就业意向书，并非劳动合同。由于原告在签订以上协议书时尚未毕业，因此该协议书不是真正意义上的毕业生就业协议，而只是一个就业意向书。该协议也不是劳动合同，原、被告之间也未形成事实劳动关系。原告并未持正式手续到被告处报到，也未在被告处上过班。《普通高等学校毕业生就业工作暂行规定》明确规定，全国普通高校要在 7 月 1 日后派遣毕业生，高等学校按派遣毕业生就业，毕业生应统一使用报到证到用人单位报到。而本案发生在 2008 年 5 月。原告尚未毕业，未达到协议约定和国家规定的毕业报到时间，原告 5 月 14 日去自己意愿的上海分校考察，并不属于在被告处工作。

3）被告对原告患病也没有任何过错。原、被告在接触及就业意向洽谈过程中，始终是平和、友好的，双方未有其他语言或行为上的冲突，原告在去上海前也没有犯病。相反，原告对自身的身体状况是清楚的，其到被告处应聘时未如实介绍自己身体状况，是违反就业协议约定的。原、被告不存在劳动关系，原告请求被告赔偿各项损失没有任何事实和法律依据。请求法院驳回原告的诉讼请求。

2. 一审事实和证据

广西壮族自治区南宁市青秀区人民法院经公开审理查明：2008 年 3 月 12 日被告南宁市晓雯音乐培训学校作为甲方与原告罗娟作为乙方签订“普通高等学校本专科毕业生、研究生就业协议书”，该协议约定：甲方与乙方通过“双方选择”达成一致意见，应当签订“普通高等学校本专科毕业生、研究生就业协议书”（以下简称“协议”）。甲方须如实向乙方介绍本单位情况，以及拟安排乙方工作岗位及待遇情况。乙方须如实向甲方介绍本人的情况，并在规定或约定期限内报到。乙方到甲方报到后，双方应按有关法律、法规的规定，订立劳动合同（聘用合同），并办理有关招录手续。劳动合同（聘用合同）订立后，本协议自动终止。甲、乙双方签订本协议后，应在 15 个工作日内由乙方将协议书送学校鉴证登记，学校鉴证登记后列入就业方案。本协议经甲、乙双方签字盖章后即生效。如有违约，违约方支付对方违约金（大写）1 000 元……该协议的备注栏注明：培训后到上海奉贤分校上班。当日，被告即向原告所在的广西教育学院出具“就业证明”一份，载明：贵院音乐教育系声乐专业 2008 届毕业生罗娟，已于 2008 年 5 月 12 日到我单位（公司）就业。2008 年 5 月 14 日原告乘坐南宁至上海的火车前往上海奉贤分校进行就业前的考察，同年 5 月 18 日原告乘坐上海至南宁的火车回南宁，在列车上即出现精神失常，5 月 20 日原告被送往广西龙泉山医院住院，经诊断为急性精神分裂发作。同年 7 月 4 日原告治愈出院。7 月 8 日原告向南宁市劳动争议仲裁委员会提起申诉，请求裁令被告支付医疗费 23 349 元、住院伙食费 540 元、营养补助费 900 元、护理费 2 250 元、医疗赔偿费 2 450 元、健康赔偿费 2 450 元。11 月 26 日，南宁市劳动争议仲裁委员会作出南劳仲裁字【2008】647 号仲裁裁决书，裁决驳回申诉人罗娟的仲裁请求。原告不服该裁决，于 2009 年 2 月 12 日诉至法院。

上述事实有下列证据证明：

(1) 2008 年 3 月 12 日原告与被告签订的“普通高等学校本专科毕业生、研究生就业协议书”。

(2) 2008 年 3 月 12 日被告向原告所在的广西教育学院出具的“就业证明”。

3. 一审判案理由

广西壮族自治区南宁市青秀区人民法院经审理认为：被告向广西教育学院出具的“就业证明”所证明的原告的就业时间在该证明作出时间之后，即证明所证明的事项在证明作出之时尚未发生，故对该证明的证明力，本院不予采纳。原告据此主张其已在被告处上班，本院不予采信。原、被告及广西教育学院签订的“就业协议书”系学校、毕业生及用人单位签订的一份就业意向书，并非劳动合同。且《中华人民共和国劳动合同法》第七条规定：用人单位自用工之日起即与劳动者建立劳动关系。而原、被告签订的“就业协议书”中约定经培训后去上海奉贤分校上班，原告亦于 2008 年 5 月 14 日乘火车前往上海进行考察、学习，并未在被告处上班，原、被告未建立劳动关系。故原告要求确认原、被告存在劳动关系，本院不予支持。因原、被告未建立劳动关系，故原告要求被告支付医疗费 14 226 元、住院伙食费 1 800 元、营养费 1 800 元、护理费 2 250 元、医疗赔偿费 3 556 元、健康赔偿费 3 556 元、医疗期间工资 13 500 元、工资收入赔偿费 3 375 元、交通费 1 000 元、后期治疗费及精神抚慰金 30 000 元，于法无据，本院不予支持。

4. 一审定案结论

广西壮族自治区南宁市青秀区人民法院依照《中华人民共和国劳动合同法》第七条之规定，作出如下判决：

驳回原告罗娟的诉讼请求。

本案受理费 10 元，由原告罗娟负担。

(三) 二审诉辩主张

1. 上诉人罗娟诉称

上诉人与被上诉人签订了“就业协议书”，被上诉人已同意录用上诉人，故上诉人已成为被上诉人的成员，被上诉人出具的“就业证明”中已承认上诉人于 2008 年 5 月 12 日到其单位就业的事实，一审对该证明不采纳错误。上诉人按双方约定的时间于 2008 年 5 月 12 日按时到被上诉人单位就业，第三天服从被上诉人安排到上海分校上班，上诉人到被上诉人处就业后，被上诉人不及时与上诉人订立劳动合同，致使双方之间的劳动权利和义务不明确，也没有一定期限的约束，因此，双方形成事实劳动关系，一审不予认定有误，请求二审法院撤销一审判决，依法改判上诉人与被上诉人存在事实劳动关系，并改判被上诉人向上诉人支付各项经济损失 75 063 元。

2. 被上诉人南宁市晓雯音乐培训学校辩称

上诉人与被上诉人之间并未形成劳动关系，被上诉人对上诉人患病及治疗也不存在任何过错，故被上诉人不应承担上诉人诉请的各项损失。仲裁委及一审判决正确，请求二审法院驳回上诉人的上诉请求，维持一审判决。

（四）二审事实和证据

广西壮族自治区南宁市中级人民法院经审理，确认一审法院认定的事实和证据。

（五）二审判案理由

广西壮族自治区南宁市中级人民法院经审理认为：虽然上诉人与被上诉人之间签订了“普通高等学校本专科毕业生、研究生就业协议书”，但该协议仅是毕业生与用人单位签订的一份就业意向书，并非劳动合同。该协议虽约定上诉人经培训后去上海奉贤分校上班，上诉人也于2008年5月14日乘火车到上海奉贤分校，但上诉人并未在该校上班，而是于5月18日又乘火车从上海返回南宁，之后，双方未签订劳动合同，上诉人也未在被上诉人处工作，故上诉人主张其与被上诉人之间存在事实上的劳动关系，依据不足，本院不予支持。至于被上诉人向广西教育学院出具的“就业证明”中证明上诉人已于2008年5月12日到我单位就业，因该证明是在2008年3月12日出具，就业时间在该证明作出时间之后，该证明所证明的事项在作出证明之时尚未发生，对该证据，本院不予采纳。故上诉人以此为凭主张其已与被上诉人形成劳动关系，理由不成立，本院不予支持。由于上诉人与被上诉人之间不存在劳动关系，故上诉人基于劳动关系请求被上诉人赔偿医疗费、护理费等各项损失没有依据，本院不予支持。一审判决认定事实清楚，适用法律正确，本院予以维持。上诉人上诉理由不成立，对其上诉请求，本院不予支持。

（六）二审定案结论

广西壮族自治区南宁市中级人民法院依照《中华人民共和国民事诉讼法》第一百五十三条第一款第（一）项的规定，作出如下判决：

驳回上诉，维持原判。

二审案件受理费10元，由上诉人罗娟负担；一审案件受理费10元的负担按一审判决执行。

（七）解说

本案的争议焦点在于原、被告之间是否存在劳动关系，而对于劳动关系的确认，关键在于对“就业协议”性质的认定和用工时间的确定。

1. “就业协议”性质的认定。

就业协议是毕业生、用人单位和高校三方就就业意向达成的初步协议，其内容主要包括三个方面：第一，毕业生、用人单位和高校的基本情况；第二，就业协议的基本内容包括到单位报到时间、违约责任等；第三，三方的签名或盖章。其不具备劳动合同应当具备的条款，因此，就业协议应当属于预约合同，是为将来用人单位与毕业生签订正式劳动合同的预约。本案中，原告作为甲方与被告作为乙方签订的“就业协议”中约定：“乙方到甲方报到后，双方应按有关法律、法规的规定，订立劳动合同（聘用合同），并办理有关招录手续。劳动合同（聘用合同）订立后，本协议自动终止。”上述约定充分体现了该协议仅是原告与被告就签订劳动合同进行的预约。一、二审法院均认定“就业协议”的性质为原、被告之间的就业意向书，而非劳动合同。

2. 用工时间的确定。

《中华人民共和国劳动合同法》第七条规定：“用人单位自用工之日起即与劳动者建立劳动关系。”无论用人单位与劳动者是否签订书面劳动合同，用工之日即为用人单位与劳动者建立劳动关系的时间起始点。本案中，原告虽然于2008年5月14日乘火车到上海奉贤分校，但原告并未在该校上班，而是于5月18日又乘火车从上海返回南宁。原、被告之间未签订劳动合同，原告也未在被告处工作，故原、被告之间并未建立劳动关系。一、二审法院据此认定原、被告之间不存在劳动关系有事实和法律依据。

（广西壮族自治区南宁市青秀区人民法院　赵会　张尧）

82. 赵宪君诉哈尔滨市社会科学院案（人事争议）

（一）首部

1. 裁判书字号

一审判决书：黑龙江省哈尔滨市道里区人民法院（2008）里民一初字第2002号。

二审裁定书：黑龙江省哈尔滨市中级人民法院（2009）哈民二终字第1004号。

2. 案由：人事争议纠纷。

3. 诉讼双方

原告：赵宪君，男，汉族，住黑龙江省哈尔滨市道里区。

委托代理人：唐晓鹰，黑龙江省东方律师事务所律师。

委托代理人：王颖，黑龙江省东方律师事务所律师。

被告：哈尔滨市社会科学院，住所地：黑龙江哈尔滨市道里区。

法定代表人：鲍海春，该院院长。

委托代理人：孙权，该院行政干部。

委托代理人：夏蔚，该院办公室副主任。

4. 审级：二审。

5. 审判机关和审判组织

一审法院：黑龙江省哈尔滨市道里区人民法院。

合议庭组成人员：审判长：孙红利；审判员：张晓红；人民陪审员：张秀英。

二审法院：黑龙江省哈尔滨市中级人民法院。

合议庭组成人员：审判长：窦志国；审判员：刘松涛；代理审判员：韩玉梅。

6. 审结时间

一审审结时间：2009 年 5 月 17 日。

二审审结时间：2009 年 10 月 9 日。

（二）一审情况

1. 一审诉辩主张

（1）原告赵宪君诉称

原告 1986 年调入被告处工作。1997 年经被告批准，办理停薪留职手续。同时与被告口头约定，待条件具备时办理提前退休手续。2008 年 3 月，原告因患尿毒症，做透析治疗，原告到被告处查询本人的医疗保险时，发现在原告不知情的情况下，被告单方面将原告销编。原告于 2008 年 6 月 5 日向哈尔滨市人事争议仲裁委员会申请人事争议仲裁。2008 年 6 月 6 日，哈尔滨市人事争议仲裁委员会以申诉日期超过仲裁期限为由，作出不予受理的通知。现原告要求：1）撤销哈人仲字 2008 第 025 号通知书；2）撤销哈尔滨市社会科学院对原告除名的决定；3）恢复工职，办理退休手续，恢复退休职工的一切待遇（工资待遇、医疗保险待遇）；4）补发 2005 年 1 月至判决之日的退休工资（每月按 2 800 元共 40 个月）112 000 元，此数额是约算数额，具体数额按档案标准计算；5）报销 2007 年至今的医药费用 15 000 元的 95%（数额不准确，实际按结算票据）。

（2）被告哈尔滨市社会科学院辩称

不同意原告的诉讼请求。1）本案不属于人民法院受案范围。根据《公务员法》的规定，行政机关、参照公务员管理的事业单位的工作人员有人事纠纷的，应通过申诉程序（信访）解决。被告已于 2005 年 12 月 29 日经哈尔滨市人事局批准参照公务员制度管理。2）被告与原告已不存在劳动关系。原告早在 1996 年就商调调走，1999 年将档案存放在黑龙江省人才中心，在黑龙江律师 2008 年注册报告书上写明了档案存放在哈尔滨再就业服务中心，说明原告与被告单位已不存在劳动关系。另外，原告早在 1991 年开始就在黑龙江东方律师事务所从事专职律师，并且每年都年检注册。作为一名专职律师，按照《黑龙江省关于〈律师执业证管理办法〉的实施细则》，申办专职律师证应是离退休、下岗或没有职业、没有从事其他专职工作的人，在年检时应提交人才中心出具的辞职证明、档案保管合同等材料。原告已做专职律师，与被告不应该有劳动关系。3）本案已过诉讼时效。因当时被告为事业单位，如果 1999 年双方在调离问题上产生争议，其应在 60 天内按当时人事争议相关规定，申请人事争议仲裁，但原告本人未提出任何异议。原告作为二十多年的专业律师现在提出这个问题，显然已经超过诉讼时效。

2. 一审事实和证据

黑龙江省哈尔滨市道里区人民法院经公开审理查明：原告 1970 年参加工作，于 1986 年调入被告处工作。1991 年 12 月 25 日原告与被告签订了“关于 1992 年承担课题的协议书”，期限为 1 年。期间原告在黑龙江东方律师事务从事律师。1997 年经被告批准，原告办理停薪留职并于 1997 年 2 月 18 日向被告交纳了 1997 年 1 月～6 月的停薪留职管理费 486 元。同时，1997 年 2 月 17 日，原告又向被告单位提交了病退申请书，申请提前病退。

1999 年 9 月，原告将办理病退的体检手续交给被告，由被告为其办理病退手续，但至今未办理。1999 年 5 月原告将档案委托黑龙江省人才中心保管，1999 年 9 月 15 日原告委托案外人杨军将档案从黑龙江省人才中心取走。

另查明，原告从 1997 年起未到被告处上班，被告从 1997 年 1 月起至今亦未给原告发放工资。2004 年被告参加事业单位改革将原告按自动离职销编。原告于 2005 年 1 月 3 日年满 60 周岁达到退休年龄，原告亦未到单位办理退休手续。

还查明，原告于 2008 年 3 月被确诊患有尿毒症需做维持性透析治疗，因原告未办理医疗保险，被告于 2008 年 5 月 23 日给哈尔滨市医保办公室出具了“关于解决赵宪君同志医疗保险问题的函”，请求哈尔滨市医保办公室给予原告解决医疗保险事宜，但未能办理。2008 年 6 月 5 日，原告向哈尔滨市人事争议仲裁委员会申请人事争议仲裁。2008 年 6 月 6 日，哈尔滨市人事争议仲裁委员会以申诉日期超过仲裁期限为由，作出哈人仲字［2008］第 025 号不予受理仲裁申诉通知。2008 年 6 月 16 日原告提起诉讼。

上述事实有下列证据证明：

（1）哈尔滨市人事争议仲裁委员会不予受理仲裁申诉通知书。

（2）被告出具的“关于解决赵宪君同志医疗保险问题的函”。

（3）原、被告签订的协议书。

（4）原告的公费医疗证及公费住院病人医药费自负现金收据。

（5）1999 年 9 月 9 日哈尔滨市卫生局体检站出具的体检费用票据。

（6）医药费票据。

3. 一审判案理由

黑龙江省哈尔滨市道里区人民法院经审理认为：原告在被告单位停薪留职后，未按期交纳停薪留职费，期间原告虽于 1997 年提交病退申请，但于 1999 年提交病退材料，导致未能办理病退手续，此期间被告始终未给原告发放工资，原告应当知道被告未为其办理病退手续，应当向被告主张权利。即使原告认为其在停薪留职期间未有工资，在 2005 年 1 月 3 日原告达到退休年龄后从未领取退休金，原告亦应当知道其病退手续未办理，应向被告主张权利。因此原告现主张权利已超过诉讼时效期间。考虑原告现有病在身，且被告于 2008 年 5 月 23 日向哈尔滨市医疗保险办公室出函为原告办理医疗保险，应视为被告同意为原告办理医疗保险事宜，被告应继续为原告办理医疗保险事宜，所以原告主张办理医疗保险的诉讼请求，本院应予支持。

4. 一审定案结论

黑龙江省哈尔滨市道里区人民法院依照《中华人民共和国劳动法》第八十二条、《最高人民法院关于审理劳动争议案件适用法律若干问题的解释》第三条的规定，作出如下判决：

（1）被告哈尔滨市社会科学院于本判决书生效后 30 日内，按照国家规定为原告赵宪君办理医疗保险。

（2）驳回原告赵宪君的其他诉讼请求。

案件受理费 10 元，由被告哈尔滨市社会科学院负担（此款原告已预交，待本判决书生效后由被告给付原告）。

(三) 二审诉辩主张

1. 上诉人哈尔滨市社会科学院诉称

赵宪君停薪留职期满后，既未向单位领导请假，又未向单位提交继续停薪留职的申请，十多年脱离单位，从事专职律师工作，与上诉人已经不存在劳动关系，故请求撤销原审判决，驳回赵宪君的诉讼请求。

2. 被上诉人赵宪君辩称

我不是停薪留职，且不存在十多年不与单位联系的情况，我的档案一直在社会科学院，并未调出。

3. 上诉人赵宪君诉称

社会科学院消除上诉人的编制，程序和形式均属违法行为，故请求对原审判决改判，支持上诉人赵宪君的全部诉求。

4. 被上诉人哈尔滨市社会科学院辩称

(1) 法院不应受理此案，此案不属于法院管辖；(2) 赵宪君属于自动离职，自谋职业，与社会科学院已经不存在劳动关系；(3) 赵宪君曾提出过病退申请，但已经超过办理病退的法律时间。

(四) 二审事实和证据

黑龙江省哈尔滨市中级人民法院经公开审理查明：赵宪君原是社会科学院的正式科研人员，其编制由哈尔滨市人民政府编制委员会统一进行管理，本案所产生的争议系社会科学院参加事业单位改革，工作人员参照公务员管理过程中进行清理编制形成的问题。哈尔滨市人民政府已经将赵宪君的编制撤销，争议内容涉及一系列行政行为，依据民事法律无法进行调整。故本案不属于人民法院受理民事诉讼的受案范围，当事人可向有关管理机关申请解决。

上述事实有下列证据证明：

1. 1997 年 2 月 17 日病退申请书及原告申请办理病退时提供的诊断书、申请表等 6 张。

2. 2008 年 7 月 2 日黑龙江省人才中心存档证明 1 份及 1999 年 5 月 5 日委托保管人事档案合同书 1 份。

3. 省、市律管处的证明材料。

4. 黑龙江省关于《律师执业证的管理办法》实施细则。

5. 2005 年 12 月 29 日哈尔滨市人事局下发的《关于市社会科学院暂按照公务员制度管理的意见》。

6. 2008 年 6 月 25 日哈尔滨市道里区人大常委会出具的关于原告人大代表的证明 1 份。

7.《中华人民共和国公务员法》。

8. 1996 年、1997 年工资表各 1 份。

9. 1997 年 2 月 18 日黑龙江省行政事业单位往来结算票据 1 份。

（五）二审判案理由

黑龙江省哈尔滨市中级人民法院经审理认为：原审法院对本案受理并作出实体性裁判结论，显属适用法律不当，应予以纠正。

（六）二审定案结论

黑龙江省哈尔滨市中级人民法院依照《中华人民共和国民事诉讼法》第一百五十二条、第一百五十三条第（二）项，《最高人民法院关于适用〈中华人民共和国民事诉讼法〉若干问题的意见》第一百三十九条之规定，作出如下裁定：

1. 撤销哈尔滨市道里区人民法院（2008）里民一初字第 2002 号民事判决。
2. 驳回上诉人赵宪君的起诉。

一审案件受理费 10 元，退回上诉人赵宪君。二审案件受理费 20 元，退回上诉人哈尔滨市社科院、上诉人赵宪君各 10 元。

本裁定为终审裁定。

（七）解说

本案的关键点在于赵宪君与哈尔滨市社会科学院是否具有劳动关系，以及二者的纠纷是否应该适用民事法律来解决。从本案的案情及一审判决和二审裁定的结果来看，在结果上前后发生了很大的变化。一审法院将赵宪君与哈尔滨市社会科学院人事争议纠纷一案加以确认，大部分支持了赵宪君的诉讼主张，也就是说，根据《中华人民共和国劳动法》的规定，承认了赵宪君与哈尔滨市社会科学院之间的劳动关系。但二审法院认为适用法律不当，故予以纠正，撤销了哈尔滨市道里区人民法院的一审民事判决，驳回了赵宪君的起诉。可以说，这是一个正确的审理结果，无论是在审理程序上还是在适用法律上，都准确无误。

哈尔滨市社会科学院属于事业单位，但是对于事业单位是否适用《中华人民共和国劳动法》及《中华人民共和国劳动合同法》需要视情况而定。一般而言，实行企业化管理的事业单位与职工签订的是劳动合同，劳动法是适用的。像医院、学校、科研机构等这些事业单位，有的劳动者与单位签订的是劳动合同，也应当适用劳动法的相关规定。这些劳动者主要体现在一些工勤人员及聘任制人员。也就是说，现行法律是将事业单位的劳动关系有条件地纳入劳动法的调整范畴。

哈尔滨市社会科学院应属于科研单位，除了签订劳动合同的人员之外，其余的具有编制的职工与哈尔滨市社会科学院之间应比照《中华人民共和国公务员法》进行，本案中也列举了 2005 年 12 月 29 日哈尔滨市人事局下发的《关于市社会科学院暂按照公务员制度管理的意见》这一证据，证明哈尔滨市社会科学院是事业单位，参照公务员制度管理。故赵宪君与哈尔滨市社会科学院并不具有劳动关系，由此分析，一审法院的适用法律错误，判决有误。二审法院经过审理查明，赵宪君原是社会科学院的正式科研人员，其编制由哈尔滨市人民政府编制委员会统一进行管理，本案所产生的争议系哈尔滨市社会科学院参加事业单位改革，工作人员参照公务员管理过程中清理编制形成的问题。哈尔滨市人民政府已经将赵宪君的编制撤销，争议内容涉及一系列行政行为，依据民事法律无法进行调整，最后二审法院作出了正确的裁定。

（黑龙江省哈尔滨市道里区人民法院　张晓红）

83. 李克俊诉天津甫发食品有限公司劳动争议案（劳动争议）

（一）首部

1. 判决书字号

一审判决书：天津市东丽区人民法院（2009）丽民初字第1188号。

二审判决书：天津市第二中级人民法院（2009）二中民一终字第1450号。

2. 案由：劳动争议纠纷。

3. 诉讼双方

原告（上诉人）：李克俊，男，汉族，现住天津市东丽区。

被告（被上诉人）：天津甫发食品有限公司，住所地：天津市东丽区。

法定代表人：黄兆维，公司董事长。

委托代理人：刘耕，世杰律师事务所律师。

第三人：天津市肉类联合加工厂，住所地：天津市东丽区。

法定代表人：王荫发，厂长。

委托代理人：文德强，该厂法律顾问。

委托代理人：刘耕，世杰律师事务所律师。

4. 审级：二审。

5. 审判机关和审判组织

一审法院：天津市东丽区人民法院。

独任审判人员：审判员：许洪霞。

二审法院：天津市第二中级人民法院。

合议庭组成人员：审判长：陈伟明；审判员：王广利、哈欣。

6. 审结时间

一审审结时间：2009年5月13日。

二审审结时间：2009年9月8日。

（二）一审情况

1. 一审诉辩主张

（1）原告李克俊诉称

原告自1979年10月在第三人处工作。1993年8月，原告被指派到第三人与台商合资成立的被告处工作，原告与被告签订了10年期限的劳动合同。2003年合同到期后，第三人找人代替原告签订了2003年—2005年的劳动合同。2005年7月29日，被告下发了终止此劳动合同的通知。自2005年8月起，原告通过各种途径维护自己的合法权益，法院判决确认代签合同、下发终止劳动合同通知无效，被告及第三人对此均无异议，法院认定原、被告仍存在劳动关系。原告曾先后到有关部门主张自己的权益。2009年2月27日，原告曾找到第三人的劳资科，就补偿金和55岁退休、提取住房公积金事宜进行交涉，得到回复是退休证明要请示、可以办理住房公积金的提取、补偿金按1年合同到期终止计算，并拿出原告从未收到的特快专递邮件，称内有终止1年到期劳动合同的证明。原告就确认解除劳动合同和索要终止劳动关系证明以及补偿金等问题申请仲裁，劳动争议仲裁委员会不予受理，遂诉讼。现诉请：1）确认被告与原告系解除劳动合同，终止劳动合同关系并出具终止劳动合同关系证明书；2）被告支付经济补偿金18 290元、额外补偿金9 145元、退职金4 500元，合计31 935元；3）被告和第三人提交原告的档案材料（包括申请人待岗证明和有关批件）；4）被告和第三人赔偿原告因无效合同造成的损失；5）本案的诉讼费用由被告负担。庭审中，原告放弃其第一项诉讼请求中的确认终止劳动关系、出具终止劳动合同关系证明书之请求；第三项诉讼请求为仅要求第三人出具待岗材料和劳动行政部门的批件，明确第四项诉讼请求所指损失包括失业金4 320元、2005年医药费2 241.27元。

（2）被告天津甫发食品有限公司辩称

原告反复提起申诉，不断变化被诉人和起诉人，系无理缠诉行为，原告针对被告的任何仲裁、诉讼请求都不能成立，且都已超过法定时效，原告此次的诉讼请求都是无理请求，其诉讼请求没有事实根据和法律依据，都不能成立，并且都已超过法定时效，请求依法驳回原告的诉讼请求。

（3）第三人天津市肉类联合加工厂述称

同意被告的意见，原告与当事人没有劳动关系，第三人不承担任何责任。

2. 一审事实和证据

天津市东丽区人民法院经公开审理查明：原告李克俊自1979年12月在第三人处工作。1993年8月，原告到第三人与台湾甫英股份有限公司合资成立的被告处工作。原、被告签订了为期10年的劳动合同，该合同第1条“合同期限”中约定“合同期届满，应终止执行。甲方因生产需要，经双方同意，可以续订合同。一方不同意续订的，另一方不得强迫，合同期满一个月内既不终止执行，又不履行续订手续的，视本合同为续订同一期限的有效合同。”

因被告经营困难，原告于1997年待岗。截至2005年9月，被告为原告缴纳各项社会保险、住房公积金，并支付原告生活费以及为原告报销医疗费。2001年12月28日，天津市工商行政管理局以被告未参加2000年度年检为由，对其作出吊销营业执照的处罚决定，被告即停止对外营业，但并未清算，亦未注销。原告之妻曾以原告的名义于2003年、2004年分别与被告签订两份1年期限的劳动合同。

2005年2月，第三人曾接收被告的下岗职工包括原告到第三人处工作。原告自同年2月19日至20日在第三人处工作。2005年3月31日，第三人书面通知原告："因你在天津市肉类联合加工厂试岗期间工作不合格，我厂不同意办理调入。现通知你回天津甫发食品有限公司。"原告未在该通知上签字，第三人未向其支付试岗期间的工资。在此期间，原告仍享受被告支付的待遇。

2005年7月29日，被告书面通知原告终止劳动关系，要求原告于2005年8月20日前办理终止（劳动关系）手续。原告与其他职工提出异议。2005年8月25日，被告针对包括原告在内的12名职工提出的问题作了答复，主要内容有"12名职工由于各种原因没有选择调回肉联厂，因此也不存在恢复肉联厂劳动合同问题，所以导致你们与甫发公司的劳动合同期满终止劳动合同。因为12名职工的劳动合同期满已经终止，不再履行劳动合同，也不存在缴纳各种社会保险，因此也不存在今后的保险补齐，至于原有甫发公司没有按当时工资上'三险'的问题，只能依据有关法律程序来解决"。截至同年9月，被告停发了原告的所有待遇，且于2005年9月12日将原告的档案材料转至天津市东丽区劳动和社会保障局。被告曾于2005年10月10日，以特快专递的方式将原告的就·失业证、失业保险服务指南、终止劳动合同证明书、失业保险金申领登记表、单位通知等邮寄至原告现住处，邮政部门注明"收件人外出，下班再投"，后退回邮件。2005年9月13日，原告向天津市东丽区劳动争议仲裁委员会申诉，要求裁决与第三人签订无固定期限劳动合同、享受相关待遇、仲裁费用由本案被告承担。同年9月28日，该委作出劳仲不字（2005）第181号不予受理案件通知书，以原告所确认的被诉主体有误为由决定不予受理。原告对此不服，遂向本院起诉。本院作出（2005）丽民初字第3102号民事判决书，判决驳回原告的诉讼请求。原告遂提起上诉。2006年3月31日，天津市第二中级人民法院作出（2006）二中民一终字第288号民事判决书，判决驳回上诉，维持原判。

原告于2007年2月16日以本案被告为被诉人、本案第三人为第三人向天津市劳动争议仲裁委员会申诉，要求认定其与被告2003—2005年之间的劳动合同无效、恢复与本案被告的劳动关系、补齐各种社会保险、第三人负连带赔偿责任。该委作出津劳裁字【2007】第42号裁决书，以申诉请求超过申诉时效为由驳回。原告对此不服，遂向本院起诉。本院作出（2007）丽民初字第1084号民事判决书，认为原告的申诉请求超过时效，判决驳回原告的诉讼请求。原告遂提起上诉。2007年11月26日，天津市第二中级人民法院作出（2007）中民一终字第975号民事判决书，判决撤销本院原审判决、确认原告之妻代原告与被告签订的2003—2004年度、2004—2005年度的劳动合同无效、驳回原告的其他诉讼请求。此判决生效后，原告曾向该院提出再审申请，该院以（2008）二中监民监字第127号驳回申请再审通知书驳回原告的再审申请。

在此期间，原告曾以本案被告为被诉人、本案第三人为第三人向天津市劳动争议仲裁委员会申诉，要求撤销2005年7月29日被告所发终止劳动合同通知书。该委于2008年4月7日作出津劳仲裁字（2008）第271号裁决书，裁决本案被告于2005年7月29日向李克俊发出终止劳动合同通知书无效。该裁决已经生效。

2008年5月，原告向天津市高级人民法院申请再审，该院经审理后认为："李克俊在与被告甫发公司的劳动合同期满后，又签订2003—2005年度劳动合同，由于该劳动合同不是李克俊本人所签订的，二审法院确认该劳动合同无效并无不当。这期间李克俊与甫发公司仍存在劳动合同关系，甫发公司在2005年7月29日通知李克俊终止劳动合同，不违反法律、行政法规的规定，2005年9月以后，甫发公司无须再为李克俊支付生活费和缴纳社会保险，二审法院对此认定也是正确的。2005年8月，甫发公司主张终止与李克俊的劳动合同关系后，双方实际发生意思冲突，李克俊就应在法律规定的期限内主张权利，李克俊在2007年2月16日才就缴纳社会保险等问题向劳动争议仲裁委员会提出仲裁的申请，显然已超过了仲裁申请的期限。二审法院根据上述事实未支持李克俊主张并无不当。李克俊再审期间也未提供新的证据证明其主张。"据此，该院于2008年10月30日作出（2008）津高民申字第0199号民事裁定书，裁定驳回李克俊的再审申请。

2009年3月9日，原告向天津市劳动争议仲裁委员会提起申诉，当日，该委以原告的申诉超过申诉时效为由决定不予受理。原告遂诉至本院。庭审中，被告将原告的就·失业证交与原告。

上述事实有下列证据证明：

原告提供的证据：

（1）（2007）二中民一终字第975号民事判决书1份；

（2）津劳仲裁字（2008）第271号裁决书；

（3）（2008）津高民申字第0199号民事裁定书；

（4）署名何宝粮的证明1份；

（5）劳动合同1份；

（6）津劳仲不字（2009）第8号不予受理通知书；

（7）被告出具的2005年7月29日终止劳动合同通知书；

（8）仲裁申请书1份。

被告提供的证据：

（1）（2005）丽民初字第3102号民事判决书、（2006）二中民一终字第288号民事判决书、津劳仲裁字（2007）第42号裁决书、（2007）丽民初字第1084号民事判决书、（2007）二中民一终字第975号民事判决书、（2008）津高民申字第0199号民事裁定书、津劳仲裁字（2008）第271号裁决书；

（2）被告于2005年10月10日邮寄给原告的特快专递邮件即就·失业证、失业保险服务指南、终止劳动合同证明书、失业保险金申领登记表、书面通知；

（3）档案转出回执。

3. 一审判案理由

天津市东丽区人民法院经审理认为：原告经过数次诉讼，截至本次诉讼前，只有原告之妻代签劳动合同的事实在（2007）二中民一终字第975号案件中澄清以外，原、被告之间的劳动关系基本内容并无任何变化，即基于相同的事实，上述事实也在生效法律文书中得以确认。原告自1997年因企业经营困难待岗，第三人接受其试工，被告亦被工商行政管理部门吊销营业执照，表明被告已无履行劳动合同的可能，即使原告之妻代签合同无效，或按照双方之间原订立合同的约定同于前一份合同的期限，原、被告的劳动关系状态亦符合终止劳动合同的情形，被告作出的终止劳动合同通知亦无不当。况且，被告于2005年8月在书面通知原告终止劳动关系后，针对原告等职工的异议作出的答复旨在明示与原告终止劳动合同的意思表示，也表明双方实际意思冲突的存在，争议已然发生，至2005年9月，被告停止支付原告所有待遇、转出档案的行为本身就是消灭其与原告之间劳动法律关系。基于此，无论是原告知悉的终止劳动合同抑或其主张的解除劳动合同的行为同样指向消灭劳动法律关系，其法律后果均导致劳动法律关系归于消灭，原告对此应当明知。我国《劳动法》第八十二条规定，“提出仲裁要求的一方应当自劳动争议发生之日起六十日内向劳动争议仲裁委员会提出书面申请”。劳动部《关于贯彻执行〈中华人民共和国劳动法〉若干问题的意见》第八十五条规定，劳动争议发生之日是指当事人知道或者应当知道其权利被侵害之日。《最高人民法院关于审理劳动争议案件适用法律若干问题的解释（二）》第一条第（三）项规定，“劳动关系解除或者终止后产生的支付工资、经济补偿金、福利待遇等争议，劳动者证明用人单位承诺支付的时间为解除或者终止劳动关系后的具体日期的，用人单位承诺支付之日为劳动争议发生之日。劳动者不能证明的，解除或者终止劳动关系之日为劳动争议发生之日。”若原告认为其权利受到侵害，至迟亦应自2005年9月其不再享受任何待遇之日起60日内提起申诉，其选择以第三人为被诉人申诉乃至起诉，均与被告之间的劳动争议无关联，也不能成为诉讼时效延长或中断的法定事由，故原告针对被告的诉讼请求已经超过申诉时效，本院不予支持。原告主张第三人出具待岗证明及出具劳动行政部门的批件，涉及其与第三人劳动关系存续期间的待遇，应另案解决。

4. 一审定案结论

天津市东丽区人民法院依照《中华人民共和国劳动法》第七十八条、第八十二条之规定，作出如下判决：

驳回原告李克俊的诉讼请求。

（三）二审诉辩主张

1. 上诉人李克俊诉称

天津市高级人民法院第0199号裁定，确认存在劳动关系。因此上诉人要求确认解除劳动合同和按解除劳动合同支付经济补偿金没有超过诉讼时效。被上诉人和第三人在明知已无履行劳动合同可能的情况下，用找人代签的1年无效合同，然后再终止。这种伤害劳动者的违法行为应付出赔偿，上诉人请求支付补偿金和额外补偿金有理有据，理应获得支持。上诉请求：（1）撤销原审法院判决；（2）根据第0199号裁定，确认上诉人为解除劳动关系，被上诉人出具解除劳动合同证明；（3）被上诉人和第三人支付经济补偿金18 290元、额外补偿金9 145元、合资企业劳动合同第6条第8款约定的退休金4 500元，合计31 935元；（4）被上诉人和第三人提交上诉人档案材料（包括55岁退休的手续）；（5）被上诉人和第三人赔偿因无效合同造成的损失。

2. 被上诉人天津甫发食品有限公司辩称

同意原审法院判决。

（四）二审事实和证据

天津市第二中级人民法院经审理，确认一审法院查明的事实和证据。

（五）二审判案理由

天津市第二中级人民法院经审理认为：上诉人与被上诉人之间订有劳动合同，具有合法的劳动合同关系，双方就此发生争议，应受《劳动法》调整。依《劳动法》的规定，提出仲裁要求的一方，应当自劳动争议发生之日起 60 日内，向劳动争议仲裁委员会提出书面申请。劳动争议发生之日，系当事人知道或者应当知道其权利被侵害之日。于法律规定的期间内不提出权利主张，当事人虽仍有申请仲裁和提起诉讼的权利，但已丧失依法受到保护的权利，即当事人此时只享有诉权，而不再享有胜诉权。依据天津市高级人民法院（2008）津高民申字第 0199 号民事裁定书确认，“2005 年 8 月，甫发公司主张终止与李克俊的劳动合同关系后，双方实际发生意思冲突，李克俊就应在法律规定的期限内主张权利”。故上诉人主张权利，已经超过诉讼时效，已丧失依法受到保护的权利。故原审法院依法驳回上诉人的诉讼请求并无不当，本院予以支持。

（六）二审定案结论

天津市第二中级人民法院依照《中华人民共和国民事诉讼法》第一百五十三条第一款第（一）项，作出如下判决：

驳回上诉，维持原判。

（七）解说

自被告天津甫发食品有限公司通知与原告终止劳动关系，双方实际发生意思表示冲突，争议已经发生，根据我国《劳动法》第八十二条的规定，其应自劳动争议发生之日起 60 日内向劳动争议仲裁委员会提出书面申请仲裁。原告未在法定期间内申请仲裁，即丧失胜诉权，这是原告败诉原因所在。综观原告数次诉讼，起因在于，法院和劳动争议仲裁部门对于原、被告在劳动合同期限届满后，原告之妻代其签订的劳动合同被确认无效，即双方没有续订劳动合同的情况下，一方提出消灭劳动关系，是“终止劳动关系”还是“解除劳动关系”的表述不一。根据《最高人民法院关于审理劳动争议案件适用法律若干问题的解释》的规定以及原劳动和社会保障部《关于对事实劳动关系解释是否应该支付经济补偿金问题的复函》249 号的内容，此种情况应视为双方原书面劳动合同的自动延续，但劳动合同的期限应视为没有约定，劳动者和原用人单位之间存在的是一种事实上的劳动关系，而不等于双方按照原劳动合同约定的期限续签了一个新的劳动合同，一方提出终止劳动关系的，应认定为终止事实上的劳动关系。

（天津市东丽区人民法院　许洪霞）

七、其　他

84. 北京儒鼎时代法律咨询服务有限公司诉程爱华法律服务合同案（滥用撤诉权）

（一）首部

1. 裁判书字号

一审裁定书：北京市朝阳区人民法院（2009）朝民初字第11261号。

一审判决书：北京市朝阳区人民法院（2009）朝民初字第11261号。

二审判决书：北京市第二中级人民法院（2009）二中民终字13791号。

2. 案由：法律服务合同纠纷。

3. 诉讼双方

原告（上诉人）：北京儒鼎时代法律咨询服务有限公司（以下简称儒鼎公司），住所地：北京市房山区河北镇。

法定代表人：袁宇，公司经理。

委托代理人：刘淼，公司职员。

委托代理人：李飒，公司职员。

被告（被上诉人）：程爱华，男，汉族，中央电视台新闻部录音师，住北京市朝阳区。

委托代理人：徐政，北京市正海律师事务所律师。

4. 审级：二审。

5. 审判机关和审判组织

一审法院：北京市朝阳区人民法院。

独任审判人员：代理审判员：赵世奎。

二审法院：北京市第二中级人民法院。

合议庭组成人员：审判长：李蔚林；代理审判员：薛妍、曹雪。

6. 审结时间

一审审结时间：2009年5月21日。

二审审结时间：2009年9月28日。

（二）一审诉辩主张

1．原告儒鼎公司诉称

2008 年 4 月 28 日，被告因与其妻子离婚纠纷一案向原告咨询，约定咨询费 9 000 元。原告按约定为被告提供了咨询服务。2008 年 5 月 30 日，被告庭审中当庭提出撤诉。被告应支付原告咨询费至今仍未支付，原告与被告多次协商未果，现诉至法院，请求判令被告给付原告咨询费 9 000 元，并要求被告承担本案诉讼费用。

2．被告程爱华辩称

不同意原告的诉讼请求。被告和原告不存在咨询服务合同关系，双方也没有约定咨询费 9 000 元。被告确实去过原告的公司，当时有一个事情正好想去问一下才去的，但后来发现该公司人员不具有律师资格，原告也不具有国家颁布的合格的行政许可书，其服务是不合法的。原告提交的证据不能证明双方约定被告要向原告支付 9 000 元，而且一个普通的离婚案件收费 9 000 元过高。原告因本次事件多次起诉又撤诉，且均以同一事实和理由，被告认为原告的行为既浪费人民法院的司法资源，又浪费被告的时间和精力。综上，请求驳回原告的诉讼请求。

（三）一审撤诉情况

儒鼎公司在庭审结束后向法院提交书面撤诉申请书，称“经过慎重考虑，依据《中华人民共和国民事诉讼法》之规定，依法申请撤诉”。

1．一审事实和证据

北京市朝阳区人民法院经公开审理查明：原告儒鼎公司因涉案法律服务合同纠纷多次将程爱华作为被告诉至本院，又均撤回起诉。本案中原告儒鼎公司申请撤回起诉，但并未说明正当理由。

2．一审裁定理由

北京市朝阳区人民法院经审理认为：当事人应正确行使诉讼权利。因原告儒鼎公司此前就涉案事件多次起诉又均撤诉，本次诉讼又未说明合理理由而申请撤诉，其撤诉申请不符合法律规定，故本院依法不予准许。

3．一审裁定结论

北京市朝阳区人民法院依照《中华人民共和国民事诉讼法》第一百三十一条之规定，作出如下裁定：

不准许原告北京儒鼎时代法律咨询服务有限公司撤回起诉。

（四）一审事实和证据

北京市朝阳区人民法院经公开审理查明：原告的经营范围包括法律咨询等，被告曾经至原告处接触过原告工作人员。庭审中，原告称双方约定被告因咨询应向原告支付咨询费 9 000 元，对此被告予以否认，原告亦未提交相应证据予以证明。

上述事实有当事人陈述等证明。

（五）一审判案理由

北京市朝阳区人民法院经审理认为：当事人对自己提出的诉讼请求所依据的事实有责任提供证据加以证明，没有证据或者证据不足以证明当事人的事实主张的，由负有举证责任的当事人承担不利后果。本案中，原告主张原、被告曾约定被告应向原告支付咨询费 9 000 元，但在被告明确否认的情况下，原告对此并没有提供充分证据进行证明，故该举证不能的后果由原告承担。

（六）一审定案结论

北京市朝阳区人民法院依照《最高人民法院关于民事诉讼证据的若干规定》第二条之规定，作出如下判决：

驳回原告北京儒鼎时代法律咨询服务有限公司的诉讼请求。

案件受理费 25 元，由原告北京儒鼎时代法律咨询服务有限公司负担（已交纳）。

（七）二审情况

1. 二审诉辩主张

（1）上诉人儒鼎公司诉称

以双方订立的口头合同约定程爱华应向其支付咨询费 9 000 元，当时多名员工在场，提供的证人证言已可以证明上述事实。请求撤销原判。

（2）被上诉人程爱华同意原判。

2. 二审事实和证据

北京市第二中级人民法院经公开审理查明：儒鼎公司的经营范围包括法律咨询等，程爱华曾经至儒鼎公司处接触过儒鼎公司工作人员。原审庭审中，儒鼎公司称 2008 年 4 月 28 日程爱华因与其妻子离婚纠纷一案向公司进行法律咨询，双方口头约定咨询费为 9 000 元，公司向程爱华提供了法律咨询服务，后程爱华于 2008 年 5 月 30 日在离婚纠纷一案庭审中当庭申请撤诉。程爱华否认双方曾订立口头合同约定咨询费 9 000 元，称朋友介绍去的儒鼎公司，儒鼎公司经理称，认识人，给钱可以帮助走关系。但后来了解到该公司没有律师，就未再找过该公司。儒鼎公司为证明其主张，提交了离婚纠纷一案的授权委托书及公司员工焦建、庞丽薇的书面证言。程爱华否认授权委托书上其本人签字的真实性，认为授权委托书为复印件，与本案无关，且公民代理不能收费，证人亦未出庭，不认可书面证言的真实性。

另查，儒鼎公司在本次诉讼之前曾因涉案法律服务合同纠纷多次将程爱华起诉至原审法院，又均申请撤回起诉。2009 年 3 月 19 日，儒鼎公司在本次诉讼原审审理过程中再次申请撤回起诉，原审法院于 2009 年 5 月 21 日作出裁定，不准许儒鼎公司撤回起诉。

二审审理中，儒鼎公司称：曾派员工参加了 2008 年 5 月 30 日离婚纠纷一案的庭审。

程爱华称：离婚纠纷一案庭审时，法官称管辖有问题。我联系了我朋友，我朋友找了儒鼎公司，但儒鼎公司派来的人连管辖异议也不懂。儒鼎公司并没有告知如何打官司，我也没承诺给 9 000 元咨询费，后来纠纷是去北京市丰台区人民法院办理的。

3. 二审判案理由

北京市第二中级人民法院经审理认为，根据谁主张、谁举证的原则，儒鼎公司主张与程爱华建立了法律服务合同关系，程爱华不予认可，儒鼎公司对其主张负有举证义务。焦建和庞丽薇系儒鼎公司员工，与儒鼎公司具有利害关系，且未出庭作证，在没有其他证据佐证的情况下，本院对二人的书面证言不予采纳。关于儒鼎公司提交的授权委托书，程爱华对真实性不予认可，经原审法院释明，儒鼎公司亦未申请鉴定，故该证据不能作为定案依据。根据已查明的事实，程爱华与儒鼎公司未签订书面的法律服务合同，虽然儒鼎公司与程爱华有过一定接触，但儒鼎公司提供的现有证据，尚不足以证明双方建立了法律服务合同关系及对是否支付咨询费达成了一致，故儒鼎公司应承担举证不能的法律后果。

4. 二审定案结论

北京市第二中级人民法院依照《中华人民共和国民事诉讼法》第一百五十三条第一款第（一）项的规定，作出如下判决：

驳回上诉，维持原判。

（八）解说

本案涉及的法律问题并不复杂，案件中儒鼎公司对与程爱华之间建立法律服务合同关系未能提供有力的证据，故应承担举证不能之责任，对此，一、二审法院的判决清晰、说理翔实。但是，本案在一审审理过程中原告儒鼎公司曾要求撤诉，一审法院裁定不准许撤诉。这在司法实践中比较罕见，其裁定是否符合法律规定，什么情况应当裁定“不准许撤诉”等问题，则值得探究。

1. 法律对当事人撤诉的规定。

撤诉是当事人对其诉讼权利行使处分权的表现，包括申请撤诉和按撤诉处理两种情况。本案涉及的是申请撤诉的问题。申请撤诉是指原告在法院立案受理后、进行宣判前，以书面或口头形式向人民法院提出撤回其起诉的要求。申请撤诉是民事诉讼中原告的诉讼权利，是处分原则在民事诉讼中的具体体现。《中华人民共和国民事诉讼法》第十三条规定：“当事人有权在法律规定的范围内处分自己的民事权利和诉讼权利。”然而民事诉讼又断非一方之利益，每个诉的提起和撤回均会关涉对方当事人的利益及法院的司法资源，故世界各国均对民事诉讼的撤诉进行一些限制，在大陆法系，大多数国家或地区都规定了撤回诉讼在一定条件下须经过被告的同意。《德国民事诉讼法》第二百六十九条第一款规定：原告只能在被告未就本案开始言词辩论前可以不经被告同意而撤回诉讼。《日本民事诉讼法》第二百三十六条第二款规定：如果被告已经提出准备书状或在辩论准备程序中已陈述或开始口头辩论，则撤诉须经过被告的同意。此外，在我国台湾地区也有相类似的规定。英美法系国家则在要求撤诉一定条件下须经被告同意外，更加强调法院职权主义对于原告撤诉行为的干涉。如英国规定：如果法院已经签发临时性禁令或任何当事人已向法院提供担保或被告已进行中期付款，原告撤诉须经法院的准许；美国也规定，除原告自愿撤销的情形以外，撤销必须经过法院批准。

在我国，撤诉也不是原告自行决定的。《民事诉讼法》第一百三十一条第一款规定："宣判前，原告申请撤诉的，是否准许，由人民法院裁定。"另外，《最高人民法院关于适用〈中华人民共和国民事诉讼法〉若干问题的意见》第161条更加明确地规定："当事人申请撤诉或者依法可以按撤诉处理的案件，如果当事人有违反法律的行为需要依法处理的，人民法院可以不准撤诉或者不按撤诉处理。"相比各国（地区），虽然我国《民事诉讼法》对撤诉没有要求被告的同意，对撤诉时间的限制也较为宽泛，但撤诉需经过法院批准以及在特定情况下法院可以裁定不予撤诉这两点是确定无疑的。故此，本案一审法院作出不准许原告儒鼎公司撤回起诉的裁定具有法律的依据。

2. 本案一审裁定儒鼎公司不准许撤诉是否正确？

司法解释虽然规定"如果当事人有违反法律的行为需要依法处理的，人民法院可以不准撤诉或者不按撤诉处理"，但是具体到案件中，申请撤诉需具备哪些条件仍较为模糊。笔者认为，法院应对当事人申请撤诉进行严格的审查，并在认为当事人之撤诉申请同时符合以下几个条件的情况下，才能裁定准许撤诉：

第一，申请人必须是原告、上诉人及其法定代理人，经原告特别授权的诉讼代理人也可以提出撤诉申请；有独立请求权的第三人也可以提出撤诉申请，但有独立请求权的第三人申请撤诉不影响原告和被告之间本诉的进行。本案中，申请撤诉人是原告有特别授权的诉讼代理人，因此符合这一申请撤诉的条件。

第二，撤诉必须是原告自愿。《民法通则》第四条规定："民事活动应当遵循自愿……原则。"这表明，为一项民事行为必须是当事人真实的意思表示。申请撤诉是原告处分自己实体权利和诉讼权利的行为，当事人申请撤诉，不是因为对方当事人或第三人的胁迫、欺诈而作出的意思表示，也不是因为身处困境而作出的无奈之举，更不应是法官出于某种考虑而对当事人的要求，而应是，当事人完全发自内心的真实的意思表示。本案中原告的撤诉是基于自己的自愿，这一点也并无异议。

第三，撤诉必须合法。申请撤诉的时间必须是在法院受理案件之后、宣告判决之前，申请撤诉在实体上不得有规避法律的行为，不得违反现行法律、法规的规定和公序良俗原则，不得有损于国家、集体和第三人的合法利益。若双方恶意串通规避法律责任，从而损害了国家、集体或第三人的合法权益，理应不准撤诉。又如在解除同居关系案件（有配偶者与他人同居）中，原告申请撤诉的，法院就应当裁定不准撤诉，因为其行为（同居关系）违反了法律规定（婚姻法中的一夫一妻制），同时也有悖于公序良俗。本案中，原告的撤诉既没有违反法律的强制规定，也没有直接损害国家、集体和第三人的利益。

第四，撤诉必须不损害对方当事人之合法权益。对方当事人"因应诉而取得之消极的确定权益"，也需要得到法律的同等保护，在这种情况下，原告申请撤诉，不仅是对自己诉讼权利的处分，还将涉及对方当事人对其权利的处分。"原告提请诉讼程序启动以后，被告就被动地参与了诉讼，并且可能为诉讼付出了一定程度上的精力、财力，既然被告也认真地对待诉讼，就只允许原告单方面撤诉之后溜走是不公平的。"① 因为这样不但使被

① 徐昶：《论我国民事诉讼撤诉制度的重塑》。

告失去了在这一诉讼中胜诉的机会，还会使原告逃脱了相应的法律责任。本案中，一审法院查明，原告儒鼎公司已经因涉案法律服务合同纠纷多次将程爱华作为被告诉至本院，又均撤回起诉。这是原告第五次将程爱华诉至法院，为此，程爱华每次都需要积极准备进行应诉。由于原告公司的经营范围包括从事法律咨询服务工作，其诉讼具有一定的便利性，而被告不具备法律专业知识，每次均聘请律师，花费了大量的人力、物力和财力来应诉。可见，在本案中，原告利用法律赋予当事人的诉权和申请撤诉的权利，反复地起诉和撤诉，使得纠纷处于长期不确定的状态之中，同时严重损害了对方当事人的利益，因此法院裁定不准许撤诉存在合理性。

3. 限制当事人滥用撤诉权利的其他理由。

除此之外，本案中，一审法院之所以裁定原告不准撤诉，还基于以下两个原因：

第一，原告一年内多次起诉到法院，又多次申请撤诉，而其撤诉的理由始终是“证据不足”。从常理判断，如果原告果真“经过慎重考虑”，进行诉讼，就不可能在一年内反复多次起诉、撤诉。由此法官可以推断出，原告的诉讼和撤诉存在一定的恶意。在法律尚未对恶意诉讼进行界定和明确的处罚之前，按照法律理论，对当事人的恶意行为，应当裁定其相反行为，因此，原告恶意撤诉的，法院应当不予准许。

第二，维护法律的严肃性，节约司法资源。法律之所以规定原告的撤诉须经法院批准，原因之一在于原告起诉后，法院往往进行了立案、审理，而且司法行为具有一定的严肃性，不能由一方当事人轻易操纵。另外，由于我国民事诉讼法对撤诉后再次起诉没有次数和时间上的限制，法院也在短短的一年时间内受理了原告提起的这5次诉讼，这意味着法院重复进行多次立案、送达、庭审、调查等工作，案件却没有得到实质性解决，浪费了大量的司法资源。为此，法院也应当从维护法律的严肃性、节约司法资源出发积极地进行干预，使得未决的纠纷得到最终的解决。

综上，本案一审裁定不准许原告撤诉符合法律的相关规定，维护了司法的权威和对方当事人的合法权益。

（北京市朝阳区人民法院　胡昌明　赵世奎）

85. 傅校英诉弗兰克·阿尔弗雷德·汗民间借贷纠纷案（法院已决事件的推定效力）

（一）首部

1. 判决书字号

一审判决书：北京市第二中级人民法院（2008）二中民初字第1722号。

二审判决书：北京市高级人民法院（2009）高民终字第507号。

2. 案由：民间借贷纠纷。

3. 诉讼双方

原告（被上诉人）：傅校英，男，汉族，住浙江省萧山县。

委托代理人（一、二审）：毛树菁，上海市汇盛律师事务所律师。

委托代理人（一审）：乔延春，上海市汇盛律师事务所律师。

委托代理人（二审）：杜晓然，上海市汇盛律师事务所律师。

被告（上诉人）：弗兰克·阿尔弗雷德·汗（Frank Alfred Hahn），男，德国国籍，住北京市朝阳区。

委托代理人（一审）：孟霆，上海雷曼律师事务所北京分所律师。

委托代理人（二审）：孟霆，北京市金阙律师事务所律师。

4. 审级：二审。

5. 审判机关和审判组织

一审法院：北京市第二中级人民法院。

合议庭组成人员：审判长：蒋春燕；审判员：陈春燕；代理审判员：李明磊。

二审法院：北京市高级人民法院。

合议庭组成人员：审判长：张凯军；审判员：许雪梅；代理审判员：谷绍勇。

6. 审结时间

一审审结时间：2008 年 12 月 16 日。

二审审结时间：2009 年 3 月 20 日。

（二）一审情况

1. 一审诉辩主张

（1）原告傅校英诉称

弗兰克·阿尔弗雷德·汗于 2005 年 9 月以购房为由，请求我为其垫付购房款 125 万元。根据其提供的信息，我开具了以售房方（胡顺耀）为收款人的本票（金额 125 万元），胡顺耀将该本票解入其本人账户。但弗兰克·阿尔弗雷德·汗购得房产后，拒不向我归还垫付款，故起诉请求法院判令弗兰克·阿尔弗雷德·汗返还借款 125 万元并承担全部诉讼费用。

（2）被告弗兰克·阿尔弗雷德·汗辩称

我与傅校英之女傅敏燕之间存在生意伙伴关系和情人关系，傅敏燕是该笔款的借款人或受赠与人，我只是受益人，与傅校英不存在直接的法律关系，请求法院驳回傅校英的诉讼请求。

2. 一审事实和证据

北京市第二中级人民法院经公开审理查明：傅校英及其女傅敏燕均系上海敏达机械设备有限公司（以下简称敏达公司）股东，弗兰克·阿尔弗雷德·汗是该公司外籍员工。傅敏燕与弗兰克·阿尔弗雷德·汗曾为恋人关系。

2005 年 8 月 10 日，弗兰克·阿尔弗雷德·汗与胡顺耀签订房屋买卖合同，向胡顺耀购买上海市浦东新区芳甸路 333 弄 27 号 1702 室房屋，双方约定价款为 238 万元。2005 年 9 月 9 日，傅校英向上海浦东发展银行申请开具收款人为胡顺耀、代理支付行为中国农业银行普陀长寿支行、金额为125万元的本票。上海浦东发展银行根据傅校英的申请出具本票。同年9月12日，胡顺耀将该本票解入其本人账户，取得该款。弗兰克·阿尔弗雷德·汗依据与胡顺耀所签合同取得房屋所有权。原审诉讼中，弗兰克·阿尔弗雷德·汗认可其所购房屋的部分购房款（125万元）是以傅校英申请的本票进行支付的，但主张该款系傅敏燕或敏达公司对其的赠与。

傅校英曾以胡顺耀为被告向上海市闵行区人民法院提起不当得利之诉，该院判决认定胡顺耀取得傅校英所交付票据记载的金额有合法依据，遂判决驳回了傅校英的诉讼请求，该判决已生效。

2007年，傅校英以弗兰克·阿尔弗雷德·汗为被告向北京市第二中级人民法院提起不当得利之诉，北京市第二中级人民法院认定傅校英申请开具本票的目的是弗兰克·阿尔弗雷德·汗购房而向其借款，傅校英支付该款在主观上是明知和自愿的，其以不当得利为由行使诉权不当，裁定驳回傅校英的起诉。该裁定已生效。

上述事实有下列证据证明：

（1）傅校英身份证复印件；

（2）弗兰克·阿尔弗雷德·汗护照复印件；

（3）上海市房地产买卖合同；

（4）上海浦东发展银行本票；

（5）中国农业银行银行卡存款凭条；

（6）中国农业银行进账单；

（7）上海市房地产业销售统一发票；

（8）敏达公司营业执照；

（9）敏达公司董事会决议；

（10）敏达公司股东会决议；

（11）敏达公司与弗兰克·阿尔弗雷德·汗所签人事协议；

（12）上海市闵行区人民法院（2006）闵民一（民）初字第11336号民事判决书；

（13）北京市第二中级人民法院（2007）二中民初字第08536号民事判决书；

（14）当事人陈述。

3. 一审判案理由

北京市第二中级人民法院经审理认为：傅校英主张弗兰克·阿尔弗雷德·汗使用其钱款购买房屋，双方形成借款关系。弗兰克·阿尔弗雷德·汗认可使用了傅校英申请开具支票的钱款购房，但主张该款是傅敏燕或敏达公司自愿给付的，否认与傅校英之间形成借款法律关系。现弗兰克·阿尔弗雷德·汗利用傅校英的钱款购买房屋事实清楚，证据充分。北京市第二中级人民法院已生效裁定认定双方存在借款关系，弗兰克·阿尔弗雷德·汗主张该款系傅敏燕或敏达公司自愿给付，但提供的证据不足以支持其主张，法院对其辩解意见不予采信。

4. 一审定案结论

北京市第二中级人民法院依照《中华人民共和国民法通则》第一百零八条之规定，作出如下判决：

弗兰克·阿尔弗雷德·汗于判决生效后7日内偿还傅校英125万元。

（三）二审诉辩主张

1. 上诉人弗兰克·阿尔弗雷德·汗诉称

（1）我和傅校英之间不存在借款协议、未出具借条，也不存在口头协议，双方之间未就争议的125万元进行任何交流，原审法院认定双方之间存在借款关系与事实不符。（2）傅校英之女傅敏燕为敏达公司法定代表人，与我之间不仅是生意伙伴关系，而且曾是恋人、情人关系，后我与傅敏燕感情破裂。原审法院没有履行审判职能，未考虑傅敏燕在125万元款项发生过程中的主导因素，未查明傅校英支付该款的真实目的是傅敏燕为了了结其与我的生意伙伴关系和情人、恋人关系，属认定事实不清。

2. 被上诉人傅校英同意一审判决。

（四）二审事实和证据

北京市高级人民法院经审理，确认一审法院认定的事实和证据。

（五）二审判案理由

北京市高级人民法院经审理认为：本案双方对弗兰克·阿尔弗雷德·汗使用傅校英所申请的本票支付购房款这一事实均不持异议，双方争议的焦点在于弗兰克·阿尔弗雷德·汗取得该款所依据的法律关系性质。诉讼中，傅校英虽不能提供借款协议或能够直接证明借款关系存在的证据，但其他法院的生效判决、裁定均已确认傅校英申请本票的目的是弗兰克·阿尔弗雷德·汗向其借款，该判决、裁定均已生效，故应认定傅校英就其主张的借款法律关系已提供初步证据。弗兰克·阿尔弗雷德·汗否认借款关系的存在，上诉提出其与傅校英之女傅敏燕之间有生意伙伴关系，也曾有恋人、情人关系，主张涉案争议的款项是敏达公司或傅敏燕自愿给付的，同时又提出该款是傅敏燕为了了结与其的生意伙伴关系和情人、恋人关系而支付的。因该项主张并无实质性证据能够佐证，本院对弗兰克·阿尔弗雷德·汗否认双方当事人之间存在借款关系的上诉主张不予支持。原审判决认定事实清楚、适用法律并无不当，本院予以维持。

（六）二审定案结论

北京市高级人民法院依照《中华人民共和国民事诉讼法》第一百五十三条第一款第（三）项之规定，作出如下判决：

驳回上诉、维持原判。

（七）解说

双方当事人对弗兰克·阿尔弗雷德·汗使用傅校英所申请的本票支付购房款这一事实

不持异议，争议的焦点在于双方法律关系的性质：傅校英主张其与弗兰克·阿尔弗雷德·汗形成借款关系；弗兰克·阿尔弗雷德·汗则主张该款是敏达公司或傅敏燕自愿给付的，同时又提出该款是傅敏燕为了了结与其的生意伙伴关系和情人、恋人关系而支付的，否认与傅校英存在借款关系。

傅校英作为原告不能提供直接证据证明双方之间存在借款关系，但在傅校英起诉弗兰克·阿尔弗雷德·汗不当得利的另案中，法院认定傅校英申请开具本票的目的是弗兰克·阿尔弗雷德·汗购房而向其借款，该认定是法院通过审判程序作出的事实确认，构成该案裁定的直接根据。因双方对此均未上诉，该裁定已生效。

《最高人民法院关于民事诉讼证据的若干规定》第九条规定，已为人民法院发生法律效力的裁判所确认的事实，当事人无须举证证明，但当事人有相反证据足以推翻的除外。本案中，为慎重起见，在主张借款关系成立的傅校英不能提供直接证据证明其主张的情况下，合议庭认为另案法院生效裁定可以作为推定本案法律关系性质的有效证据。

弗兰克·阿尔弗雷德·汗否认借款关系的存在，上诉提出其与傅校英之女傅敏燕之间有生意伙伴关系，也曾有恋人、情人关系，主张涉案争议的款项是敏达公司或傅敏燕自愿给付的，同时又提出该款是傅敏燕为了了结与其的生意伙伴关系和情人、恋人关系而支付的。因该项主张本身不够明确，二审中弗兰克·阿尔弗雷德·汗亦表示该主张的提出是基于其与傅敏燕之间的关系而作出的判断，并无实质性证据能够佐证，鉴于其主张存在很大的或然性，属弗兰克·阿尔弗雷德·汗本人对傅校英支付购房款之客观事实所作的主观推测，故二审法院对弗兰克·阿尔弗雷德·汗的相关上诉主张不予支持。

综上，法院判决在原告缺乏直接证据的情况下，运用民事诉讼证据规则，根据已生效裁判文书确认的事实对本案法律关系的性质所进行的推定是正确的。

（北京市高级人民法院　谷绍勇）

86. 陈志英、吕炳华、吕瑞琼、吕瑞芬申请撤销监护人资格案（申请撤销监护人资格）

（一）首部

1. 判决书字号：广西壮族自治区梧州市蝶山区人民法院（2009）蝶民特字第2号。
2. 案由：申请撤销监护人资格纠纷。
3. 诉讼当事人

申请人：陈志英（吕炳强之母），女，汉族，住广西壮族自治区梧州市。

申请人：吕炳华（吕炳强之兄），男，汉族，住址同上。

申请人：吕瑞琼（吕炳强之姐），女，汉族，住址同上。

申请人：吕瑞芬（吕炳强之妹），女，汉族，住广西壮族自治区梧州市。

四申请人共同委托代理人：彭桂强，彤日律师事务所律师。

四申请人共同委托代理人：陈桂涛，梧州市万秀区148法律服务所法律工作者。

吕炳强之监护人：崔承瑜，女，汉族，住广西壮族自治区梧州市，系吕炳强之妻。

崔承瑜之委托代理人：崔志强，男，住广西壮族自治区梧州市，系崔承瑜之父。

崔承瑜之委托代理人：李碧玉，梧州市法律援助中心政府法律援助者。

4. 审级：一审。

5. 审判机关和审判组织

审判机关：广西壮族自治区梧州市蝶山区人民法院。

合议庭组成人员：审判长：黄秋红；审判员：苏恒、吴伟芳。

6. 审结时间：2009年5月7日。

（二）诉辩主张

1. 申请人陈志英等述称

2002年12月21日，吕炳强突患脑出血，经治疗留下智障、生活不能自理的后遗症。自吕炳强患病那天开始，都是由申请人共同照顾、护理吕炳强，直至2007年2月法院指定崔承瑜为监护人，崔承瑜才从申请人家中将吕炳强接回文澜路60号住处履行“监护”职责。崔承瑜被指定为吕炳强的监护人后，不履行监护职责，生活上对吕炳强缺少应有的关心和照顾，对吕炳强缺少必要的康复和治疗，吕炳强得不到应有的照顾和治疗，使吕炳强在崔承瑜监护的两年时间里，身体健康状况恶化，直至造成吕炳强于今年3月1日再度因脑出血入院抢救的严重后果。由于崔承瑜不履行监护职责，特向法院提出申请，依法撤销崔承瑜的监护人资格，变更指定陈志英、吕炳华、吕瑞琼、吕瑞芬为吕炳强的共同监护人。

2. 吕炳强之监护人崔承瑜述称

申请人指责崔承瑜不履行监护职责，对被监护人吕炳强缺少应有的关心和照顾、缺乏必要的康复和治疗完全是无中生有，捏造事实，对崔承瑜故意刁难。自2002年12月吕炳强在蒙山县突发脑溢血，崔承瑜就一直积极寻医，为其进行治疗，为其按摩、买药。生活上崔承瑜对丈夫的照顾更是无微不至，崔承瑜的全副身心都用在吕炳强身上，完全尽了一个妻子应尽的责任。2009年3月1日早上，吕炳强醒后，崔承瑜扶他起床小便，发现他全身无力，立即送他到红会医院抢救，经诊断为脑出血，入院2小时就发生昏迷，直到现在还在重症监护室靠呼吸机维系生命，每天的医药费达两千多元。为维持吕炳强的生命已用去医药费约十二万元，以致崔承瑜债台高筑，为此崔承瑜向单位、亲戚、朋友等借款共67 000元支付医药费。现申请人再次捏造事实，横加指责崔承瑜对被监护人不负责、不配合，没有尽职尽责履行监护人义务，完全是恶意中伤。申请人申请撤销崔承瑜的监护人资格，变更申请人为被申请人吕炳强的共同监护人，居心不正，目的是想合法占有属于崔承瑜和吕炳强的新兴一路莲湖居47号商铺。崔承瑜并没有作出不利于被监护人、损害被监护人利益的行为，崔承瑜作为第一顺序监护人，应由崔承瑜监护，请求法院再次驳回申请人的请求。

（三）事实和证据

广西壮族自治区梧州市蝶山区人民法院经公开审理查明：被监护人吕炳强，男，1962年11月6日出生，汉族，梧州市工商行政管理局病退人员。吕炳强有近亲属妻崔承瑜、女吕昕倩（1995年10月19日出生）、母陈志英、父吕文鸿、兄吕炳华、姐吕瑞琼、妹吕瑞芬。2002年12月21日，吕炳强因高血压、脑出血入蒙山县人民医院治疗，留下后遗症。吕炳华、吕瑞琼、吕瑞芬于2006年7月24日向本院申请要求宣告吕炳强为限制民事行为能力人，同时指定吕瑞琼为吕炳强的监护人。2007年2月15日，本院对该案作出（2006）蝶民特字第1号民事判决书，判决宣告吕炳强为限制民事行为能力人，指定崔承瑜为吕炳强的监护人。此后，吕炳强与崔承瑜一起居住在梧州市文澜路60号第3幢三单元702房。2008年5月5日，本院作出（2008）蝶民监字第1号民事裁定书，决定对该案进行再审。2008年6月11日，本院作出（2008）蝶民再初字第2号民事判决书，维持本院（2006）蝶民特字第1号民事判决第一项，撤销本院（2006）蝶民特字第1号民事判决第二项。2008年6月25日，梧州市工商行政管理局指定崔承瑜担任吕炳强的监护人。2008年7月21日，陈志英、吕炳华、吕瑞琼、吕瑞芬以崔承瑜未能尽到履行监护职责为由向本院申请变更陈志英、吕炳华、吕瑞琼、吕瑞芬与崔承瑜为吕炳强的共同监护人。根据梧州市中级人民法院（2008）梧民终字第489号民事裁定书，本院立案受理了该案，于2009年1月19日作出（2008）蝶民特字第4号民事判决书，以崔承瑜、陈志英、吕炳华、吕瑞琼、吕瑞芬不是同一顺序的监护人，申请人的申请不符合法律规定为由，驳回申请人的申请。2009年3月1日早上，吕炳强因“1. 脑干出血、脑疝形成；2. 左侧基底节区脑出血破入脑室；3. 高血压病3级、极高危组；4. 2型糖尿病”在梧州市红十字会医院急救，目前仍在重症监护室治疗。在吕炳强住院期间，崔承瑜多次以其一人独力支付吕炳强的医疗费，已耗尽积蓄，债台高筑为由，表示没有能力承担吕炳强的医疗费，要求申请人交出吕炳强名下商铺的产权证、收益及治病专账余款用于支付吕炳强的医疗费。2009年5月6日，崔承瑜以申请人拒绝交出吕炳强名下的铺位、铺租及医疗专账余款，现因拖欠医院医药费四万多元，其已无能力支付每月高达六万多元的医疗费为由，在梧州市红十字会医院发出的“放弃治疗知情书”上签字，选择“放弃治疗，自动出院，所有的后果自负”。2009年5月7日，申请人向梧州市红十字会医院书面表示愿意担当起对吕炳强的照顾责任和予以医疗费的支持，要求医院继续给予救治。

（四）判案理由

广西壮族自治区梧州市蝶山区人民法院经审理认为：吕炳强为限制行为能力人，作为其监护人，崔承瑜理应保护吕炳强的身体健康，照顾其生活，维护其合法权益，履行相应的监护职责。现吕炳强因病情严重入住医院，崔承瑜作为监护人却以各种理由向医院表示放弃对吕炳强的治疗，其行为将会导致吕炳强得不到积极的救治，由此表明崔承瑜未能尽职尽责履行监护义务，已不再适宜担任吕炳强的监护人。因此，申请人申请撤销崔承瑜的监护人的资格，合理、合法，本院予以支持。对于吕炳强的监护人的确定，应根据对被监护人吕炳强有利的原则，从后一顺序有监护资格的近亲属中择优确定。综合申请人陈志英、吕炳华、吕瑞琼、吕瑞芬的监护条件，结合本案的实际情况，由吕瑞琼担任吕炳强的监护人较为适宜。

（五）定案结论

广西壮族自治区梧州市蝶山区人民法院依照《中华人民共和国民法通则》第十八条第三款，《最高人民法院关于贯彻执行〈中华人民共和国民法通则〉若干问题的意见（试行）》第十条、第十一条、第十四条之规定，作出如下判决：

1. 撤销崔承瑜对吕炳强的监护人的资格。
2. 指定吕瑞琼为吕炳强的监护人。
3. 驳回申请人陈志英、吕炳华、吕瑞芬要求变更指定为吕炳强的共同监护人的申请。

（六）解说

根据《中华人民共和国民法通则》第十七条的规定，担任监护人的依次顺序为：（1）配偶；（2）父母；（3）成年子女；（4）其他近亲属，其他近亲属包括兄弟姐妹等。《最高人民法院关于贯彻执行〈中华人民共和国民法通则〉若干问题的意见（试行）》第10条规定："监护人的监护职责包括：保护被监护人的身体健康，照顾被监护人的生活，管理和保护被监护人的财产，代理被监护人进行民事活动，对被监护人进行管理和教育，在被监护人合法权益受到侵害或者与人发生争议时，代理其进行诉讼。"该法律条文规定了限制民事行为能力人的监护人应履行的责任和承担的义务。吕炳强为限制民事行为能力人，作为其监护人，崔承瑜理应保护吕炳强的身体健康，照顾其生活，维护其合法权益，履行相应的监护职责。现吕炳强因病情严重入住医院，崔承瑜作为监护人却以各种理由向医院表示放弃对吕炳强的治疗，其行为将会导致吕炳强得不到积极的救治，由此表明监护人的妻子未能尽职尽责履行监护义务，已不再适宜担任吕炳强的监护人。《最高人民法院关于贯彻执行〈中华人民共和国民法通则〉若干问题的意见（试行）》第11条规定："认定监护人监护能力，应当根据监护人的身体健康状况、经济条件，以及与被监护人在生活上的联系状况等因素确定。"作为第一顺序的配偶崔承瑜已不适宜担任吕炳强的监护人，根据该法律的规定，综合对于吕炳强的监护人的确定，应根据对被监护人吕炳强有利的原则，从后一顺序有监护资格的近亲属中择优确定。综合申请人陈志英、吕炳华、吕瑞琼、吕瑞芬的监护条件，结合本案的实际情况，第二顺序的父母年老体弱，第三顺序的女儿尚未成年，均不适宜担任吕炳强的监护人，故只能在第四顺序的兄弟姐妹中选择吕炳强的监护人，而在第四顺序的兄弟姐妹中不宜指定多人作为吕炳强的监护人，以免出现监护人互相推卸监护责任的情况，故法院根据案件的实际情况择优选择由吕炳强之姐吕瑞琼担任吕炳强监护人是正确的。

（广西壮族自治区梧州市蝶山区人民法院　苏恒）

87. 颜忠良诉中国人民财产保险股份有限公司宁波镇海支公司道路交通事故人身损害赔偿纠纷案（诉讼当事人）

（一）首部

1. 判决书字号：浙江省宁波市镇海区人民法院（2009）甬镇民初字1039号。

2. 案由：道路交通事故人身损害赔偿纠纷。

3. 诉讼双方

原告：颜忠良，男，汉族，住浙江省宁波市镇海区。

委托代理人：胡海水，宁波市东港法律服务所法律工作者。

被告：中国人民财产保险股份有限公司宁波市镇海支公司，住所地：浙江省宁波市镇海区车站路。

代表人：姚瑜，公司经理。

委托代理人：杨长虎，中国人民财产保险股份有限公司宁波分公司职工。

4. 审级：一审。

5. 审判机关和审判组织

审判机关：浙江省宁波市镇海区人民法院。

独任审判人员：代理审判员：谢朝宏。

6. 审结时间：2009年11月19日。

（二）诉辩主张

1. 原告颜忠良诉称

2008年1月31日8点30分许，刘清敏驾驶冯江所有的浙BQQ829号二轮摩托车（该车在被告中国人民财产保险股份有限公司宁波市镇海支公司处投保了交强险）沿迎师桥村道由东往西骑行至迎师桥老桥附近时，撞上前方同向行走的原告颜忠良，造成原告受伤的交通事故。事故经宁波市公安局镇海分局交警大队认定，刘清敏承担事故的全部责任，原告不承担事故责任。因肇事驾驶员刘清敏和肇事车主冯江下落不明，故原告向法院起诉，要求被告中国人民财产保险股份有限公司宁波市镇海支公司在交强险责任限额范围内赔偿原告医疗费1 023元、误工费4 400元（1 100元/月×4个月）、交通费138元、物损900元，合计人民币6 461元。庭审中，原告变更诉讼请求，要求被告赔偿医疗费1 023元、误工费4 000元（1 000元/月×4个月）、交通费138元、物损费900元，合计人民币6 061元。

2. 被告中国人民财产保险股份有限公司宁波市镇海支公司辩称

(1) 原告的损失不属于交强险赔偿范围。根据《机动车交通事故责任保险条例》第二十二条和《机动车交通事故责任保险条款》第九条之规定，驾驶人未取得驾驶资格的，保险人不承担赔偿责任。本案肇事司机系无证驾驶，被告不需赔偿，所有损失应由肇事方自行赔偿。如果无证驾驶也能得到赔偿，将减轻违法人员的违法成本。

(2) 对具体的赔偿项目而言，对医疗费有异议，认为保险公司在驾驶人未取得驾驶资格的情况下只承担抢救费的垫付责任，原告主张的医疗费不属于抢救费用的范围，如赔偿也只能按被告核准的数额赔偿；对误工费有异议，认为根据公安部的规定，原告病情只需病休 90 天，被告只同意 90 天的误工时间；对于误工费标准，原告提供的工资证明和被告提供的证据相矛盾，可见宁波市镇海天下行旅游有限公司出具证明随意性比较大，可信度不高；对交通费有异议，请求法院按实际情况酌情认定；对物损有异议，认为根据法律规定，对受害人的财产损失保险公司不承担赔偿责任。

(三) 事实和证据

浙江省宁波市镇海区人民法院经公开审理查明：2008 年 1 月 31 日 8 点 30 分许，刘清敏无证驾驶登记车主为冯江的浙 BQQ829 号二轮摩托车（该车在被告中国人民财产保险股份有限公司宁波市镇海支公司处投保了交强险）沿迎师桥村道由东往西骑行至迎师桥老桥附近时，撞上前方同向行走的原告颜忠良，造成原告受伤的交通事故。原告受伤后即被送至宁波市镇海龙赛医院等处治疗。事故经宁波市公安局镇海分局交警大队认定，刘清敏承担本事故的全部责任，原告不承担事故责任。

上述事实有下列证据证明：

1. 原告提供的证据：

(1) 交通事故认定书 1 份。

(2) 交强险保险单 1 份。

(3) 车辆信息 1 份。

(4) 常住人口信息 1 份。

(5) 门诊病历。

(6) X 线报告单。

(7) 医疗证明书。

(8) 医疗费收据。

(9) 误工证明。

(10) 交通费票据。

2. 被告提供的证据：

(1) 医疗费审核单。

(2) 宁波市镇海天下行旅游有限公司出具的工资证明。

3. 浙江省宁波市镇海区人民法院依法从镇海交警大队调取的镇海交警大队对颜忠良和刘清敏所作的询问笔录。

（四）判案理由

浙江省宁波市镇海区人民法院对以下争议焦点审查确认：

1. 被告中国人民财产保险股份有限公司宁波市镇海支公司是否应在交强险责任限额范围内承担赔偿责任？

本院认为，被告中国人民财产保险股份有限公司宁波市镇海支公司应承担赔偿责任。理由如下：首先，我国《道路交通安全法》设立交强险的目的是保障受害人受伤后能够及时得到救治，受害人因人身伤亡所造成的损失能够及时得到赔偿。《中华人民共和国道路交通安全法》第七十六条规定，机动车发生交通事故造成人身伤亡、财产损失的，由保险公司在机动车第三者责任强制保险限额范围内予以赔偿；交通事故的损失是由非机动车驾驶员、行人故意造成的，机动车一方不承担责任。根据该规定，保险公司可以免除在交强险限额内承担赔偿责任的唯一事由是受害人的故意行为，机动车驾驶人无证驾驶并非保险公司的免责事由。其次，《机动车交通事故责任强制保险条款》属于内部规定，且此规定仅针对保险公司的"垫付与追偿"所作，并非法律和行政规章赋予保险公司免赔权利。由《机动车交通事故责任强制保险条例》第二十二条也不能得出保险公司可对原告免赔交强险的结论。该法条规定："有下列情形之一的，保险公司在机动车交通事故责任强制保险责任限额范围内垫付抢救费用，并有权向致害人追偿：（一）驾驶人未取得驾驶资格或者醉酒的；（二）被保险机动车被盗抢期间肇事的；（三）被保险人故意制造道路交通事故的。有前款所列情形之一，发生交通事故的，造成受害人的财产损失，保险公司不承担赔偿责任。"从该法条明显可以看出两点，第一，即使被保险人故意制造道路交通事故，保险公司也要在交强险责任限额内为受害人垫付抢救费用，只是保险公司对致害人有追偿权。第二，有该条第一款所列情形之一，发生交通事故的，保险公司对受害人的财产损失可以免责。但该法条并没有免除保险公司对受害人人身伤亡的赔偿责任，对受害人人身伤亡的损失，保险公司仍应在交强险责任限额范围内承担赔偿责任。这是因为不管是依《保险法》和《机动车交通事故责任强制保险条例》的相关规定，还是依保险行业的实务惯例，财产损失是指事故车辆及车上财产等的损失，人身伤亡损失是指受害人伤残后产生的残疾赔偿金、死亡赔偿金、被扶养人生活费、精神抚慰金等损失，这是两个完全不同的概念，两者具有不同的赔偿项目和赔偿内容。最后，国家设立交强险的主要目的是保障交通事故受害人能够及时得到切实、有效的救济，而受害人对肇事车辆和致害人是没有选择余地的，其事先不可能知道致害人是否无证驾驶。如果仅仅因为致害人无证驾驶就免除保险公司的交强险赔偿责任，不但与国家设立交强险的宗旨相悖，而且对受害人也是不公平的。综上所述，被告中国人民财产保险股份有限公司宁波市镇海支公司关于肇事司机系无证驾驶，保险公司对原告不承担交强险赔偿责任的辩称意见，没有法律依据，本院不予采纳。

2. 医疗费问题。原告提供了医疗费收据，被告辩称保险公司在驾驶人未取得驾驶资格的情况下只承担抢救费的垫付责任，原告主张的医疗费不符合抢救费用的范围。本院认为《机动车交通事故责任保险条例》第二十二条只规定保险公司在驾驶人未取得驾驶资格的情况下承担抢救费的垫付责任，并未规定之后可以不赔偿医疗费用。对于原告在交强险医疗费用赔偿限额内的医疗费用，保险公司应予赔偿。被告对医疗费用的必要性和合理性提出异议，必须提供证据予以推翻，而被告提供的医疗费审核单只是被告公司内部对医疗费的审核，对外并无效力，故本院对原告主张的医疗费予以支持。

3. 误工费问题。原告提供了医疗证明书、工资单和误工证明，被告提供了宁波市镇海天下行旅游有限公司出具的工资证明，被告质证称原告提供的工资证明和被告提供的证据相矛盾，可见宁波市镇海天下行旅游有限公司出具证明随意性比较大，可信度不高。本院认为被告重新提供了宁波市镇海天下行旅游有限公司出具的工资证明，因原告同意按被告提供的证明载明的每月 1 000 元计算误工费，故本院对被告提供的工资证明予以认定，对原告提供的工资单不予认定。原告提供的误工证明真实、合法，本院予以认定。根据法律规定，误工时间根据受害人接受治疗的医疗机构出具的证明确认。被告虽对原告提供的龙赛医院医疗证明书提出异议，但未提供证据予以推翻，本院对该医疗证明书予以认定。被告虽辩称根据公安部的规定，原告病情只需病休 90 天，但本院认为公安部的规定仅是作为参考，实际病休时间应以医疗机构出具的证明为准。根据原告实际伤情，原告主张的误工时间基本合理，本院予以认定。

综上，本院认为，对于原告颜忠良的损失，被告中国人民财产保险股份有限公司宁波市镇海支公司应在交强险医疗费用赔偿限额和死亡伤残赔偿限额内予以赔偿。原告变更诉讼请求后主张的医疗费、误工费合法、有据，本院予以支持。原告主张的交通费应与原告就医的地点、时间、次数、人数相符合，本院酌定为 100 元。《机动车交通事故责任保险条例》第二十二条第二款规定，驾驶人未取得驾驶资格驾驶发生交通事故，造成受害人财产损失的，保险公司不承担赔偿责任。原告主张的物损于法无据，本院不予支持。

（五）定案结论

浙江省宁波市镇海区人民法院依照《中华人民共和国道路交通安全法》第七十六条，《最高人民法院关于审理人身损害赔偿案件适用法律若干问题的解释》第十七条、第十九条、第二十条、第二十二条，并参照《机动车交通事故责任保险条例》第二十二条之规定，作出如下判决：

1. 被告中国人民财产保险股份有限公司宁波市镇海支公司在交强险责任限额范围内赔偿原告颜忠良医疗费 1 023 元、误工费 4 000 元、交通费 100 元，合计人民币 5 123 元，于本判决生效之日起 10 日内履行完毕。

如果未按本判决指定的期间履行给付金钱义务，应当依照《中华人民共和国民事诉讼法》第二百二十九条之规定，加倍支付迟延履行期间的债务利息。

2. 驳回原告颜忠良的其他诉讼请求。

本案案件受理费人民币 50 元，减半收取 25 元，由原告颜忠良负担 4 元，被告中国人民财产保险股份有限公司宁波市镇海支公司负担 21 元，均于本判决生效之日起 10 日内交纳本院。

（六）解说

保险公司的地位问题一直是理论界和司法实务界讨论的热点。对于保险公司能否作为被告的问题，理论界和实务界基本已达成共识：根据《中华人民共和国道路交通安全法》第七十六条的规定，受害人同时起诉肇事方和保险公司的，应当将两者列为共同被告；若受害人只起诉肇事方，法院应当追加保险公司为共同被告。那么如果受害人坚持只起诉保险公司，要求保险公司在交强险范围内承担赔偿责任，法院是否应追加肇事方为共同被告？《中华人民共和国民事诉讼法》第一百一十九条规定：必须共同进行诉讼的当事人没有参加诉讼的，法院应当通知其参加诉讼。换句话说，在交通事故赔偿案件中，肇事方是否为必要共同诉讼人？对此问题，司法实务界存在两种截然对立的观点：第一种观点认为，受害人只起诉保险公司的，人民法院应向其释明追加肇事方为共同被告或第三人，受害人经释明后不追加的，且肇事方也不申请追加的，人民法院应当依职权追加肇事方为被告或第三人参加诉讼，也就是说肇事方应为必要共同诉讼人。理由为：(1) 交通事故赔偿纠纷案件中法院处理的就是肇事方对受害人的赔偿问题，肇事方是交通事故的责任方，应对受害人的损失承担赔偿责任，当然应该是必要共同诉讼人。(2) 交通事故赔偿纠纷案件应在查清事故经过和事故责任的基础上判决，而如果不追加肇事方为第三人或共同被告，则对事故发生经过和责任认定无法查清。第二种观点则认为如果受害人在法院释明可以追加肇事方为共同被告的情况下仍坚持只诉保险公司的，法院只列保险公司为被告。

笔者支持第二种观点，理由如下：

1. 肇事方并非必要共同诉讼人。必要共同诉讼，是指当事人一方或者双方为两人以上，其诉讼标的同一，法院必须合并审理并在裁判中对诉讼标的合一、确定的共同诉讼。所谓诉讼标的同一，是指共同诉讼人在所争议的实体法律关系中存在着共同的利害关系，即享有共同的权利或者承担共同的义务。只有诉讼标的同一的主体才是必要共同诉讼的当事人。在交通事故赔偿案件中，保险公司和肇事方对于受害人赔偿的基础是不一样的：肇事方赔偿的基础是侵权行为，而保险公司的赔偿义务则是来源于法律的直接规定。保险公司只需在交强险赔偿限额范围内赔偿，而肇事方则应对交强险赔偿限额范围外的损失按责任比例进行赔偿，二者之间的关系是一种经济上的补充关系，具有不同的利益。两者的诉讼标的并不一致，肇事方并非必要共同诉讼人，因此受害人只起诉保险公司的，法院并不要追加肇事方为共同被告或第三人。

2. 在受害人对肇事方没有诉请时，肇事方并非正当当事人。根据民事诉讼法相关理论，正当当事人是指当事人就特定的诉讼，有资格以自己的名义成为原告或被告，因而受本案判决拘束的当事人。一个诉讼案件的当事人是否正当，应该从该具体的诉讼案件的原告所主张的民事权利或法律关系在他所起诉的当事人之间予以解决是否适当而且有无意义来决定。就本案而言，受害人只要求保险公司在交强险责任限额范围内承担赔偿责任，并未主张交强险责任限额范围外的损失，即原告对于肇事方并没有诉请，肇事方在本案中并不需要承担任何赔偿义务，故肇事方并不需要参加本案诉讼，不是本案正当的当事人。

3. 保险公司在交强险责任限额范围内予以完全赔偿，事故的经过和责任认定并不影响法院审理和判决。交强险设立的目的是保障机动车道路交通事故受害人依法得到赔偿，具有公益性，因而交强险与普通责任保险相比，最为重要的区别就在于其实行限额内完全赔偿的原则。所谓限额内完全赔偿，是指除法定免责事由外，只要被保险机动车发生交通事故造成受害人的人身伤亡、财产损失，保险公司就要在责任限额内予以完全赔偿，而不论被保险人是否负有责任。虽然保险公司认为肇事司机和肇事车车主不到庭无法查清事故经过，但本起事故已经交警部门认定，肇事司机承担全部责任，且肇事方的事故责任并不影响保险公司在交强险责任限额内承担赔偿责任。退一步讲，即使交警部门对事故责任无法认定，保险公司也应承担赔偿责任。当然，如果保险公司能够证明肇事方没有过错，则保险公司可以只在交强险无责任限额范围内承担赔偿责任。

4. 从尊重受害人处分权和方便受害人获得救济的角度，也不宜追加肇事方为诉讼当事人。首先，《中华人民共和国民事诉讼法》第十三条规定：民事诉讼当事人有权在法律规定的范围内处分自己的民事权利和诉讼权利。处分即自由支配，对于权利可以行使，也可以放弃。本案原告有权要求肇事方在交强险责任限额范围外承担赔偿责任的权利，但原告出于方便诉讼的目的，放弃这一权利，不起诉肇事方为被告。这是原告对自己的实体权利和诉讼权利的放弃，根据处分原则，法院不宜予以干预。其次，本案的肇事司机和肇事车主下落不明，如果法院依职权追加肇事司机和肇事车主为被告，只能采取公告的方式，耗时耗力，即使最后判决了，也无法履行。而如果只列保险公司作为被告，法院可以在短时间内审理，使受害人在交强险责任限额内得到赔偿。从方便受害人获得救济的角度，也不宜追加肇事方为当事人。

综上所述，无论根据民事诉讼法的基本原理、交强险的特点，还是从尊重受害人处分权、方便受害人获得救济来考虑，法院都不宜依职权追加肇事方为诉讼当事人。

（浙江省宁波市镇海区人民法院　谢朝宏）

图书在版编目（CIP）数据

中国审判案例要览．2010年民事审判案例卷/国家法官学院，中国人民大学法学院编．—北京：中国人民大学出版社，2011

ISBN 978-7-300-14766-6

Ⅰ.①中… Ⅱ.①国…②中… Ⅲ.①审判-案例-汇编-中国-2010②民事诉讼-审判-案例-汇编-中国-2010 Ⅳ.①D920.5②D925.118.25

中国版本图书馆CIP数据核字（2011）第234280号

"十二五"国家重点图书出版规划
国家出版基金资助项目

中国审判案例要览（2010年民事审判案例卷）

国 家 法 官 学 院
中国人民大学法学院 编

Zhongguo Shenpan Anli Yaolan（2010 nian Minshi Shenpan Anlijuan）

出版发行 中国人民大学出版社
社　　址 北京中关村大街31号　　**邮政编码** 100080
电　　话 010－62511242（总编室）　010－62511398（质管部）
010－82501766（邮购部）　010－62514148（门市部）
010－62515195（发行公司）　010－62515275（盗版举报）
网　　址 http://www.crup.com.cn
http://www.ttrnet.com（人大教研网）
经　　销 新华书店
印　　刷 涿州市星河印刷有限公司
规　　格 185 mm×260 mm　16开本　　**版　　次** 2011年12月第1版
印　　张 30.5 插页3　　**印　　次** 2011年12月第1次印刷
字　　数 728 000　　**定　　价** 120.00元
